기계설비 실무가이드

Revit WorkBook

㈜비아이엠에스 지음

기계설비 실무가이드

Revit
WorkBook

2014. 6. 5. 1판 1쇄 인쇄
2014. 6. 10. 1판 1쇄 발행

저자와의
협의하에
인지생략

지은이 | (주)비아이엠에스
펴낸이 | 이종춘
펴낸곳 | **BM** 성안당
주소 | 121–838 서울시 마포구 양화로 127 첨단빌딩 5층(출판기획 R&D 센터)
       413–120 경기도 파주시 문발로 112(제작 및 물류)
전화 | 02) 3142–0036
       031) 955–0511
팩스 | 031) 955–0510
등록 | 1973.2.1 제13–12호
출판사 홈페이지 | **www.cyber.co.kr**
ISBN | 978–89–315–5320–8 (13000)
정가 | 35,000원

이 책을 만든 사람들
기획·진행 | 최동진
교정·교열 | 안종군
본문·표지디자인 | 想 company
홍보 | 전지혜
마케팅 | 구본철, 차정욱, 채재석, 강호묵
제작 | 김유석

최근 들어 BIM의 업무 특성에 따라 설계, 건설 관리, 샵 드로잉, As-Built 업무 등과 관련된 설계 데이터를 생산하고 취급하는 일이 점차 복잡해지고 있습니다. 이로 인해 현업에 종사하는 엔지니어들과 취업을 준비하는 예비 엔지니어들이 쉽게 습득할 수 있는 안내서가 필요해졌습니다.

이 책은 기계 설비 분야에 종사하고 있는 엔지니어들이 Revit 프로젝트를 좀 더 효율적으로 수행할 수 있도록 하는 데에 중점을 두었습니다.

이 책에는 프로젝트의 전 과정이 순서대로 담겨 있기 때문에 전체적인 업무는 물론, 해당 과정에서 구체적으로 어떤 작업들이 이루어지는지를 쉽게 파악할 수 있습니다. 이 밖에도 MEP 프로젝트를 수행한 수년간의 경험을 바탕으로 Revit이 권장하는 작업 방식과 사용자화가 가능한 작업 방식 그리고 현장에서 사용되는 작업 방식의 장단점들을 모두 담아 이 책을 읽는 독자들이 스스로 판단할 수 있도록 배려하였습니다.

교재의 특성상 『건축/구조』와 『기계 설비』, 『전기 설비』 분야로 나누어 출간하지만, 건축/구조팀이 건축/구조 프로젝트를 진행하고, MEP팀이 MEP 프로젝트를 동시에 진행하여 하나의 빌딩을 완성할 수 있도록 구성하였습니다. 또한 샘플 파일을 제공하여 일련의 작업을 매끄럽게 진행할 수 있도록 구성했을 뿐만 아니라 3D 설계에 익숙하지 않은 사용자들도 작업 과정을 쉽게 익힐 수 있도록 하였습니다.

BIM은 도입 초기에 사용 목적의 명확한 정의 없이 수행된 여러 시범 사업들에 있어서 유용성을 의심받기도 하지만, 이를 극복하기 위한 노력들도 함께 시도되고 있습니다. 필자가 그 동안 경험한 프로젝트에 비추어볼 때 앞으로도 다양한 업무들이 요구될 것으로 판단되며, BIM 프로젝트 발주 또한 전략적이고 체계적인 환경 속에서 수행될 것으로 보입니다. 향후 예측되는 발주처의 과업 지시서를 이해함에 있어서도 이 책이 도움이 되기를 바랍니다.

이 책은 엔지니어링적인 관점보다 모델링적인 관점에서 도움을 주기 위해 작성되었으며, 반복적인 작업을 통해 자연스럽게 Revit을 체험할 수 있도록 구성하였습니다.

BIM 프로젝트 참여자에게는 패밀리 제작, 모델링 그리고 작업 공유에 대한 활용 능력이 요구됩니다. 활용 목적에 따라 사용자에게 요구되는 업무의 성질이 달라질 수도 있지만, 근본적인 활용 능력은 이들에 대한 이해가 바탕이 되어야 합니다. 이 책에 제시된 작업 방식들이 여러분이 수행하는 기계 설비 업무에 많은 도움이 되기를 바랍니다.

㈜비아이엠에스 지음

이번에 비아이엠에스에서 출간하는 Revit MEP 교재는 참으로 시의적절한 교재라고 생각합니다. BIM이 국내에 소개된 지 5년 여가 흐른 시점에서 대표적인 BIM 프로그램인 Revit MEP에 관련된 교재가 출간된다는 소식을 듣고 무척 반가웠습니다. 이 교재는 건축 위주의 교재가 대부분인 현 상황에서 설비 부문을 중점적으로 다루고 있기 때문에 실무에 많은 도움이 되리라고 생각합니다.

삼신설계(주) 대표 정종림

BIM 도입 추세와 그 효과에 대한 시장 조사 보고서 중 가장 자주 언급되는 자료로는 미국 McGraw Hill 사의 「Smart Market Report」를 들 수 있습니다. 그중에서도 2012년 발표된 「Business Value of BIM in North America」라는 보고서는 BIM이 가장 먼저 보급된 북미 지역의 최근 5년간 BIM 도입과 그 영향에 대한 변화를 보여주고 있습니다. 초기에는 BIM 도입을 주도하고, 그로 인한 비즈니스적인 가치를 가장 많이 느끼는 주체가 건축가와 도급 업체였지만, 최근 들어 BIM이 빠르게 확산됨에 따라 BIM 프로젝트에 참여할 수 있는 역량을 갖춘 엔지니어로 바뀌고 있습니다. 국내 역시 아직까지 건축 설계 분야와 대형 건설사에서 BIM의 도입과 실행을 이끌고 있지만, BIM 기반 해외 프로젝트 수주가 증가하고, 정부 및 공공 기관으로부터의 BIM 프로젝트 발주가 점차 증가하는 시점에서는 엔지니어링 기업의 BIM 역량이 필연적으로 요구될 것으로 보입니다. 대형 건설사를 중심으로 자사 프로젝트에 참여할 BIM 기반 기전 설비 엔지니어 협력사를 양성하는 움직임이 시작되고 있는 것은 이에 대한 방증이라고 할 수 있습니다. BIM의 가장 대중적이고 파워풀한 플랫폼인 Revit은 국내에서도 여러 교재가 만들어졌지만, MEP 분야의 실무적인 전문성에 기반을 둔 엔지니어들이 좀 더 쉽게 BIM에 접근하고, 이에 대한 역량을 갖추는 데 도움이 되는 교재는 매우 드물었습니다. 이러한 상황에서 다양한 BIM 프로젝트 수행 경험을 바탕으로 수년간 MEP 엔지니어에게 전문화된 솔루션과 교육을 제공해온 비아이엠에스에서 이 교재를 출간한다는 것은 무척 의미 있는 일이라고 할 수 있습니다.

최선의 교재를 완성하기 위해 많은 노력을 기울여 주신 비아이엠에스 임직원 여러분의 건승을 기원하며, 아무쪼록 이 교재가 실무적 관점에서 프로세스의 연속성을 가지고 MEP 분야의 Revit 활용 방법론을 제시하는 소중한 길잡이 역할을 하게 되기를 기대합니다.

오토데스크 코리아 이사 김진희

호모 하빌리스(homo habilis)란, 영국의 인류학자인 리키가 1964년에 동아프리카의 탕가니카에서 발견한 화석 인류로, 도구를 최초로 만들어 사용한 인간을 말합니다. 도구를 창조적으로 발명하고 사용하는 능력은 인류에게 주어진 축복이며, 인류의 역사는 이러한 창조적인 도구의 발명과 사용으로 인해 발전을 거듭해왔습니다.

우리들은 지금 스마트 폰이라는 도구를 이용하여 많은 정보를 습득할 수 있는 시대에 살고 있습니다. 건축 분야 도구의 진보 또한 눈이 부실 정도로 발전해왔습니다. 오구에 먹물을 담아 기름종이 위에 도면을 그리고, 청사진을 만들 때 발생하는 암모니아 가스 때문에 눈 따가워하던 때가 엊그제 같은데 지금은 이 일을 플로터가 대신하고 있고, 계산기로 부하, 장비 용량, 관경, 덕트의 크기를 산출하던 일을 이제는 컴퓨터, 소프트웨어가 대신하고 있습니다.

지금 우리는 또 다른 창조적 도구의 도전에 직면해 있습니다. 그것은 바로 BIM(Building Information Modeling)입니다. 인류의 역사에는 창조하는 그룹, 그 창조에 적응하는 그룹, 적응하지 못하고 도태되는 그룹이 있습니다. 과거에 캐드가 제도판을 밀어내었듯이 머지않은 장래에 BIM이 설계, 시뮬레이션, 공사비 산출, 공정 관리, 시공도/준공도 작성, 준공 후 운영 관리 등과 같은 모든 건축 분야의 필수 도구로 자리 잡게 될 것입니다.

우리가 어느 그룹에 속하느냐는 스스로가 어떤 선택을 하느냐에 달려 있습니다. 바로 이러한 중요한 시점에 비아이엠에스에서 BIM 실무에 관한 Revit MEP 교재를 발간한 것은 무척 반갑고 다행스러운 일이라고 생각합니다. 이 교재는 초보자는 물론 전문가에 이르기까지 무척 유용하리라 생각하며, 모든 설비 기술자들에게 일독을 권하고 싶습니다.

경쟁력은 곧 타이밍입니다. 시간이 지나면 누구나 할 수 있게 되겠지만, 한 발 앞서가는 사람에게 언제나 기회가 더 많은 법입니다. 이 교재를 통해 건설 현장의 유능한 인재가 많이 배출될 수 있기를 기대합니다.

㈜정도설비 부사장 김봉신

About this book

- 이 책은 총 11장으로 나누어져 있으며, 총 19개의 레슨으로 구성되어 있습니다. 초보자가 쉽게 따라 할 수 있도록 각 작업에 대한 내용이 빠짐없이 설명되어 있으며, 각 Step을 통해 단계별로 학습할 수 있습니다.

- 국내 컴퓨터 환경에서 Revit을 가장 효율적으로 사용할 수 있는 방법에 초점을 맞추어 모든 기능들을 설명하였습니다.

— 레슨 제목 및 발문
각 레슨에서 학습할 제목과 배우게 될 중요한 핵심 내용을 파악할 수 있습니다.

— 따라하기
예제를 직접 활용하여 익혀보는 과정으로, 따라하기 형식으로 구성하였습니다. 단계별로 구성되어 있기 때문에 누구나 쉽게 학습할 수 있습니다.

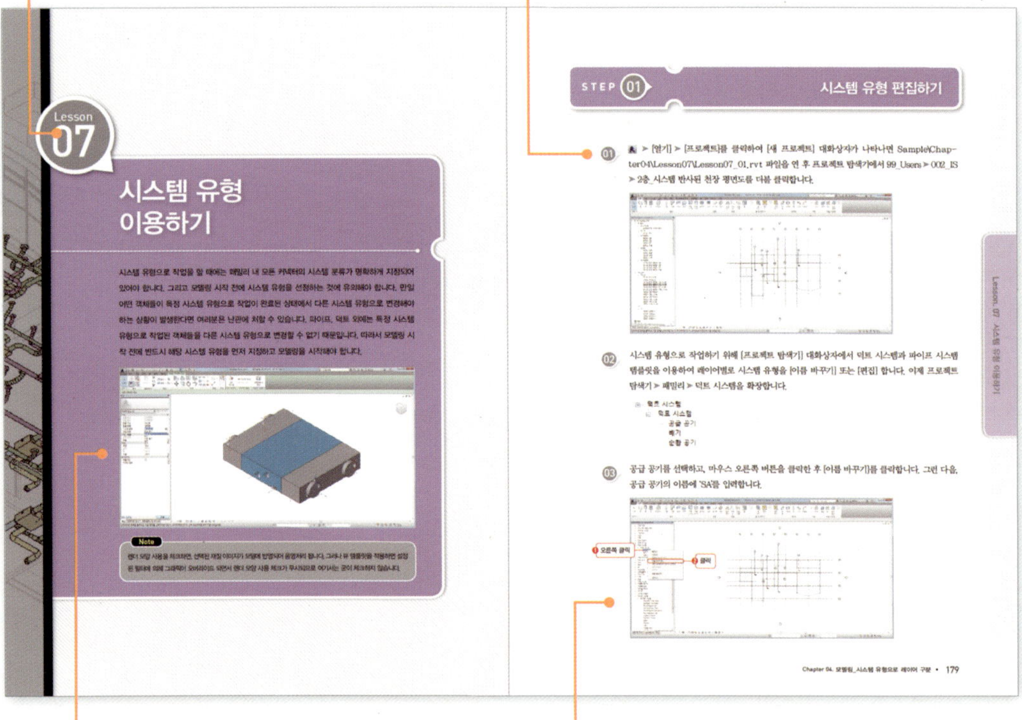

— 완성된 결과 화면
해당 레슨에서 학습할 내용을 미리 보기 화면을 통해 알 수 있습니다.

— 예제 파일
학습에 필요한 경로와 파일명을 알 수 있습니다.

성안당 홈페이지(http://www.cyber.co.kr)에 접속한 후 오른쪽 윗부분의 '회원 가입'을 클릭하여 회원 가입을 하고 로그인하세요. 그런 다음, 메인 화면의 좌측 상단에 있는 〈자료실/정오표/부록 CD〉를 클릭하세요. [자료실] 탭을 클릭한 후 검색 창에 'Revit Work Book'을 입력하고 [찾기] 버튼을 누르면 해당 자료가 검색됩니다.
검색된 목록을 클릭한 후 '파일 받기'를 클릭하여 파일을 다운로드하고, 찾기 쉬운 위치에 압축을 풀어 사용하세요.

● Q&A 학습하다가 궁금한 점이 있다면?

• E-mail support@ebims.co.kr

• 웹 사이트 www.ebims.co.kr

> 이 책은 Revit 2014 한글 버전으로 작업되었습니다.

Tip

앞에서 배운 Step 과정 외에 추가로 알아야 할 사항이나 새로운 기능을 소개합니다.

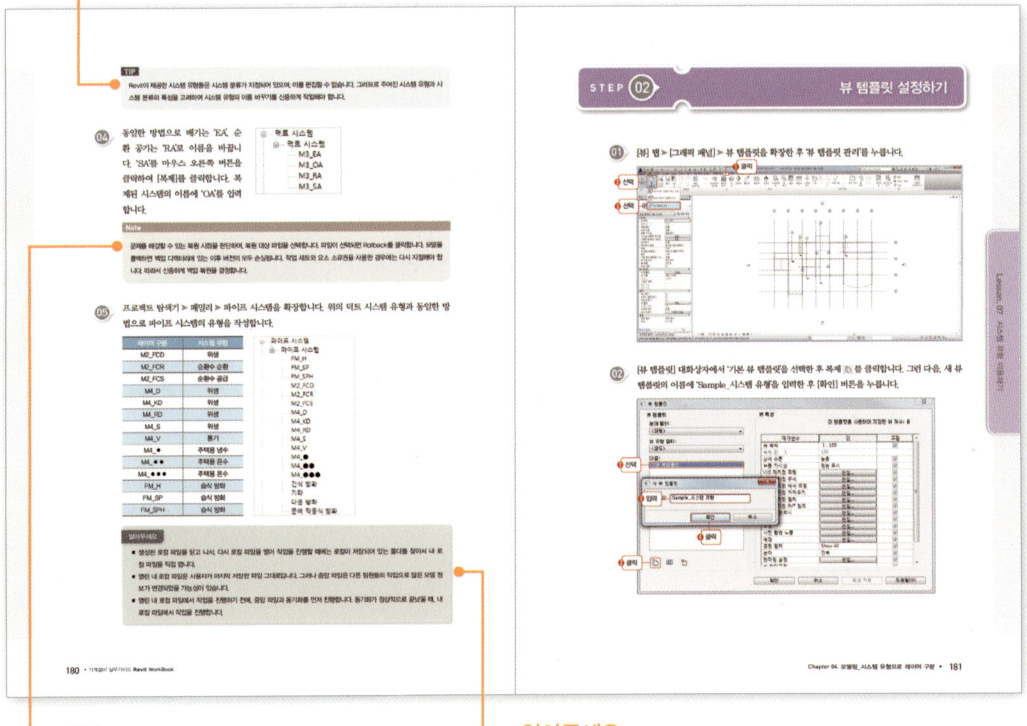

Note

본문에 미처 담지 못한 내용과 꼭 필요한 핵심 내용을 정리하였으며, 저자의 노하우가 담긴 팁을 담았습니다.

알아두세요

Revit 작업의 효율을 향상시키고자 할 때 알아두면 좋을 유용한 내용과 저자의 풍부한 실전 경험을 바탕으로 한 알짜 노하우를 정리하였습니다.

CONTENTS

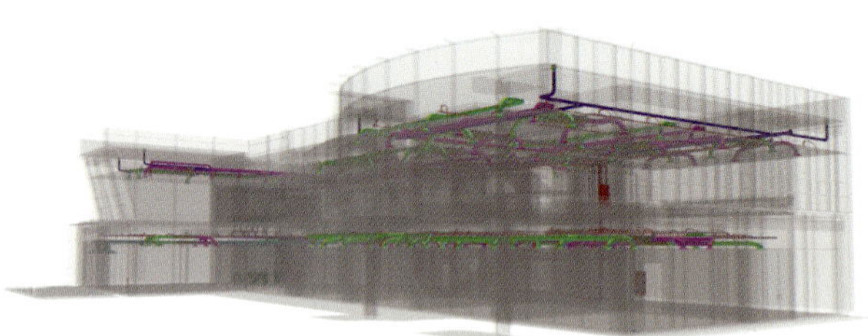

Chapter 01   Revit Platform

Chapter 02   MEP 프로젝트 시작하기

Chapter 03   모델링_ 시스템 이름으로 레이어 구분

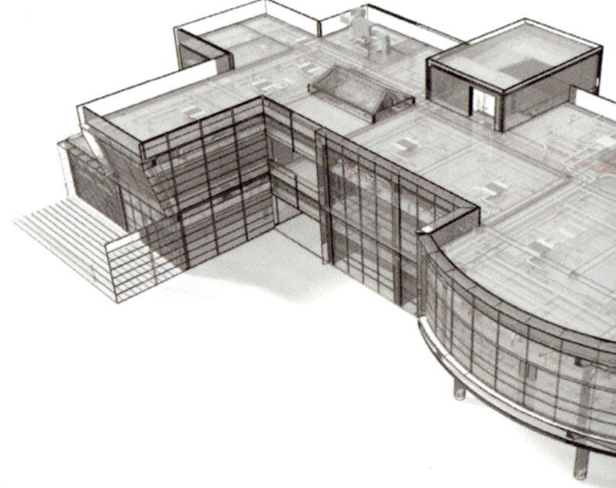

Chapter 04 모델링_ 시스템 유형으로 레이어 구분

Chapter 05 모델링_ 유형 주석으로 레이어 구분

CONTENTS

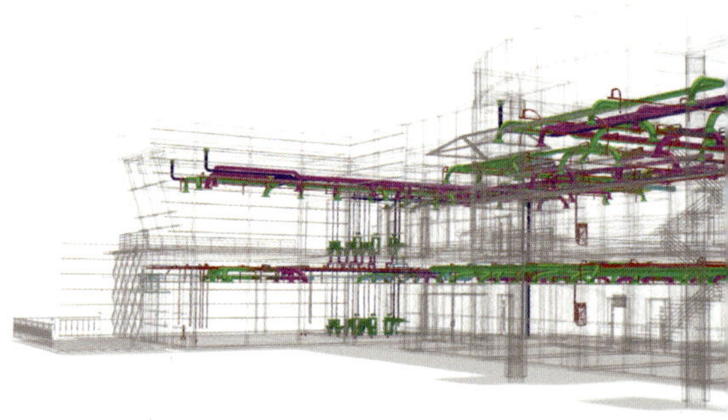

모델링 활용 및 검토

Chapter 09

문서화

Chapter 10

내보내기

Chapter 11

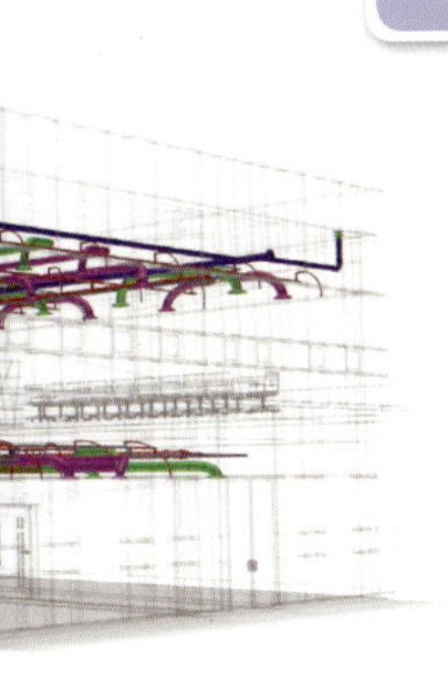

Revit Platform

Revit 플랫폼은 건물 프로젝트에 필요한 설계, 도면 및 일람표를 지원하는 설계 및 문서 시스템입니다. BIM(빌딩 정보 모델링)은 프로젝트 설계, 범위, 분량 및 공정에 대한 정보를 제공합니다. 이번 장에서는 Revit을 사용한 건물 정보 모델링의 기본적인 작업 환경과 사용자 인터페이스를 사용자화하여 생산성을 높이고 작업 흐름을 단순화하는 방법에 대해 알아봅니다.

Revit 이해하기

Revit 환경에 대한 기본적인 내용을 익힐 수 있습니다. 프로젝트를 원활하게 수행하기 위해서는 Revit 사용자 환경에 대한 기본적인 이해가 중요합니다.

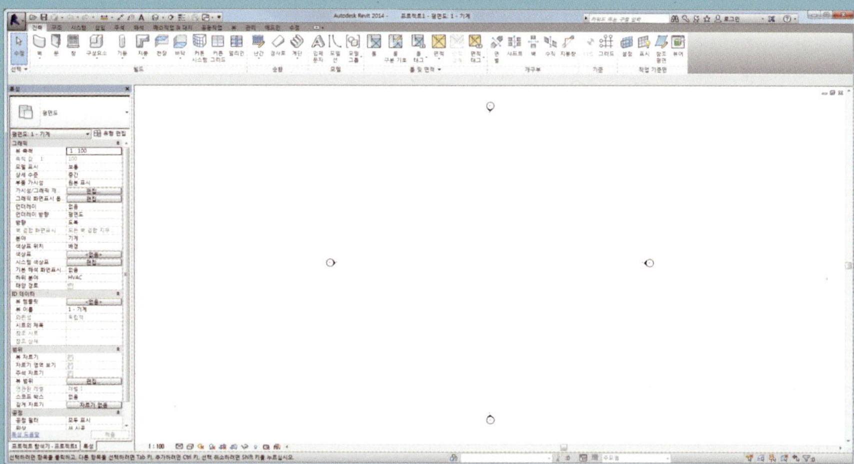

핵심 Point

BIM 이해하기

Revit 환경 이해하기

BIM은 'Building Information Modeling'의 약자로, 건축물의 설계, 시공, 유지 관리 단계의 생애주기 동안 생성되거나 관리되는 모든 정보를 담고 있는 디지털 모델을 의미합니다. BIM이 건물의 생애주기 상에서 발생하는 정보를 대상으로 하는 영역인 만큼, 각 단계에서 모델링을 진행하는 과정 자체도 BIM의 한 축이라 할 수 있습니다.

BIM에 대한 정의는 여러 가지가 있는데, 국토해양부에서 발표한 '건축 분야 BIM 적용 가이드'에는 다음과 같이 정의되어 있습니다.

'BIM'이라 함은 건축, 토목, 플랜트를 포함한 건설 전 분야에서 시설물 객체의 물리적 또는 기능적 특성에 의하여 시설물의 수명 주기 동안 의사결정을 하는 데에 있어 신뢰할 수 있는 근거를 제공하는 디지털 모델과 그의 작성을 위한 업무 절차를 지칭한다.

다시 말해, 기존 도면 작업에서 2D 방식으로 작업할 때 평면도, 입면도, 단면도상의 모든 객체는 선의 색상을 통해 구분한 후 부재의 이름을 통해 정의했다면, BIM 방식으로 작성된 모든 부재는 길이, 높이, 볼륨 등의 정보를 가지고 필요한 데이터를 추출하여 활용할 수 있습니다. BIM 기술은 단순히 2D 도면을 3D 도면으로 변경하는 툴이 아니라 건설 과정의 프로세스를 변화시키는 건설 과정에 필요한 하나의 기술이라고 할 수 있습니다.

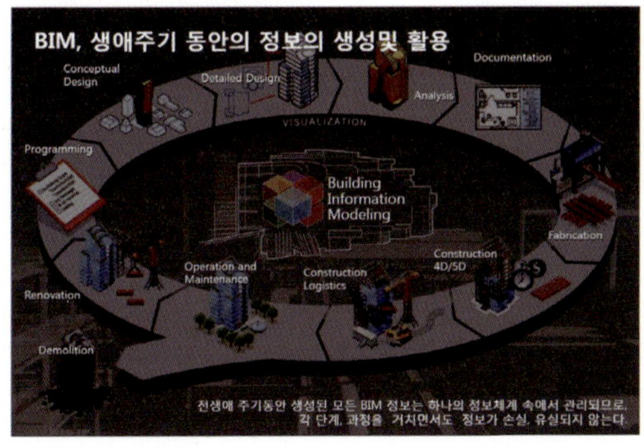

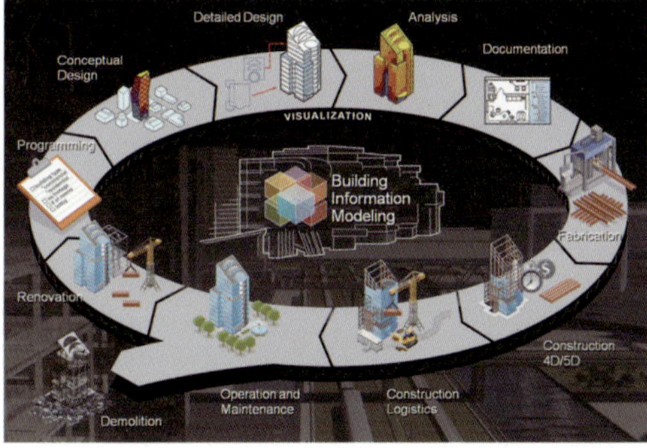

Revit은 BIM을 구현하기 위해 설계된 소프트웨어입니다. Revit은 건축 설계, 구조, MEP 엔지니어링, 그리고 시공을 위한 기능을 포함하는 단일 응용 프로그램으로, 각 분야 간 협업이 가능하도록 구성되어 있습니다.

Revit의 특징으로는 파라메트릭 관계성(Parametric Relationship)과 작업의 양방향성(Bidirectional Associativity)을 들 수 있습니다.

■ 파라메트릭 관계성(Parametric Relationship)

파라메트릭(Parametric)이란, 여러 개의 독립적인 변수를 사용한 공식에 의하여 정의되는 직선, 곡선 또는 표면 등의 그래픽 데이터를 처리하는 것을 말합니다. 다시 말해 Revit이 제공하는 좌표 및 변경 관리를 가능하게 하는 모든 모델 요소 간의 관계를 말합니다. Revit 프로젝트에서 어떠한 요소를 변경하면, 어느 부분을 언제 변경하는지와 상관없이 전체 프로젝트에 걸쳐 변경 사항을 조정합니다. 이것이 파라메트릭(Parametric)이며, 이를 정의하는 숫자나 특징을 '매개변수(Parameter)'라고 합니다.

■ 양방향성(Bidirectional Associativity)

모델의 일부 뷰에서 특정 객체를 변경하면 관련된 모든 뷰에서 변경된 정보가 모두 업데이트되는 것 또는 그러한 소프트웨어의 능력을 말합니다.

Revit에서 매개변수는 모델의 모든 요소에 대한 정보를 저장하고 전달하는 데 사용되며, 이에는 3가지 유형이 있습니다.

● **공유 매개변수(Shared Parameter)** 여러 프로젝트 및 패밀리에서 공유될 수 있고, ODBC로 내보낼 수 있으며, 일람표와 태그로 표시되는 매개변수입니다. 이는 다양한 카테고리로 표시되는 일람표를 작성하는 데 필요합니다(다중 카테고리 일람표 작성이라고도 합니다). 별도의 파일(*.txt)로 존재하며, 패밀리와 프로젝트에서 공유가 가능합니다.

● **프로젝트 매개변수(Project Parameter)** 해당 프로젝트에서만 사용하는 매개변수로, 프로젝트 매개변수에 저장된 정보는 다른 프로젝트와 공유할 수 없습니다.

● **패밀리 매개변수(Family Parameter)** 패밀리 편집기에서 패밀리에 매개변수를 추가하여 사용하는 매개변수로, 일람표나 태그에 나타내지 않고 패밀리 내부에서만 사용하기 위해 추가하는 매개변수입니다.

Revit에서는 다음 3가지 유형의 요소가 프로젝트에 사용됩니다.

● **모델 요소(Model Elements)** 건물의 실제 3D 형상을 나타내며, 모델의 관련 뷰에 표시됩니다. 예를 들면 벽, 창, 지붕, 파이프, 보 등이 있습니다.

● **기준 요소(Datum Elements)** 프로젝트 맥락(전후 관계 : 콘텍스트)을 정의하는 데 도움이 됩니다. 예를 들면 그리드, 레벨, 참조 평면 등이 있습니다.

● **뷰 특정 요소(View-Specific Elements)** 배치된 뷰에만 표시됩니다. 이 요소는 모델을 설명하거나 문서화하는 데 도움이 됩니다. 예를 들면 치수, 태그, 2D 상세 구성 요소 등이 있습니다.

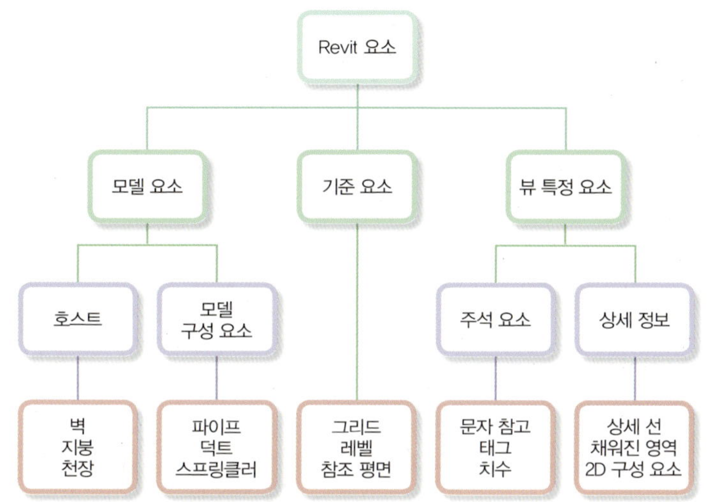

모델 요소의 유형은 다음 2가지가 있습니다.

● **호스트 요소(Hosts Elements)** 벽, 천장, 구조 벽, 지붕 등이 있습니다.

● **모델 구성 요소(Model Components)** 건물 모델에 있는 다른 모든 유형의 요소를 말합니다. 예를 들면 호스트 요소가 필요한 구성 요소인 문, 창문, 스프링클러, 전등 등과 필요 없는 구성 요소인 테이블, 싱크대, 덕트 등이 있습니다.

뷰 특정 요소의 유형은 다음 2가지가 있습니다.

● **주석 요소(Annotation Elements)** 모델을 문서화하고 도면의 축척을 유지하는 2D 구성 요소를 말합니다. 예를 들면 치수, 태그, 키노트 등이 있습니다.

● **상세 정보(Details)** 특정 뷰에서 건물 모델에 대한 상세 정보를 제공하는 2D 항목을 말합니다. 예를 들면 상세 선, 채워진 영역, 2D 구성 요소 등이 있습니다.

Revit에서 객체 식별에 사용되는 것은 대부분 일반적인 산업 표준 용어입니다. 반면에 Revit 내에서만 사용되는 용어도 있는데, 이를 이해하려면 다음 용어에 대해 알고 있어야 합니다.

● **프로젝트** 프로젝트는 설계에 대한 단일 정보 데이터베이스인 건물 정보 모델을 말합니다. 프로젝트 파일에는 형상에서 구성 데이터에 이르기까지 건물 설계에 대한 모든 정보가 포함됩니다. 모델 설계에 사용된 구성 요소, 프로젝트 뷰, 설계 도면 등이 정보를 구성합니다. Revit에서는 단일 프로젝트 파일을 사용하여 설계를 쉽게 변경할 수 있을 뿐만 아니라 연관된 모든 영역(평면 뷰, 입면 뷰, 단면 뷰, 일람표 등)에도 변경 사항을 적용할 수 있습니다. 1개의 파일만 추적하면 되므로 프로젝트를 관리하기도 쉽습니다.

● **레벨** 지붕, 바닥, 천장 같은 레벨 호스트 요소에 참조 역할을 하는 무한 수평 기준면을 말합니다. 대부분의 경우 레벨을 사용하여 건물 내에 수직 높이나 층을 정의할 수 있습니다. 건물의 알려진 층이나 다른 필요한 참조(예 1층, 벽의 상단, 구조의 하단)에 대해 레벨을 작성합니다. 레벨을 배치하려면 단면 뷰 또는 입면 뷰에 있어야 합니다.

> **TIP**
>
> 모델의 정확도를 확인하려면 모델의 형상이 프로젝트 기준점의 시작 위치로부터 20마일 이내에 있어야 합니다. 거리가 20마일을 넘는 경우에는 모델 형상을 프로젝트 기준점의 시작 위치에서 20마일 이내로 이동합니다(1mile≒1,609,344mm).

● **요소** 프로젝트를 작성할 때에는 파라메트릭 건물 요소를 설계에 추가합니다. Revit은 카테고리, 패밀리 및 유형별로 요소를 분류합니다.

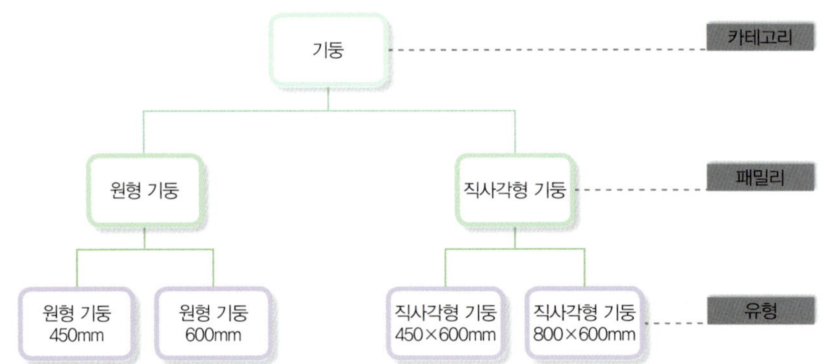

● **카테고리** 건물 설계를 모델링 또는 문서화하는 데 사용하는 요소 그룹을 말합니다. 카테고리는 Revit 사용자가 추가하거나 편집할 수 없습니다.
- **기계 분야 :** 덕트 관련 카테고리
- **파이프 분야 :** 파이프 관련 카테고리

● **패밀리** 카테고리 내에 있는 요소 클래스를 말합니다. 패밀리는 공통 매개변수 세트(특성), 동일한 용도 및 유사한 그래픽 표시를 가지는 요소를 그룹화합니다. 패밀리 내 여러 요소의 특성값은 일부 또는 모두 다를 수 있지만, 특성 세트(특

성 이름 및 의미)는 동일합니다.

- **로드할 수 있는 패밀리** : 프로젝트에 로드하고 패밀리 템플릿에서 작성할 수 있습니다. 패밀리의 특성 세트와 그래픽 표현을 결정할 수 있습니다.

- **시스템 패밀리** : 별도 파일로 로드하거나 작성할 수 없습니다. Revit은 시스템 패밀리의 특성 세트와 그래픽 표현을 사전에 정의합니다. 사전에 정의된 유형을 사용하면 프로젝트 내의 이 패밀리에 속하는 새 유형을 생성할 수 있습니다. 예를 들어 레벨 동작은 시스템에서 미리 정의됩니다. 그러나 다른 구성을 사용하면 다른 유형의 레벨을 작성할 수 있습니다. 또한 프로젝트 간에 시스템 패밀리를 전송할 수도 있습니다(예) 덕트, 파이프 및 와이어 등).

- **내부 패밀리** : 프로젝트의 콘텍스트에서 작성되는 사용자 요소를 정의합니다. 프로젝트에 재사용하지 않을 고유한 형상이 필요하거나 다른 프로젝트 형상과 여러 관계를 유지해야 하는 형상이 필요한 경우에는 내부 편집 요소를 작성합니다. 내부 편집 요소는 프로젝트에서 제한적으로 사용하기 위한 것이므로, 각 내부 패밀리에는 단일 유형만 포함되어 있습니다. 프로젝트에 여러 개의 패밀리 내부 편집을 작성할 수 있으며, 프로젝트에 동일한 내부 편집 요소의 사본을 배치할 수도 있습니다. 하지만 시스템 및 표준 구성 요소 패밀리와 달리 내부 패밀리 유형을 복제하여 여러 유형을 작성할 수는 없습니다.

> **알아두세요**
>
> 내부 패밀리로 작성된 패밀리를 나중에 로드할 수 있는 패밀리로 변경할 수는 없으므로 지나치게 자주 사용하지 않는 것이 좋습니다.
> 내부 패밀리를 꼭 사용해야 한다면, 복제하지 않는 것이 좋습니다. 예를 들어 여러 실에 필요한 전등 커버를 내부 패밀리로 작성하고자 한다면, 각 실에 서로 다른 내부 패밀리를 작성하는 것보다 내부 패밀리 하나로 전부를 작성하는 것이 좋습니다.

- **유형(Type)** 각 패밀리에는 여러 가지 유형이 있을 수 있습니다. 유형은 300x400 또는 A3 표제 블록과 같은 특정 크기의 패밀리가 될 수 있습니다. 또한 유형은 치수에 대한 기본 정렬 또는 기본 각도 스타일 등의 스타일이 될 수도 있습니다.

- **인스턴스(Instance)** 인스턴스는 프로젝트에 배치되며, 건물(모델 인스턴스) 또는 도면 시트(주석 인스턴스)의 특정 위치에 있는 실제 항목(개별 요소)입니다.

> **알아두세요**
>
> 프로젝트에 사용된 구성 요소들의 형상 또는 정보를 변경하고자 할 때, 동일한 유형인 경우에는 유형 편집을 통해 일괄적으로 업데이트할 수 있습니다. 인스턴스는 설치된 구성 요소의 정보를 개별적으로 업데이트할 때에 유용합니다.

- **프로젝트 파일(Project File) : *.rvt**

  프로젝트 파일 안에는 건축 및 MEP의 모델링 데이터를 포함한 모든 설계 정보가 담겨 있습니다.

- **패밀리 파일(Family File) : *.rfa**

  패밀리 파일은 Revit의 가장 기초적이며 근본적인 데이터로, 단독으로 사용되기보다는 프로젝트에 배치되어 사용됩니다. 패밀리 편집기를 통해 작성되며, 형상 정보는 물론 각종 파라미터 및 속성을 가지고 있습니다.

- **템플릿 파일(Template File) : *.rte**

  프로젝트에 필요한 기초 데이터를 담을 수 있습니다. 프로젝트에서 사용할 패밀리, 평면, 단면, 입면 뷰, 계산 및 도면 작성에 필요한 스타일 설정, 각종 집계표 등을 저장할 수 있습니다. 이렇게 하면 프로젝트를 수행할 때마다 동일한 작업을 반복하지 않아도 되기 때문에 작업의 효율을 높일 수 있습니다.

- **데이터 파일 : 패밀리 유형(*.txt), 룩업 테이블(*.csv)**

  패밀리에서 데이터를 참조하는 데이터 파일입니다. 그리고 공유 매개변수는 별도의 파일(*.txt)로 존재하며, 패밀리와 프로젝트에서 공유할 수 있습니다.

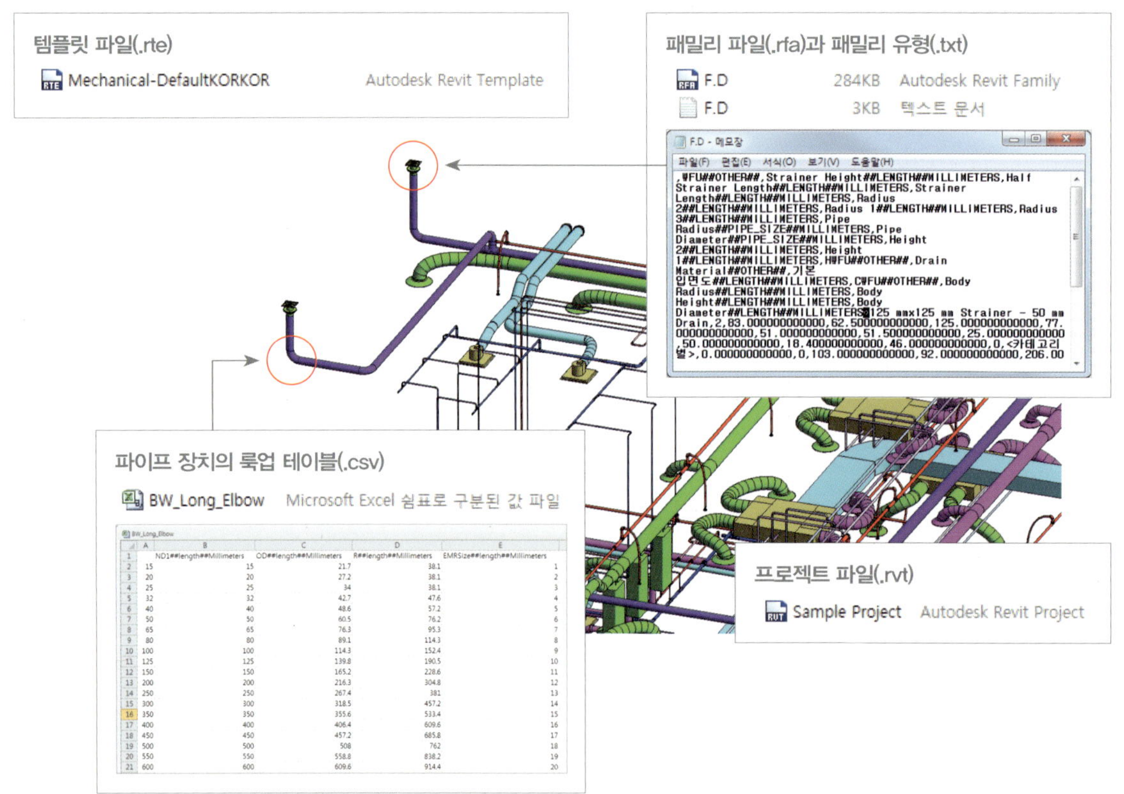

Revit 인터페이스에서는 Revit을 구성하는 사용자 환경을 간략하게 소개합니다. 교재의 목차 순서에 따라 해당 도구를 이용할 때, 좀 더 자세하게 이해할 수 있습니다.

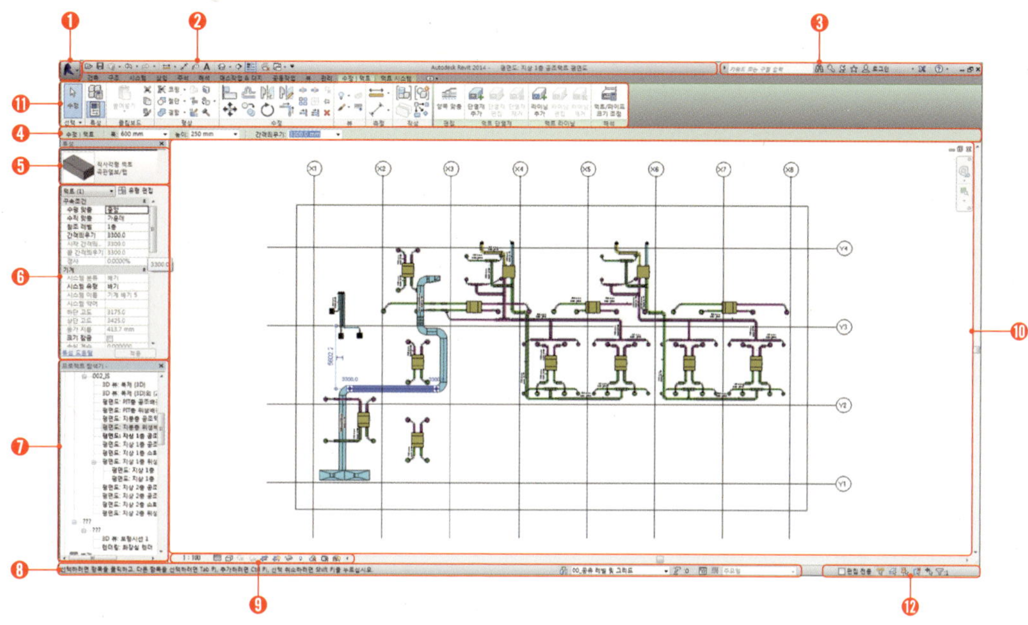

❶ **응용 프로그램 메뉴** : 새로 만들기, 열기 및 저장과 같은 일반 파일 작업 메뉴입니다.

❷ **신속 접근 도구 막대** : 사용자가 자주 사용하는 도구를 도구 막대에 추가할 수 있습니다.

❸ **정보 센터** : Internet Explorer를 사용하여 Autodesk LiveUpdate 기술을 지원받을 수 있습니다.

❹ **옵션 막대** : 선택된 요소에 따라 옵션 막대의 표시 내용이 달라집니다.

❺ **유형 선택기** : 현재 선택된 패밀리 유형을 식별하고, 다른 유형을 선택할 수 있는 드롭다운 버튼을 제공합니다.

❻ **[특성] 대화상자** : Revit에서 요소의 특성을 정의하는 매개변수를 수정할 수 있는 대화상자입니다.

❼ **프로젝트 탐색기** : 현재 프로젝트의 모든 뷰, 일람표, 시트, 패밀리, 그룹 및 기타 부분에 대한 계층 구조를 표시합니다.

❽ **상태 막대** : 수행할 작업에 대한 추가 정보 및 힌트가 표시됩니다.

❾ **뷰 조절 막대** : 현재 뷰의 가시적 상태를 조절하는 도구 막대입니다.

❿ **도면 영역** : 요소가 보이거나 움직이는 작업 영역입니다.

⓫ **리본** : 프로젝트 및 패밀리 작성에 필요한 모든 도구가 정렬되어 있습니다.

⓬ **요소 선택 제어** : 선택할 수 있는 요소와 선택 동작을 제어합니다.

Lesson. 01 Revit 이해하기

❶ **응용 프로그램 메뉴**

을 클릭하여 응용 프로그램 메뉴를 활성화합니다.

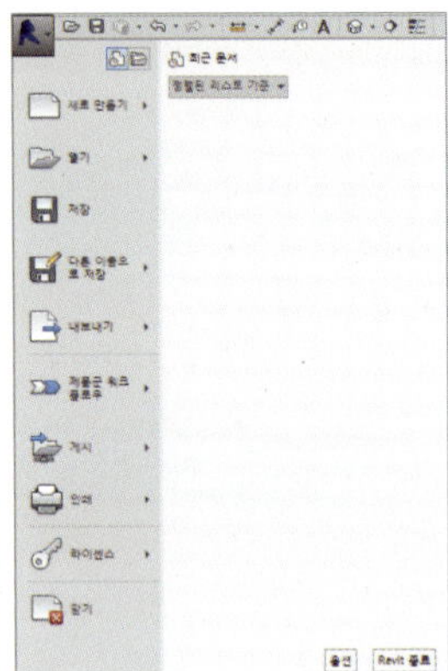

메뉴 오른쪽의 화살표 버튼을 클릭하면 상세 리스트가 활성화됩니다. 응용 프로그램 메뉴에 있는 새로 만들기, 열기, 저장, 다른 이름으로 저장, 내보내기, 게시 등의 도구를 사용하여 파일을 관리할 수 있습니다.

❷ **신속 접근 도구 막대**

신속 접근 도구 막대에는 기본적인 도구 세트가 포함되어 있으며, 도구 막대를 사용자화하여 자주 사용하는 도구를 표시할 수 있습니다.

❸ **정보 센터**

정보 센터에는 검색, Subscription 센터, 커뮤니티 센터, 즐겨찾기, Autodesk Exchange, 정보 센터 설정 등의 도구로 구성되어 있습니다. 정보 센터에서는 항상 Internet Explorer를 사용하여 Autodesk 사의 지원을 받을 수 있습니다.

❹ **옵션 막대**

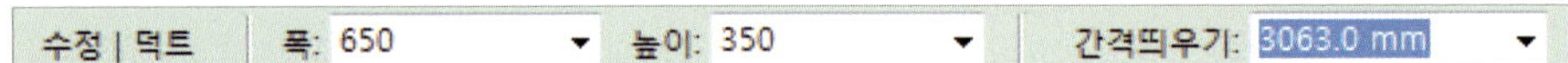

옵션 막대는 선택된 요소에 따라 생성되는 내용이 달라집니다. 옵션 막대는 도면 영역의 상단 또는 뷰 조절 막대의 하단에 고정할 수 있습니다.

❺ **유형 선택기**

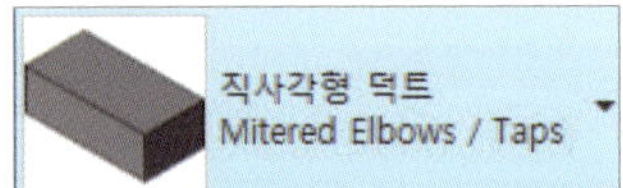

배치할 요소 또는 배치된 요소의 유형을 선택하면 [특성] 대화상자의 상단에 있는 유형 선택기가 활성화됩니다. 드롭다운 버튼(▼)을 클릭하면 다른 유형을 선택할 수 있습니다.

❻ **[특성] 대화상자**

기본적으로 뷰를 활성화하면 뷰의 인스턴스 특성이 표시됩니다. 요소를 배치하는 경우에는 특성 필터에 선택된 요소의 인스턴스 특성으로 표시됩니다. 또한 선택한 요소가 시스템에 속하는 경우, 리본에서 [시스템] 탭을 클릭하면 대화상자에 인스턴스 특성이 아니라 요소의 시스템 특성이 표시됩니다.

❼ **프로젝트 탐색기**

프로젝트 탐색기의 뷰 구성을 사용자화할 수 있습니다.

프로젝트 탐색기와 [특성] 대화상자는 마우스로 끌어다 놓는 방식(Drag and Drop)이므로, 도면 영역에서 사용자가 원하는 대로 구성할 수 있습니다. [특성] 대화상자의 헤드를 더블 클릭하면, 좀 더 쉽게 사용자화할 수 있습니다.

■ 구성 방법 첫 번째　　　　　　　　　　　　　　　　■ 구성 방법 두 번째

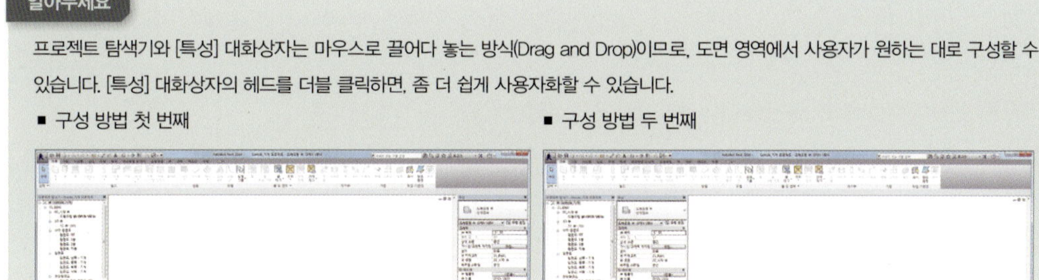

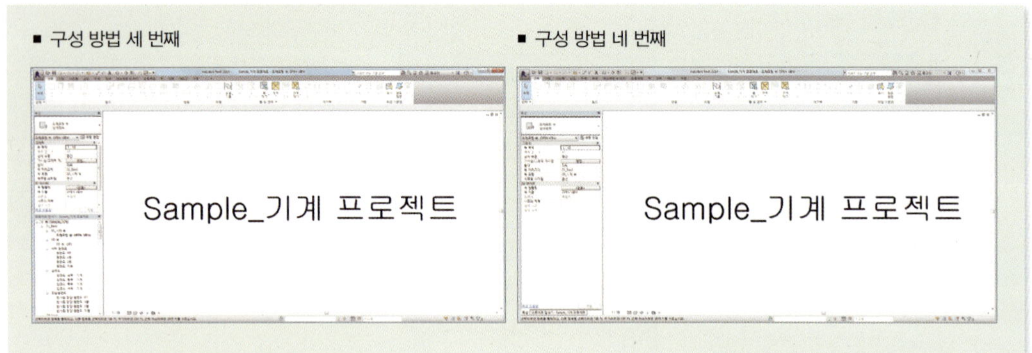

❽ 상태 막대

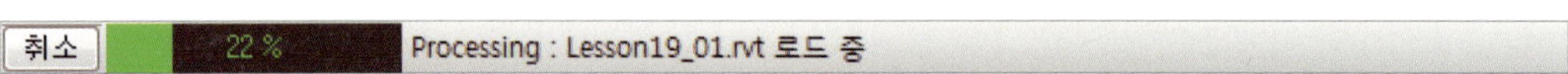

파일이 열릴 때 상태 막대의 왼쪽에 진행 막대가 활성화되며, 이 막대는 파일이 다운로드한 정도를 나타냅니다. 또한 마우스 포인터를 요소에 올려놓으면 패밀리 및 유형 이름이 표시됩니다.

❾ 뷰 조절 막대

뷰 조절 막대는 현재 뷰의 축척, 상세 수준, 비주얼 스타일 등 뷰에 영향을 미치는 기능에 빠르게 접근할 수 있습니다.

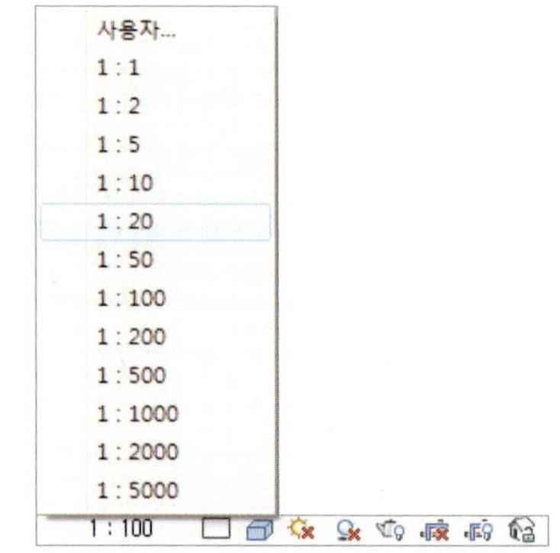

- 축척 도면 영역에서 객체를 나타내는 데 사용되는 도구입니다. 활성화된 뷰의 객체 비율을 설정합니다. 뷰 조절 막대에서 축척을 클릭하고 프로그램에서 정의된 축척을 선택합니다. 만약 프로그램에서 제공하는 축척 이외의 다른 축척을 적용하려면 사용자를 클릭하여 사용자가 원하는 축척을 입력할 수 있습니다.

- 상세 수준 낮음, 중간, 높음의 상세 수준을 설정할 수 있습니다. 각 상세 수준은 패밀리 작성 시에 설정한 상세 수준을 바탕으로 프로젝트에 반영됩니다.

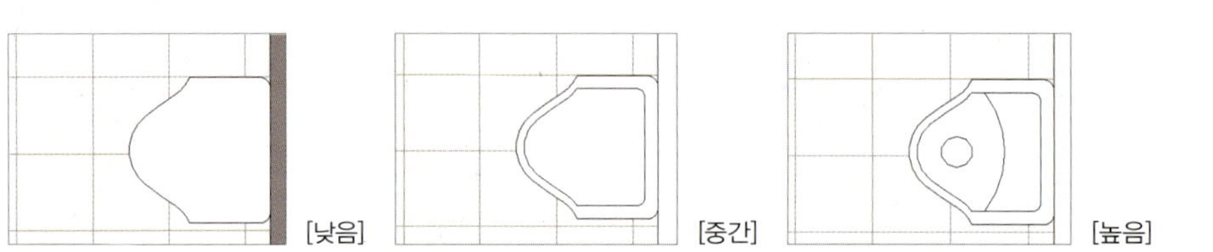

> **알아두세요**
>
> 패밀리 편집기에서 패밀리를 작성할 때, 사용자가 설정한 가시성 설정에 따라 상세 수준이 다르게 표시됩니다.

● **비주얼 스타일** 여러 개의 다른 그래픽 스타일을 지정할 수 있습니다.

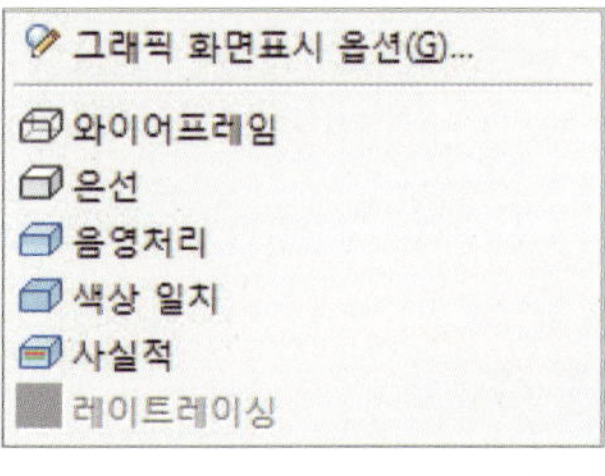

· **와이어프레임 :** 모든 객체가 표면이 아닌 선으로 표현됩니다.

· **은선 :** 표면을 바탕으로 모든 모서리와 선이 표현됩니다.

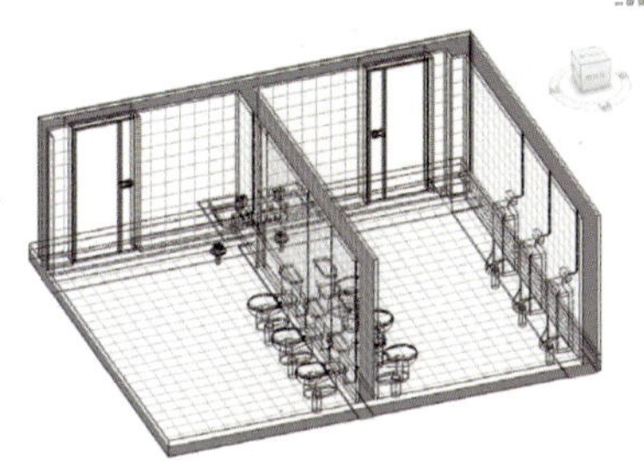

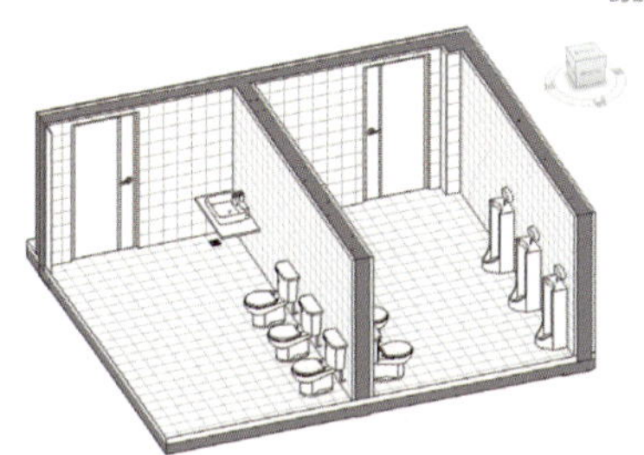

· **음영 처리 :** 요소의 재료 색상 설정에서 지정한 음영 색상이 적용되어 표현됩니다. 광원에 따라 표현되는 색상이 지정된 색상보다 밝게 표현되기도 합니다.

· **색상 일치 :** 재료 색상 설정에서 지정한 음영 색상이 적용되어 모든 표면에 표현됩니다. 색상 일치는 광원의 방향과 관계없이 지정된 음영 색상으로 표현됩니다.

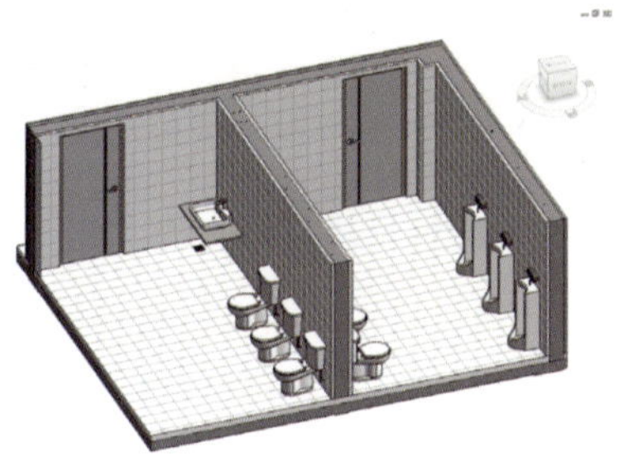

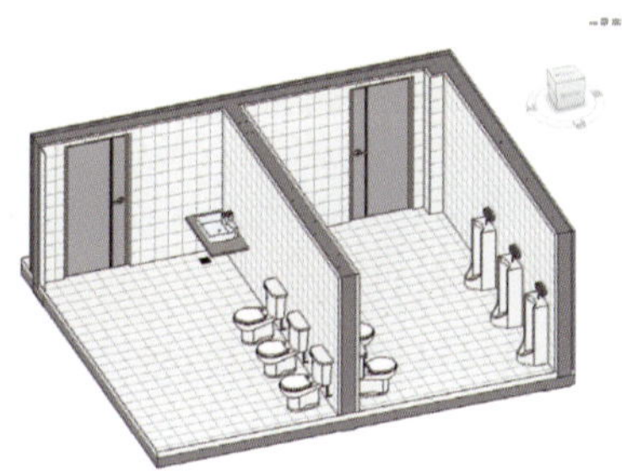

· **사실적 :** 재료 모양에서 설정한 재료가 적용되어 표현됩니다.

· **레이트레이싱 :** 사실적 렌더링 모드를 말합니다. 사실적인 재료 표현이 낮은 해상도에서부터 빠르게 진행되어 표현됩니다.

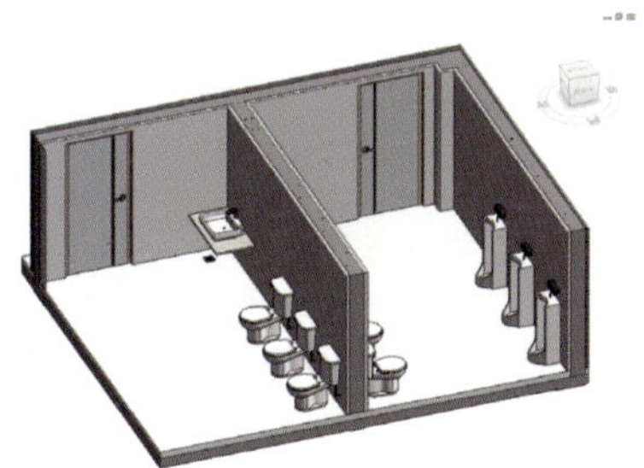

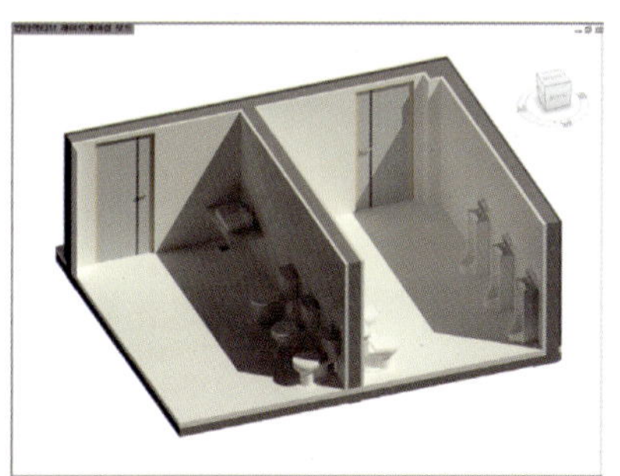

● 태양 경로 켜기/끄기 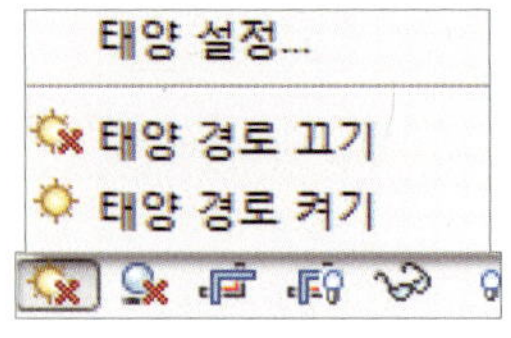 태양 경로를 켜면 도면 영역에 태양 경로가 켜지면서 태양의 위치를 설정할 수 있습니다.

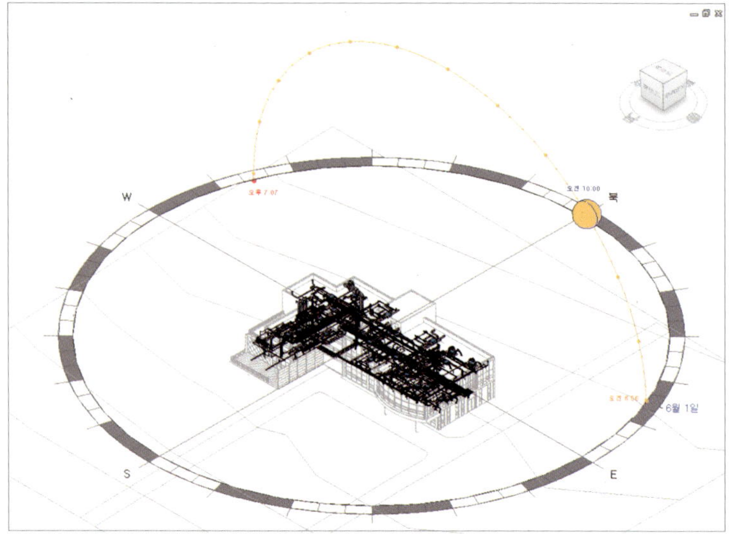

프로젝트의 위치, 날짜 및 시간을 기반으로 설정할 수 있으며, 일일, 수일, 조명 등을 설정하여 일조 연구도 할 수 있습니다.

● 그림자 켜기/끄기  태양, 간접 조명 등의 영향으로 그림자가 표현됩니다.

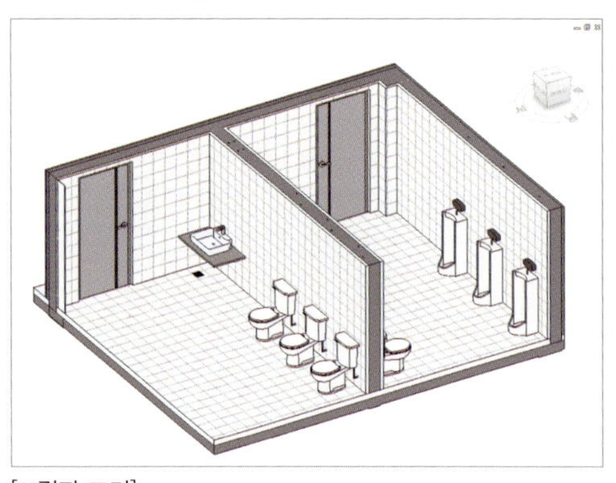

[그림자 끄기]

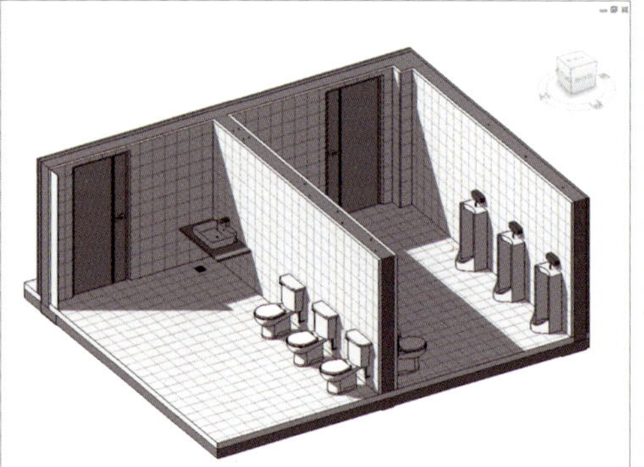

[그림자 켜기]

● [렌더링] 대화상자 표시/숨기기 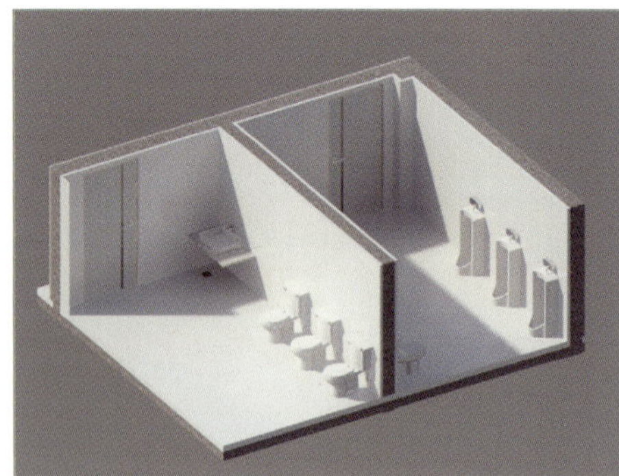 도면 영역에 3D 뷰가 표시된 경우에만 활성화되는 도구입니다. [렌더링] 대화상자에서 렌더링 뷰 영역 및 렌더링 품질을 설정할 수 있습니다.

렌더 이미지의 해상도와 조명, 배경 등의 옵션값을 렌더 실행 전에 설정할 수 있습니다. 렌더 이미지의 노출 설정은 렌더 전후에 설정할 수 있습니다.

● **뷰 자르기** 뷰 자르기는 프로젝트 뷰의 경계를 말합니다. 모든 프로젝트 뷰는 도면 영역에서 모델 자르기 영역과 주석 자르기 영역을 표시할 수 있습니다. 단, 투시도와 3D 뷰에서는 주석 자르기 영역을 지원하지 않습니다. 뷰 자르기 및 자르기 영역 표시는 뷰 [특성] 대화상자의 범위 그룹 매개변수에서도 설정할 수 있습니다.

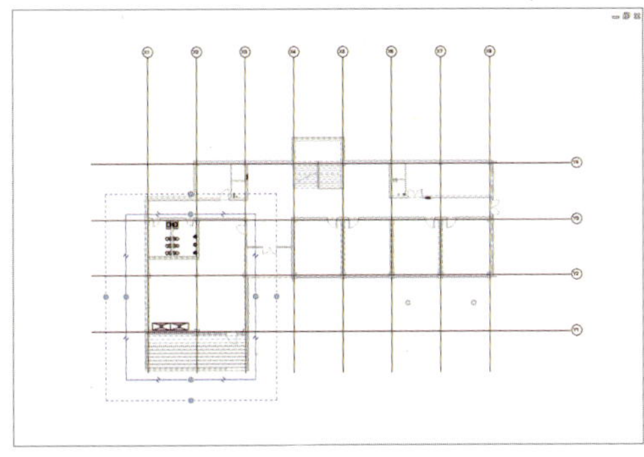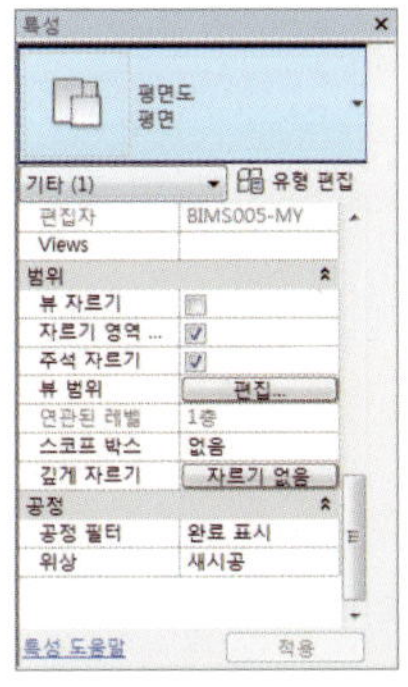

[뷰를 자르지 않음]

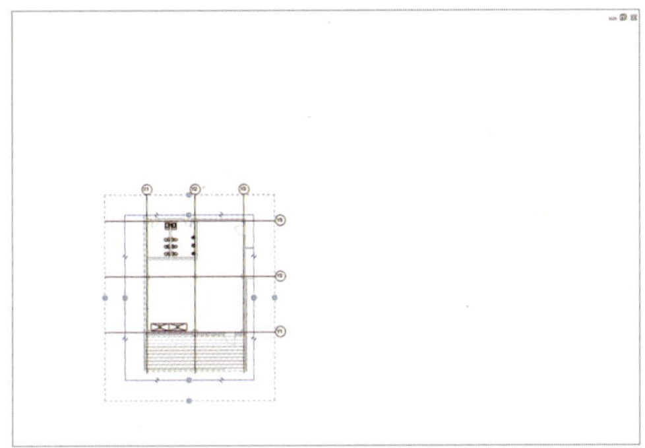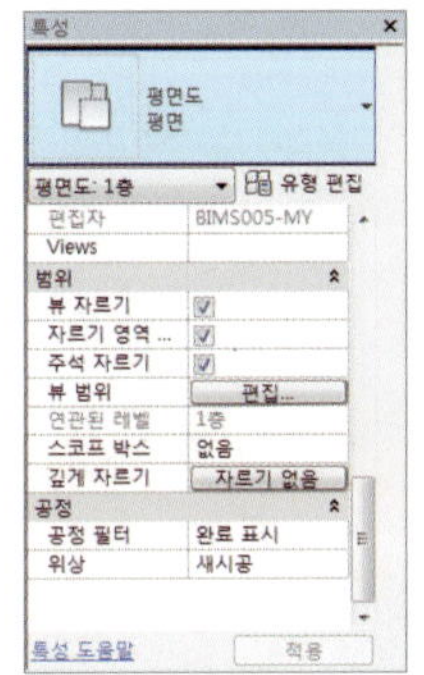

[뷰를 자름]

● **자르기 영역 표시/숨기기** 뷰 자르기의 영역을 도면 영역에 표시하거나 숨기는 도구입니다. 자르기 영역 표시는 뷰 조절 막대 및 뷰 [특성] 대화상자에서 설정할 수 있습니다.

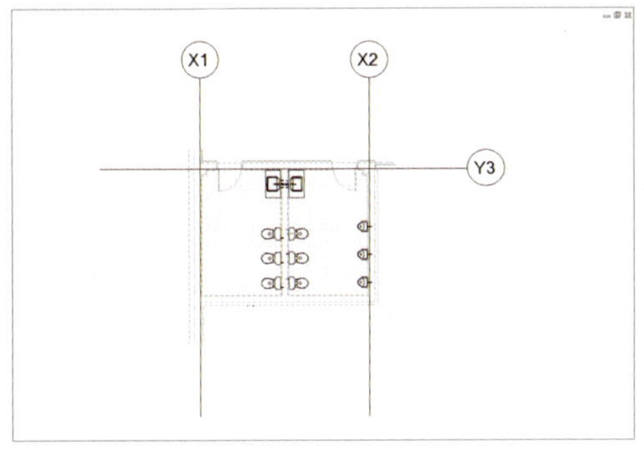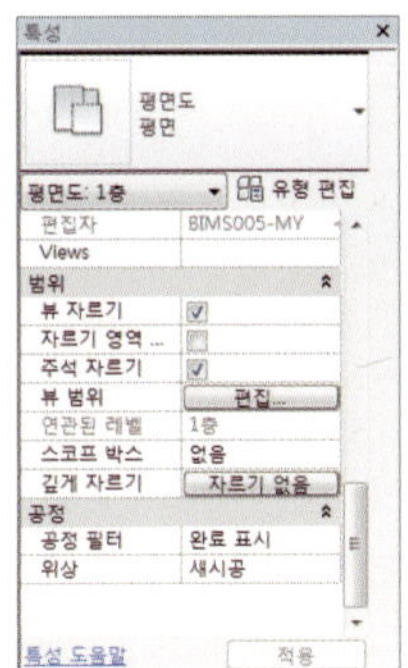

[자르기 영역 숨기기]

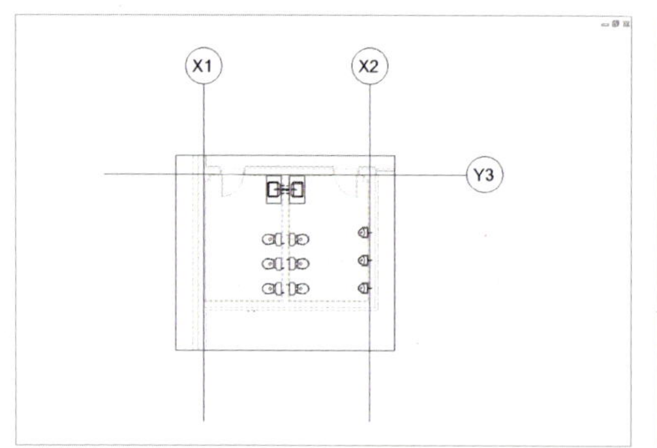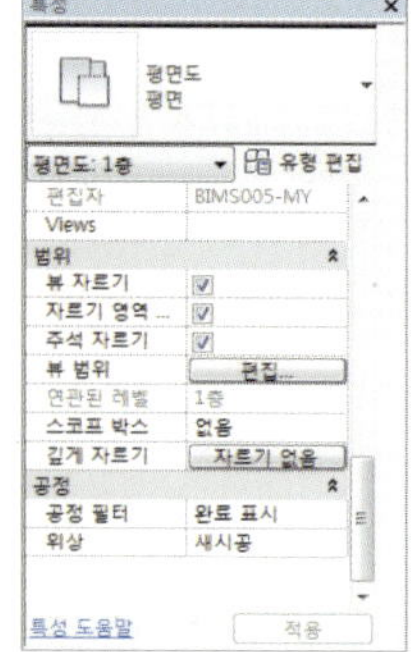

[자르기 영역 표시하기]

● 잠금 해제된/잠긴 3D 뷰 기본 3D 뷰에서는 뷰를 잠글 수 없기 때문에 뷰를 복제해야 합니다. 잠긴 뷰에서는 태그와 키노트를 배치할 수 있습니다.

- **방향 저장 및 뷰 잠금** : 현재 도면 영역에 보이는 뷰를 잠급니다.
- **방향 복원 및 뷰 잠금** : 잠금이 해제되고 방향이 재지정된 뷰를 이전의 잠긴 방향으로 복원합니다.
- **뷰 잠금 해제** : 잠금이 해제됩니다. 3D 뷰 탐색과 궤도 변경이 가능합니다.

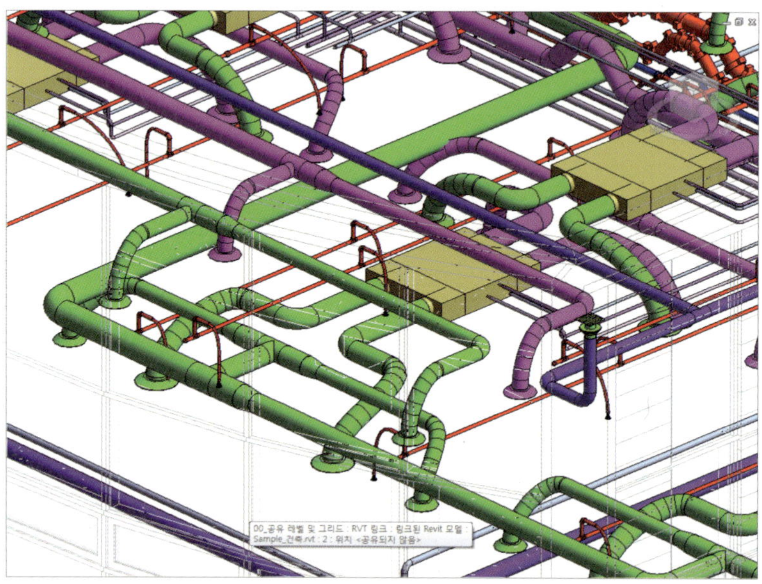

[뷰 해제]

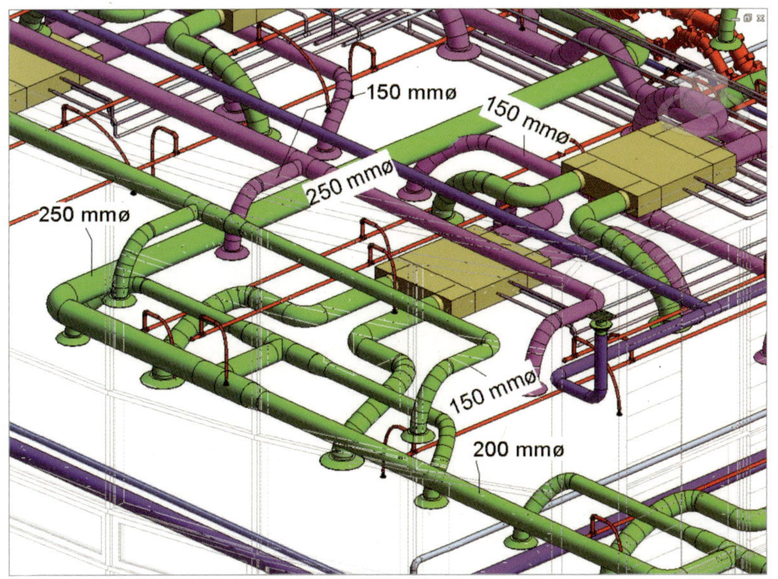

[뷰 잠금] 뷰가 잠긴 3D 뷰에 태그를 배치한 이미지입니다.

● **임시 숨기기/분리** 뷰에서 요소, 특정 카테고리를 분리해서 보거나 숨기는 도구입니다.

뷰에 숨기기/분리 적용(A)

카테고리 분리
카테고리 숨기기
요소 분리(I)
요소 숨기기(H)

임시 숨기기/분리 재설정

숨기기 도구는 뷰에서 선택된 요소/카테고리를 숨기고, 분리 도구는 선택된 요소/카테고리를 분리해서 표시하며, 선택되지 않은 요소/카테고리는 숨깁니다.

도면 영역에서 몇 개의 요소를 선택합니다. 오른쪽 화면에서 사각 덕트 작업을 선택하여 각 기능을 확인합니다.

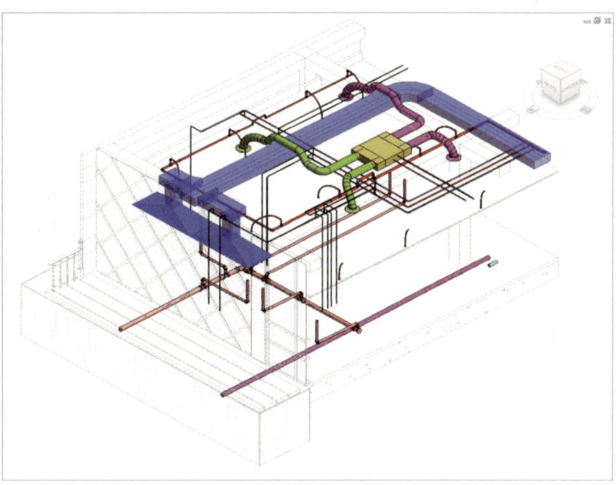

• **카테고리 분리** : 도면 영역에서 몇 개의 요소를 선택한 후 카테고리를 분리하면, 선택된 요소의 카테고리만 보입니다.

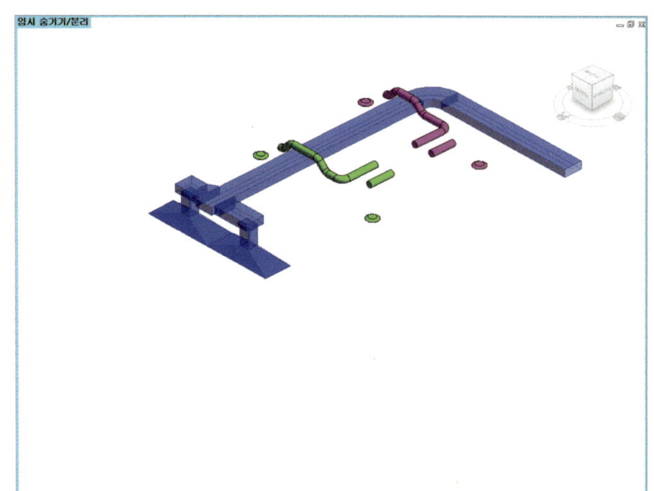

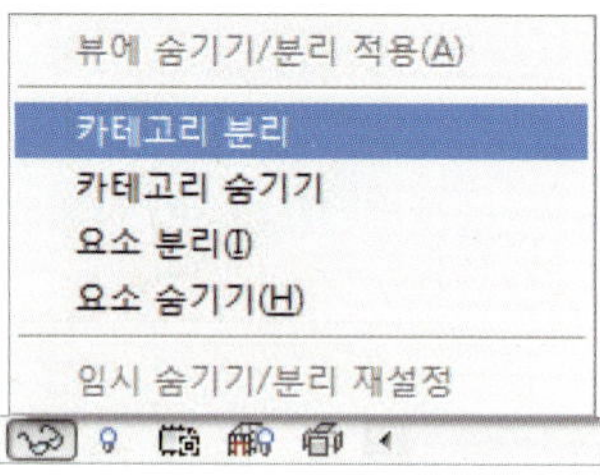

• **카테고리 숨기기** : 선택한 요소의 카테고리는 뷰에서 숨깁니다.

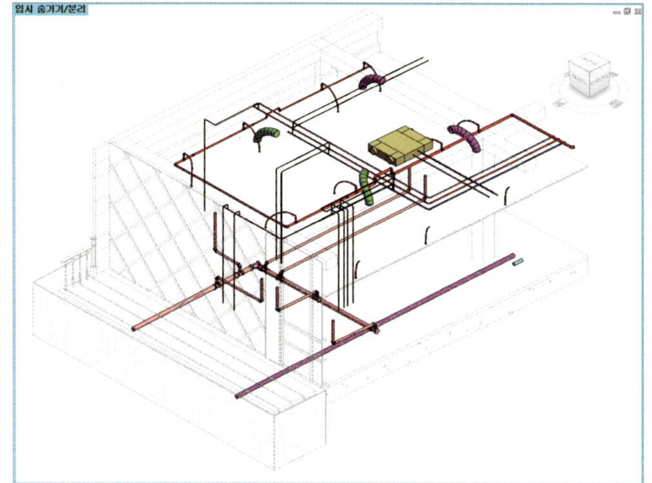

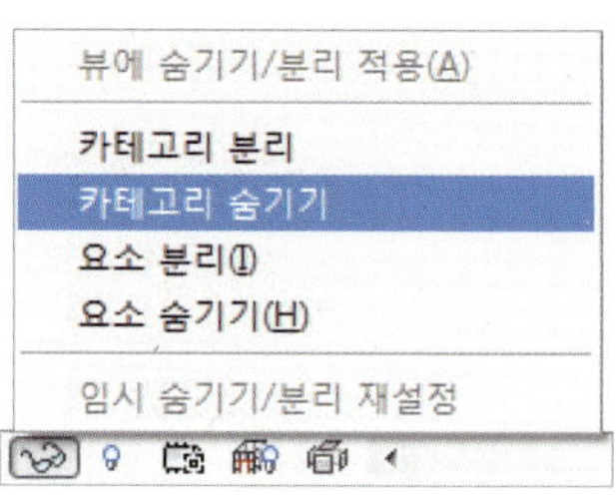

• **요소 분리** : 선택한 요소만 분리되어 보입니다.

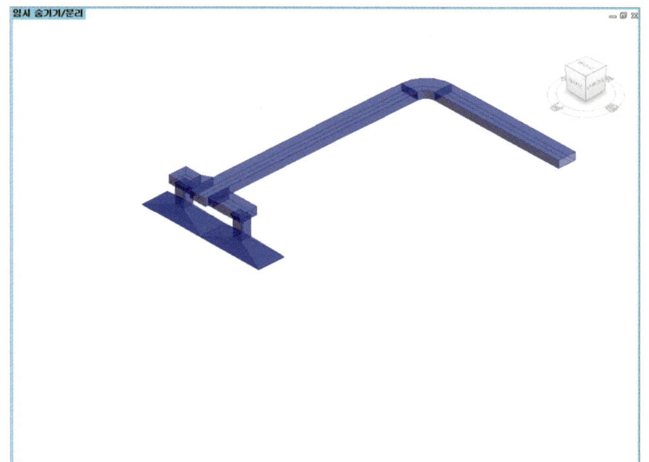

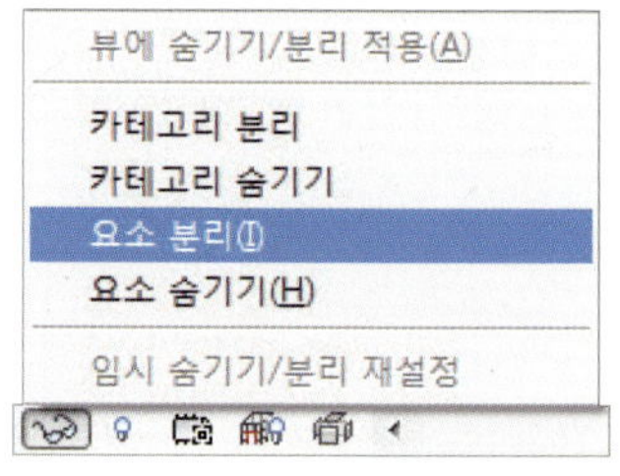

• **요소 숨기기** : 선택한 요소만 숨기고, 나머지 요소는 뷰에서 보입니다.

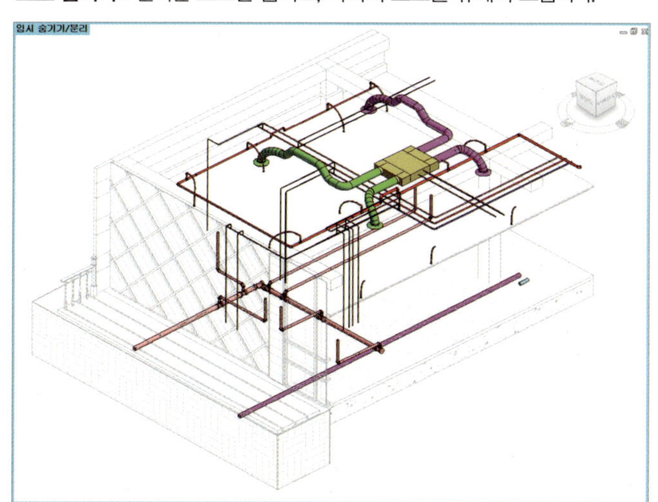
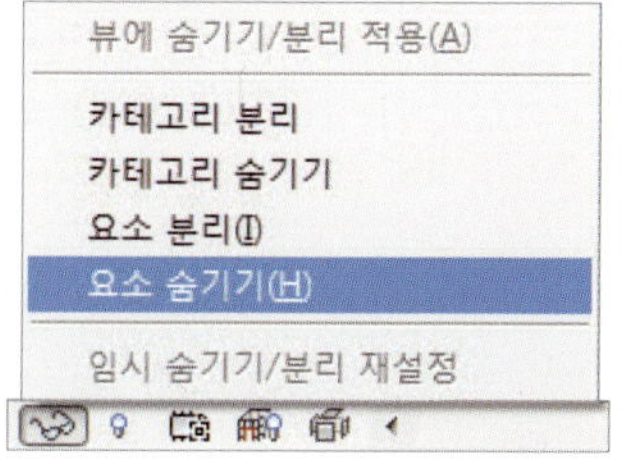

• **뷰에 숨기기/분리 적용** : 임시 숨기기/분리 모드를 종료하고, 현재 지정된 설정을 영구적으로 설정합니다.

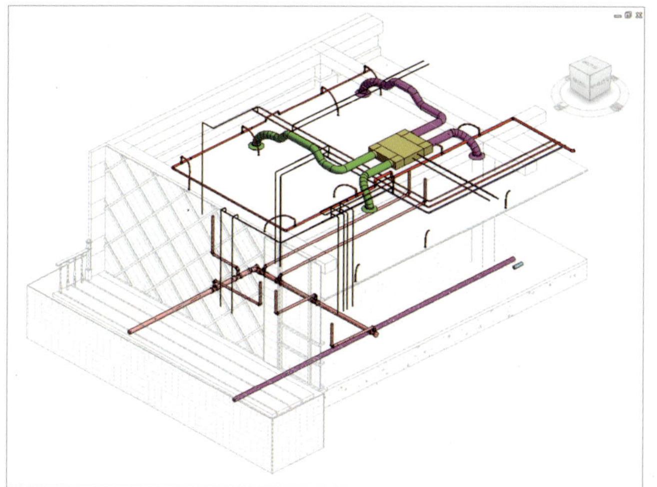
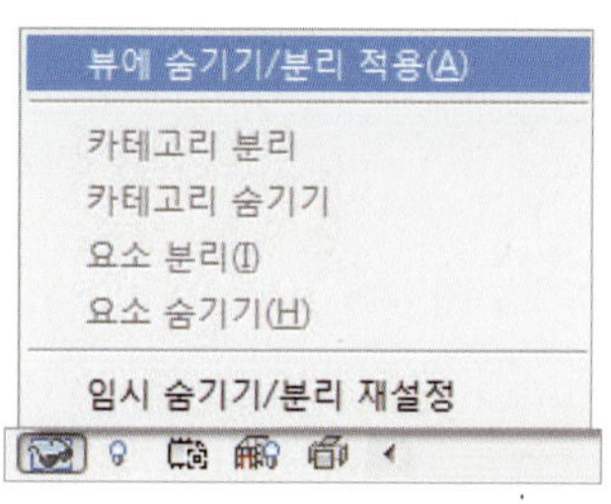

• **임시 숨기기/분리 재설정** : 현재 지정된 설정을 저장하지 않고, 임시 숨기기/분리 모드를 종료합니다.

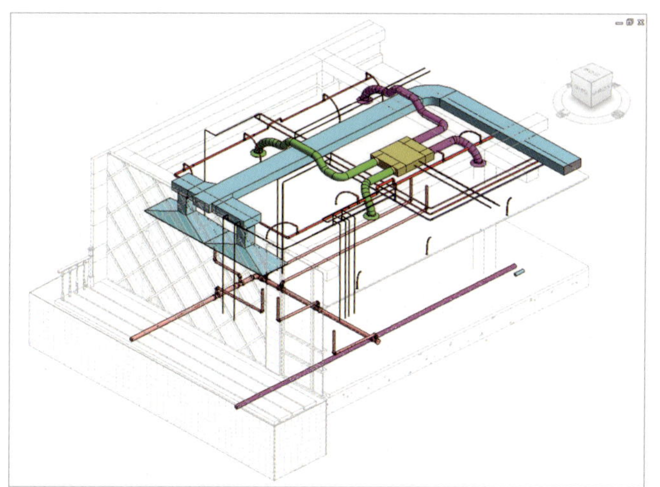
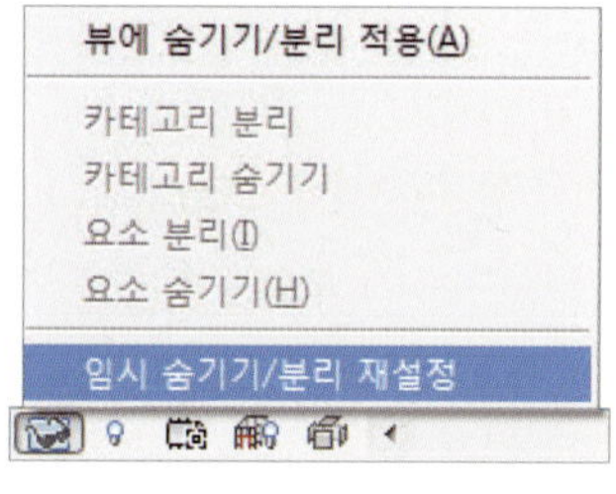

● **숨겨진 요소 표시** 🔎 도면 영역에 숨겨진 요소의 색상 경계를 표시하여 숨겨진 요소 표시 모드에 있음을 나타냅니다.

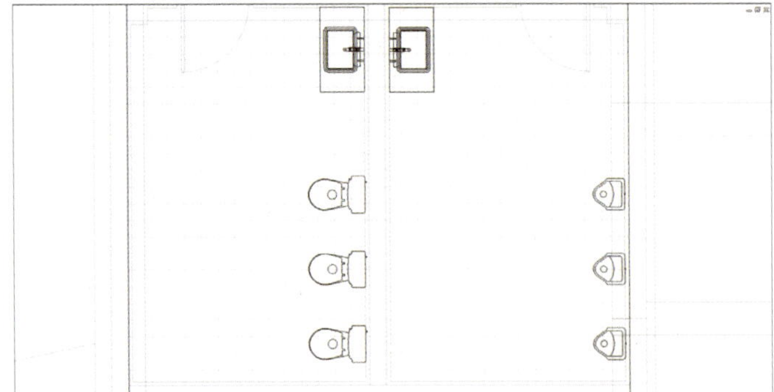

[숨겨진 요소 숨김 해제]

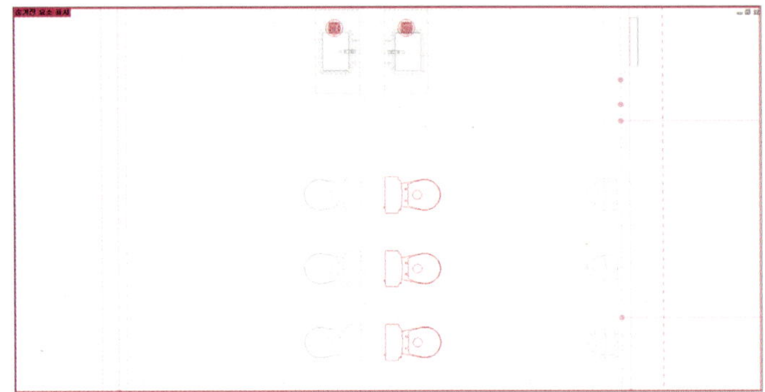

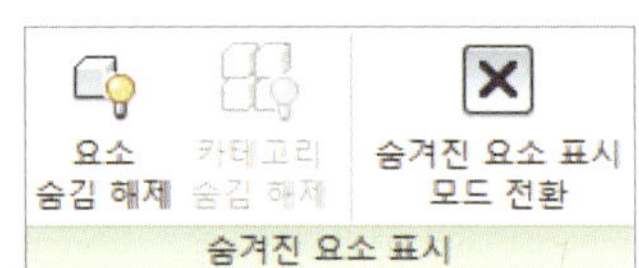

[숨겨진 요소 표시]

숨겨진 요소 표시 모드에서 숨겨진 요소 또는 숨겨진 카테고리를 선택하면, 요소 숨김 해제 및 카테고리 숨김 해제 옵션이 활성화됩니다.

● **임시 뷰 템플릿** 지정된 템플릿이 아니라 임시로 다른 뷰 템플릿을 적용할 때에 사용하는 도구입니다.

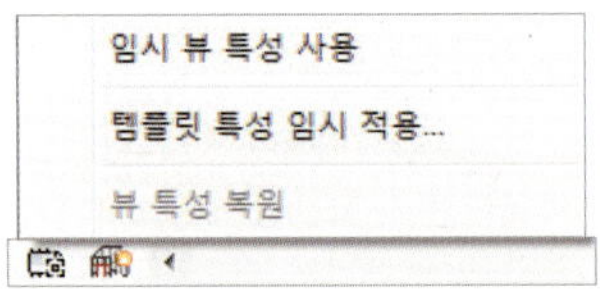

- **임시 뷰 특성 사용 :** 임시 뷰 모드로
  전환됩니다. 임시 뷰 모드에서는 임
  시로 뷰의 가시성 그래픽 및 뷰 조절
  막대를 사용하여 뷰 특성을 변경할
  수 있습니다. 뷰 특성 복원을 선택하
  면 임시 뷰 특성을 사용하기 이전의
  뷰 상태를 보여줍니다.

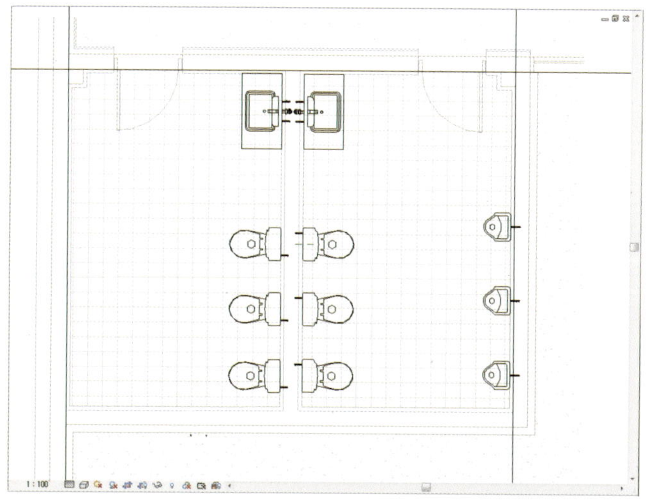

[임시 뷰 특성 사용 전]

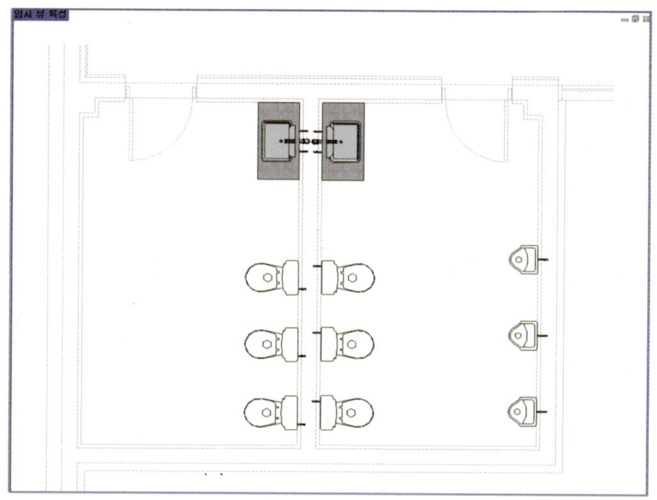

[임시 뷰 특성 사용]

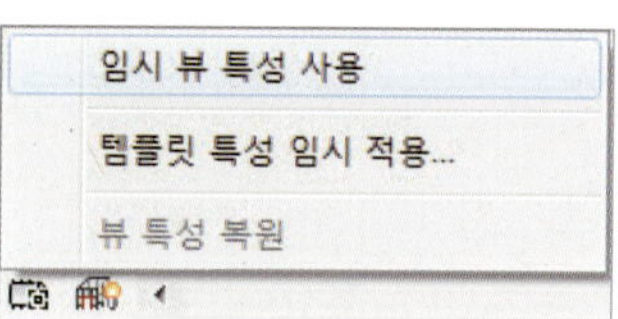

- **뷰 템플릿 특성 임시 적용 :** 뷰 템플릿을 임시로 적용할 수 있습니다.

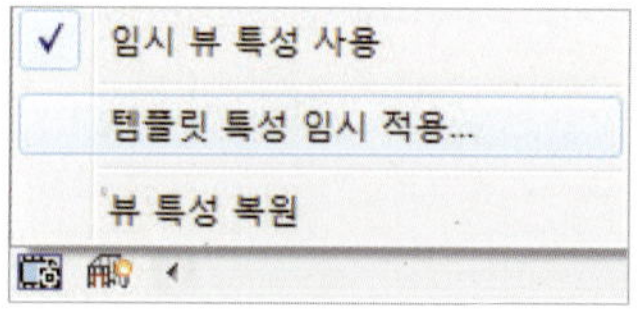

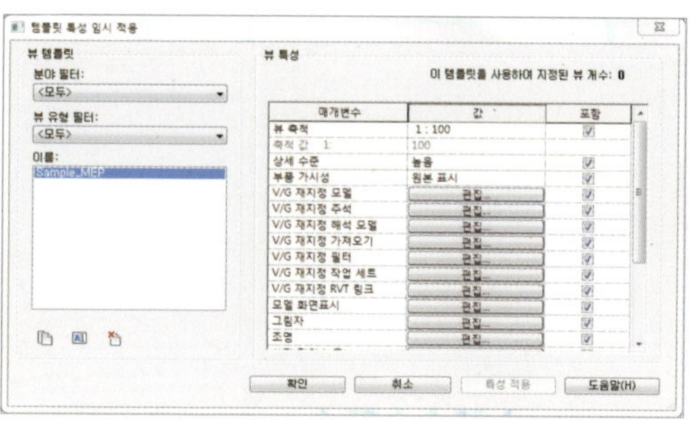

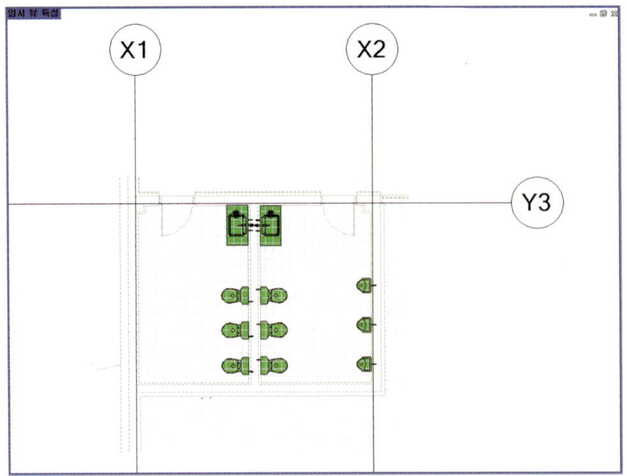

- **최근 뷰 템플릿** : 마지막으로 사용한 5개 템플릿의 리스트를 표시합니다.

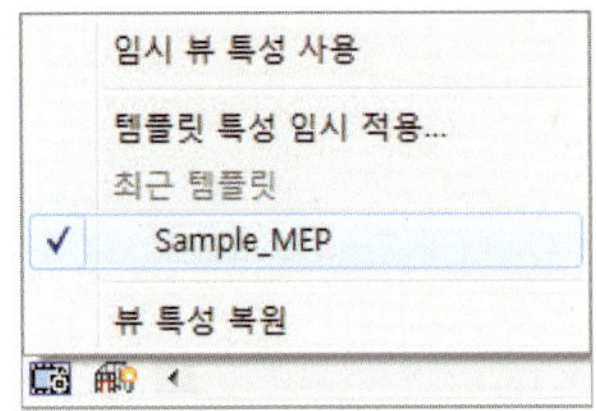

- **뷰 특성 복원** : 임시 뷰 모드를 종료하고, 임시 뷰 템플릿 적용 이전의 뷰를 표시합니다.

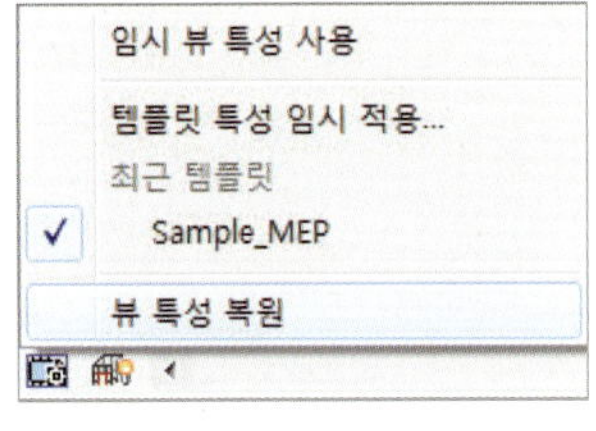

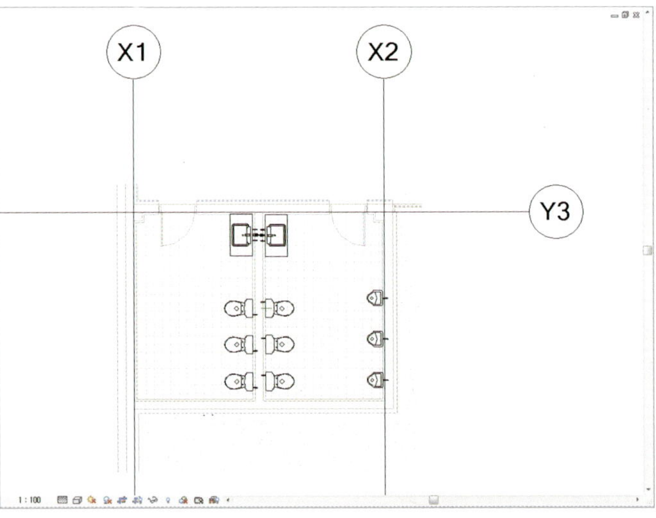

- **해석 모델 표시**　현재 뷰에서 해석 모델을 표시하거나 숨길 수 있습니다. Revit에서 해석 모델은 실제 구조 모델에 대한 공학적 관점의 전체 설명을 간단한 3D로 표현하는데, 이들의 해석 모델에 대한 기능입니다.

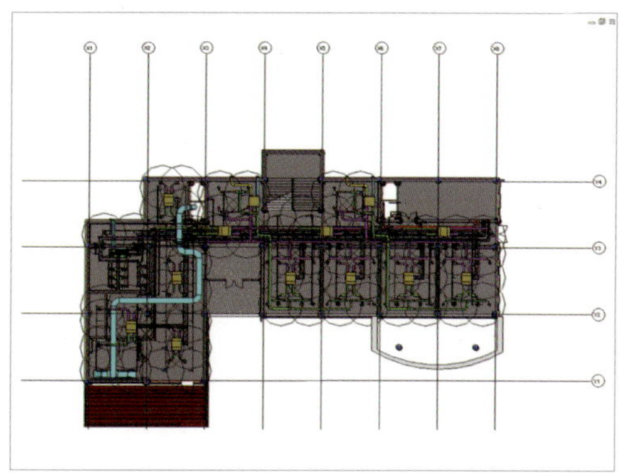

[해석 모델 표시]

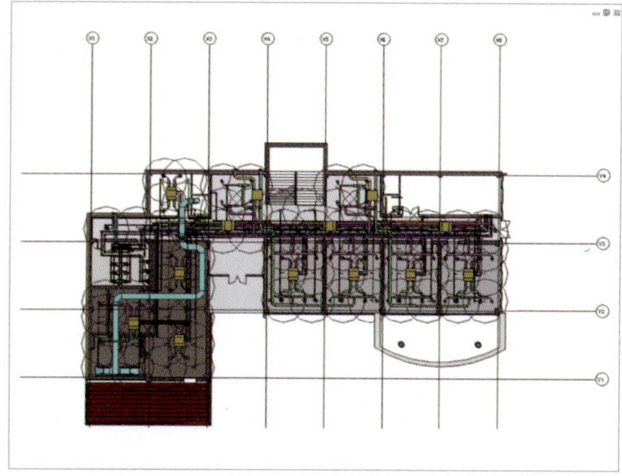

[해석 모델 숨기기]

- **변위 세트 강조 표시**　변위 세트는 하나 또는 여러 요소로 구성될 수 있고, 여러 요소는 하나의 세트로 컨트롤할 수 있습니다. 변위 동작은 X, Y, Z축을 따라 끌어서 컨트롤할 수 있습니다.

- 변위된 뷰를 사용하여 모델 요소가 모델에 대해 가지고 있는 관계를 전반적으로 보여줄 수 있습니다. 변위 세트는 변위된 뷰를 작성하기 위해 요소 변위 도구에서 사용하는 선택된 요소 또는 여러 요소를 가리킵니다.

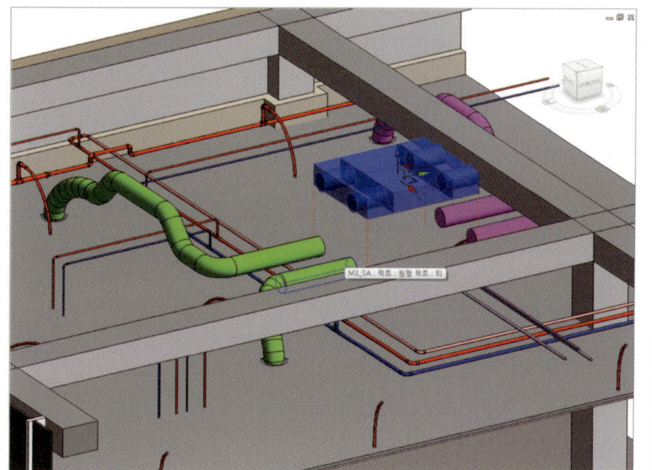

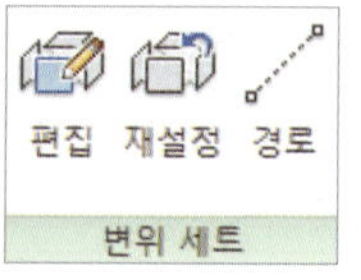

변위 세트 패널에서 재설정을 클릭하면 요소가 이동하기 전의 상황으로 돌아갑니다.

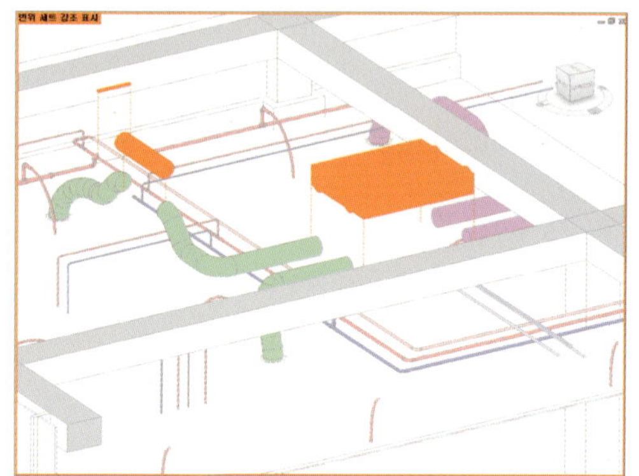

[변위 세트 강조 표시]

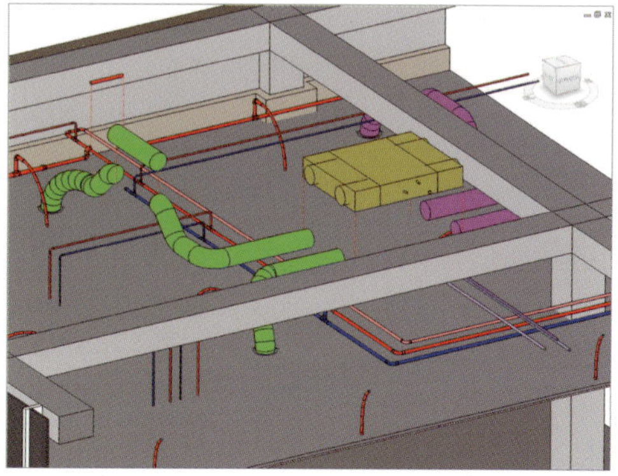

[변위 세트 강조 표시 모드 닫기]

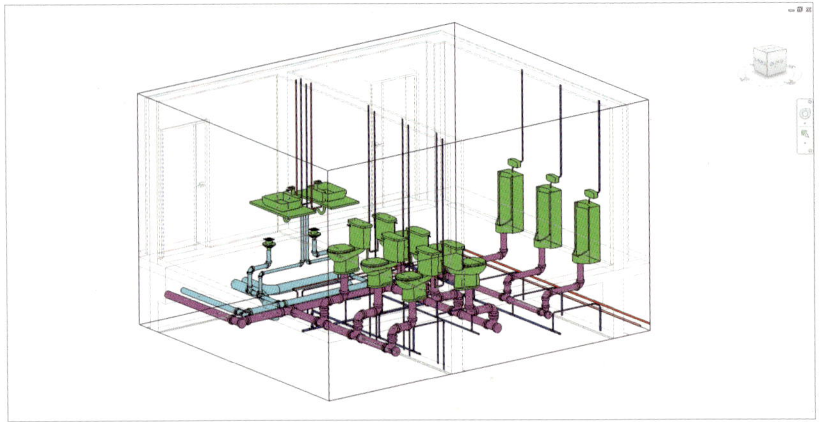

도면 영역에는 현재 뷰가 표시됩니다. 도면 영역의 기본 배경은 흰색이지만, 검은색으로 전환할 수도 있습니다.

> **Note**

배경색 전환하기

 ▶ [옵션] ▶ [그래픽]에서 '색상' 항목의 '배경 반전'을 체크하면, 바탕이 검은색으로 전환됩니다.

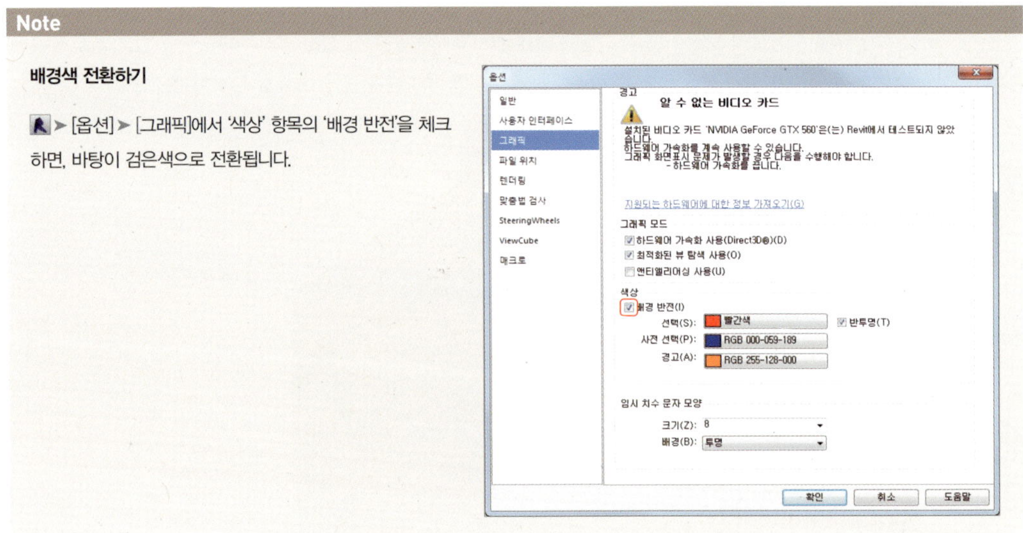

⑪ 리본

리본의 주요 기능은 상단의 건축, 구조, 시스템 등의 탭으로 구분하고, 각 탭의 하단은 선택, 배관 및 파이프, HAVC 등의 패널로 구성됩니다.

특정 도구를 사용하거나 요소를 선택하면 해당 도구나 요소에 관련된 도구가 상황별 [리본] 탭에 표시됩니다. 패널을 클릭한 상태에서 움직이면 패널의 순서를 변경할 수 있습니다.

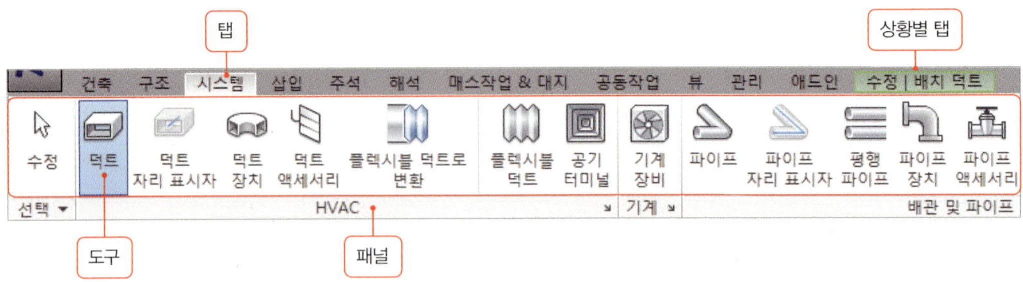

● 리본 구성

• **탭** : 도구의 특성에 따라 탭이 존재하며, 추가로 특정 도구를 사용하거나 요소를 선택하면, 해당 도구나 요소에 관련된 도구가 상황별 리본 탭에 표시됩니다.

> **TIP**
>
> 애드인은 Autodesk 소프트웨어에 추가 기능을 제공하는 소프트웨어 프로그램입니다.

• **상황별 탭** : 선택한 객체 또는 현재 작업과 관련된 도구를 제공합니다.

• **패널** : 탭의 특성에 맞춰 구성된 도구가 그룹화되어 표시됩니다.

• **도구** : 리본의 현재 탭에 있는 도구

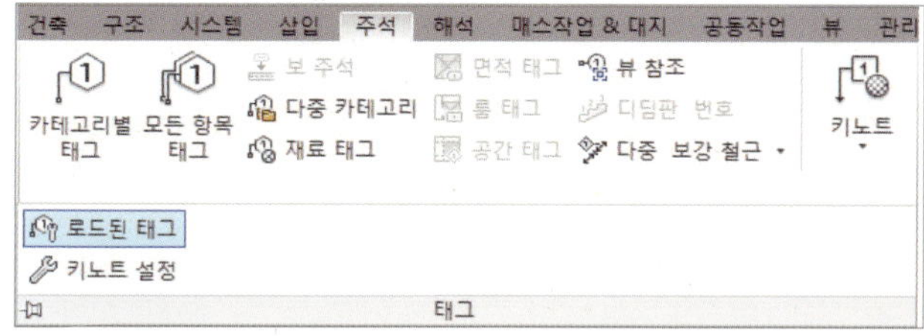

[리본] 탭의 패널을 이동하려면 패널을 클릭한 상태에서 원하는 위치로 드래그하면 됩니다. 패널 제목 옆에 화살표가 있는 패널은 관련 도구가 있음을 나타냅니다. 화살표를 누르면 패널이 확장되고 관련 도구가 나열됩니다.

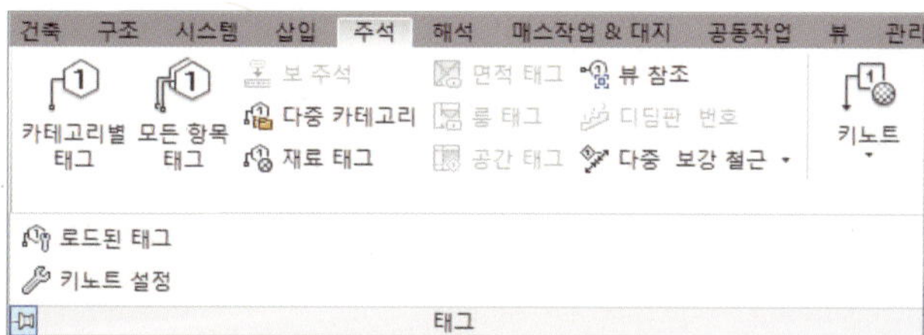

확장된 패널을 고정하려면 패널 제목의 왼쪽 하단 모서리에 있는 [압정] 아이콘을 클릭하면 됩니다.

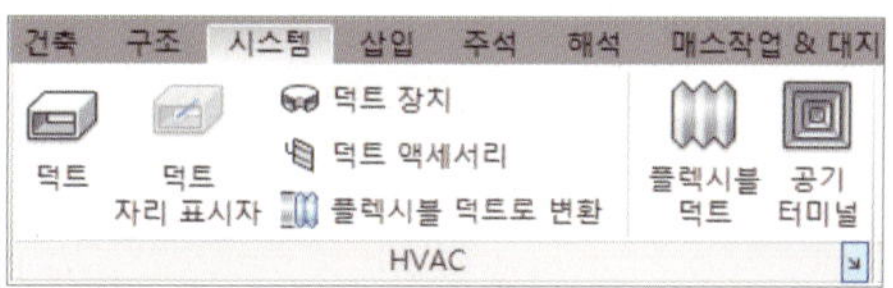

패널 제목의 오른쪽 하단 모서리에 있는 화살표를 클릭하면 해당 도구의 설정 대화상자가 활성화됩니다.

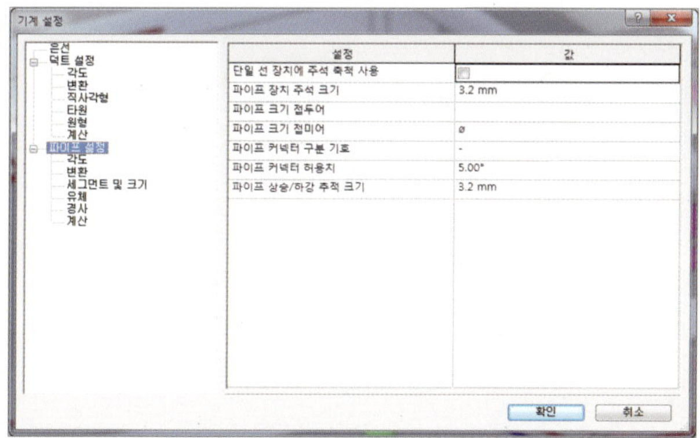

[기계 설정] 대화상자에서 파이프 또는 덕트의 간격 띄우기값을 비롯한 설정을 변경할 수 있습니다.

⑫ 요소 선택 제어

선택 제어 옵션을 on/off하여 선택할 수 있는 요소와 선택 동작을 제어합니다. 요소 선택 제어는 열려 있는 모든 뷰에 적용되며, 뷰에 따라 개별적으로 적용할 수 없습니다.

● 링크 선택   링크된 파일의 요소 선택을 제어합니다. 링크 선택을 on할 경우 링크된 요소들을 선택할 수 있고, off할 경우 링크된 요소들을 선택할 수 없습니다. off가 되어 있더라도 링크의 요소로 스냅하고 정렬할 수 있습니다.

● 언더레이 요소 선택   언더레이에 포함된 요소들의 선택을 제어합니다. 언더레이 요소들의 선택이 필요할 경우에는 on으로 하고, 필요하지 않을 경우에는 off로 합니다. off가 되어 있더라도 언더 레이의 요소로 스냅하고 정렬할 수 있습니다.

● 핀 요소 선택   핀으로 고정된 요소들의 선택을 제어합니다. 핀 요소 선택을 on할 경우, 핀으로 고정된 요소들을 선택할 수 있고, off할 경우 핀으로 고정된 요소들을 선택할 수 없습니다.

● 면별 요소 선택   요소를 선택할 때 면에서 요소를 선택할 수 있도록 제어합니다. 면별 요소 선택이 on으로 되어 있을 경우에는 면에서 요소를 선택할 수 있지만, off로 되어 있을 경우에는 요소를 선택할 때 모서리에서 요소를 선택해야 합니다.

● 선택된 요소 끌기   요소를 선택할 때 요소가 이동하는 것을 제어합니다. 요소를 선택할 때 실수로 이동하는 것을 방지하려면 이 옵션을 꺼두는 것이 좋습니다.

● 필터   선택된 요소들을 카테고리별로 좀 더 구체적으로 지정합니다. 필터를 사용하면 선택된 여러 요소들을 원하는 카테고리만 지정하여 선택할 수 있습니다.

Revit에서는 평면도, 입면도, 단면도와 같은 2D 뷰 및 3D 뷰를 제공합니다. 평면 뷰에는 평면도, 반사된 천장 평면도, 입면도, 단면도, 3D 뷰, 일람표, 범례, 상세 뷰 등이 있습니다. 그중 평면도와 반사된 천장 평면도는 가상의 절단면을 기준으로 아래 또는 위의 방향으로 지정된 깊이까지 작성된 요소를 뷰에 보여줍니다.

● **평면도 뷰 범위** 모든 평면 뷰에는 '뷰 범위'라는 특성이 있습니다. 뷰 범위는 뷰에서 객체의 가시성과 화면 표시를 제어하는 일련의 수평 기준면입니다. 상단과 하단 자르기 기준면은 뷰 범위의 최상단과 최하단의 위치를 나타냅니다. 절단 기준면은 뷰에서 특정 요소가 절단되어 표시되는 높이를 결정합니다. 이 3가지 기준면이 뷰 범위의 1차 범위를 정의합니다. 뷰 깊이는 1차 범위 밖의 추가 기준면입니다.

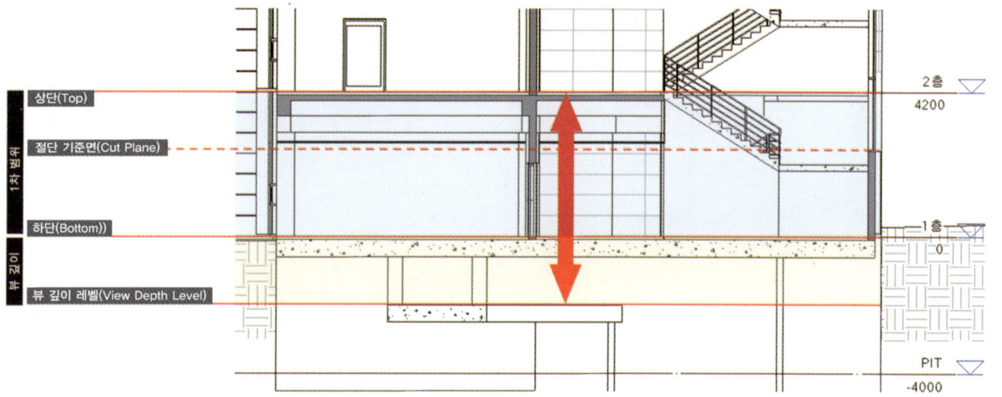

[평면도 뷰 범위]

뷰 깊이가 하단보다 깊은 경우, 상기 이미지의 화살표 범위에 해당하는 요소들이 뷰에 나타납니다.

알아두세요   **평면도 뷰 범위 편집**

1. 절단 기준면은 반드시 상단과 하단 사이에 있어야 하며, 상단과 하단 범위를 벗어날 경우에는 오류(Error)가 발생합니다.
2. 뷰 깊이는 1차 범위의 하단과 같거나 하단 아래에 있어야 하며, 하단보다 높게 지정된 경우에는 오류가 발생합니다.

평면도 뷰 범위 예제

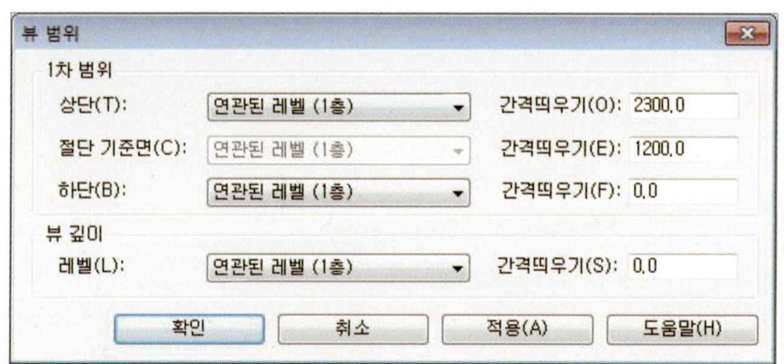

뷰 범위에서 설정된 1차 범위 및 뷰 깊이를 포함한 범위가 해당 평면 뷰에 반영됩니다. 즉, 평면 뷰의 기준은 절단 기준면의 레벨인 연관된 레벨(1층)의 간격 띄우기값인 1200mm를 기준으로(절단 가능한 객체는 지정된 높이의 절단 기준면에 의해 절단됩니다.) 위로는 상단 레벨인 연관된 레벨(1층)의 간격 띄우기 2300mm까지, 아래로는 추가된 뷰 깊이 레벨인 연관된 레벨(1층)의 간격 띄우기 0mm까지 범위에 포함된 요소들이 평면 뷰에 나타납니다.

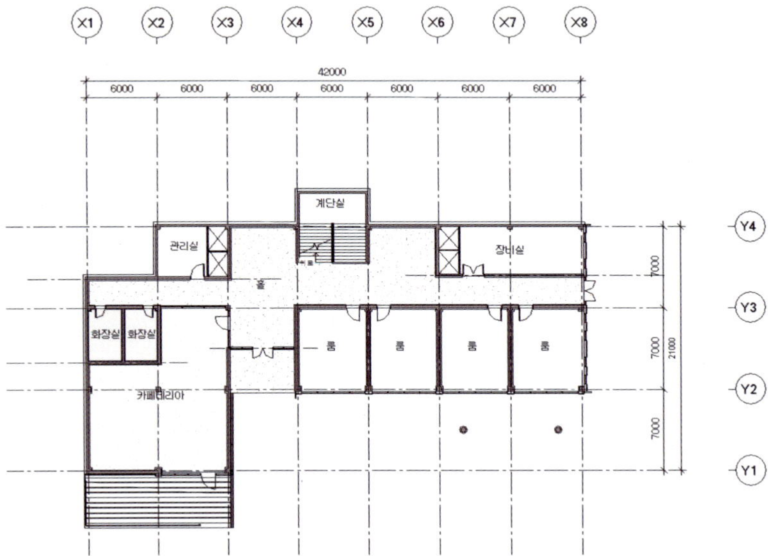

절단 가능 패밀리 참조

- **절단 가능 패밀리** : 패밀리가 절단 가능이면 뷰의 절단 기준면이 모든 유형의 뷰에서 해당 패밀리를 교차할 때 패밀리가 절단으로 표시됩니다.

패밀리 템플릿으로 작성 절단 시 옵션 사용 가능	패밀리 템플릿으로 작성 절단 시 옵션 사용 불가	시스템 패밀리
■ 케이스워크	■ 커튼월 패널	■ 천장
■ 기둥	■ 일반 모델	■ 바닥
■ 문	■ 지형	■ 지붕
■ 대지		■ 벽
■ 구조 기둥		
■ 구조 기초		
■ 구조 프레임		
■ 창		

- **절단 불가능 패밀리** : 다음 패밀리는 절단할 수 없으며, 항상 뷰의 투영에 표시됩니다.

■ 난간 동자	■ 전기 설비	■ 가구 시스템	■ 주차장	■ 특수 시설물
■ 상세 항목	■ 환경	■ 조명 설비	■ 수목	
■ 전기 시설물	■ 가구	■ 기계 장비	■ 배관 설비	

뷰 [특성] 대화상자의 분야가 건축 또는 구조로 지정되어 있을 때에는 절단 기준면에서 뷰 깊이를 포함한 범위가 해당 평면 뷰에 반영됩니다.

[평면도 뷰 범위]

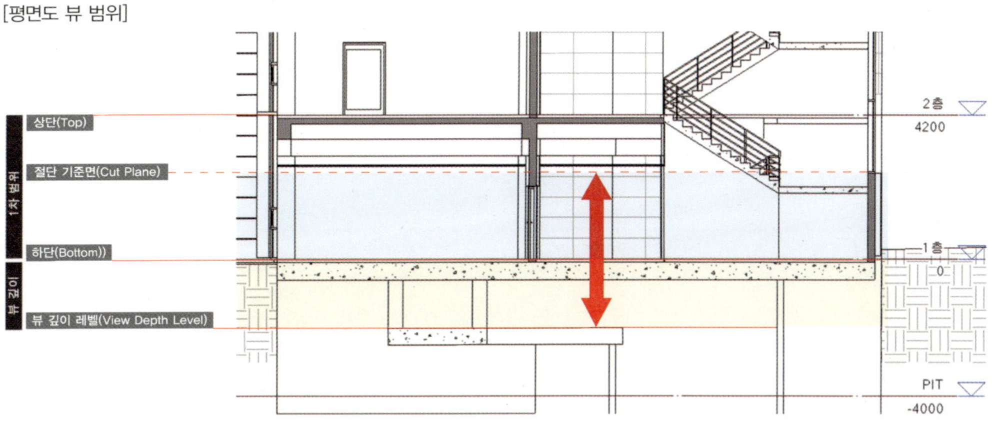

뷰 깊이가 하단보다 깊은 경우, 상기 이미지의 화살표 범위에 해당하는 요소들이 뷰에 나타납니다.

● **반사된 천장 평면도 뷰 범위** 반사된 천장 평면도(RCP)는 해당 레벨에서 천장을 바닥에 반사시켜 보는 것처럼 작성됩니다. 그러나 객체가 보이는 우선순위는 천장을 올려다보는 것과 같습니다. 즉, 절단 기준면을 기준으로 위쪽 방향으로(상위 레벨 방향) 뷰 깊이가 설정됩니다. 하단 자르기 기준면은 비활성화되며, 절단 기준면의 간격 띄우기값과 동일한 값이 적용됩니다.

[반사된 천장 평면도 뷰 범위]

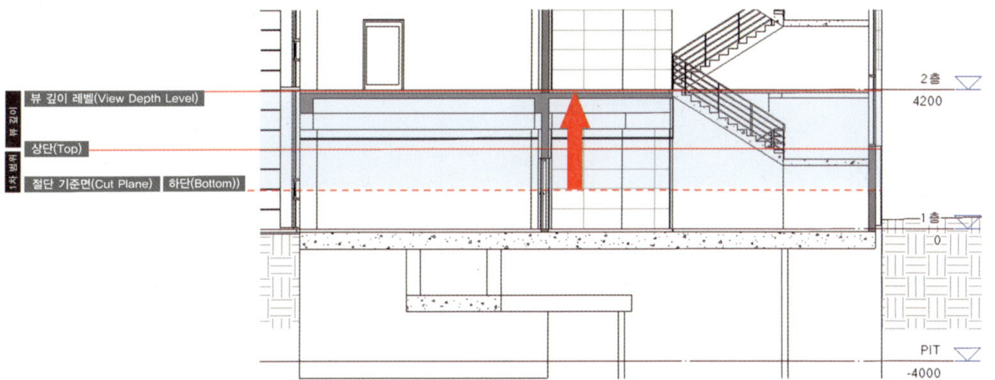

뷰 깊이가 하단보다 높은 경우, 상기 이미지의 화살표 범위에 해당하는 요소들이 뷰에 나타납니다.

> **알아두세요** **반사된 천장 평면도 뷰 범위 편집**
> 1. 절단 기준면은 반드시 상단과 하단 사이에 있어야 하며, 상단 범위를 벗어날 경우에는 오류가 발생합니다.
> 2. 뷰 깊이는 1차 범위의 상단과 같거나 상단 위에 있어야 하며, 상단보다 낮게 지정된 경우에는 오류가 발생합니다.

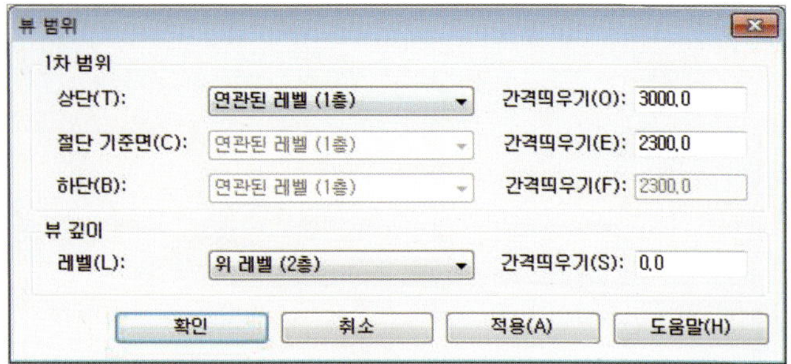

절단 기준면 레벨인 연관된 레벨(1층)의 간격 띄우기 2300mm을 기준으로 상단 레벨인 연관된 레벨(1층) 간격 띄우기 3000mm에서 뷰 깊이 레벨인 위 레벨(2층) 간격 띄우기 0mm까지 포함된 요소들이 반사된 천장 평면도에 나타납니다.

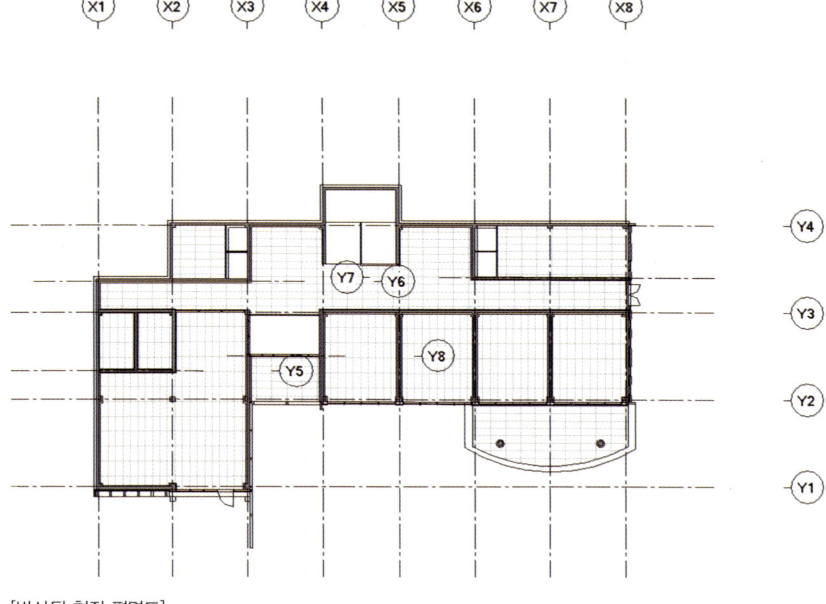

[반사된 천장 평면도]

알아두세요

뷰 범위를 정확히 이해하는 것이 도면화 작업 또는 모델링 작업에 유리합니다. 예를 들어 천장이 작업되어 있는 반사된 천장 평면도에서 천장에 배열된 등 기구와 전등의 배치를 보기 원한다면, 분야가 건축, 구조, 좌표인 경우에 절단 기준면이 천장보다 낮아야 합니다. 천장 배열이 아닌 천장 내부 배관 및 덕트를 보기 원한다면 절단 기준면이 천장보다 높아야 합니다. 분야가 기계, 전기, 배관인 경우에는 천장에 의해 가려지지 않으므로 범위 내의 요소들이 뷰에 전부 나타납니다.

줌 도구

- **ZR(Zoom in Region) 영역 확대 보기 :** 이 메뉴를 선택하면 돋보기 모양의 아이콘이 나타나며, 확대하고자 하는 객체나 영역을 지정하면 확대됩니다.
- **ZO(Zoom Out(2X)) 축소 보기 :** 이 메뉴를 선택하면 현재 화면의 1/2로 축소됩니다.
- **ZF(Zoom to Fit) 최적 보기 :** 현재 창에 최적화합니다.
- **ZA(Zoom All to Fit) 전체 최적 보기 :** 현재의 모든 창에 최적화합니다.
- **ZE(Zoom Extents) 확대 보기 :** 현재 창에 최대화합니다.
- **ZS(Zoom Sheet Size) :** 시트 크기로 줌(zoom)합니다.
- **ZP(Previous Pan/Zoom) :** 이전 초점으로 이동합니다.
- **Next Pan/Zoom :** 다음 초점으로 이동합니다. 마우스 오른쪽 버튼을 클릭하여 사용합니다.

스냅

[관리] 탭▶[설정] 패널▶[스냅]을 클릭한 후 스냅 기능을 설정하여 사용할 수 있습니다.

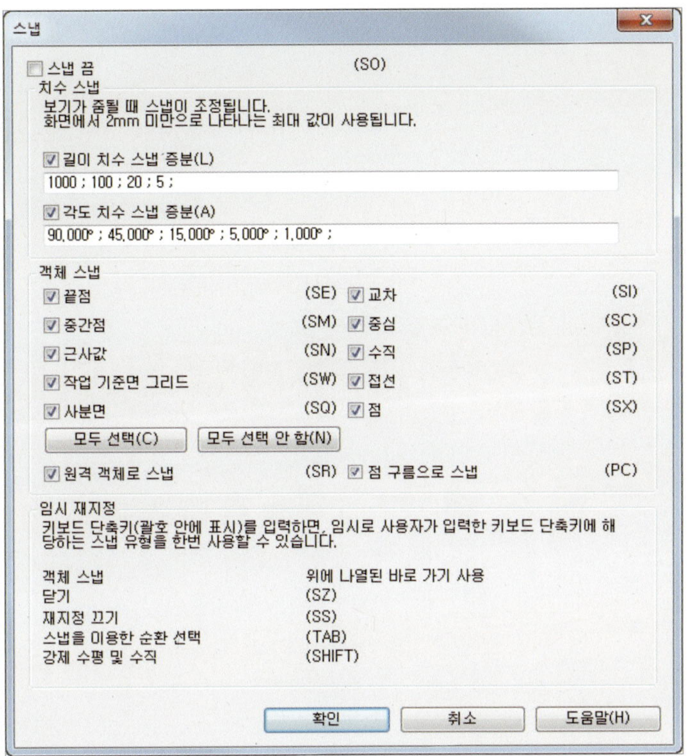

TIP

객체 스냅의 단축키는 자주 사용하므로, 단축키를 미리 익혀두는 것이 좋습니다.

MEP 프로젝트 시작하기

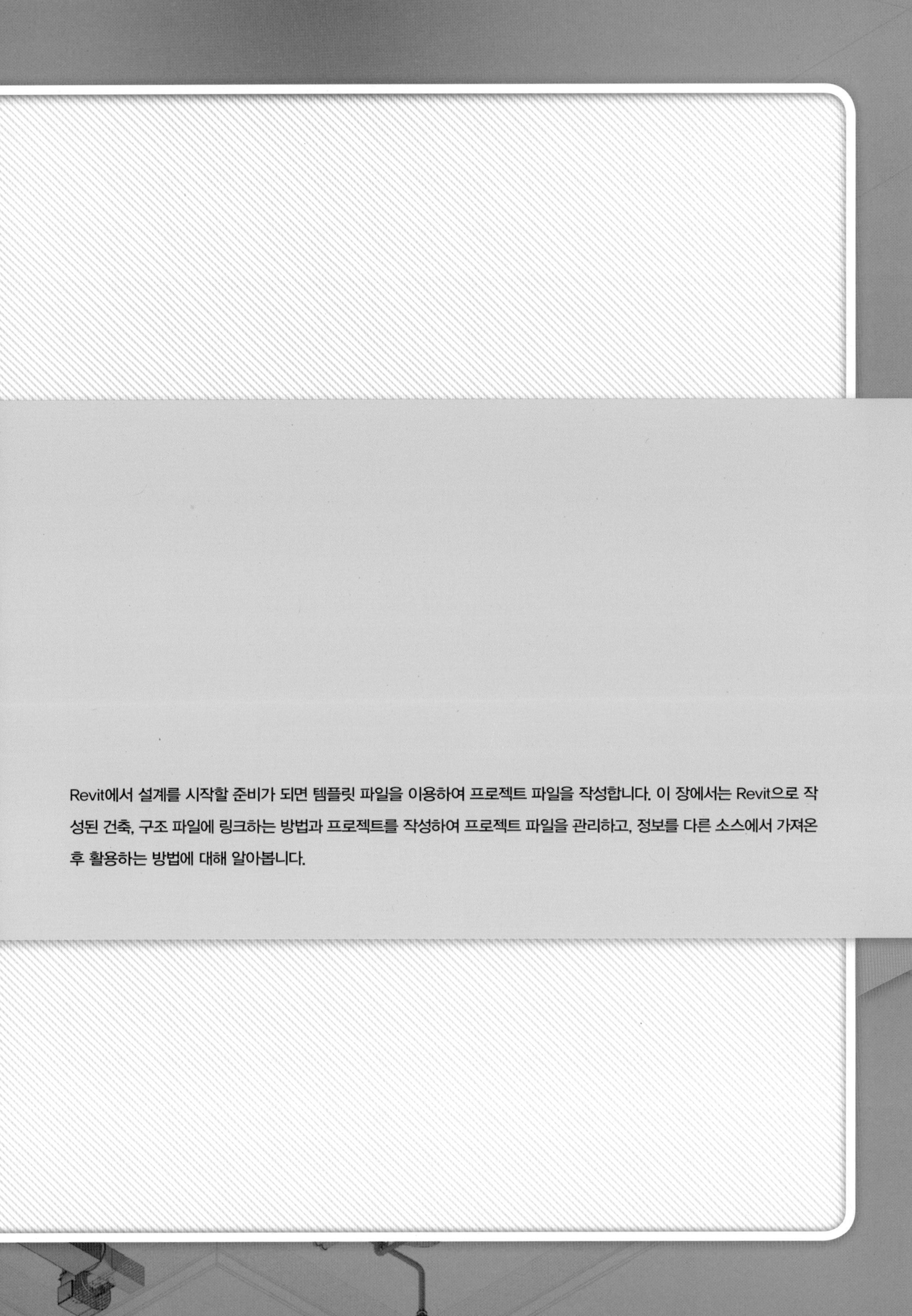

Revit에서 설계를 시작할 준비가 되면 템플릿 파일을 이용하여 프로젝트 파일을 작성합니다. 이 장에서는 Revit으로 작성된 건축, 구조 파일에 링크하는 방법과 프로젝트를 작성하여 프로젝트 파일을 관리하고, 정보를 다른 소스에서 가져온 후 활용하는 방법에 대해 알아봅니다.

프로젝트 템플릿 작성하기

새로운 MEP 프로젝트를 시작할 때에는 해당 프로젝트의 특성에 맞게 구성된 프로젝트 템플릿을 이용하는 것이 좋습니다. 그 이유는 여러 프로젝트가 동시에 진행되더라도 일관된 체계를 갖춘 프로젝트를 기반으로 작업할 수 있으며, 프로젝트 초기의 작업 준비 시간을 최소화할 수 있기 때문입니다. 프로젝트 템플릿은 뷰 템플릿, 시스템 패밀리, 로드된 패밀리, 프로젝트 설정(예) MEP 설정, 단위, 뷰 축척 등), 인쇄 설정 등을 미리 정의하여 포함할 수 있습니다.

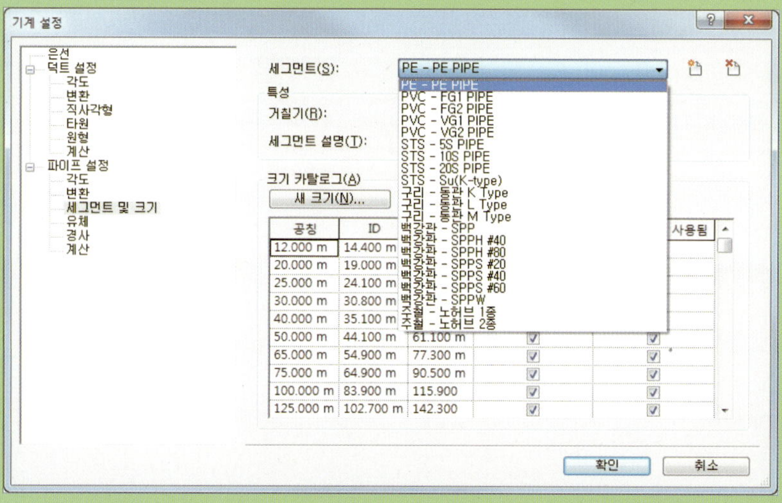

핵심 Point

프로젝트 템플릿 작성하기

프로젝트 템플릿 파일 위치 지정하기

프로젝트 뷰는 뷰 템플릿을 적용하여 표준화하는 것이 좋습니다. 여러 가지 뷰 템플릿이 Revit과 함께 제공되며, 이를 기반으로 사용자가 직접 작성할 수 있습니다. 뷰 템플릿은 뷰 축척, 분야, 상세 수준 및 가시성 설정과 같은 뷰 특성의 집합입니다. 뷰 템플릿을 사용하면 뷰에 표준 설정을 적용할 수 있습니다. 뷰 템플릿은 사무실 표준을 준수하고 시방서 세트에서 일관성을 유지하는 데 도움이 됩니다.

01 새 템플릿을 열기 위해 ▶[새로 만들기]▶[프로젝트]를 클릭합니다.

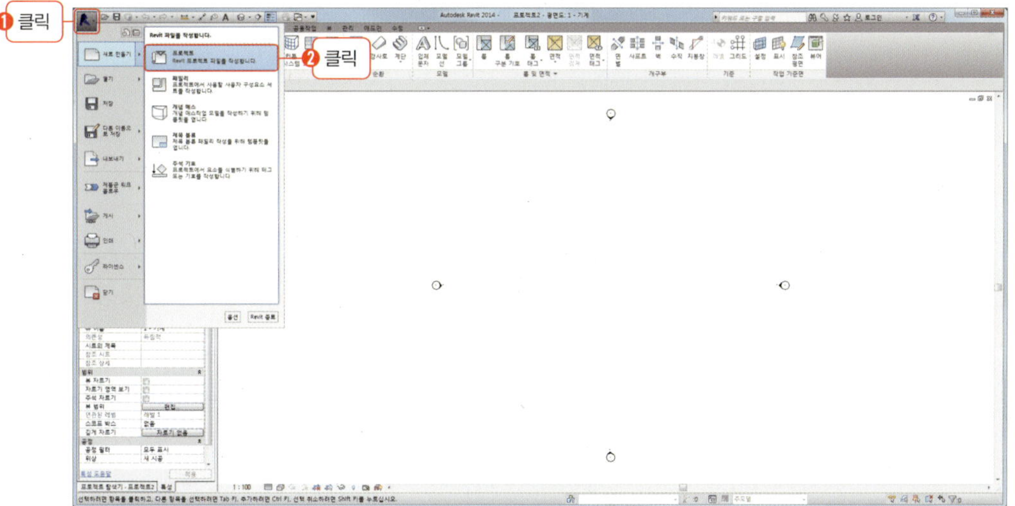

02 [새 프로젝트] 대화상자에서 Revit이 제공하는 기계 템플릿을 선택한 후 '새로 작성' 항목의 '프로젝트 템플릿'을 선택하고 [확인] 버튼을 누릅니다.

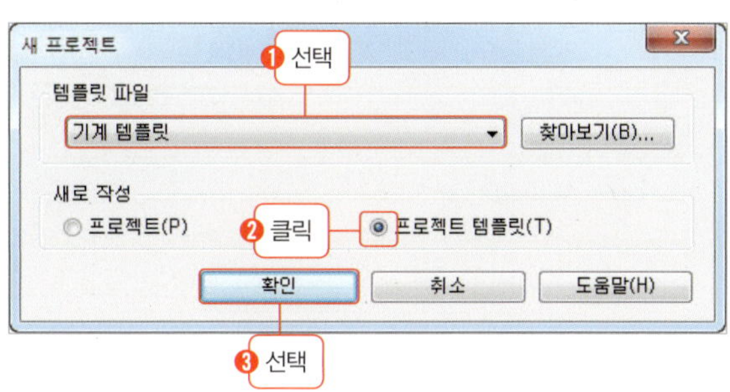

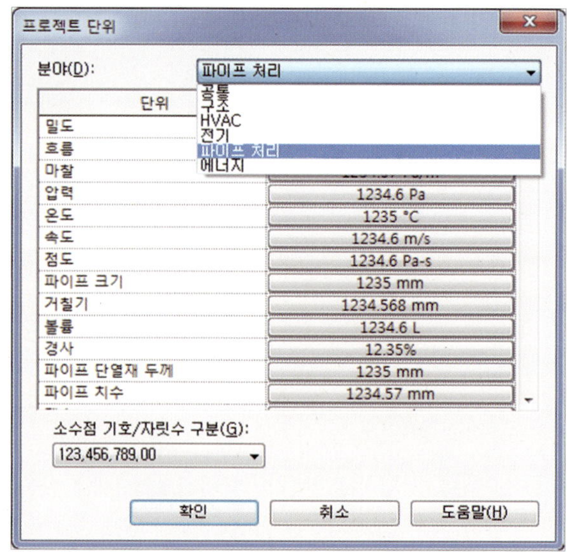

03 열려 있는 프로젝트 템플릿 파일에서 템플릿에 필요한 기본적인 항목들을 지정하거나 설정합니다. 가장 먼저 [관리] 탭 ▶ [설정] 패널 ▶ [프로젝트 단위]에서 기본 단위들을 설정 또는 확인합니다.

TIP

제공되는 프로젝트 템플릿 또는 패밀리 템플릿을 사용하기 전에 단위가 미터법(Metric System) 단위인지, 인치(Inch) & 파운드(Pound)를 사용하는 Imperial System인지 확인합니다. 그리고 기계 설정에서 필요한 사항들을 지정합니다. 덕트는 기본 설정을 사용할 수 있지만 파이프는 별도 설정이 필요하므로, 재료별로 세그먼트 및 크기를 지정해야 합니다.

04 [관리] 탭 ▶ [설정] 패널 ▶ [MEP 설정] ▶ [기계 설정]을 선택한 후 [기계 설정] 대화상자를 사용하여 구성 요소의 크기와 기계 시스템의 동작 및 모양을 구성합니다.

05 파이프 설정 아래의 [세그먼트 및 크기]를 클릭합니다. 예를 들어 세그먼트에서 '폴리염화비닐-강체-일람표 40'을 이용하여 '폴리염화비닐-강체-일람표 40'을 추가(또는 신규 생성)하려면, VG1 PIPE를 세그먼트로 지정한 후 우측의 [새 세그먼트] 버튼 을 클릭합니다.

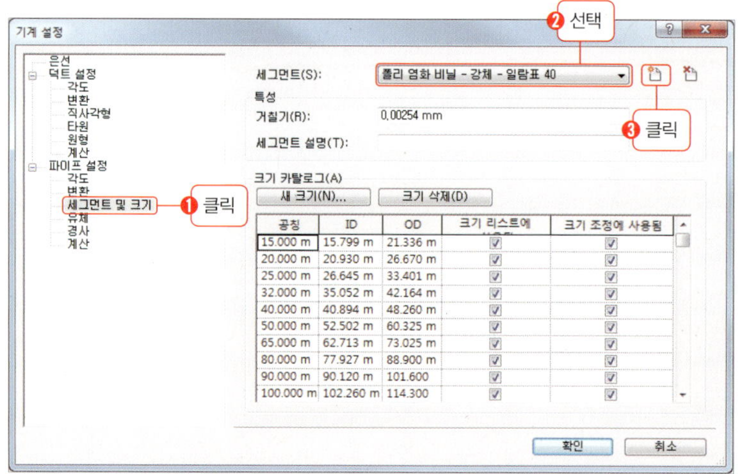

06 [새 세그먼트] 대화상자의 '새로 작성' 항목에서 '재료 및 일람표/유형(A)'를 선택한 후 재료 우측의 버튼 을 눌러 재료 탐색기를 활성화합니다.

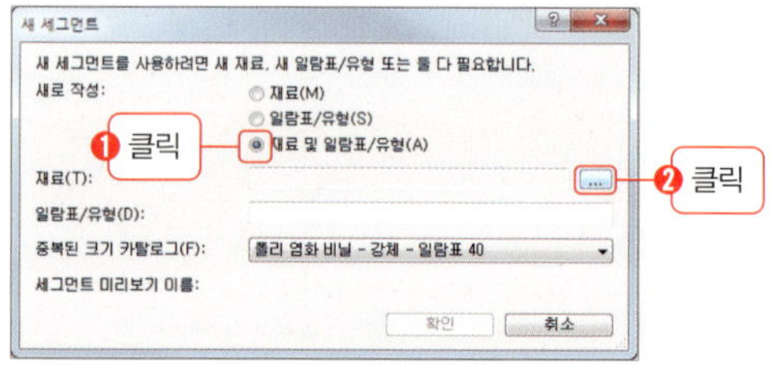

07 [재료 탐색기] 대화상자에서 '폴리 영화 비닐-강체'를 클릭한 후 마우스 오른쪽 버튼을 클릭하여 '이름 바꾸기'를 클릭합니다. 그런 다음, 이름을 'PVC'로 바꾸고 [확인] 버튼을 누릅니다.

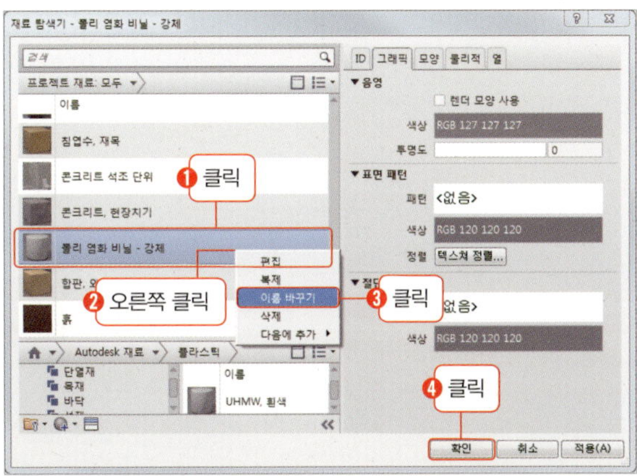

알아두세요

'렌더 모양 사용'을 체크하면, 선택된 재질 이미지가 모델에 반영되어 음영 처리됩니다. 그러나 해당 뷰에 필터 기준을 별도 적용할 경우, 그래픽이 오버라이드되면서 '렌더 모양' 사용 체크가 무시됩니다. 따라서 필터 기준을 별도 적용할 경우에는 체크할 필요가 없습니다. 그리고 [ID] 탭에서 제품 정보와 키노트 등을 설정할 수 있습니다.

08 '일람표/유형'항목에 'VG2 PIPE'를 입력한 후 [확인] 버튼을 누릅니다.

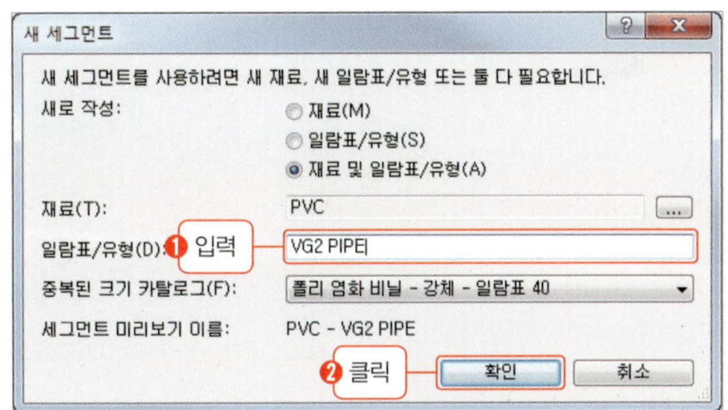

09 거칠기는 파이프의 관내 마찰 계산을 위해 사용되므로, 해당 파이프 재질의 거칠기값을 입력합니다. 그리고 세그먼트 설명에는 'VG2 PIPE (KS M 3404)'를 입력합니다.

알아두세요

세그먼트 설명은 일람표로 기초 수량을 산출할 때 프로젝트에서 사용된 파이프를 재질별로 구분하여 산출하는 데 사용되므로, 정확한 파이프 명칭과 KS 규격을 입력하는 것이 좋습니다.

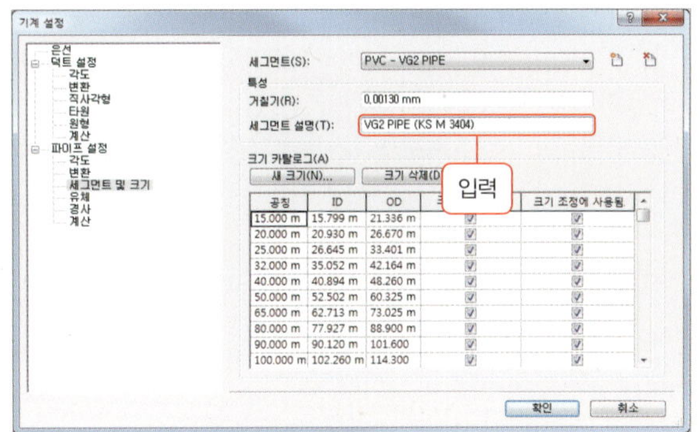

⑩ 크기 카탈로그에서 [새 크기] 버튼을 클릭하여(공칭 : ND), (안지름 : ID), (바깥지름 : OD)를 입력합니다. 입력한 크기 외의 기존의 크기 정보는 [크기 삭제] 버튼을 클릭하여 삭제합니다. 크기 입력이 끝나면 [확인] 버튼을 누릅니다.

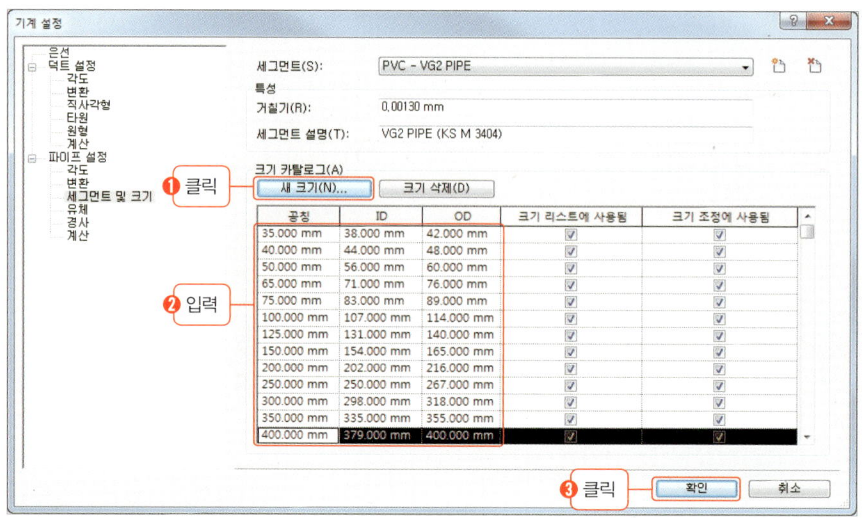

공칭	ID	OD	크기 리스트에 사용됨	크기 조정에 사용됨
35.000 mm	38.000 mm	42.000 mm	✓	✓
40.000 mm	44.000 mm	48.000 mm	✓	✓
50.000 mm	56.000 mm	60.000 mm	✓	✓
65.000 mm	71.000 mm	76.000 mm	✓	✓
75.000 mm	83.000 mm	89.000 mm	✓	✓
100.000 mm	107.000 mm	114.000 mm	✓	✓
125.000 mm	131.000 mm	140.000 mm	✓	✓
150.000 mm	154.000 mm	165.000 mm	✓	✓
200.000 mm	202.000 mm	216.000 mm	✓	✓
250.000 mm	250.000 mm	267.000 mm	✓	✓
300.000 mm	298.000 mm	318.000 mm	✓	✓
350.000 mm	335.000 mm	355.000 mm	✓	✓
400.000 mm	379.000 mm	400.000 mm	✓	✓

TIP

- 파이프 크기 작성 시 신규 생성과 삭제만 할 수 있습니다. 따라서 기존 정보는 삭제합니다.
- 「크기 리스트에 사용됨」 체크 여부는 작업할 때 옵션 막대에서 크기 선택 가능 대상으로 사용될 것인지를 결정합니다.
- 「크기 조정에 사용됨」 체크 여부는 시스템 작업 시 해당 사이즈가 시스템의 크기 조정에서 사용될 것인지를 결정합니다.

Note

기본 프로젝트 템플릿에 담는 파이프 세그먼트와 크기는 해당 프로젝트에서 사용할 고려 대상 전부를 작업하는 것이 좋습니다. 그런 다음 일련의 상황을 고려한 개별 프로젝트 템플릿을 별도로 작업하는 것이 유용합니다.

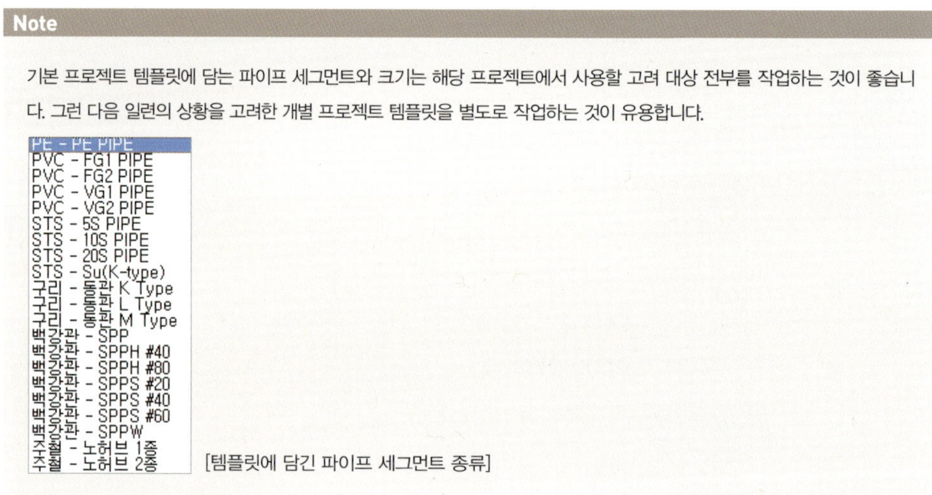

[템플릿에 담긴 파이프 세그먼트 종류]

⑪ [삽입] 탭 ▶ [라이브러리에서 로드] 패널 ▶ [패밀리 로드]를 통해 프로젝트에 필요한 패밀리들을 로드합니다. 기존 프로젝트에서 사용된 패밀리들을 프로젝트 템플릿에 담으려면 ▶ [다른 이름으로 저장] ▶ [라이브러리] ▶ [패밀리]를 실행하여 프로젝트에 사용된 모든 패밀리들을 별도 지정한 폴더에 저장합니다. 그런 다음, 프로젝트 템플릿에서 패밀리들을 전부 또는 부분 선택하여 로드하면 됩니다.

⑫ 파이프 장치(배관 부속류)의 경우, Lookup Tables 폴더에 해당 csv 파일들을 복사합니다.
(Lookup[Table]Location) 위치 : C:\ProgramData\Autodesk\RVT 2014\Lookup Tables

⑬ [관리] 탭 ➤ [설정] 패널 ➤ [추가 설정]을 통하여 필요한 설정들(채우기 패턴, 선 스타일 등)을 미리 지정할 수 있습니다. 그리고 ▶ [인쇄] ➤ [인쇄 설정]을 사용하여 프로젝트에서 도면 출력에 사용될 인쇄 설정을 템플릿 파일로 저장할 수 있습니다.

⑭ ▶ [다른 이름으로 저장] ➤ [템플릿]을 클릭한 후 'MEP 템플릿_2014'를 입력하고 프로젝트 템플릿(*.rte)으로 저장합니다.

REVIT 템플릿 파일 위치 : C:\ProgramData\Autodesk\RVT2014\Templates\Korea

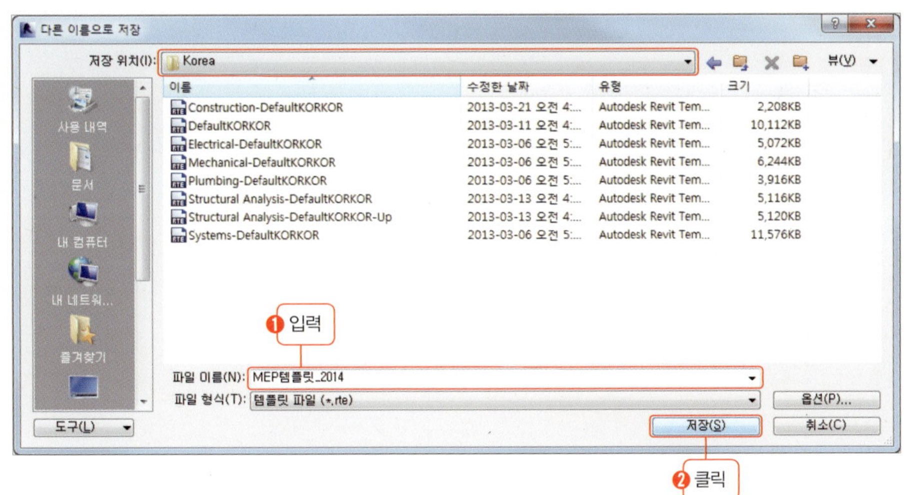

작업 세트를 포함하여 작업된 프로젝트가 아니라면, ▶[다른 이름으로 저장]▶[템플릿]
을 클릭하여 프로젝트(.rvt) 파일을 프로젝트 템플릿(*.rte)으로 저장할 수 있습니다.
프로젝트를 템플릿으로 저장할 때 작업된 모델(형상 정보)을 제외하고 싶거나 작업 세트가
포함된 프로젝트라서 '템플릿으로 저장하기'가 활성화되지 않을 때에는 다음 순서대로 프로
젝트 템플릿을 만들 수 있습니다.

01 프로젝트 템플릿으로 적용할 Re-
vit MEP 프로젝트(예) sample
project) 파일을 불러옵니다.

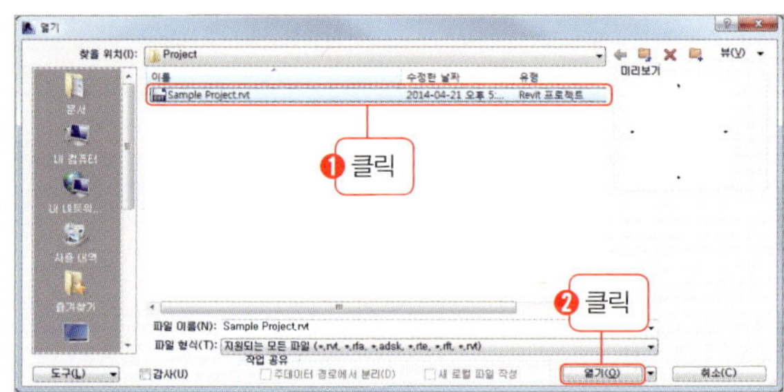

02 새 템플릿을 열기 위해 ▶[새로 만들기]▶[프로젝트]를 클릭합니다.

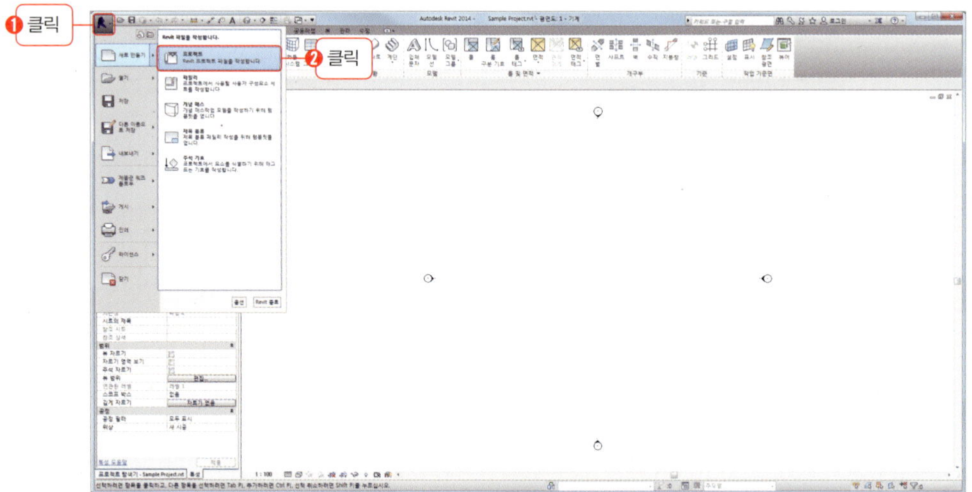

03 [새 프로젝트] 대화상자에서 Revit
이 제공하는 '기계 템플릿'을 선택
한 후 '새로 작성' 항목에서 '프로젝
트 템플릿'을 선택하고 [확인] 버튼
을 누릅니다.

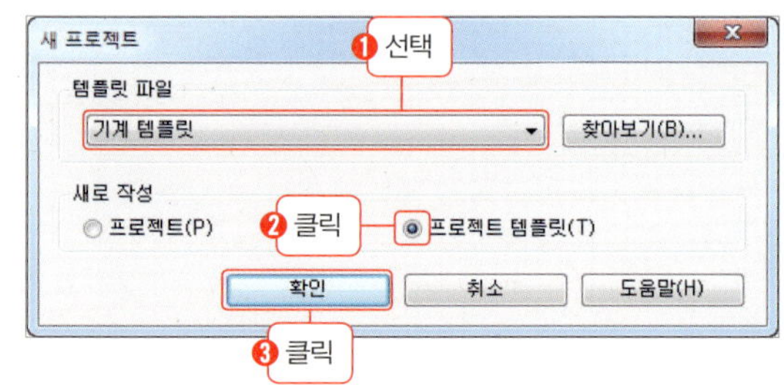

04 열려 있는 기계 템플릿 파일의 [관리] 탭에서 '프로젝트 표준 전송'을 클릭합니다.

05 [복사할 항목 선택] 대화상자가 나타납니다. 복사 위치는 Revit MEP 프로젝트(예 sample project)로 지정하여 해당 설정들을 선택한 후 [확인] 버튼을 누릅니다.

TIP
정보의 불필요한 중복이 생길 수 있으므로, 가능하면 필요한 항목들만 선택합니다.

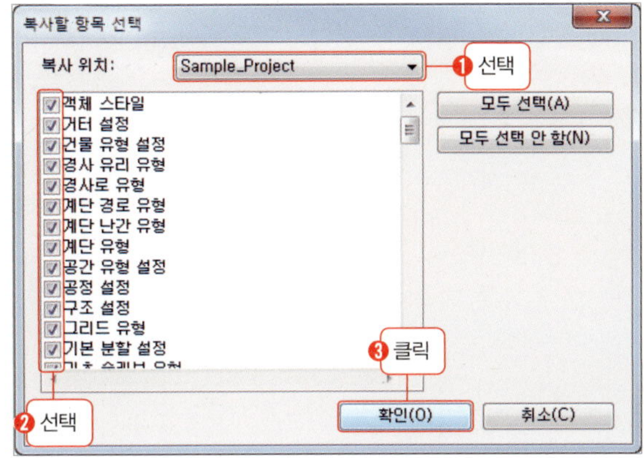

06 해당 Revit MEP 프로젝트(예 sample project)로부터 전송된 설정 정보를 점검 또는 편집합니다.

07 ► [다른 이름으로 저장] ► [템플릿]을 클릭하여, 프로젝트 템플릿(*.rte)으로 저장합니다.

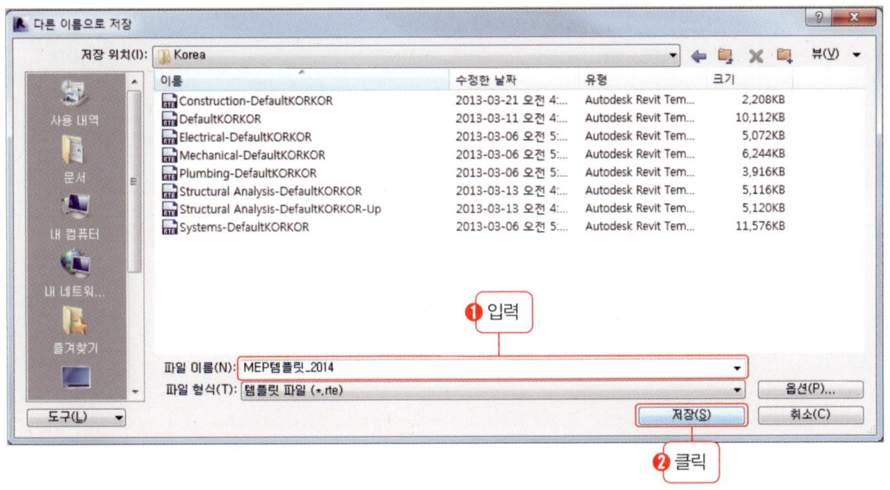

알아두세요

- 작업 세트는 프로젝트 템플릿에 포함될 수 없습니다.
- 템플릿 파일을 직접 열면 템플릿 편집은 가능하지만 프로젝트 파일로 저장할 수는 없습니다.
- 주어진 템플릿으로 새 프로젝트 파일을 열어서 프로젝트를 시작합니다.

01 ➤ [옵션] ➤ [파일 위치]를 클릭합니다.

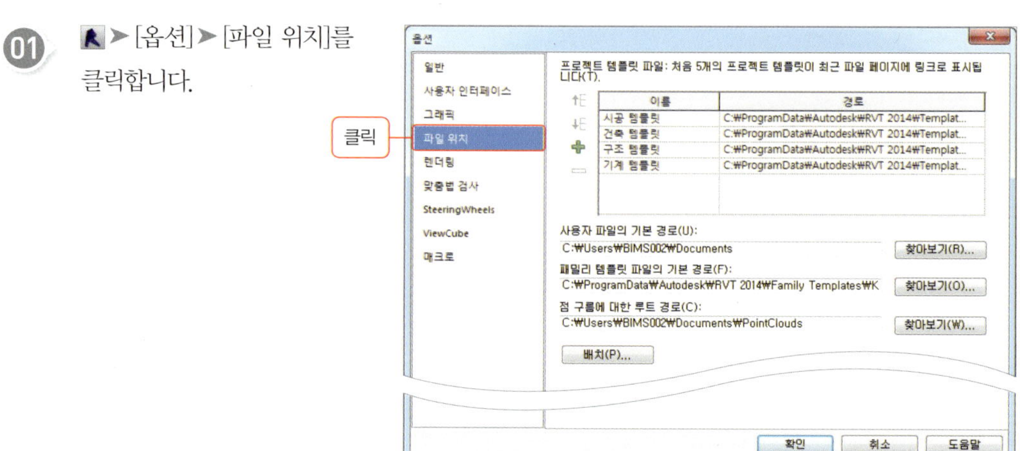

02 ➕ 를 눌러 다음 경로에서 'MEP 템플릿_2014'를 선택한 후 [열기] 버튼을 누릅니다.

REVIT 템플릿 파일 위치 : C:\ProgramData\Autodesk\RVT2014\Templates\Korea

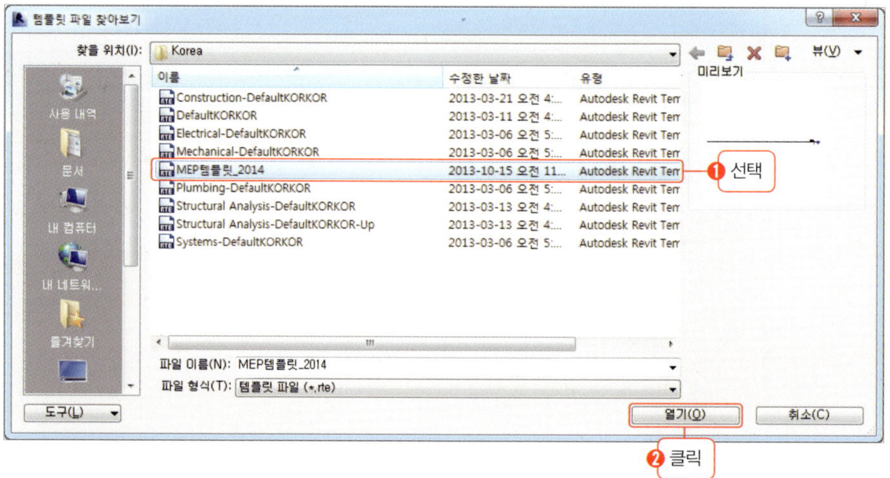

03 템플릿 파일의 저장 위치가 다른 경로일 경우, 해당 경로를 찾아서 저장된 템플릿 파일을 선택한 후 [열기] 버튼을 누릅니다.

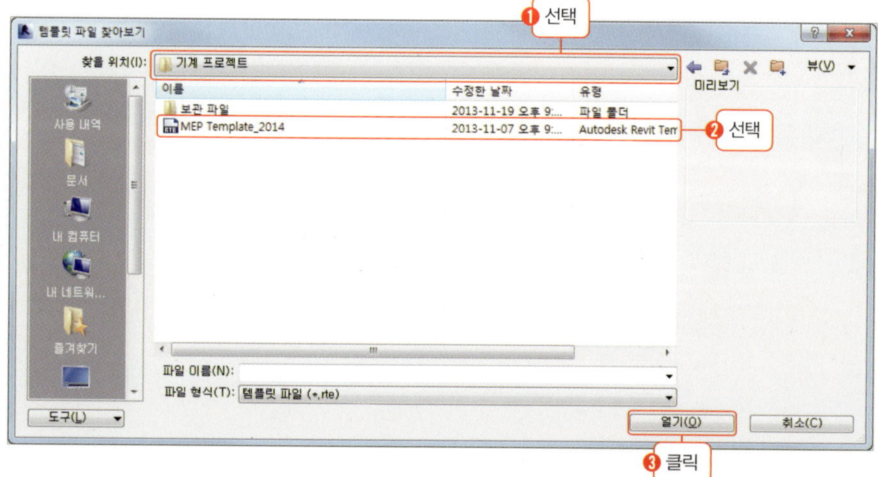

04 템플릿 파일로 'MEP 템플릿_2014'가 지정되면 [확인] 버튼을 누릅니다.

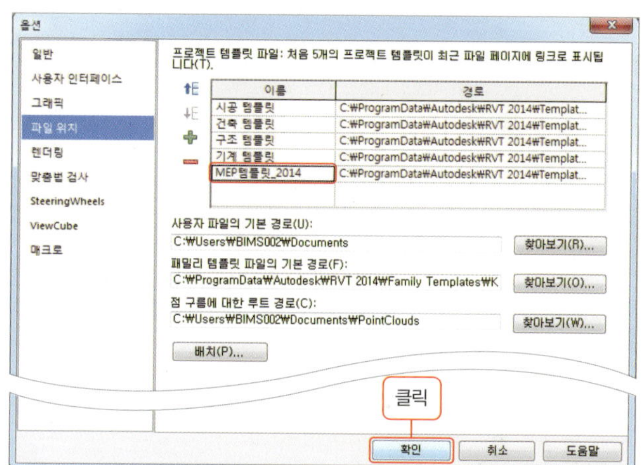

TIP

- 자주 사용하는 템플릿은 파일 위치로 지정하여 경로를 등록하는 것이 유용합니다.
- 프로젝트팀이 접근 가능한 서버 또는 폴더에 템플릿을 저장한 후 경로를 지정하는 것도 좋습니다.

프로젝트 사용자화

Revit으로 작업된 건축 및 구조 파일 링크, 프로젝트 탐색기 구성, 프로젝트에 사용할 파이프에 대한 라우팅, 프로젝트 작업 방향을 결정하는 필터 기준을 정합니다.

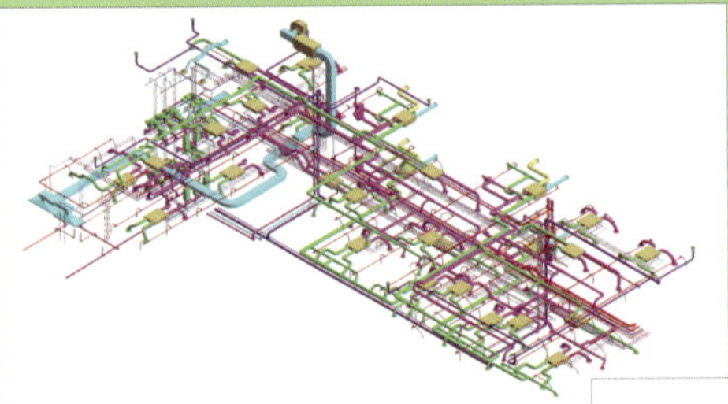

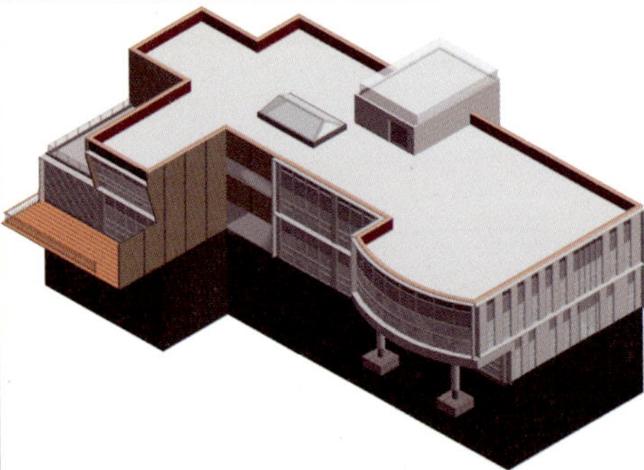

핵심 Point

Revit 건축 파일 링크하기

작업 뷰 구성하기

덕트 및 파이프 라우팅하기

필터 규칙 이해하기

프로젝트 시작하기

※ 프로젝트를 시작하기 전에 성안당 홈페이지(http://www.cyber.co.kr) 자료실에서 예제
파일을 다운로드하여 학습하기 바랍니다.

01 ▶[새로 만들기]▶[프로젝트]를 클릭합니다.

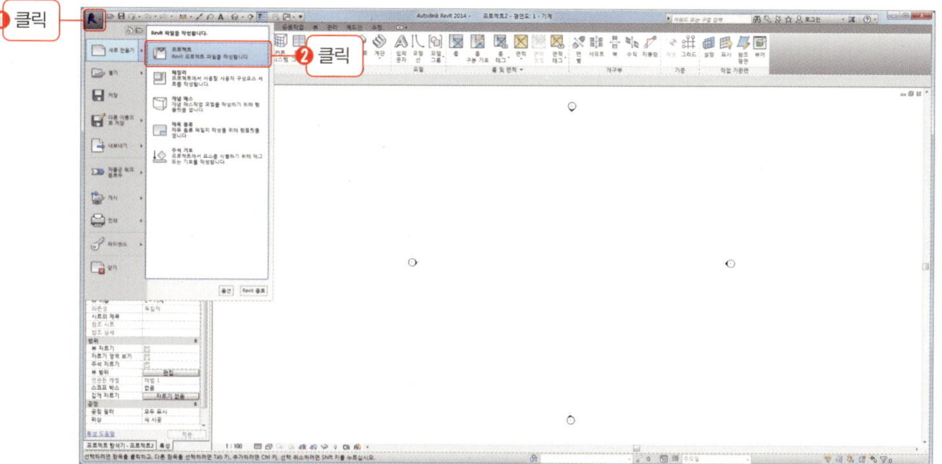

02 [새 프로젝트] 대화상자가 나타나면 'Sample\Chapter02\Lesson03\01_MEP 템플릿_2014.rte' 파일을 불러옵니다. 그런 다음, '새로 작성' 항목에서 '프로젝트'를 선택하고 [확인] 버튼을 누릅니다.

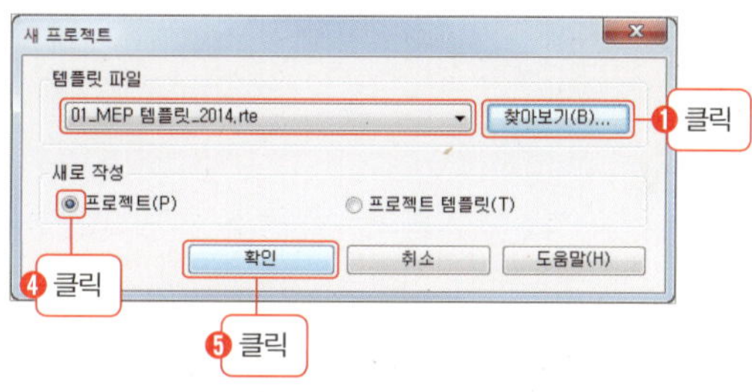

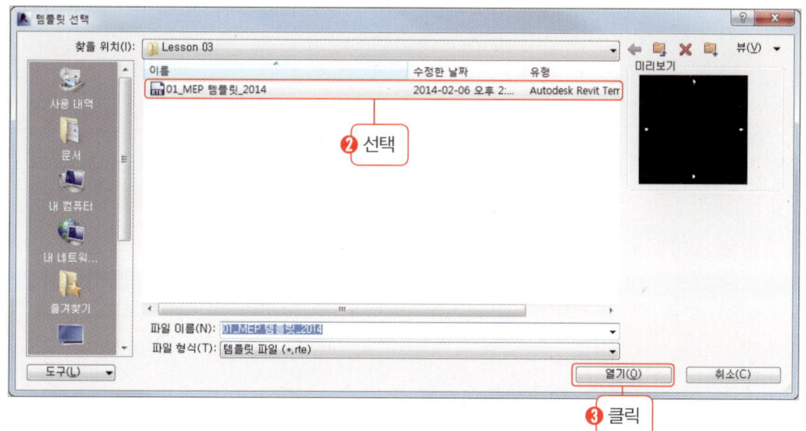

03 지정된 템플릿 환경으로 새 프로젝트 파일이 열립니다.

별도의 건물 형태인 개별 건물 또는 서로 다른 분야(예 건축 모델 및 구조 모델) 간의 조정 등에 대해 모델을 링크하여 작업할 수 있습니다. 이 책에서는 기계 설비 작업을 위하여 기계 설비를 제외한 건축, 구조, 전기/통신 분야 Revit 모델을 링크하여 작업하지만, 실제 프로젝트에서는 간섭 문제 등을 원활하게 해결하기 위해 가능한 한 MEP 파일을 하나로 작업하는 것이 좋습니다.

MEP : Mechanical Electrical Plumbing(Piping도 사용)의 약자로, '건축 설비 시스템'을 말함

01   링크하기

01   [삽입] 탭 ▶ [링크] 패널 ▶ [Revit 링크]를 클릭합니다.

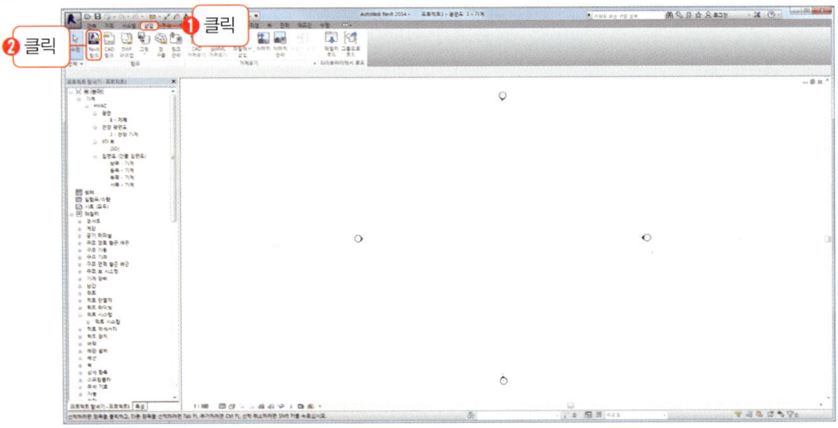

02   [RVT 가져오기/링크] 대화상자가 나타나면 'LINK/REVIT/Sample_건축.rvt' 파일을 선택한 후 '위치'를 '자동−원점 대 원점'으로 선택하고 [열기] 버튼을 누릅니다.

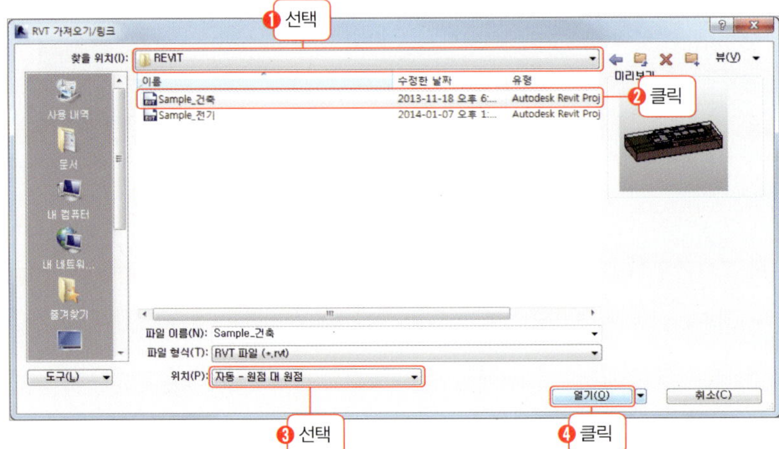

03 [삽입] 탭 ▶ [링크] 패널 ▶ [링크 관리]를 클릭한 후 링크된 건축 파일의 참조 유형이 '오버레이'인 지 확인하고, [확인] 버튼을 누릅니다.

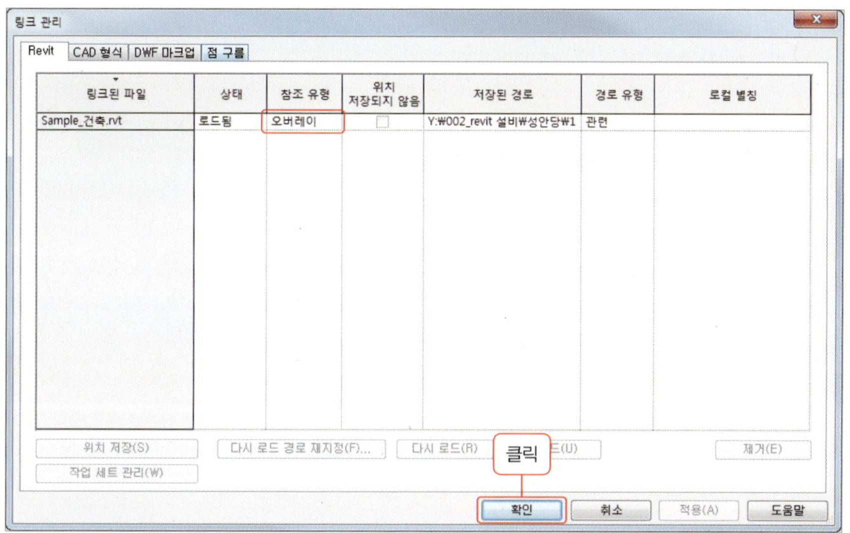

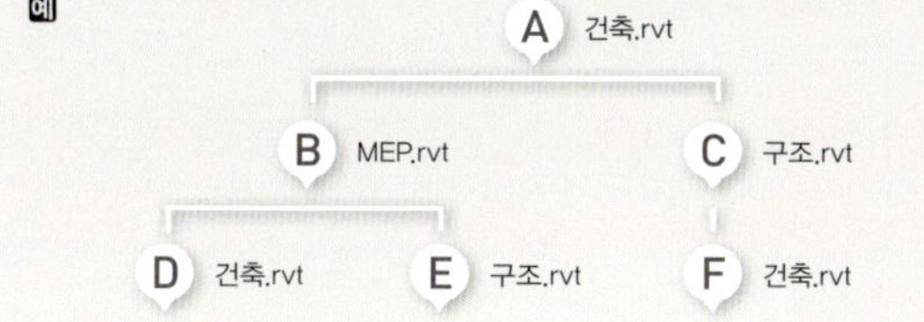

B를 호스트로 하고 D와 E를 링크하여 작업 하였고, B가 A에 링크되어 있는 상태라면, B 에 링크된 D, E의 참조 유형 설정값에 따라 오버레이이면 A에서 표시되지 않고, 부착이 면 A에서 표시됩니다.

04 프로젝트 탐색기에서 평면을 확장한 후 '1-기계'를 더블 클릭하여 뷰를 활성화합니다.

05 [뷰] 탭 ➤ [그래픽] 패널 ➤ [가시성/그래픽]을 클릭한 후 모델 카테고리의 필터 리스트 항목에 '건축'이 체크되어 있는지 확인합니다.

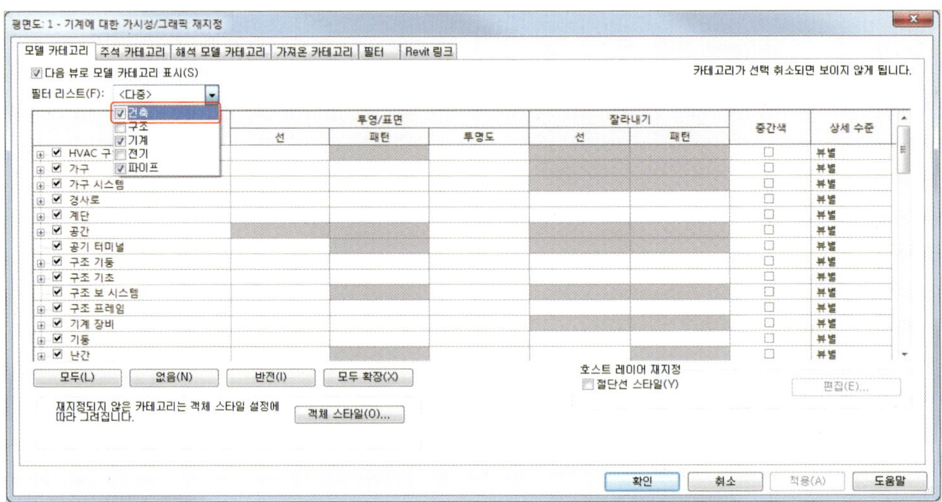

06 대지 항목을 확장하여 '조사점'과 '프로젝트 기준점'을 체크한 후 [확인] 버튼을 누릅니다. 그런 다음, 조사점과 프로젝트 기준점이 건축 모델의 원점인 X1, Y1과 일치하는지 확인합니다.

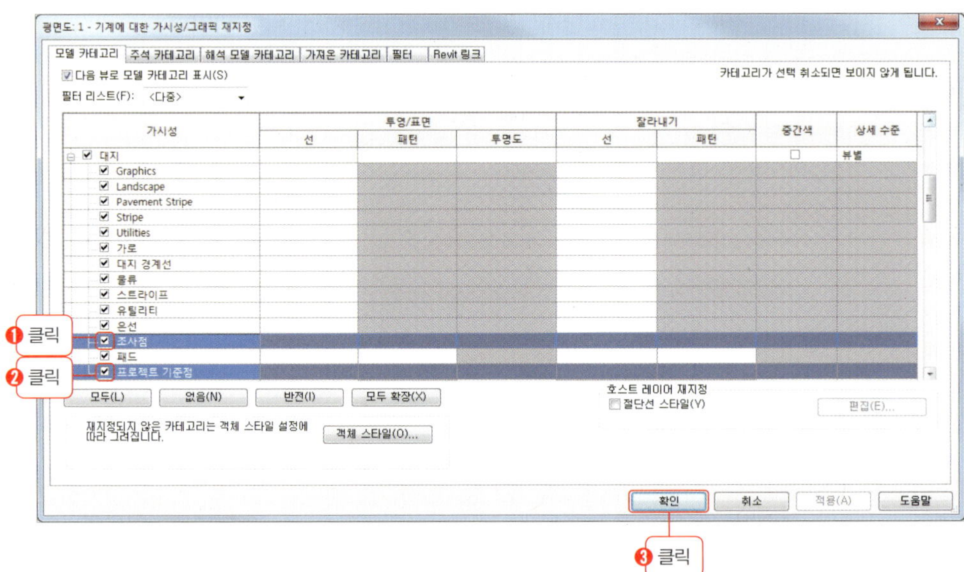

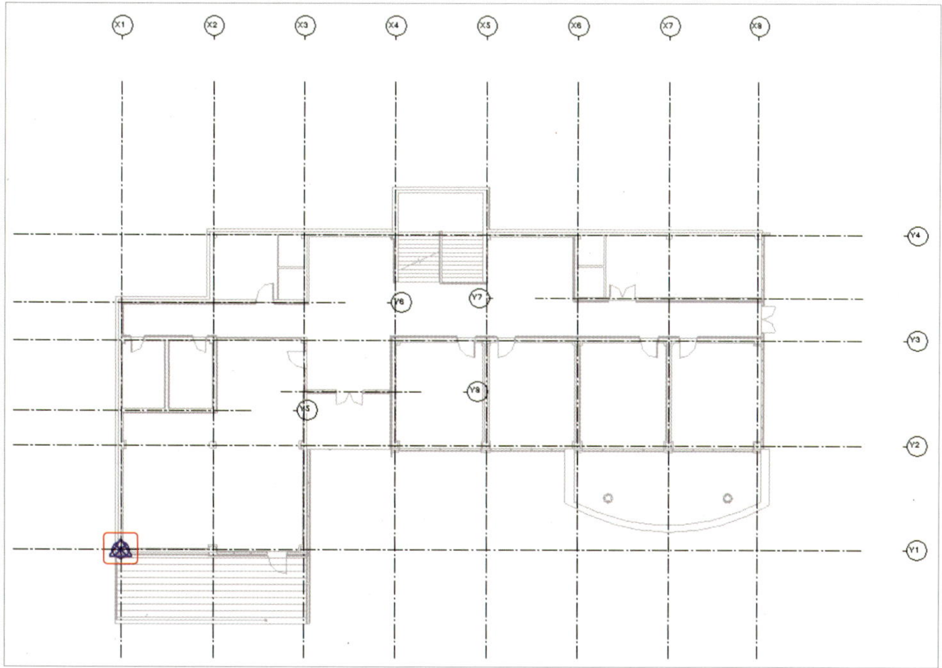

알아두세요

- 프로젝트의 기준점과 조사점은 천장 평면과 지하 레벨을 제외한 지상층 바닥 평면도에서 가시적으로 확인할 수 있습니다.
- 건축과 구조 프로젝트가 원점 대 원점으로 삽입되었는데 프로젝트 기준점과 조사점이 그리드 선에 일치하지 않을 경우, 임의로 프로젝트 원점에 맞도록 이동하지 말고 건축 그리드 선에 맞춰 그대로 작업을 시작하는 것이 좋습니다.
- MEP 파일과 링크된 건축 파일 간에 프로젝트 기준점과 조사점이 다를 경우, Navisworks에서 두 파일이 동일한 위치에 배치되지 않을 수 있습니다.

07 프로젝트 기준점을 확인한 후 건축 모델을 선택하고 [수정/RVT 링크] 탭 ▶ [수정] 패널 ▶ [핀] 아이콘 을 선택하여 모델을 고정합니다.

TIP

링크 파일이 고정되면 작업 중 실수로 이동될 우려는 없지만, 모델 간의 고정이 너무 많으면 파일이 무거워질 수 있으므로 불필요한 고정은 하지 않는 것이 좋습니다.

02 링크된 모델의 복사/감시

복사/감시 도구를 시작할 때 현재 프로젝트 사용 또는 링크를 선택한 후 복사 또는 감시를 선택할 수 있습니다.

● **복사** 선택한 항목의 사본을 작성한 후 복사된 요소와 원래 요소 간에 감시 관계를 설정합니다. 원래 요소가 변경되는 경우, 프로젝트를 열거나 링크된 모델을 다시 로드하면 경고 메시지가 나타납니다. 이 복사 도구는 복사 및 붙여 넣기에

사용되는 다른 복사 도구와 다릅니다.

● **감시** 동일한 유형의 두 요소 간에 감시 관계를 설정합니다. 요소가 변경되는 경우 프로젝트를 열거나 링크된 모델을 다시 로드하면 경고 메시지가 표시됩니다.

■ Level 복사/감시

01 프로젝트 탐색기의 입면도에서 '남쪽–기계 뷰'를 더블 클릭하여 엽니다.

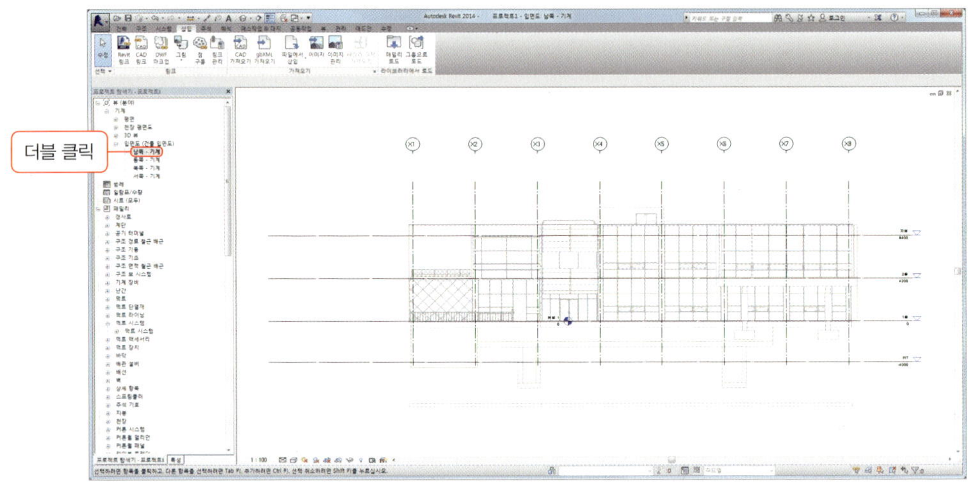

레벨을 배치하려면 단면 뷰 또는 입면 뷰를 열어야 합니다.

02 [공동 작업] 탭▶[좌표] 패널▶[복사/감시]의 [링크 선택]을 클릭합니다.

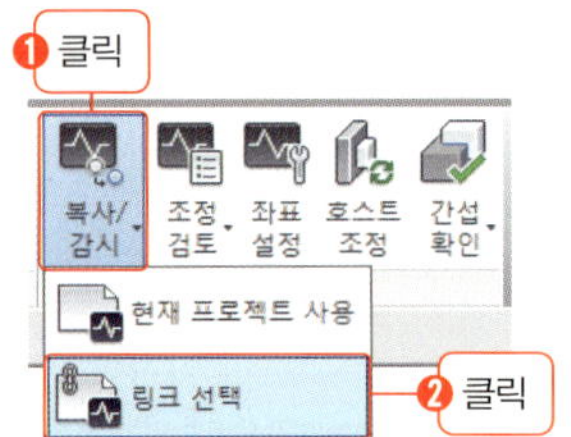

03 링크된 건축 모델을 선택합니다.

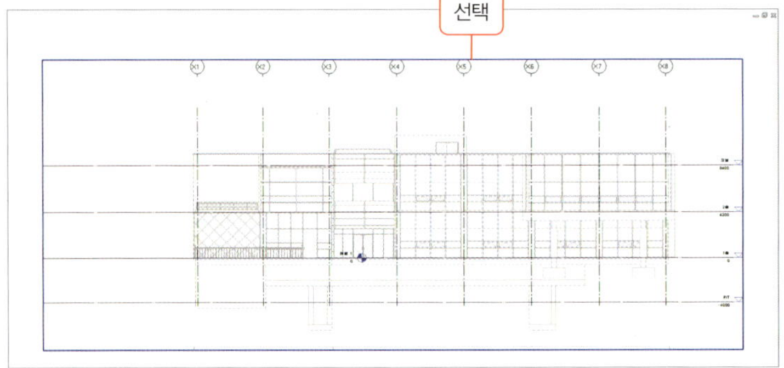

04 [복사/감시] 탭▶[도구] 패널▶[복사] 아이콘 을 클릭한 후 옵션 막대의 '다중'을 체크하고, 복사해야 할 레벨을 마우스로 드래그하여 모두 선택합니다.

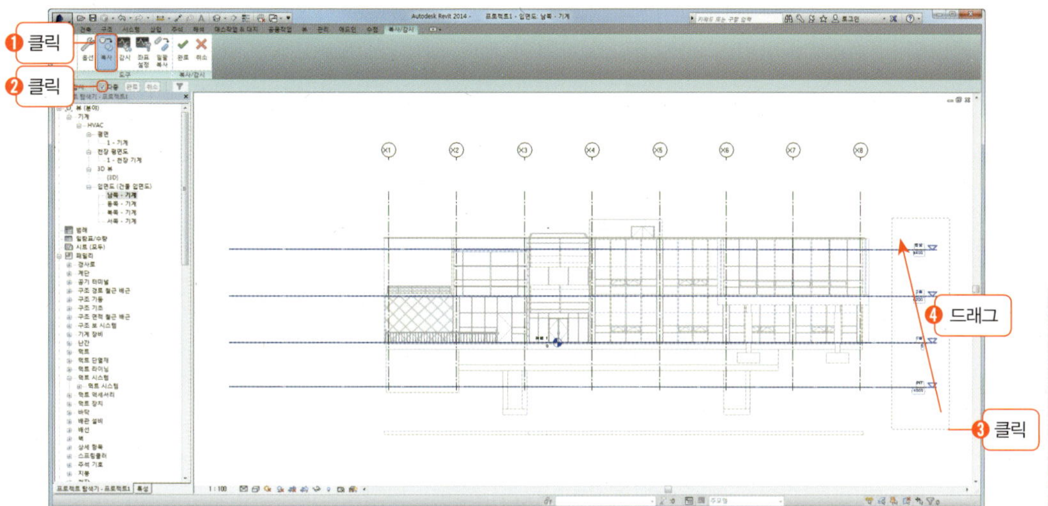

05 옵션 막대에서 [필터] 아이콘 을 클릭하여 다른 객체들이 선택되었는지 확인합니다. 레벨만 선택되었으면 [확인] 버튼을 누른 후 옵션 막대에서 [완료] 버튼을 누릅니다.

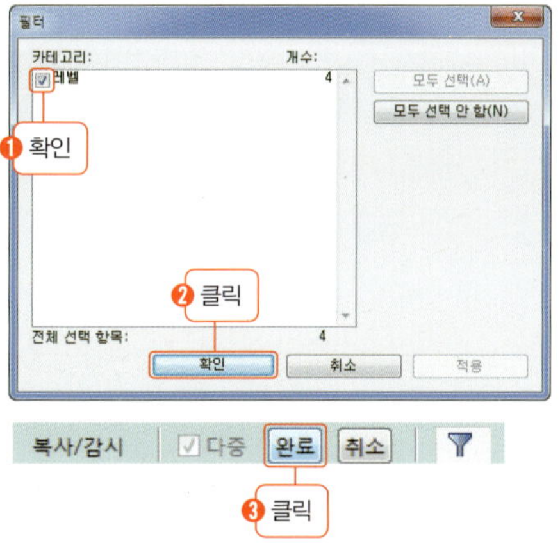

06 [복사/감시] 탭 ▶ [복사/감시] 패널 ▶ [완료] ✔ 를 클릭합니다.

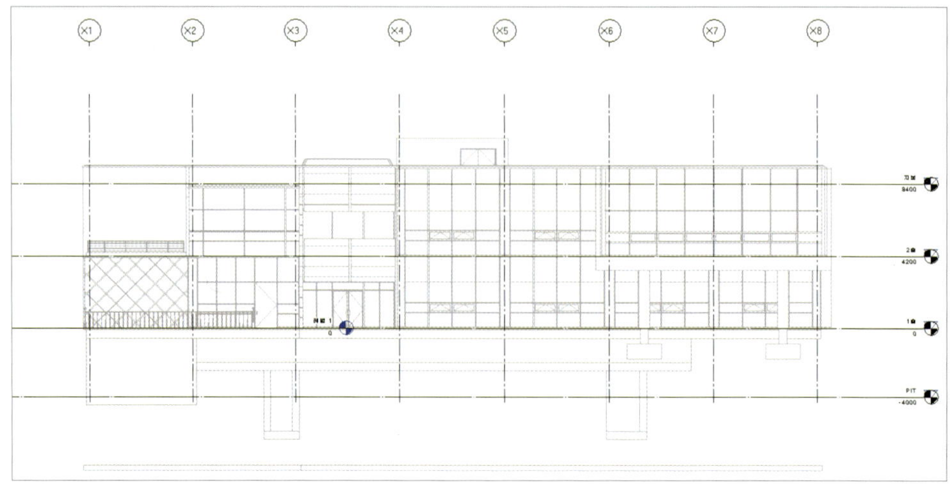

> **알아두세요**
>
> 검은색 레벨 헤드는 해당 레벨과 관련된 평면 뷰가 없는 참조 레벨임을 나타내고, 파란색 레벨 헤드는 레벨과 연관된 평면 뷰
> 가 존재함을 나타냅니다.

07 복사된 레벨 선을 클릭하면, 다음과 같은 [감시] 아이콘이 나타납니다.

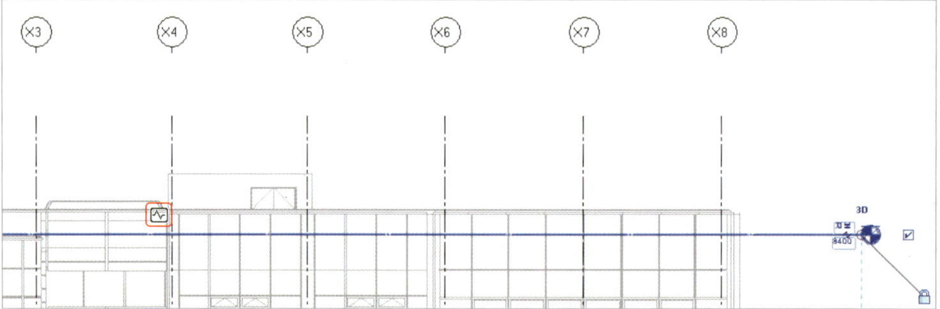

- 링크된 모델에서 레벨을 이동, 변경 또는 삭제하는 경우, 현재 프로젝트를 열거나 링크된 모델을 다시 로드하면
  변경 사항에 대해 알려줍니다. 이러한 경고는 좌표 검토에도 표시됩니다.
- 레벨 선을 선택하면 헤드 우측의 체크 박스가 활성화되는데, 체크 여부에 따라 헤드 표시 기능을 켜거나 끌
  수 있습니다.

> **알아두세요**
>
> 프로젝트 중간에 레벨이 바뀌면, 레벨에 소속된 구성 요소들 간에 뒤틀림이 생겨 재작업이 발생할 수 있으므로, 본격적인 작업
> 이후에는 가능한 한 레벨을 변경하지 않는 것이 좋습니다.

08 링크된 건축 모델을 선택한 후 뷰 조절 막대에서 [임시 숨기기/분리] 아이콘 을 클릭하고 [요소 숨기기]를 선택합니다.

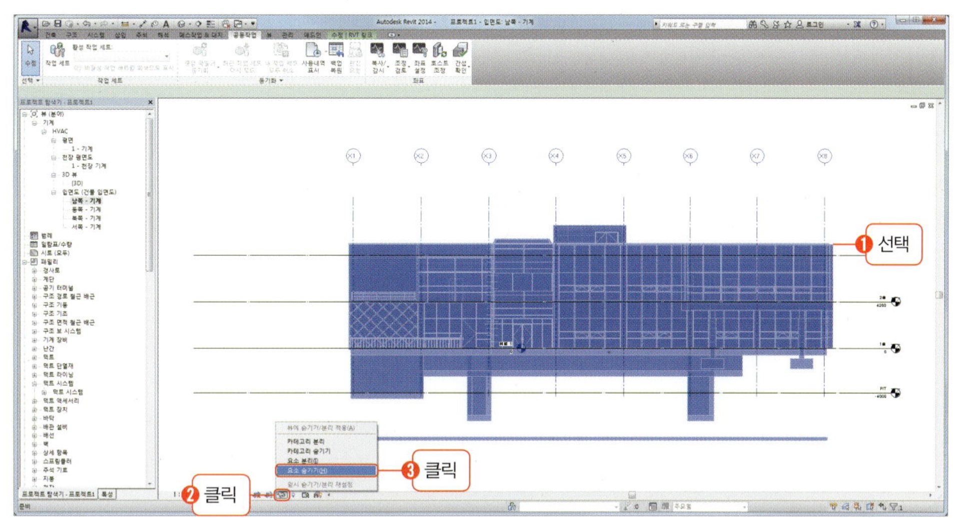

09 [수정] 탭 ▶ [수정] 패널 ▶ [핀] 아이콘 을 클릭한 후 도면 영역의 복사된 레벨들을 마우스로 드래그하여 모두 선택하고 Enter 를 눌러 고정합니다.

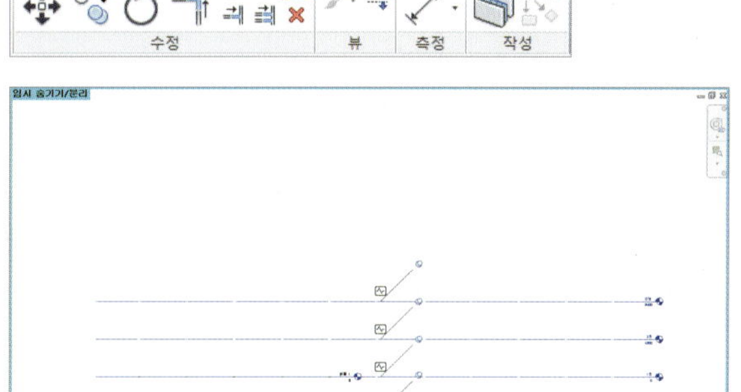

10 핀으로 고정된 레벨들을 선택한 후 [특성] 대화상자의 유형 선택기에서 '삼각형 헤드'를 선택하면 그림과 같이 삼각형 모양의 헤드로 변경됩니다.

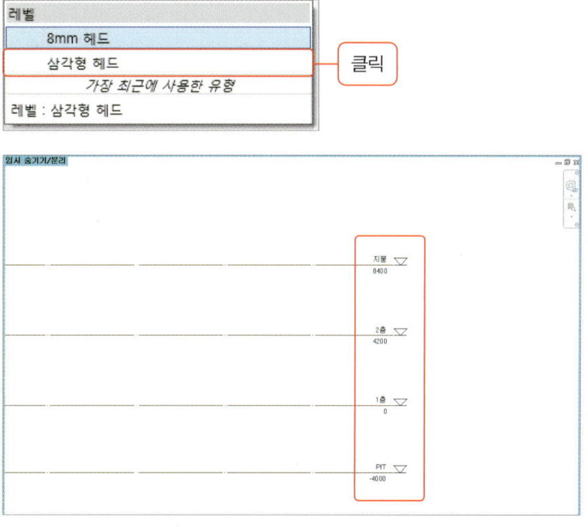

⑪ 뷰 조절 막대에서 [임시 숨기기/분리] 아이콘 을 클릭한 후 [임시 숨기기/분리 재설정]을 선택하여 링크된 파일의 숨기기를 끝냅니다.

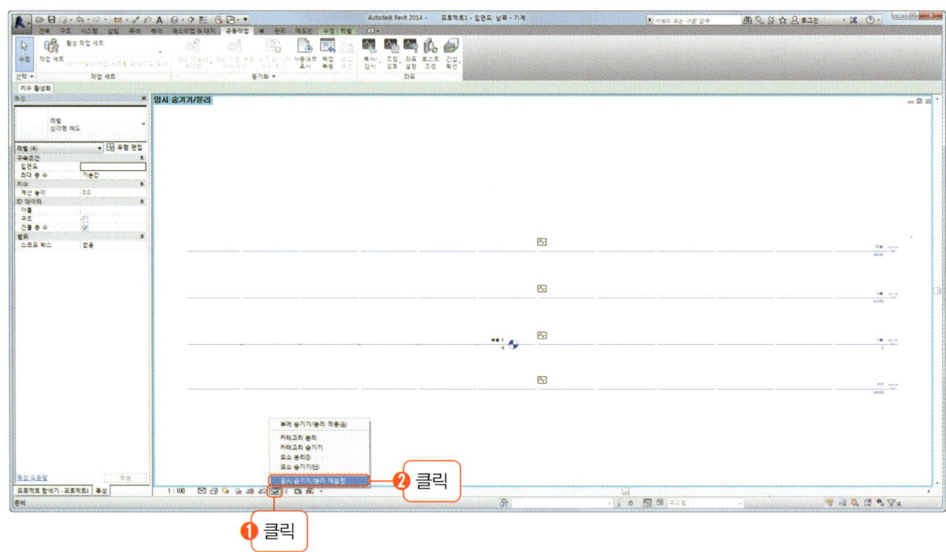

■ Grid 복사/감시

① 프로젝트 탐색기에서 평면을 확장하여 '1-기계 뷰'를 더블 클릭합니다.

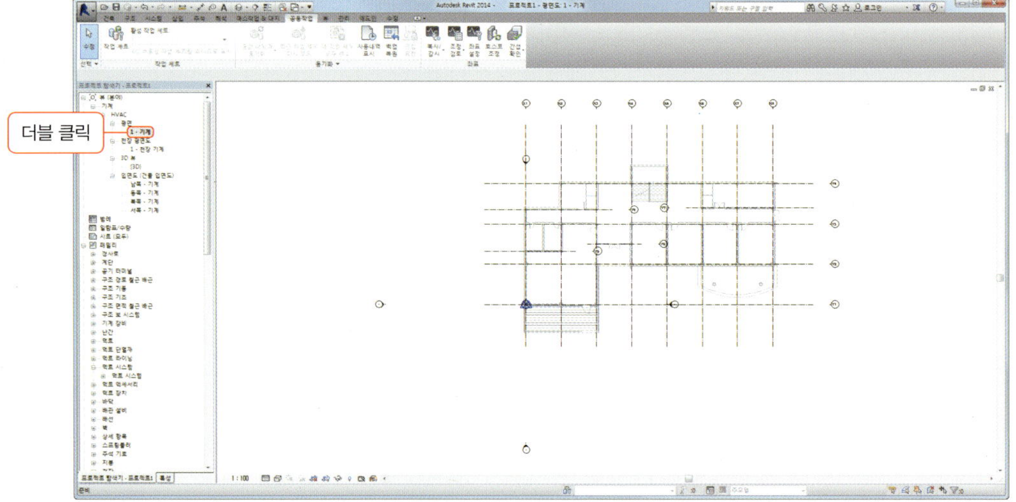

02 [공동 작업] 탭 ▶ [좌표] 패널 ▶ [복사/감시]의 [링크 선택] 아이콘 을 클릭한 후 링크된 건축 모델을 선택합니다.

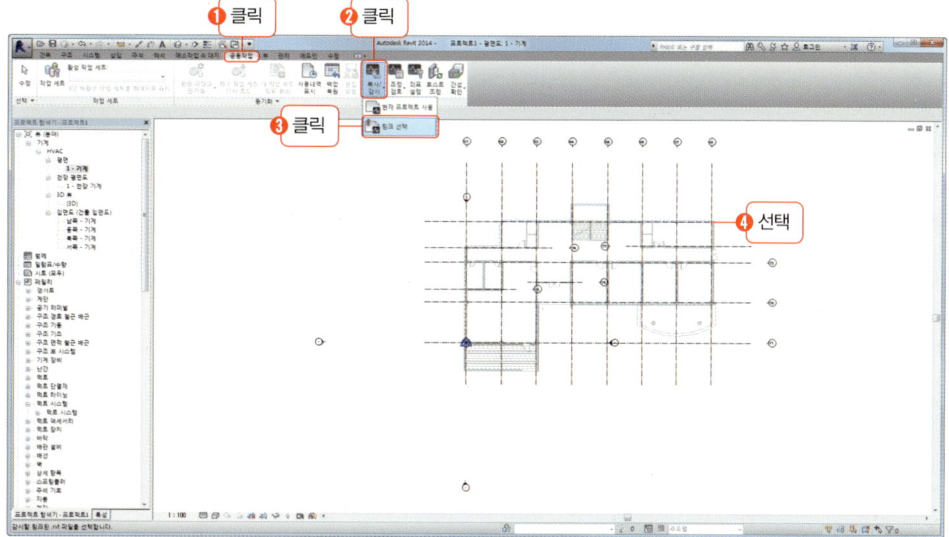

03 [복사/감시] 탭 ▶ [도구] 패널 ▶ [복사] 아이콘 을 클릭한 후 옵션 막대에서 '다중'을 체크합니다. 그런 다음, 드래그하여 복사해야 할 그리드를 모두 선택합니다.

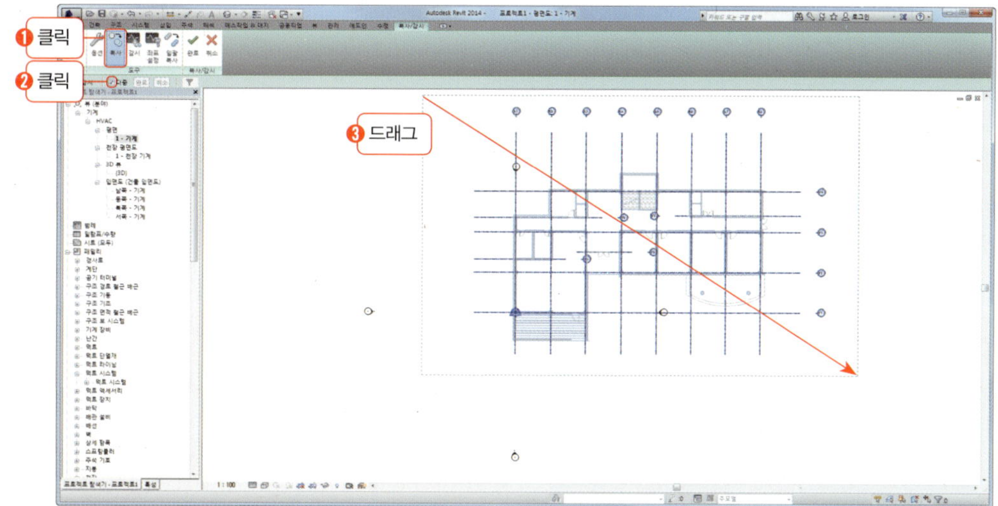

04 옵션 막대에서 [필터] 아이콘 을 클릭한 후 그리드만 선택하고 [확인] 버튼을 누릅니다. 그런 다음, 옵션 막대에서 [완료] 버튼을 누르고 [복사/감시] 탭 ➤ [복사/감시] 패널 ➤ [완료] 아이콘 을 클릭합니다.

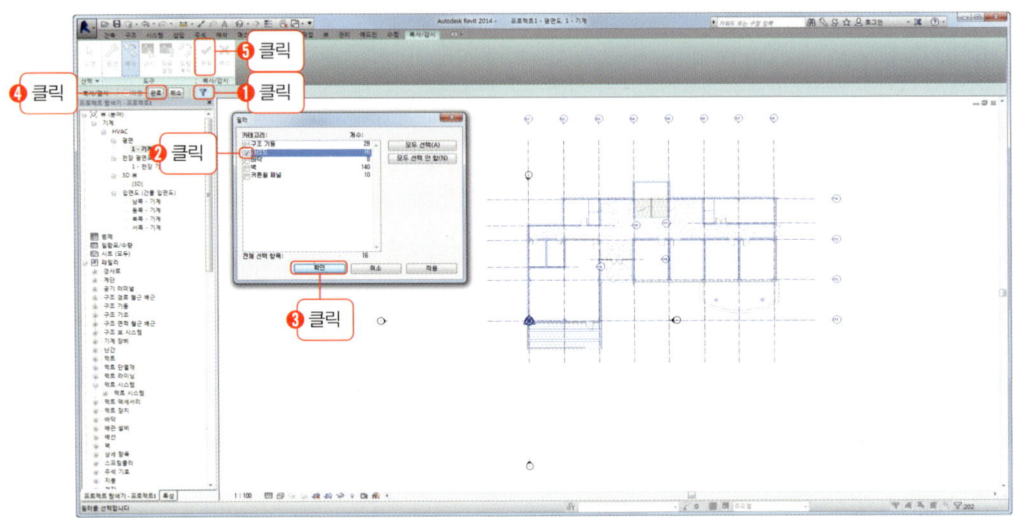

05 입면 뷰를 건축물의 외곽으로 이동 시키기 위해 건축 모델 사이에 있는 [입면 뷰] 아이콘을 마우스로 드래 그하여 선택하고, [필터] 아이콘 을 클릭한 후 뷰와 입면도가 선택되 었는지 확인합니다.

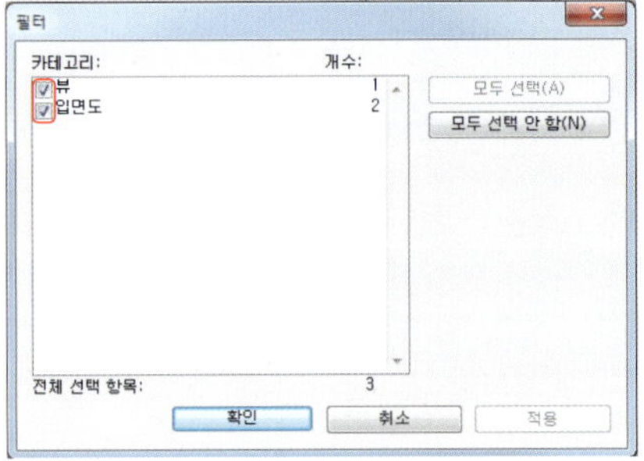

06 [수정/다중 선택] 탭 ➤ [수정] 패널 ➤ [이동] 아이콘 을 클릭한 후 [입면 뷰] 아이콘을 모델의 외부로 이동시킵니다. 다른 입면도와 뷰도 건물 외곽으로 옮겨서 정리합니다.

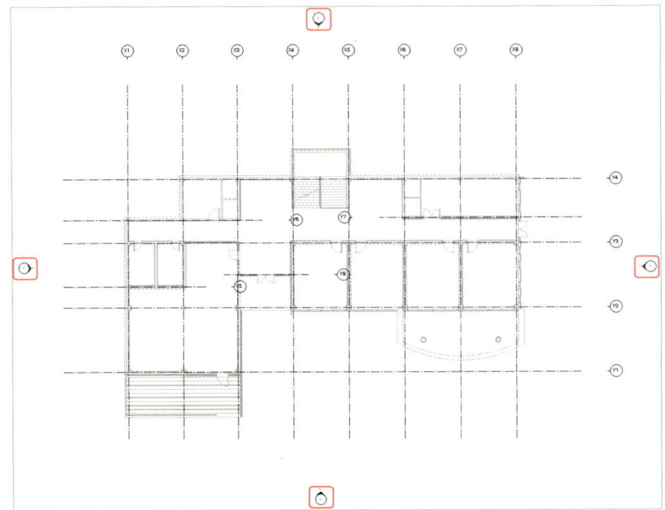

07 링크된 건축 모델을 선택한 후 뷰 조절 막대에서 [임시 숨기기/분리] 아이콘 을 클릭하고 [요소 숨기기]를 선택합니다.

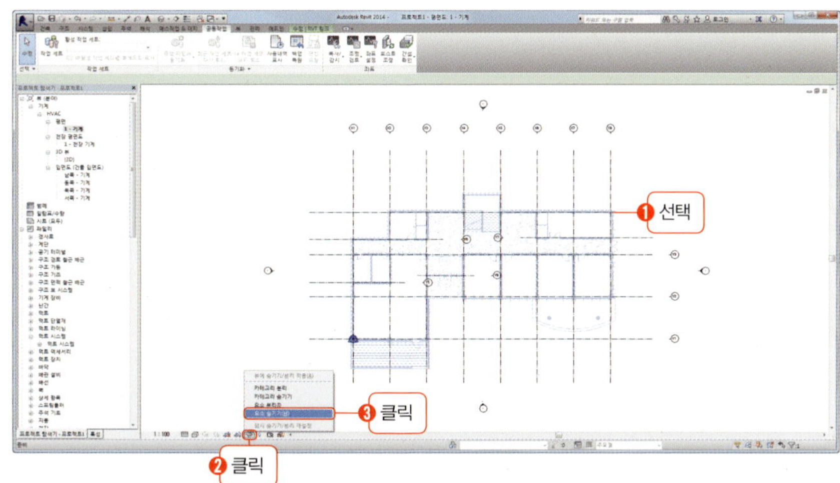

08 [수정] 탭 ▶ [수정] 패널 ▶ [핀] 아이콘 을 클릭하여 각각의 그리드를 선택하여 모델링하는 도중에 그리드가 이동하는 일이 없도록 합니다.

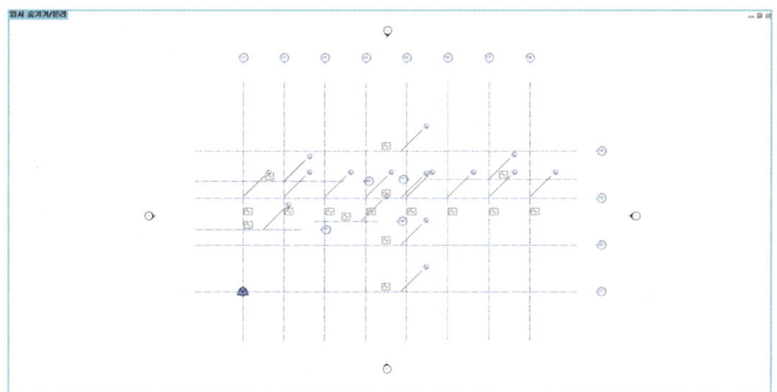

09 뷰 조절 막대에서 [임시 숨기기/분리] 아이콘 을 클릭한 후 [임시 숨기기/분리 재설정]을 선택하여 링크된 파일의 숨기기를 끝냅니다.

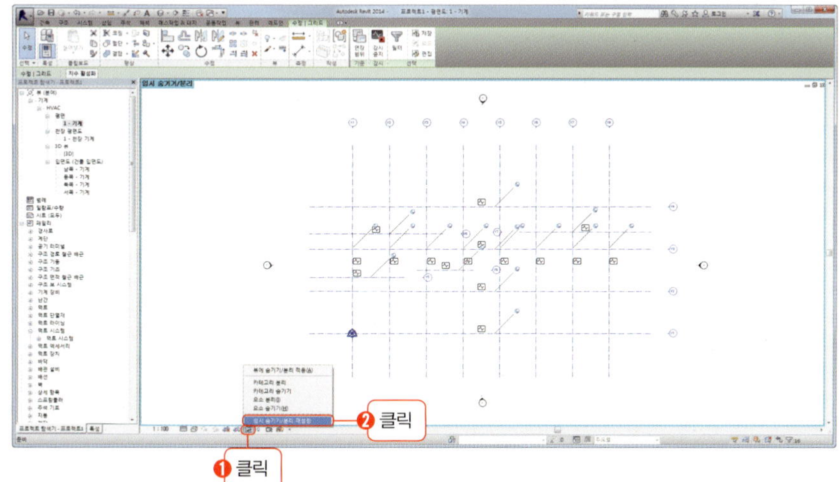

01 프로젝트 탐색기의 입면도에서 '남쪽-기계'를 더블 클릭한 후 모델의 중앙에 있는 레벨 1을 선택합니다.

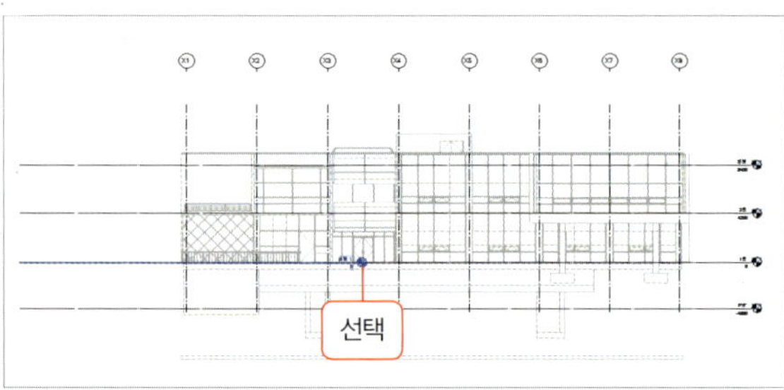

Note

도면 영역의 레벨 1 위에 마우스 포인터를 올려놓고, 상태 막대에 레벨 1이 표시될 때까지 [Tab]을 누릅니다. 상태 막대에 레벨 1이 표시되었을 때 마우스를 클릭하여 레벨 1을 선택합니다. 요소들이 중복되었을 때 [Tab]을 누르면 원하는 요소를 선택할 수 있습니다. 선택된 내용은 좌측 하단의 상태 막대에서 확인할 수 있습니다.

02 [Delete]를 누른 후 내용을 확인하고 [확인] 버튼을 누릅니다.

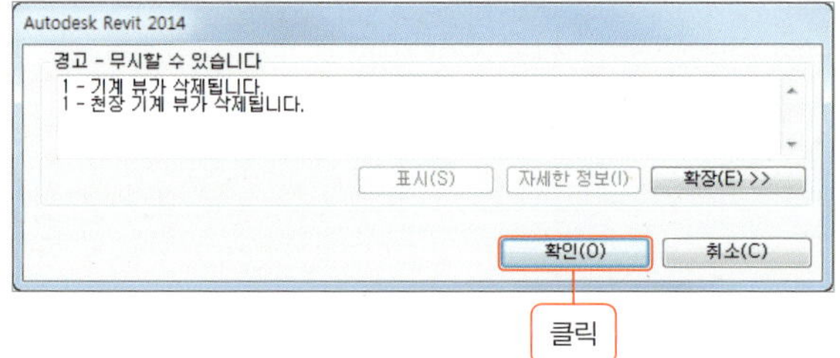

03 [뷰] 탭 ▶ [작성] 패널 ▶ [평면 뷰]를 클릭하여 [평면도]를 클릭합니다.

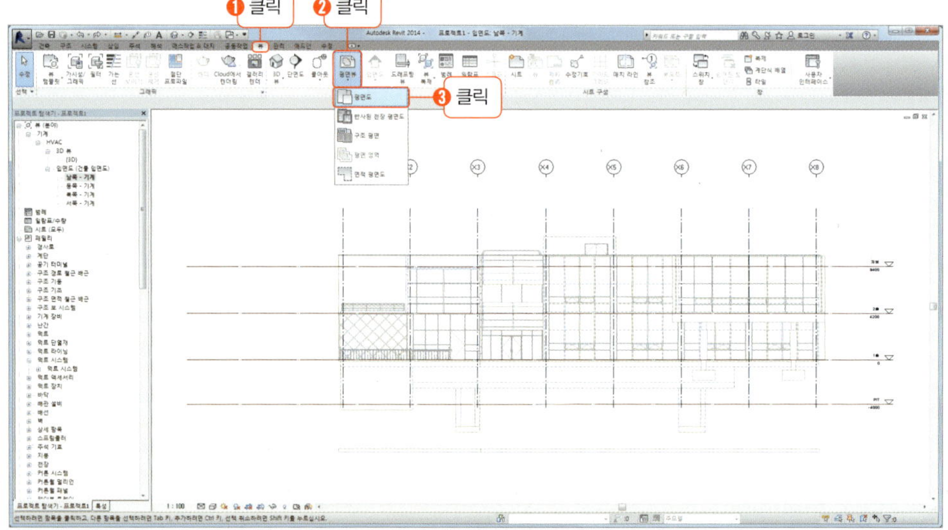

04 [새 평면도] 대화상자에서 마우스로 드래그하여 선택하거나 [Shift] 또는 [Ctrl]을 누른 상태로 선택합니다. 모든 Level을 선택한 후 [확인] 버튼을 누릅니다.

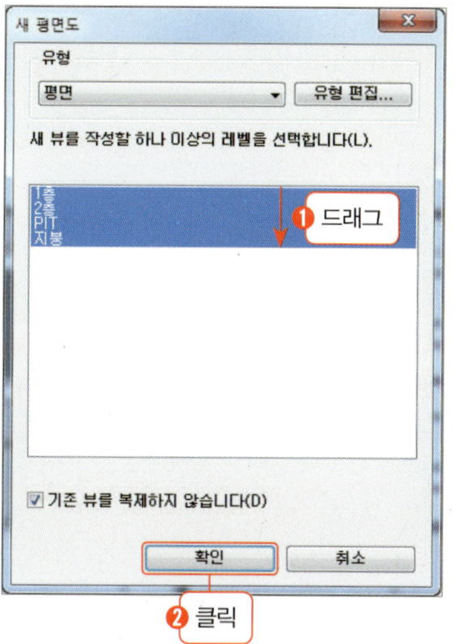

05 프로젝트 탐색기에 평면 뷰가 생성되었습니다.

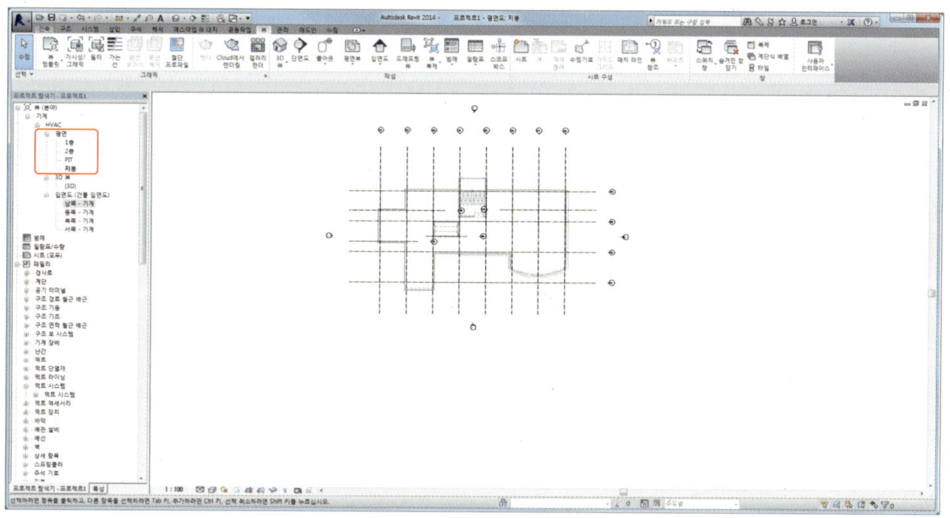

01　[뷰] 탭 ▶ [작성] 패널 ▶ [평면 뷰]를 클릭한 후 [반사된 천장 평면도]를 클릭합니다.

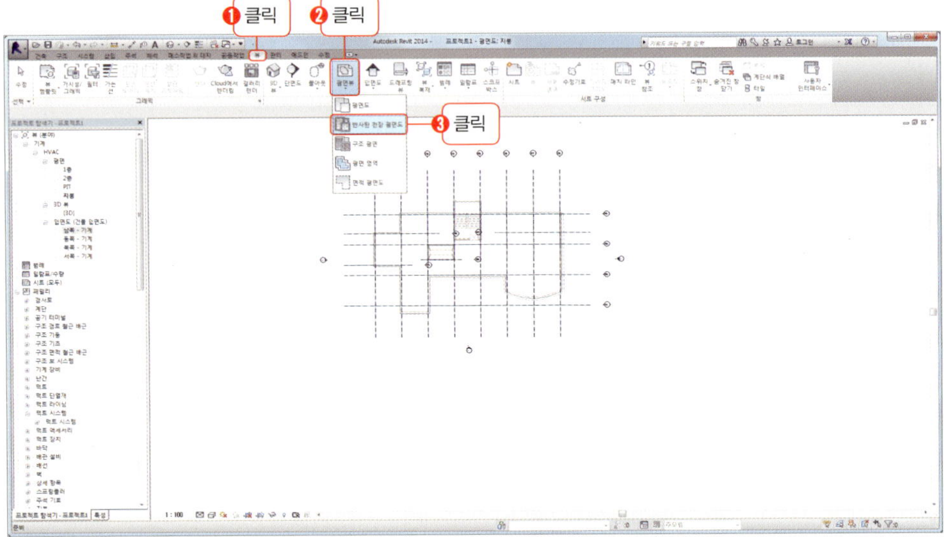

02　[새 천장 평면도]에서 마우스로 드래그하여 선택하거나 Ctrl 을 누른 상태로 레벨을 선택합니다. 모든 Level을 선택한 후 [확인] 버튼을 누릅니다.

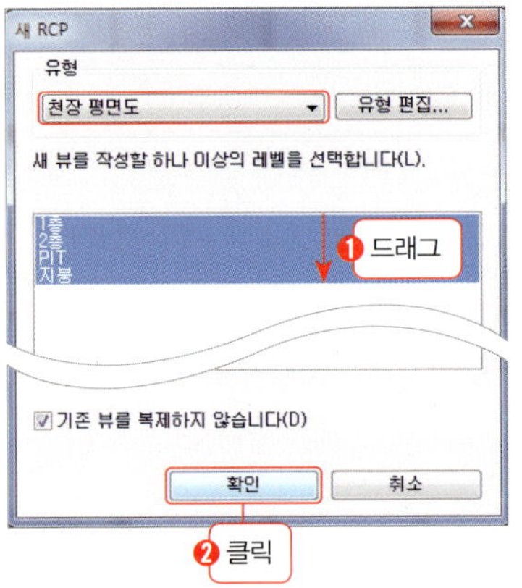

03 프로젝트 탐색기에 생성된 천장 평면도를 확인합니다.

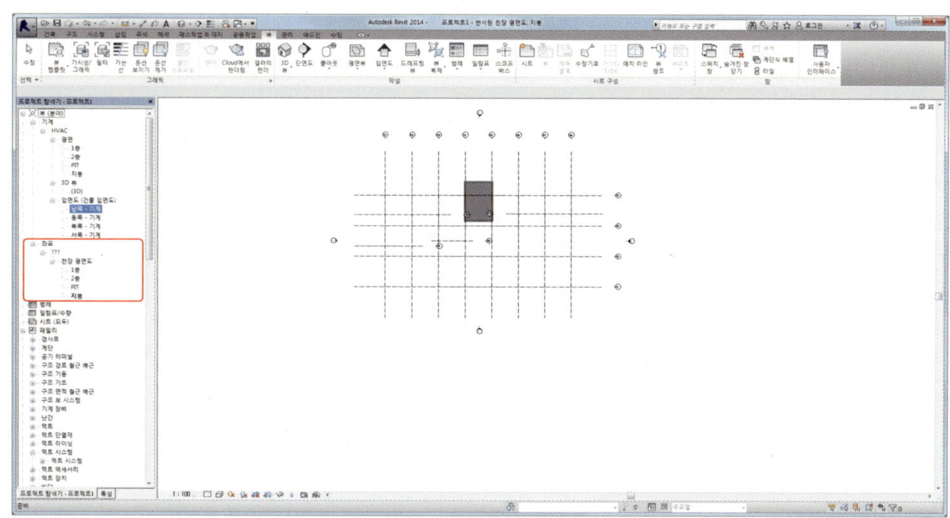

프로젝트 탐색기의 뷰를 사용자의 작업 환경에 맞춰 바꿀 수 있습니다.
먼저 좌표 분야에 모든 기본 뷰들을 배치합니다.

01 [관리] 탭 ▶ [설정] 패널 ▶ [프로젝트 매개변수]를 클릭한 후 [프로젝트 매개변수] 대화상자에서 [추가] 버튼을 클릭합니다.

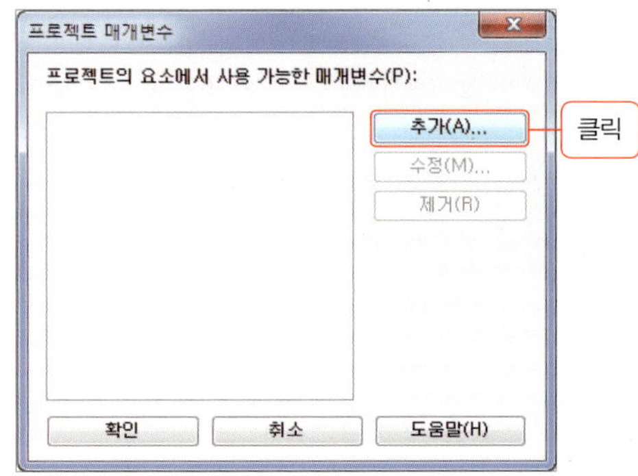

02 [매개변수 특성] 대화상자에서 이름을 다음과 같이 정의한 후 설정값을 지정합니다.

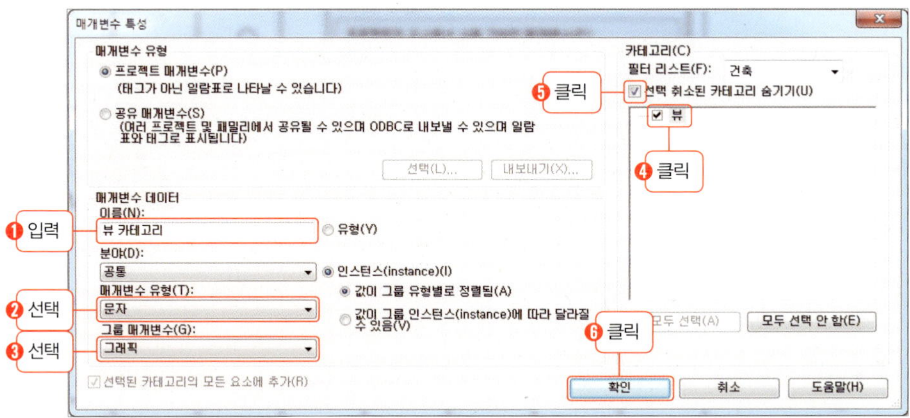

03 매개변수의 이름을 '뷰 유형'으로 변경한 후 위와 동일한 설정으로 매개변수를 추가하고 [확인] 버튼을 누릅니다.

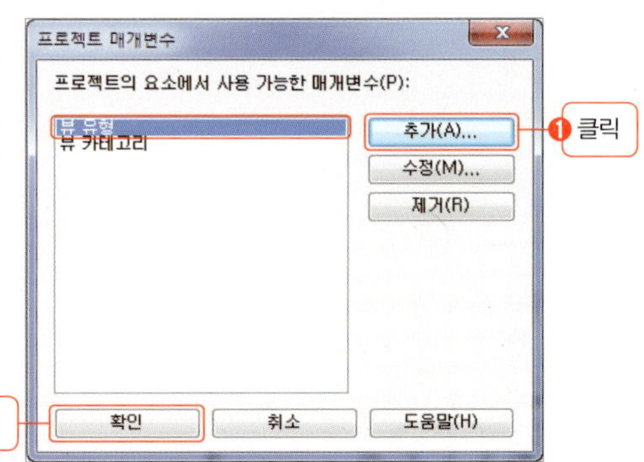

04 프로젝트 탐색기에서 새로 생성된 천장 평면도 뷰를 모두 선택합니다.

05 [특성] 대화상자에서 분야의 좌표를 확인한 후 뷰 카테고리와 뷰 유형에 다음과 같이 입력합니다.

- **분야 :** 좌표
- **뷰 카테고리 :** 01_Basic
- **뷰 유형 :** 천장 평면도

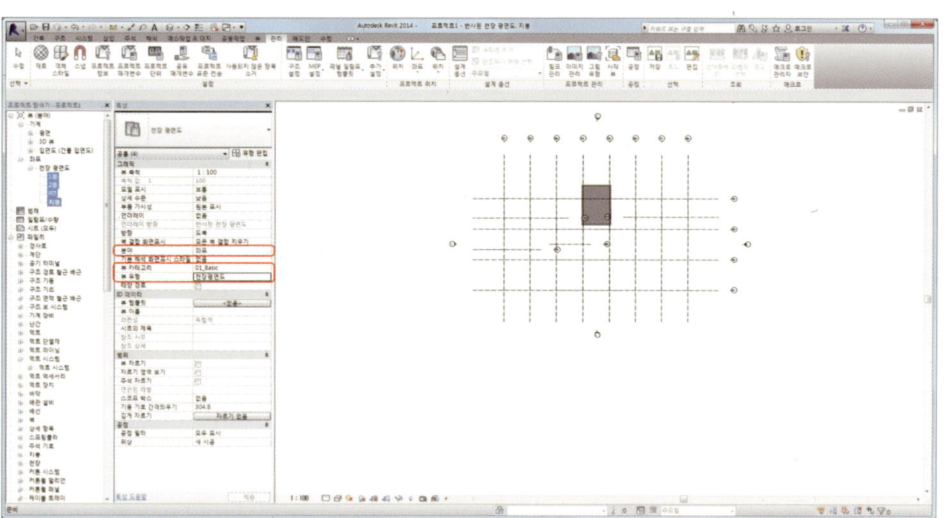

06 위와 같이 아래의 값들을 뷰별로 [매개변수 특성] 대화상자에 지정 또는 입력합니다.

설정 대상 뷰	분야	뷰 카테고리	뷰 유형
평면도	좌표	01_Basic	바닥 평면도
입면도(건물 입면도)	좌표	01_Basic	입면도
3D 뷰	좌표	01_Basic	3D 뷰

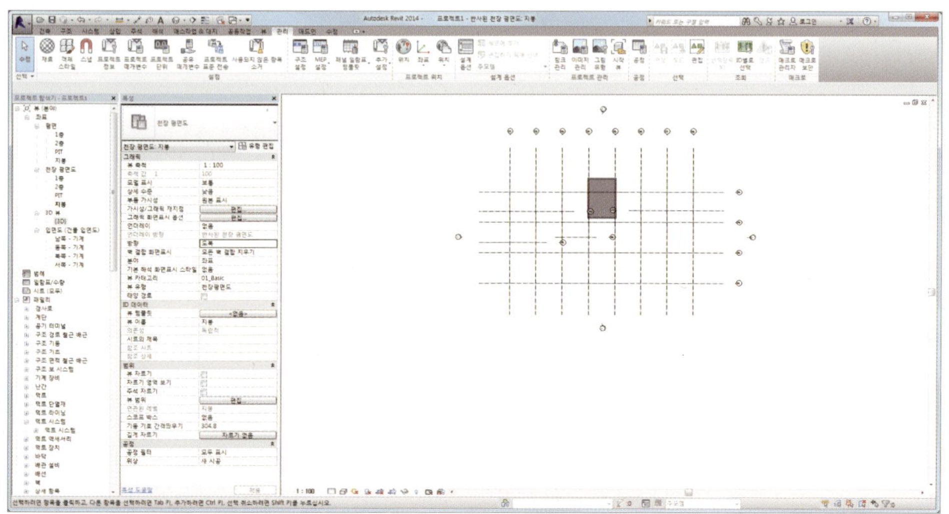

■ 뷰 템플릿 링크하기

1. 뷰 유형별 템플릿 작성하기

뷰 템플릿의 뷰 유형 필터를 각각 지정한 경우에는 바닥 평면도의 모든 공조 덕트 평면도에 템플릿이 추가 또는 수정되었을 때 항상 업데이트되도록 링크를 연결하는 것이 좋습니다.

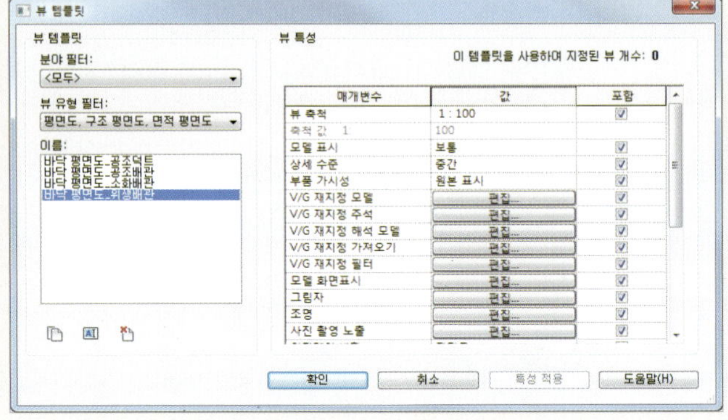

2. 뷰 템플릿 링크 연결

1 프로젝트 탐색기에서 뷰 템플릿을 적용할 뷰 위에 커서를 올려놓고, 마우스 오른쪽 버튼을 클릭하여 뷰 템플릿 특성 적용을 클릭합니다. [뷰 템플릿] 대화상자에서 '바닥 평면도 – 공조 덕트'를 선택하고 [확인] 버튼을 누릅니다.

2 뷰 템플릿이 적용된 뷰를 선택한 다음, [특성] 대화상자에서 뷰 템플릿으로 '바닥 평면도 – 공조 덕트'를 지정하면 뷰 템플릿과 링크 연결이 됩니다.

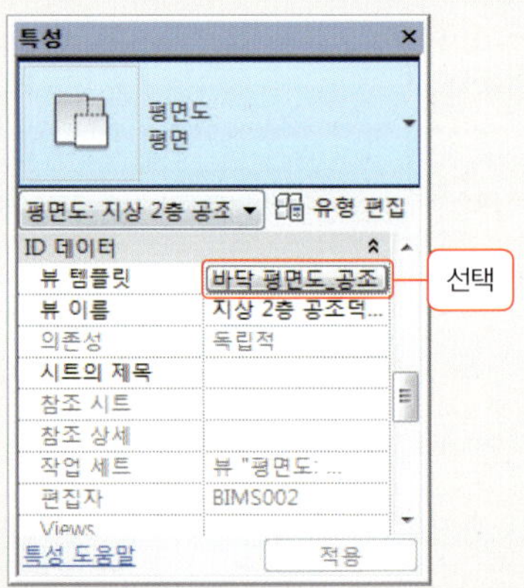

3 뷰 템플릿이 변경되면, 변경 사항이 해당 뷰에 자동으로 업데이트됩니다.

4 자동으로 업데이트되지 않도록 하려면, 뷰 템플릿을 '없음'으로 지정해야 합니다.

3. 여러 뷰에 뷰 템플릿 적용하기

1 프로젝트 탐색기에서 뷰를 다음 방법으로 선택합니다.
- Ctrl 을 누른 상태에서 뷰를 하나씩 선택할 수 있습니다.
- Shift 를 누른 상태에서 여러 개의 뷰를 동시에 선택할 수 있습니다.

2 선택한 뷰들에 뷰 템플릿을 특성 적용하고, 필요한 경우 뷰 템플릿을 링크합니다.

07 [뷰] 탭 ▶ [창] 패널 ▶ [사용자 인터페이스]를 확장하여 [탐색기 구성]을 클릭합니다.

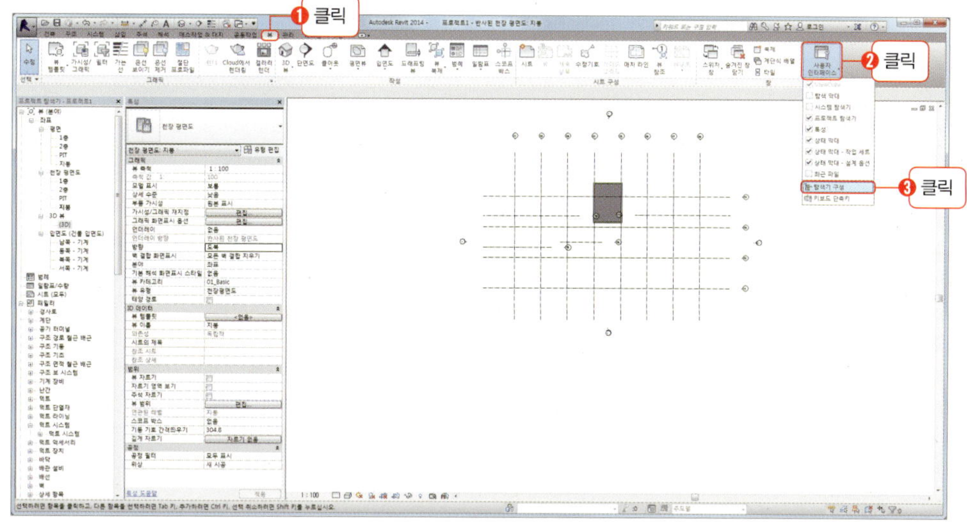

TIP

프로젝트 탐색기나 [특성] 대화상자가 닫혔을 때 사용자 인터페이스에서 가시성을 켤 수 있습니다.

08 [탐색기 구성] 대화상자의 [뷰] 탭에서 [새로 만들기] 버튼을 클릭합니다. 그런 다음, [새 탐색기 구성 작성] 대화상자에서 '이름'란에 'Sample_기계'를 입력하고 [확인] 버튼을 누릅니다.

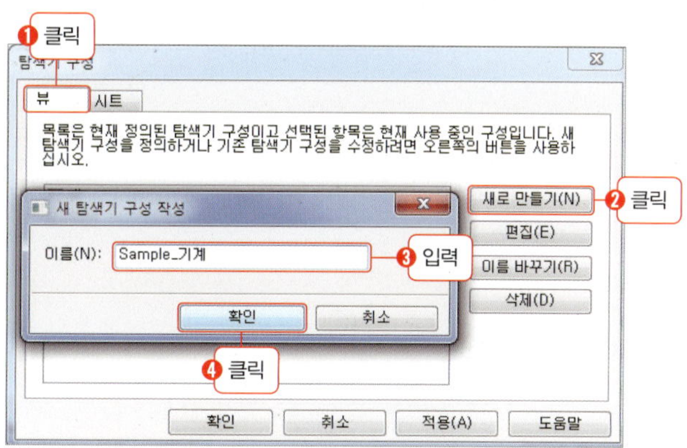

09 [그룹화 및 정렬] 탭을 누른 후 정렬 기준을 다음과 같이 설정하고 [확인] 버튼을 누릅니다.

TIP

정렬 기준을 '연관된 레벨'로 지정하면, (바닥 또는 천장) 평면도의 뷰가 레벨의 순서대로 정렬됩니다.

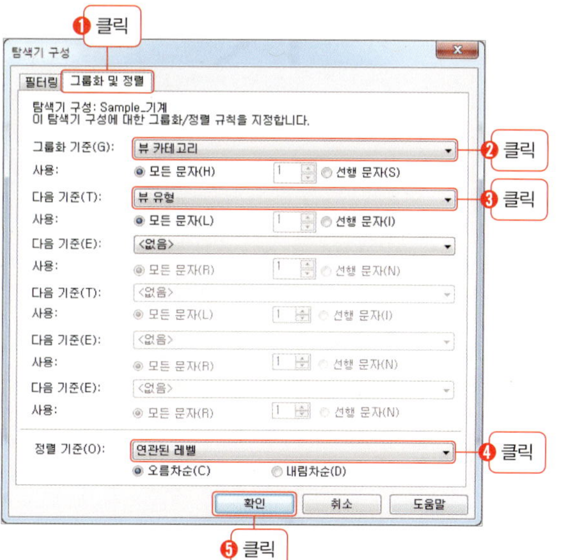

10 뷰에서 새로 만든 'Sample_기계'를
선택한 후 [확인] 버튼을 누릅니다.

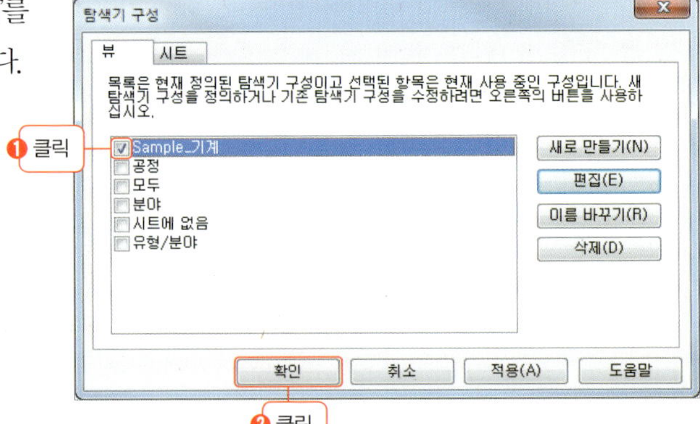

11 프로젝트 탐색기를 살펴보면 다음
과 같이 뷰가 구성되어 있는 것을
볼 수 있습니다.

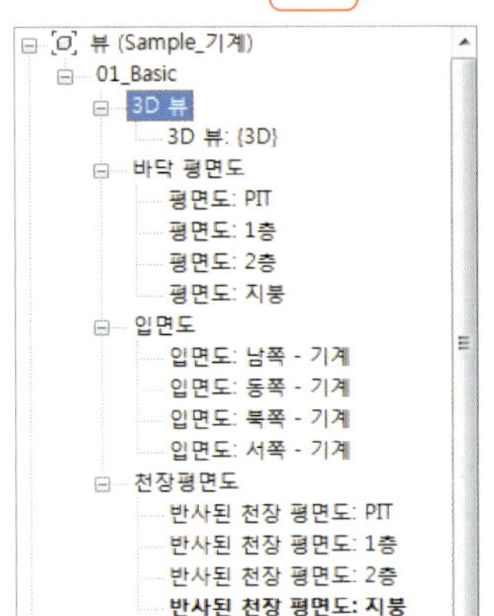

12 프로젝트 전체 팀원들의 작업 뷰를
만들기 위한 뷰를 구성하기 위해 [뷰]
탭▶[작성] 패널▶[평면 뷰]에서 [평
면도]를 클릭합니다.

TIP

- '기존 뷰를 복제하지 않습니다'를 체크
  해제하면 복제된 평면 뷰를 생성할 수
  있습니다.
- 작업 뷰의 경우 프로젝트가 종료되어
  제출될 때에는 삭제 또는 편집하는 것
  이 좋습니다.

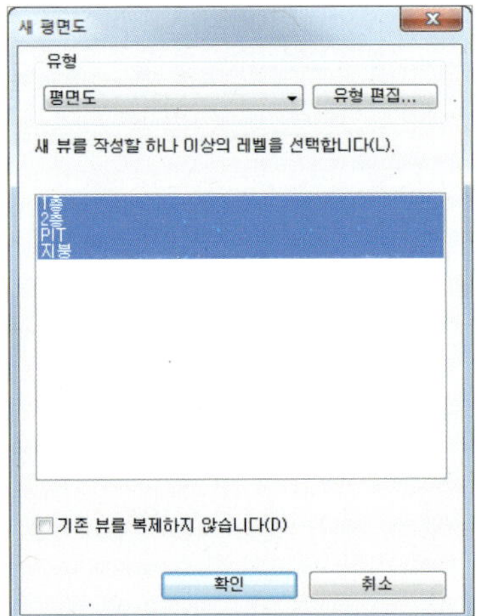

⑬ 복제된 평면도를 모두 선택한 후 '분야'는 '기계'로, '뷰 카테고리'는 '99_Users'로, '뷰 유형'은 사용자의 이니셜로 설정합니다.

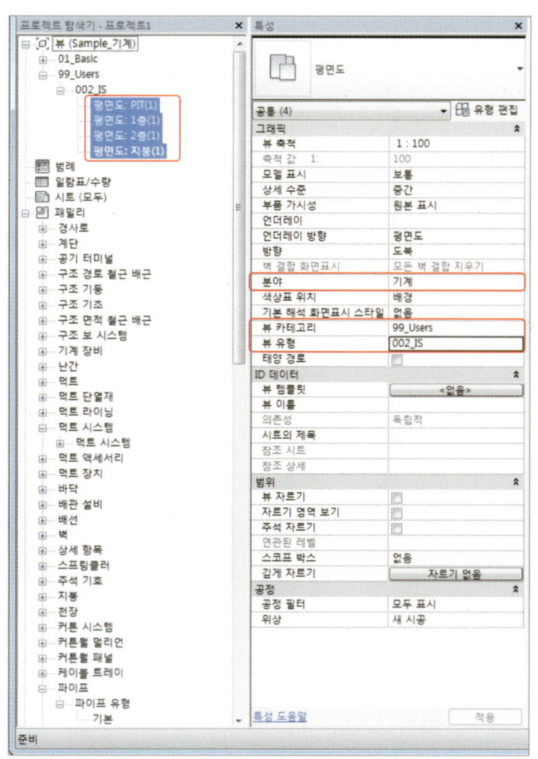

⑭ 천장 평면도를 같은 방식으로 작업하여 작업 뷰를 구성합니다.

⑮ 3D 뷰는 개별 복제하여 작업 뷰를 구성합니다. 프로젝트 탐색기에서 '01_Basic 3D 뷰'의 '3D 뷰 : [3D]'를 선택한 후 마우스 오른쪽 버튼을 클릭하여 뷰를 복제합니다. 그런 다음, [특성] 대화상자에서 아래와 같이 설정합니다.

- **뷰 카테고리 :** 99_Users
- **뷰 유형 :** 사용자 이니셜

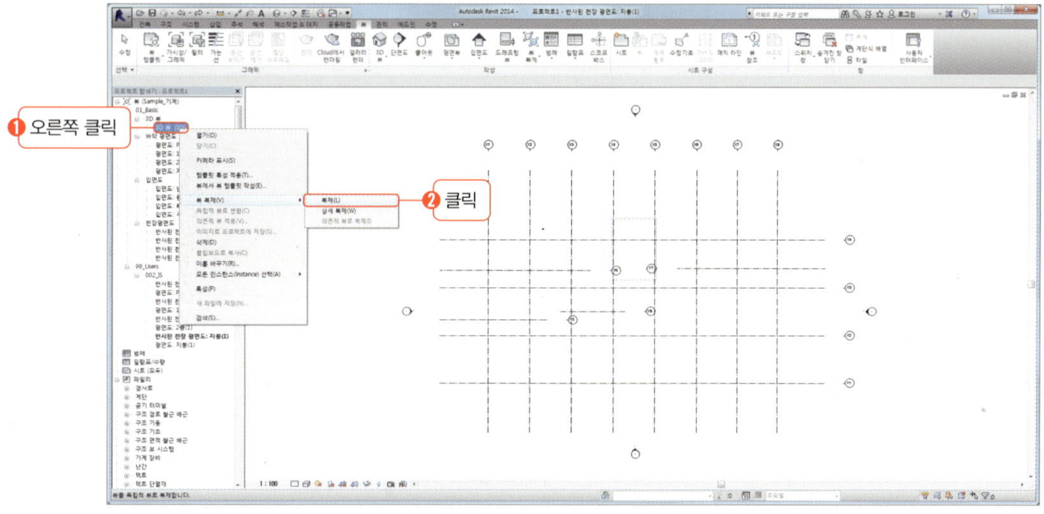

16 프로젝트 탐색기가 다음과 같이 구성되었습니다.

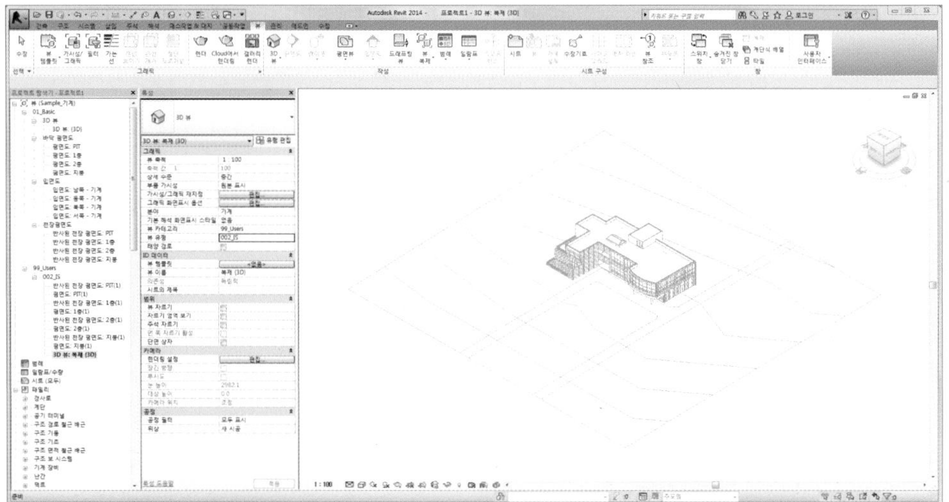

다음은 프로젝트 로딩 시간을 줄이기 위한 시작 뷰를 설정합니다.

01 [뷰] 탭 ▶ [작성] 패널 ▶ [드래프팅 뷰]를 클릭하면 나타나는 [새 드래프팅 뷰] 대화상자의 '이름' 란에 'OPEN VIEW'를 입력한 후 [확인] 버튼을 누릅니다.

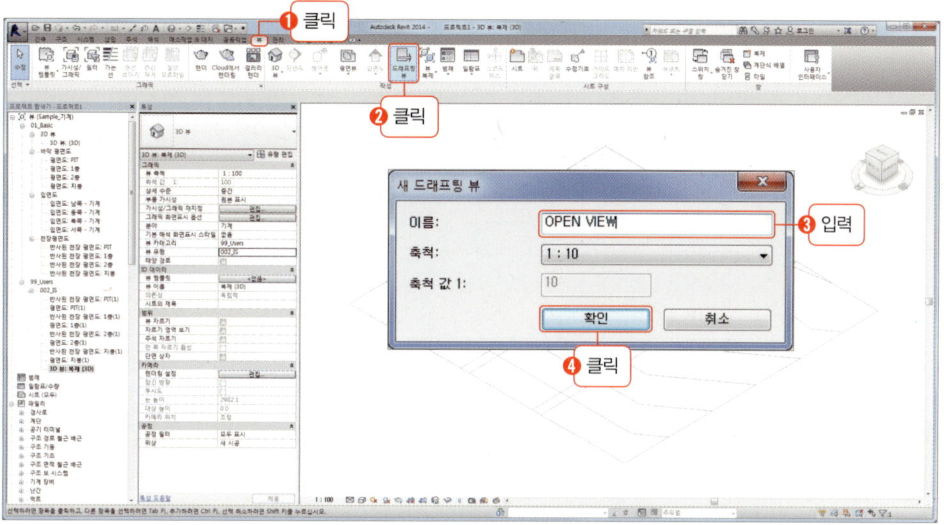

02 뷰의 [특성] 대화상자에서 뷰 카테 고리를 '01_Basic'로, 뷰 유형을 '00 _시작 뷰'로 설정합니다.

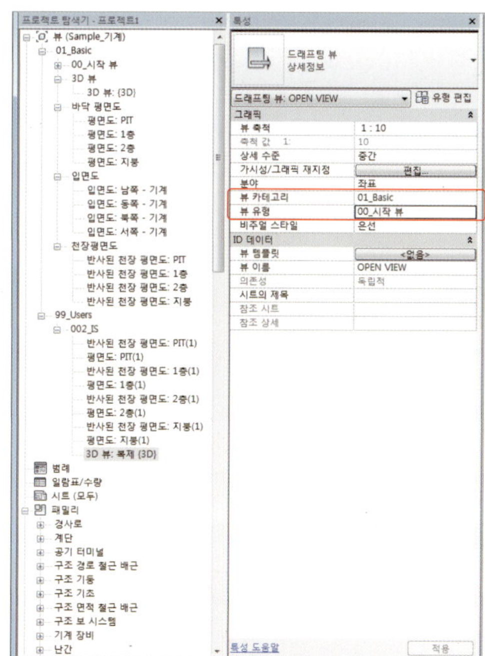

03 드래프팅 뷰에서 [주석] 탭 ➤ [문자] 패널 ➤ [문자]를 클릭한 후 도면 영역에 'Sample_기계 프로
젝트'를 입력하고, [수정/문자 참고] 탭 ➤ [선택] 패널 ➤ [수정]을 클릭하여 종료합니다.

TIP

Esc 를 눌러 종료할 수도 있습니다.

04 영문 키가 활성화된 상태에서 Z T 를 입력하여 문자를 도면 영역에 최대화한 후 [관리] 탭 ➤
[프로젝트 관리] 패널 ➤ [시작 뷰]를 클릭합니다. 그런 다음, '드래프팅 뷰 : OPEN VIEW'를 선택
하고 [확인] 버튼을 누릅니다.

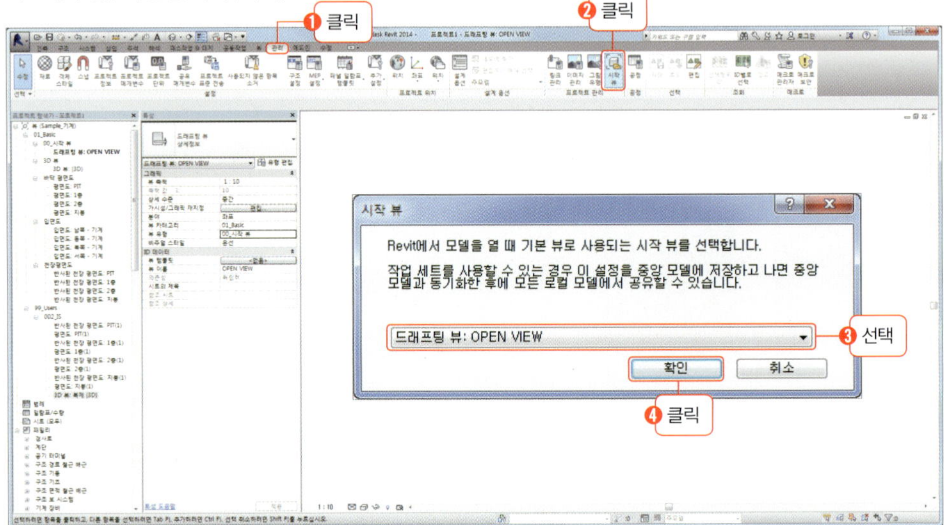

05 ➤ 다른 이름으로 저장 ➤ 프로젝트를 클릭한 후 파일 이름에 'Sample_기계 프로젝트'를 입
력하고 [저장] 버튼을 누릅니다.

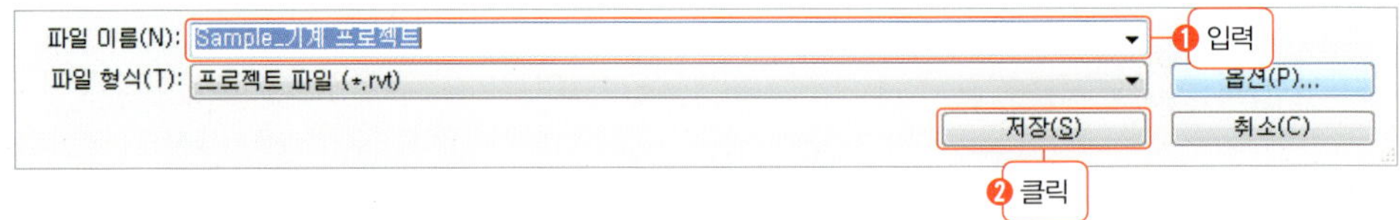

06 ➤ [닫기]를 눌러 해당 프로젝트를 닫습니다.

TIP

[닫기] 버튼을 누르면 해당 프로젝트 뷰가 다중으로 열려 있더라도 한 번에 닫을 수 있습니다.

파이프 유형에 따른 라우팅을 설정하기 전에 프로젝트 시방서를 확인합니다.

[배관 자재 및 덕트 재질]

구분	용도	배관 재질	뷰 유형
냉난방 설비	냉온수관	스테인리스관 KSD 3576	용접
	냉각수관	스테인리스관 KSD 3576	용접
	공조 덕트	아연 도강판	–
위생 설비	급수, 급탕관	스테인리스관 KSD 3595	65A 이하 SR 조인트
		스테인리스관 KSD 3576	80A 이상 용접
	오배수	PVC VG1 KSM 3404	고무링
	중수관	스테인리스관 KSD 3576	용접
	우수관	배관용 탄소강관 KSD 3507	용접
	통기관	PVC VG2(PVC VG12) KSM 3404	본드 접합
소화 설비	소화 배관	배관용 탄소강관 KSD 3507 (단, 배관 내압이 1.0Mpa 이상일 경우 KSD−3562 SPPS 38 #40을 적용)	무용접 이음

※ 이 교재에서는 위의 표와 같이 공종별 파이프의 종류와 접합 방법을 설정합니다.

01　▶ [열기]를 눌러 저장된 'Sample_기계 프로젝트'를 엽니다.

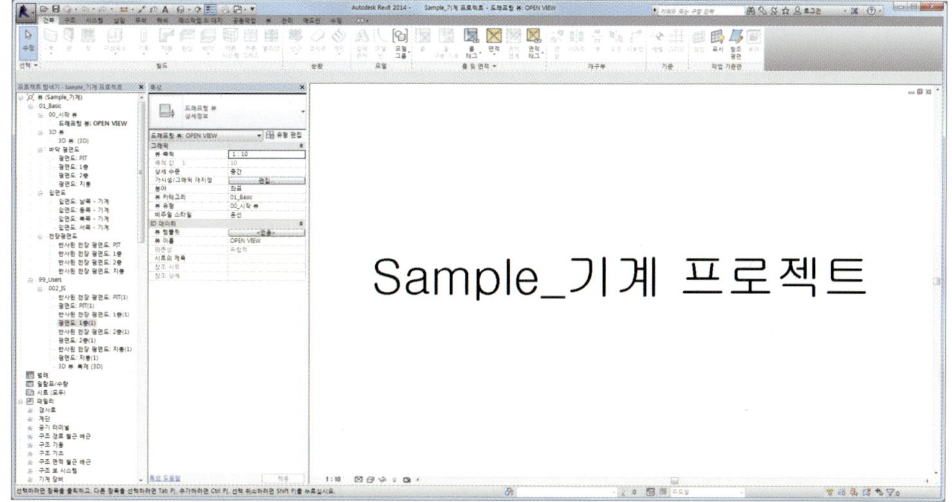

02　프로젝트 탐색기에서 '99_Users ▶ 002_IS ▶ 평면도 : 1층(1)' 을 더블 클릭하여 평면 뷰를 활성화한 후 [시스템] 탭 ▶ [배관 및 파이프] 패널 ▶ [파이프]를 클릭하고 특성 팔레트에서 [유형 편집]을 클릭합니다.

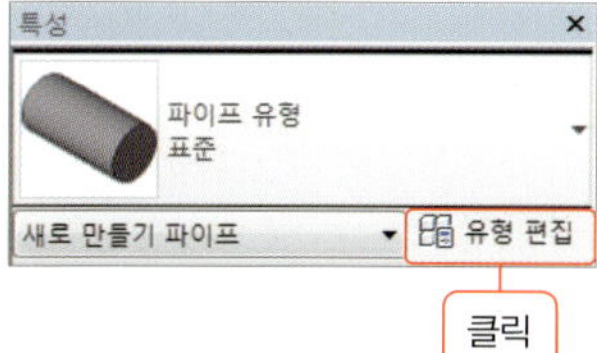

03 [유형 특성] 대화상자에서 [복제] 버튼을 클릭한 후 [이름] 대화상자에서 '우수관'을 입력하고 [확인] 버튼을 누릅니다.

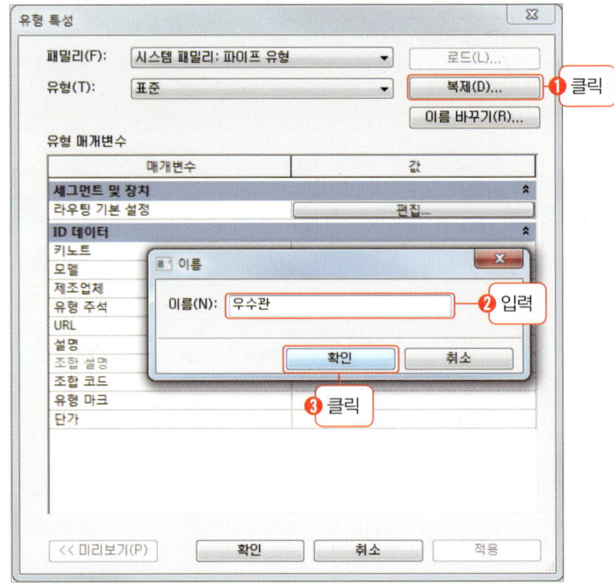

04 [유형 특성] 대화상자에서 라우팅 기본 설정의 [편집] 버튼을 클릭한 후 파이프 세그먼트의 값을 우수관 재질인 '백강관–SPP'로 선택하고, 파이프의 최소 크기를 15mm, 최대 크기를 600mm로 확인합니다.

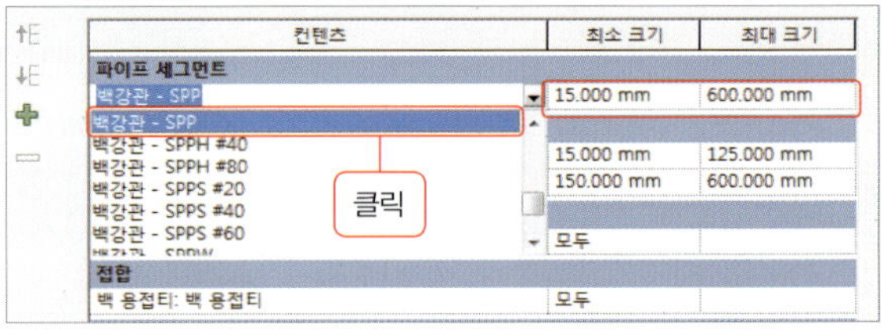

> **TIP**
>
> 파이프 세그먼트에는 기계 설정에서 작성된 파이프 세그먼트를 사용합니다.

05 엘보는 '백 장엘보'를 선택한 후 최소 크기를 15mm로, 최대 크기를 125mm로 지정합니다.

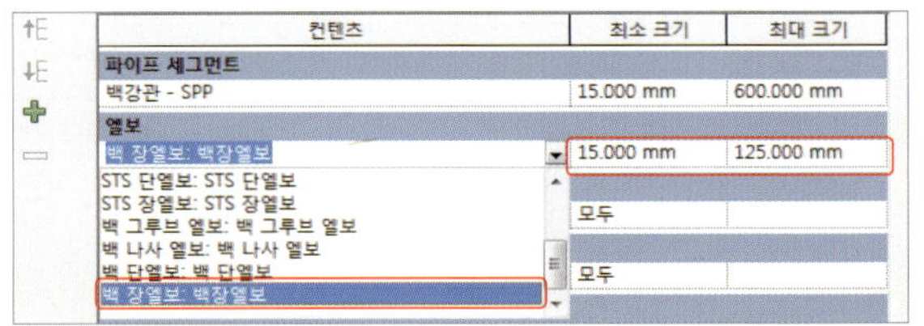

06 [행 추가] 아이콘 ➕ 을 클릭하여 설정을 추가합니다.

07 추가된 엘보 설정을 '백 단엘보'로 바꾼 후 최소 크기를 150mm로 최대 크기를 600mm로 설정합니다.

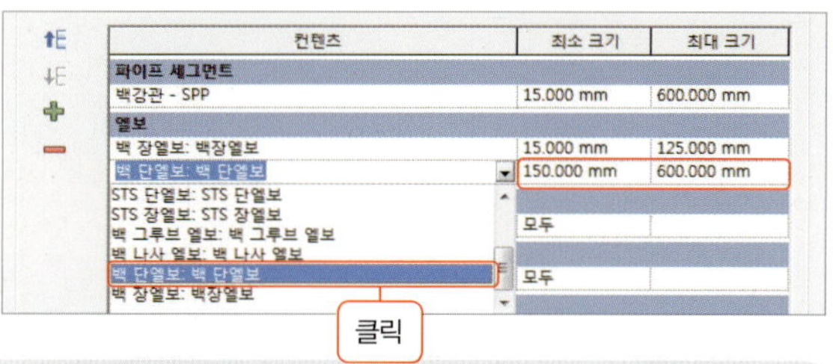

08 위와 같은 방법으로 오른쪽 그림과 같이 백강관 용접 부속으로 나머지 라우팅을 설정하고 [확인] 버튼을 누릅니다.

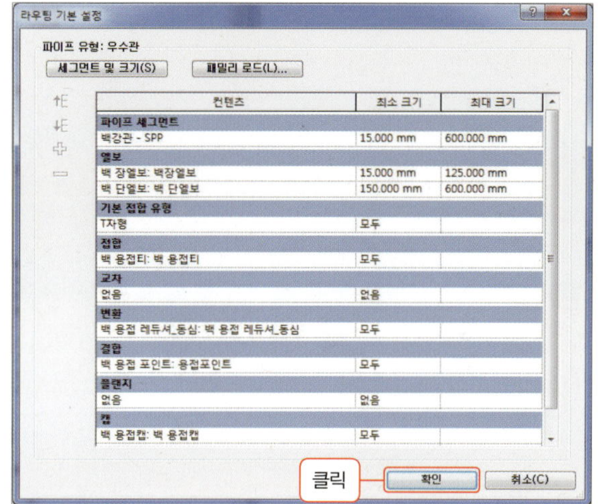

09 시방서를 확인하여 주어진 내용대로 파이프 유형을 전부 라우팅합니다.

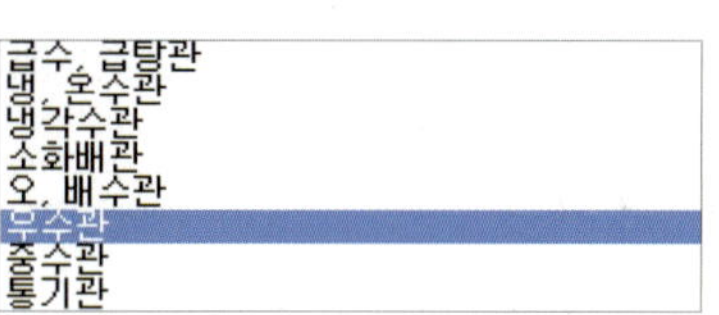

01 덕트 유형 편집은 주어진 덕트 유형을 '복제' 또는 '이름 바꾸기'를 하여, 다음과 같이 편집합니다.

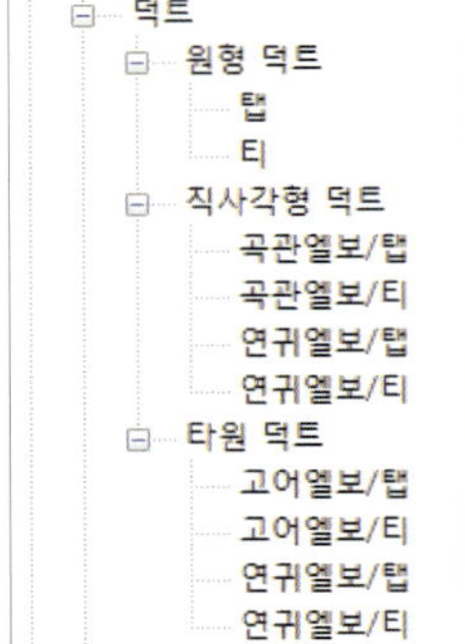

■ 탭/티 구분하기

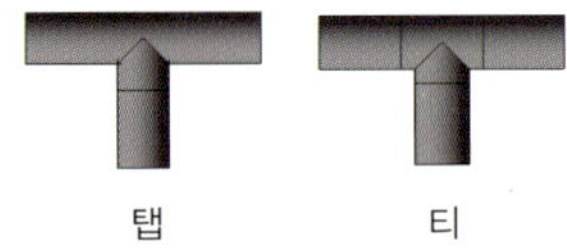

■ 덕트 엘보 구분하기

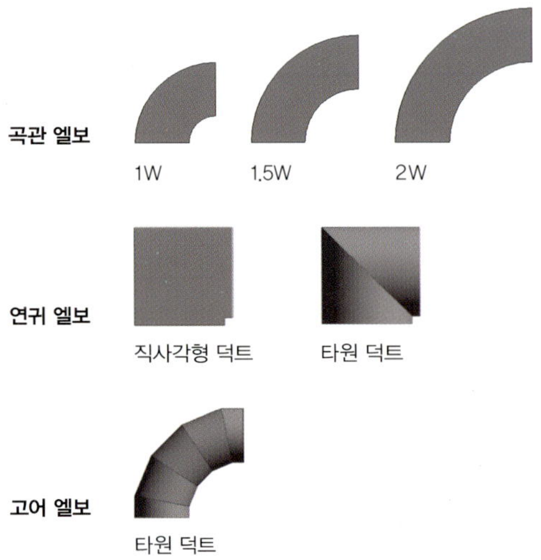

필터로 작업 레이어 구분하기

뷰 템플릿의 필터 규칙에서 필터 기준을 무엇으로 적용하느냐에 따라 작업의 수행 방식이 결정됩니다. 그러므로 프로젝트를 본격적으로 시작하기 전에 필터 기준을 정하고, 팀원별 작업 공종 분배를 하도록 합니다.

01 뷰 템플릿 특성 중 필터를 이용하여 레이어별 가시성을 구분하면, 2D CAD의 레이어와 유사하게 색상으로 레이어별 라인을 구분하여 사용할 수 있습니다.

02 필터 규칙에서 사용할 수 있는 필터 기준들을 확인한 후 을 클릭하고 최근 문서에서 'Sample_기계 프로젝트.rvt'를 선택하여 파일을 불러옵니다.

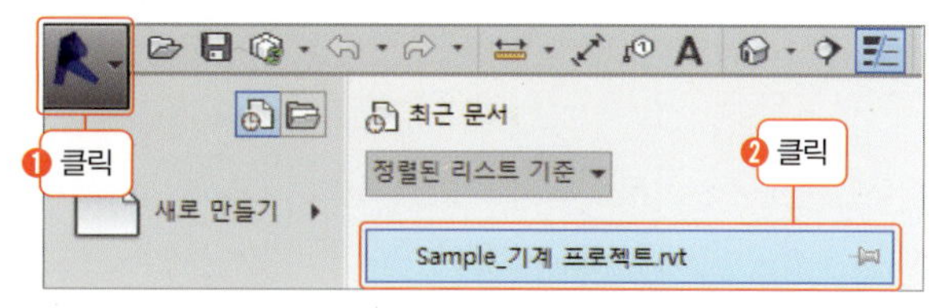

TIP

최근 문서에 없을 경우, 해당 파일을 찾아서 엽니다.

03 [뷰] 탭 ➤ [그래픽] 패널 ➤ [필터]에서 [새로 만들기] 버튼을 클릭한 후 필터 이름에 'S(오수배관)'을 입력하고 [확인] 버튼을 누릅니다.

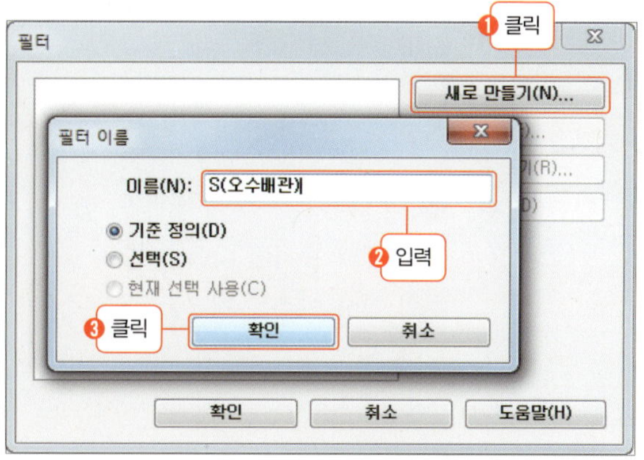

04 기계 템플릿으로 프로젝트를 생성한 후 필터를 사용하여 배관 또는 덕트 관련 카테고리를 선택하면(별도의 매개변수나 작업 세트가 생성되지 않았을 때) 다음과 같이 필터가 구성됩니다.

[배관 관련 카테고리를 전부 선택했을 때의 필터]

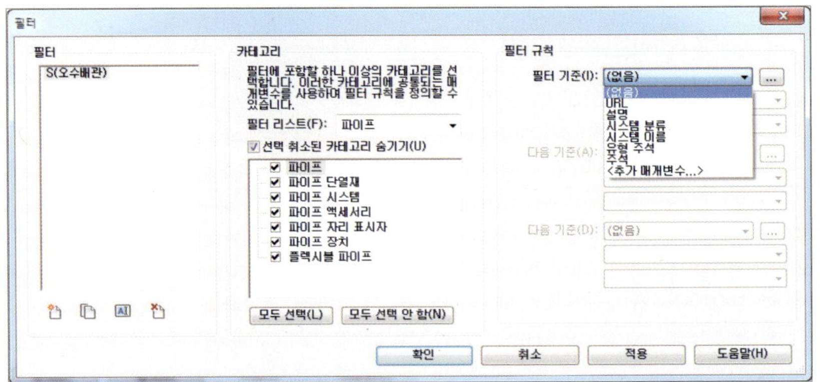

[덕트 관련 카테고리를 전부 선택했을 때의 필터]

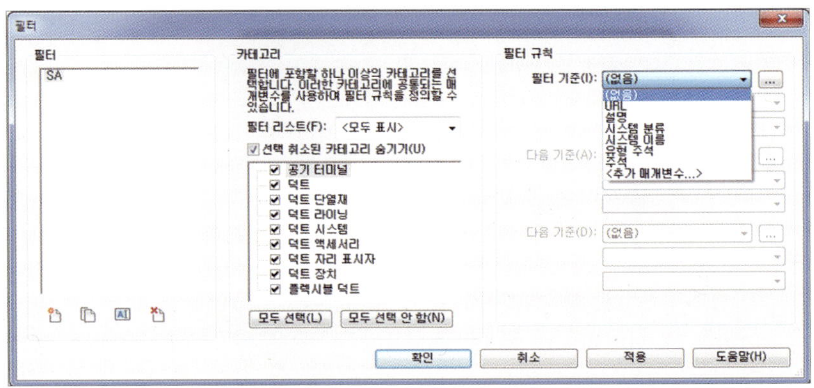

05 **04**의 내용을 근거로 배관과 덕트 관련 필터 규칙에 다음과 같은 공통의 필터 기준을 적용할 수 있습니다.

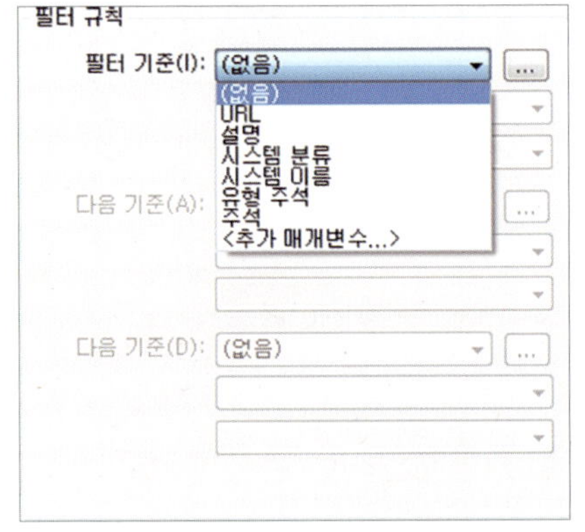

1. 필터 기준에서의 시스템 분류는 Revit에서 정의된 기준이므로, 사용자가 임의로 편집하기는 어렵습니다.

덕트 시스템   파이프 시스템

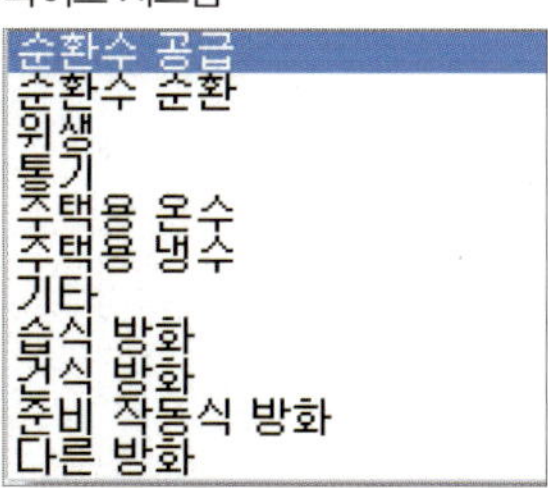

2. 시스템 이름을 필터 기준으로 사용하려면, 모든 관련 요소가 시스템으로 작성되어야 합니다. 시스템으로 작업하면 [시스템 탐색기] 대화상자에서 시스템 이름을 확인할 수 있습니다. Revit은 MEP 작업 시 시스템 작업을 추천하고 있습니다. 시스템 작성은 시스템 구성원이 되는 패밀리의 시스템 분류를 기준으로 시스템 유형이 자동 설정됩니다. 설정된 시스템 유형에 따른 시스템 이름을 입력할 수 있습니다.

3. 필터 리스트의 선택된 카테고리에서 시스템(파이프 시스템 또는 덕트 시스템)을 선택에서 제외하면 필터 기준으로 시스템 유형을 사용할 수 있습니다. 시스템 유형은 모델링 시작 전에 반드시 시스템 유형을 확인하고 작업해야 합니다. 모델링을 완료한 후에는 시스템 유형을 일괄적으로 변경하기가 어렵습니다.

4. 작업 세트를 생성한 후에는 필터 기준으로 작업 세트를 선택할 수 있습니다.

5. 이러한 사항들을 고려하면,

① 시스템으로 작업하여 사용자화할 수 있는 필터 기준으로는 다음 항목을 들 수 있습니다.
- 시스템 이름 : 냉난방 부하 계산을 선행하여 시스템 작업에 이용할 수 있습니다.

② 시스템으로 작업하지 않고, 모델링을 사용자화할 수 있는 필터 기준으로는 다음 항목들을 들 수 있습니다.
- 시스템 유형
- 유형 주석
- 매개변수
- 작업 세트

이들은 모델링을 사용자화할 수 있으므로, 2D 설계 도면을 3D화하는 데 편리합니다. 방법의 차이를 살펴보면, 시스템 유형으로 작업하고자 할 때에는 패밀리 작성 시 커넥터의 시스템 분류를 명확히 설정한 후 프로젝트로 로드해야 합니다. 로드된 모든 패밀리의 커넥터가 명확한 시스템 분류에 속해 있어야만 프로젝트에서 원활하게 사용할 수 있습니다. 그러나 유형 주석, 매개변수, 작업 세트를 이용한 작업은 패밀리의 시스템 분류를 무시하고 작업할 수 있습니다. 사용상의 편의성은 커지지만, 시스템 분류를 무시한 작업은 프로젝트 내에 많은 경고를 쌓이게 할 수 있습니다.

6. 일람표 등으로 산출할 수 있는 정보는 시스템 분류, 시스템 유형, 유형 주석, 매개변수 등이고, 작업 세트는 그렇지 않습니다.

7. 뷰 템플릿 작성 시에 필터 규칙에 어떤 필터 기준을 쓰느냐에 따라 모델링 작업의 방향성이 달라집니다. 하나의 프로젝트로 제시된 5가지의 방법들을 하나씩 적용하여 모델링을 진행합니다. 4명이 한 팀을 형성하고 팀 작업(작업 세트 사용)으로 작업을 진행합니다. 각 팀원이 공조 덕트, 공조 배관, 소화 배관, 위생 배관을 맡아서 작업을 진행합니다.

◆ 시스템 이름으로 레이어 구분하여 모델링

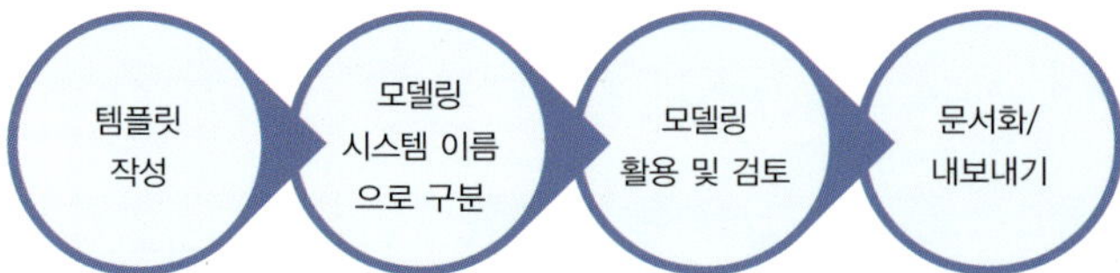

◆ 시스템 유형으로 레이어 구분하여 모델링

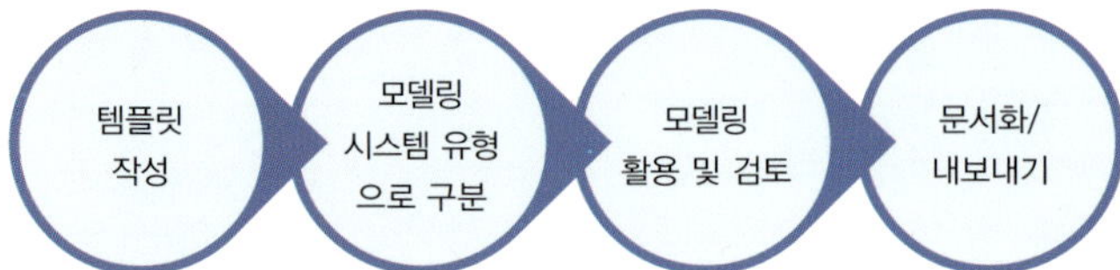

◆ 유형 주석으로 레이어 구분하여 모델링

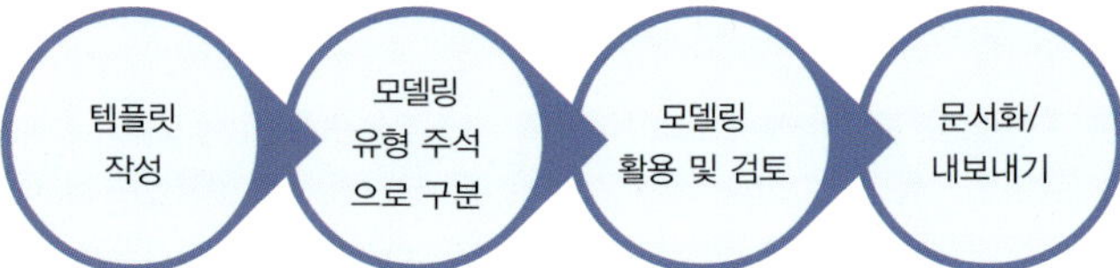

◆ 매개변수로 레이어 구분하여 모델링

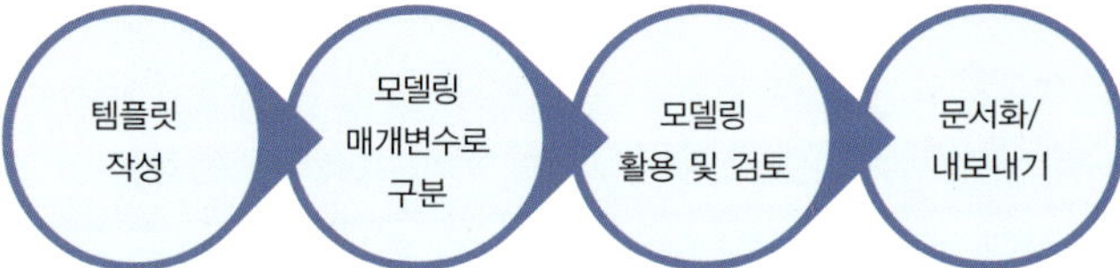

◆ 작업 세트로 레이어 구분하여 모델링

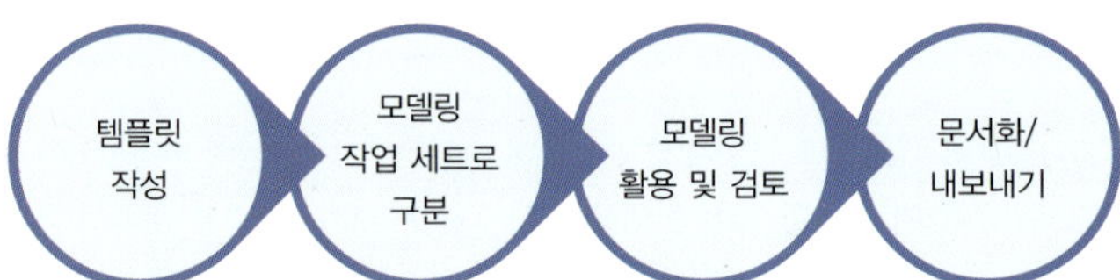

제시된 모델링 방법들로 모델링을 진행하면서 각각의 방법에 따른 모델링 과정과 결과를 충분히 검토한 후 실제 프로젝트에 최적의 방법을 도입하여 모델링에 활용합니다.

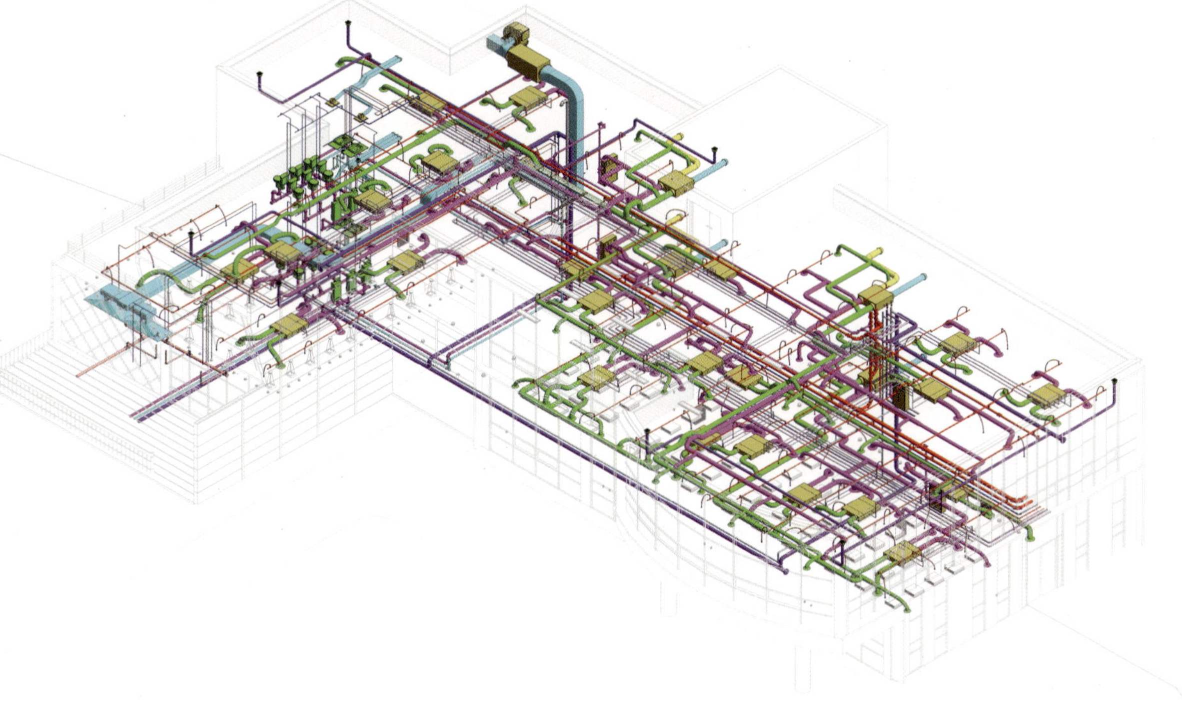

모델링_
시스템 이름으로 레이어 구분

Revit에서는 건물 모델의 모든 영역에 대해 공간을 배치하고 정의한 후 이러한 공간을 구역에 지정할 수 있습니다. 그런 다음, 난방 및 냉방 부하 해석을 수행하여 건물의 에너지 수요를 결정하고, 공간 및 구역 요구 사항을 결정할 수 있습니다. 그 후에는 MEP 시스템을 작성합니다. 프로젝트에서 시스템 구성 요소의 모양 및 동작은 각 분야의 설정에 의해 결정됩니다. 기계 설정은 프로젝트에 있는 덕트, 파이프, 배관 및 방화 시스템의 덕트 장치 및 파이프의 동작 및 모양을 결정합니다. 건물의 난방 및 냉방 수요에 맞추어 덕트 시스템을 설계합니다. 프로젝트에서 공기 터미널 및 기계 장비를 배치하는 도구를 사용하면 덕트 시스템을 작성할 수 있습니다. 이번 장에서는 시스템으로 작성된 모델을 시스템 이름을 사용하여 레이어로 구분하는 방법에 대해 알아봅니다.

난방 및 냉방 부하

기계 설비 시스템을 작성하기 위해서는 가장 먼저 시스템을 계획해야 합니다. 빌딩 내부에 공간 (space)을 배치하여 시스템 계획을 시작합니다. 그리고 공간의 환경을 제어하기 위해 공간을 구역(zone)에 배정합니다. 그리고 빌딩의 냉난방 부하를 결정하기 위해 냉난방 부하 분석을 수행합니다. Revit에서는 냉난방 부하 해석 시 모든 공간 및 구역 정보를 사용하여 건물의 에너지 수요를 결정합니다.

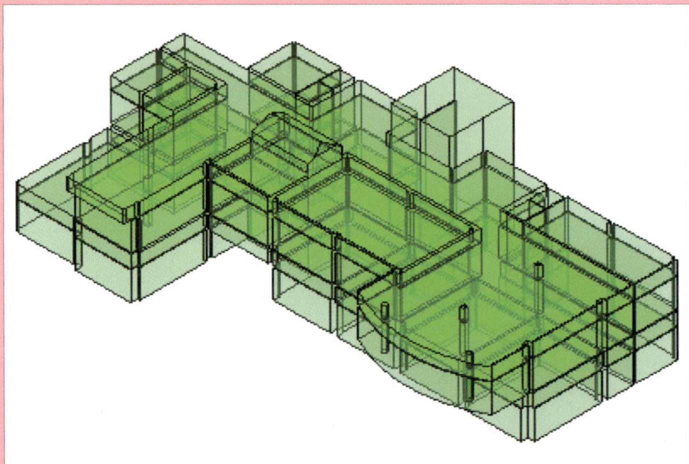

핵심 Point

공간 배치하기

구역 배치하기

난방 및 냉방 부하 해석

공간은 빌딩 내부에서 해당 지역의 부피를 계산하는 역할을 합니다. 공간은 공간이 배치된 위치에 대한 정보를 포함하고 있고, 이 정보는 냉난방 부하 분석에 사용됩니다.

01 ▶ [열기] ▶ [프로젝트]를 클릭하여 [새 프로젝트] 대화상자가 나타나면 'Sample\Chapter03\Lesson04\Lesson04_01.rvt' 파일을 불러옵니다.

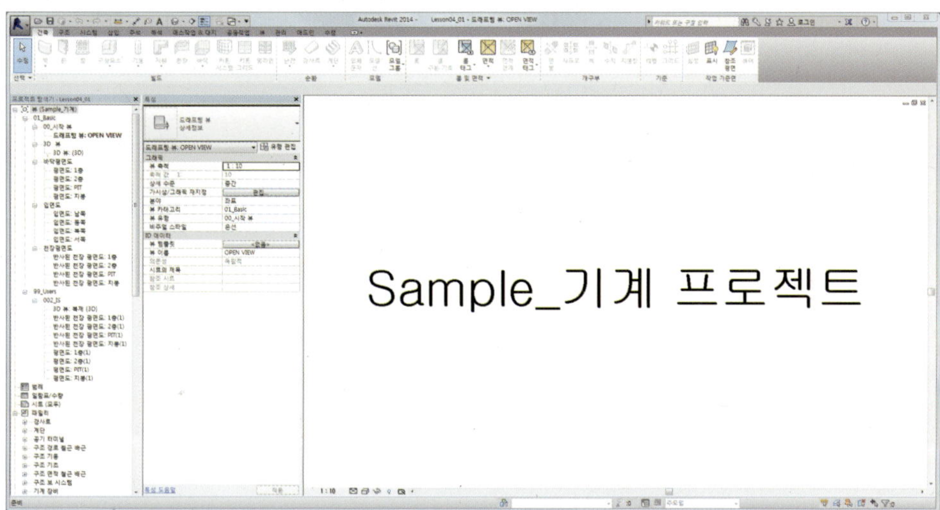

Note

■ 링크 재지정

1 [해결되지 않은 참조] 대화상자가 나타나는 경우에는 '링크 관리를 열어 문제 해결'을 클릭합니다.

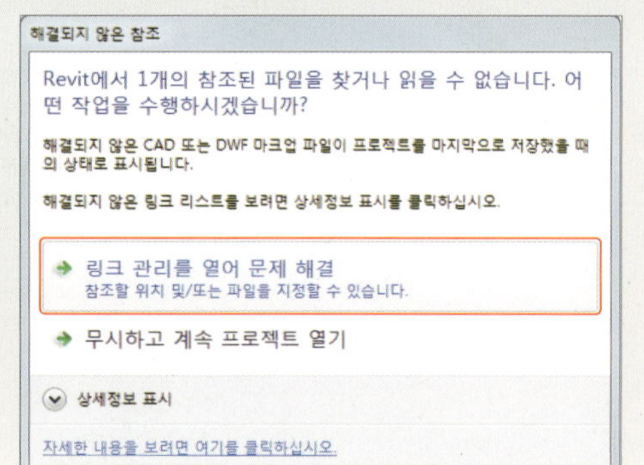

2 [링크 관리] 대화상자에서 'Sample_ 건축.rvt'를 선택한 후 [다시 로드 경로 재지정] 버튼을 클릭합니다.

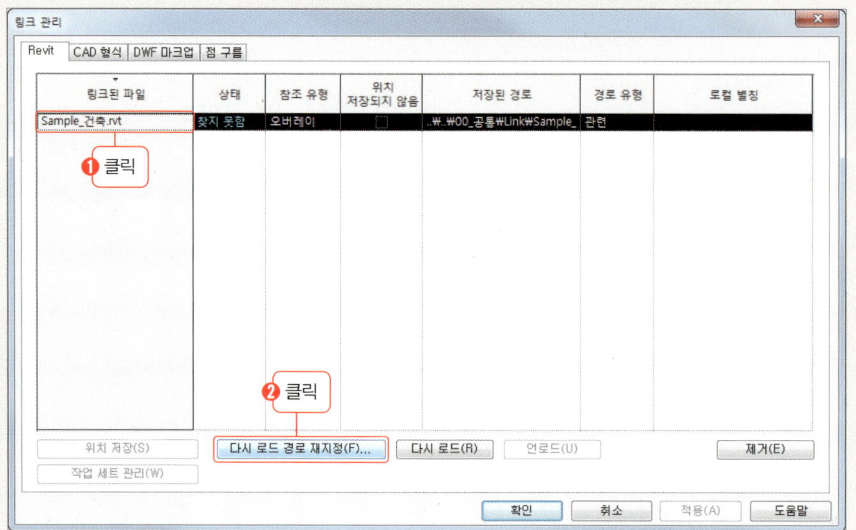

3 [링크 추가] 대화상자가 나타나면 다운로드된 파일의 LINK 폴더에서 'Sample_건축' 파일을 선택한 후 [열기] 버튼을 누릅니다.

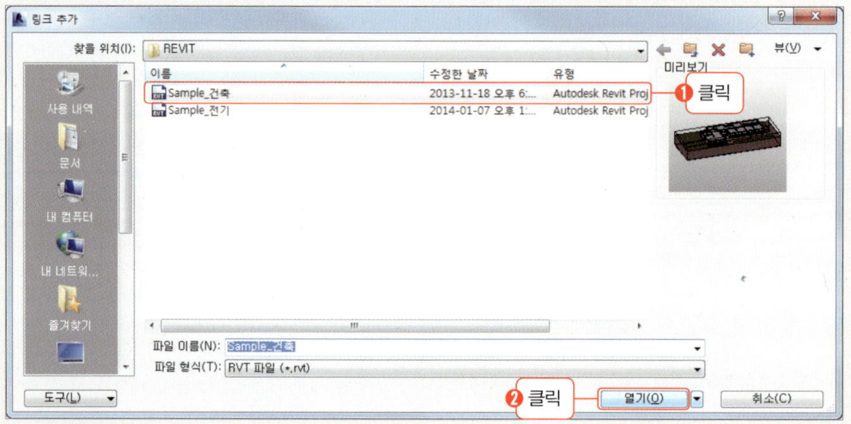

4 [경고] 대화상자가 나타나면 [확인] 버튼을 누릅니다.

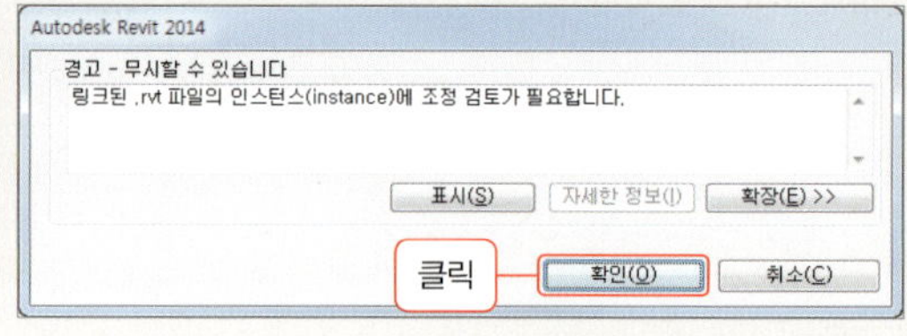

5 [링크 관리] 대화상자에서 [확인] 버튼을 누릅니다.

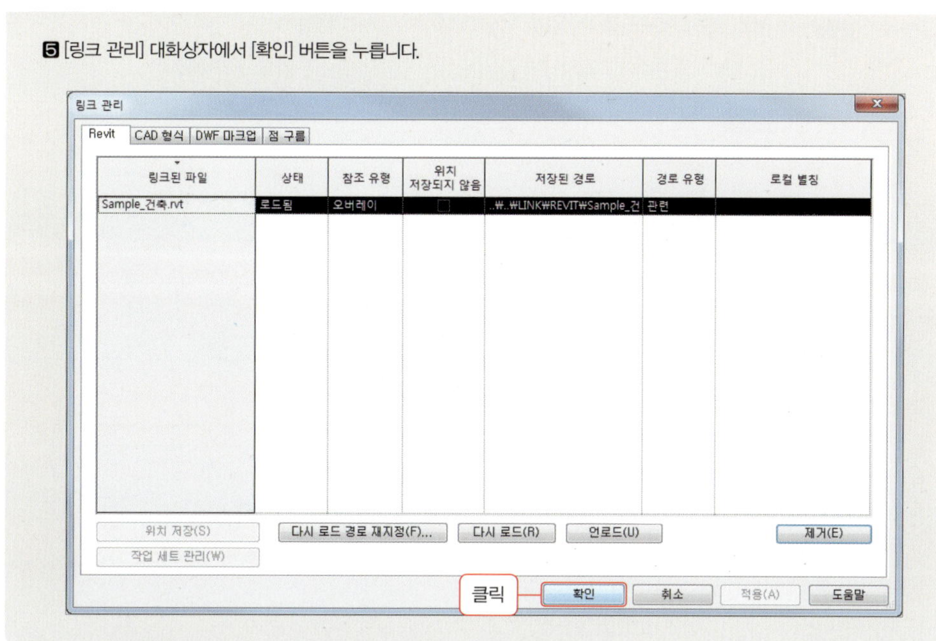

02 프로젝트 탐색기에서 '뷰(Sample_기계) ▶ 99_Users ▶ 002 IS ▶ 3D 뷰 : 복제 [3D]'를 더블 클릭한 후 마우스 오른쪽 버튼을 클릭하여 [이름 바꾸기]를 선택합니다. 그런 다음, [뷰 이름 바꾸기] 대화상자에서 '3D_시스템'으로 이름을 변경하고 [확인] 버튼을 누릅니다.

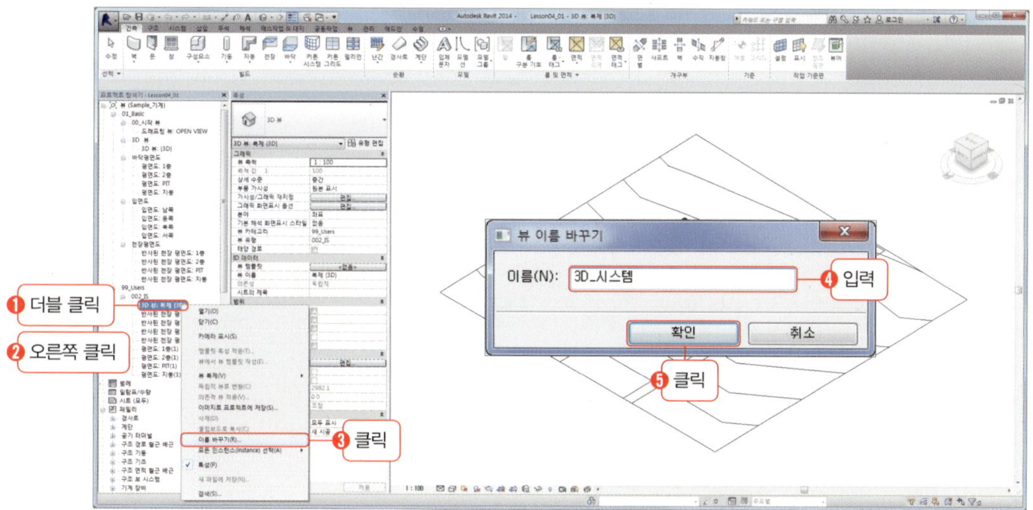

03 002_IS에 있는 뷰 이름을 '_시스템'을 붙여 오른쪽과 같이 바꿉니다.

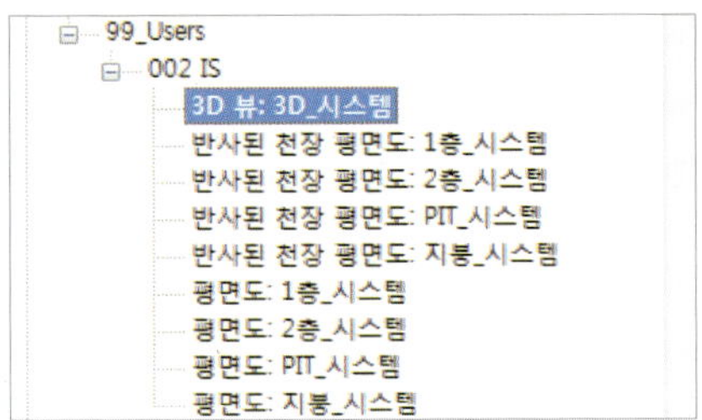

> **TIP**
>
> '_시스템'을 복사(Ctrl+C)한 후 [이름 바꾸기] 대화상자에서 내용을 바꿔야 할 부분만 선택하고 붙여 넣기(Ctrl+V)합니다.

04 3D_시스템 뷰의 [특성] 대화상자에서 [범위] 탭 ➤ [단면 상자]를 체크합니다.

05 뷰 조절 막대에서 [숨겨진 요소 표시] 버튼 을 클릭한 후 작업 영역 전체에 걸쳐 표시되는 빨간색 단면 상자를 선택합니다. 그런 다음, 마우스 오른쪽 버튼을 클릭하여 '뷰에서 숨김 해제'의 '카테고리'를 선택합니다.

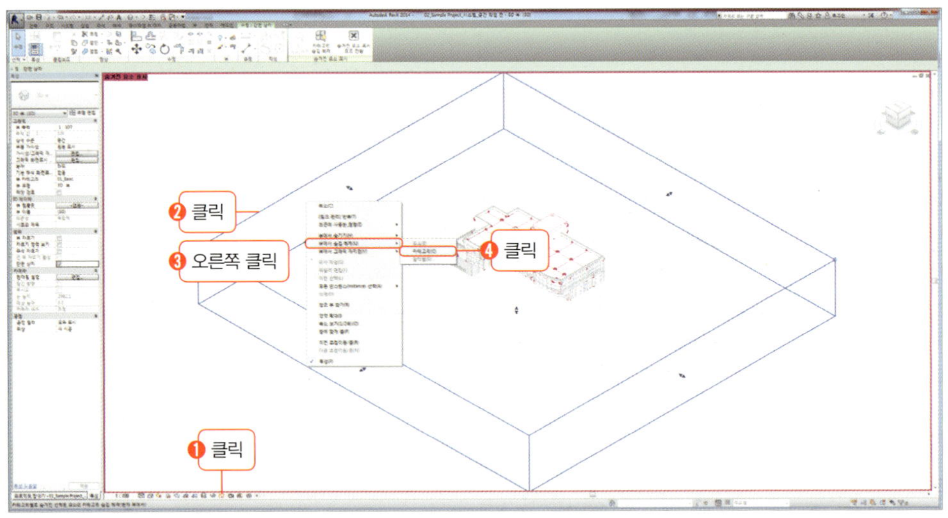

> **TIP**
>
> 숨겨진 요소가 있는 경우에는 빨간색으로 표시됩니다.

06 뷰 조절 막대에서 [숨겨진 요소 표시] 아이콘 을 클릭한 후 도면 영역에 나타난 단면 상자를 선택합니다. 그런 다음, 모양 핸들을 드래그하여 단면 상자의 크기를 건물 규모로 어느 정도 축소시킵니다.

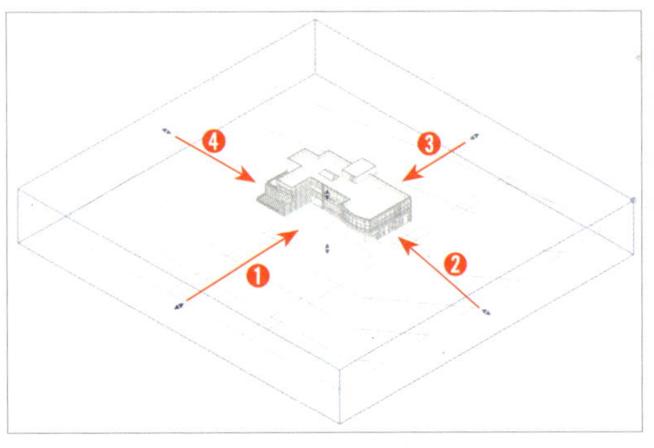

07 Shift 를 누른 상태에서 마우스 휠을 눌러 뷰 큐브의 방향을 그림과 같이 설정한 후 뷰 큐브 상단의 [평면도] 를 클릭합니다.

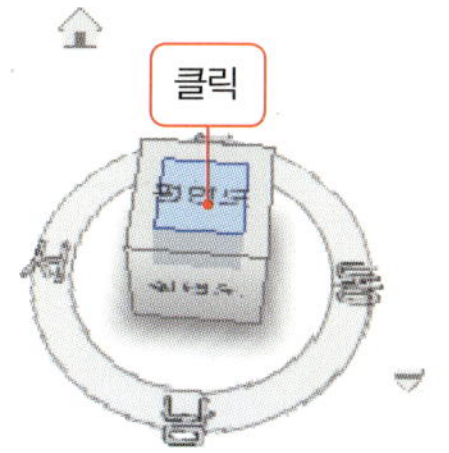

TIP

뷰 큐브의 방향에 따라 생성되는 평면도의 방향이 달라집니다.

08 단면 상자를 클릭한 후 모양 핸들을 드래그하여 건물 규모만큼 표현 범위를 제한합니다.

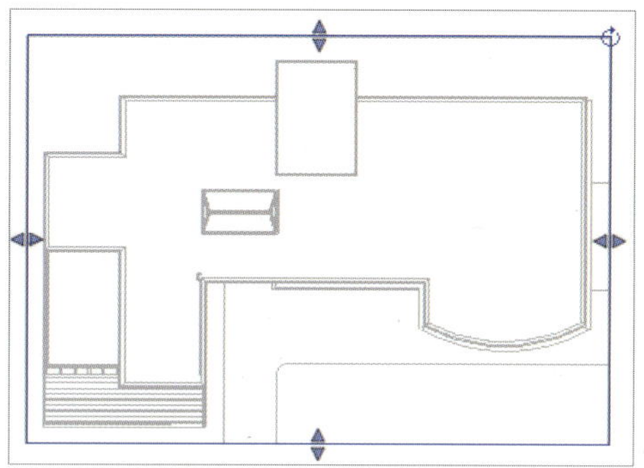

TIP

단면 상자를 통해 작업 영역을 최소화하면, 좀 더 빠르게 작업할 수 있습니다. 단면 상자의 크기 조절은 단면도, 평면도 상태에서 좀 더 세밀하게 조절할 수 있습니다.

09 뷰 큐브 좌측 하단 모서리를 클릭하여 3D로 뷰를 활성화합니다.

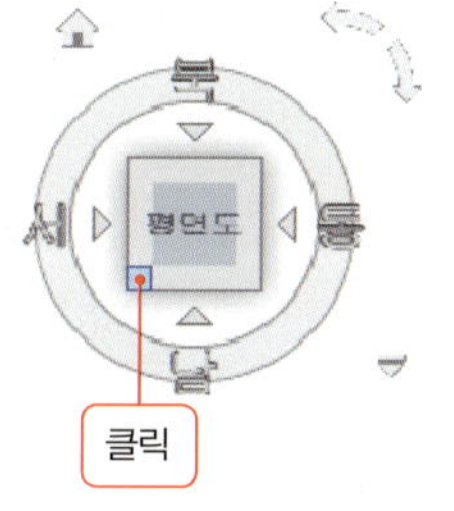

TIP

Shift 를 누른 상태로 마우스 휠을 누르면 모델을 원하는 각도로 회전할 수 있습니다.

10 링크된 건축 모델에 커서를 올려놓으면 화면 좌측 하단의 상태 막대에 선택하려는 객체의 정보가 나타납니다.

RVT 링크 : 링크된 Revit 모델 : Sample_건축.rvt : 2 : 위치 <공유되지 않음>

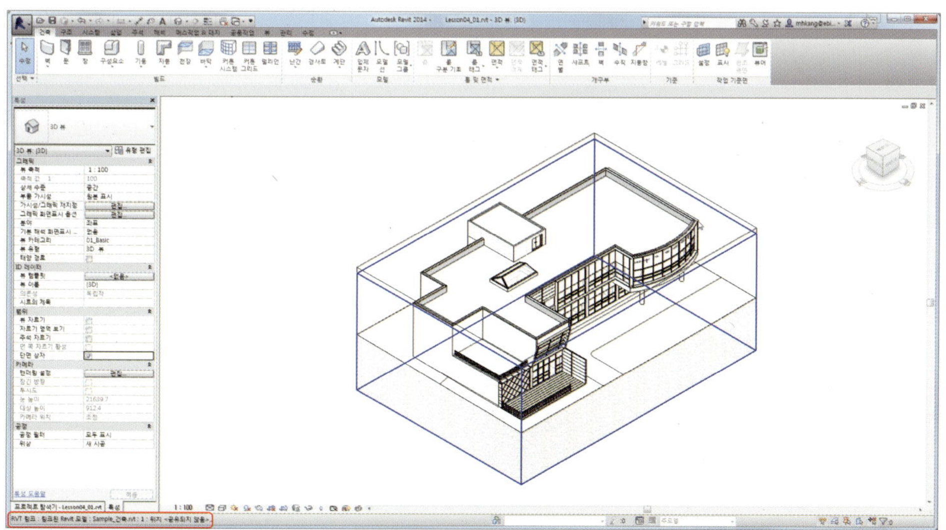

11 링크된 건축 모델을 마우스로 클릭하여 상태 막대에 표시되면 [특성] 대화상자에서 [유형 편집]을 클릭합니다.

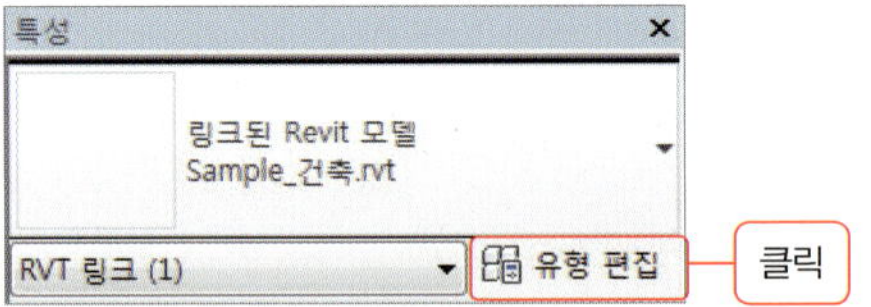

12 [유형 특성] 대화상자에서 [룸 경계] 항목을 체크한 후 [확인] 버튼을 누릅니다.

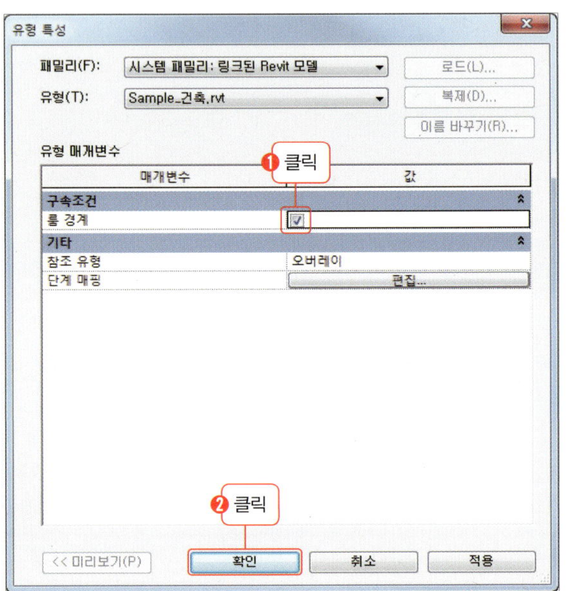

13 Esc 를 눌러 링크된 건축 파일의 선택을 해제합니다.

빌딩의 비거주 Plenum 지역(천장과 위층 사이)에 공간을 배치하기 위해 Plenum 레벨을 작성합니다. 그런 다음, 정확한 분석적 모델을 만들고 정확한 냉난방 부하 해석을 얻기 위해 빌딩 내 모든 지역(거주하든, 거주하지 않든)에 공간을 배치해야 합니다.

---

01 프로젝트 탐색기에서 '뷰(Sample_기계) ▶ 01_Basic ▶ 입면도 ▶ 입면도 : 남쪽 뷰'를 더블 클릭한 후 [뷰] 탭 ▶ [창] 패널 ▶ [숨겨진 창 닫기]를 눌러 다른 열려 있는 뷰들을 모두 닫습니다.

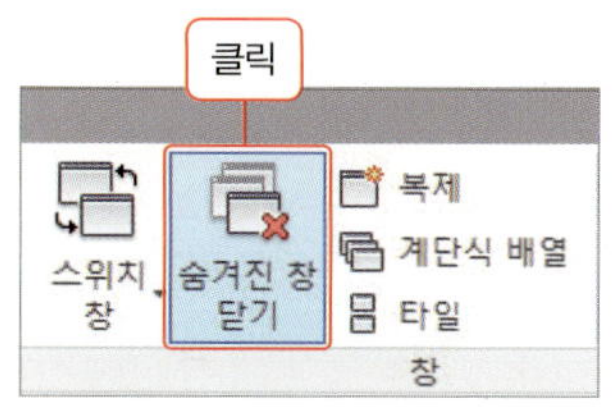

TIP

열려 있는 뷰의 수를 최소화하면 좀 더 빠른 속도로 작업할 수 있습니다.

02 [건축] 탭 ▶ [기준] 패널 ▶ [레벨]을 클릭한 후 [특성] 대화상자에서 [유형 편집]을 클릭합니다. 그런 다음, [복제] 버튼을 눌러 이름을 'Plenum'으로 입력하고 [확인] 버튼을 두 번 누릅니다.

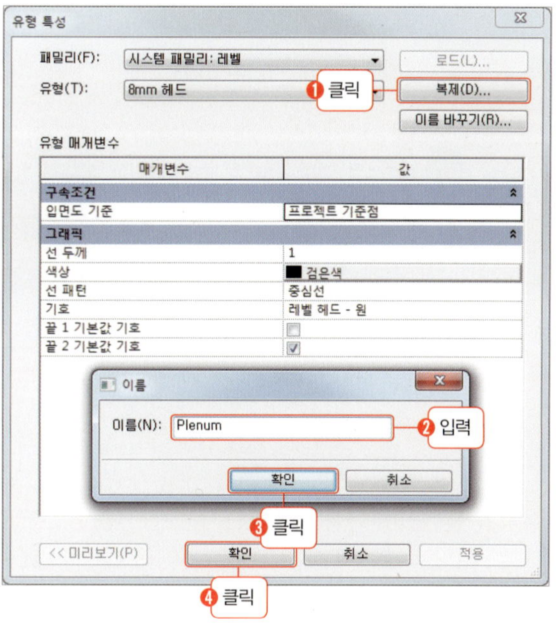

03 그리기 패널에서 선 을 선택한 후 옵션 막대에서 [평면 뷰 유형]을 클릭합니다.

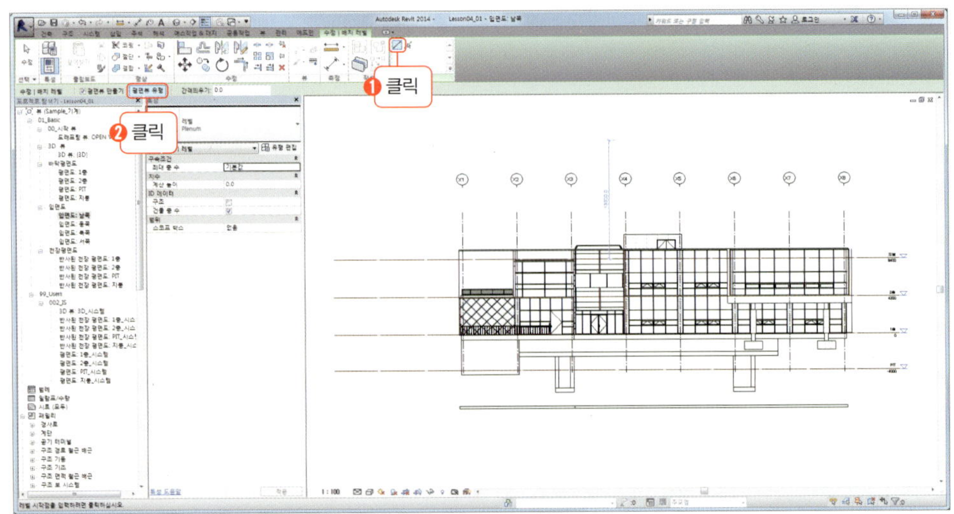

04 '구조 평면'과 '천장 평면도'를 선택 해제한 후 '평면'만 선택하고 [확인] 버튼을 누릅니다. 이렇게 '평면도'만 선택하면, 레벨이 추가된 후에 바닥 평면만 새로 생성됩니다.

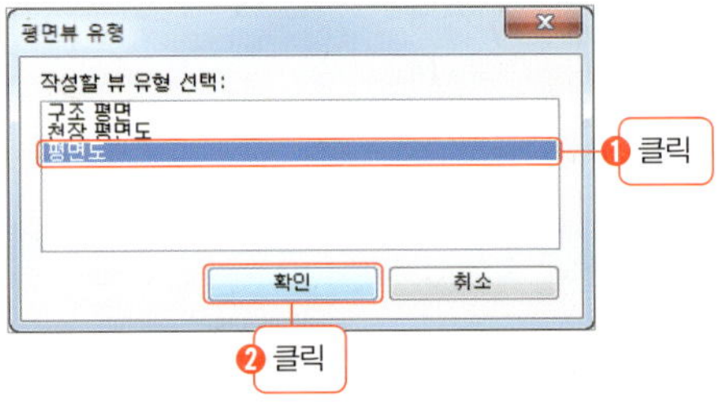

05 간격 띄우기값에 '2800'을 입력합니다.

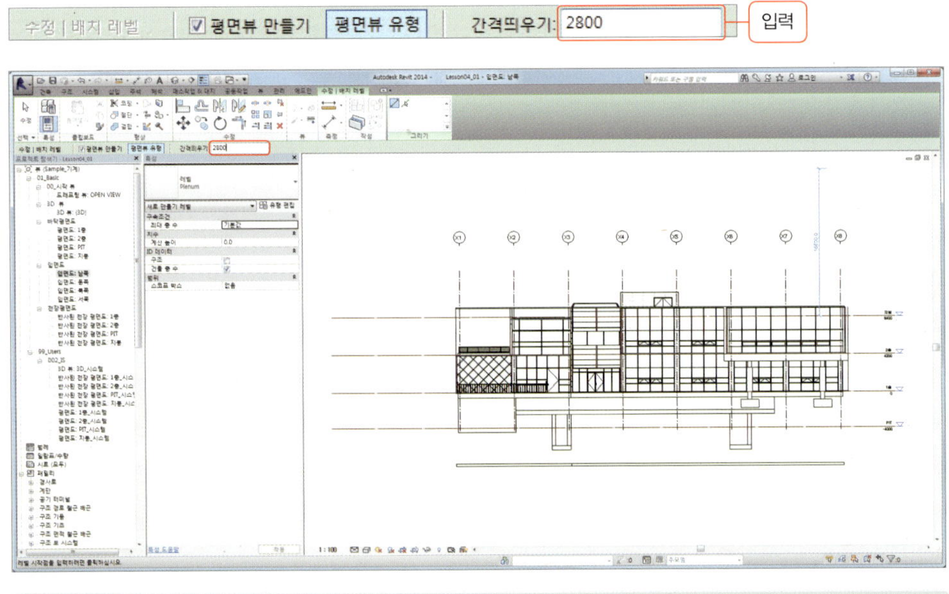

알아두세요

Plenum 레벨은 가능한 한 작업된 천장 높이보다 조금 높게 설정해야 천장 속 공간이 제대로 반영됩니다.

06 다음 방법대로 2층에 Plenum 레벨 선을 그립니다.

- Plenum 레벨 선의 시작점을 지정하기 위해 2층 레벨 선의 왼쪽 끝을 클릭합니다.
- 2층 레벨 선의 오른쪽 끝을 클릭합니다.

2층 레벨 선의 왼쪽 끝에서 오른쪽 끝을 지정하면 2층 레벨 선을 기준으로 2800 간격으로 띄우기 된 레벨 선이 작성됩니다. 그런 다음, [수정 | 배치 레벨] 탭 ▶ [선택] 패널 ▶ [수정](단축키 : Ⓜ Ⓓ) 을 클릭하여 작업을 종료합니다.

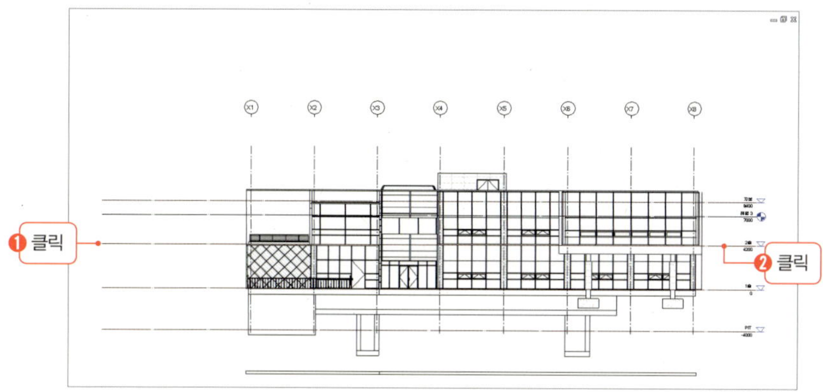

07 도면 영역에서 새로 작성된 레벨의 이름을 클릭한 후 '2층 Plenum'을 입력합니다.

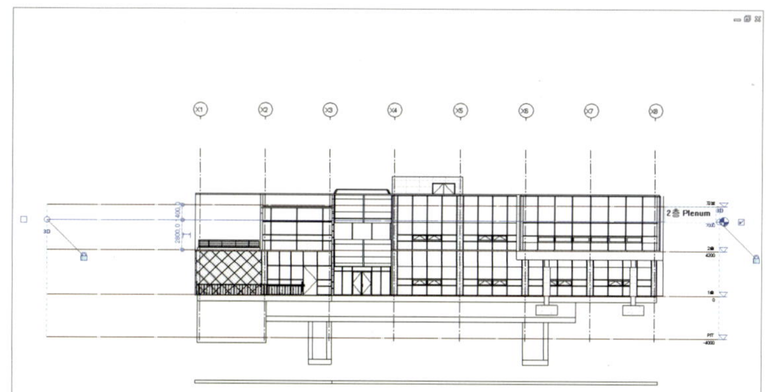

08 '해당 뷰의 이름을 바꾸시겠습니까 ?'라는 물음에 [예] 버튼을 누르고 Esc 를 눌러 편집을 종료합니다.

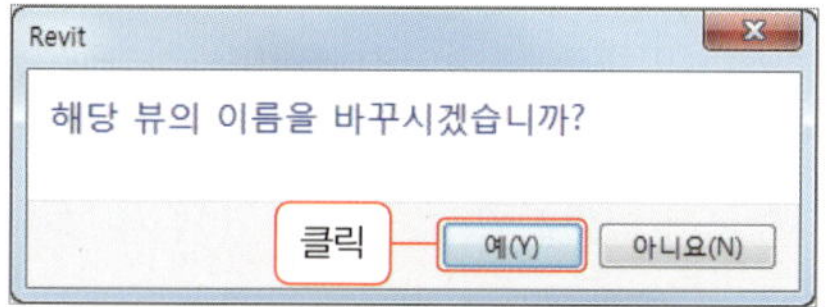

TIP

단축키는 사용자가 원하는 대로 편집할 수 있습니다. 🔺 ▶ [옵션] ▶ [사용자 인터페이스] ▶ [키보드 단축키]의 [사용자화]를 클릭하여 편집할 수 있습니다.

09 2층 Plenum 뷰를 연 후 [특성] 대화상자의 ID 데이터 아래 뷰 템플릿에서 기계 평면도를 클릭하여 [뷰 템플릿 적용] 대화상자가 나타나면 '이름' 항목을 '없음'으로 선택하고 [확인] 버튼을 누릅니다.

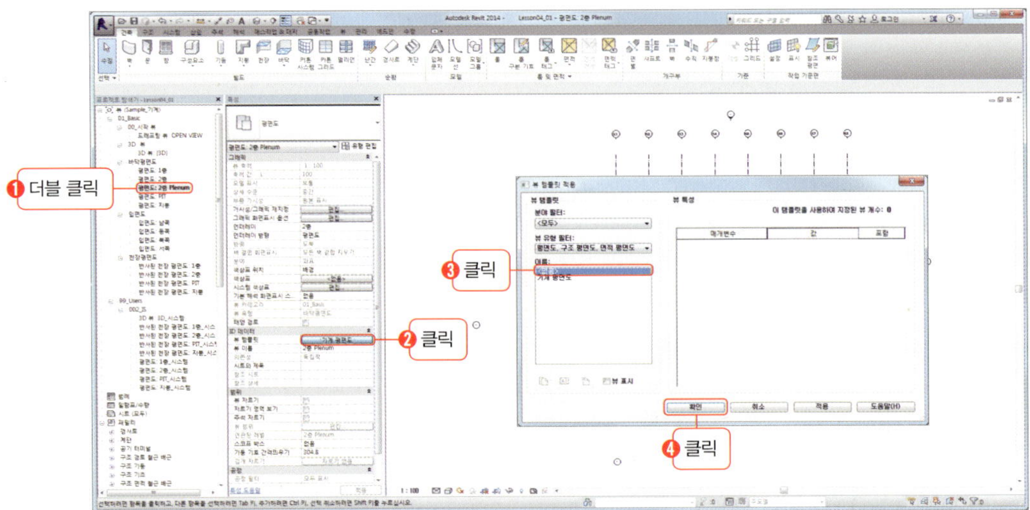

10 [특성] 대화상자의 '범위' 아래 '뷰 범위'에서 '편집'을 클릭한 후 [뷰 범위] 대화상자의 설정을 다음과 같이 설정하고 [확인] 버튼을 누릅니다.

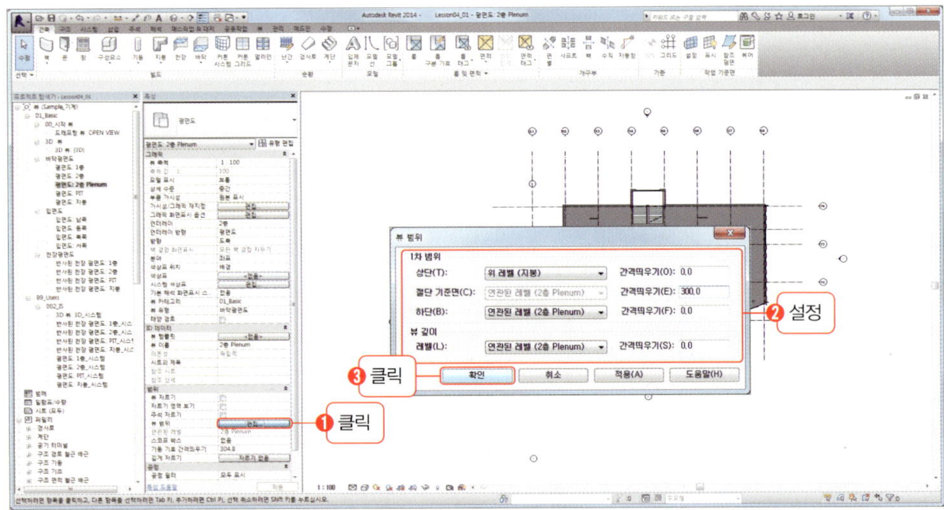

11 [특성] 대화상자 그래픽 하단의 뷰 카테고리를 '99_Users'로 지정한 후 뷰 유형을 '002_IS'로 지정합니다. 같은 조건으로 1층 Plenum을 설치하고, 프로젝트를 종료합니다.

정확한 냉난방 부하 해석을 실행하기 위해서는 건물 모델의 모든 영역에 공간을 배치해야 합니다. Revit에서는 공간 구성 요소를 사용하여 공간이 배치되는 영역에 대한 정보를 유지합니다. 룸과 공간은 각기 다른 용도로 사용되는 독립적인 구성 요소로, 룸은 점유 영역에 대한 정보를 유지하기 위해 사용되는 건축 구성 요소이고, 공간은 볼륨을 해석하기 위해서만 사용되는 MEP적 구성 요소입니다. 공간은 프로젝트의 냉난방 부하 해석에 영향을 미치는 다양한 매개변수에 대한 값을 지정합니다. 천장 속 및 일반적으로 건축 모델에서 건축가에 의해 룸 구성 요소가 지정되지 않는 샤프트, 건축 벽면의 홈, 작은 간격 공간 등에도 공간을 배치해야 합니다.

---

01   ▶ [열기] ▶ [프로젝트]를 클릭하여 [새 프로젝트] 대화상자가 나타나면 'Sample\Chapter03\Lesson04\Lesson04_02.rvt' 파일을 불러옵니다.

02   프로젝트 탐색기의 '뷰(Sample_기계) ▶ 99_Users ▶ 002_IS'에서 '평면도 : 2층 Plenum'을 더블 클릭합니다.

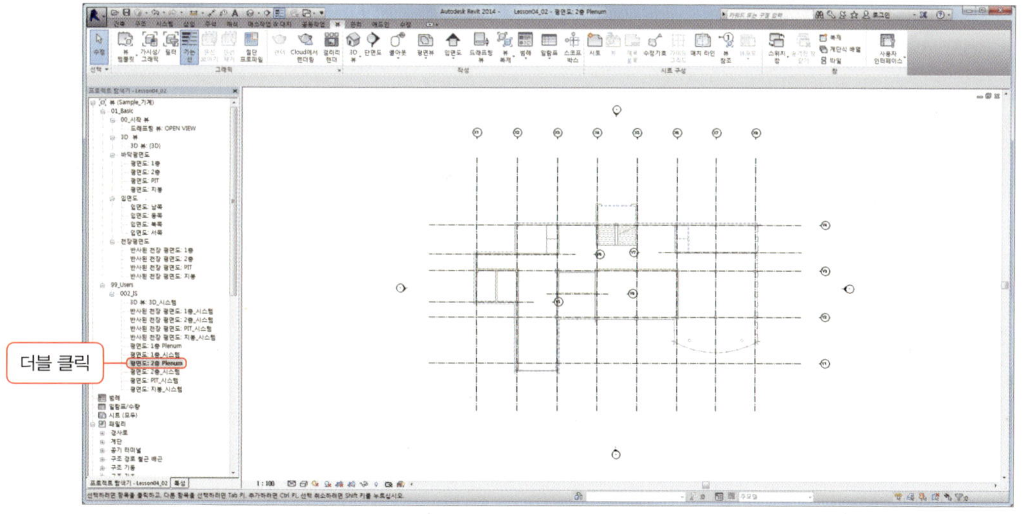

03   [뷰] 탭 ▶ [그래픽] 패널 ▶ [가는 선](단축키 : ⊤ ⎣)을 클릭합니다.

> **TIP**
> - 가는 선을 클릭하면 모델 테두리 선이 가는 선으로 설정되어 모델의 윤곽이 선명해집니다.
> - Revit 세션이 닫힌 후 새로 열릴 때마다 단축키(⊤ ⎣)를 눌러 요소의 테두리 선을 명확히 하는 것이 작업에 유용합니다.

04 [주석] 탭 ➤ [태그] 패널 ➤ [공간 태 그]를 클릭합니다. 로드된 공간 태 그가 없을 경우, 오른쪽과 같은 대 화상자가 나타납니다. [예] 버튼을 누릅니다.

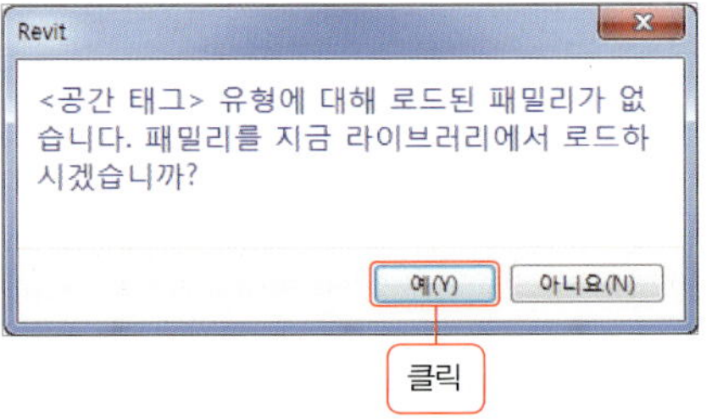

05 [패밀리 로드] 대화상자에서 [주석] ➤ [기계] ➤ [M_공간 태그]를 선택한 후 [열기] 버튼을 누릅니다.

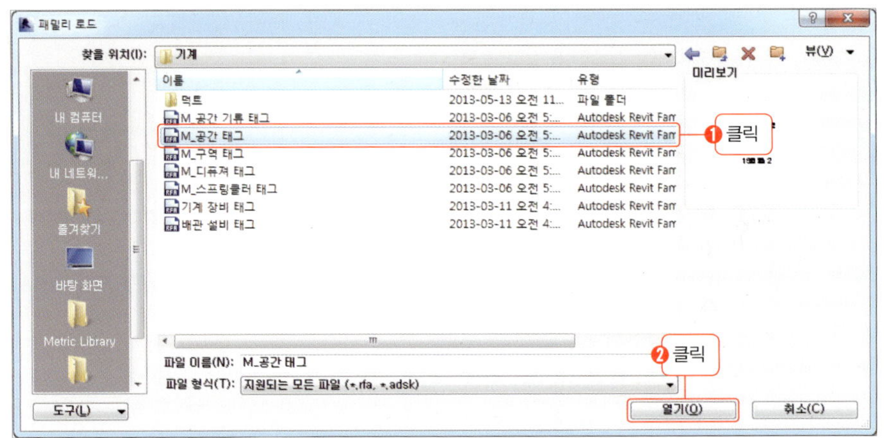

06 [수정 | 배치 공간] 탭 ➤ [선택] 패널 ➤ [수정]을 클릭하여 명령을 종료합니다.

07 [해석] 탭 ➤ [공간 및 구역] 패널 ➤ [공간]을 클릭한 후 [수정 | 배치 공간] 탭 ➤ [태그] 패널 ➤ [태 그 삽입]을 활성화합니다.

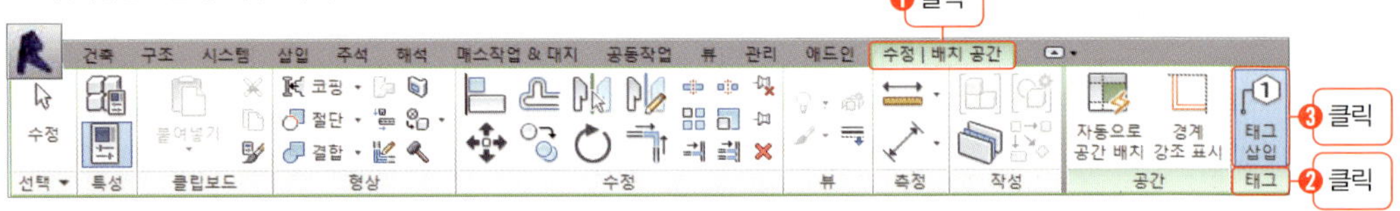

08 옵션 막대에서

- 상한값으로 '2층 Plenum'을 선택합니다. 이는 공간의 수직 확장을 지정합니다.
- 간격 띄우기값에 '1250'을 입력합니다.
- ⌷ (태그 위치)로 수평을 선택합니다.
- 지시선은 체크 해제합니다.
- 공간은 '새로 만들기'를 선택합니다.

09 [수정 | 배치 공간 태그] 탭 ▶ [공간] 패널 ▶ [자동으로 공간 배치]를 클릭합니다. 경고 창이 나타
나면 [닫기] 버튼을 눌러 창을 닫습니다.

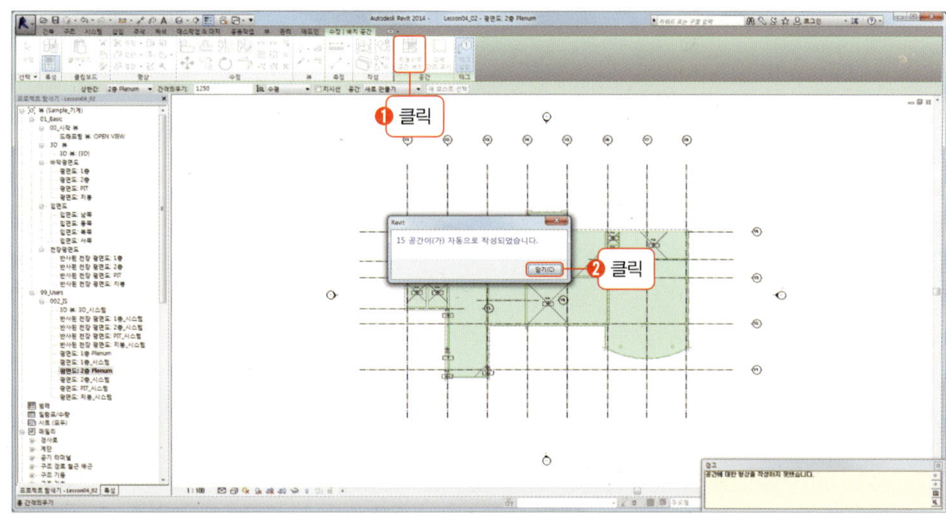

10 [수정 | 배치 공간] 탭 ▶ [선택] 패널 ▶ [수정]을 클릭합니다.

11 [뷰] 탭 ▶ [창] 패널 ▶ [숨겨진 창 닫기]를 클릭한 후 [뷰] 탭 ▶ [그래픽] 패널 ▶ [가시성/그래픽]
(단축키 : Ⓥ Ⓖ 또는 Ⓥ Ⓥ)을 클릭하고 필터 리스트에서 '기계'를 선택합니다.

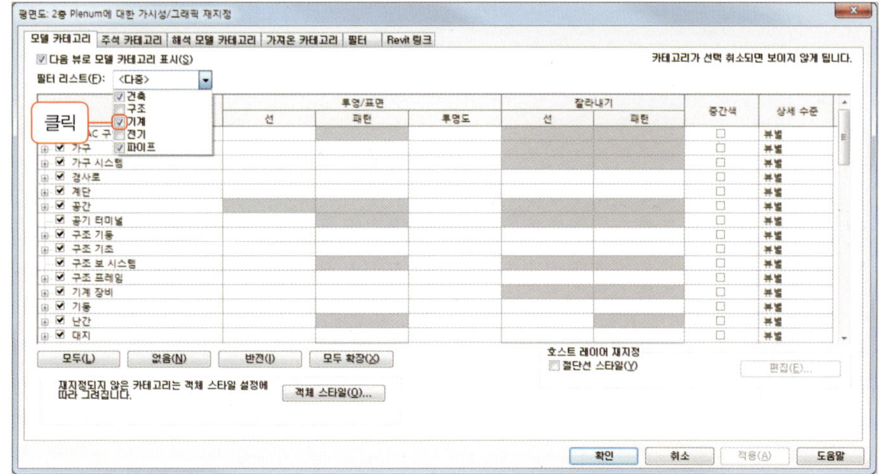

⑫ [가시성] 항목의 '공간'을 확장한 후 '내부'와 '참조'를 체크합니다.

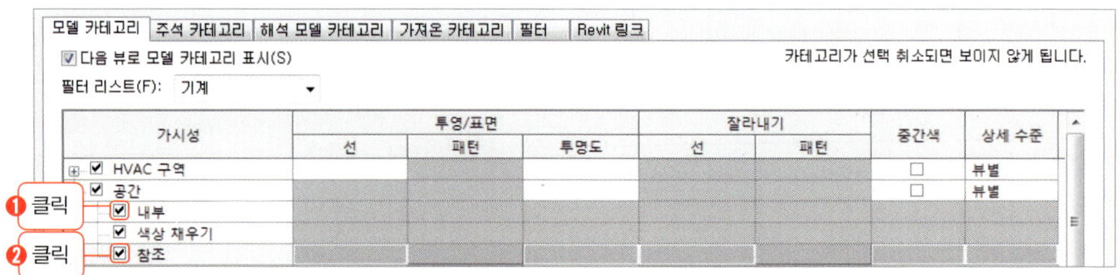

TIP

가시성을 체크하면 공간의 가시성이 켜지고, 해제하면 꺼집니다.

⑬ X6-Y2 부근을 확대한 후 [해석] 탭▶[공간 및 구역] 패널▶[공간 구분 기호]를 클릭합니다. 그런 다음, 좌측 모서리를 클릭하여 구분 선을 시작하고 우측 모서리를 클릭하여 구분 선을 끝냅니다. 명령을 종료하기 위해 Esc 를 누릅니다.

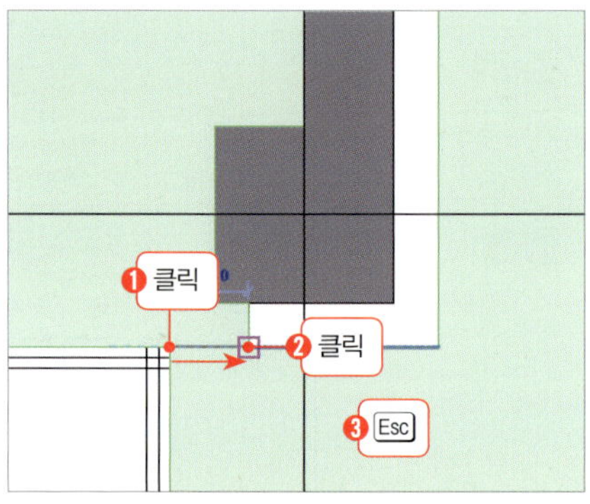

⑭ 비어 있는 지역에 공간을 배치하기 위해 [해석] 탭▶[공간 및 구역] 패널▶[공간]을 클릭합니다. 그런 다음, 비어 있는 지역에 공간을 설치하고 Esc 를 누릅니다.

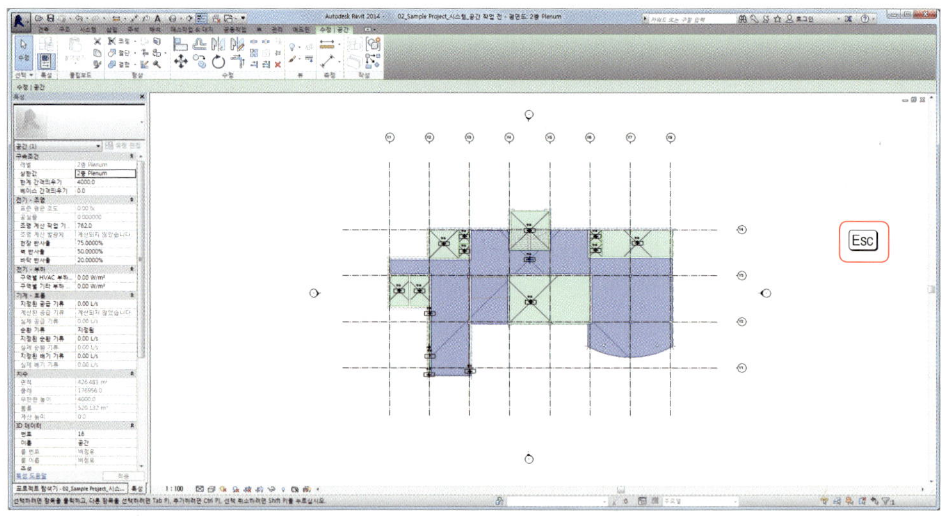

⑮ X3-Y8 부분의 모서리를 확대합니다.

16 [해석] 탭 ▶[공간 및 구역] 패널 ▶ [공간 구분 기호]를 클릭합니다. 그런 다음, 좌측 중간 부분 모서리에서 시작하여 오른쪽 모서리를 클릭하면, 구분선 하단의 공간이 삭제됩니다. 명령을 종료하기 위해 Esc를 누릅니다.

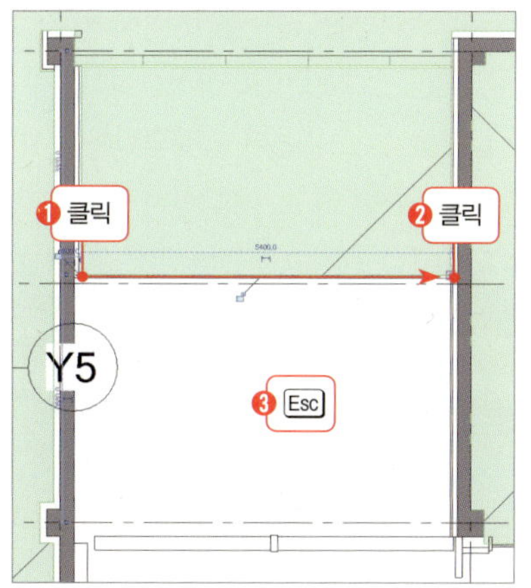

17 위와 마찬가지로 상단 부분에서 공간 구분 기호를 그어줍니다. 마찬가지로 구분선 하단의 공간이 삭제됩니다. Esc를 눌러 명령을 종료합니다.

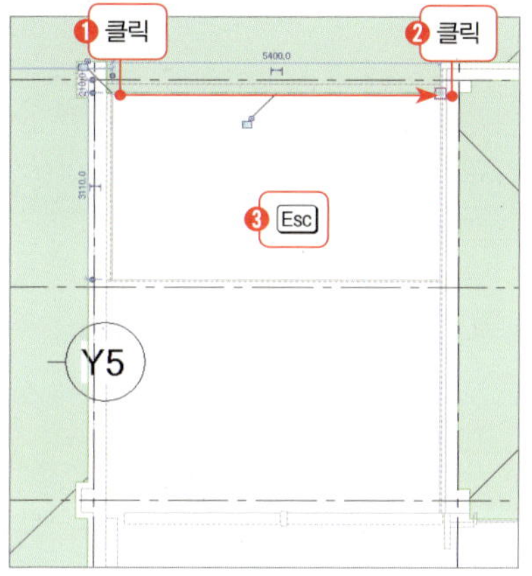

18 [해석] 탭 ▶[공간 및 구역] 패널 ▶ [공간]을 클릭한 후 공간 구분 선으로 구분된 비어 있는 하단의 두 부분에 공간을 설치합니다. 명령을 종료하기 위해 Esc를 누릅니다.

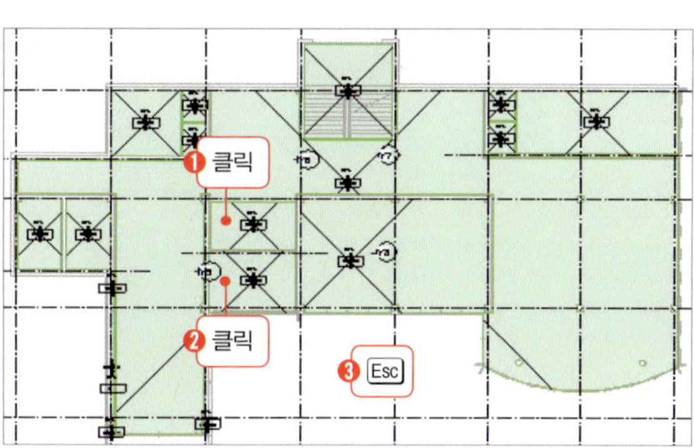

⑲ 2층_시스템 평면도를 열어서 [해석] 탭 ▶[공간 및 구역] 패널 ▶[공간]을 클릭한 후 공간의 간격 띄우기값을 '2700'으로 설정합니다. [수정 | 배치 공간] 탭 ▶[공간] 패널 ▶[자동으로 공간 배치]를 클릭합니다. 공간이 작성되었다는 대화상자가 나타나면 [닫기] 버튼을 누릅니다. [경고] 대화상자가 나타날 경우, 대화상자를 닫습니다. 그런 다음, [가시성/그래픽 재지정] 대화상자에서 공간의 가시성을 켜고 [확인] 버튼을 누릅니다.

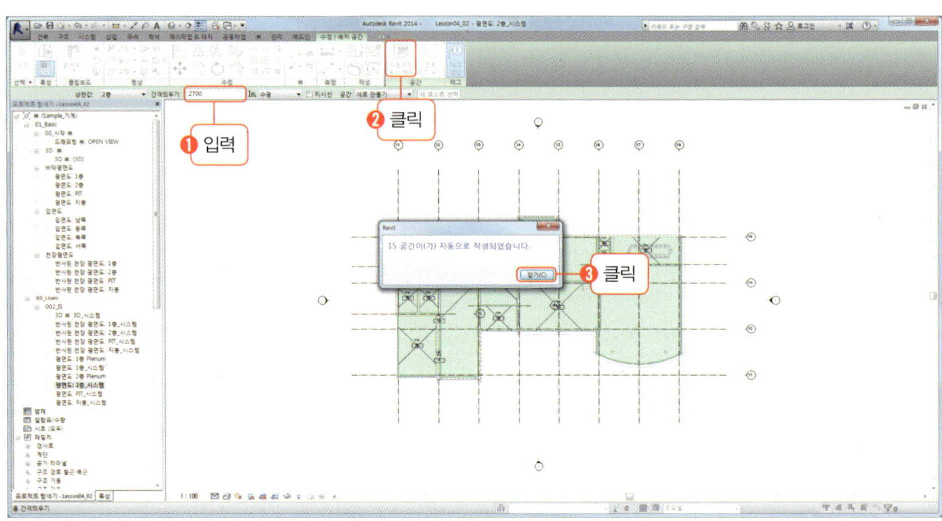

⑳ 1층 Plenum 평면도를 열어서 공간의 간격 띄우기값을 '1250'으로 설정한 후 자동으로 공간 배치를 작성합니다. 공간이 작성되었다는 대화상자가 나타나면, [닫기] 버튼을 누릅니다. [경고] 대화상자가 나타날 경우, 대화상자를 닫습니다. 그런 다음, [가시성/그래픽 재지정] 대화상자에서 공간의 가시성을 켜고 [확인] 버튼을 누릅니다.

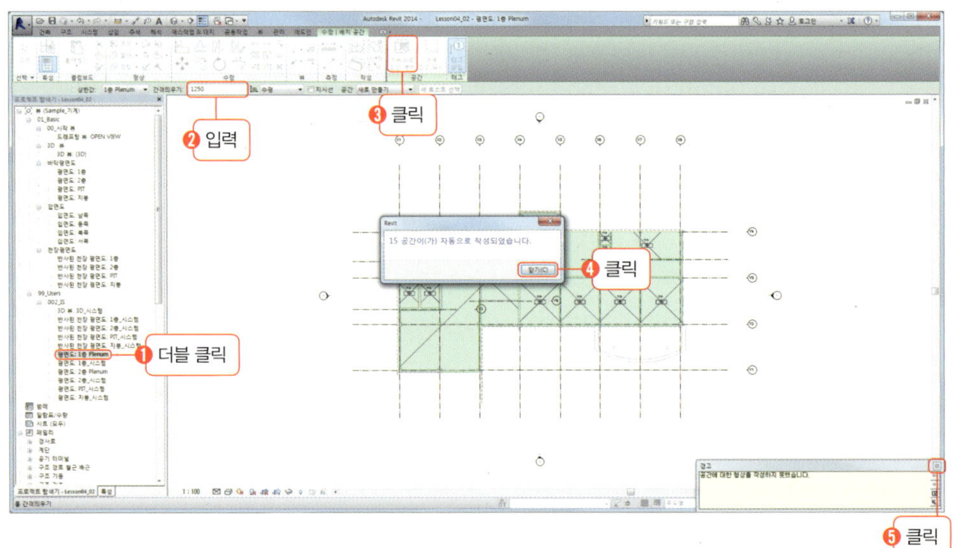

㉑ 1층_시스템 평면도를 연 후 공간의 간격 띄우기값을 '2700'으로 설정하고, 자동으로 공간 배치를 작성합니다. [경고] 대화상자가 나타날 경우, 대화상자를 닫습니다. 그런 다음, [가시성/그래픽 재지정] 대화상자에서 공간의 가시성을 켜고 [확인] 버튼을 누릅니다.

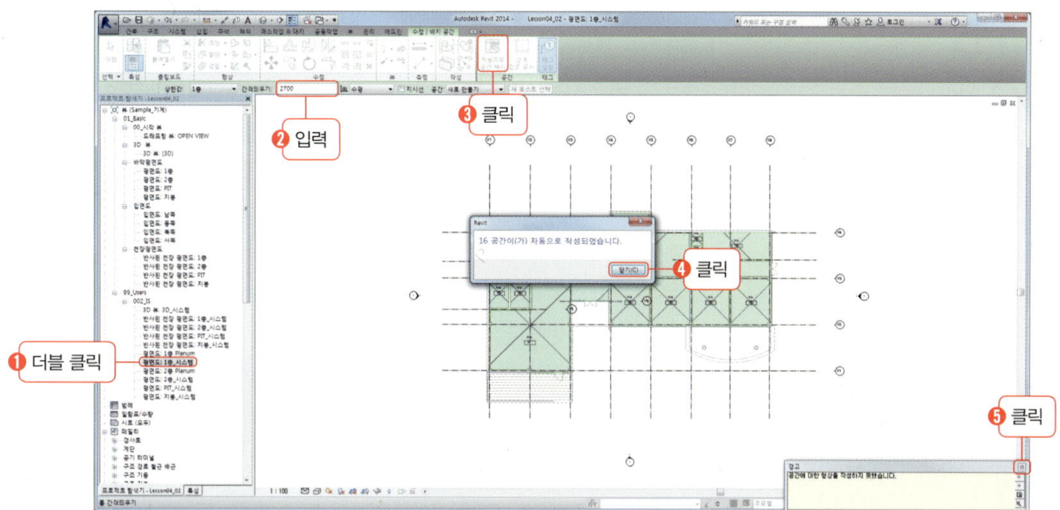

㉒ [뷰] 탭 ▶ [창] 패널 ▶ [타일]을 클릭합니다(단축키 : W T). 단축키를 누르면 열려 있는 모든 뷰가 도면 영역에 분할하여 배치됩니다. 이때 배치 순서는 왼쪽 상단에서 하단 그리고 오른쪽 상단에서 하단입니다. 가장 최근에 클릭된 뷰가 왼쪽 상단에 배치됩니다.

㉓ 도면 영역에 뷰를 최적화하기 위해 Z A 를 누릅니다. Zoom All은 열려 있는 모든 뷰에 적용됩니다.

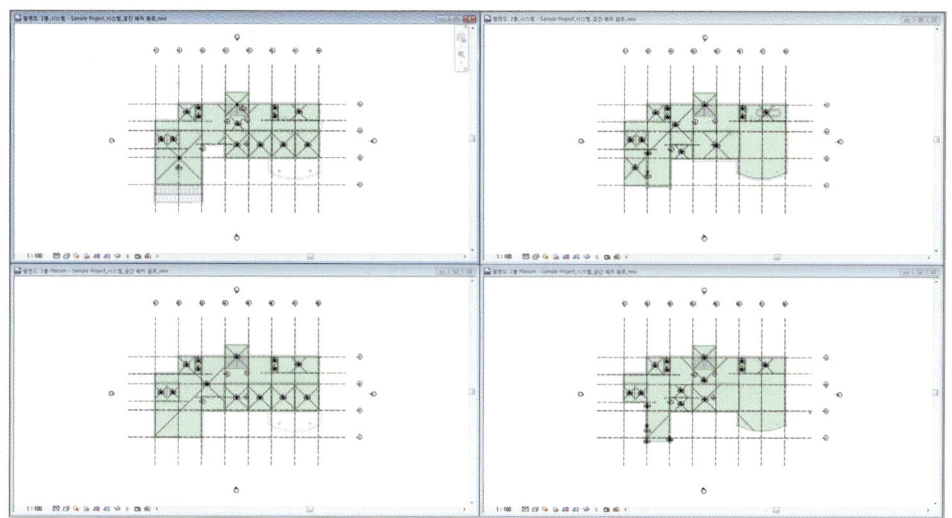

TIP

■ 공간은 평면 뷰에만 배치할 수 있습니다.

■ 공간을 배치한 경우, 공간의 수직 범위 및 수평 경계 확인은 평면 및 단면 뷰에서 확인할 수 있습니다.

■ 입면 뷰 또는 3D 뷰에서는 공간을 볼 수 있거나 배치 또는 선택할 수 없습니다.

24 2층 Plenum 평면도를 최대화합니다. [뷰] 탭▶[작성] 패널▶[단면도]를 클릭한 후 도면 영역의 위에서 아래로 단면 선을 작성합니다.

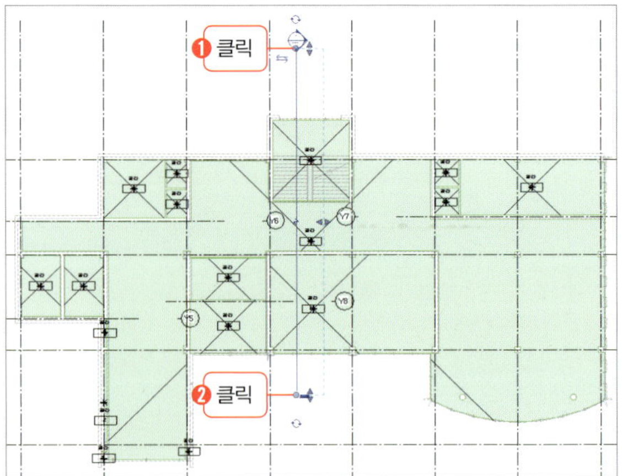

25 [특성] 대화상자에서 '먼 쪽 자르기 간격 띄우기'(단면 뷰의 깊이)에 '2000'을 입력합니다.

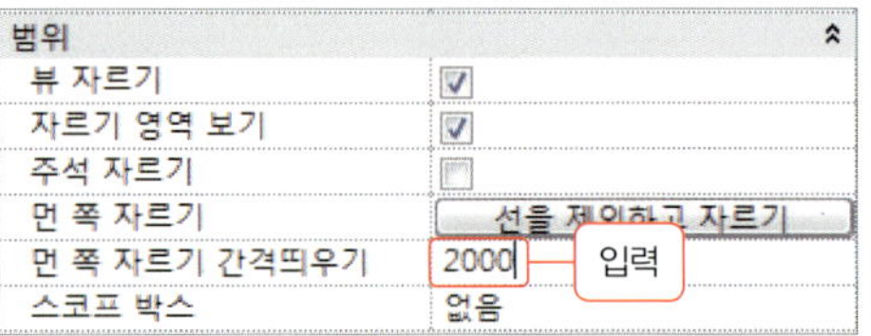

26 [특성] 대화상자에서 분야는 '기계', 뷰 카테고리는 '99_Users', 뷰 유형은 '002_IS'로 설정한 후 하단의 [적용] 버튼을 누릅니다.

27 도면 영역에서 단면도를 열기 위해 단면선의 헤드 ▷ 를 더블 클릭합니다. 그런 다음, [뷰] 탭▶[그래픽] 패널▶[가시성/그래픽]을 클릭하여 공간의 가시성을 켭니다.

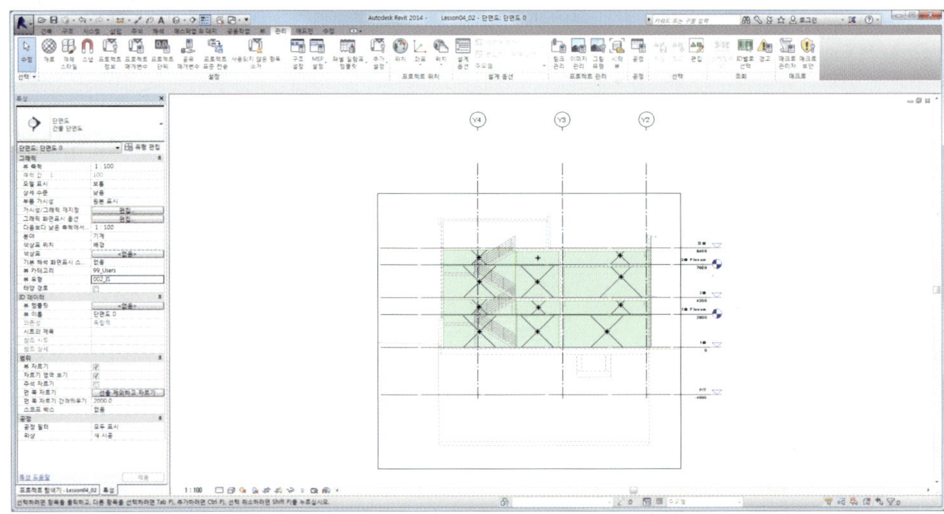

28 파일을 저장한 후 닫습니다.

공간을 수정또는 삭제하기 위해서는 공간 일람표를 작성해야 합니다.

01　　[열기] ▶ [프로젝트]를 클릭하여 [새 프로젝트] 대화상자가 나타나면 'Sample\Chapter03\ Lesson04\Lesson04_03.rvt' 파일을 불러옵니다. 그런 다음, [뷰] 탭 ▶ [작성] 패널 ▶ [일람표] 를 클릭하여 [일람표/수량]을 클릭합니다.

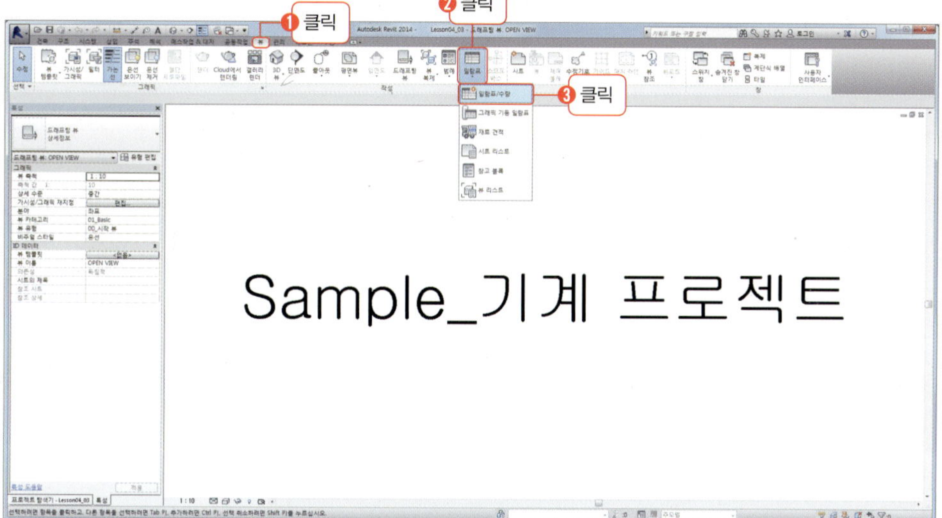

02　　[새 일람표] 대화상자가 나타나면 필터 리스트의 '기계' 항목을 체크한 후 카테고리에서 '공간'을 선택하고 [확인] 버튼을 누릅니다.

> **TIP**
>
> 필터 리스트에 '기계' 분야가 포함되어야 '공간' 카테고리가 활성화됩니다.

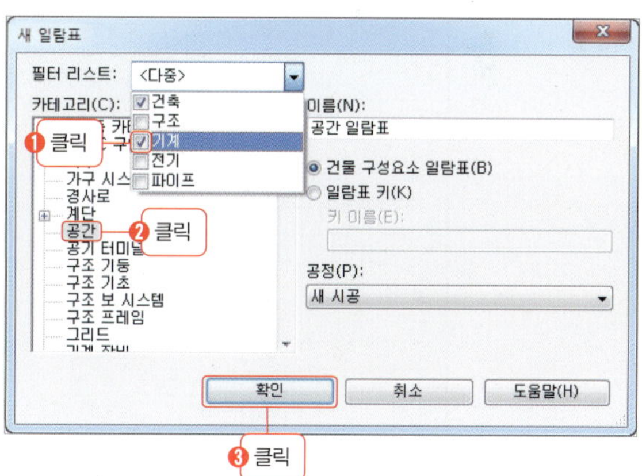

⑬ [일람표 특성] 대화상자에서 다음 순서대로 추가합니다.

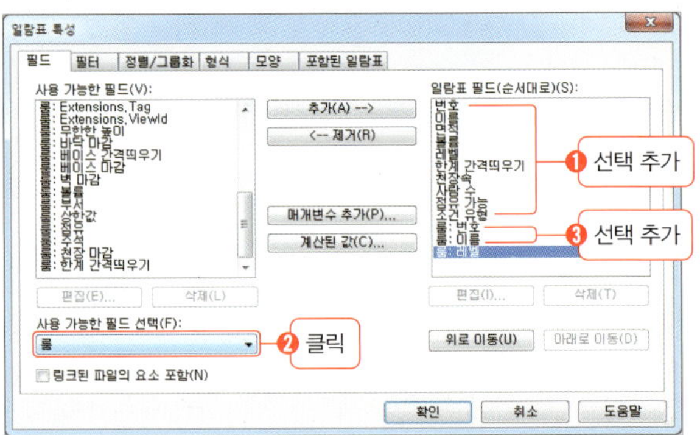

- **사용 가능한 필드 선택 :** 공간 번호, 이름, 면적, 볼륨, 레벨, 한계 간격 띄우기, 천장 속, 사람 수, 점유 가능, 조건 유형
- **사용 가능한 필드 선택 :** 룸, 룸 : 번호, 룸 : 이름, 룸 : 레벨

⑭ [확인] 버튼을 누르면, 다음과 같이 공간 일람표가 작성됩니다.

<공간 일람표>

A 번호	B 이름	C 면적	D 볼륨	E 레벨	F 한계 간격띄우기	G 천장속	H 사람 수	I 점유 가능	J 조건 유형	K 룸 번호	L 룸 : 이름	M 룸 : 레벨
1	공간	0 m²	0.46 m²	2층 Plenum	4000		0.014	✓	난방 및 냉방			
2	공간	1 m²	1.68 m²	2층 Plenum	4000		0.051032	✓	난방 및 냉방			
3	공간	0 m²	0.03 m²	2층 Plenum	4000		0.002603	✓	난방 및 냉방			
4	공간	19 m²	21.71 m²	2층 Plenum	4000		0.6608	✓	난방 및 냉방			
5	공간	43 m²	50.18 m²	2층 Plenum	4000		1.493275	✓	난방 및 냉방			
6	공간	0 m²	0.00 m²	2층 Plenum	4000		0.000021	✓	난방 및 냉방			
7	공간	33 m²	121.06 m²	2층 Plenum	4000		1.160869	✓	난방 및 냉방			
8	공간	3 m²	3.58 m²	2층 Plenum	4000		0.10885	✓	난방 및 냉방			
9	공간	3 m²	3.62 m²	2층 Plenum	4000		0.11025	✓	난방 및 냉방			
10	공간	3 m²	3.98 m²	2층 Plenum	4000		0.1211	✓	난방 및 냉방			

⑮ 2층 Plenum 레벨의 한계 간격 띄우기에 '1250'을 입력하고, 공간 번호 17의 한계 간격 띄우기에는 '3000'을 입력합니다.

A 번호	B 이름	C 면적	D 볼륨	E 레벨	F 한계 간격띄우기
1	공간	0 m²	0.46 m³	2층 Plenum	1250
2	공간	1 m²	1.68 m³	2층 Plenum	1250
3	공간	0 m²	0.03 m³	2층 Plenum	1250
4	공간	19 m²	21.71 m³	2층 Plenum	1250
5	공간	43 m²	49.10 m³	2층 Plenum	1250
6	공간	0 m²	0.00 m³	2층 Plenum	1250
7	공간	33 m²	41.46 m³	2층 Plenum	1250
8	공간	3 m²	3.58 m³	2층 Plenum	1250
9	공간	3 m²	3.62 m³	2층 Plenum	1250
10	공간	3 m²	3.98 m³	2층 Plenum	1250
11	공간	4 m²	4.03 m³	2층 Plenum	1250
12	공간	13 m²	14.44 m³	2층 Plenum	1250
13	공간	13 m²	14.44 m³	2층 Plenum	1250
14	공간	87 m²	100.38 m³	2층 Plenum	1250
15	공간	0 m²	0.00 m³	2층 Plenum	1250
16	공간	388 m²	446.04 m³	2층 Plenum	1250
17	공간	17 m²	40.27 m³	2층 Plenum	3000
18	공간	22 m²	25.26 m³	2층 Plenum	1250

[설정된 값이 적용된 단면도]

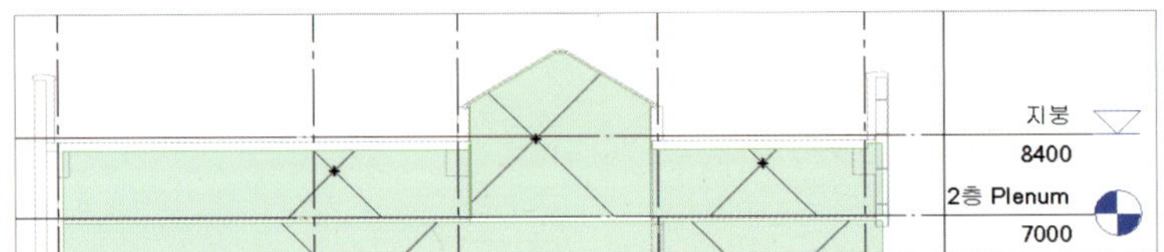

06 공간 일람표 뷰의 모서리 부분에서 [닫기] 버튼을 클릭합니다.

07 프로젝트 탐색기에서 '단면도 0'을 더블 클릭한 후 단면도 뷰를 최대화하고 [뷰] 탭 ➤ [창] 패널 ➤ [숨겨진 창 닫기]를 클릭합니다.

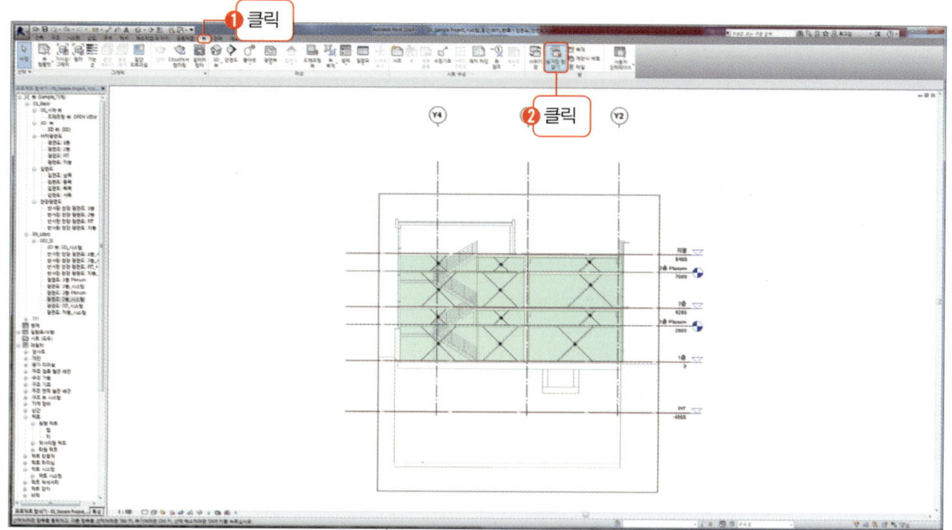

08 프로젝트 탐색기 일람표/수량을 확장한 후 공간 일람표를 더블 클릭합니다.

09 공간 일람표를 닫고 단면도로 이동하여 뷰를 클릭한 후 W T (창 타일 정렬 단축키)를 누르고, 이어서 Z A 를 누릅니다.

10 [뷰] 탭 ➤ [창] 패널 ➤ [사용자 인터페이스]를 확대하여 [시스템 탐색기]를 체크합니다.

11 시스템 탐색기에서 뷰를 [구역]으로 선택한 후 기본값을 확장합니다.

화면에 단면도, 공간 일람표, 시스템 탐색기가 나타납니다. 계단실을 하나의 공간으로 설정하기 위해 1층 외의 계단실 공간을 삭제할 것입니다. 먼저 단면도 영역에서 계단실 최상단의 공간을 클릭합니다. 시스템 탐색기에서 7 공간이 함께 선택됩니다. 공간 일람표에서 '번호 7'을 선택한 후 [일람표/수량 수정] 탭 ▶ [행] 패널 ▶ [삭제]를 클릭하고 [확인] 버튼을 누릅니다.

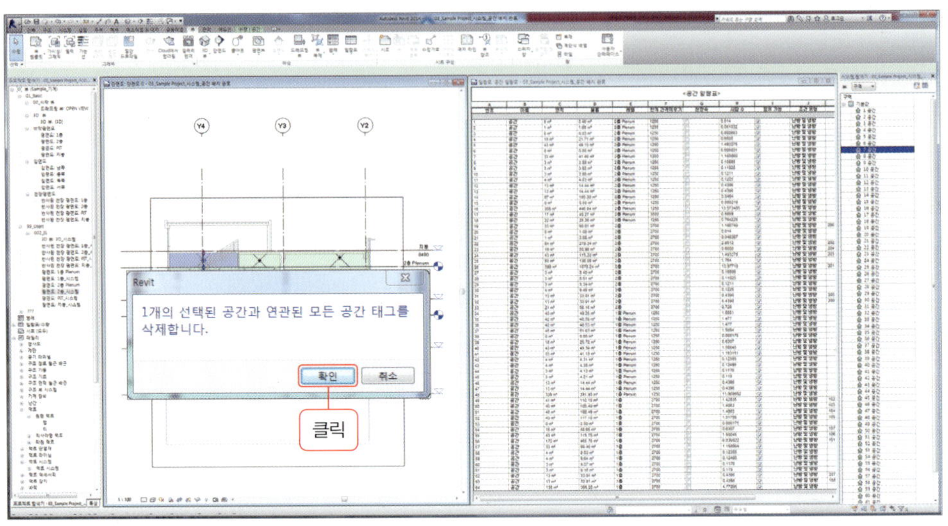

⑫ 동일한 작업 방식으로 공간 번호 '19'와 '41'을 삭제합니다.

> **TIP**
>
> 반드시 일람표에서 공간을 삭제해야 공간에 관련된 모든 정보를 삭제할 수 있습니다.

⑬ 계단실 1층에 존재하는 공간(57공간)의 모양 핸들을 계단실 상부까지 드래그합니다.

> **TIP**
>
> 계단실 1층 공간이 선택된 상태에서 [특성] 대화상자의 한계 간격 띄우기값에 '10700'을 입력해도 됩니다.

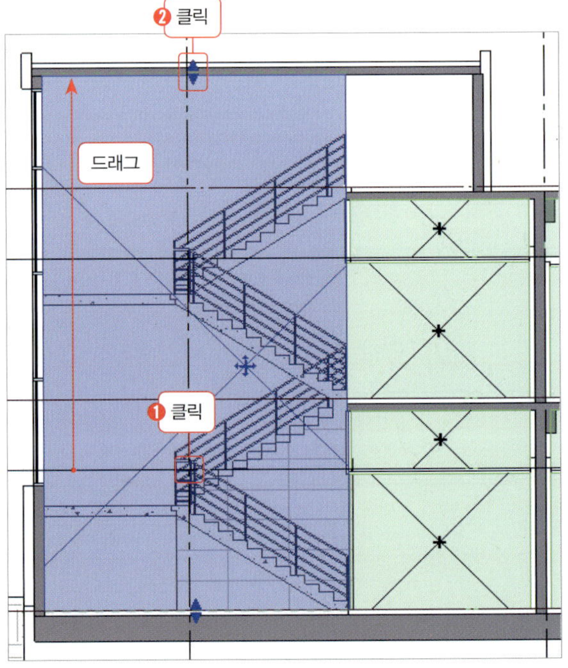

⑭ 단면도를 닫은 후 '2층 Plenum 평면도'를 더블 클릭합니다. 그런 다음, 평면도에서 Ｗ Ｔ 를 누르고 평면 좌측 하단 부분을 확대합니다.

⑮ 공간 일람표에서 공간 번호 1, 2, 3, 6을 삭제합니다.

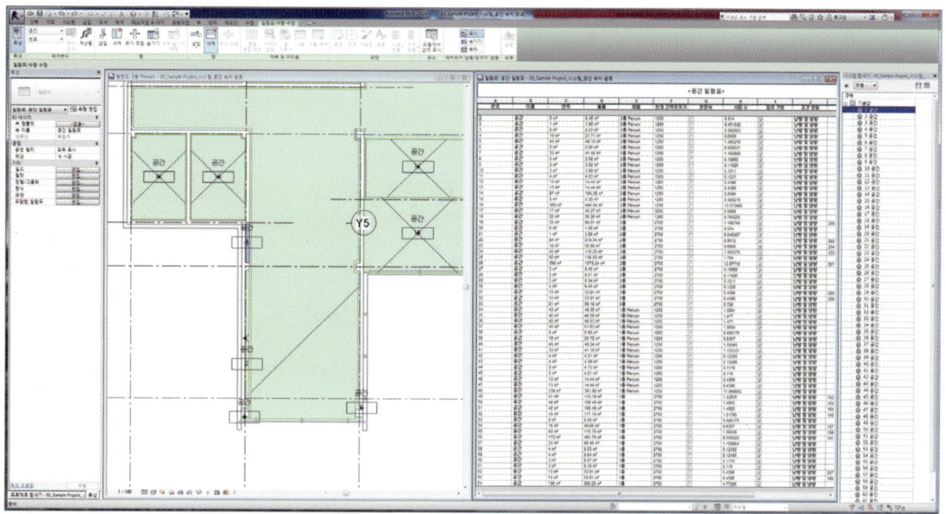

TIP

- 공간과 공간 사이에 있는 작은 공간은 '작은 간격 공간 허용치' 이하에 해당될 때 근처 공간에 포함됩니다. 작은 간격 공간이 자동으로 인식되어 볼륨 계산에 포함되기를 기다리는 대신, 벽의 룸 경계 특성을 지우는 것이 더 쉬운 경우가 많습니다.

- '작은 간격 공간 허용치'는 [관리] 탭▶[설정] 패널▶[프로젝트 정보]▶[에너지 설정] 대화상자의 상세 모델 하단에 있습니다.

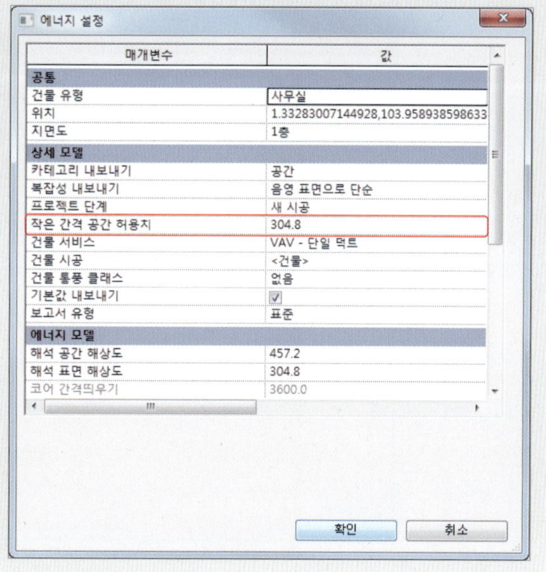

⑯ 2층 Plenum 평면도에서 X3열 좌측 샤프트 부분에 단면 뷰를 생성하고, [특성] 대화상자에서 먼 쪽 자르기 간격 띄우기에 '500'을 입력합니다.

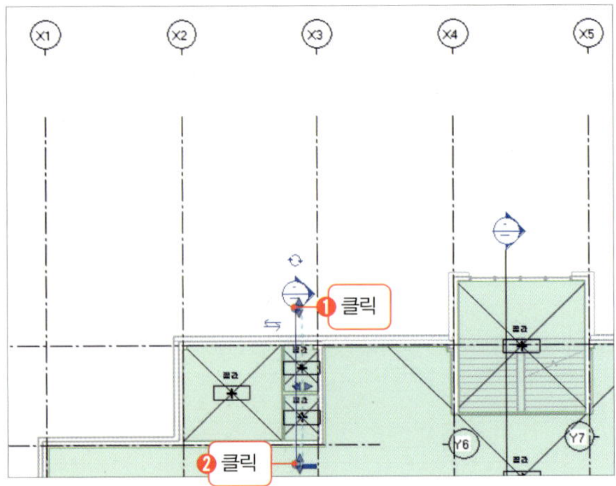

⑰ 단면 헤드를 더블 클릭하여 단면도를 활성화한 후 공간의 가시성을 켭니다. 그런 다음, 2층 Plenum 평면도를 닫고, W T를 눌러 단면도와 뷰를 정렬합니다.

⑱ 공간 일람표에서 공간 번호 8, 27, 42와 9, 28, 43을 삭제합니다.

⑲ 공간 번호 58, 59를 선택한 후 [특성] 대화상자에서 상한값은 '지붕'을 선택합니다. 그런 다음, 한계 간격 띄우기에 '0'을 입력하고 [적용] 버튼을 클릭합니다.

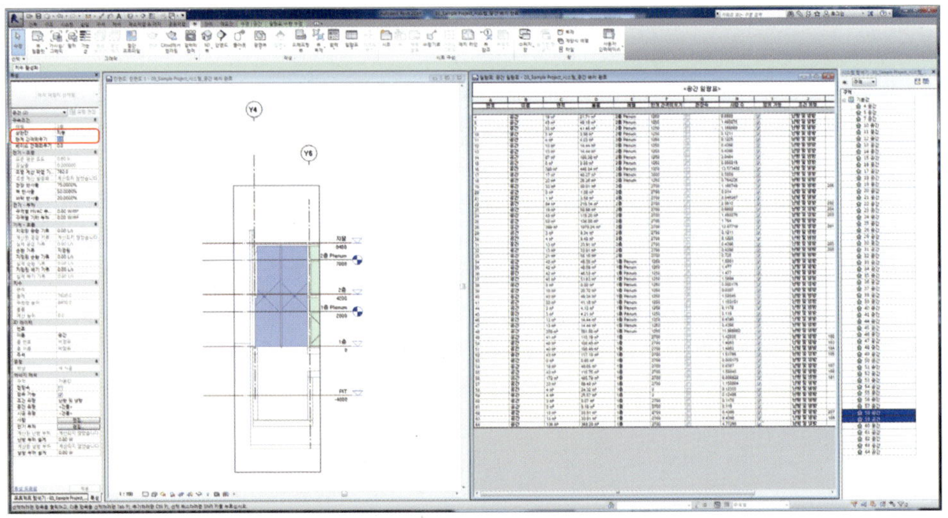

⑳ 동일한 작업 방식으로 X6 오른쪽의 샤프트를 정리하기 위해, 2층 Plenum 평면도에서 X6 오른쪽에 단면도를 작성하고, [특성] 대화상자에서 먼 쪽 자르기 간격 띄우기에 '500'을 입력합니다. 그런 다음, 단면을 활성화하고 공간의 가시성을 켭니다.

㉑ 공간 일람표에서 공간 번호 10, 29, 44를 삭제한 후 11, 30, 45를 삭제합니다.

㉒ 공간 번호 60, 61을 선택한 후 [특성] 대화상자의 상한값은 '지붕'을 선택하고, 한계 간격 띄우기에는 '0'을 입력합니다.

㉓ '2층_시스템 평면도'를 더블 클릭한 후 공간 일람표에서 공간 번호 20, 21, 25, 33을 삭제합니다.

> **Note**
>
> 공간 번호 20, 21은 벽체에 포함되고, 공간 번호 25, 33은 외기 공간이므로 삭제합니다. 또한, 공간 번호 15, 38, 53은 공간의 면적이 너무 작으므로 무시하고, 삭제합니다.

㉔ 공간 일람표를 최대화한 후 건축 모델과 룸 번호/룸 이름이 일치하도록 공간의 번호와 이름을 수정합니다. 룸 번호와 룸 이름이 없는 공간은 다음 페이지의 '룸 이름 참조' 도면을 참조합니다. 필요한 경우, 룸 번호와 룸 이름을 별도 편집하거나 신규 생성합니다. 그리고 Plenum 레벨에 해당하는 공간은 '천장 속' 항목을 체크합니다.

<table>
<tr><td colspan="13" align="center"><공간 일람표></td></tr>
<tr><td>A</td><td>B</td><td>C</td><td>D</td><td>E</td><td>F</td><td>G</td><td>H</td><td>I</td><td>J</td><td>K</td><td>L</td><td>M</td></tr>
<tr><td>번호</td><td>이름</td><td>면적</td><td>볼륨</td><td>레벨</td><td>한계</td><td>천장속</td><td>사람 수</td><td>점유 가능</td><td>조건 유형</td><td>룸:번호</td><td>룸:이름</td><td>룸:레벨</td></tr>
<tr><td>204C</td><td>룸</td><td>19 m²</td><td>21.71 m³</td><td>2층 Plenum</td><td>1250</td><td>✓</td><td>0</td><td>아니오</td><td>조건 없음</td><td></td><td></td><td></td></tr>
<tr><td>203C</td><td>룸</td><td>43 m²</td><td>49.10 m³</td><td>2층 Plenum</td><td>1250</td><td>✓</td><td>0</td><td>아니오</td><td>조건 없음</td><td></td><td></td><td></td></tr>
<tr><td>205C</td><td>화장실</td><td>13 m²</td><td>14.44 m³</td><td>2층 Plenum</td><td>1250</td><td>✓</td><td>0</td><td>아니오</td><td>조건 없음</td><td></td><td></td><td></td></tr>
<tr><td>208C</td><td>화장실</td><td>13 m²</td><td>14.44 m³</td><td>2층 Plenum</td><td>1250</td><td>✓</td><td>0</td><td>아니오</td><td>조건 없음</td><td></td><td></td><td></td></tr>
<tr><td>202C</td><td>룸</td><td>87 m²</td><td>100.38 m³</td><td>2층 Plenum</td><td>1250</td><td>✓</td><td>0</td><td>아니오</td><td>조건 없음</td><td></td><td></td><td></td></tr>
<tr><td>201C</td><td>홀</td><td>387 m²</td><td>444.59 m³</td><td>2층 Plenum</td><td>1250</td><td>✓</td><td>0</td><td>아니오</td><td>조건 없음</td><td></td><td></td><td></td></tr>
<tr><td>201C</td><td>홀</td><td>17 m²</td><td>40.27 m³</td><td>2층 Plenum</td><td>4000</td><td>✓</td><td>0</td><td>아니오</td><td>조건 없음</td><td></td><td></td><td></td></tr>
<tr><td>209C</td><td>홀</td><td>22 m²</td><td>25.26 m³</td><td>2층 Plenum</td><td>1250</td><td>✓</td><td>0</td><td>아니오</td><td>조건 없음</td><td></td><td></td><td></td></tr>
<tr><td>202</td><td>룸</td><td>84 m²</td><td>219.34 m³</td><td>2층</td><td>2700</td><td></td><td>2.9512</td><td>✓</td><td>난방 및 냉방</td><td>202</td><td>룸</td><td>2층</td></tr>
<tr><td>204</td><td>룸</td><td>19 m²</td><td>50.98 m³</td><td>2층</td><td>2700</td><td></td><td>0.6608</td><td>✓</td><td>난방 및 냉방</td><td>204</td><td>룸</td><td>2층</td></tr>
<tr><td>203</td><td>룸</td><td>43 m²</td><td>115.20 m³</td><td>2층</td><td>2700</td><td></td><td>1.493275</td><td>✓</td><td>난방 및 냉방</td><td>203</td><td>룸</td><td>2층</td></tr>
<tr><td>201</td><td>홀</td><td>399 m²</td><td>1078.24 m³</td><td>2층</td><td>2700</td><td></td><td>13.97719</td><td>✓</td><td>난방 및 냉방</td><td>201</td><td>홀</td><td>2층</td></tr>
<tr><td>205</td><td>화장실</td><td>13 m²</td><td>33.91 m³</td><td>2층</td><td>2700</td><td></td><td>0.4396</td><td>✓</td><td>난방 및 냉방</td><td>205</td><td>화장실</td><td>2층</td></tr>
<tr><td>208</td><td>화장실</td><td>13 m²</td><td>33.91 m³</td><td>2층</td><td>2700</td><td></td><td>0.4396</td><td>✓</td><td>난방 및 냉방</td><td>208</td><td>화장실</td><td>2층</td></tr>
<tr><td>209</td><td>홀</td><td>21 m²</td><td>56.16 m³</td><td>2층</td><td>2700</td><td></td><td>0.728</td><td>✓</td><td>난방 및 냉방</td><td></td><td></td><td></td></tr>
<tr><td>102C</td><td>룸</td><td>41 m²</td><td>46.99 m³</td><td>1층 Plenum</td><td>1250</td><td>✓</td><td>0</td><td>아니오</td><td>조건 없음</td><td></td><td></td><td></td></tr>
<tr><td>103C</td><td>룸</td><td>40 m²</td><td>46.26 m³</td><td>1층 Plenum</td><td>1250</td><td>✓</td><td>0</td><td>아니오</td><td>조건 없음</td><td></td><td></td><td></td></tr>
<tr><td>104C</td><td>룸</td><td>40 m²</td><td>46.21 m³</td><td>1층 Plenum</td><td>1250</td><td>✓</td><td>0</td><td>아니오</td><td>조건 없음</td><td></td><td></td><td></td></tr>
<tr><td>105C</td><td>룸</td><td>43 m²</td><td>49.94 m³</td><td>1층 Plenum</td><td>1250</td><td>✓</td><td>0</td><td>아니오</td><td>조건 없음</td><td></td><td></td><td></td></tr>
<tr><td>107C</td><td>관리실</td><td>18 m²</td><td>20.72 m³</td><td>1층 Plenum</td><td>1250</td><td>✓</td><td>0</td><td>아니오</td><td>조건 없음</td><td></td><td></td><td></td></tr>
<tr><td>106C</td><td>장비실</td><td>43 m²</td><td>49.34 m³</td><td>1층 Plenum</td><td>1250</td><td>✓</td><td>0</td><td>아니오</td><td>조건 없음</td><td></td><td></td><td></td></tr>
<tr><td>207C</td><td>화장실</td><td>13 m²</td><td>14.44 m³</td><td>1층 Plenum</td><td>1250</td><td>✓</td><td>0</td><td>아니오</td><td>조건 없음</td><td></td><td></td><td></td></tr>
<tr><td>108C</td><td>화장실</td><td>13 m²</td><td>14.44 m³</td><td>1층 Plenum</td><td>1250</td><td>✓</td><td>0</td><td>아니오</td><td>조건 없음</td><td></td><td></td><td></td></tr>
<tr><td>101C</td><td>홀</td><td>330 m²</td><td>381.22 m³</td><td>1층 Plenum</td><td>1250</td><td>✓</td><td>0</td><td>아니오</td><td>조건 없음</td><td></td><td></td><td></td></tr>
<tr><td>102</td><td>룸</td><td>41 m²</td><td>110.19 m³</td><td>1층</td><td>2700</td><td></td><td>1.42835</td><td>✓</td><td>난방 및 냉방</td><td>102</td><td>룸</td><td>1층</td></tr>
<tr><td>103</td><td>룸</td><td>40 m²</td><td>108.49 m³</td><td>1층</td><td>2700</td><td></td><td>1.4063</td><td>✓</td><td>난방 및 냉방</td><td>103</td><td>룸</td><td>1층</td></tr>
<tr><td>104</td><td>룸</td><td>40 m²</td><td>108.49 m³</td><td>1층</td><td>2700</td><td></td><td>1.4063</td><td>✓</td><td>난방 및 냉방</td><td>104</td><td>룸</td><td>1층</td></tr>
<tr><td>105</td><td>룸</td><td>43 m²</td><td>117.10 m³</td><td>1층</td><td>2700</td><td></td><td>1.51795</td><td>✓</td><td>난방 및 냉방</td><td>105</td><td>룸</td><td>1층</td></tr>
<tr><td>107</td><td>관리실</td><td>18 m²</td><td>48.65 m³</td><td>1층</td><td>2700</td><td></td><td>0.6307</td><td>✓</td><td>난방 및 냉방</td><td>107</td><td>관리실</td><td>1층</td></tr>
<tr><td>106</td><td>장비실</td><td>43 m²</td><td>115.75 m³</td><td>1층</td><td>2700</td><td></td><td>1.50045</td><td>✓</td><td>난방 및 냉방</td><td>106</td><td>장비실</td><td>1층</td></tr>
<tr><td>101</td><td>홀</td><td>172 m²</td><td>465.70 m³</td><td>1층</td><td>2700</td><td></td><td>6.036822</td><td>✓</td><td>난방 및 냉방</td><td>101</td><td>홀</td><td>1층</td></tr>
<tr><td>110</td><td>계단실</td><td>33 m²</td><td>351.89 m³</td><td>1층</td><td>1070</td><td></td><td>1.158864</td><td>✓</td><td>난방 및 냉방</td><td></td><td></td><td></td></tr>
<tr><td>114</td><td>A.D</td><td>4 m²</td><td>24.32 m³</td><td>1층</td><td>0</td><td></td><td>0</td><td></td><td>조건 없음</td><td></td><td></td><td></td></tr>
<tr><td>113</td><td>P.S</td><td>4 m²</td><td>25.57 m³</td><td>1층</td><td>0</td><td></td><td>0</td><td></td><td>조건 없음</td><td></td><td></td><td></td></tr>
<tr><td>112</td><td>A.D</td><td>3 m²</td><td>24.61 m³</td><td>1층</td><td>0</td><td></td><td>0</td><td></td><td>조건 없음</td><td></td><td></td><td></td></tr>
<tr><td>111</td><td>P.S</td><td>3 m²</td><td>26.03 m³</td><td>1층</td><td>0</td><td></td><td>0</td><td></td><td>조건 없음</td><td></td><td></td><td></td></tr>
<tr><td>207</td><td>화장실</td><td>13 m²</td><td>33.91 m³</td><td>1층</td><td>2700</td><td></td><td>0.4396</td><td>✓</td><td>난방 및 냉방</td><td>207</td><td>화장실</td><td>1층</td></tr>
<tr><td>108</td><td>화장실</td><td>13 m²</td><td>33.91 m³</td><td>1층</td><td>2700</td><td></td><td>0.4396</td><td>✓</td><td>난방 및 냉방</td><td>108</td><td>화장실</td><td>1층</td></tr>
<tr><td>109</td><td>식당</td><td>136 m²</td><td>368.20 m³</td><td>1층</td><td>2700</td><td></td><td>4.77295</td><td>✓</td><td>난방 및 냉방</td><td></td><td></td><td></td></tr>
</table>

> **TIP**
>
> 건축 파일 작업 시 주요 구조물들의 룸 경계가 체크되어 있지 않거나 룸 번호와 룸 이름이 지정되어 있지 않으면 공간 배치 작업이 번거로워집니다.

Lesson. 04 난방 및 냉방 부하

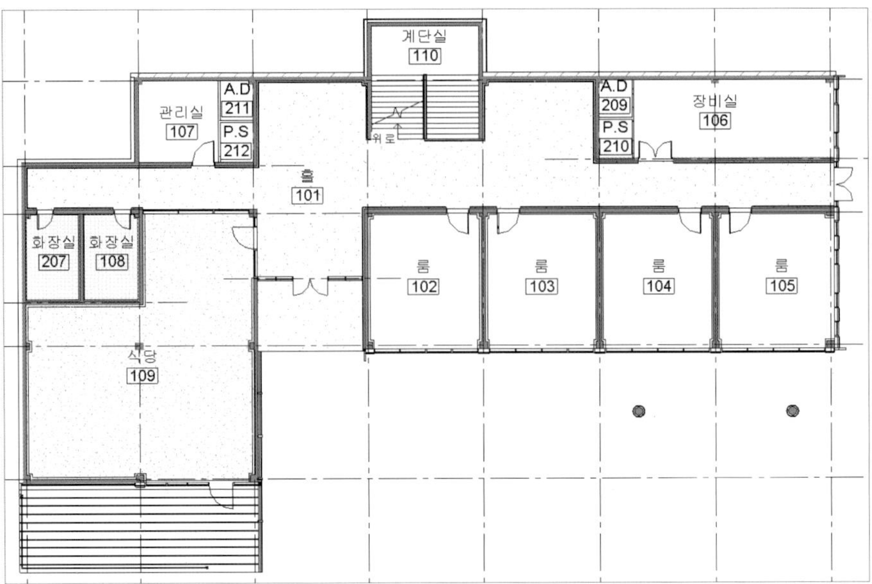

[1층 룸 이름/번호]

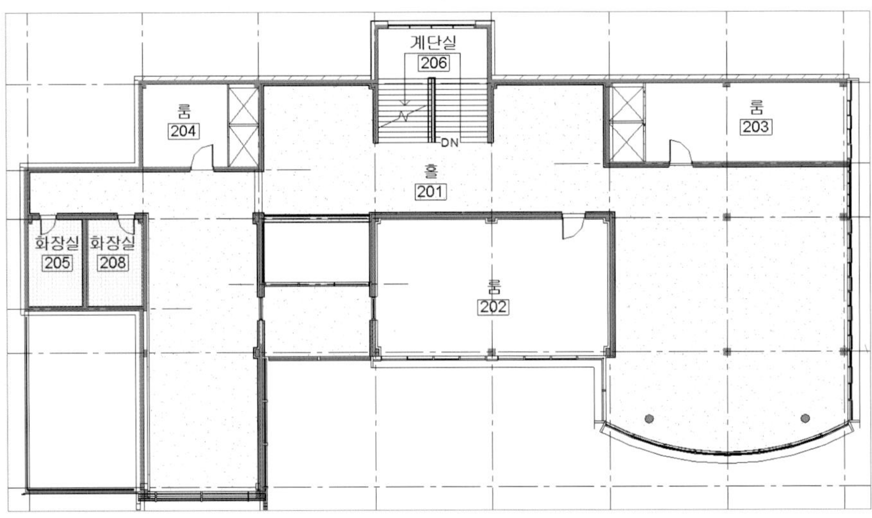

[2층 룸 이름/번호]

㉕ A.D, P.S는 사람이 점유하는 공간이 아닙니다. 따라서 사람 수를 0으로 만들어주기 위해 '1층_시스템 평면도'를 더블 클릭한 후 도면 영역에서 A.D, P.S의 공간을 모두 선택합니다.

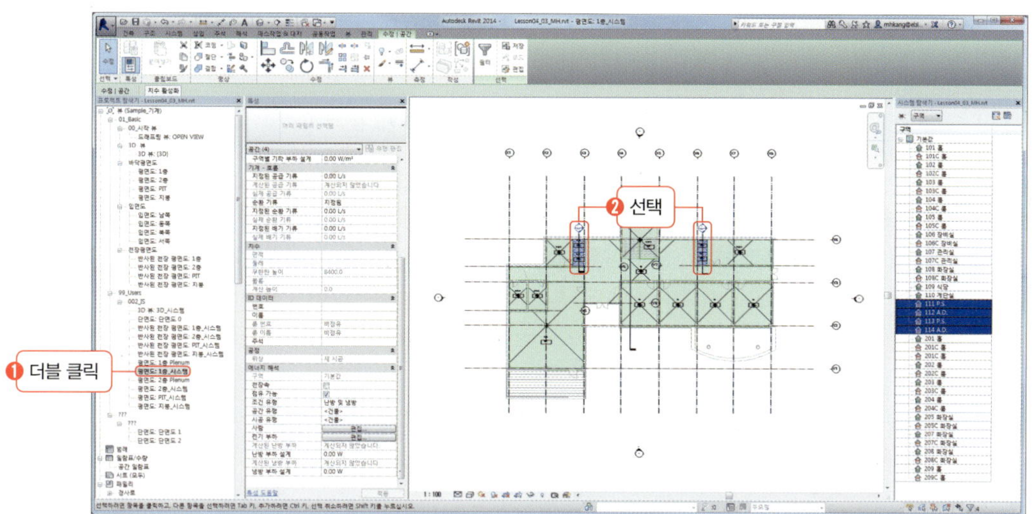

㉖ [특성] 대화상자에서 [에너지 해석] 탭의 [사람] 항목의 편집을 클릭하면 나타나는 [사람] 대화상자에서 '점유' 항목의 '값'을 '지정됨'으로 선택한 후 '사람 수'에 '0'을 입력하고 [확인] 버튼을 누릅니다.

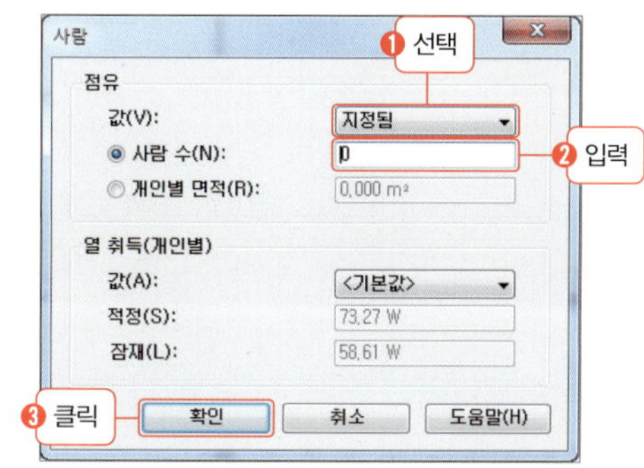

㉗ 빌딩 모델에 설치된 공간의 리스트를 시스템 탐색기로 확인할 수 있습니다.

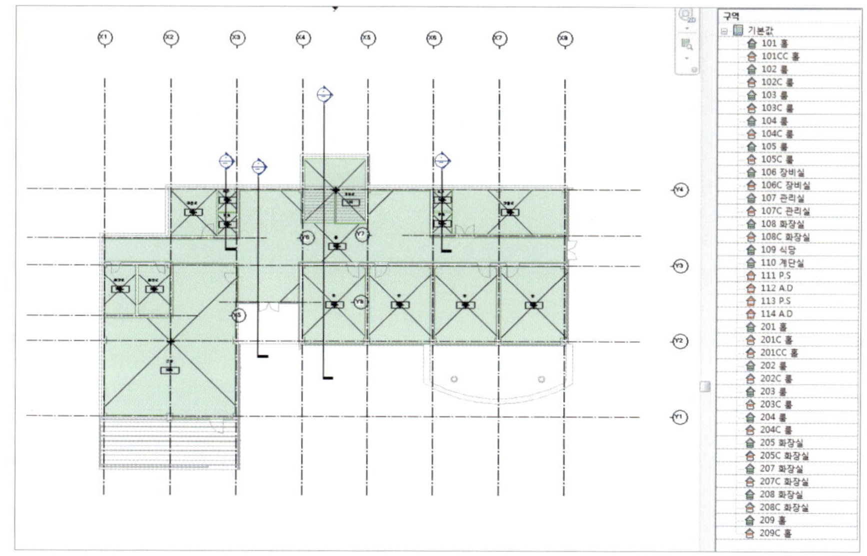

(28) 공간 배치가 완료된 후 [특성] 대화상자를 통해 공간의 특성을 개별 설정합니다. 설계 엔지니어가 설계 계획에 맞게 공간의 특성을 설정해야 합니다. 여기서는 Revit의 기본 설정을 그대로 적용합니다.

> **Note**
>
> 공간은 프로젝트에 처음 배치될 때 기본 구역에 자동으로 추가됩니다. 구역을 작성하여 특정 공간을 지정하는 경우에만 기본 구역에서 해당 공간이 제거됩니다. 프로젝트의 냉난방 요구 사항에 맞는 HVAC 구역을 작성하고 각 공간을 작성된 구역에 지정하는 것이 좋습니다. 이렇게 하면 각 구역의 공간에 대해 냉난방 부하를 개별적으로 확인하여 좀 더 정확한 냉난방 부하 해석 결과를 얻을 수 있습니다.
>
> 기본 구역에 남아 있는 공간은 냉난방 부하 계산에 포함되지 않습니다. 링크된 모델에서 작업하는 경우, 모든 구역(및 공간)은 호스트(로컬) 파일에 있어야 합니다. 구역 공정은 구역에 추가된 공간의 공정과 일치해야 합니다. 모든 공간이 구역에 지정된 후 구역을 수정 및 이동하고, 이름을 바꾸거나 재지정하여 일람표를 작성하는 한편, 색상표를 적용한 후에 구역을 삭제할 수 있습니다. 그러나 기본 구역은 삭제할 수 없습니다.

구역은 '공간의 모음'을 말하며, 일반적으로 모델에 공간이 배치된 후에 구역을 작성합니다. 그러나 특정 환경에 따라 구역을 작성한 후 공간을 작성한 구역에 지정할 수도 있습니다. 구역은 공통 환경(온도, 습도 등)을 유지하는 장비에 의해 제어되는 하나 이상의 공간으로 구성됩니다. 공통 환경 또는 설계 요구 사항이 있는 공간을 정의하기 위해 구역을 작성합니다. 여러 레벨에 있는 공간을 동일한 구역에 추가할 수 있습니다.

01 ▶ [열기] ▶ [프로젝트]를 클릭하여 [새 프로젝트] 대화상자가 나타나면 'Sample\Chapter03\Lesson04\Lesson04_04.rvt' 파일을 불러옵니다.

02 프로젝트 탐색기에서 '1층 시스템 평면도'를 더블 클릭한 후 [해석] 탭 ▶ [공간 및 구역] 패널 ▶ [구역]을 클릭합니다.

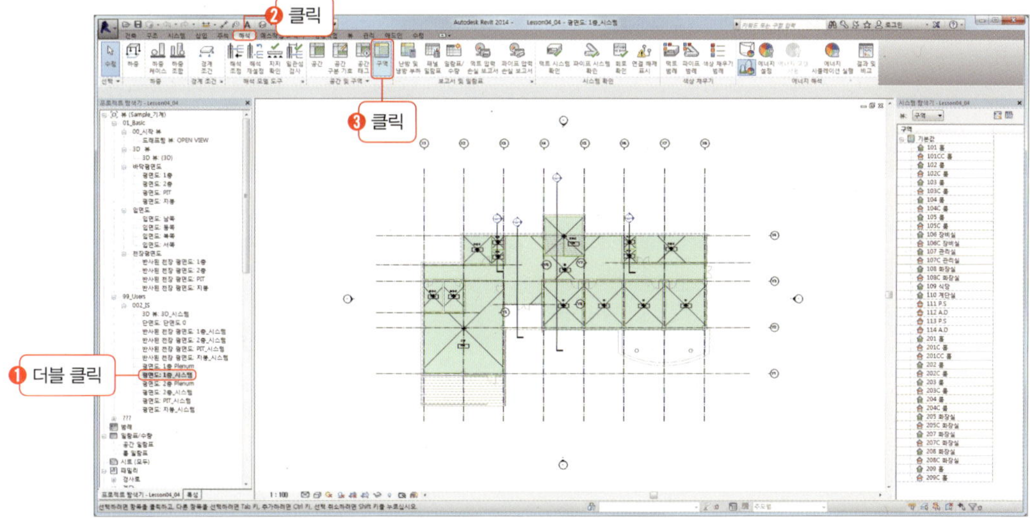

03 [특성] 대화상자에서 ID 데이터 아래의 이름에 '1층 룸 존'을 입력합니다. [구역 편집] 탭 ▶ [모드] 패널 ▶ [공간 추가]를 확인한 후 도면 영역에서 4개의 룸 공간을 선택합니다. 그런 다음, [구역 편집] 탭 ▶ [구역 편집] 패널 ▶ [편집 구역 완료]를 클릭하면 4개의 룸이 '1층 룸 존' 구역에 포함됩니다.

TIP
필요할 경우 구역 편집을 통해 공간을 추가하거나 추가한 공간을 제거할 수 있습니다.

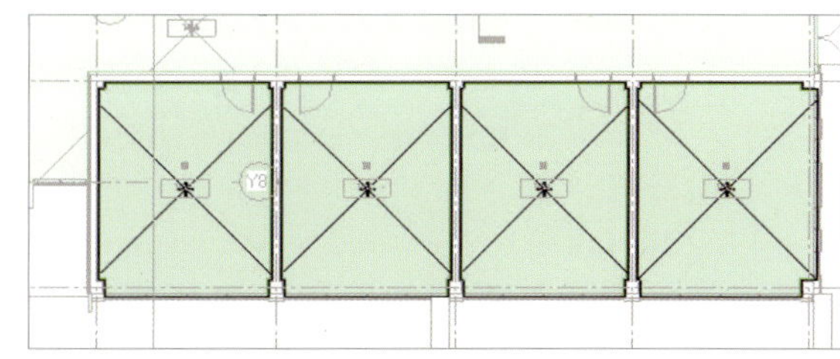

04 위의 방법대로 1층_시스템 평면도의 나머지 구역에 다음 내용대로 공간을 추가합니다.

구역 이름	추가할 공간 이름
1층 홀 존	홀
1층 관리 존	관리실, 장비실
1층 식당 존	식당
1층 화장실 존	화장실 2개소
계단실 존	계단실
AD/PS 존	AD, PS

장비실은 별도의 존으로 구획해야 하지만, 이 책에서는 작업의 편의상 관리 존으로 구획합니다.

05 영문 키가 활성화되었을 때, Ⓥ Ⓥ 를 누릅니다. 그런 다음, [가시성] 탭 아래의 'HVAC 구역'을 확장합니다.

Ⓥ Ⓥ 를 누르거나 [특성] 대화상자에서 [가시성/그래픽 재지정]의 [편집]을 클릭합니다.

☑ 다음 뷰로 모델 카테고리 표시(S)   카테고리가 선택 취소되면 보이지 않게 됩니다.
필터 리스트(F): <다중> ▼

가시성	투영/표면			잘라내기		중간색	상세 수준
	선	패턴	투명도	선	패턴		
☐ ☑ HVAC 구역						☐	뷰별
☑ 경계							
☐ 내부 채우기							
☑ 색상 채우기							
☐ 참조선							

06 HVAC 구역의 '내부 채우기'와 '참조 선'을 체크하여 가시성을 활성화하고 [확인] 버튼을 누르면 그림과 같이 설정된 구역이 표시됩니다.

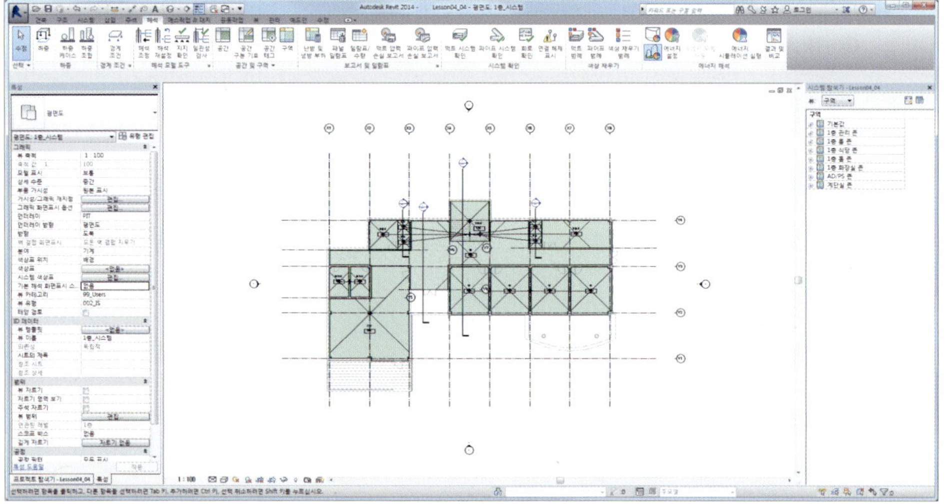

07 1층 Plenum 평면도를 더블 클릭하여 도면 영역에 최대화되면 [뷰] 탭 ▶ [창] 패널 ▶ [숨겨진 창 닫기]를 클릭합니다.

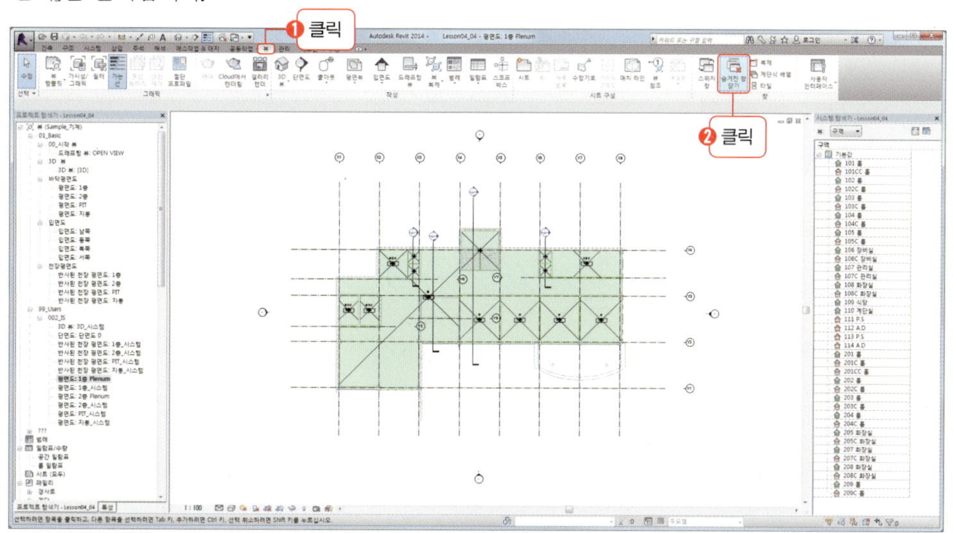

08 [해석] 탭 ▶ [공간 및 구역] 패널 ▶ [구역]을 클릭한 후 [특성] 대화상자에서 ID 데이터 아래의 이름에 '1층 천장 속'을 입력하고 [구역 편집] 탭 ▶ [모드] 패널 ▶ [공간 추가]를 클릭합니다.

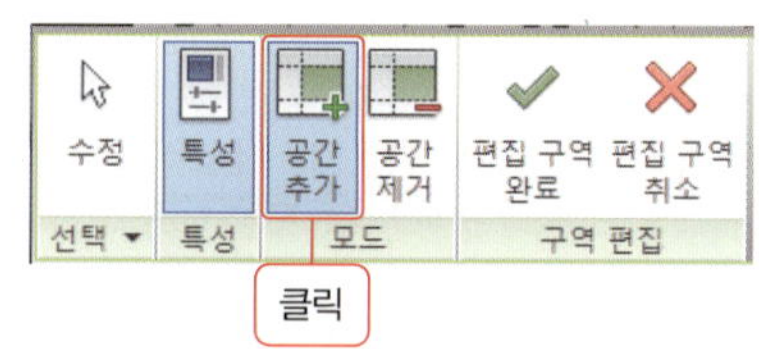

09 도면 영역으로 이동한 후 계단실과 A.D/P.S실을 제외한 모든 공간을 구역에 추가합니다.

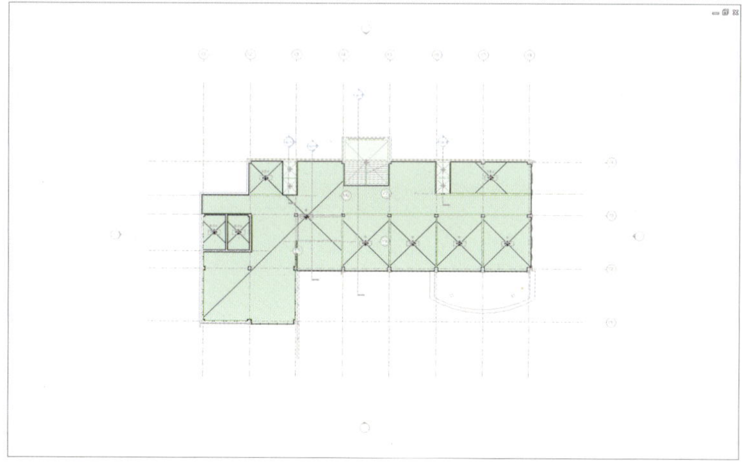

⑩ [구역 편집] 탭 ▶ [구역 편집] 패널 ▶ [편집 구역 완료]를 클릭한 후 [가시성/그래픽 재지정] 대화상자에서 HVAC 구역의 가시성을 켭니다.

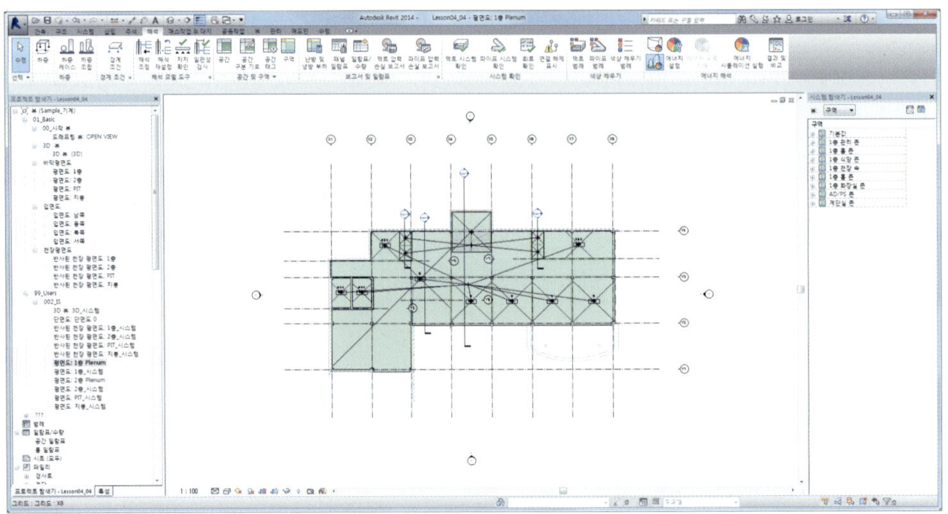

⑪ 2층_시스템 평면도를 더블 클릭하여 뷰를 활성화하고, 다음 내용에 따라 구역 배치 작업을 합니다. 그런 다음, [가시성/그래픽 재지정] 대화상자에서 HVAC 구역의 가시성을 켭니다.

구역 이름	추가할 공간 이름
2층 홀 존	홀 2개소
2층 룸 존	룸 3개소
2층 화장실 존	화장실 2개소

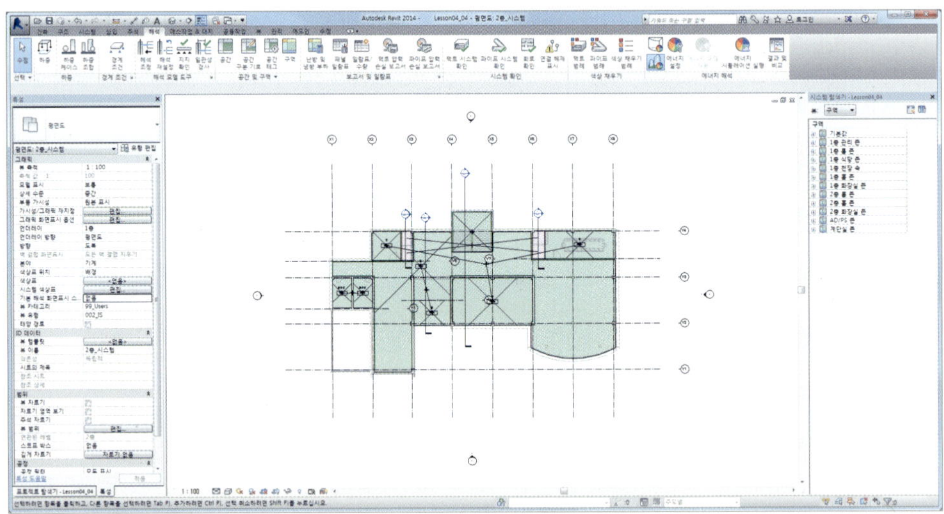

⑫ 2층 Plenum 평면도를 더블 클릭하여 뷰를 활성화합니다. [해석] 탭 ▶ [공간 및 구역] 패널 ▶ [구역]을 클릭한 후 도면 영역으로 이동하고 계단실과 A.D/P.S실을 제외한 모든 공간을 구역에 추가합니다. 그런 다음, [특성] 대화상자에서 ID 데이터 아래의 이름에 '2층 천장 속'을 입력하고 [가시성/그래픽 재지정] 대화상자에서 HVAC 구역의 가시성을 켭니다.

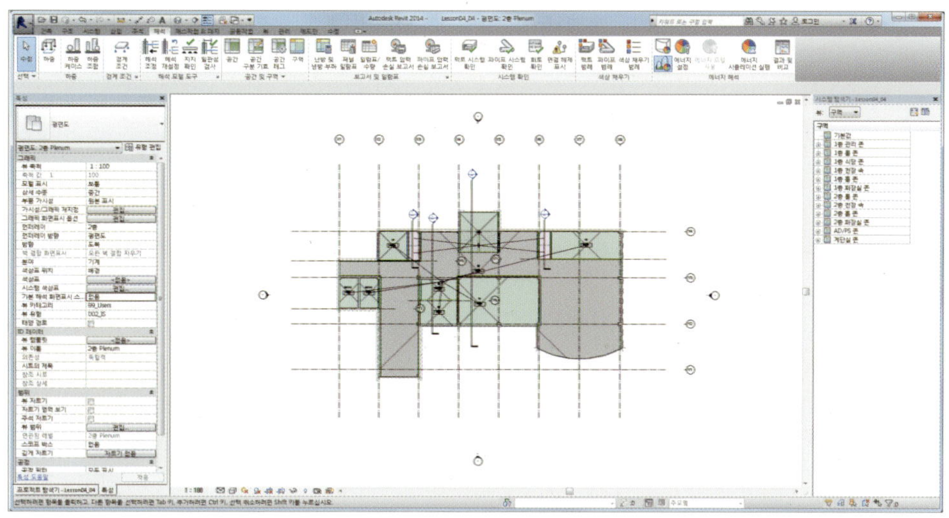

⑬ 2층 Plenum 평면도에서 [주석] 탭 ▶ [태그] 패널 ▶ [카테고리별 태그]를 클릭합니다. 지시선이 체크된 상태로 특정 구역에 가까이 접근하면 해당 구역에 관련된 태그를 부착할 수 있습니다. 이제 계단실 존에 태그를 부착합니다.

⑭ [수정|태그] 탭 ▶ [선택] 패널 ▶ [수정]을 클릭한 후 부착된 계단실 태그를 선택합니다.

⑮ 지시선을 클릭하면 지시선과 태그를 원하는 위치로 수정할 수 있는 끌기가 활성화됩니다. 이를 이용하면 원하는 위치에 태그를 부착할 수 있습니다.

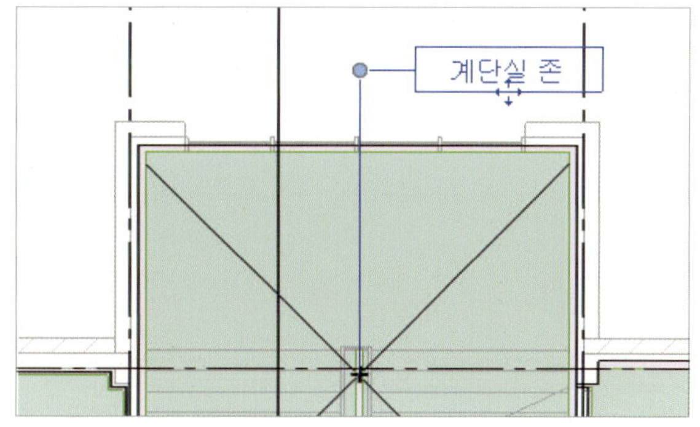

⑯ 구역의 배치가 완료되면 [특성] 대화상자를 통해 구역의 특성을 개별적으로 설정할 수 있습니다. 설계 엔지니어가 설계 계획에 맞게 구역의 특성을 설정해야 합니다. 파일을 저장한 후 작업을 종료합니다.

Revit의 난방 및 냉방 부하 기능은 'ASHRAE Handbook of Fundamentals'의 사양을 따라 설계되었습니다. 최고 부하를 결정하는 데에는 여러 가지 방법이 있지만, Revit에서는 RTS(복사 시계열) 방법을 사용합니다. 이 방법은 외부를 통해 열이 공간으로 전송될 때 시간 지연 효과를 고려합니다. 난방 및 냉방 부하 보고서를 계산하는 데 사용되는 응용 프로그램을 '엔진'이라고 합니다.

---

01 ▶[열기]▶[프로젝트]를 클릭하여 [새 프로젝트] 대화상자가 나타나면 'Sample\Chapter03\Lesson04\Lesson04_05.rvt' 파일을 불러옵니다. 그런 다음, 프로젝트 탐색기에서 99_Users ▶ 002_IS ▶ 1층_시스템 평면도를 더블 클릭하고 [건축] 탭 ▶ [룸 및 면적 패널]의 확장 화살표를 클릭하여 [면적 및 볼륨 계산]을 클릭합니다.

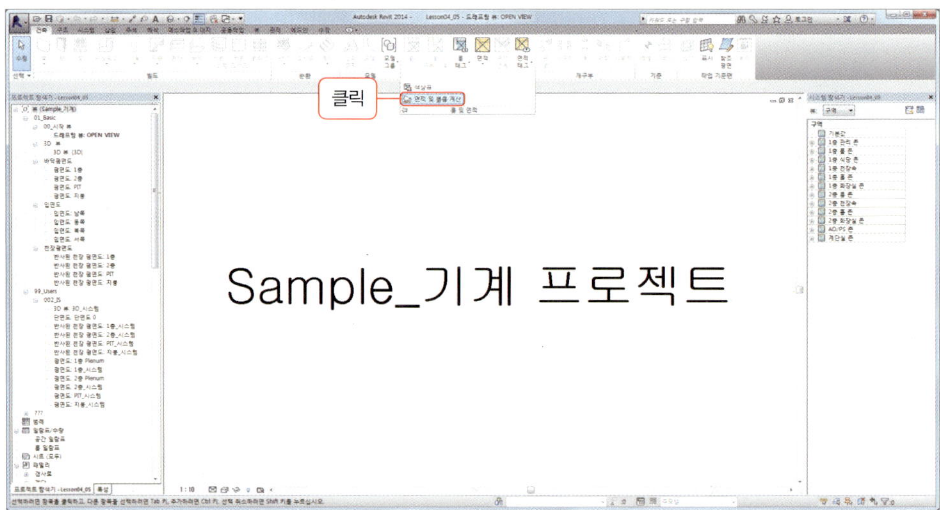

02 [계산] 탭의 볼륨 계산 항목에 [면적 및 볼륨]이 선택되어 있으면 [확인] 버튼을 누릅니다.

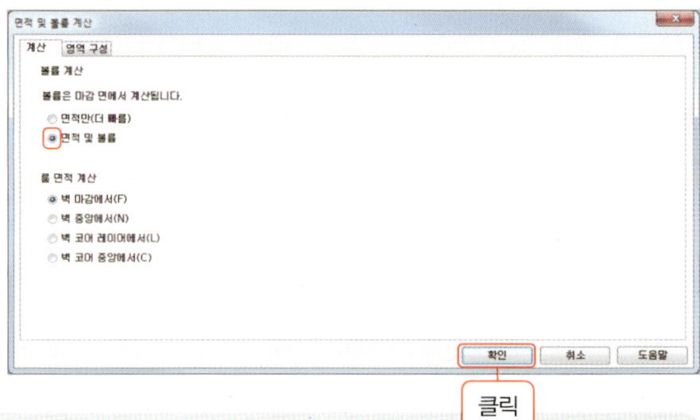

TIP

난방 및 냉방 부하를 정확하게 분석하기 위해서는 이 옵션을 반드시 선택해야 합니다.

03 [해석] 탭 ➤ [보고서 및 일람표]에서 [난방 및 냉방 부하]를 클릭합니다.

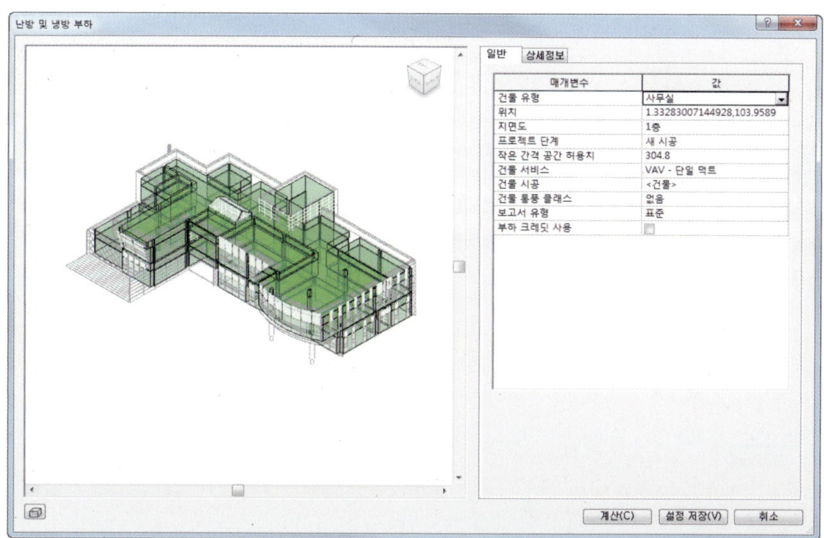

> **Note**
>
> 왼쪽 미리 보기에서 뷰 큐브를 이용하거나 마우스 오른쪽 버튼을 클릭하여 모델을 점검할 수 있습니다. 미리 보기 하단의 비주얼 스타일에서 와이어프레임이 선택되었는지 확인합니다. 와이어프레임은 내부 경계로 측정된 공간의 볼륨을 선의 형태로 표시합니다. 음영 처리된 부분은 공간의 안쪽 볼륨을 면의 형상으로 표시합니다. 안쪽 볼륨은 벽체, 바닥, 지붕과 다른 룸 경계 구성 요소들의 내부 표면에 의해 구분된 내부 볼륨입니다.

04 우측의 [상세 정보] 탭에서 '1층 관리 존'의 '106 장비실'을 클릭합니다. [난방 및 냉방 부하] 대화 상자의 [상세 정보] 탭에서 [강조 표시] 버튼 을 누르면 선택한 공간이 강조 표시됩니다.

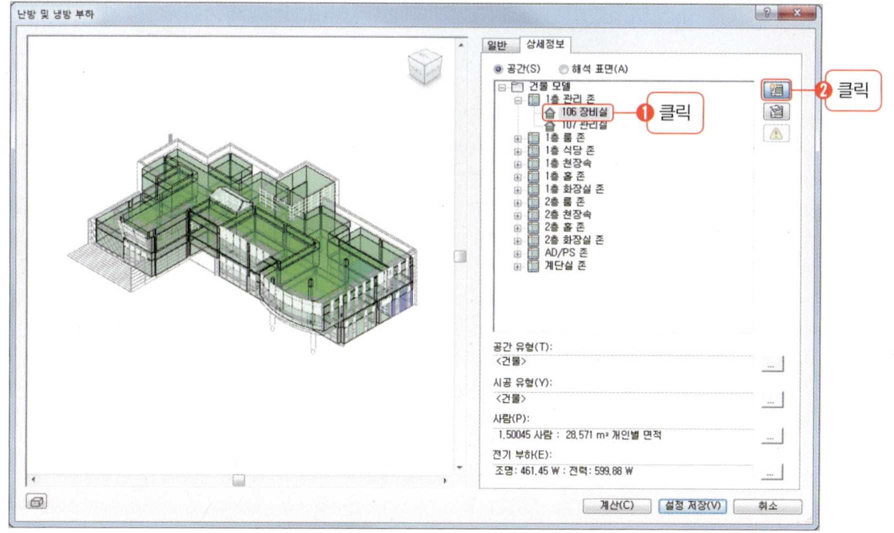

05 [강조 표시] 버튼 을 다시 눌러 선택을 해제한 후 '106 장비실'을 선택한 상태에서 [분리] 버튼 을 누릅니다.

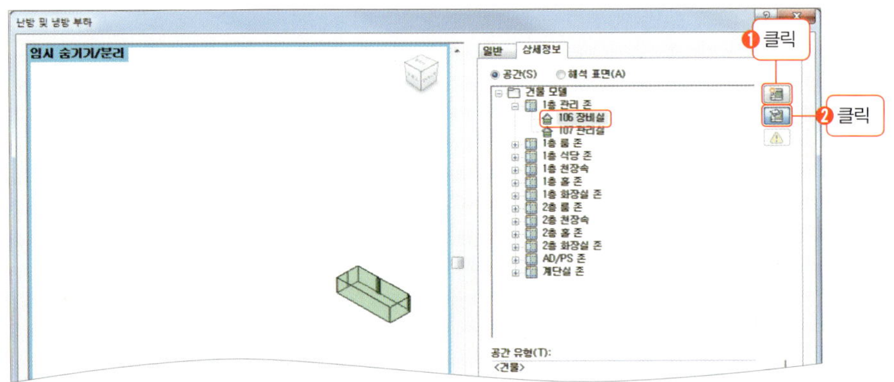

06 [분리]를 다시 눌러 선택을 해제합니다.

Note

⚠ : 건물, 구역 또는 공간에 대한 경고를 표시합니다. 경고가 표시되면 [난방 및 냉방 부하] 대화상자를 닫고 건물 모델에서 문제를 해결합니다. 부하 계산을 하기 전에 반드시 해결되어야 합니다. 모든 문제가 해결되면, 경고가 비활성화됩니다.

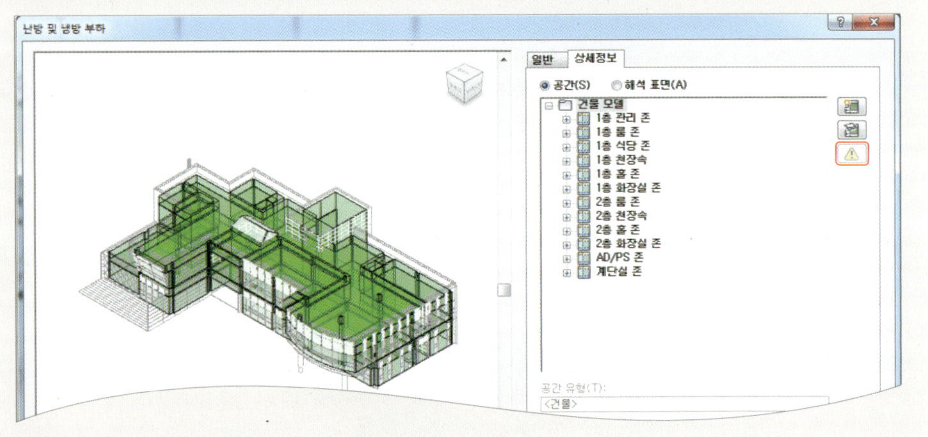

07 [난방 및 냉방 부하] 대화상자 하단의 [계산] 버튼을 누르면 다음과 같은 난방 및 냉방 부하 보고서가 생성됩니다.

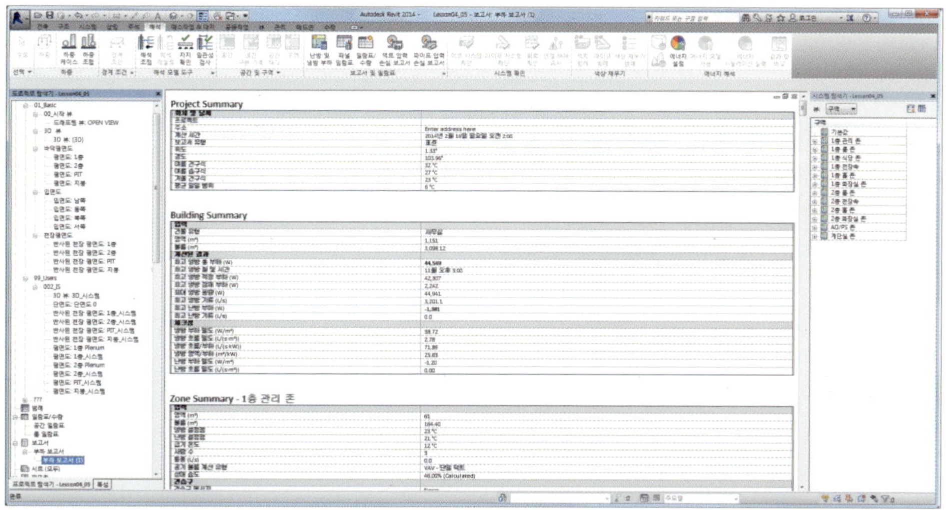

프로젝트 요약, 빌딩 요약, 각 구역과 공간의 요약 등이 부하 보고서로 저장됩니다. 건물, 공간, 구역의 정보들이 변경되거나 모델에 어떤 변화를 만들 때마다 매번 새롭게 난방 및 냉방 부하 분석을 수행해야 합니다. 그렇지 않으면 부하 리포트나 일람표에 변경된 내용이 반영되지 않습니다.

난방 및 냉방 부하 해석에 따라 건물 모델의 난방 및 냉방의 수요가 결정됩니다. 이 밖에 프로젝트 정보를 내보낸 후 gbXML(Green Building XML) 파일을 작성하여 난방 및 냉방 부하 해석을 수행할 수도 있습니다.

08 ► [내보내기] ► [gbXML]을 클릭하면 나타나는 대화상자는 부하 계산 후 보고서를 생성하는 대신, 난방 및 냉방 정보를 gbXML로 내보낼 수 있다는 점을 제외하면 난방 및 냉방 부하의 기능과 동일합니다.

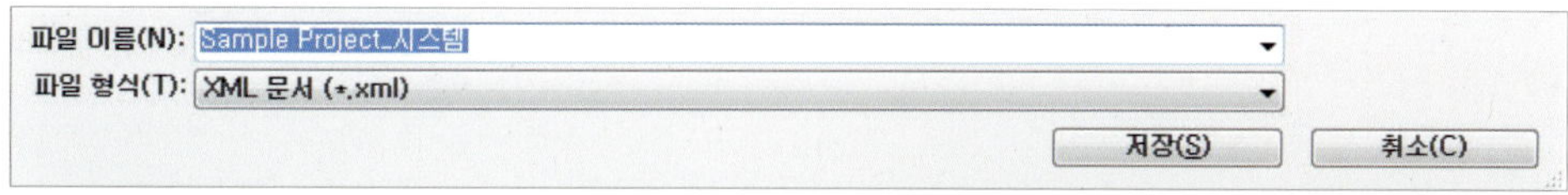

gbXML 파일에는 프로젝트에 대한 공간 및 구역을 포함하여 난방 및 냉방 정보가 모두 포함되어 있습니다. 내보낸 후에는 부하 분석을 수행할 제3의 부하 계산 프로그램으로 해당 gbXML 파일을 불러들입니다. gbXML 개방형 스키마는 건물 설계자가 건물 프로젝트의 에너지 소비 특징에 대한 정보를 얻기 위해 작성되었습니다.

09 [부하 보고서] 대화상자를 닫습니다.

색채 채우기 범례는 공간 일람표를 사용하거나 요소 특성에 접근하는 것보다 시각적·공간적으로 사용자에게 매개변수를 확인하고 전달할 수 있습니다. 색상표를 사용하려면 프로젝트에 룸, 면적, 공간, 구역, 파이프 또는 덕트가 정의되어 있어야 합니다.

---

01 프로젝트 탐색기에서 '99_Users ▶ 002_IS ▶ 1층_시스템 평면도'를 더블 클릭합니다.

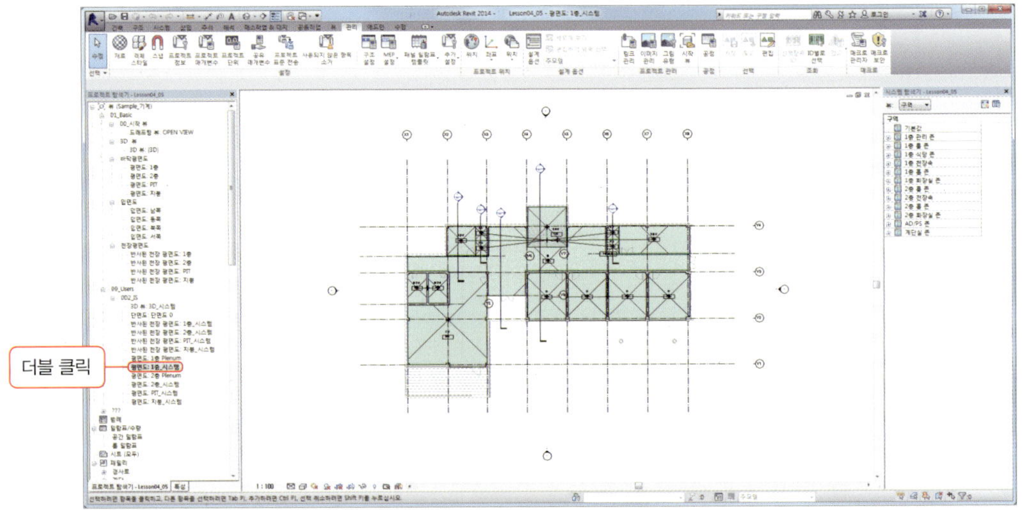

02 [주석] 탭 ▶ [색상 채우기] 패널 ▶ [색상 채우기 범례]를 클릭합니다.

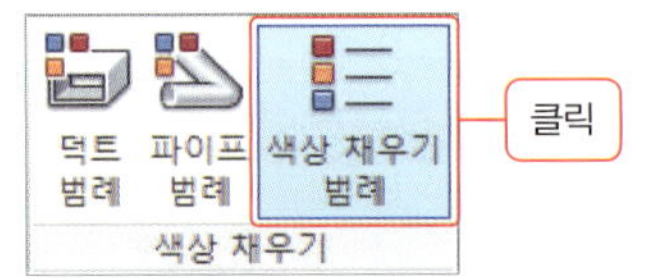

03 도면 영역 상단의 비어 있는 부분에 색상표를 배치하기 위해 마우스를 클릭한 후 공간 유형에서 'HVAC 구역'을 선택합니다. 그런 다음, 색상표가 '스키마 1'인지 확인하고 [확인] 버튼을 누릅니다.

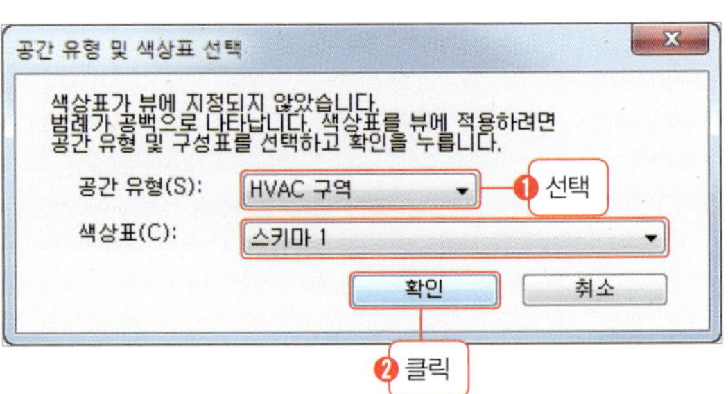

04 도면 영역에 색상표가 구성되어 배치됩니다.

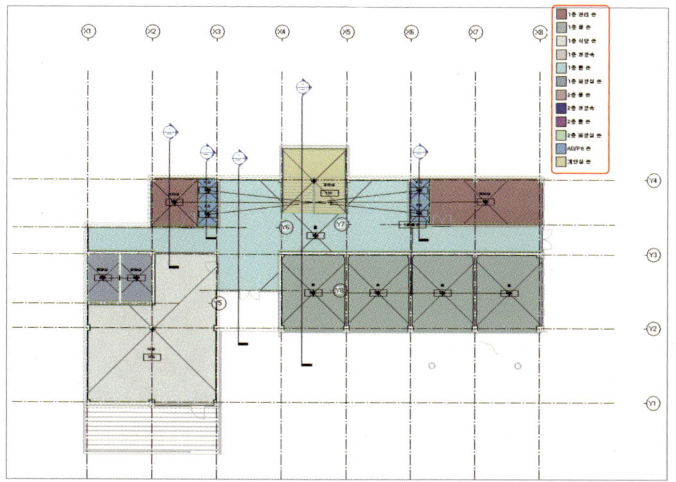

05 색상표를 선택한 후 [수정 I 색상 채우기 범례] 탭▶[구성표] 패널▶[구성표 편집]을 클릭합니다.
그런 다음, [색상표 편집] 대화상자에서 원하는 스키마를 만들어 적용할 수 있습니다.

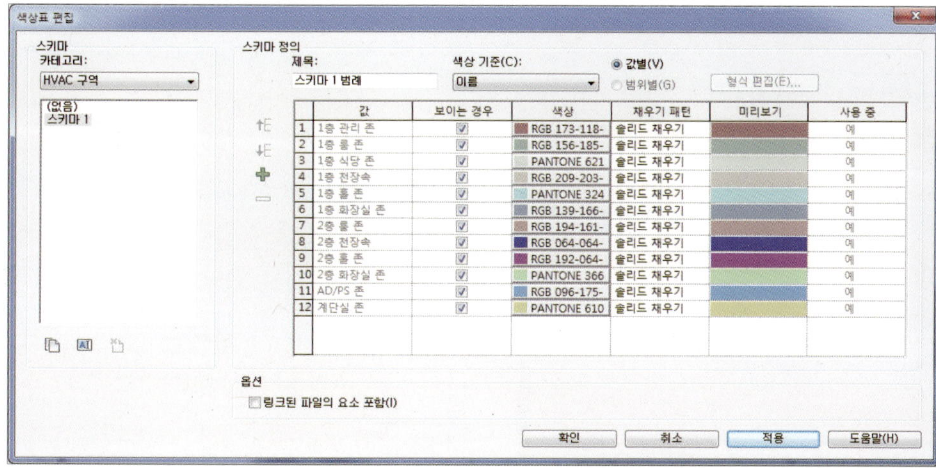

색상표 편집

스키마
카테고리:
HVAC 구역

(없음)
스키마 1

스키마 정의

제목:
스키마 1 범례

색상 기준(C):
이름

● 값별(V)
○ 범위별(G)

형식 편집(E)...

	값	보이는 경우	색상	채우기 패턴	미리보기	사용 중
1	1층 관리 존	✓	RGB 173-118-	솔리드 채우기		예
2	1층 룸 존	✓	RGB 156-185-	솔리드 채우기		예
3	1층 식당 존	✓	PANTONE 621	솔리드 채우기		예
4	1층 전장속	✓	RGB 209-203-	솔리드 채우기		예
5	1층 홀 존	✓	PANTONE 324	솔리드 채우기		예
6	1층 화장실 존	✓	RGB 139-166-	솔리드 채우기		예
7	2층 룸 존	✓	RGB 194-161-	솔리드 채우기		예
8	2층 전장속	✓	RGB 064-064-	솔리드 채우기		예
9	2층 홀 존	✓	RGB 192-064-	솔리드 채우기		예
10	2층 화장실 존	✓	PANTONE 366	솔리드 채우기		예
11	AD/PS 존	✓	RGB 096-175-	솔리드 채우기		예
12	계단실 존	✓	PANTONE 610	솔리드 채우기		예

옵션
☐ 링크된 파일의 요소 포함(I)

확인　취소　적용　도움말(H)

시스템
설계

시스템으로 작업된 모델링은 필터 기준으로 시스템 이름을 적용하여 레이어 구분을 할 수 있습니다. 그리고 Revit이 제공하는 시스템을 이용하면, 필터 기준으로 시스템 유형을 적용하여 시스템을 사용자화할 수 있습니다.

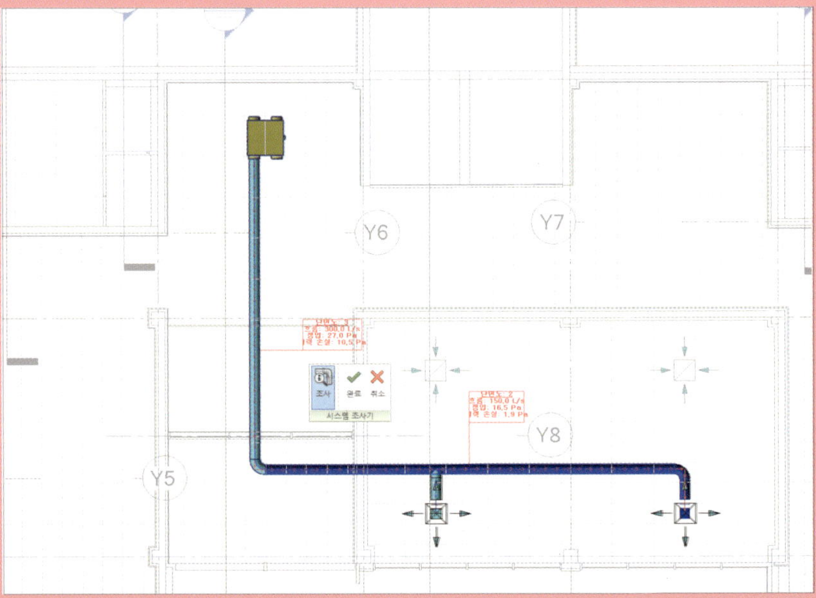

핵심 Point

일람표 이용하기

덕트 시스템 작업하기

시스템 작업을 하기 전에 급기 시스템 프로젝트용 일람표를 작성합니다. 공사 문서로 시트에 일람표를 배치하는 대신, 모델의 각 실에 공급되는 정확한 풍량을 결정하기 위한 설계 툴로 서 일람표를 사용합니다. 따라서 설계 요구 조건에 좀 더 근접하게 공기 터미널 기류 특성을 조절하도록 일람표를 사용합니다.

01　▶ [열기] ▶ [프로젝트]를 클릭하여 [새 프로젝트] 대화상자가 나타나면 'Sample\Chapter03\ Lesson05\Lesson05_01.rvt' 파일을 불러옵니다. 그런 다음, 프로젝트 탐색기에서 '99_Us- ers ▶ 002_IS ▶ 2층_시스템 평면도'를 더블 클릭하고 [해석] 탭 ▶ [보고서 및 일람표] 패널 ▶ [일람표/수량]을 클릭합니다.

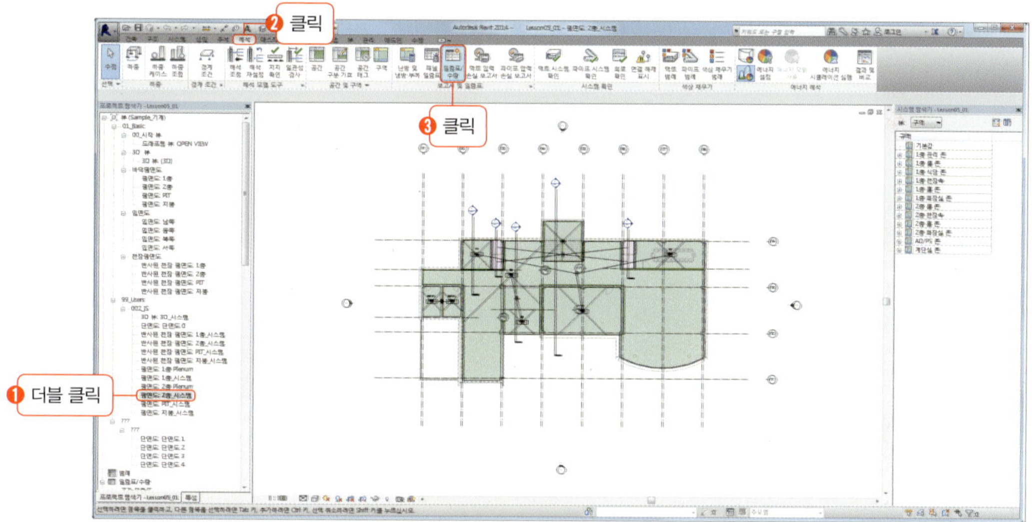

02　[새 일람표] 대화상자에서 다음 내 용을 체크한 후 [확인] 버튼을 누 릅니다.

- '카테고리' 항목에서 '공간'을 선택합니다.
- '이름' 항목에 '공간 풍량 일람표'를 입력 합니다.
- '건물 구성 요소 일람표'가 선택되어 있 는지 확인합니다.
- '공정' 항목에서 '새 시공'을 선택합니다.

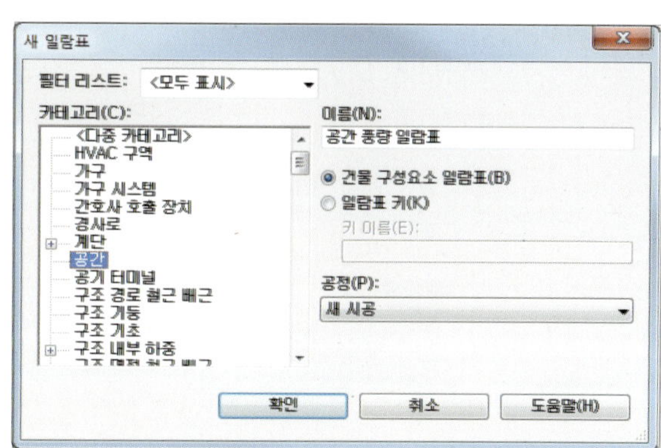

03 [필드] 탭에 다음 내용을 순서대로 추가합니다.

> 레벨, 번호, 이름, 계산된 공급 기류, 실제 공급 기류

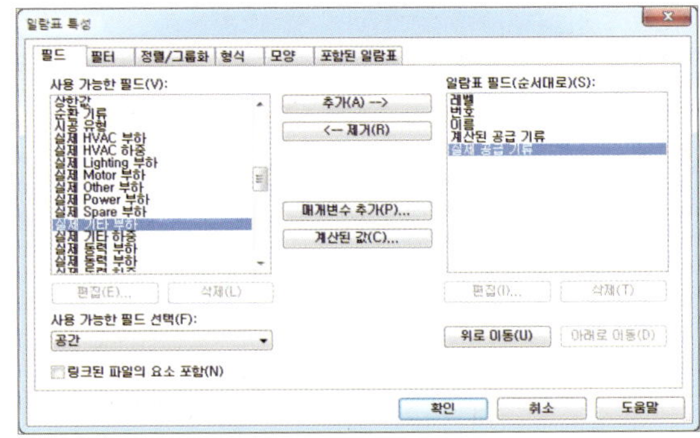

04 [계산된 값]을 클릭하면 나타나는 [계산된 값] 대화상자에서 다음과 같이 작성한 후 [확인] 버튼을 누릅니다.

TIP

수식에서 수학 기호 외의 값은 ⋯ 버튼을 눌러 지정된 값을 선택합니다.

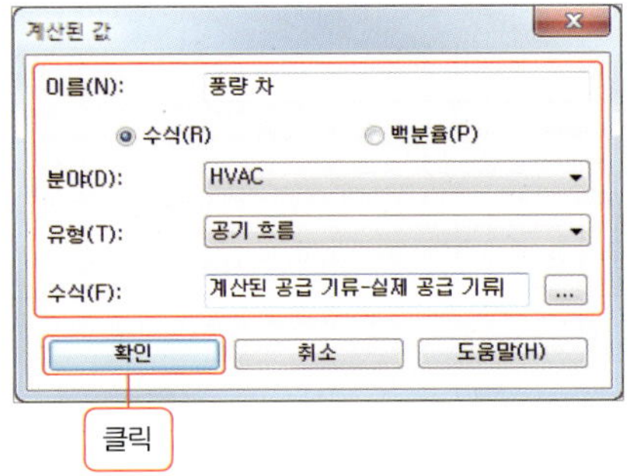

05 [정렬/그룹화] 탭에서 다음 내용대로 지정합니다.

- **정렬 기준** : 레벨
- **다음 기준** : 번호

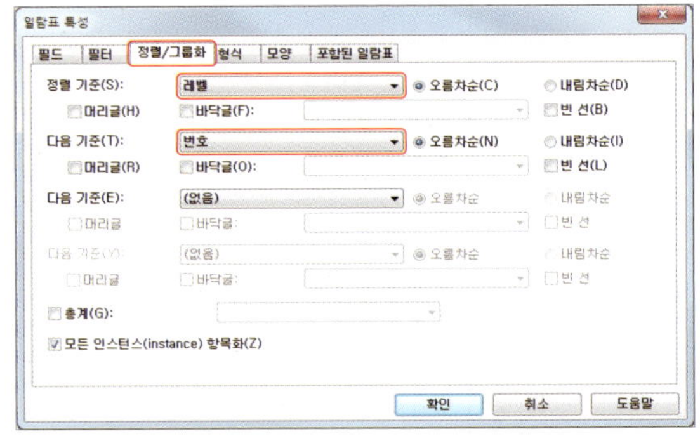

06 [형식] 탭에서 다음 내용대로 설정합니다.

- '필드' 항목의 '레벨'을 선택한 상태에서 '필드 형식' 항목의 '숨겨진 필드'를 체크합니다.

TIP

숨겨진 필드를 체크하면 해당 항목이 일람표에 표시되지 않습니다.

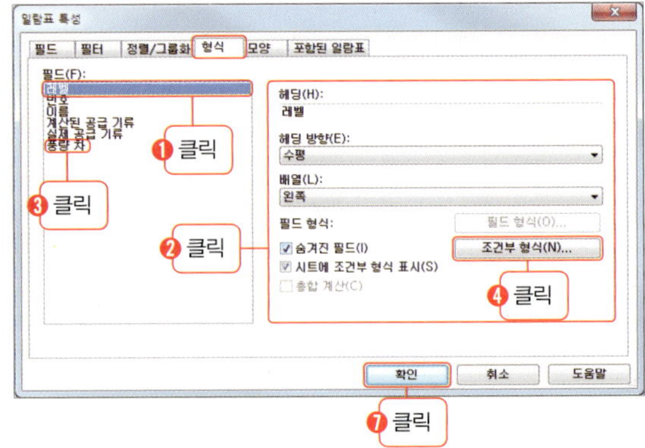

- '필드' 항목에서 '풍량 차'를 선택한 후 '조건부 형식'을 눌러 다음과 같이 설정합니다. 그런 다음 [확인] 버튼을 두 번 누릅니다.

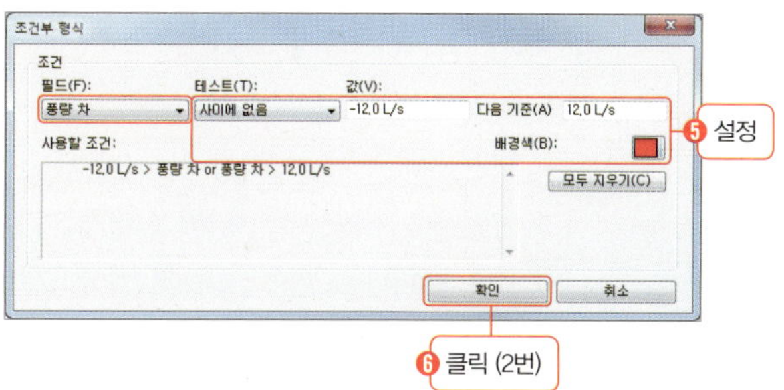

⑤ 설정

⑥ 클릭 (2번)

TIP

풍량 차(계산된 공급 기류-실제 공급 기류)가 정해진 범위(-12L/s∼12L/s)를 벗어났을 때, 빨간색으로 표시하도록 설정한 것입니다.

07 [일람표 특성] 대화상자에서 [확인] 버튼을 누르면, '공간 풍량 일람표'가 작성됩니다.

<공간 풍량 일람표>

A	B	C	D	E
번호	이름	계산된 공급 기류	실제 공급 기류	풍량 차
101	홀	404.2 L/s	0.0 L/s	404.2 L/s
102	룸	148.5 L/s	0.0 L/s	148.5 L/s
103	룸	147.3 L/s	0.0 L/s	147.3 L/s
104	룸	147.3 L/s	0.0 L/s	147.3 L/s
105	룸	184.0 L/s	0.0 L/s	184.0 L/s
106	장비실	108.5 L/s	0.0 L/s	108.5 L/s
107	관리실	32.0 L/s	0.0 L/s	32.0 L/s
108	화장실	24.4 L/s	0.0 L/s	24.4 L/s
109	식당	337.0 L/s	0.0 L/s	337.0 L/s
110	계단실	계산되지 않았습	0.0 L/s	

TIP

일람표의 열 크기는 조절할 수 있습니다. 일람표에서 마우스 오른쪽 버튼을 클릭하면 열이나 행을 삭제거나 숨길 수 있습니다. 일람표의 내용은 [특성] 대화상자를 통해 재편집할 수 있습니다.

08 일람표 뷰 도면 영역의 우측 상단에서 아래로 복원을 누릅니다.

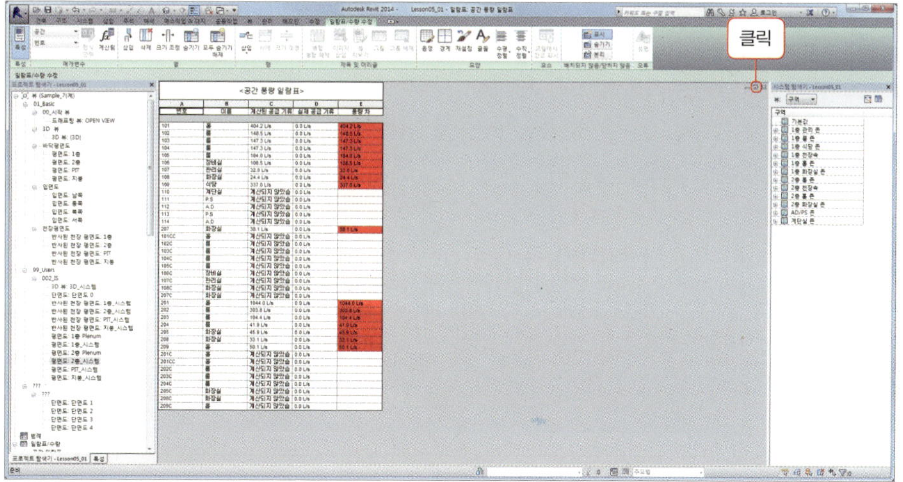

클릭

09 2층 시스템 도면을 클릭한 후 W T 를 누릅니다.

10 도면 영역에 최적화하기 위해 Z A 를 누릅니다. 2층에 해당하는 일람표상의 공간 번호를 클릭하여 2층 평면도에서 함께 선택되는 것을 확인합니다. 그런 다음, 파일을 저장하고 [닫기] 버튼을 누릅니다.

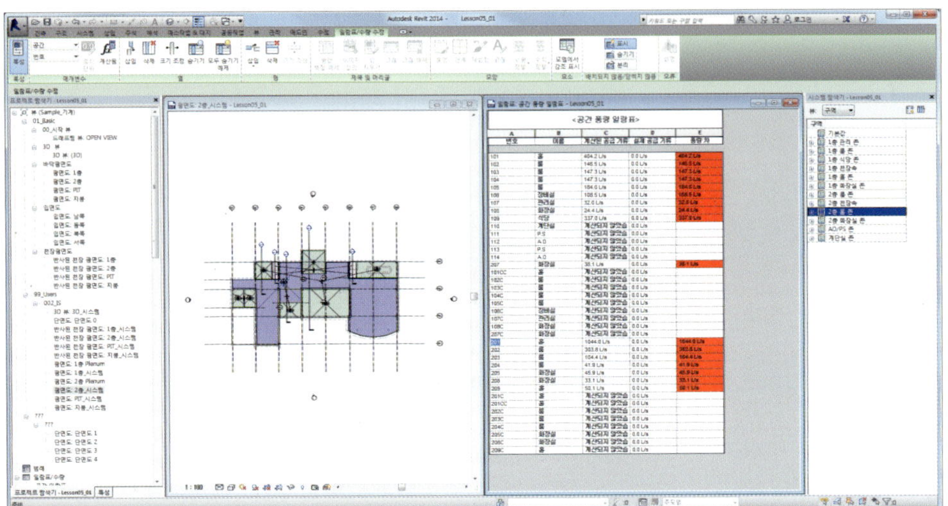

• **Revit이 추천하는 공조 시스템 작성**

덕트 시스템		파이프 시스템	
공기 터미널과 공조기를 추가합니다.	난방 및 냉방 부하 보고서를 사용하여 공기 터미널 및 장비의 용량을 결정합니다. 공기 터미널 및 공기 조화 장비를 평면에 배치합니다.	장비를 추가합니다.	파이프 구성 요소 일람표에 따라 기계 장비를 공간에 배치합니다.
덕트 시스템을 작성합니다.	그릴, 공기 터미널 및 공기 조화 장비를 공급, 순환 및 배기 시스템에 지정합니다.	그룹을 작성한 후 프로젝트의 다른 영역에 복사합니다(선택 사항).	구성 요소 그룹을 작성하면 다른 공간 또는 다른 레벨에서 유사한 시스템을 복제할 수 있습니다.
덕트 장치를 배치합니다.	배치 생성 도구를 사용하여 공기 터미널과 공조기를 연결하는 덕트 장치를 작성하거나 라우팅합니다.	파이프 시스템을 작성합니다.	장비를 지정하고 파이프 시스템을 작성합니다.
덕트 라우팅을 수정합니다.	라우팅을 변경하고 수동으로 덕트 장치를 조정하여 장애물을 피합니다.	배치 경로를 설정합니다.	배치 경로를 사용하여 각 시스템에 대한 파이프를 작성합니다.
덕트 장치를 정렬합니다.	필요한 경우 덕트 장치의 단면을 맞춥니다.	파이프 라우팅을 조정합니다.	수동으로 파이프 라우팅을 조정하여 장애물을 피합니다.
덕트의 크기를 계산합니다.	Revit 크기 조정 도구를 사용하면 시스템 전체에서 올바른 흐름을 제공하는 덕트의 크기를 자동으로 지정할 수 있습니다.	파이프의 크기를 지정합니다.	Revit 크기 조정 도구를 사용하면 시스템 전체에서 올바른 흐름을 제공하는 파이프의 크기를 자동으로 지정할 수 있습니다.
그룹을 작성한 후 프로젝트의 다른 영역에 복사합니다(선택 사항).	구성 요소 그룹을 작성하면 다른 공간 또는 다른 레벨에서 유사한 시스템을 복제할 수 있습니다.	파이프 시스템을 검사합니다.	시스템 전체의 연결을 확인합니다.
시스템을 검사합니다.	시스템 전체의 연결을 확인합니다.	시스템을 조사합니다.	시스템 조사기를 사용하여 흐름을 확인합니다.
시스템을 조사합니다.	시스템 조사기를 사용하여 흐름을 확인합니다.		

Revit MEP 시스템은 공기 터미널과 공조 장비와 같은 시스템 구성 요소 간의 논리적인 연결을 말합니다. 이 논리적인 연결은 에너지 분석을 포함한 다양한 성능 분석을 가능하게 합니다. 공기 터미널과 공조 장비를 배치하여 공기 시스템을 작성한 후 시스템 구성 요소 간의 논리적인 연결을 작성합니다.

논리적인 연결을 작성한 후 시스템 구성 요소와 물리적으로 연결하는 덕트 설비를 작성합니다.

물리적인 연결은 논리적인 연결과 달리 시스템 설계에서는 요구되지 않지만, 물리적인 형상 참조(크기 조정과 같은) 계산을 수행하는 데 필요합니다.

01 ► [열기] ► [프로젝트]를 클릭하여 [새 프로젝트] 대화상자가 나타나면 'Sample\Chapter03\Lesson05\Lesson05_02.rvt' 파일을 불러옵니다. 그런 다음, 프로젝트 탐색기에서 '99_Users ► 002_IS ► 2층_시스템 반사된 천장 평면도'를 선택하고 마우스 오른쪽 버튼을 클릭하여 [뷰 복제]의 [복제]를 클릭합니다.

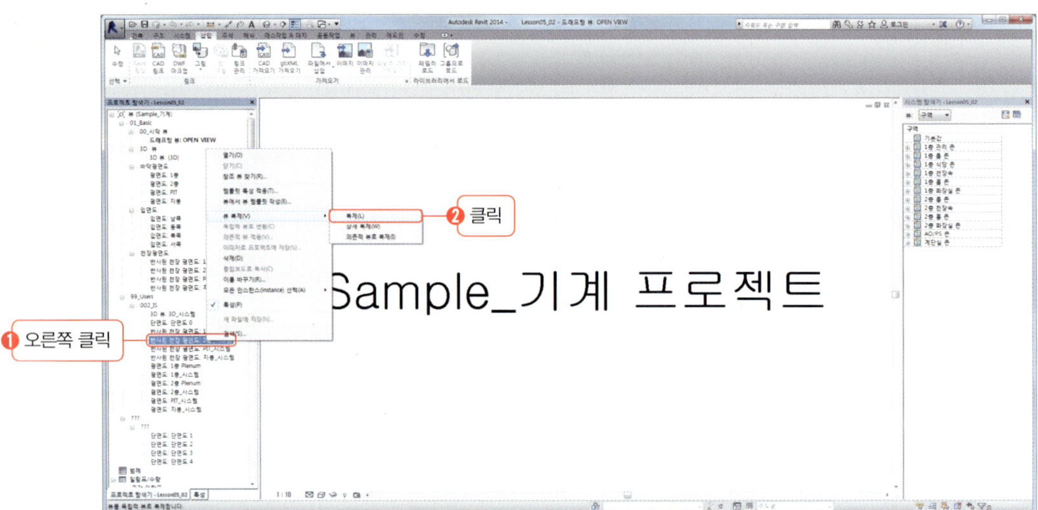

02 복제된 뷰를 선택한 후 마우스 오른쪽 버튼을 눌러 [이름 바꾸기]를 클릭합니다. [뷰 이름 바꾸기] 대화상자의 '이름' 항목에 '2층_덕트 시스템'을 입력한 후 [확인] 버튼을 누릅니다.

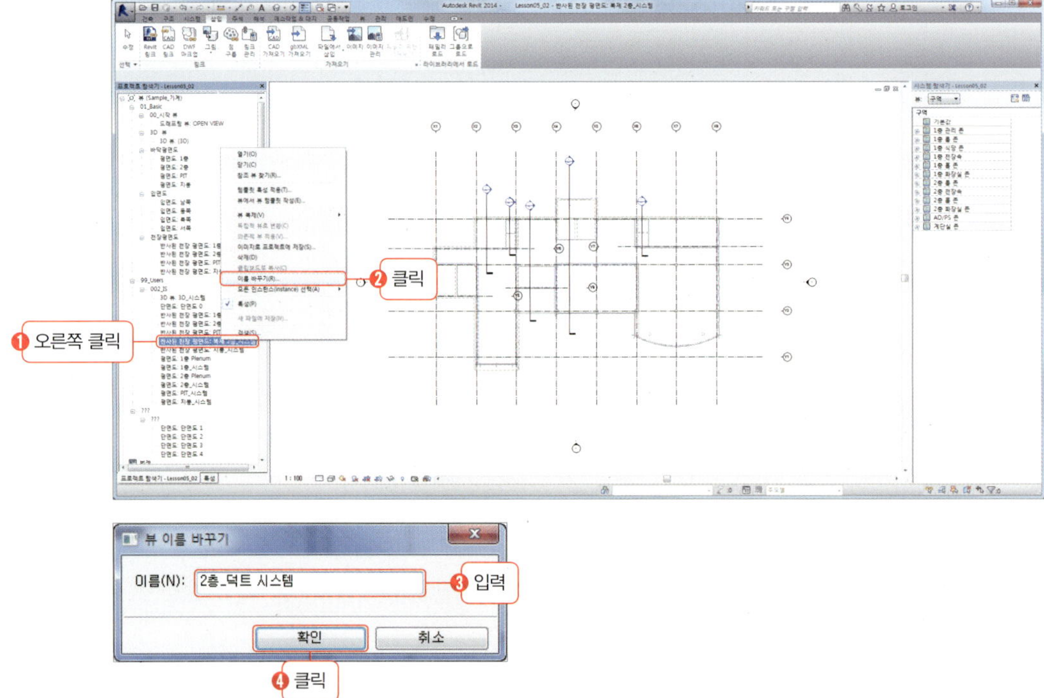

03 [뷰] 탭 ➤ [창] 패널 ➤ [숨겨진 창 닫기]를 클릭합니다.

04 [건축] 탭 ➤ [룸 및 면적] 패널 ➤ 룸 태그를 클릭한 후 건축 모델의 '룸'을 클릭하면 건축 모델링 시에 작성했던 룸 태그들을 그대로 설치할 수 있습니다. 룸 태그 설치가 끝나면 [Esc]를 누릅니다.

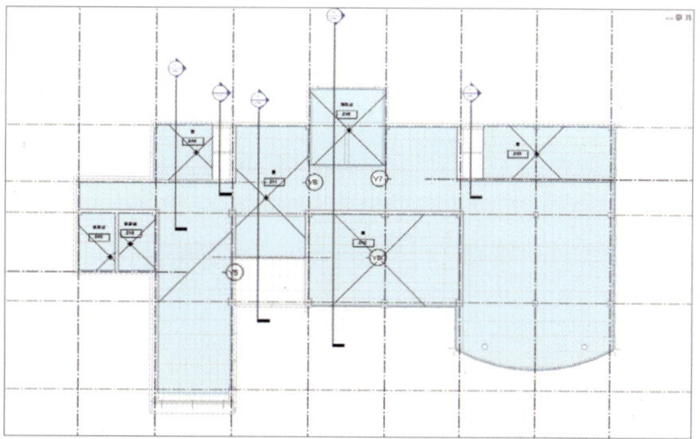

05 뷰에서 룸 202 부분을 확대한 후 [시스템] 탭 ➤ [HVAC] 패널 ➤ [공기 터미널]을 클릭합니다.

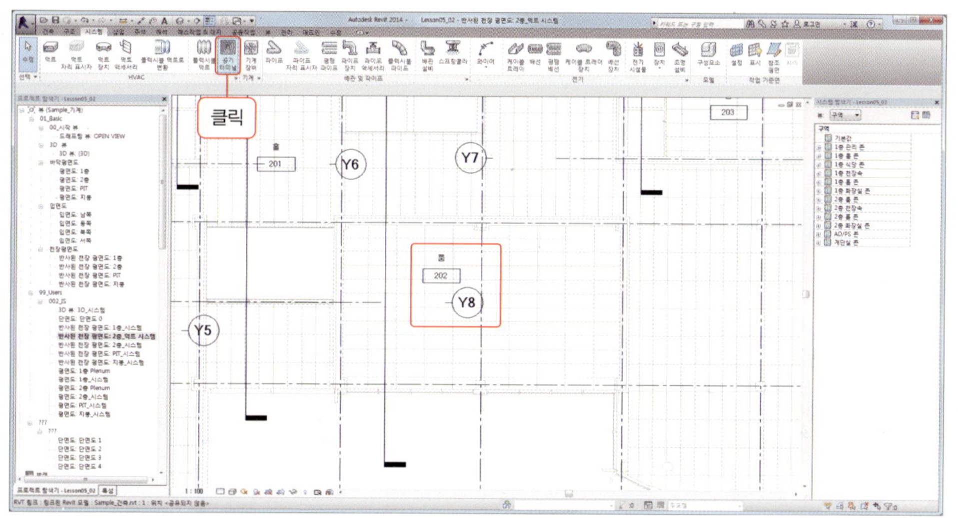

06 [특성] 대화상자의 유형 선택기에서 'M_공급 디퓨저 600×600 면 300×300 연결'을 선택합니다.

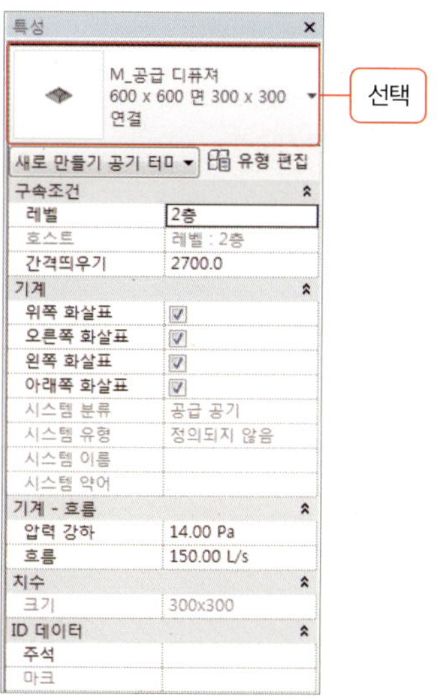

07 [특성] 대화상자에서 다음 내용을 확인합니다.

- **구속 조건**

  레벨 : 2층

  간격 띄우기 : 2700

공기 터미널 배치 시 간격 띄우기값을 입력합니다. 일반적으로 호스트가 없는 패밀리는 레벨에 관계되므로, 간격 띄우기값은 공기 터미널에 대한 레벨로부터의 높이값입니다.

- **기계–흐름**

  압력 강하 : 14.00Pa

  흐름 : 150 L/s

  기계–흐름값의 단위가 설계 기준과 다르면, 다른 실행 명령이 없을 때 프로젝트 단위(단축키 ⓊⓃ)를 클릭하여 해당 단위를 재설정합니다. 기계–흐름의 설정값들은 설계 엔지니어의 의도대로 설정합니다.

08 룸 202에 다음과 같이 배치합니다.

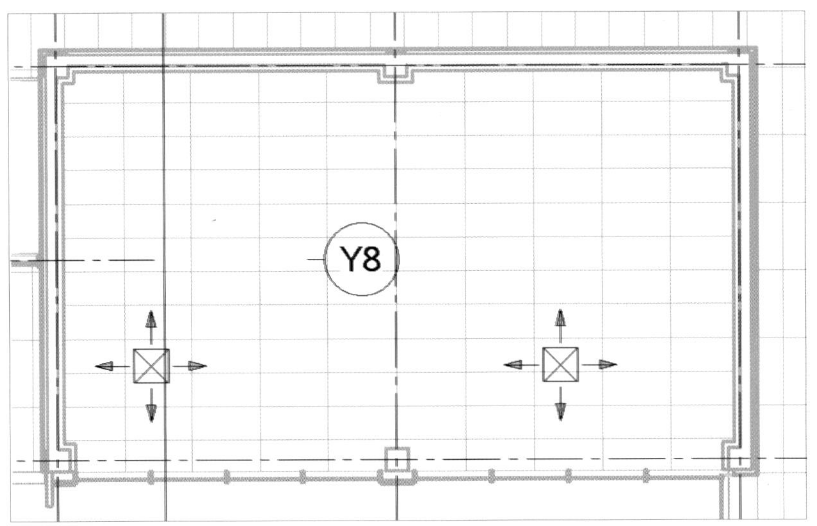

09 천장 택스 모서리에 공기 터미널인 디퓨저 모서리를 맞추기 위해 [수정] 탭 ▶ [수정] 패널에서 [정렬] 🖿을 클릭합니다(단축키 : Ⓐ Ⓛ).

단축키 명령은 영문 키가 활성화되었을 때에 적용됩니다.

10 도면 영역에서 정렬할 기준이 되는 천장 그리드를 먼저 선택한 후 정렬하려는 공기 터미널의 한 쪽 면을 선택합니다. 설치된 공기 터미널의 정렬이 끝나면 Ⓔsc를 누릅니다.

⑪ 프로젝트 탐색기에서 공간 풍량 일람표를 열어 확인하면, 룸 202의 풍량 차가 설계 범위 내에 해당되어 더 이상 빨간색이 아닌 것을 확인할 수 있습니다.

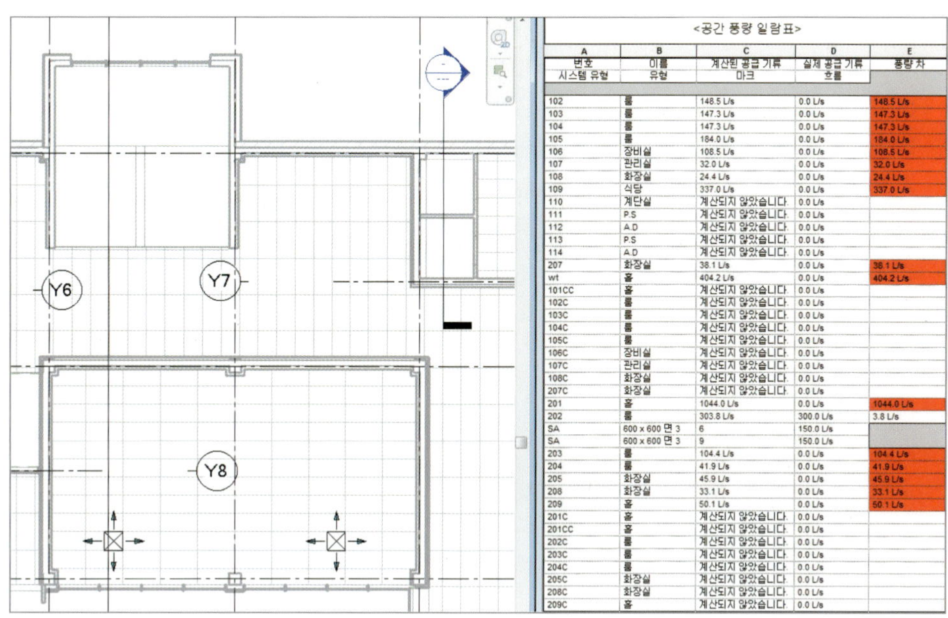

<공간 풍량 일람표>

A	B	C	D	E
번호	이름	계산된 공급 기류	실제 공급 기류	풍량 차
시스템 유형	유형	마크	흐름	
102	룸	148.5 L/s	0.0 L/s	148.5 L/s
103	룸	147.3 L/s	0.0 L/s	147.3 L/s
104	룸	147.3 L/s	0.0 L/s	147.3 L/s
105	룸	184.0 L/s	0.0 L/s	184.0 L/s
106	장비실	108.5 L/s	0.0 L/s	108.5 L/s
107	관리실	32.0 L/s	0.0 L/s	32.0 L/s
108	화장실	24.4 L/s	0.0 L/s	24.4 L/s
109	식당	337.0 L/s	0.0 L/s	337.0 L/s
110	계단실	계산되지 않았습니다.	0.0 L/s	
111	P.S	계산되지 않았습니다.	0.0 L/s	
112	A.D	계산되지 않았습니다.	0.0 L/s	
113	P.S	계산되지 않았습니다.	0.0 L/s	
114	A.D	계산되지 않았습니다.	0.0 L/s	
207	화장실	38.1 L/s	0.0 L/s	38.1 L/s
wt	홀	404.2 L/s	0.0 L/s	404.2 L/s
101CC	홀	계산되지 않았습니다.	0.0 L/s	
102C	룸	계산되지 않았습니다.	0.0 L/s	
103C	룸	계산되지 않았습니다.	0.0 L/s	
104C	룸	계산되지 않았습니다.	0.0 L/s	
105C	룸	계산되지 않았습니다.	0.0 L/s	
106C	장비실	계산되지 않았습니다.	0.0 L/s	
107C	관리실	계산되지 않았습니다.	0.0 L/s	
108C	화장실	계산되지 않았습니다.	0.0 L/s	
207C	화장실	계산되지 않았습니다.	0.0 L/s	
201	홀	1044.0 L/s	0.0 L/s	1044.0 L/s
202	룸	303.8 L/s	300.0 L/s	3.8 L/s
SA	600 x 600 면 3	6	150.0 L/s	
SA	600 x 600 면 3	9	150.0 L/s	
203	룸	104.4 L/s	0.0 L/s	104.4 L/s
204	룸	41.9 L/s	0.0 L/s	41.9 L/s
205	화장실	45.9 L/s	0.0 L/s	45.9 L/s
208	화장실	33.1 L/s	0.0 L/s	33.1 L/s
209	홀	50.1 L/s	0.0 L/s	50.1 L/s
201C	홀	계산되지 않았습니다.	0.0 L/s	
201CC	홀	계산되지 않았습니다.	0.0 L/s	
202C	룸	계산되지 않았습니다.	0.0 L/s	
203C	룸	계산되지 않았습니다.	0.0 L/s	
204C	룸	계산되지 않았습니다.	0.0 L/s	
205C	화장실	계산되지 않았습니다.	0.0 L/s	
208C	화장실	계산되지 않았습니다.	0.0 L/s	
209C	홀	계산되지 않았습니다.	0.0 L/s	

> **TIP**
>
> 설계 범위 내에 들어오도록 공기 터미널의 기계–흐름의 흐름값을 조절할 수 있습니다.

⑫ 'M_순환 디퓨저 600×600 면 300×300 연결'을 '간격 띄우기 : 2700'로 하여 다음과 같이 배치합니다. 천장 그리드 모서리에 맞춰 설치합니다.

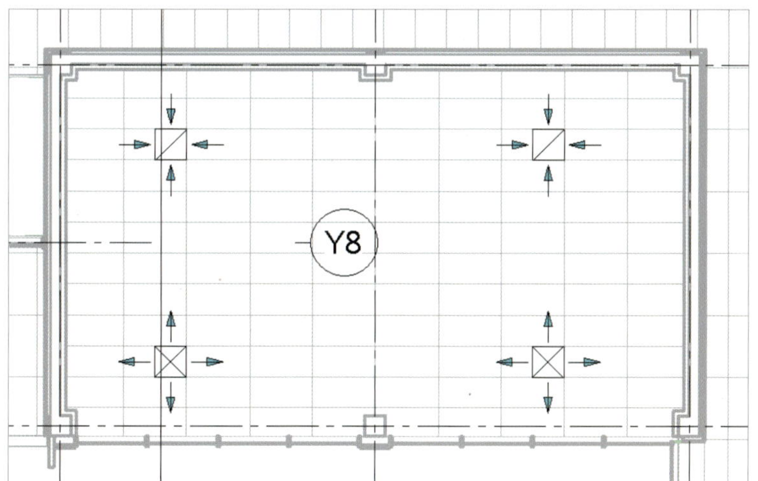

> **TIP**
>
> 각 공간 내 각각의 디퓨저 정보(시스템 유형, 유형, 마크, 풍량) 등을 볼 수 있도록 이들이 포함된 일람표를 작성하여 활용할 수 있습니다.

⑬ 프로젝트 탐색기에서 일람표/수량 아래의 '공간 풍량 일람표'를 클릭합니다. 그런 다음, [특성] 대화상자에서 기타 항목 중 '포함된 일람표'의 [편집] 버튼을 클릭합니다.

TIP

공간, 덕트 시스템, 파이프 시스템에 대한 일람표를 작성하는 경우, 포함된 일람표를 작성하여 시스템의 부재인 구성 요소에 대한 정보를 표시할 수 있습니다.

⑭ [일람표 특성] 대화상자에서 '포함된 일람표'를 체크한 후 '카테고리' 항목의 '공기 터미널'을 선택합니다. 그런 다음, [포함된 일람표 특성] 버튼을 클릭합니다.

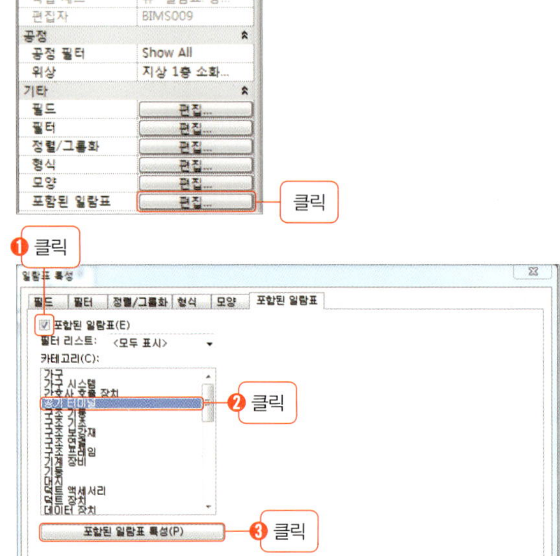

⑮ [필드] 탭에서 시스템 유형, 유형, 마크, 흐름을 순서대로 더블 클릭합니다. 그런 다음, [정렬/그룹화] 탭에서 정렬 기준으로 '마크'를 클릭하고, [확인] 버튼을 두 번 누릅니다. 공기 터미널이 설치된 202 룸에 대해서 일람표 내용이 업데이트되었습니다.

<공간 풍량 일람표>

A	B	C	D	E
번호	이름	계산된 공급 기류	실제 공급 기류	풍량 차
시스템 유형	유형	마크	흐름	
202	룸	303.8 L/s	300.0 L/s	3.8 L/s
정의되지 않음	600 × 600 면 3	6	150.0 L/s	
정의되지 않음	600 × 600 면 3	9	150.0 L/s	
정의되지 않음	600 × 600 면 3	10	235.0 L/s	
정의되지 않음	600 × 600 면 3	11	235.0 L/s	

⑯ 프로젝트 탐색기에서 '99_Users ➤ 002_IS ➤ 2층_시스템 반사된 천장 평면도'로 이동합니다. [시스템] 탭 ➤ [기계] 패널 ➤ [기계 장비]를 선택한 후 '환기 유니트_THX'를 선택합니다.

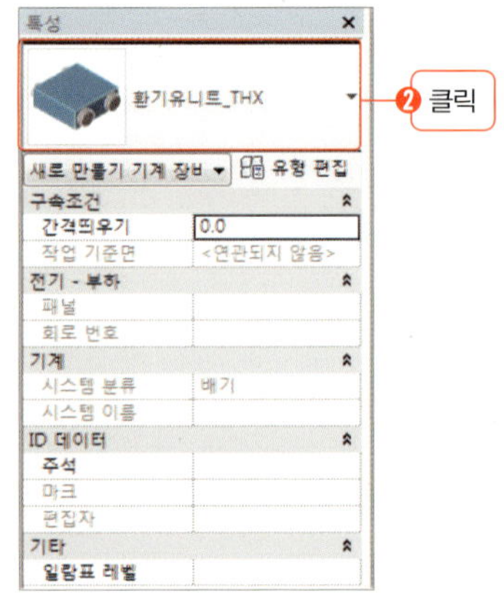

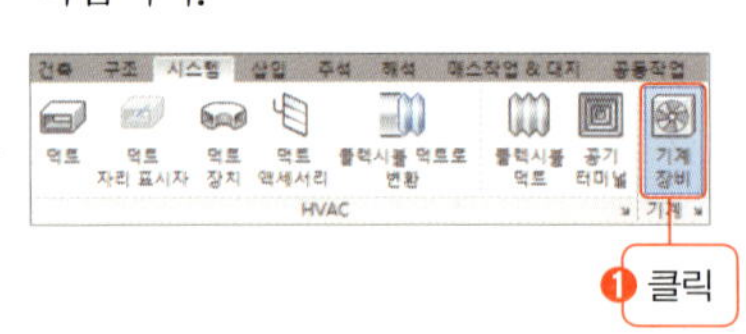

17 [수정 | 배치 기계 장비] 탭 ▶ [배치] 패널 ▶ [작업 기준면에 배치]를 클릭합니다.

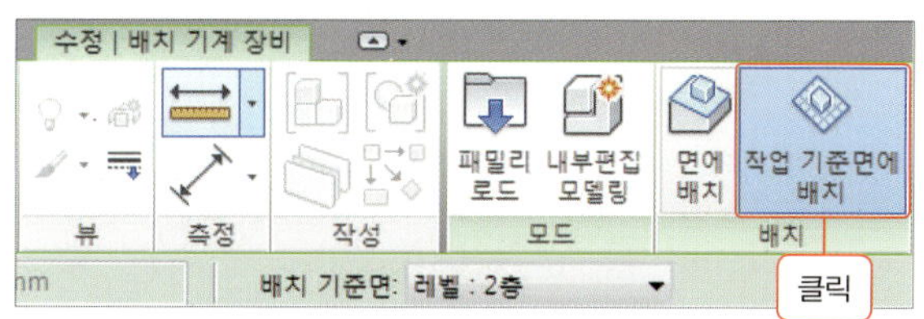

18 [작업 기준면] 대화상자에서 '레벨 : 2층'을 선택하고, [확인] 버튼을 누릅니다.

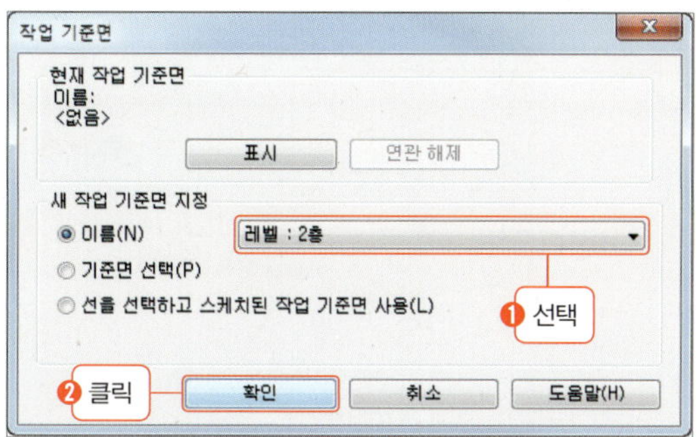

19 [특성] 대화상자의 간격 띄우기에 '3300'을 입력한 후 커서를 X4열 계단실 왼쪽의 홀 중앙으로 이동합니다.

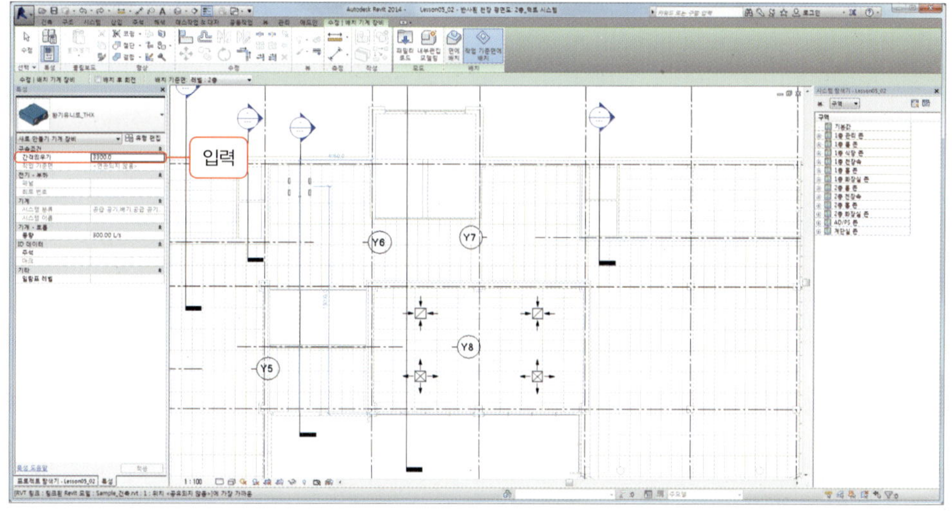

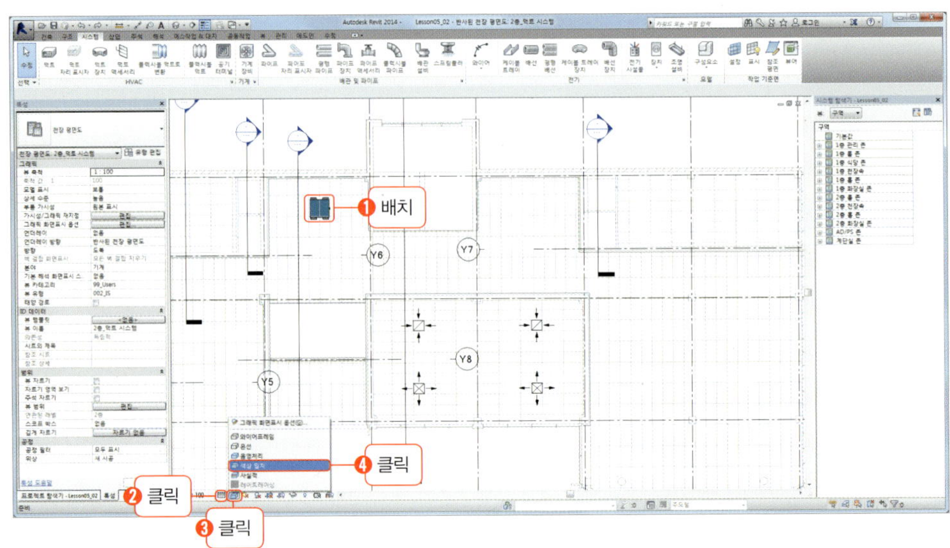

20 천장의 수직 그리드 선에 환기 유니트를 올려놓고, [Space Bar]를 누릅니다. 장비의 방향이 수직으로 바뀌면, 마우스를 클릭하여 해당 위치에 배치하고 [Esc]를 누릅니다. 뷰 조절 막대에서 상세 수준을 '높음'으로, 비주얼 스타일을 '색상 일치'로 선택합니다.

TIP

장비 등을 설치하기 전, 도면 영역에서 설치를 원하는 방향으로 작업된 선 위에 장비를 올려놓고 [Space Bar]를 누르면, 선정된 선의 방향을 따라 구성 요소의 설치 방향이 바뀝니다.

21 프로젝트 탐색기에서 '패밀리 ➤ 덕트 시스템 ➤ 덕트 시스템 ➤ Exhaust Air'를 클릭합니다. 마우스 오른쪽 버튼을 클릭한 후 [이름 바꾸기]를 클릭합니다.

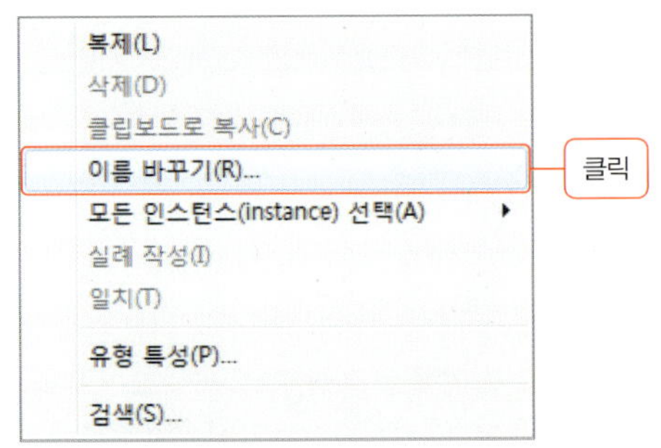

Note

Revit이 제공하는 시스템에서 시스템 분류는 편집할 수 없으므로 특정 시스템 분류에 해당하는 시스템 유형을 선택한 후 '복제' 또는 '이름 바꾸기'를 하여 사용합니다.

22 뷰 이름에 'EA'를 입력합니다.

㉓ 같은 방법으로 Return Air를 'RA'로, Supply Air를 'SA'로 바꿉니다. 그런 다음, 변경된 SA 이름을 클릭하고 마우스 오른쪽 버튼을 눌러 [복제]를 클릭한 후 복제된 시스템의 이름을 'OA'로 바꿉니다.

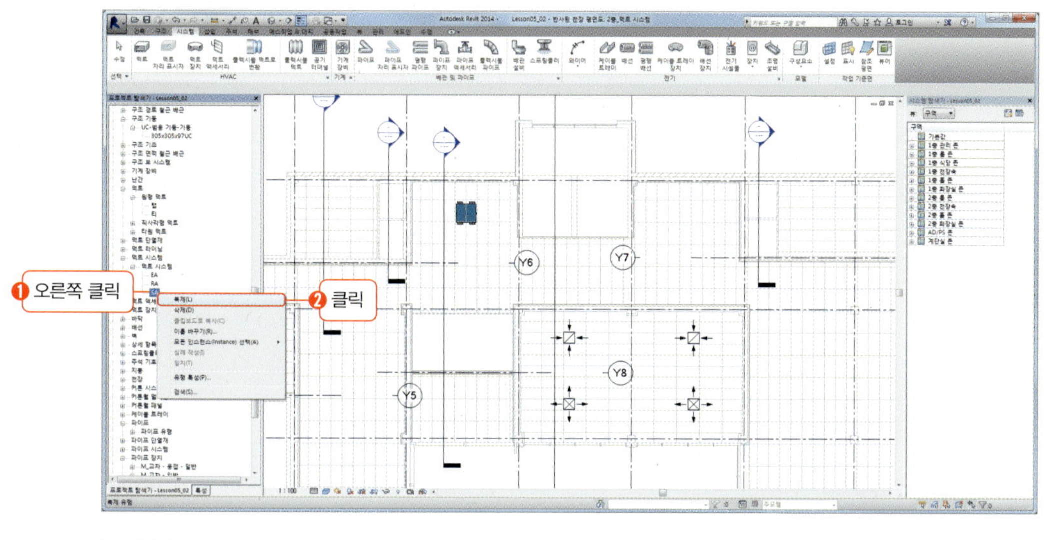

TIP

OA는 공급 공기이므로, SA를 복제하여 사용합니다.

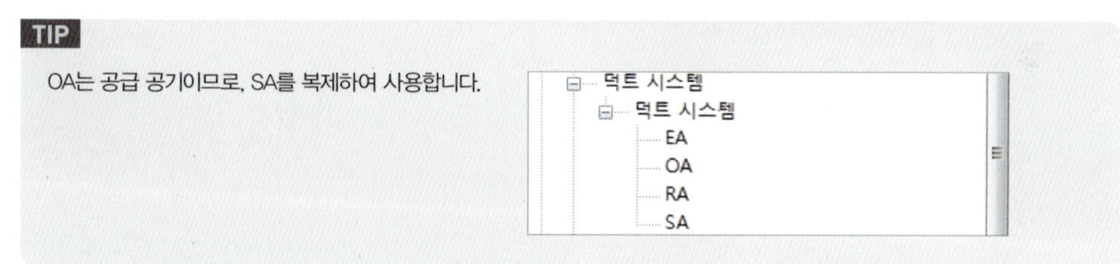

㉔ 2층_덕트 시스템의 도면 영역에서 설치된 M_공급 디퓨저 하나를 선택한 후 [수정ㅣ공기 터미널] 탭▶[시스템 작성] 패널▶[덕트]를 클릭합니다.

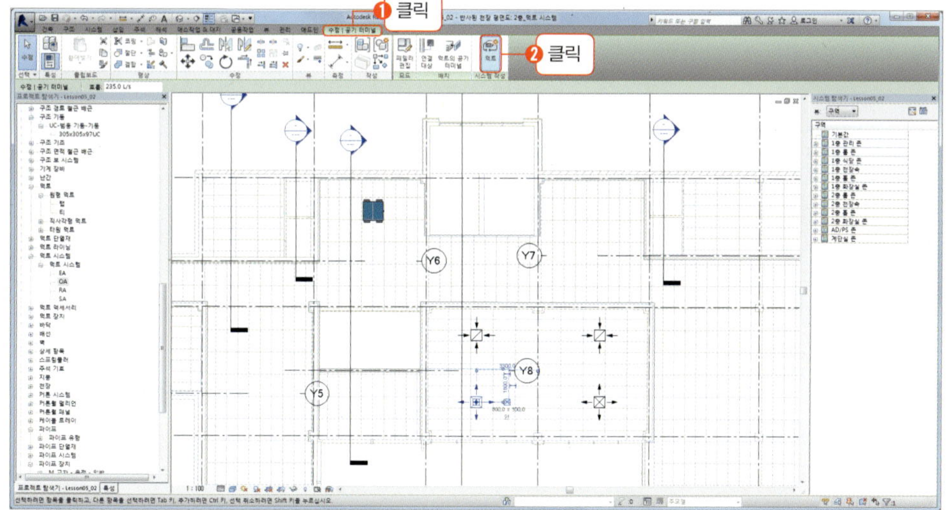

 [덕트 시스템 작성] 대화상자에서 다음과 같이 설정한 후 [확인] 버튼을 누릅니다.

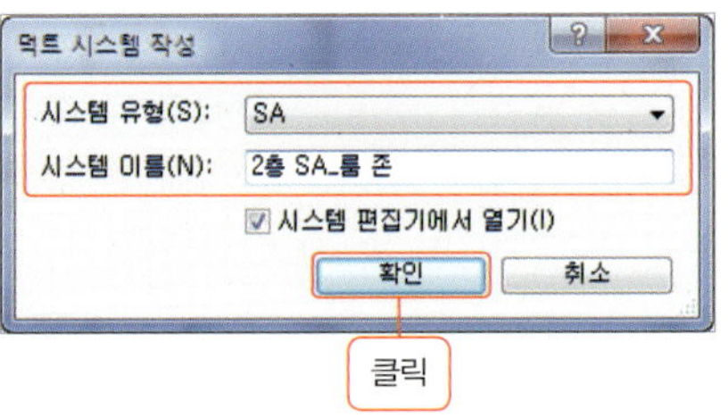

TIP

시스템 이름에 포함된 SA가 뒷 장에서 레이어 색상 구분 시, 필터 기준으로 사용됩니다.

26 [시스템에 추가]가 선택된 상태에서 도면 영역의 공급 공기 터미널을 선택합니다.

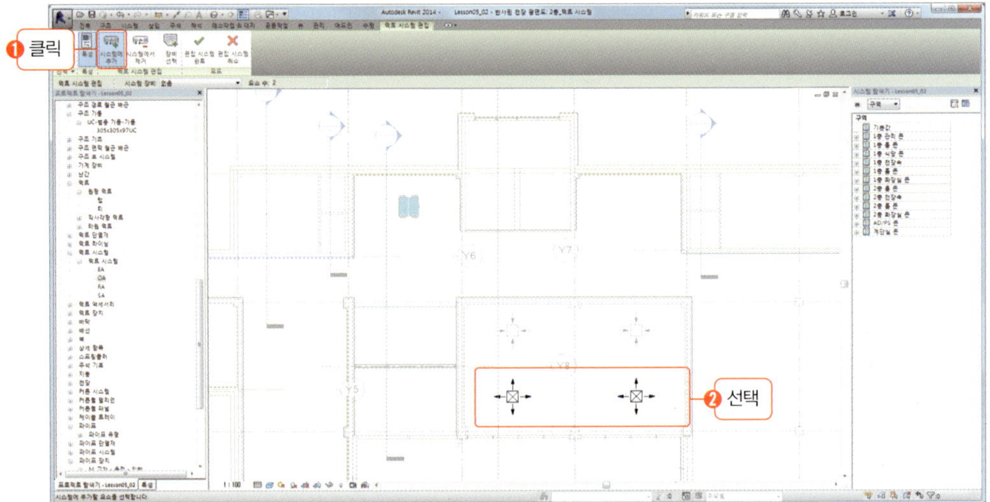

27 [장비 선택]을 클릭한 후 설치된 환기 유니트를 선택합니다. [커넥터 선택] 대화상자에서 '커넥터 7 : 공급 공기 : 원형 : 300 : 공급 공기 토출'을 선택한 후 [확인] 버튼을 누릅니다. 그런 다음, [편집 시스템 완료]를 클릭합니다.

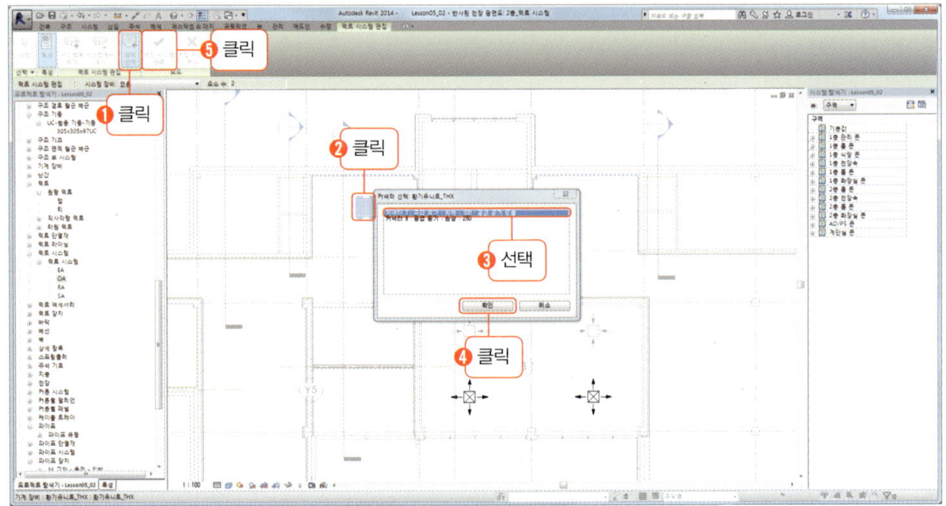

㉘ 도면 영역에서 2층 SA_룸 존에 포함된 공기 터미널을 선택한 후 [수정 | 공기 터미널] 탭 ➤ [배치]
패널 ➤ [배치 생성]을 클릭합니다.

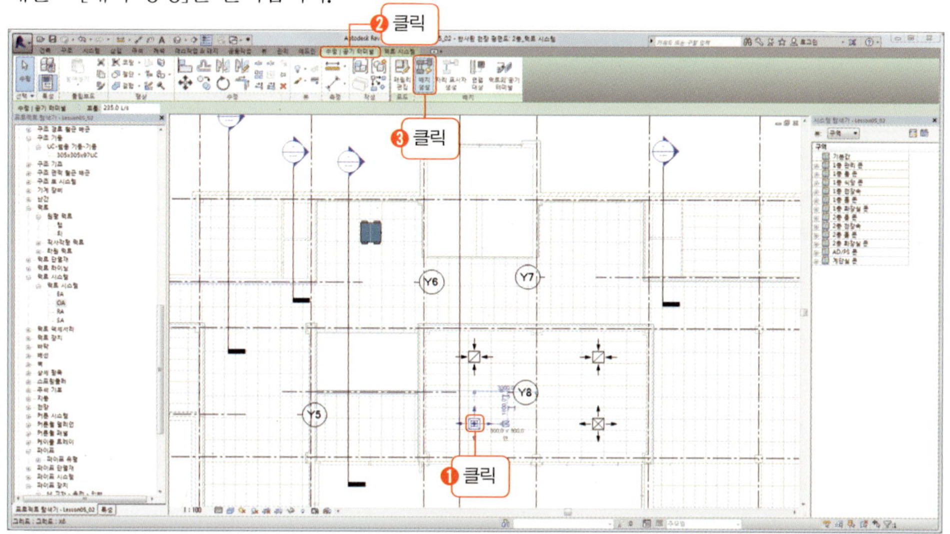

㉙ 옵션 막대의 '솔루션 유형'에서 '네트워크'를 선택한 후 우측의 화살표를 클릭하여 1/5의 배치 방
법을 선택합니다.

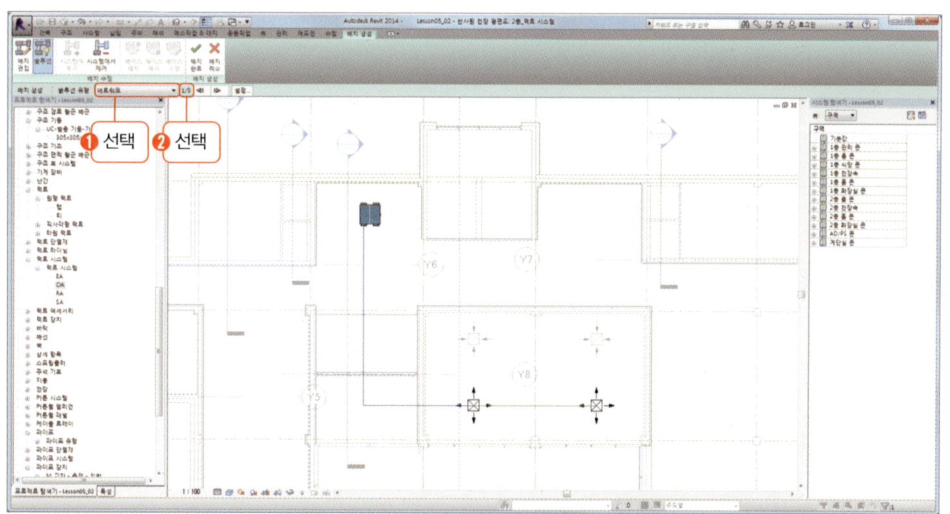

㉚ 옵션 막대에서 [설정]을 클릭한 후
주 덕트와 분기 덕트를 다음과 같이
설정하고 [확인] 버튼을 누릅니다.

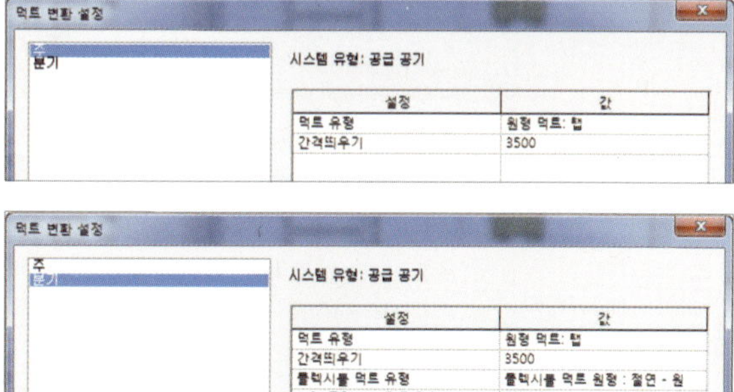

31 [배치 생성] 탭 ▶ [배치 수정] 패널 ▶ [배치 편집]을 클릭한 후 공기 터미널 위로 덕트 경로를 이동하여 원하는 위치에서 마우스를 클릭합니다.

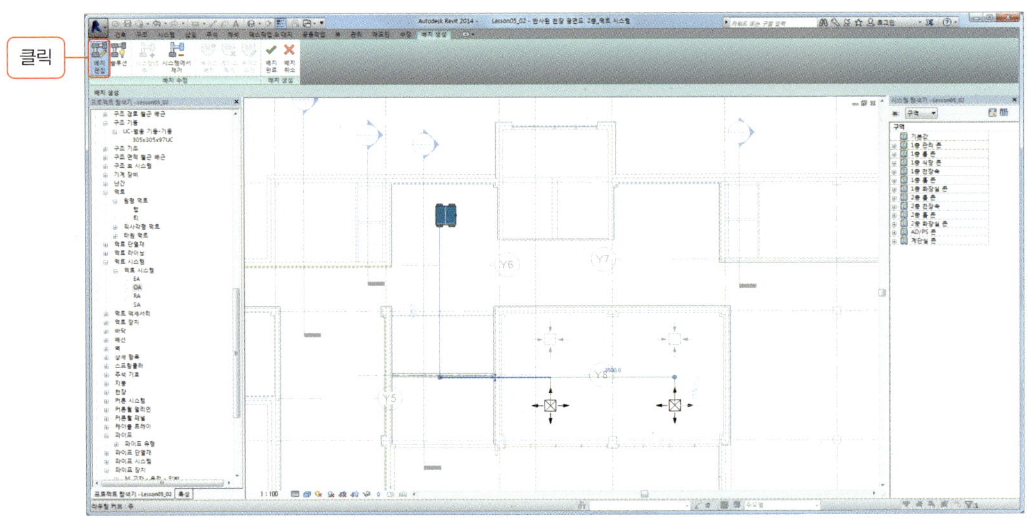

TIP

디퓨저에 너무 가깝게 주 덕트를 끌지 않도록 주의합니다. 덕트 부속을 작성하기 위한 충분한 공간이 없는 경우에는 소프트웨어가 다음 단계에서 오류를 일으킬 수 있습니다.

32 [배치 완료]를 클릭합니다.

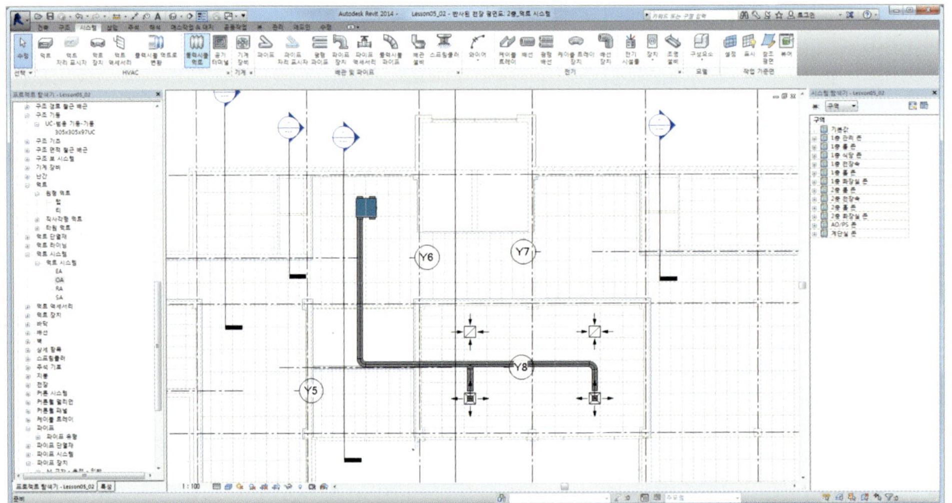

Note

덕트 크기 조정이나 배치 생성 결과를 덕트 형상으로 작성하고자 할 때에는 오류가 발생할 수 있습니다. 오류가 발생하는 가장 흔한 이유는 간격 띄우기 높이가 맞지 않거나 덕트가 작성되는 공간이 불충분하기 때문입니다. 이때에는 시스템 구성 요소를 재배치하거나, 다른 배치 생성 솔루션을 선 택하거나, 덕트를 수동으로 편집하는 것 중에서 하나를 선택합니다. 변경 후에는 덕트 연결을 체크하는 것이 중요합니다.

33 시스템 탐색기에서 [뷰]를 '시스템'으로 설정한 후 작성된 덕트 시스템을 확인합니다.

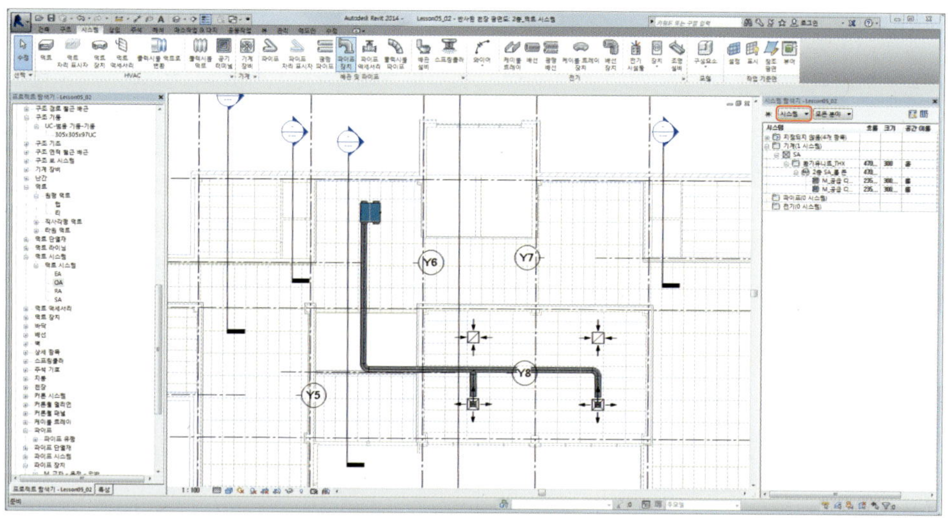

Note

- 시스템 탐색기가 꺼져 있을 경우에는 F9 를 눌러 시스템 탐색기를 켭니다.
- 시스템 탐색기의 모든 시스템 구성 요소는 계층적 폴더에 정리됩니다. 추가된 모든 디퓨저들(공기 터미널들)은 시스템 카테고리 아래의 '지정되지 않음' 폴더에 배치됩니다. 각 시스템 구성 요소는 배치된 후에 시스템에 배정되므로 Revit은 기본 공급 공기 시스템에 이를 배정합니다. 시스템에 디퓨저를 추가함에 따라 배정된 디퓨저는 각자의 시스템 폴더로 이동합니다.
- 덕트 작업은 시스템 탐색기에 리스트화되지 않습니다. 덕트 작업은 물리적인(논리적이 아닌) 연결이기 때문에 시스템의 일부분이 아닙니다. 따라서 덕트 작업을 지워도 시스템에는 여전히 남아 있습니다.
- 도면 영역에서 작성된 시스템을 선택하려면, 작성된 덕트 작업 일부에 커서를 놓고, Tab 을 누릅니다. Tab 을 첫 번째 누르면 연결된 덕트가 강조 표시되고, 두 번째 누르면 장비에 연결된 첫 번째 부분까지 덕트와 연결된 전체 네트워크가 강조 표시되며, 세 번째 누르면 연결된 전체 네트워크의 덕트, 부속류, 장비가 강조 표시됩니다. 전체 네트워크가 강조 표시되지 않는다는 것은 연결되지 않은 부분이 존재한다는 것을 의미합니다. 연결되지 않는 이유는 연결하기 위한 구성 요소 간에 충분한 공간이 없기 때문입니다.

34 프로젝트 탐색기에서 '2층_시스템 평면도'를 복제합니다.

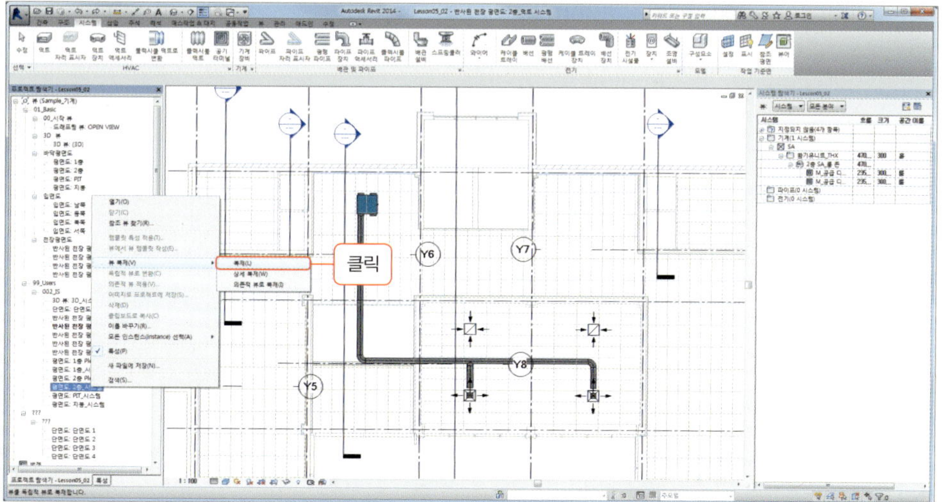

35 복제된 뷰의 뷰 [특성] 대화상자에서 뷰 범위의 [편집] 버튼을 클릭합니다. 상단의 간격 띄우기에 '4200'을 입력한 후 [확인] 버튼을 누릅니다.

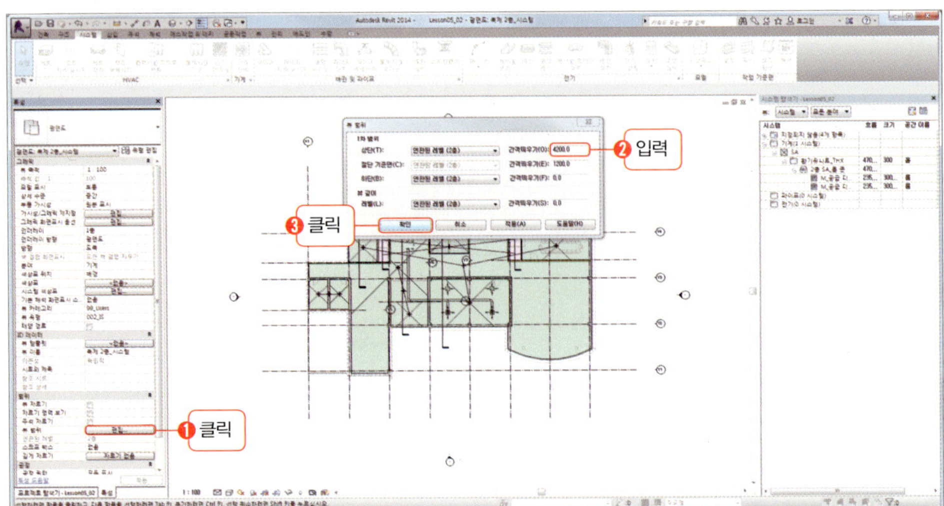

36 V V 를 눌러 가시성/그래픽 재지정을 켠 후 HVAC 구역과 공간의 가시성을 다음과 같이 지정하고 [확인] 버튼을 누릅니다.

- HVAC 구역의 '내부 채우기'와 '참조 선'의 체크를 해제합니다.
- 공간의 '내부'와 '참조'의 체크를 해제합니다.

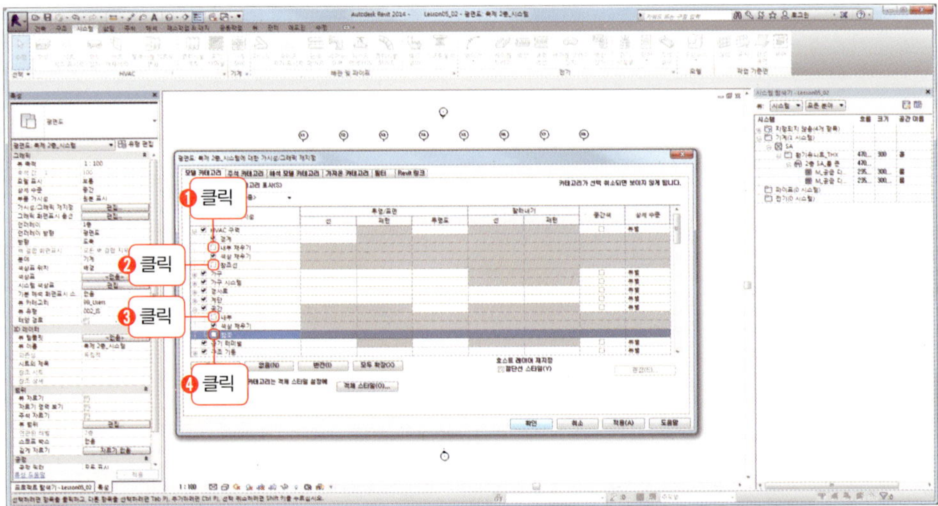

37 [해석] 탭▶[색상 채우기] 패널▶[덕트 범례]를 클릭한 후 모델 우측 상단 공간에 마우스를 클릭하여 범례를 배치합니다. 그런 다음, [색상표 선택] 대화상자에서 '덕트 색상 채우기-흐름'을 선택하고 [확인] 버튼을 누릅니다.

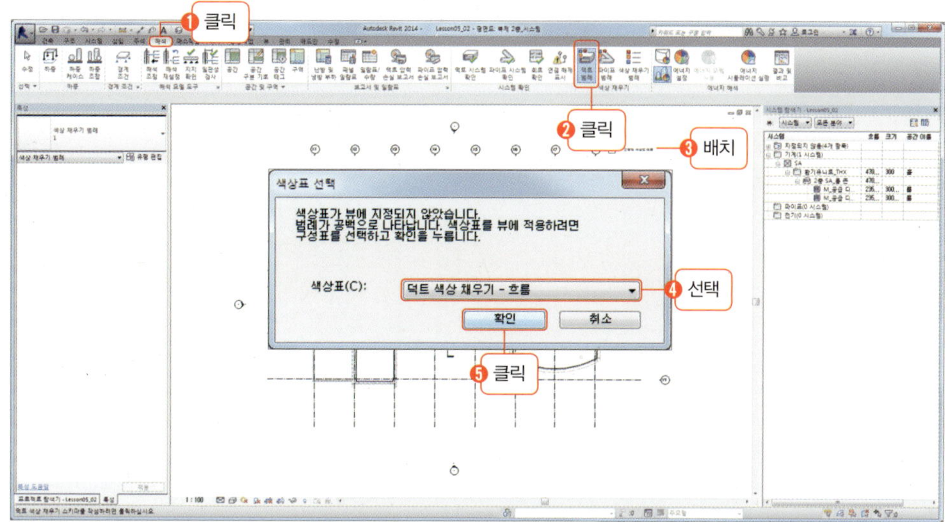

38 뷰 조절 막대에서 상세 수준을 '높음'으로, 비주얼 스타일을 '색상 일치'로 선택합니다.

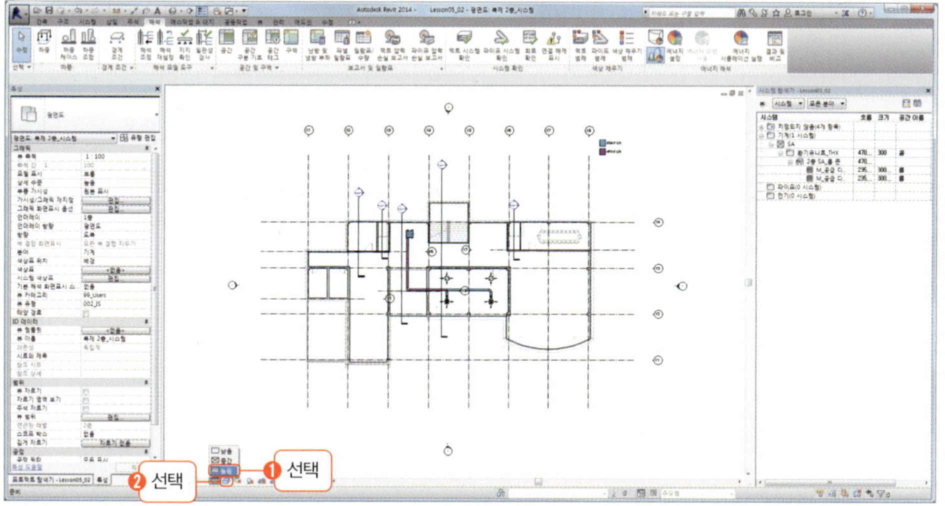

TIP

배치된 덕트 범례를 선택한 후 [구성표 편집] 대화상자에서 덕트 범례를 편집할 수 있습니다.

39 도면 영역에서 시스템에 속한 디퓨저 1개를 선택한 후 옵션 막대에서 흐름을 '50L/s'로 수정하고 Enter 를 누르면 연결된 덕트 설비의 색상 채우기 범례가 업데이트됩니다.

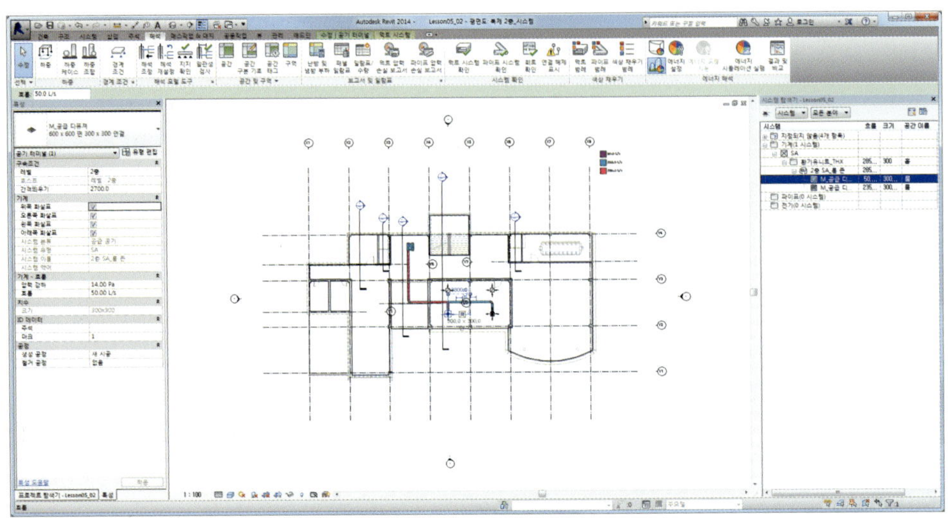

40 흐름값을 변경하기 전으로 되돌아가기 위해 신속 접근 도구 막대에서 [명령 취소] 버튼 을 누릅니다.

시스템 조사기는 작업된 시스템에 속하는 개별 요소에 커서를 배치하여 풍량, 압력, 압력 손실을 추적할 수 있는 기능입니다. 이 기능을 이용하면 설계상에서 바로 문제를 추적하고, 해결할 수 있습니다.

선택된 시스템 구성 요소나 덕트는 덕트 작업 내부의 풍량과 압력을 점검하는 시스템 조사기로 사용하기 위해 논리적, 물리적으로 연결되어 있어야 합니다. 덕트 작업과 시스템 구성 요소는 시스템(논리적인 연결)에 연결되어 있어야 하고, 시스템은 덕트 작업(물리적인 연결)을 포함해야 합니다.

- 방화 시스템(소방 시스템)의 경우에는 시스템 조사기를 사용할 수 없습니다.
- 시스템 조사기를 사용하기 위해서는 시스템 구성 요소들의 개별 특성들(풍량, 정압, 커넥터 요소)을 정확하게 설정 또는 입력해야 합니다.

01 작성된 시스템의 일부분을 선택한 후 [수정 | 덕트] 탭 ➤ [해석] 패널 ➤ [시스템 조사기]를 클릭합니다.

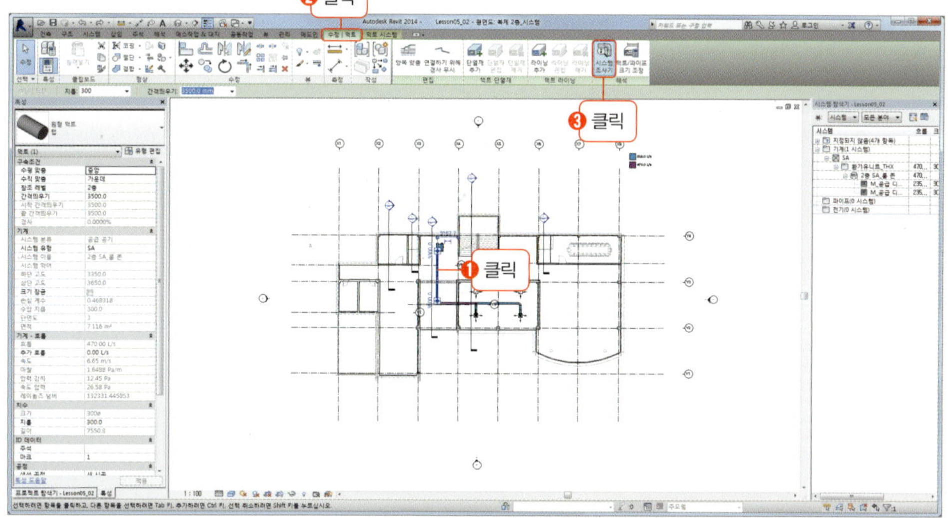

02 [시스템 조사기] 대화상자에서 [조사] 버튼을 클릭한 후 커서를 시스템 구성 요소 위로 이동합니다. 시스템 조사가 끝나면 [완료] 버튼을 누릅니다.

Note

- 모든 정보는 압력에 따라 색상이 구분됩니다. 빨간색 정보와 화살표는 마찰에 의한 압력 손실이 크다는 것을 표시하며, 이는 임계 경로가 됩니다.
- 시스템 구성 요소 위로 커서를 이동하면 플래그가 나타나고, 클릭하면 플래그가 임시로 고정됩니다. 다음 구성 요소로 이동한 후에 클릭하면 바로 이전의 정보 플래그는 사라집니다.
- 화살표와 플래그의 정보는 다른 도면을 클릭하거나 시스템 조사기를 닫을 때까지 계속 유지됩니다.

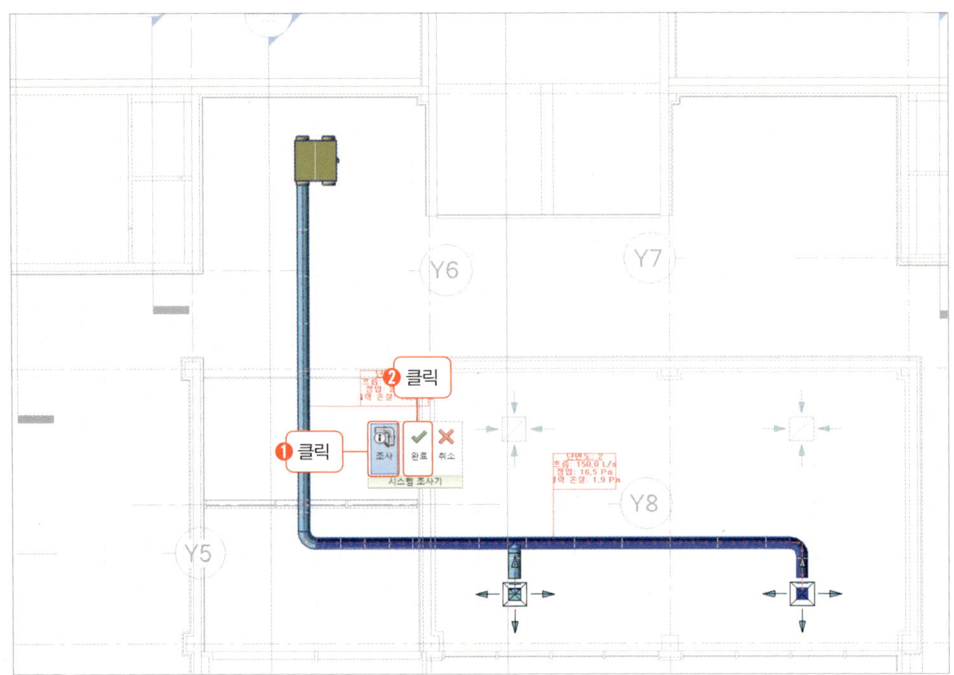

03 [시스템] 탭▶[HVAC] 패널▶[공기 터미널]을 클릭한 후 'M_공급 디퓨저 600×600 면 300×300 연결'을 선택합니다. 옵션 막대에서 간격 띄우기값에 '2700'을 입력한 후 계단실 앞 복도 천장에 추가 설치하고, Esc 를 누릅니다. 그런 다음, 설치된 공기 터미널을 선택하고 [수정 | 공기 터미널] 탭▶[배치] 패널▶[연결 대상]을 클릭합니다.

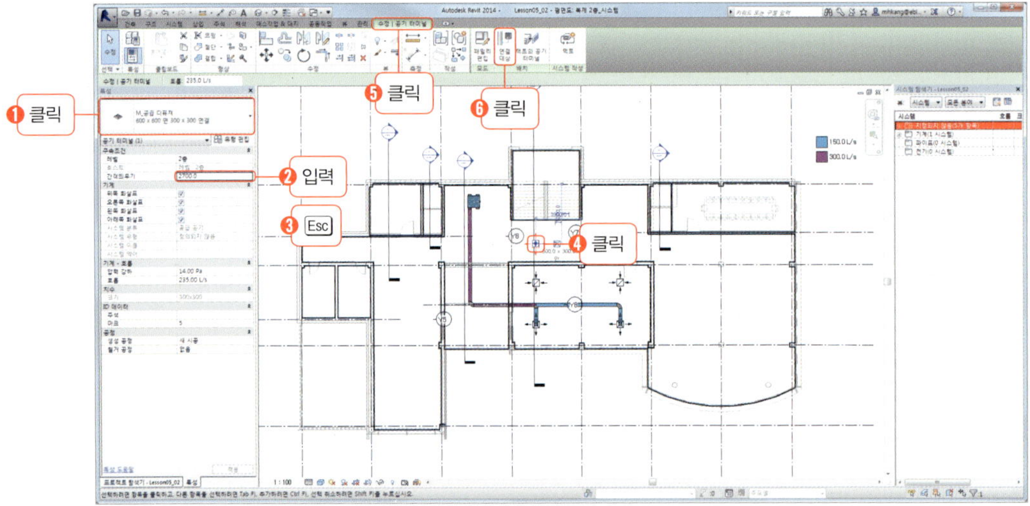

 **04** 추가된 공기 터미널 왼쪽에 배치되어 있는 주 덕트를 선택합니다.

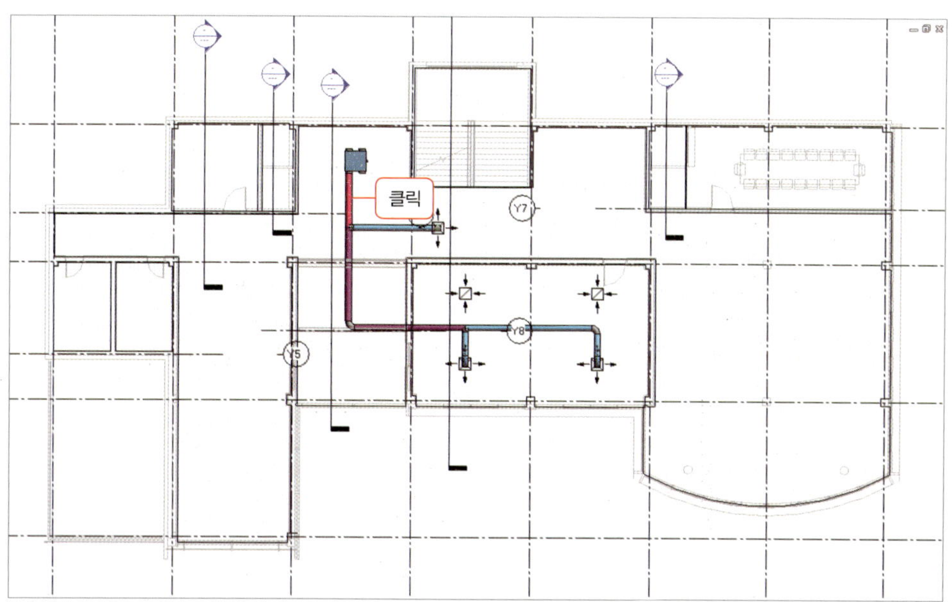

05 [시스템] 탭 ▶ [HVAC] 패널 ▶ [플렉시블 덕트로 변환]을 클릭한 후 옵션 막대의 최대 길이에 1,000을 입력하고, 추가 설치된 공기 터미널을 선택합니다. 원형 덕트(또는 사각 덕트)가 플렉시블 덕트로 변환됩니다. Esc 를 누릅니다.

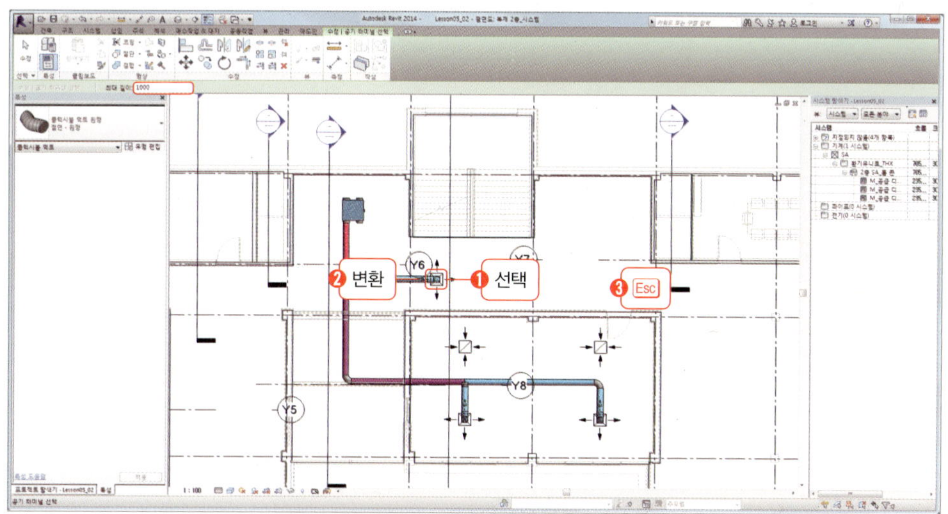

덕트의 말단이 다음과 같이 덕트로 끝났을 때, 시스템이 제대로 된 흐름 전파와 정확한 시스템 계산을 갖도록 보장하기 위해서는 크기 조정 전에 덕트 말단에 폐회로를 작성하는 말단 캡을 반드시 추가해야 합니다.

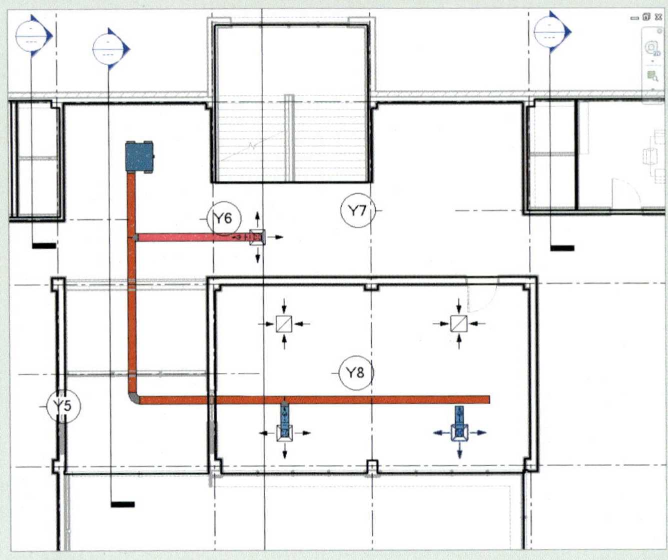

파이프 말단의 커넥터에 마우스 포인터를 올려놓고, 마우스 오른쪽 버튼을 눌러 '캡 개방 끝'을 클릭합니다.

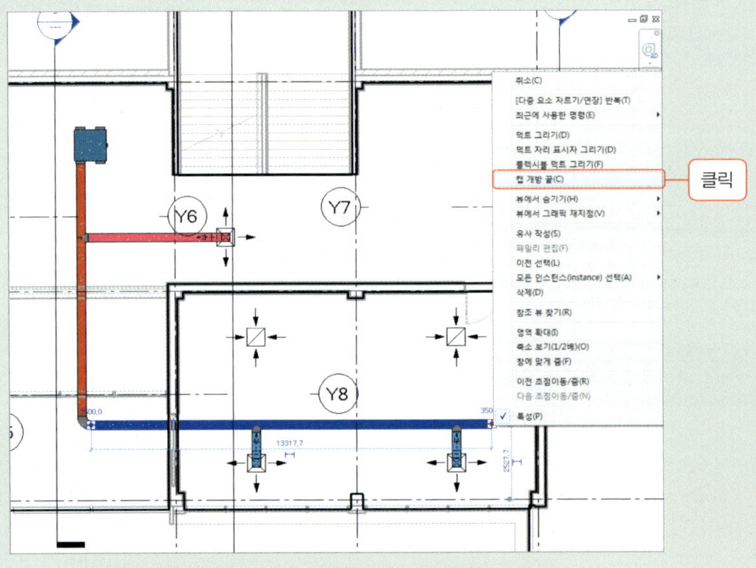

[덕트 크기 조정] 대화상자를 사용하면 프로젝트에서 덕트 시스템용 덕트 장치에 대한 동적 크기 조정 방법을 선택할 수 있습니다. 마찰 또는 속도, 등마찰 또는 정적 회복 크기 조정 방법을 사용하여 덕트 단면에 대한 크기 조정을 지정할 수도 있습니다. 크기 조정은 덕트 장치의 단면 또는 전체 시스템에 적용될 수 있습니다.

01 크기 조정을 할 때 주 덕트의 레듀서 위치를 지정하기 위해 [수정] 탭▶[수정] 패널▶[요소 분할] 을 클릭합니다. 다음 2개소의 덕트 부분을 요소 분할하고, Esc 를 두 번 누릅니다.

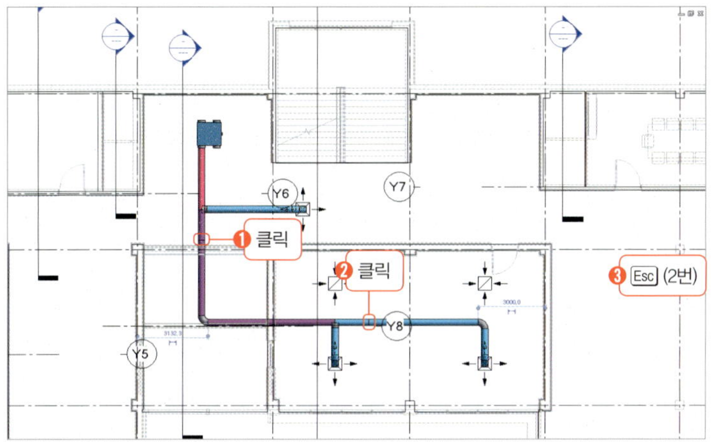

02 시스템 구성 요소 위에 커서를 올려놓고 Tab 을 세 번 눌러 전체 시스템을 선택한 후 [수정 I 다중 선택] 탭▶[해석] 패널▶[덕트/파이프 크기 조정]을 클릭합니다.

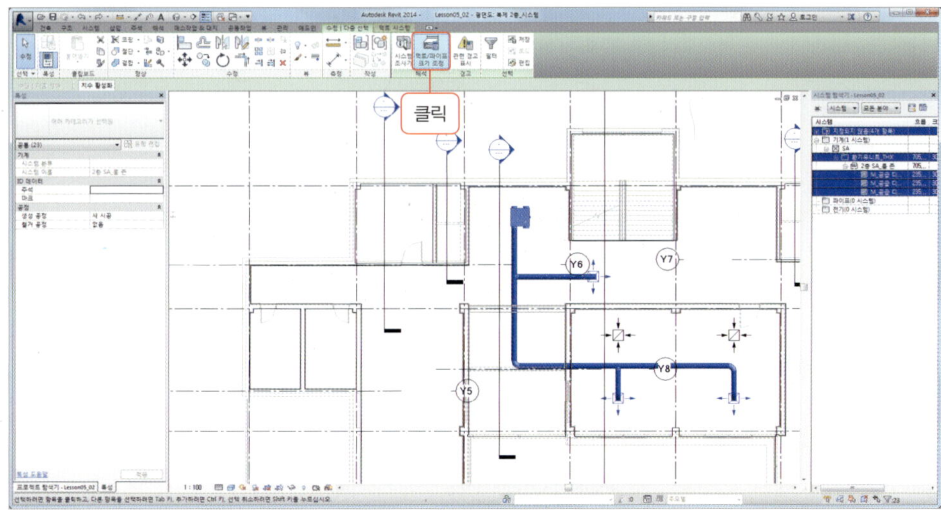

03 크기 조정 방법으로 '등마찰'을 선택한 후 '0.9Pa/m'를 입력합니다. [덕트 크기 조정] 대화상자에서 구속 조건 항목 아래 [높이 제한]의 체크 해제를 확인한 후 [확인] 버튼을 누릅니다.

TIP

높이 제한은 제한된 공간(예를 들어 Plenum 과 같은)에 덕트가 설치될 때 사용합니다.

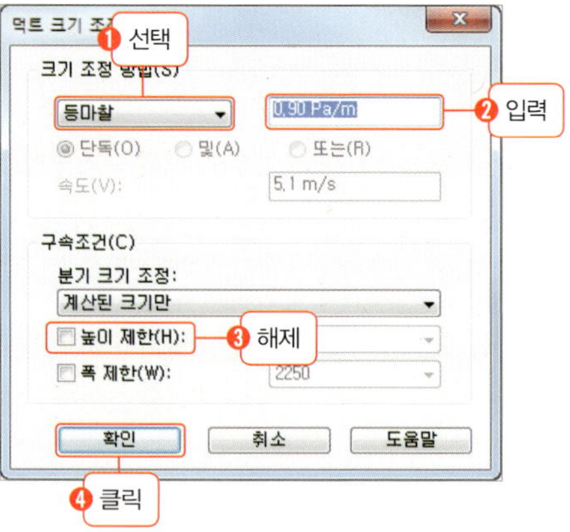

04 덕트/파이프 크기가 자동으로 조정되었습니다.

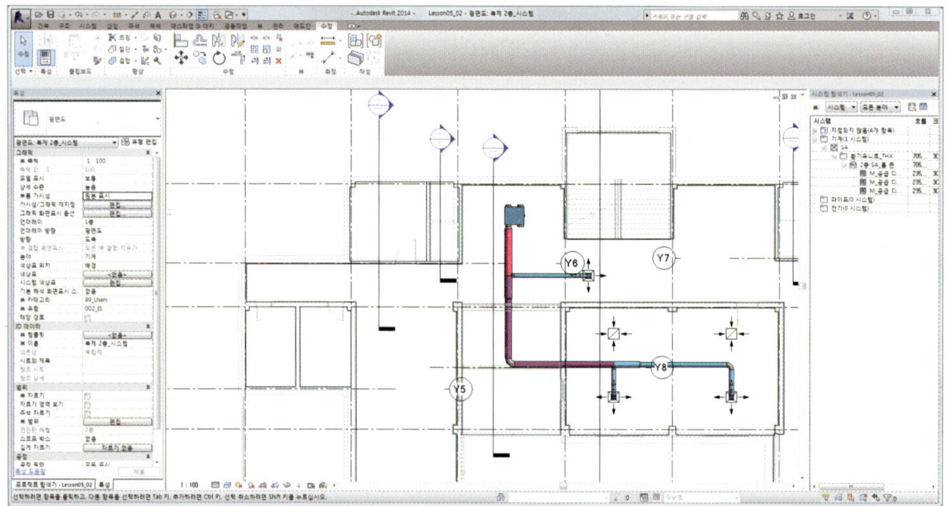

알아두세요

덕트 크기 조정 방법으로 다음 값들을 선택할 수 있습니다.

1. 마찰
2. 속도
3. 등마찰
4. 정적 회복 : 정압 재취득

05 덕트 시스템 구성 요소 위에 커서를 올려놓고 [Tab]을 두 번 눌러 덕트 작업을 선택한 후 [수정 | 다중 선택] 탭 ➤ [해석] 패널 ➤ [시스템 조사기]를 클릭합니다. [시스템 조사기] 대화상자에서 [조사] 버튼 을 클릭한 후 덕트의 각 부분에 커서를 올려놓고, 설계된 시스템을 조사합니다.

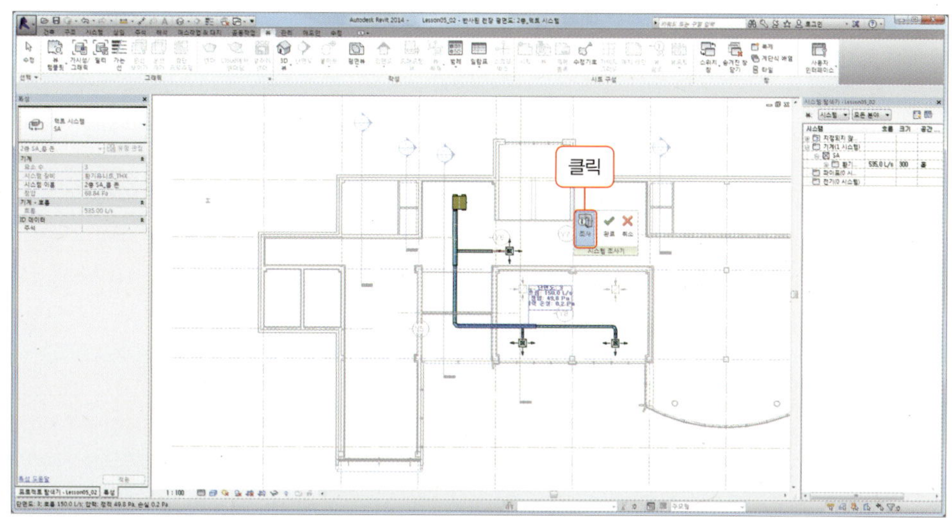

조사기 : 시스템의 특정 단면 또는 하위 단면을 검토할 수 있습니다. 단면 또는 하위 단면이 강조 표시된 경우, 조사기에 해당 단면의 압력 손실, 정적 압력 및 흐름에 대한 정보가 표시됩니다. 단면을 클릭하여 뷰에서 흐름 정보를 유지하고 다른 단면을 강조 표시하여 두 단면의 정보를 비교할 수 있습니다. 터미널 단면의 정보에는 경로의 총 압력 손실 및 최악의 경로와 비교해서 경로의 초과 압력이 표시됩니다. 최악의 경로는 빨간색으로 표시됩니다. 화살표는 모든 단면의 흐름 방향을 나타냅니다.

06 뷰의 흐름 정보를 유지하려면 클릭합니다. 다른 단면을 클릭하거나 시스템 조사기를 닫을 때까지 정보는 계속 유지됩니다. 다른 단면을 클릭하지 않을 경우, 조사 내용을 각각 검토할 수 있습니다.

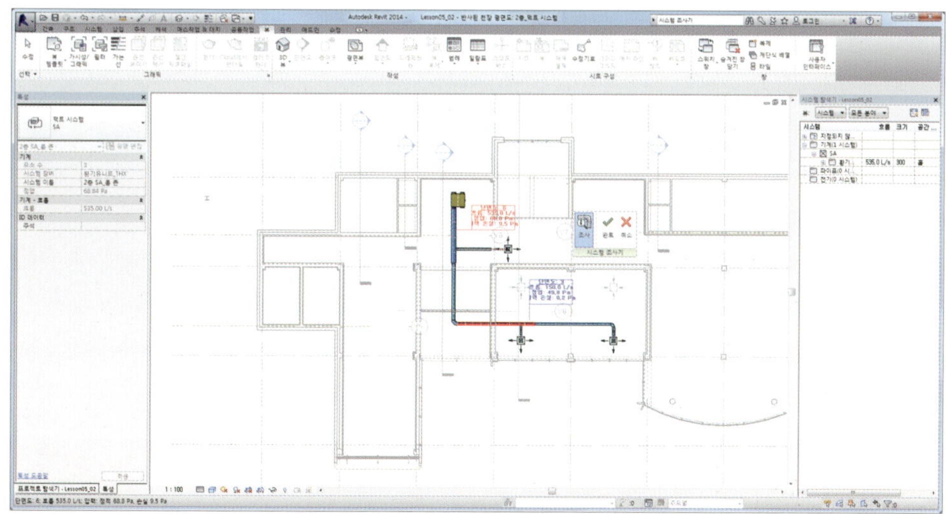

화살표와 플래그는 색상으로 구분됩니다. 빨간색은 정압이 더 큰 부분을 나타냅니다.

시스템 이름으로 레이어 구분

시스템 이름은 시스템을 고유하게 식별하는 문자열입니다. 덕트 또는 파이프를 시스템으로 작성할 때 생성되는 이름을 사용하여 레이어를 구분하는 방법입니다. 따라서 시스템 이름으로 레이어를 구분하기 위해서는 덕트 또는 파이프 모델링이 시스템 작성으로 생성되어야 합니다.

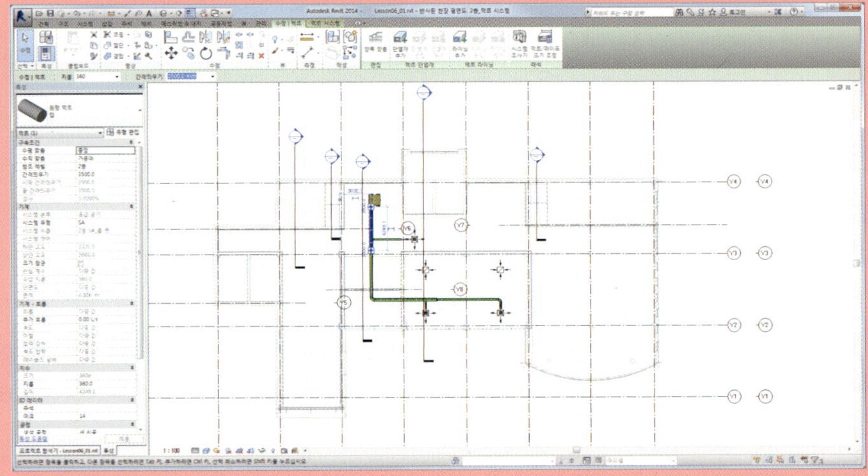

핵심 Point

필터 규칙에 시스템 이름 사용하기
시스템 확인하기

01 ➤ [열기] ➤ [프로젝트]를 클릭하여 [새 프로젝트] 대화상자가 나타나면 'Sample\Chapter03\Lesson06\Lesson06_01.rvt' 파일을 불러온 후 프로젝트 탐색기에서 '99_Users ➤ 002_IS ➤ 2층_덕트 시스템 반사된 천장 평면도'를 더블 클릭합니다. 그런 다음, 마우스 오른쪽 버튼을 클릭하고 [템플릿 특성 적용]을 클릭합니다.

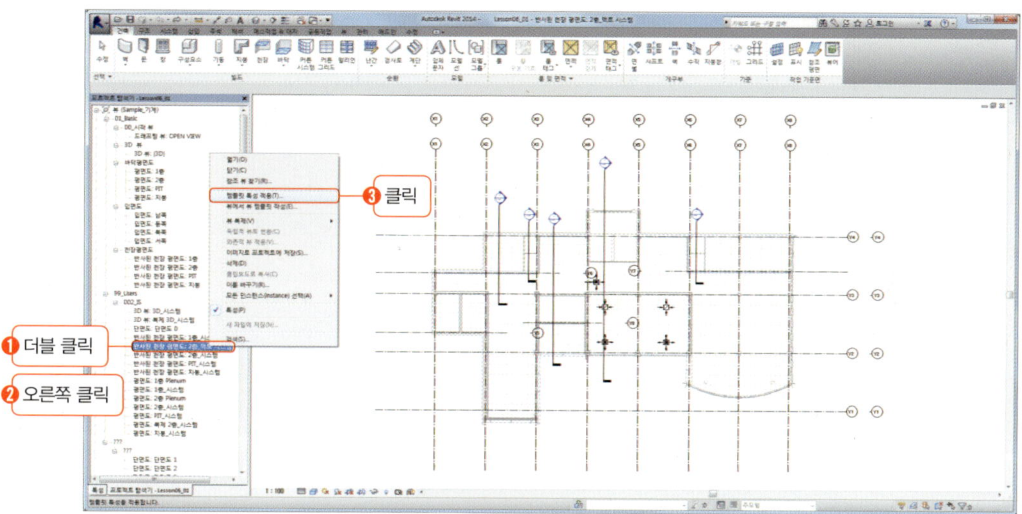

02 [뷰 템플릿 적용] 대화상자에서 '분야 필터' 항목의 '모두', '뷰 유형 필터' 항목의 '모두'를 확인하고, '이름' 항목의 'Sample_MEP'을 선택합니다. 오른쪽의 '뷰 특성' 항목에서 아래 내용을 체크한 후 [확인] 버튼을 누릅니다.

- **분야** : 기계
- **뷰 카테고리** : 99_Users
- **뷰 유형** : 002_IS

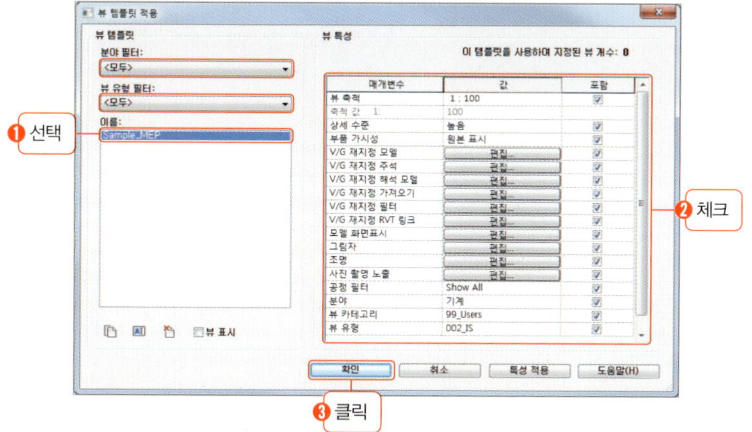

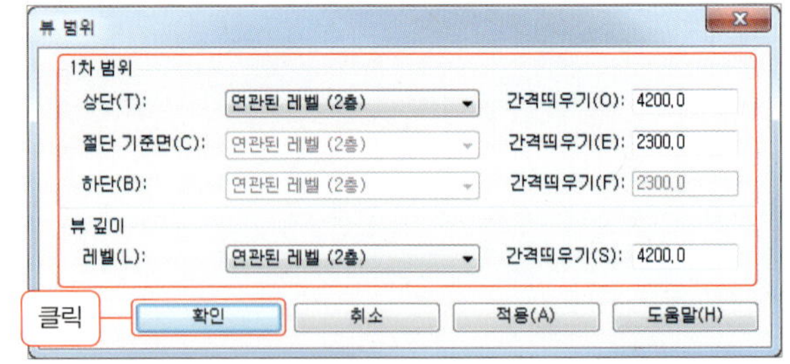

03 [특성] 대화상자에서 범위 아래 [뷰 범위]의 '편집'을 클릭한 후 [뷰 범위] 대화상자에서 다음과 같이 설정하고 [확인] 버튼을 누릅니다.

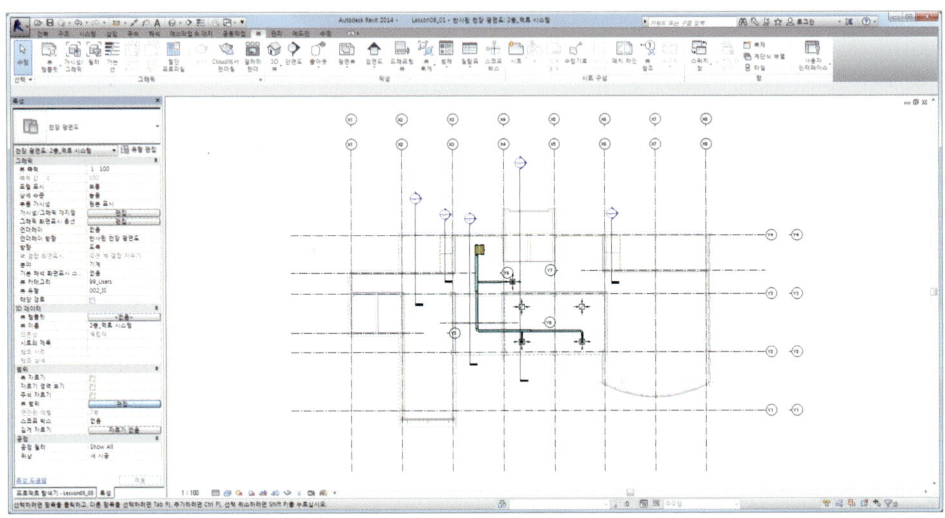

04 도면 영역에서 V V 를 눌러 [가시성/그래픽 재지정] 대화상자를 연 후 [필터] 탭으로 이동합니다. 그런 다음, 공조 덕트 천장 평면도 뷰 템플릿을 생성하기 위해 배관과 관련된 이름을 하나씩 선택하고, [제거] 버튼을 클릭합니다. 이름이 다음과 같이 되도록 나머지를 제거합니다.

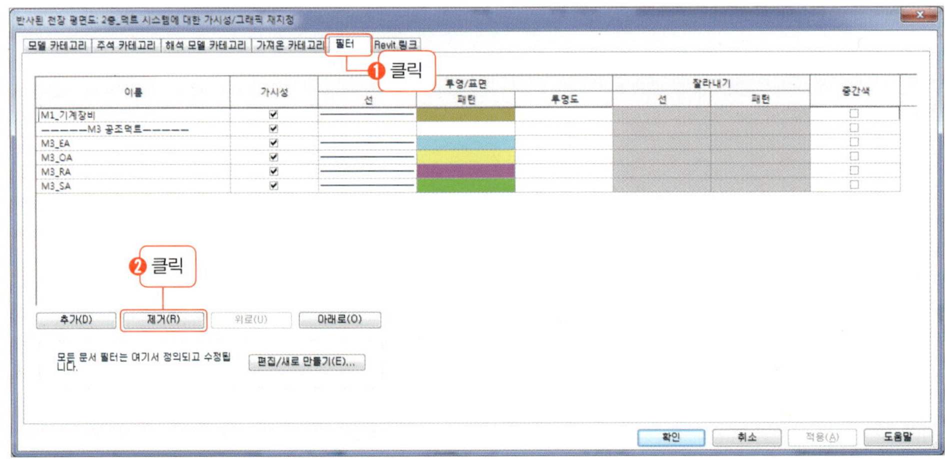

필터의 투영/표면은 필터 이름에 해당하는 요소들의 선과 패턴을 설정하는 부분입니다. 예를 들어 M3_SA의 투영/표면의 선과 패턴의 적용은 다음과 같습니다.

선 **패턴**

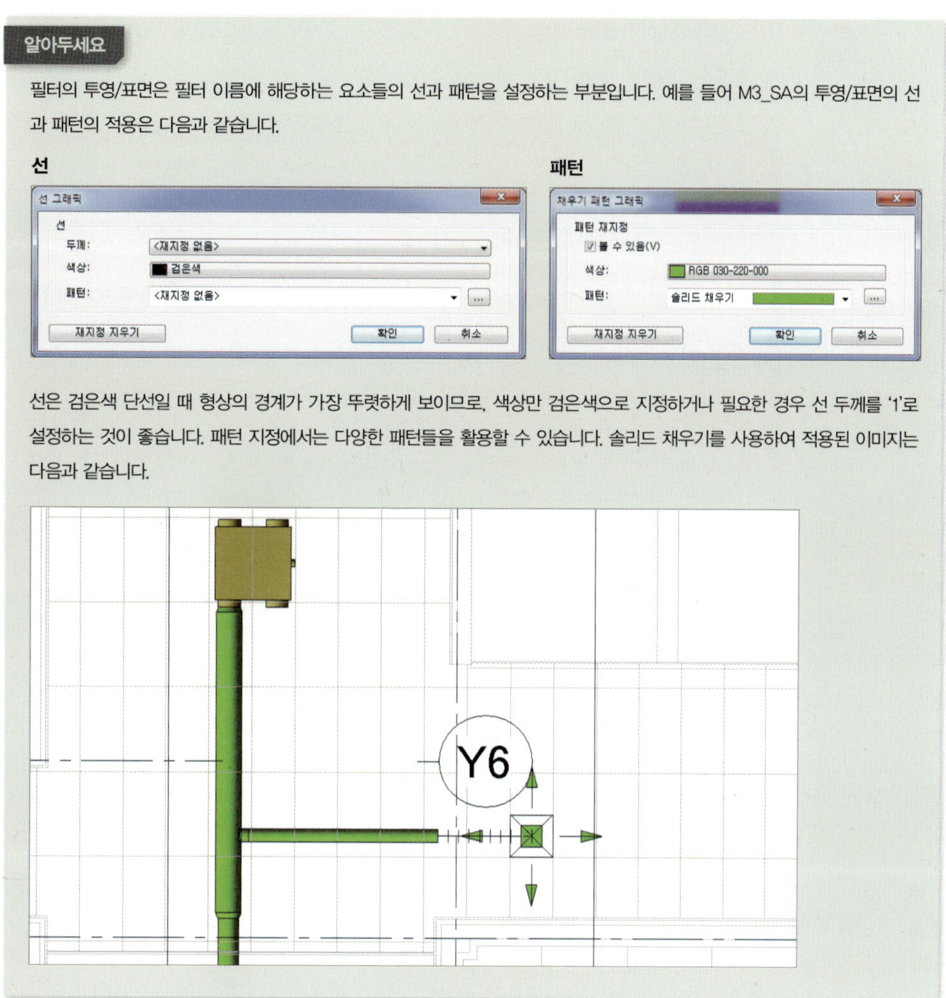

선은 검은색 단선일 때 형상의 경계가 가장 뚜렷하게 보이므로, 색상만 검은색으로 지정하거나 필요한 경우 선 두께를 '1'로 설정하는 것이 좋습니다. 패턴 지정에서는 다양한 패턴들을 활용할 수 있습니다. 솔리드 채우기를 사용하여 적용된 이미지는 다음과 같습니다.

05 [필터] 탭에서 하단의 [편집/새로 만들기] 버튼을 클릭합니다.

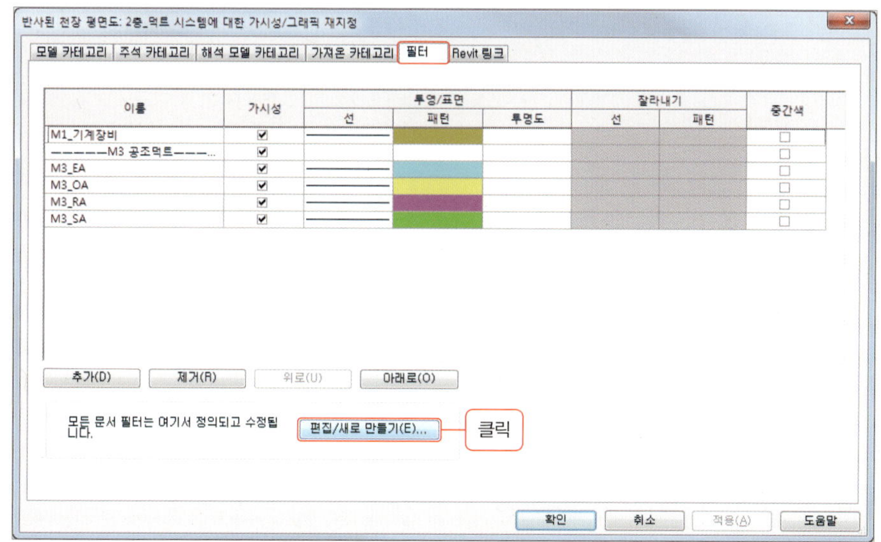

[필터] 대화상자에서 '필터' 항목 아래 'M3_SA'의 카테고리와 '필터 규칙' 항목을 다음과 같이 설정 또는 입력하고 [적용] 버튼을 누릅니다.

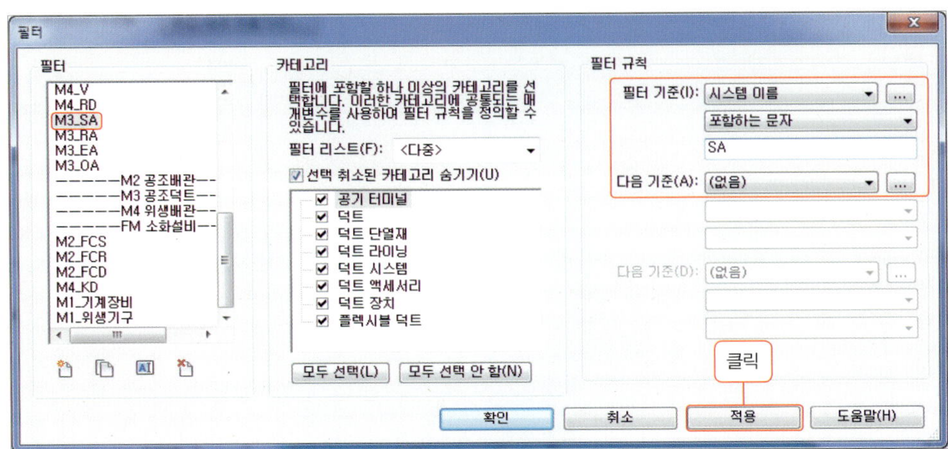

나머지 덕트 시스템을 다음 내용대로 설정한 후 [확인] 버튼을 두 번 누릅니다.

필터	카테고리	필터 기준 : 시스템 이름/포함하는 문자
M3_RA	상동	RA
M3_EA	상동	EA
M3_OA	상동	OA

TIP

M1_기계 장비의 필터 적용은 추후 작업 세트에서 설정합니다.

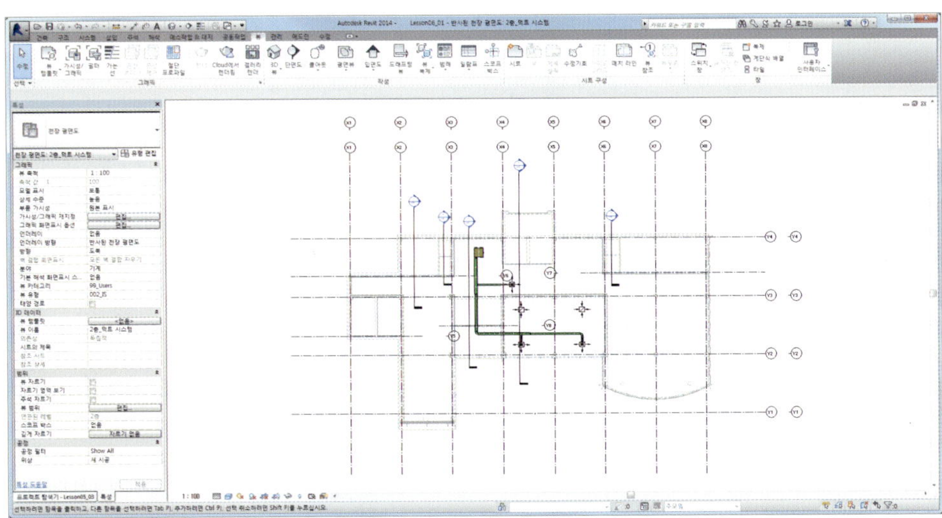

01 프로젝트 탐색기에서 '2층_덕트 시스템 평면도'를 선택한 후 마우스 오른쪽 버튼을 클릭하고 [뷰에서 뷰 템플릿 작성]을 클릭합니다. [새 뷰 템플릿] 대화상자에서 '공조 덕트 천장 평면도'를 입력한 후 [확인] 버튼을 누릅니다.

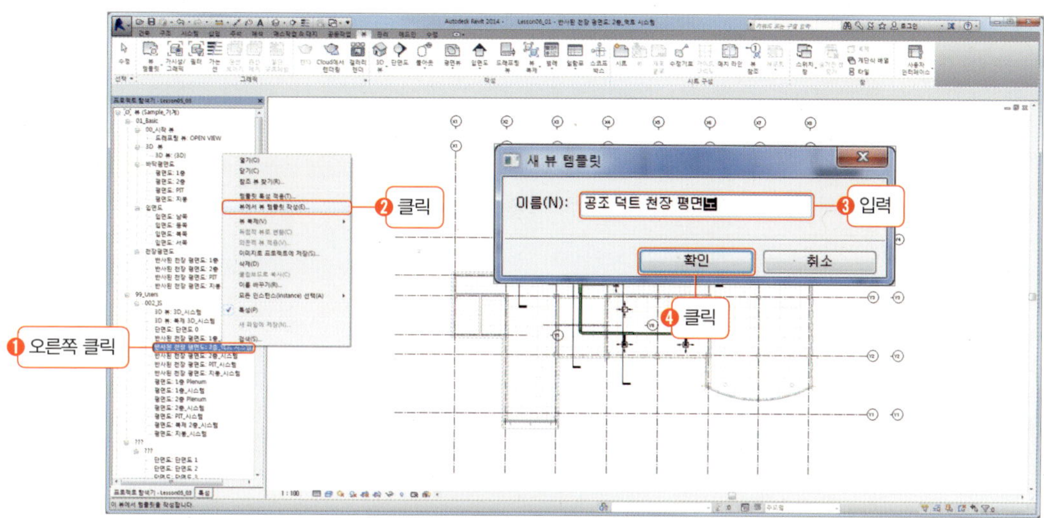

Note

뷰 템플릿을 뷰에 지정하면 템플릿과 뷰 사이의 링크가 작성됩니다. 이후 뷰 템플릿의 변경 사항은 연결된 모든 뷰에 자동으로 적용되고, 뷰 템플릿의 특성이 뷰에 즉시 영향을 미칩니다. 뷰 템플릿을 지정하지 않고 뷰 템플릿 특성을 뷰에 적용하되, 뷰 템플릿에 구속되지 않으려면, 해당 뷰에 뷰 템플릿 특성 적용만 하고, 뷰 템플릿을 별도로 지정하지 않아야 합니다. 뷰 템플릿은 단일 뷰 또는 한 번에 여러 뷰에 지정할 수 있습니다.

02 현재 뷰로 공조 덕트 천장 평면도의 [뷰 템플릿]이 작성되었습니다. 검토한 후 [확인] 버튼을 누릅니다.

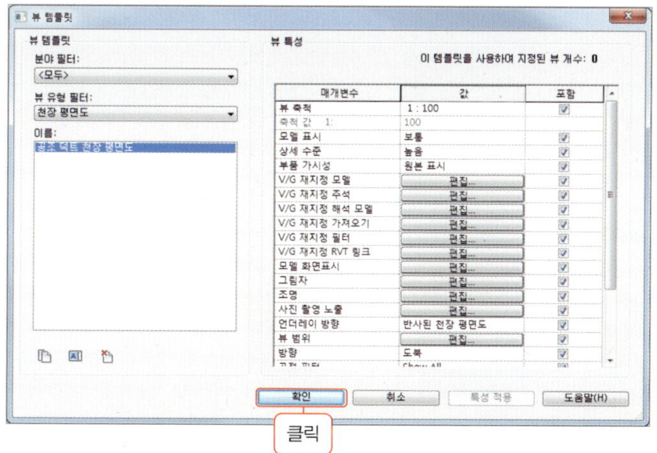

03 [특성] 대화상자에서 ID 데이터 아래의 뷰 템플릿을 '공조 덕트 천장 평면도'로 지정합니다.

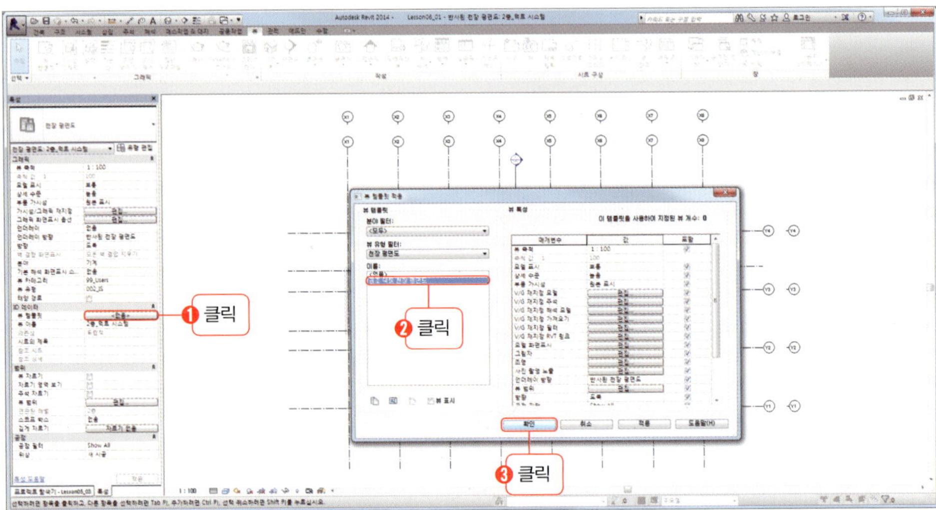

01　[해석] 탭 ▶ [시스템 확인] 패널 ▶ [덕트 시스템 확인]을 클릭합니다.

- 경고가 표시되는 경우는 다음과 같습니다.
  - 시스템이 제대로 연결되지 않은 경우
  - 흐름/수요 구성이 일치하지 않은 경우
  - 흐름의 방향이 일치하지 않은 경우

- 경고 표식기를 클릭하면 관련된 경고 메시지가 나타납니다. 경고 메시지를 자세히 보려면 [경고] 대화상자 확장 버튼을 클릭합니다.

- 그래픽 경고 표식기를 끄려면 [덕트 시스템 확인] 버튼을 다시 클릭하면 됩니다.

Note

시스템 확인 기능은 프로젝트에 작성된 기계 시스템을 검사하여 각 시스템이 사용자 정의 시스템에 지정되어 있는지와 바르게 연결되어 있는지를 확인합니다. 잘못된 덕트 시스템에 대해서는 그래픽 경고 표식기와 웹 선(시스템 연결 선)을 현재 뷰에 표시합니다.

02　[해석] 탭 ▶ [시스템 확인] 패널 ▶ [연결 해제 표시]를 클릭합니다. [연결 해제 옵션 표시] 대화상자에서 [덕트]를 체크한 후 [확인] 버튼을 누릅니다.

TIP

현재 연결되지 않은 커넥터에 대해 연결 해제 표식기를 표시할 수 있습니다.

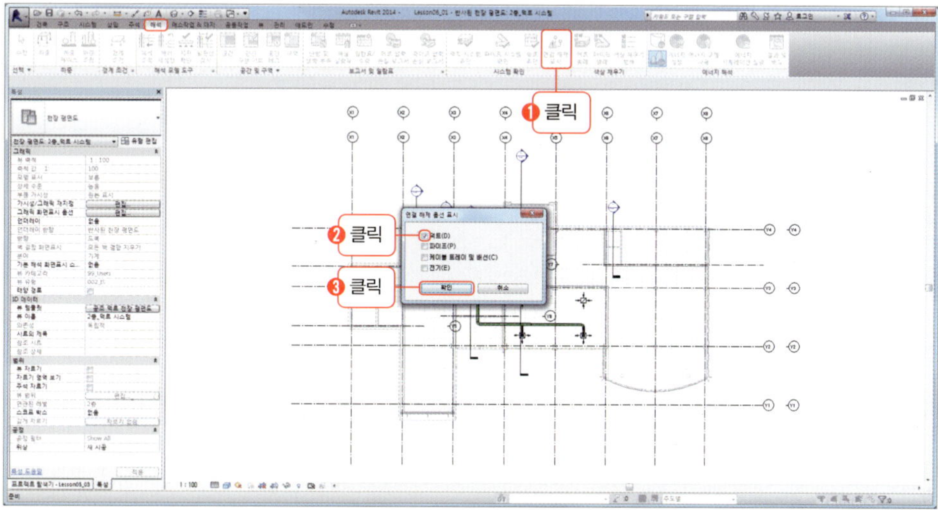

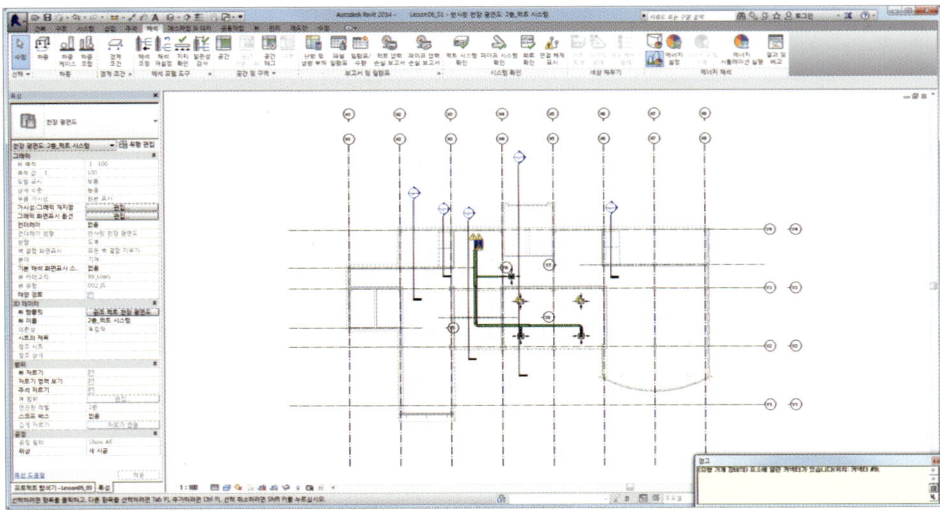

03 연결 해제 표식기를 끄려면 [연결 해제 표시] 버튼 🔧 을 클릭합니다. 모든 선택을 취소하고 [확인] 버튼을 누릅니다.

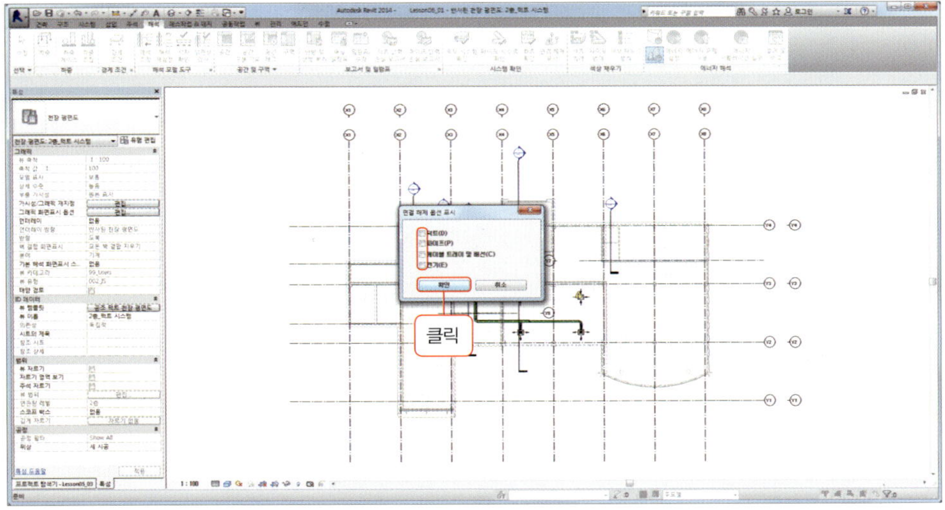

04 파일을 저장하고 Revit을 종료합니다.

1. 여러 뷰가 열린 프로젝트를 한 번에 닫으려면, 📐 ▶ [닫기]를 클릭합니다.

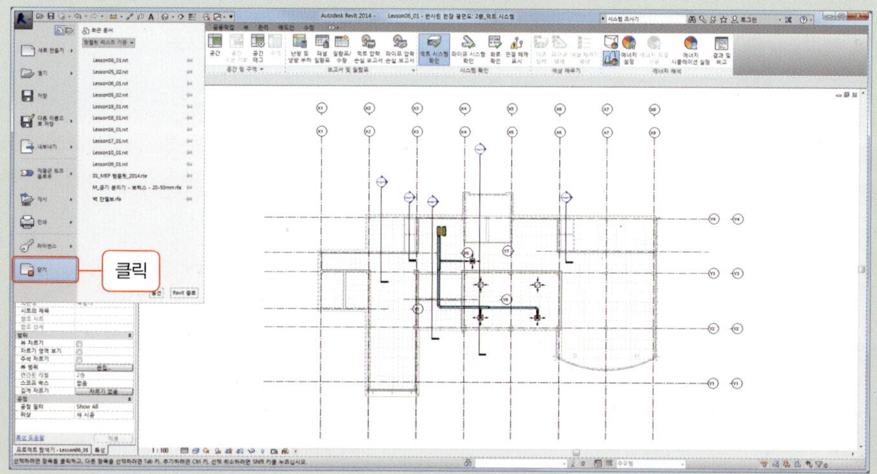

2. 프로젝트가 아닌 Revit을 종료하려면, 📐 ▶ [Revit 종료] 버튼을 클릭합니다.

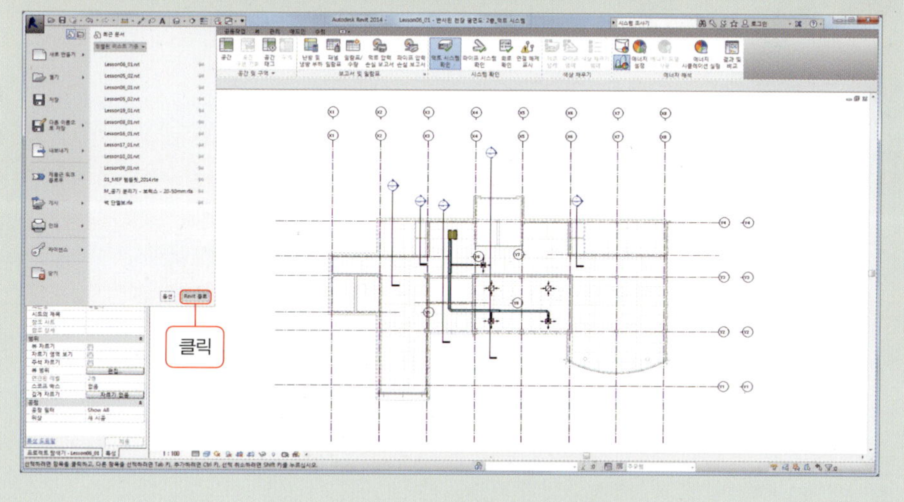

우측 상단에서 빨간색 박스의 　X　 를 눌러도 Revit을 종료할 수 있습니다.

모델링_
시스템 유형으로 레이어 구분

기존 시스템 유형을 복제하여 새 덕트 또는 파이프 시스템을 작성할 수 있습니다. 시스템 유형을 복제할 때 새 시스템 유형은 동일한 시스템 분류를 사용합니다. 그런 다음, 원래 시스템 유형 또는 인스턴스(instance)에 영향을 미치지 않고 중복 사항을 수정할 수 있습니다. 또한 별도의 시스템 작성 없이 2D 도면을 기반으로 모델링을 할 수도 있습니다. 필터의 기준은 시스템 유형을 선택하고, 팀별 작업은 공종별로 작업 세트를 이용하여 팀원별 작업 분배 및 가시성 제어에 활용합니다.

시스템 유형
이용하기

시스템 유형으로 작업을 할 때에는 패밀리 내 모든 커넥터의 시스템 분류가 명확하게 지정되어 있어야 합니다. 그리고 모델링 시작 전에 시스템 유형을 선정하는 것에 유의해야 합니다. 만일 어떤 객체들이 특정 시스템 유형으로 작업이 완료된 상태에서 다른 시스템 유형으로 변경해야 하는 상황이 발생한다면 여러분은 난관에 처할 수 있습니다. 개별 구성 요소마다 커넥터의 시스템 분류를 변경해야 하고, 파이프와 덕트의 시스템 유형을 변경해야 하기 때문입니다. 따라서 모델링 시작 전에 반드시 해당 시스템 유형을 먼저 지정하고 모델링을 시작해야 합니다.

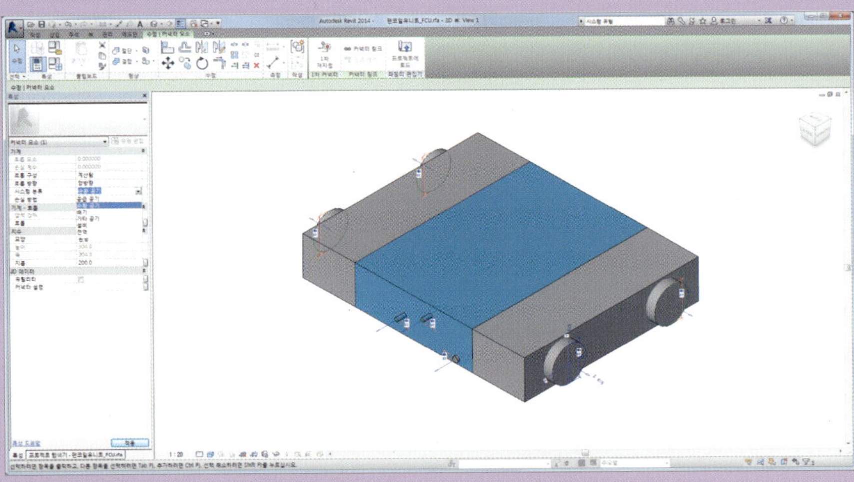

핵심 Point

필터 규칙에 시스템 유형 사용하기

작업 세트 검토하기

01   ► [열기] ► [프로젝트]를 클릭하여 [새 프로젝트] 대화상자가 나타나면 'Sample\Chap-ter04\Lesson07\Lesson07_01.rvt' 파일을 불러온 후 프로젝트 탐색기에서 '99_Users ► 002_IS ► 2층_시스템 반사된 천장 평면도'를 더블 클릭합니다.

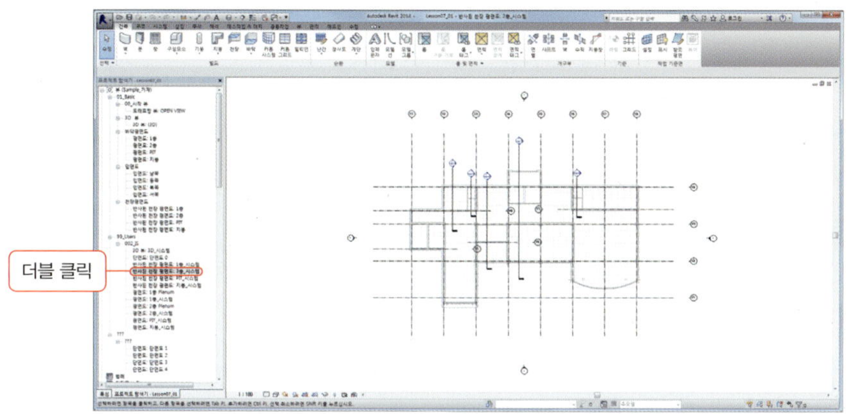

02   시스템 유형으로 작업하기 위해 [프로젝트 탐색기] 대화상자에서 덕트 시스템과 파이프 시스템 템플릿을 이용하여 레이어별로 시스템 유형을 [이름 바꾸기] 또는 [편집]합니다. 그런 다음, 프로젝트 탐색기 ► 패밀리 ► 덕트 시스템을 확장합니다.

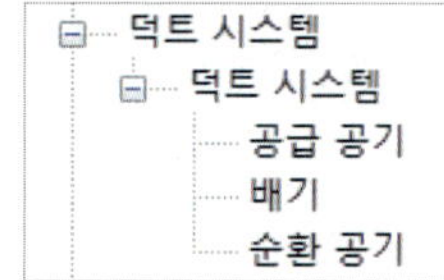

03   '공급 공기'를 선택한 후 마우스 오른쪽 버튼을 클릭하고, [이름 바꾸기]를 클릭합니다. 그런 다음, 공급 공기의 이름에 'M3_SA'를 입력합니다.

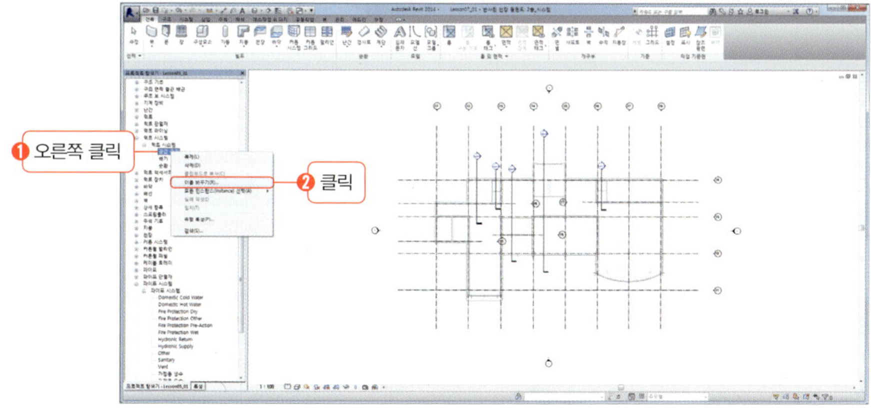

04 동일한 방법으로 배기는 'M3_EA', 순환 공기는 'M3_RA'로 이름을 바꿉니다. 'M3_SA'를 마우스 오른쪽 버튼을 클릭하여 [복제]를 클릭합니다. 복제된 시스템의 이름에 'M3_OA'를 입력합니다.

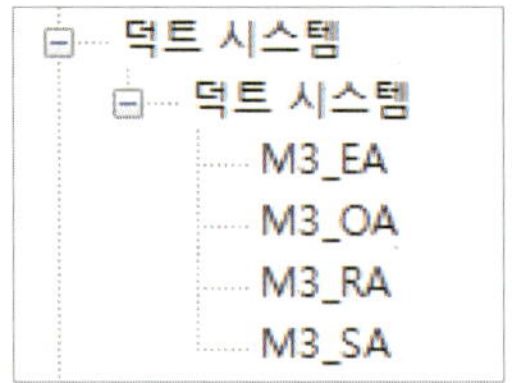

05 프로젝트 탐색기 ▶ 패밀리 ▶ 파이프 시스템을 확장합니다. 위의 덕트 시스템 유형과 동일한 방법으로 파이프 시스템의 유형을 작성합니다.

레이어 구분	시스템 유형
M2_FCD	위생
M2_FCR	순환수 순환
M2_FCS	순환수 공급
M4_D	위생
M4_KD	위생
M4_RD	위생
M4_S	위생
M4_V	통기
M4_●	주택용 냉수
M4_●●	주택용 온수
M4_●●●	주택용 온수
FM_H	습식 방화
FM_SP	습식 방화
FM_SPH	습식 방화

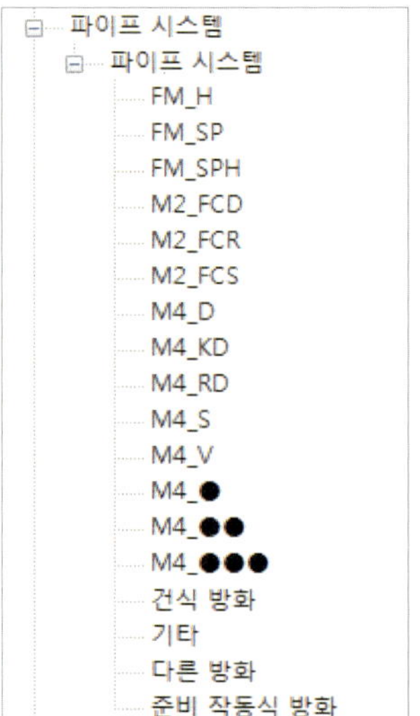

01 [뷰] 탭 ▶ [그래픽 패널] ▶ [뷰 템플릿]을 확장한 후 [뷰 템플릿 관리] 버튼을 클릭합니다.

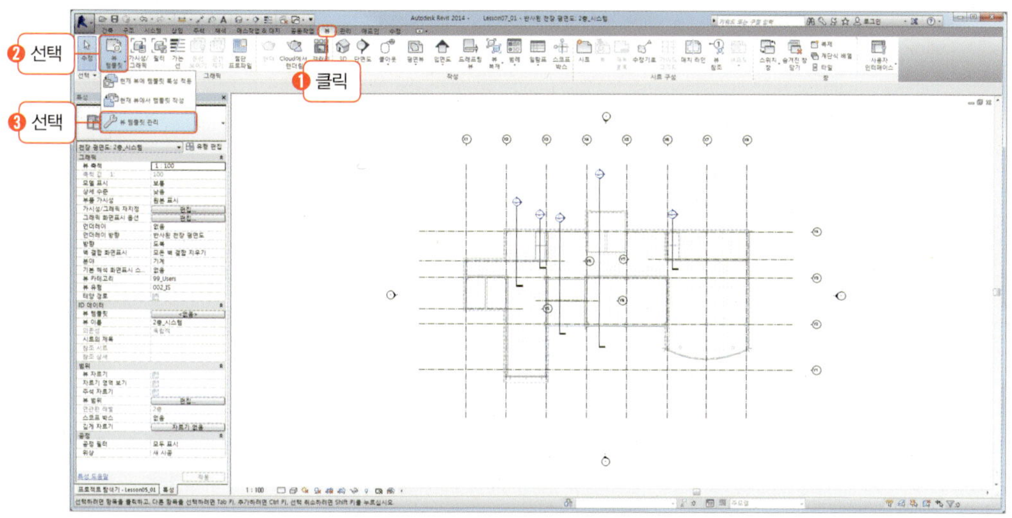

02 [뷰 템플릿] 대화상자의 '이름' 항목에서 '기본 뷰 템플릿'을 선택한 후 [복제] 버튼 을 클릭합니다. 그런 다음, [새 뷰 템플릿] 대화상자의 이름에 'Sample_시스템 유형'을 입력하고 [확인] 버튼을 누릅니다.

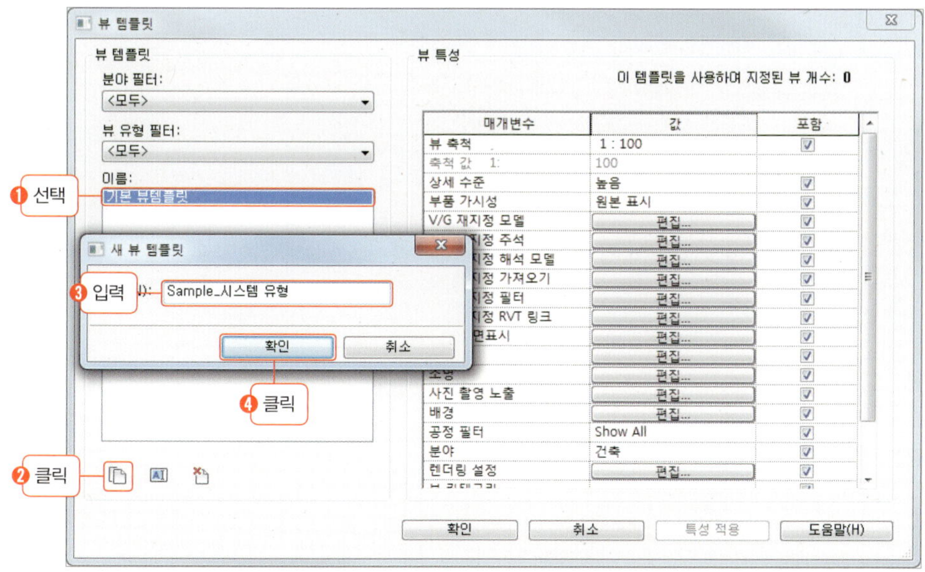

 뷰 특성 항목 'V/G 재지정 필터'의 [편집] 버튼을 클릭합니다.

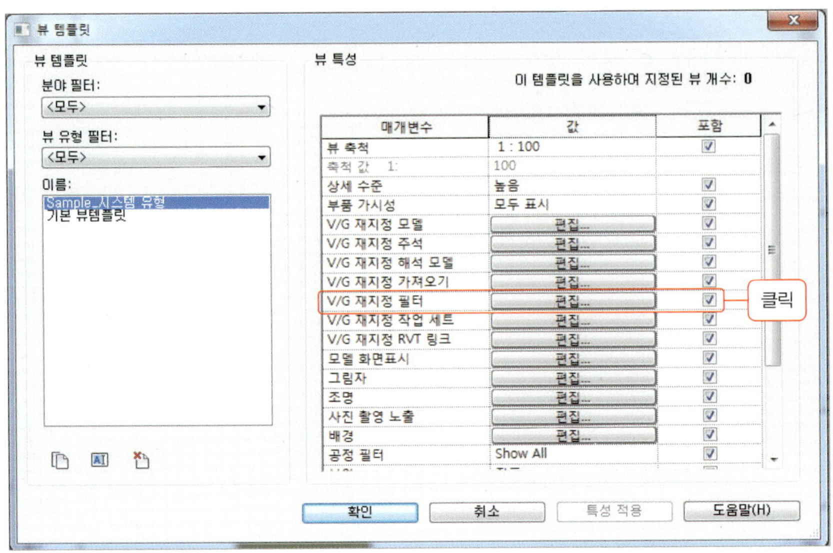

 [가시성/그래픽 재지정] 대화상자에서 [필터] 탭의 [편집/새로 만들기] 버튼을 클릭합니다.

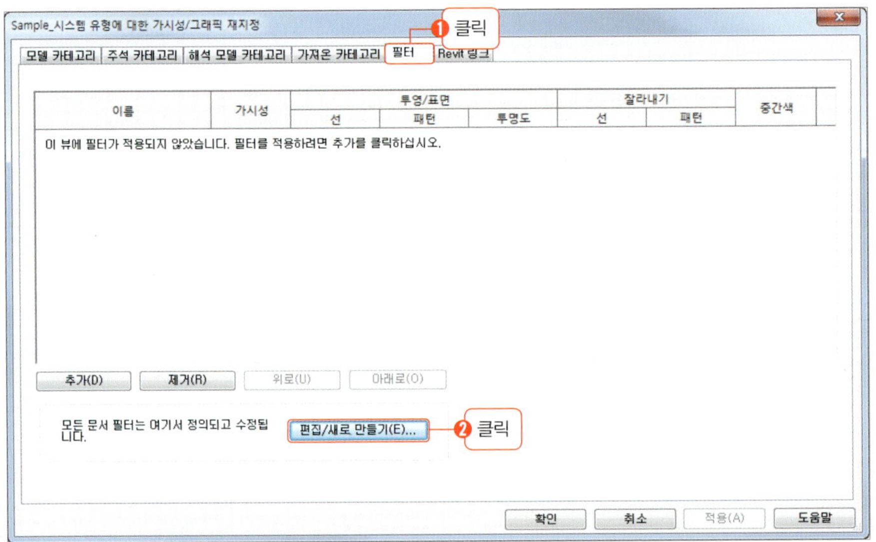

05 [필터] 대화상자의 하단에 있는 [새로 만들기] 버튼 을 클릭합니다. 그런 다음, [필터 이름] 대화상자의 이름에 'FM_H'를 입력한 후 [확인] 버튼을 누릅니다.

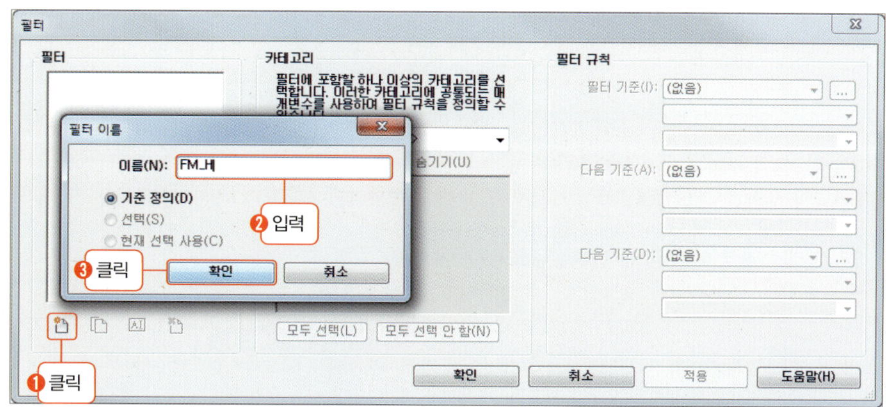

06 카테고리 항목의 오른쪽 스크롤 바를 움직여서 FM_H에 지정되기를 원하는 카테고리 항목들을 선택합니다.

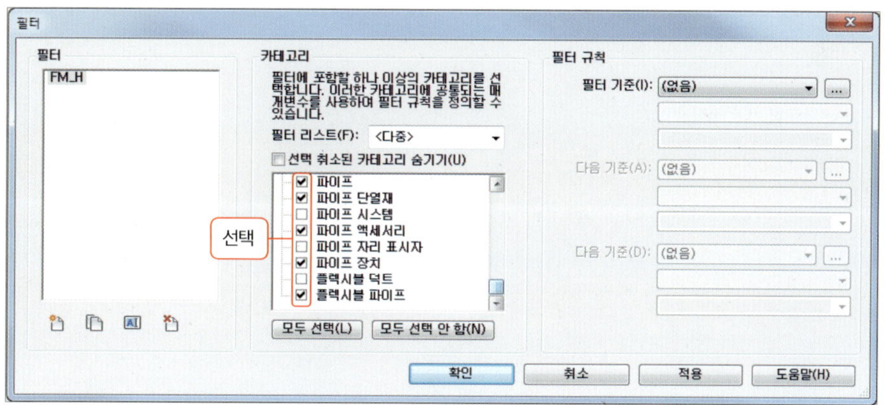

07 '선택 취소된 카테고리 숨기기' 항목을 체크한 후 필터 규칙 항목의 '필터 기준'을 '시스템 유형', 'FM_H', '같음'으로 지정하고, 하단의 [적용] 버튼을 누릅니다. 그런 다음, [필터] 대화상자에서 필터의 FM_H가 선택된 상태로 하단의 [복제] 아이콘 을 클릭합니다.

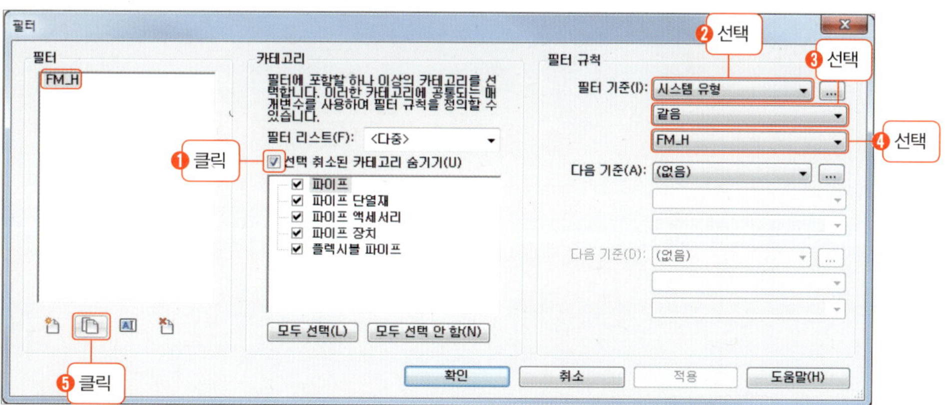

08 복제된 필터의 이름을 'FM_SP'로 바꿉니다.

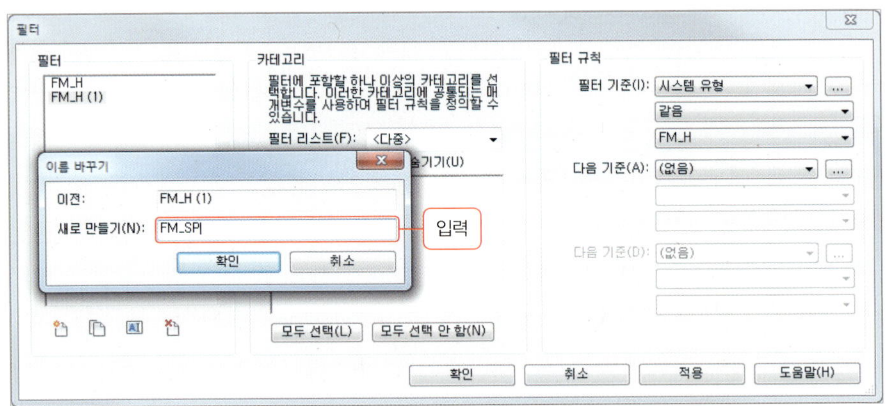

09 '선택 취소된 카테고리 숨기기' 항목을 체크 해제하여 카테고리 항목에 스프링클러를 추가합니다. 그런 다음, '선택 취소된 카테고리 숨기기' 항목을 체크하고, 필터 규칙을 다음과 같이 지정합니다.

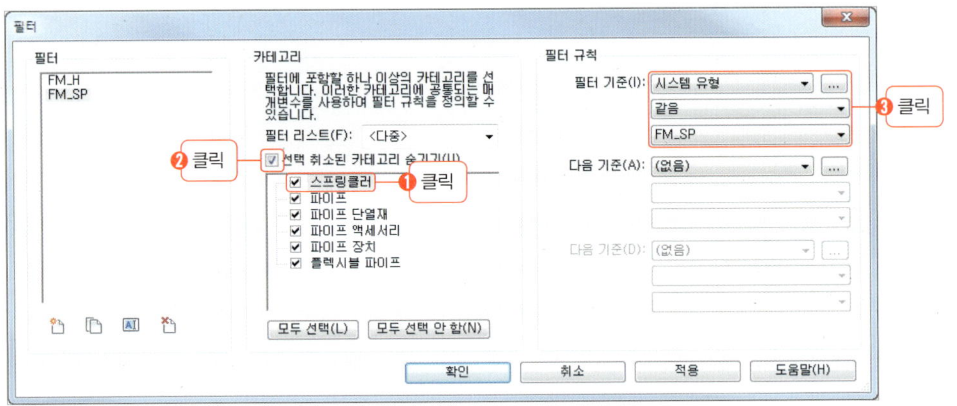

10 필터 이름을 파이프 레이어별로 모두 작성하고, 필터 규칙을 동일한 방법으로 설정합니다.

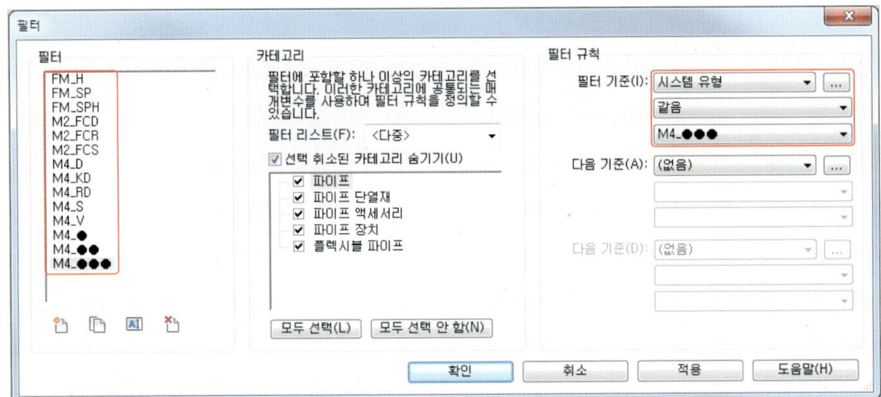

⑪ 덕트 레이어를 작성하기 위해 새로 작성을 클릭한 후 이름에 'M3_EA'를 입력하고 [확인] 버튼을 누릅니다.

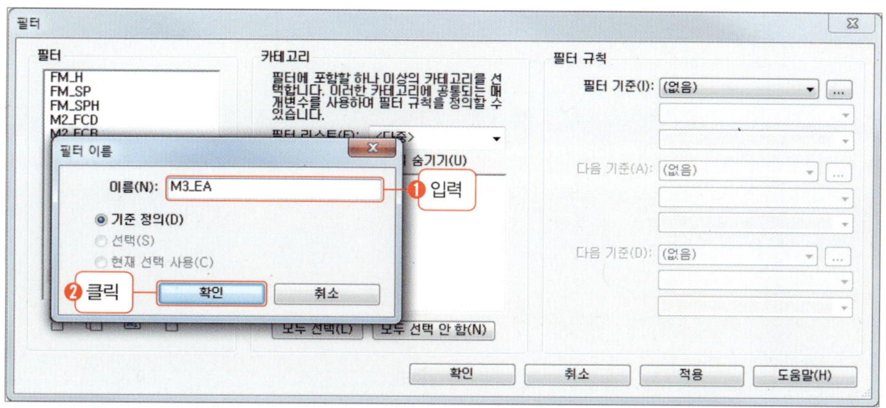

⑫ 카테고리 항목을 다음과 같이 선택합니다. 그런 다음, 필터 규칙 아래의 필터 기준을 '시스템 유형', 'M3_EA', '같음'으로 지정합니다.

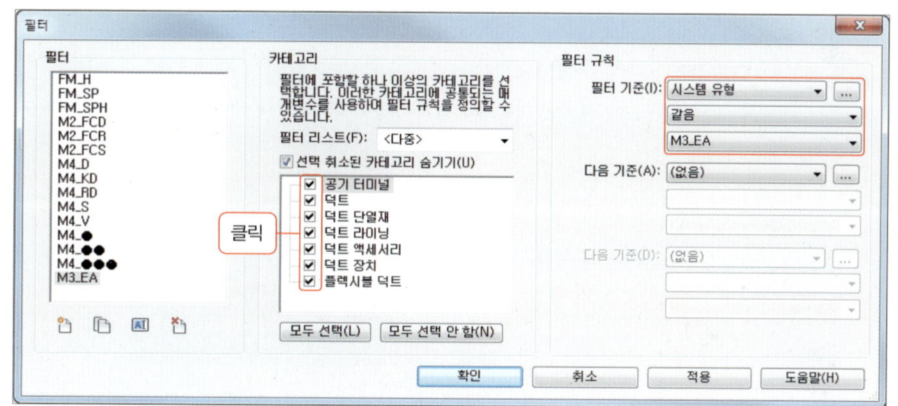

⑬ 필터 이름을 덕트 레이어별로 모두 작성한 후 필터 규칙을 동일한 방법으로 모두 설정하고 [확인] 버튼을 눌러 필터 작성을 완료합니다.

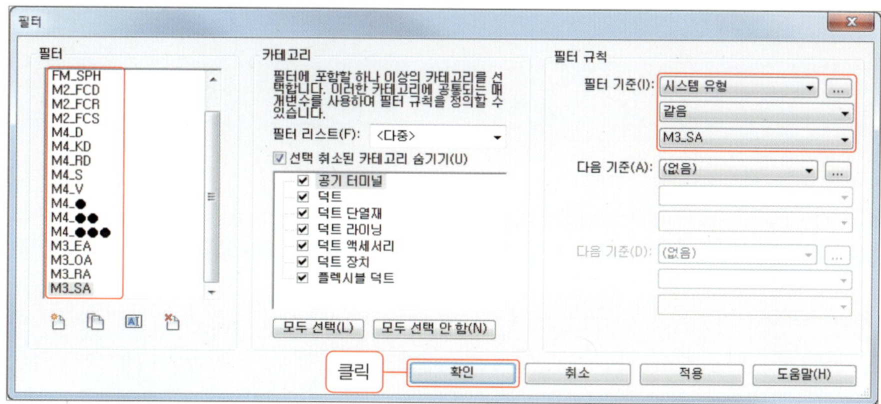

⑭ 작성된 필터를 추가하기 위해 [가시성/그래픽 재지정] 대화상자에서 하단의 [추가] 버튼을 클릭합니다.

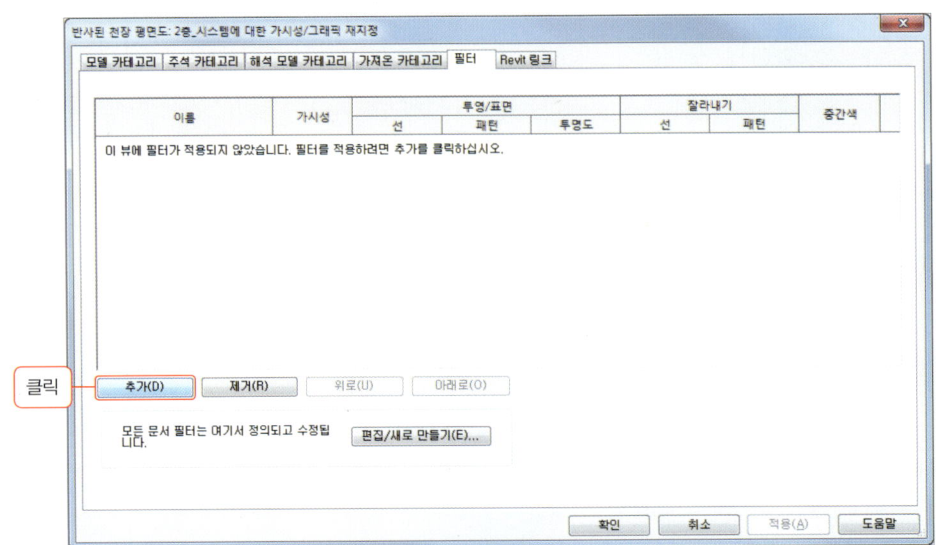

⑮ [필터 추가] 대화상자에서 작성된 필터를 선택한 후 [확인] 버튼을 누릅니다.

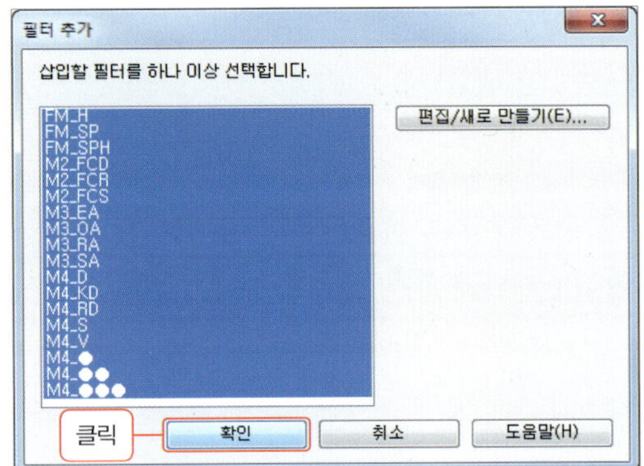

16 [위로], [아래로] 버튼을 사용하여 추가된 필터들을 원하는 순서대로 정렬합니다.

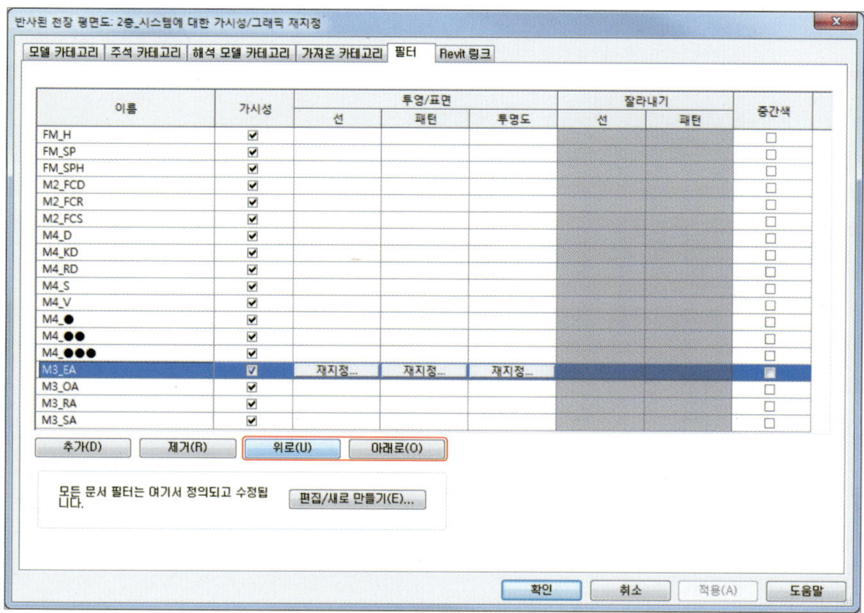

17 필터 이름을 원하는 순서대로 정렬한 후 'FM_H'를 선택하고, 투영/표면 아래 선의 [재지정] 버튼을 클릭합니다.

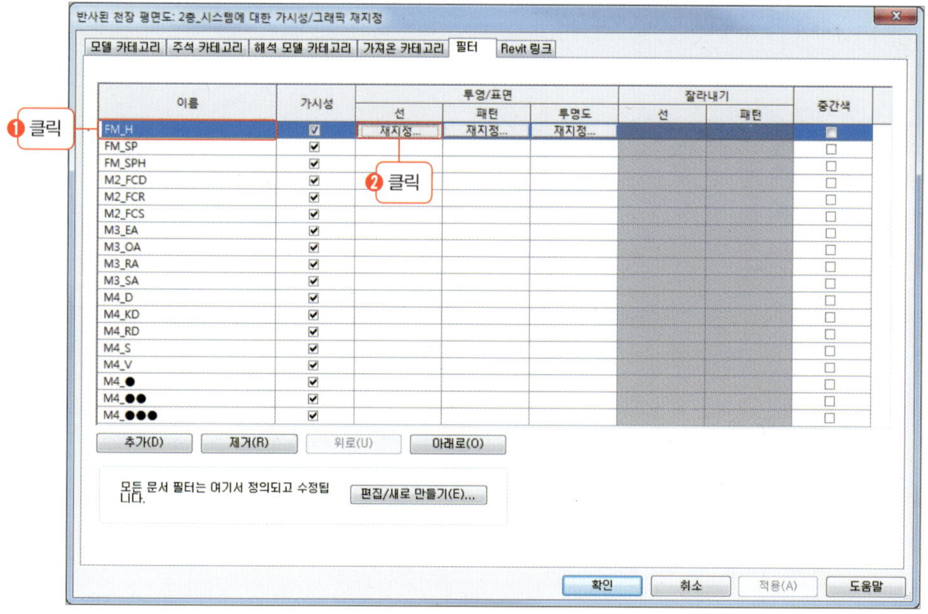

⑱ [선 그래픽] 대화상자에서 두께는 '1', 색상은 '검은색'으로 지정한 후 [확인] 버튼을 누릅니다.

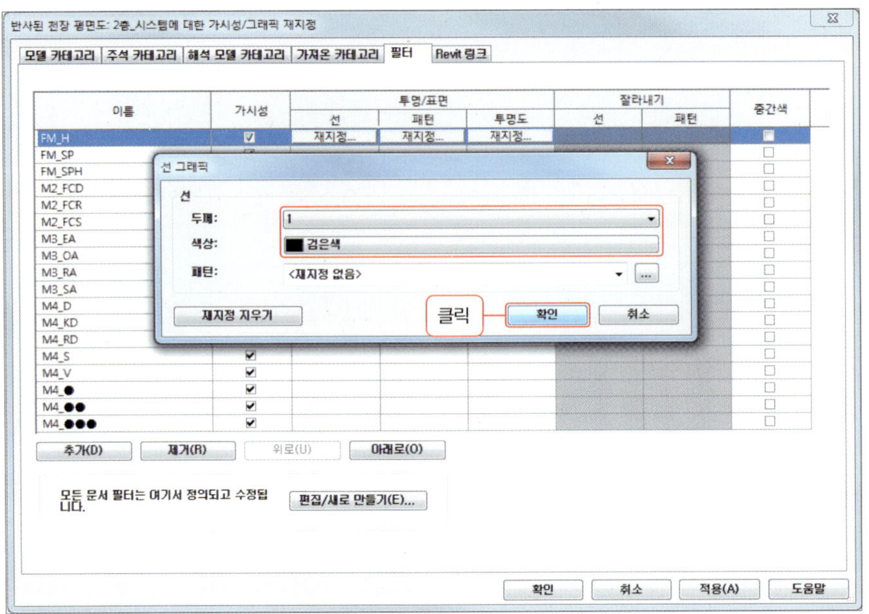

검은색 선으로 지정하면, 모델의 경계가 뚜렷하게 표현됩니다.

⑲ 투영/표면 항목 '패턴'의 [재지정] 버튼을 클릭한 후 색상을 '빨간색'으로 지정합니다. 그런 다음, 패턴을 '솔리드 채우기'로 지정하고, [확인] 버튼을 누릅니다.

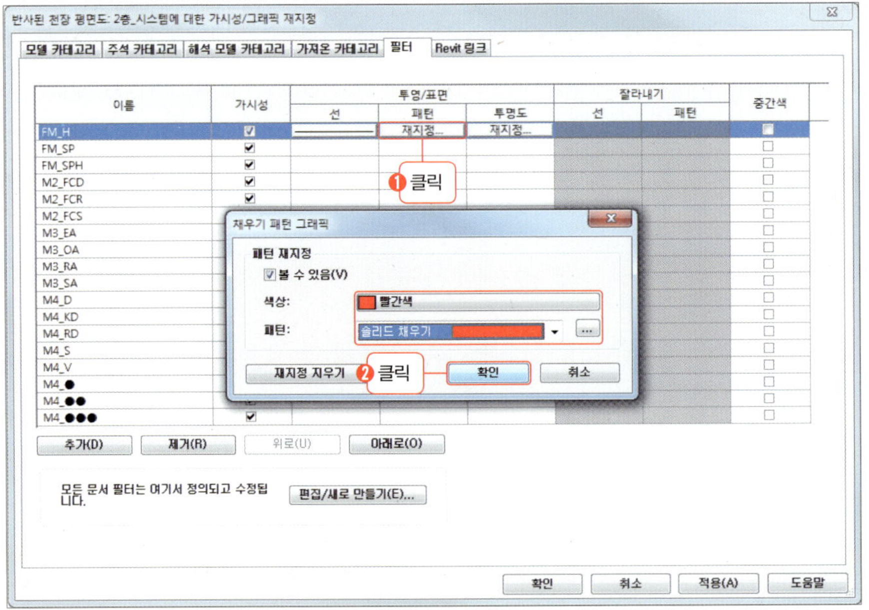

20 나머지 필터 이름의 투영/표면을 원하는 색상과 패턴으로 지정한 후 [확인] 버튼을 누릅니다.

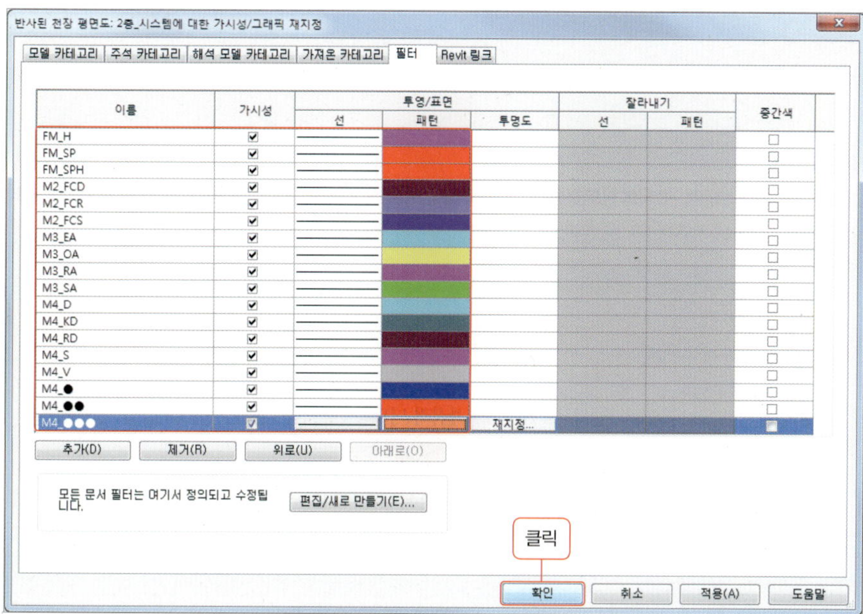

필터의 색상 구분은 AutoCAD 레이어 구분과 동일한 색상으로 설정할 수 있습니다.

01 프로젝트 탐색기에서 '99_Users ▶ 002_IS ▶ 반사된 천장 평면도 : 1층_시스템 뷰'를 선택한 후 마우스 오른쪽 버튼을 클릭하여 [뷰 복제] ▶ [복제]를 클릭합니다.

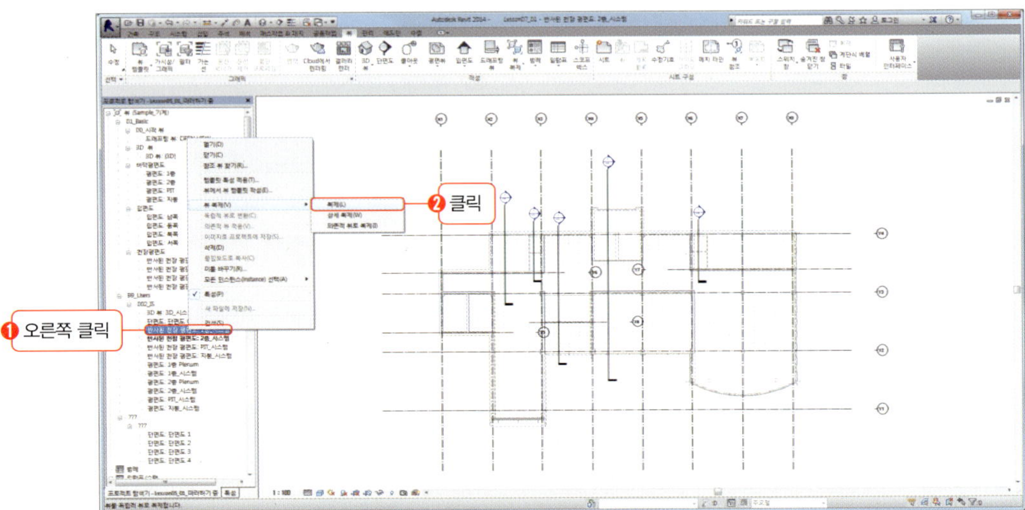

02 복제된 평면도의 이름을 마우스 오른쪽 버튼으로 클릭한 후 [이름 바꾸기]를 클릭합니다. 그런 다음, '지상 1층_시스템 유형'으로 입력하고 [확인] 버튼을 누릅니다.

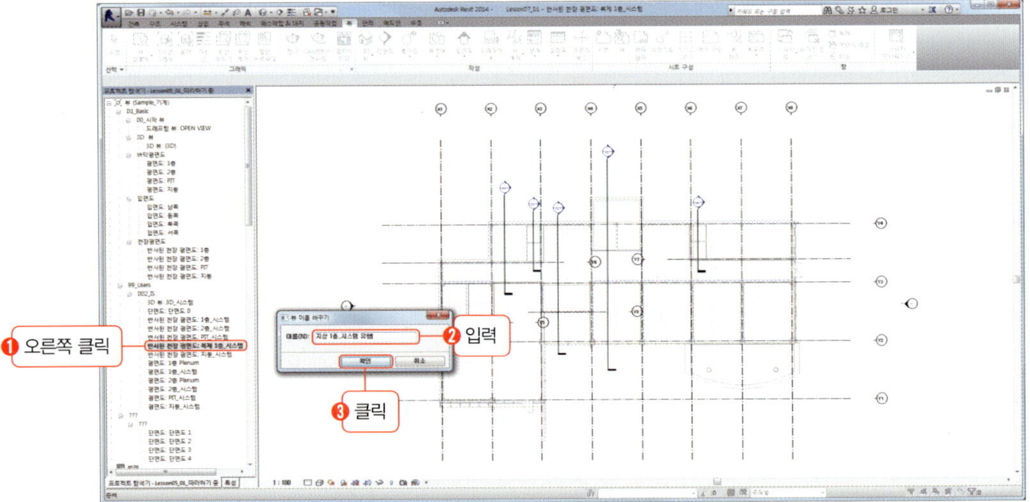

03 [뷰] 탭 ▶ [그래픽] 패널 ▶ [뷰 템플릿] ▶ [뷰 템플릿에서 현재 뷰에 템플릿 특성 적용]을 클릭합니다.

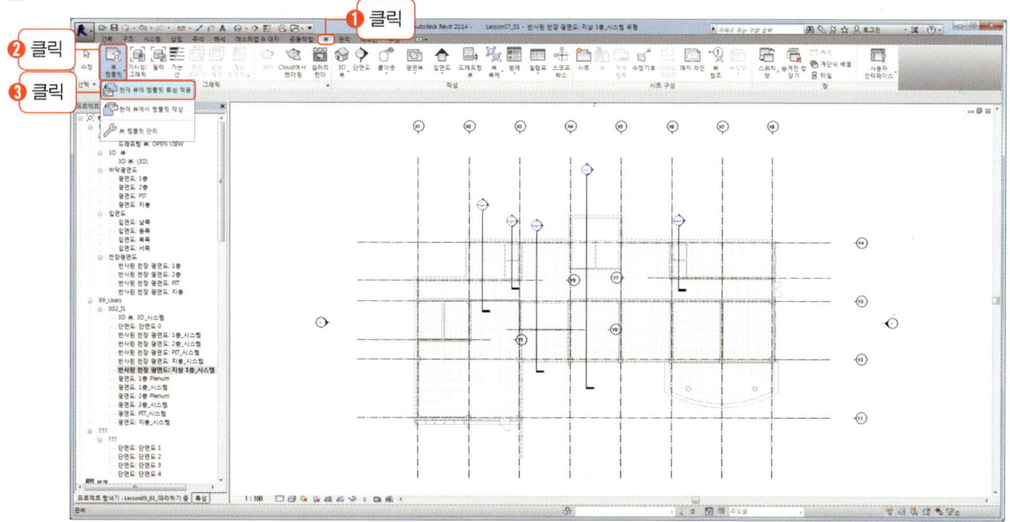

TIP

프로젝트 탐색기에서 '지상 1층 시스템 유형' 뷰를 선택한 후 마우스 오른쪽 버튼을 클릭하고 [템플릿 특성 적용]을 눌러 실행
하는 것과 같습니다.

04 [뷰 템플릿 적용] 대화상자에서 'Sample_시스템 유형'을 선택한 후 [확인] 버튼을 누릅니다.

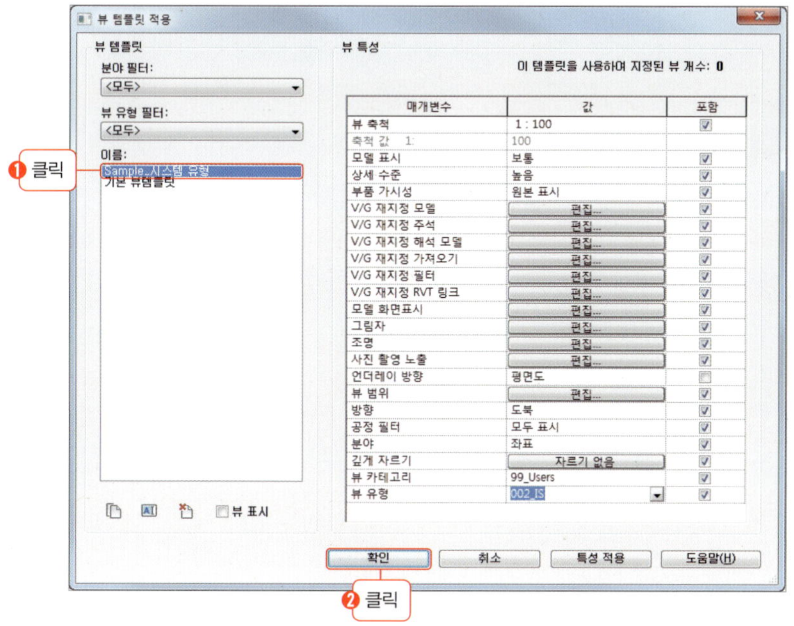

01 팀 작업을 위해 작업 세트를 생성합니다. [공동 작업] 탭 ▶ [작업 세트] 패널 ▶ [작업 세트]를 클릭한 후 [작업 공유] 대화상자에서 [확인] 버튼을 누릅니다.

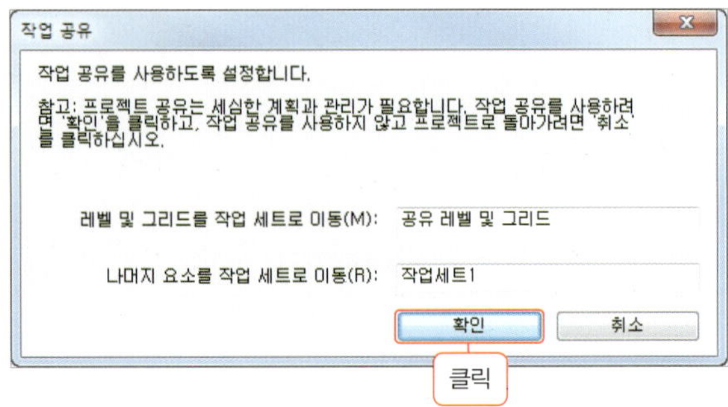

02 [작업 세트] 대화상자에서 '작업 세트 1'을 선택한 후 [이름 바꾸기] 버튼을 클릭합니다. [이름 바꾸기] 대화상자에서 새로 만들기에 '공조 덕트'를 입력하고 [확인] 버튼을 누릅니다.

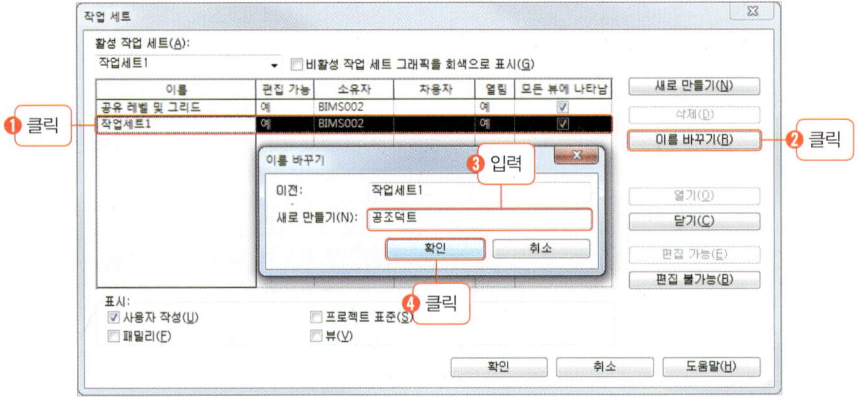

03 [작업 세트] 대화상자에서 오른쪽의 [새로 만들기] 버튼을 눌러 '공조 배관'을 입력하고, [확인] 버튼을 누릅니다.

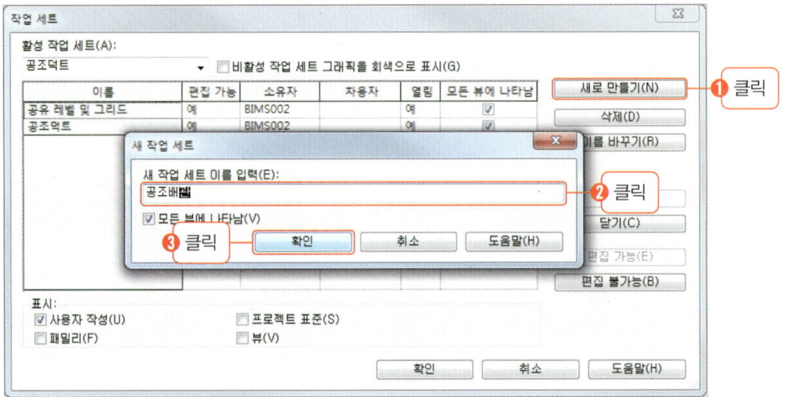

 계속해서 공종별로 작업 세트를 다음과 같이 생성한 후 [확인] 버튼을 누릅니다.

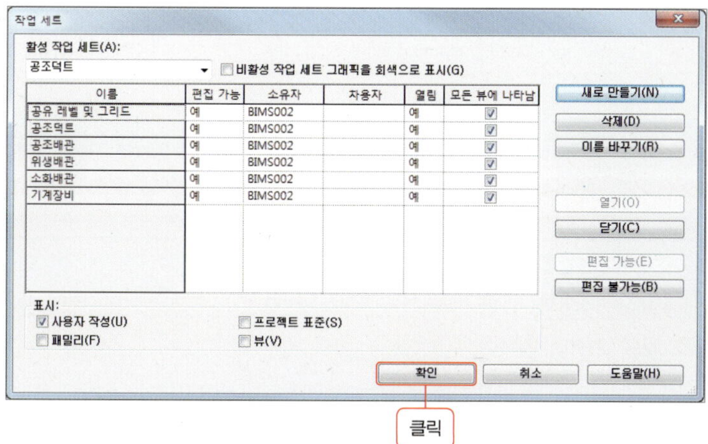

시스템 유형으로 작업할 때에는 항상 모델링 전에 시스템 유형과 작업 세트를 지정하도록
합니다.

01 [특성] 대화상자의 [제목] 탭을 마우스로 드래그하여 프로젝트 탐색기 옆에 배치합니다. 작업 세트를 '공조 덕트'로 지정합니다.

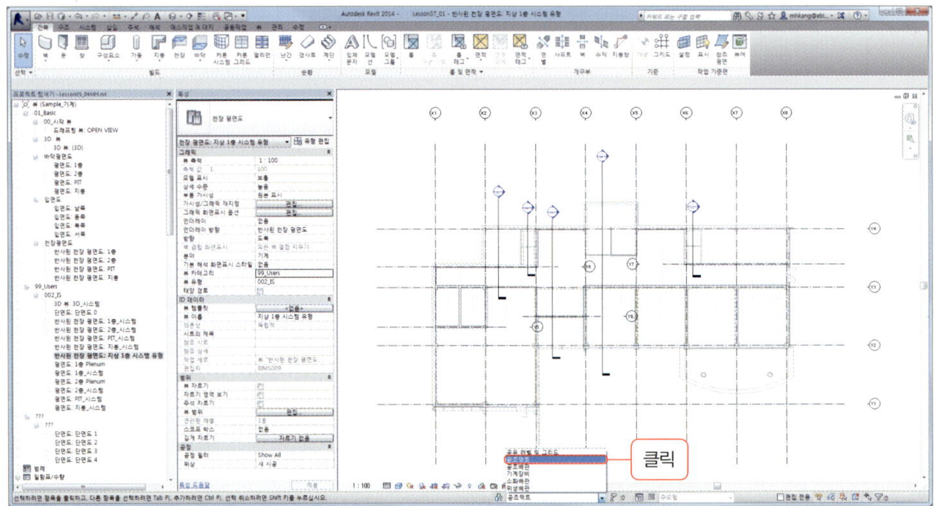

02 [시스템] 탭 ▶ [HVAC] 패널 ▶ 공기 터미널을 클릭한 후 유형 선택기에서 '공급_원형 디퓨저 320×150'을 선택합니다. 그런 다음, [수정 I 배치 공기 터미널] 탭 ▶ [배치] 패널 ▶ 면에 배치를 선택하고, 룸 102 부분으로 이동합니다. 그런 다음, 천장에 디퓨저를 다음과 같이 배치합니다.

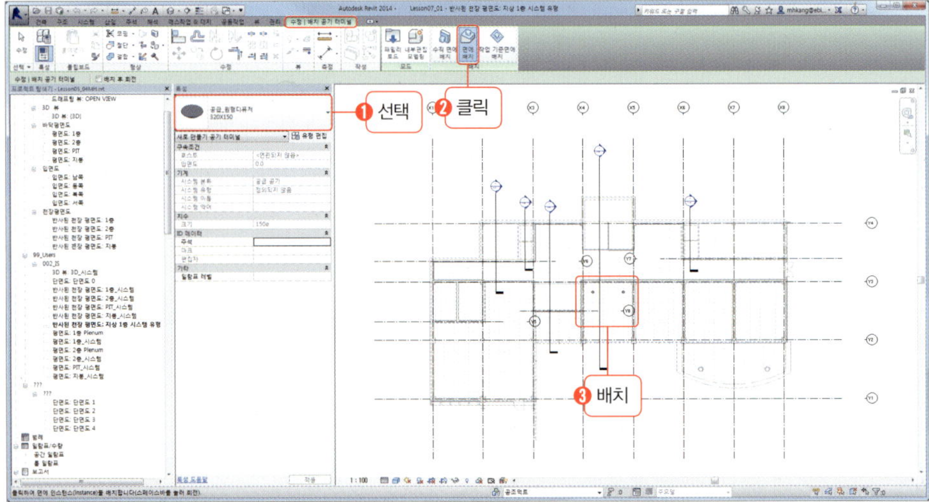

03 유형 선택기에서 '순환_원형 디퓨저 320×150'을 선택하고, '면에 배치'를 선택한 후 공급 디퓨저의 아래쪽에 2개를 배치합니다.

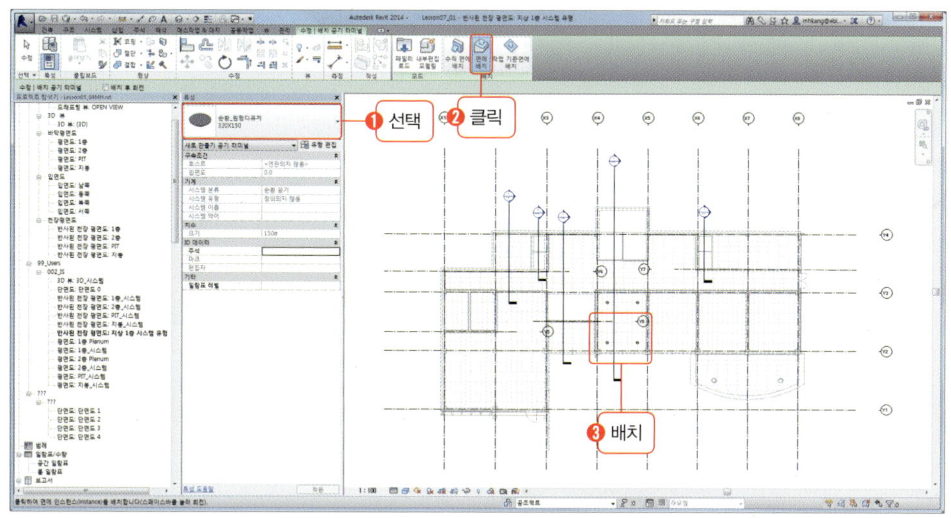

04 [시스템] 탭 ▶ [기계] 패널 ▶ 기계 장비를 클릭한 후 유형 선택기에서 '팬 코일 유니트_FCU'를 선택하고 [특성] 대화상자의 간격 띄우기에 '2825'를 입력합니다. 그런 다음, 작업 세트를 '기계 장비'로 지정하고, 룸 102 부분으로 이동하여 상비를 다음과 같이 배치합니다.

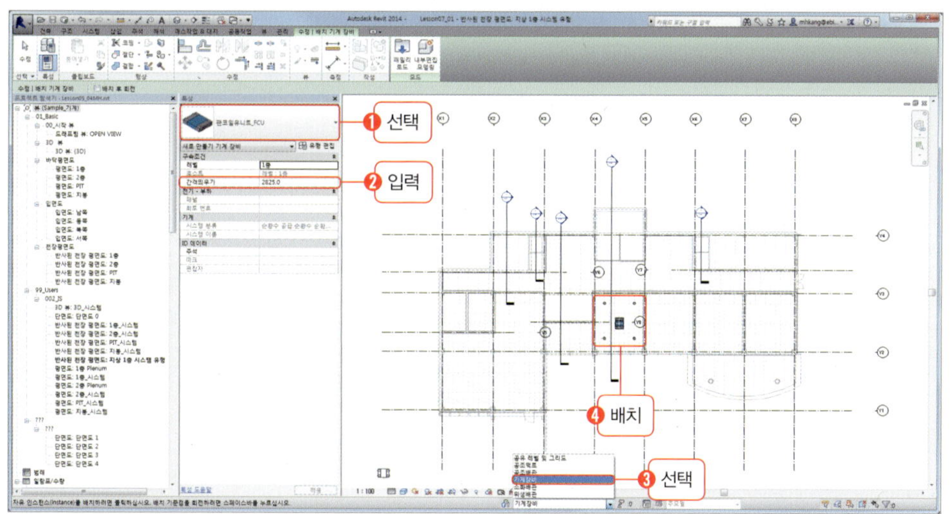

TIP

장비 배치 시, 설치 방향과 같은 면 또는 선에 커서를 올려놓고 Space Bar 를 누르면 해당 면 또는 선에 맞춰 장비 방향이 바뀝니다.

정해진 영역을 화면 전체로 확대하기 위해 Z R 을 누릅니다. 그런 다음, 룸 102 부분에서 다음과 같이 드래그합니다.

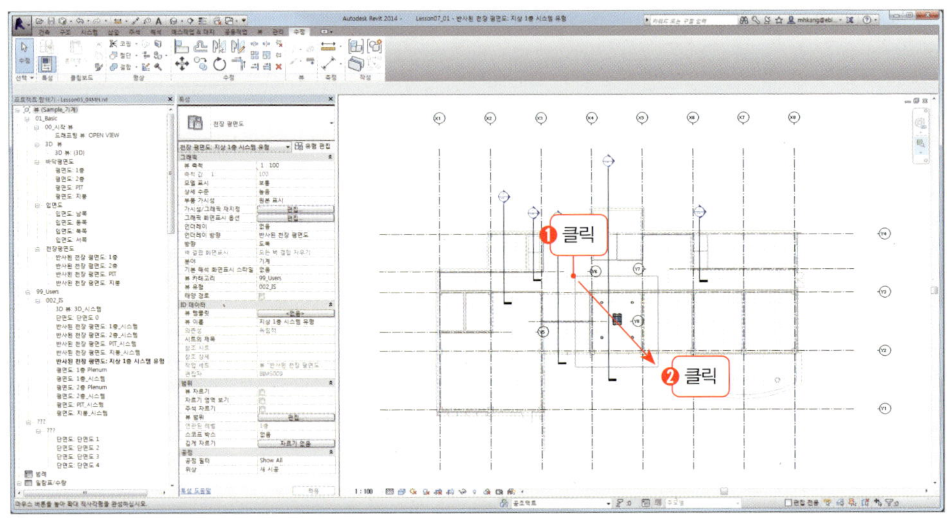

작업 세트를 '공조 덕트'로 지정한 후 팬 코일 유니트 좌측 상단의 커넥터에 마우스 오른쪽 버튼을 클릭하고 [덕트 그리기]를 선택합니다.

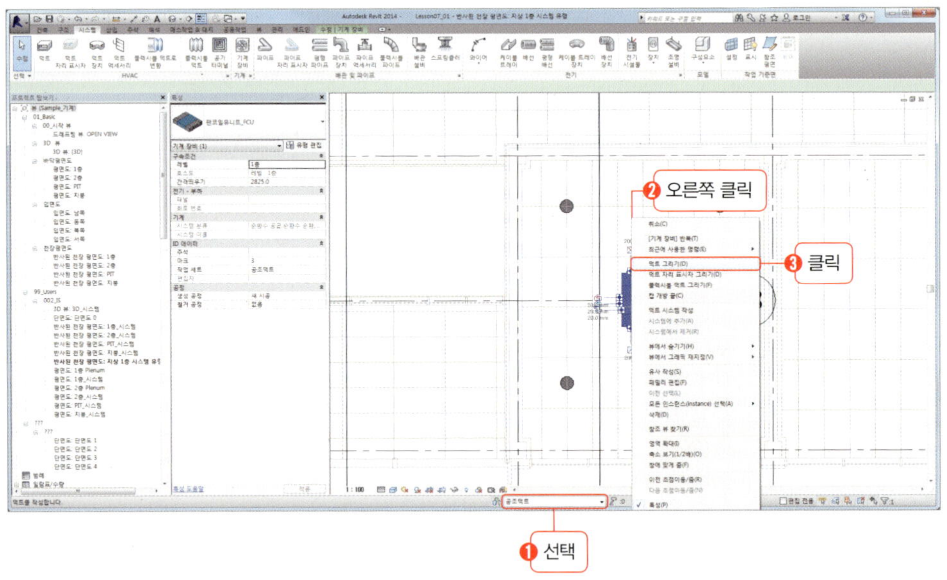

07 [특성] 대화상자의 유형 선택기에서 [원형 덕트] 탭을 선택한 후 시스템 유형에 'M3_SA'인지 확인하고, 덕트를 디퓨저 앞까지 작성합니다.

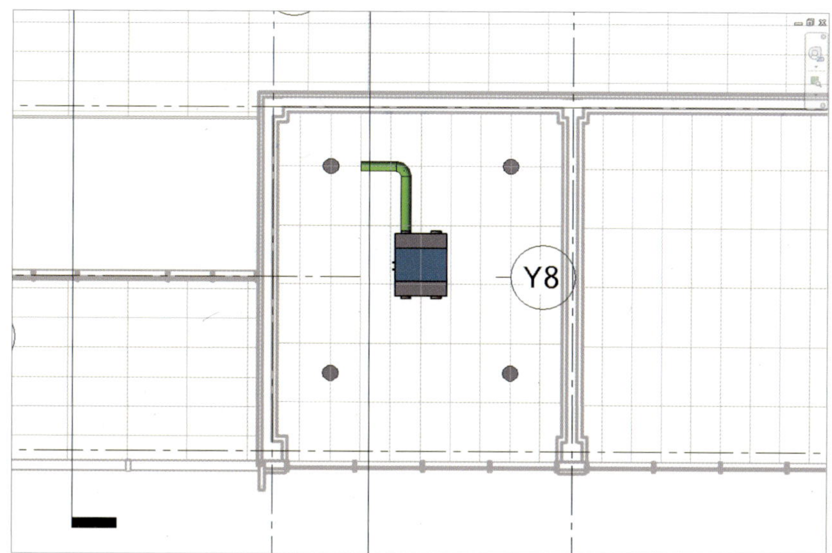

08 공급 디퓨저의 커넥터를 선택한 후 마우스 오른쪽 버튼을 클릭하여 [플렉시블 덕트 그리기]를 클릭합니다.

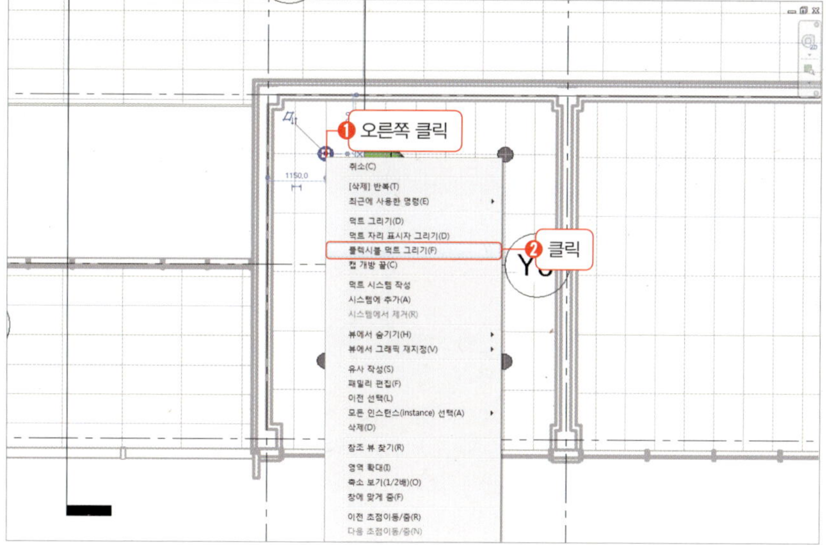

09 덕트 마감의 커넥터와 연결합니다.

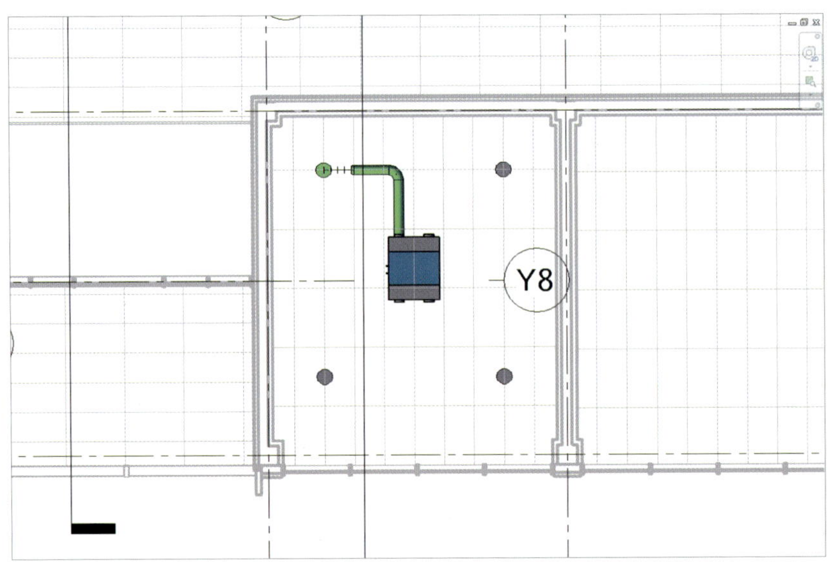

10 동일한 방법으로 나머지 덕트를 작성한 후 공기 터미널에 연결합니다.

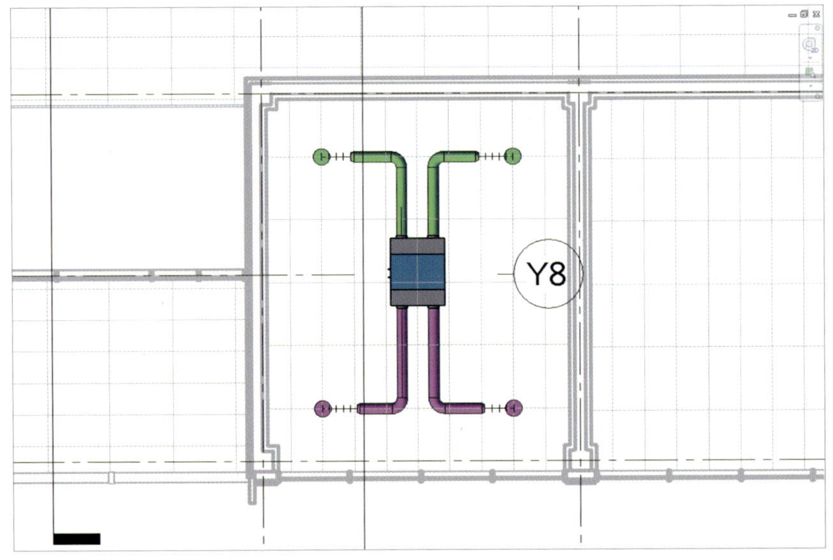

RA 덕트를 작업할 때에는 [특성] 대화상자의 시스템 유형에서 RA를 확인합니다.

전체 모델링 작업이 완료되면, 해당 레이어의 필터 가시성을 제어하여 연관된 작업 세트에
다른 공종의 객체들이 포함되지 않도록 검토합니다.

01 다음과 같이 [가시성/그래픽 재지정]의 [필터] 탭에서 M3_EA, M3_OA, M3_RA, M3_SA에
만 가시성을 체크하여 덕트 관련 모델만 보이도록 제어합니다.

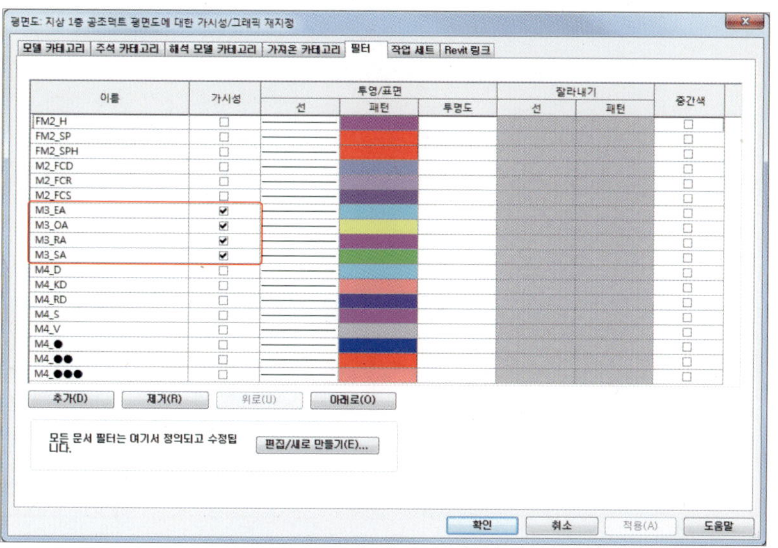

02 [작업 세트] 탭으로 이동한 후 가시성을 모두 '표시'로 설정하고 [확인] 버튼을 누릅니다. 작업 세트의
가시성을 모두 표시로 설정해도 필터의 가시성 제어로 인해 덕트 관련 모델만 화면에 보입니다. 드래
그하여 화면의 객체를 모두 선택한 후 [공조 덕트] 작업 세트에 포함시키고 '요소 숨기기'를 합니다.

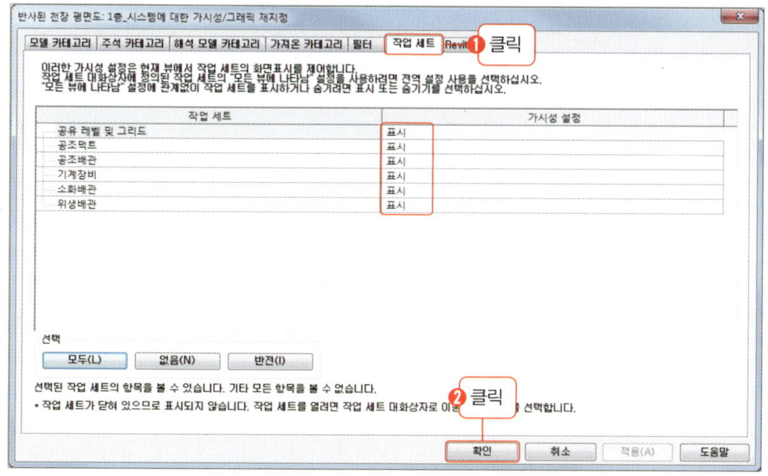

03 M3_EA, M3_OA, M3_RA, M3_SA를 제외한 필터의 가시성을 모두 체크하여 켭니다.

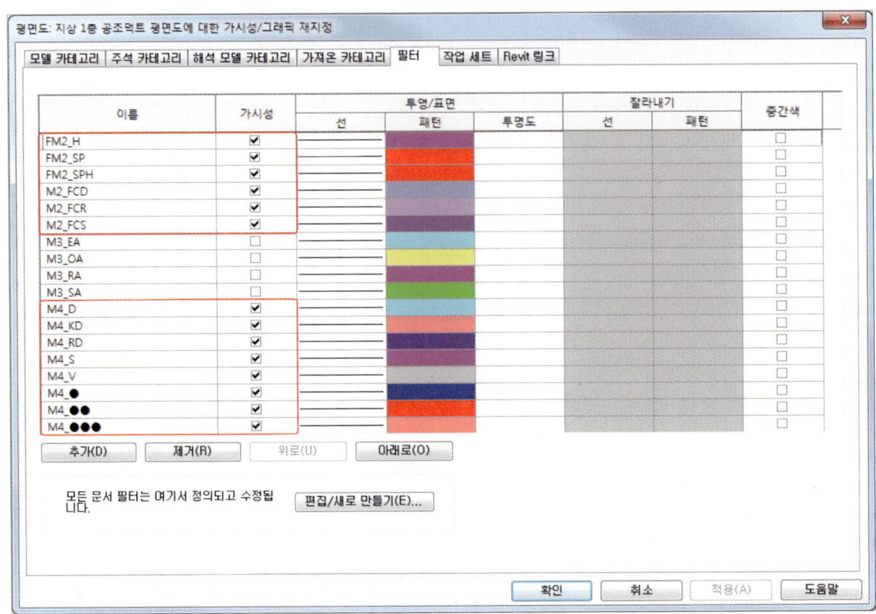

04 작업 세트에서 [공조 덕트]의 작업 세트만 가시성을 '표시'로 설정합니다.

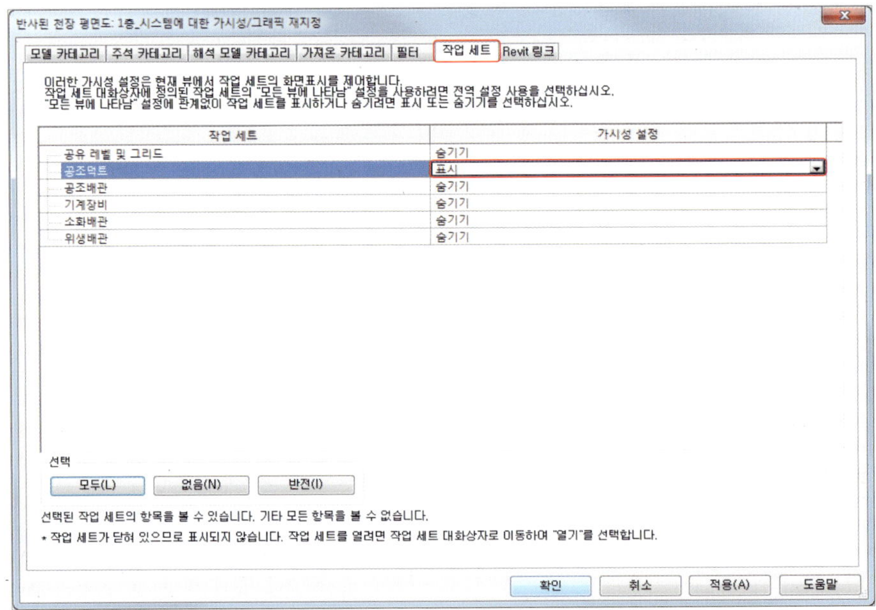

05 이제, 화면에는 공조 덕트 작업 세트에 속해 있지만, 덕트 작업과는 관련 없는 객체들이 표시됩니다. 이 객체들을 해당 작업 세트로 각각 재설정합니다.

06 나머지 공종에 해당하는 작업 세트의 내용도 동일한 방식으로 검토하면, 특정 작업 세트와 관련 없는 객체들이 무분별하게 들어 있지 않도록 정리할 수 있습니다.

07 작업 세트는 가시성을 제어하기 쉬우므로, 공종 간의 협업에 유용합니다. 반면에 작업 세트는 특별한 기준 또는 필터 기능이 없기 때문에 해당 작업 세트와 아무런 관련이 없는 객체도 그 작업 세트에 포함될 수 있습니다. 따라서 협업 전 또는 모델링 파일을 제출하기 전에 이러한 방법을 사용하여 작업 세트에 포함되는 객체들을 정리하는 것이 좋습니다.

모델링_
유형 주석으로 레이어 구분

이번 장에서는 파이프 유형을 시방서에 따라 구분하지 않고 레이어별로 지정한 후 유형 주석을 사용하여 구분하는 방법에 대해 알아보겠습니다. 먼저 파이프 장치 유형을 레이어별로 생성한 후 유형 주석을 기입하고 유형 주석이 기입된 각각의 파이프 유형에 포함시켜 필터를 적용합니다. 필터의 기준은 유형 주석을 선택하고, 팀별 작업은 공종별로 작업 세트를 이용하여 팀원별 작업 분배 및 가시성 제어에 활용합니다.

유형/유형 주석 이용하기

유형 주석을 이용하기 위해서는 [유형 특성] 창에 유형 주석을 기입하고 유형 이름 및 유형 주석으로 구분된 파이프 장치를 라우팅에 적용해야 합니다. 이를 뷰 필터에 적용하면 레이어별로 구분할 수 있습니다.

유형 특성

패밀리(F):	시스템 패밀리: 파이프 유형	로드(L)...
유형(T):	M2_FCR	복제(D)...
		이름 바꾸기(R)...

유형 매개변수

매개변수	값
세그먼트 및 장치	
라우팅 기본 설정	편집...
ID 데이터	
키노트	
모델	
제조업체	
유형 주석	M2_FCR
URL	
설명	
조합 설명	
조합 코드	
유형 마크	
단가	
KS 규격	

<< 미리보기(P)   확인   취소   적용

핵심 Point

필터 규칙에 유형 주석 사용하기

유형 주석을 이용한 모델링

파이프 유형 편집하기

유형 주석을 이용하여 레이어 구분 필터 기준에 적용하면 구성 요소의 색상을 구분할 수 있습니다.

---

01 ▶ [열기] ▶ [프로젝트]를 클릭하여 [새 프로젝트] 대화상자가 나타나면 'Sample\Chapter 05\Lesson08\Lesson08_01.rvt' 파일을 열고 프로젝트 탐색기에서 '뷰(Sample_기계) ▶ 99_Users ▶ 002 IS ▶ 평면도 1층(1)'을 더블 클릭합니다.

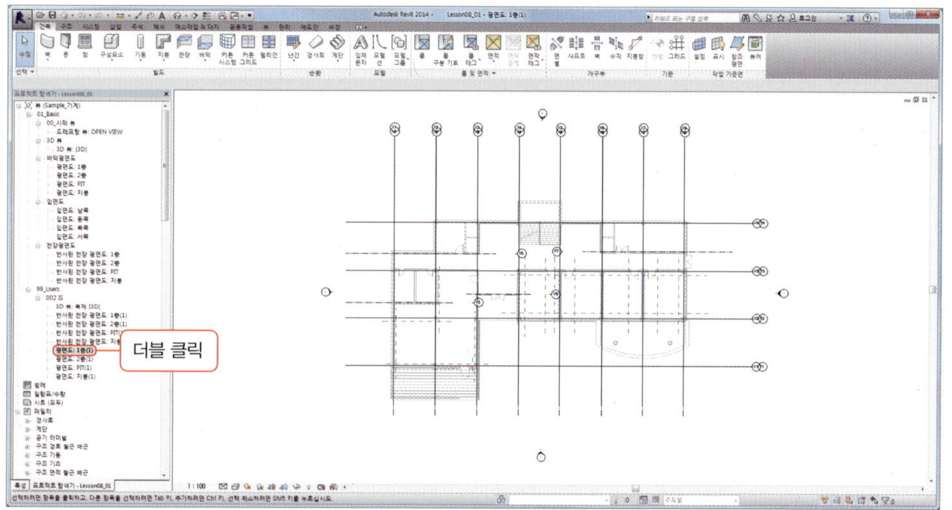

02 프로젝트 탐색기에서 '패밀리 ▶ 파이프 ▶ 파이프 유형'을 확장한 후 [복제]와 [이름 바꾸기]를 통하여 파이프 유형을 다음과 같이 정리합니다.

- FM2_H, FM2_SP, FM2_SPD, FM2_SPH – '소화 배관'을 복제 또는 이름 바꾸기
- M2_FCD, M2_FCR, M2_FCS – '냉, 온수관'을 복제 또는 이름 바꾸기
- M4_D, M4_KD, M4_S – '오배수관'을 복제 또는 이름 바꾸기
- M4_RD – '우수관'을 이름 바꾸기
- M4_V – '통기관'의 이름 바꾸기
- M4_●, M4_●●, M4_●●● – '급수 급탕관'을 복제 또는 이름 바꾸기

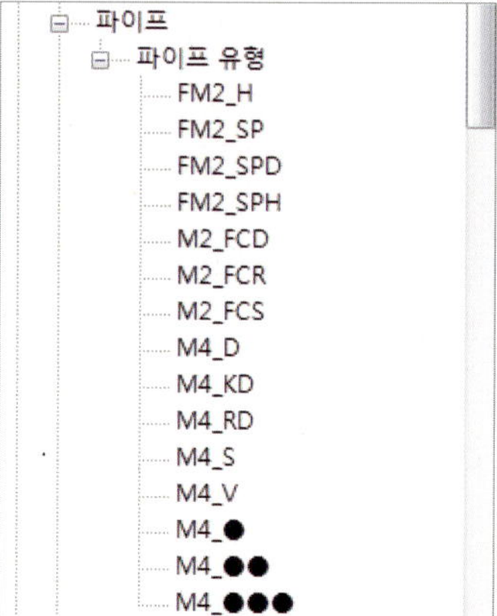

필터 기준에 유형 주석이 아닌 '유형 이름'을 적용할 수 있습니다. 그러나 유형 이름을 이용한 레이어별 필터 적용은 색상 구분이 파이프에만 적용되고, 파이프 장치에는 적용되지 않습니다. 유형 이름만으로 필터 적용된 소화 가지 배관의 경우 다음과 같이 모델링됩니다.

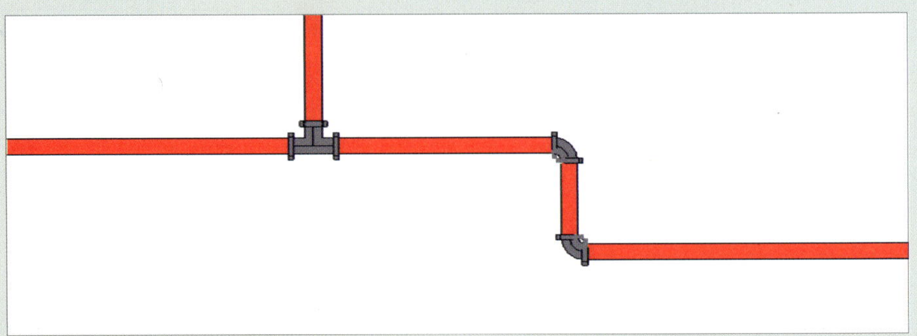

파이프의 필터 적용이 파이프 장치를 포함하여 색상을 구분하기 위해서는 파이프 장치 각각의 레이어별 '유형 이름'이 필요합니다.

예를 들어 급수, 급탕 배관의 경우, 두 배관이 동일한 STS 파이프, SR 조인트를 사용하지만, 서로 다른 파이프 유형 이름과 파이프 장치 이름을 적용해야 합니다.

급수 배관의 경우

유형 이름 : M4_●, 엘보 : M4_●, 티 : M4_●, 레듀서 : M4_●……

급탕 배관의 경우

유형 이름 : M4_●●, 엘보 : M4_●●, 티 : M4_●●, 레듀서 : M4_●●……

유형 하나에 유형 주석 1개를 입력할 수 있으므로, 유형 생성이 레이어별로 각각 필요합니다.

파이프 및 파이프 장치의 유형 이름 작성 및 유형 주석을 적용하는 작업에 대해 알아봅니다.

01 [시스템] 탭▶[배관 및 파이프] 패널▶[파이프 장치]를 클릭한 후 유형 선택기에서 'STS 용접 단 엘보'를 선택하고, '유형 편집'을 클릭합니다.

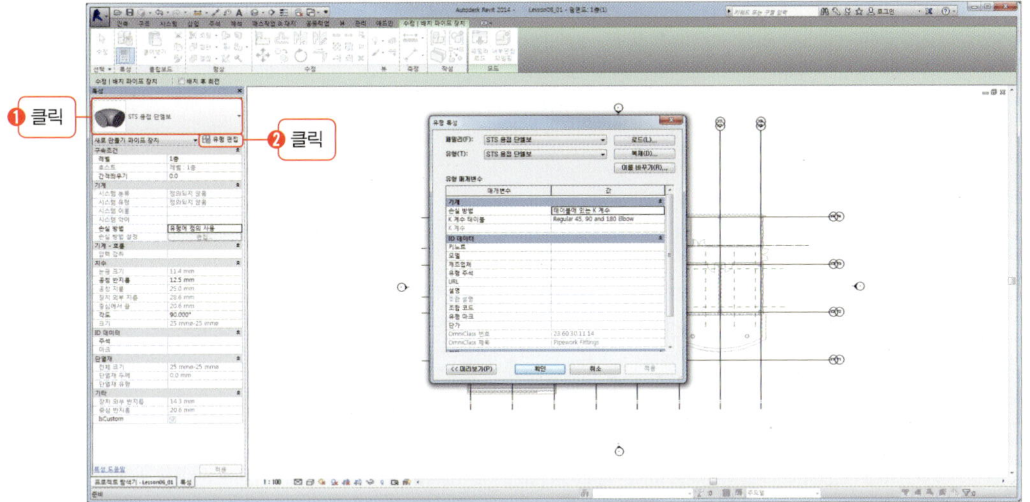

02 [유형 특성] 대화상자에서 [이름 바꾸기] 버튼을 클릭한 후 유형의 이름을 'M2_FCR'로 입력하고 [확인] 버튼을 누릅니다.

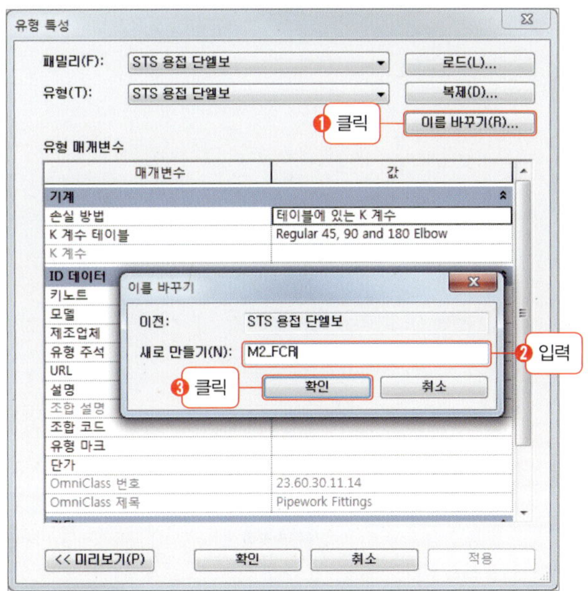

Lesson. 08 유형/유형 주석 이용하기

03 [복제]를 클릭한 후 유형의 이름을 'M2_FCS'로 입력하고 [확인] 버튼을 누릅니다.

04 동일한 방법으로 STS 용접 단엘보를 사용하는 'M4_●', 'M4_●●', 'M4_●●●' 유형을 복제하여 추가합니다.

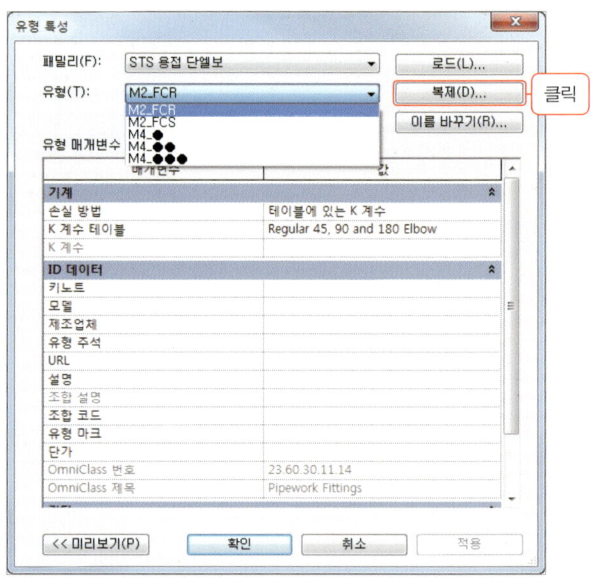

05 파이프 장치(엘보, 티, 레듀서, 캡 등)에 재질에 맞는 유형을 찾은 후 복제 또는 이름 바꾸기를 하여 각각 추가합니다.

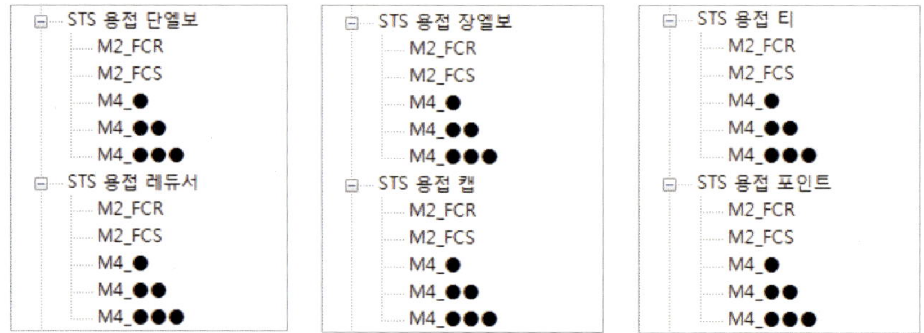

01 프로젝트 탐색기에서 '패밀리 ➤ 파이프 장치 유형 STS 용접 단엘보 ➤ M2_FCR'을 더블 클릭합니다. [유형 특성] 대화상자의 유형 주석 값에 'M2_FCR'을 입력합니다.

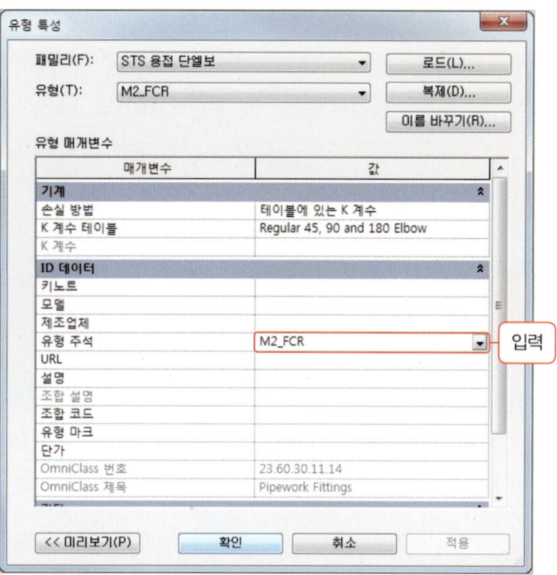

02 나머지 파이프 장치 유형에 파이프 유형 이름으로 유형 주석을 입력하여 구분합니다.

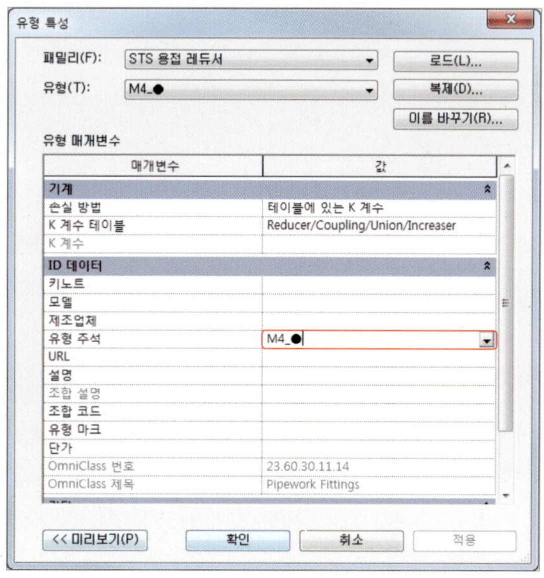

01 [시스템] 탭 ➤ [배관 및 파이프] 패널 ➤ [파이프]를 클릭한 후 유형 선택기에서 'M2_FCR'을 선택하고, [특성] 대화상자에서 '유형 편집'을 클릭합니다. 그런 다음, [유형 특성] 대화상자에서 라우팅 기본 설정의 [편집] 버튼을 클릭합니다.

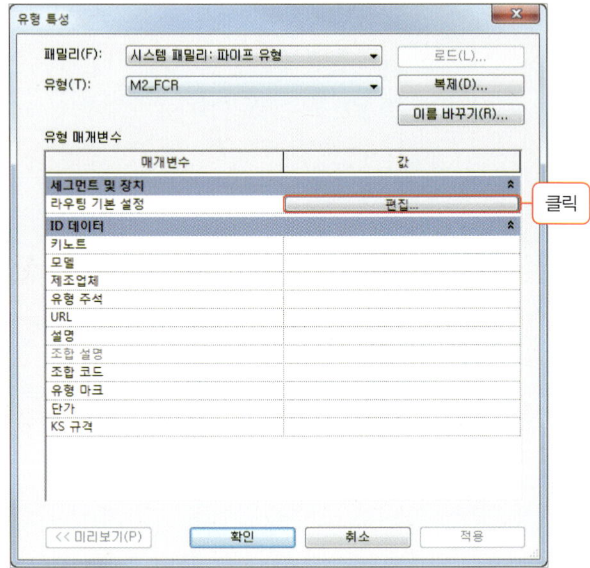

02 [라우팅 기본 설정] 대화상자에서 파이프 장치들을 다음과 같이 'M2 FCR'로 바꾼 후 [확인] 버튼을 누릅니다.

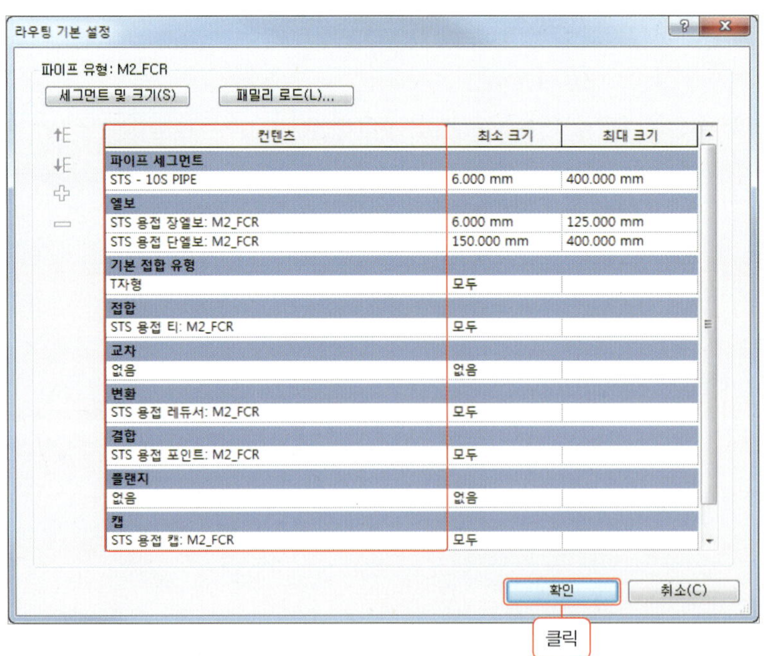

컨텐츠	최소 크기	최대 크기
파이프 세그먼트		
STS - 10S PIPE	6.000 mm	400.000 mm
엘보		
STS 용접 장엘보: M2_FCR	6.000 mm	125.000 mm
STS 용접 단엘보: M2_FCR	150.000 mm	400.000 mm
기본 접합 유형		
T자형	모두	
접합		
STS 용접 티: M2_FCR	모두	
교차		
없음	없음	
변환		
STS 용접 레듀서: M2_FCR	모두	
결합		
STS 용접 포인트: M2_FCR	모두	
플랜지		
없음	없음	
캡		
STS 용접 캡: M2_FCR	모두	

03 [유형 특성] 대화상자에서 유형 주석값에 'M2_FCR'을 입력합니다.

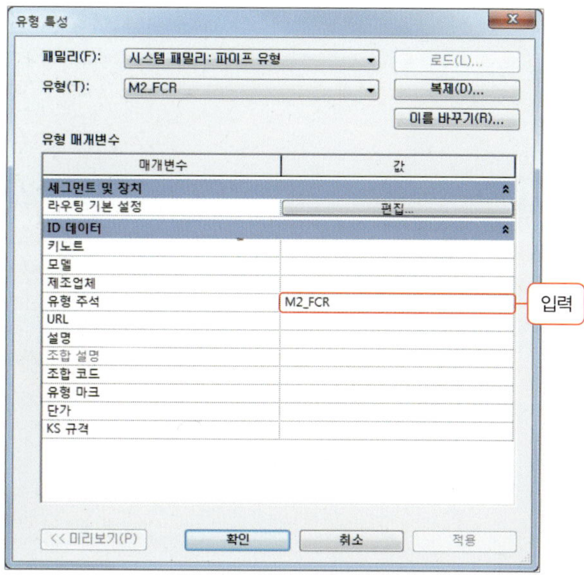

04 동일한 방법으로 파이프 유형별로 라우팅을 재설정한 후 유형 주석을 입력합니다.

01 [뷰] 탭 ➤ [그래픽] 패널 ➤ [뷰 템플릿]을 확장하여 [뷰 템플릿 관리]를 클릭합니다.

02 [뷰 템플릿] 대화상자에서 'Sample_MEP' 템플릿을 선택한 후 [이름 바꾸기] 버튼  를 클릭합니다. 그런 다음, [이름 바꾸기] 대화상자에서 'Sample_유형 주석'을 입력하고 [확인] 버튼을 누릅니다.

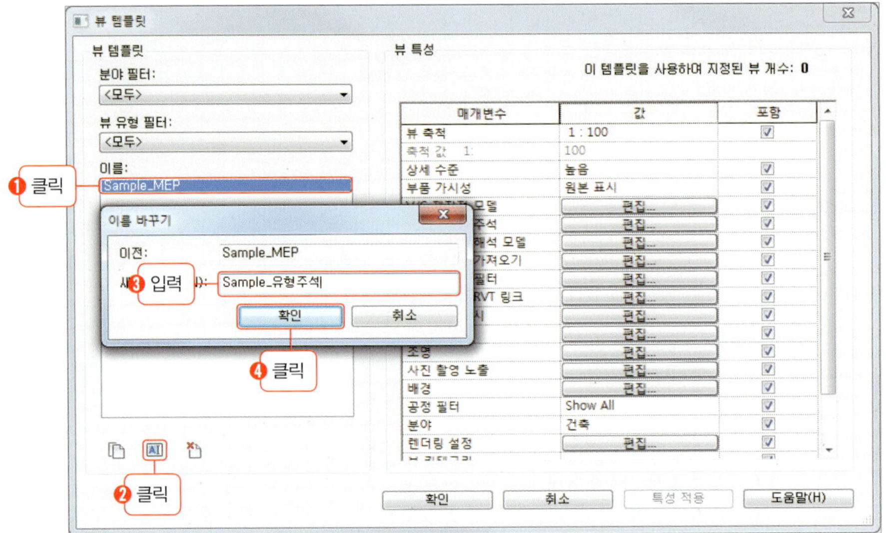

03 V/G 재지정 필터의 [편집] 버튼을 클릭합니다.

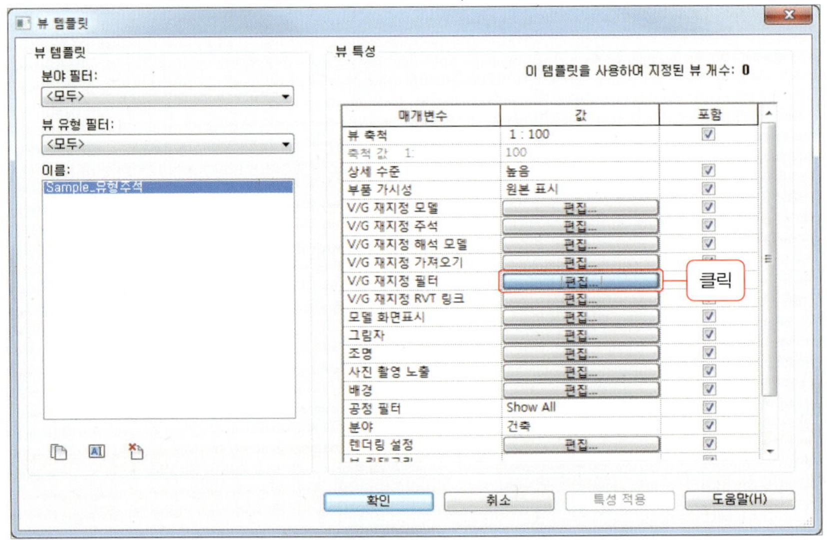

> **주 의**
>
> 레이어별 색상 구분을 위한 필터 지정만 편집하고, 뷰 템플릿의 다른 작업은 생략합니다.

 [가시성 | 그래픽 재지정] 대화상자 하단의 [편집/새로 만들기] 버튼을 클릭합니다.

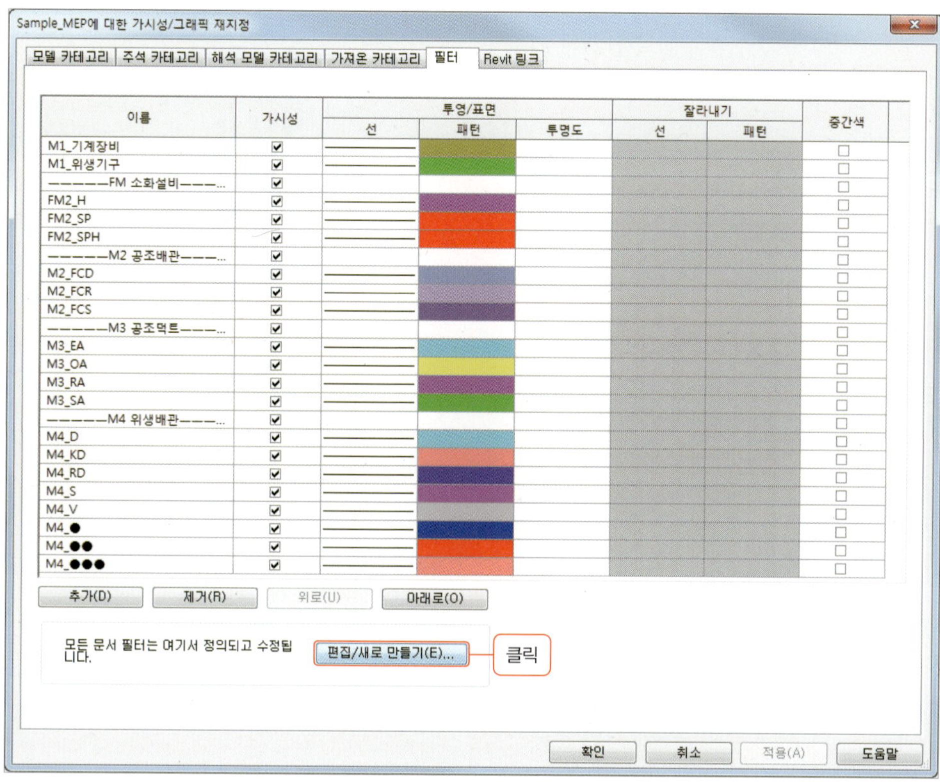

05 FM2_H 필터의 관련 카테고리와 필터 규칙을 다음과 같이 지정합니다. 그런 다음, 이를 참조하여 [필터] 대화상자에서 모든 필터의 카테고리와 필터 규칙을 지정합니다. 필터 편집이 완료되면 [확인] 버튼을 누릅니다.

> **주 의**
>
> - 'MI_기계 장비' 필터는 카테고리에서 기계 장비만 선택하고, 필터 규칙은 유형 주석/같음 'MI_기계 장비'로 지정합니다.
> - 'MI_위생기구' 필터는 카테고리에서 배관 설비만 선택하고, 필터 규칙은 유형 주석/같음 'MI_위생도기'로 지정합니다.

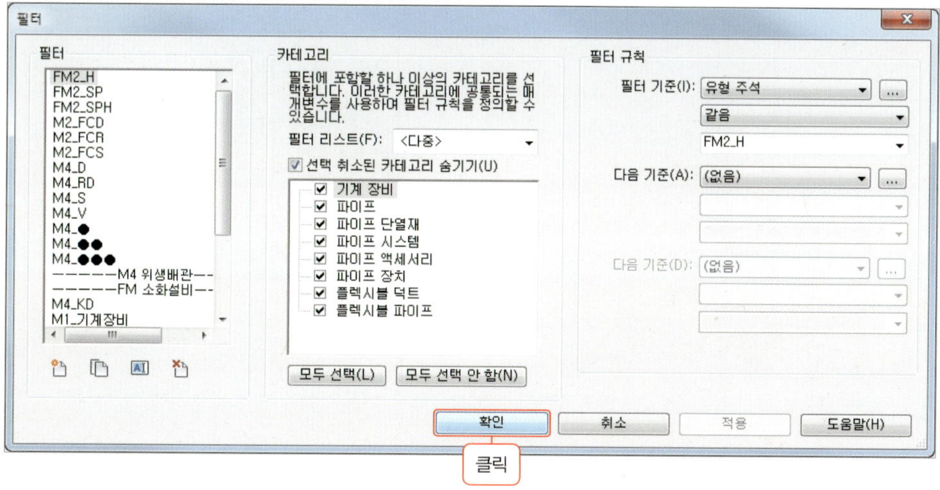

06 프로젝트 탐색기에서 '99_Users ▶ 002_IS ▶ 반사된 천장 평면도 : 1층(1)'을 클릭합니다.

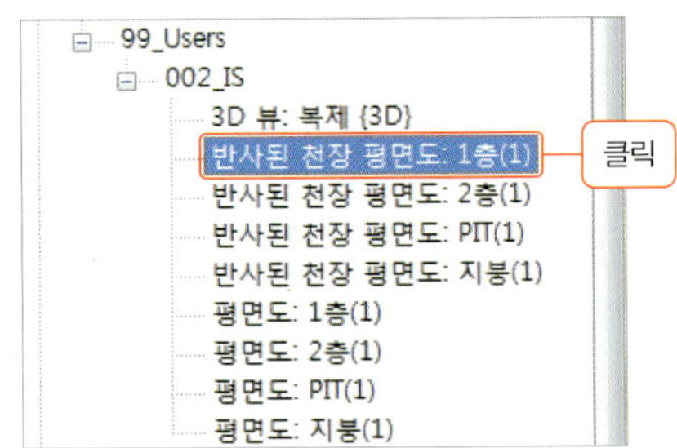

07 마우스 오른쪽 버튼을 클릭한 후 [뷰 복제] ▶ [복제]를 클릭합니다.

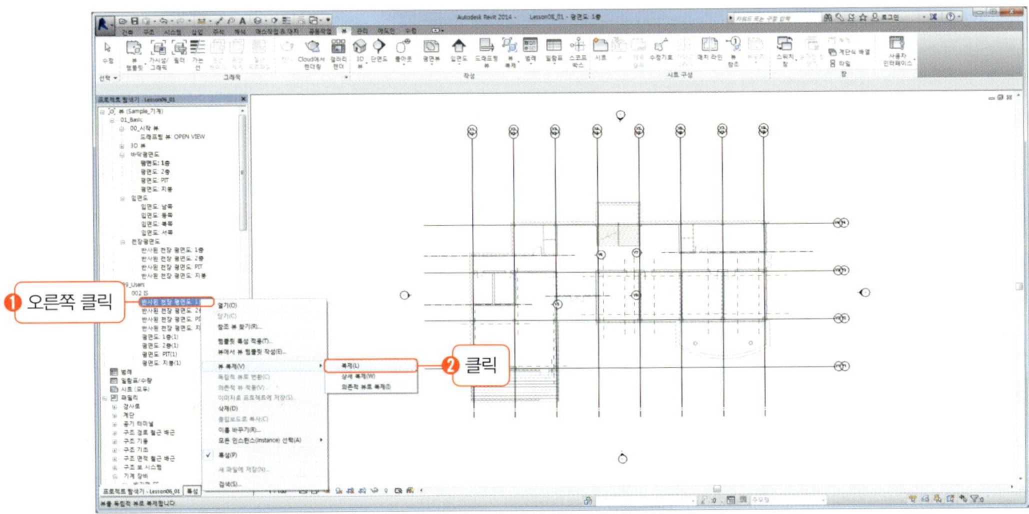

08 프로젝트 탐색기에서 복제된 평면도를 마우스 오른쪽 버튼으로 클릭한 후 '이름 바꾸기'를 선택합니다.

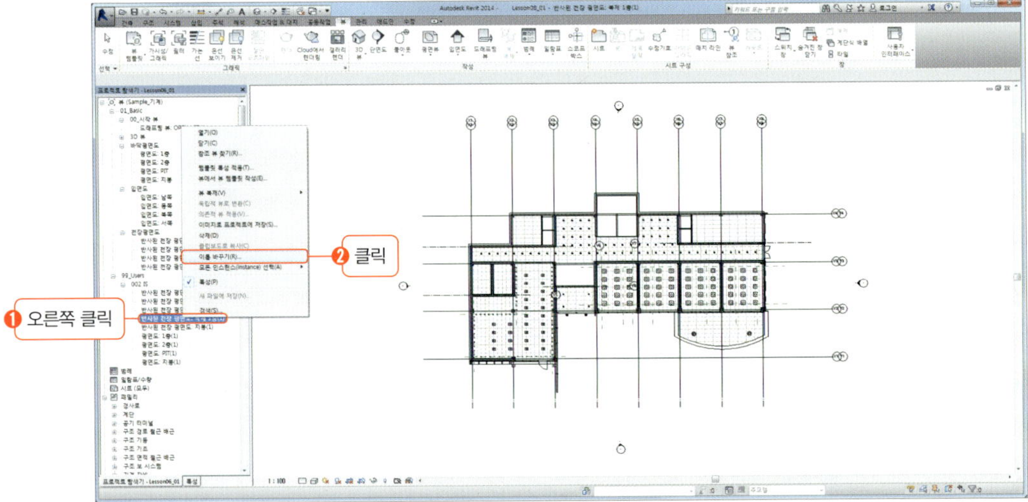

09 [뷰 이름 바꾸기] 대화상자에서 '지상 1층 유형 주석'을 입력한 후 [확인] 버튼을 누릅니다.

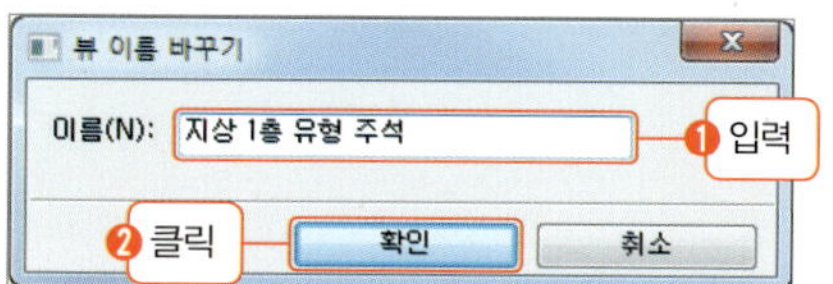

10 [뷰] 탭▶[그래픽] 패널▶[뷰 템플릿]에서 [현재 뷰에 템플릿 특성 적용]을 선택한 후 [뷰 템플릿 적용] 대화상자에서 'Sample_유형 주석'을 선택합니다. 그런 다음, 뷰 특성 항목의 '분야'를 '기계'로 설정하고, [확인] 버튼을 눌러 뷰 템플릿을 현재 뷰에 적용합니다.

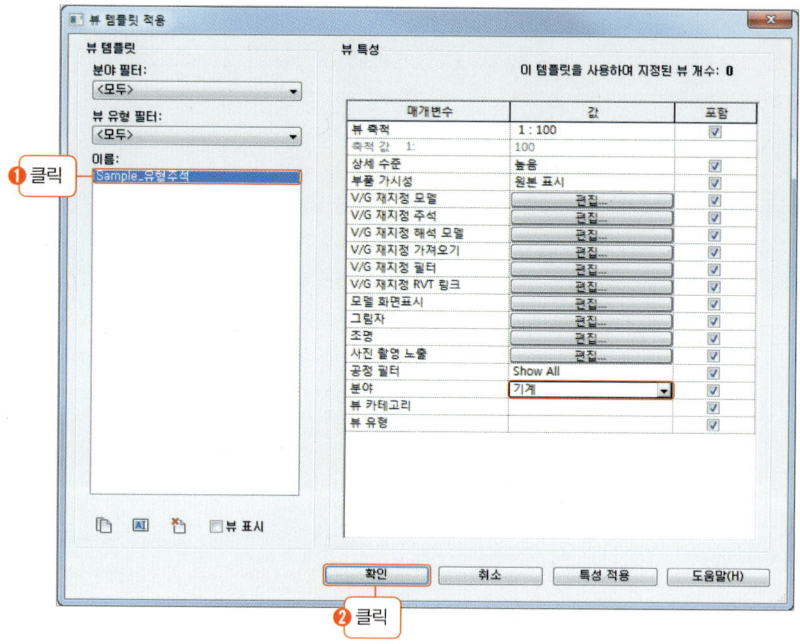

01 팀 작업을 위해 작업 세트를 다음과 같이 생성한 후 공종별 작업을 진행합니다.

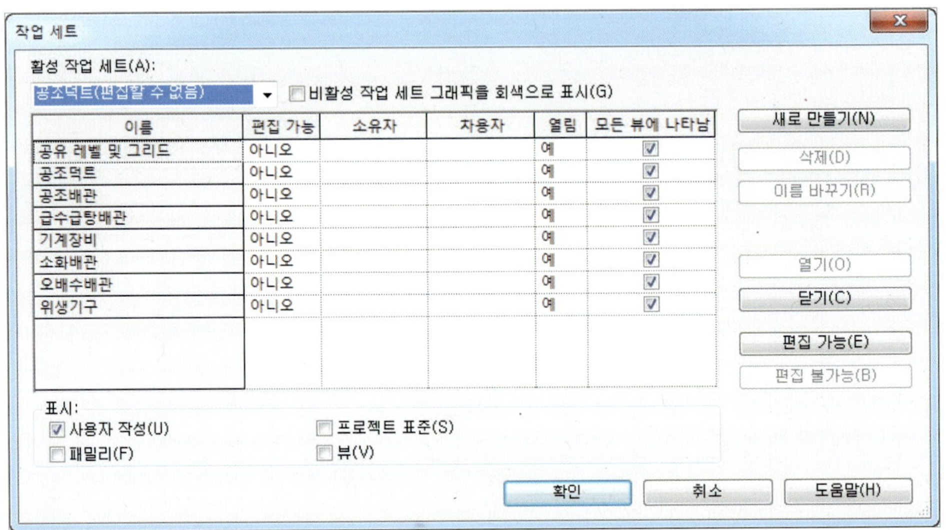

TIP

작업 세트 생성은 '시스템 유형으로 레이어 구분'의 '작업 세트 구성하기' 부분을 참고하세요.

02 [시스템] 탭 ▶ [기계] 패널 ▶ [기계 장비]를 클릭한 후 유형 선택기에서 '팬코일유니트_FCU'를 선택하고 '유형 편집'을 클릭합니다. 그런 다음, [유형 특성] 대화상자의 유형 주석값에 'M1_기계 장비'를 입력하고 [확인] 버튼을 누릅니다.

TIP

[필터] 대화상자에서 지정된 필터 이름과 동일하게 입력합니다.

03 [특성] 대화상자의 간격 띄우기에 '2825'를 입력한 후 작업 세트를 '기계 장비'로 지정하고, 도면 영역의 룸 102 부분으로 이동합니다. 원하는 위치에 팬 코일 유니트를 배치한 후 Esc 를 눌러 명령을 종료합니다.

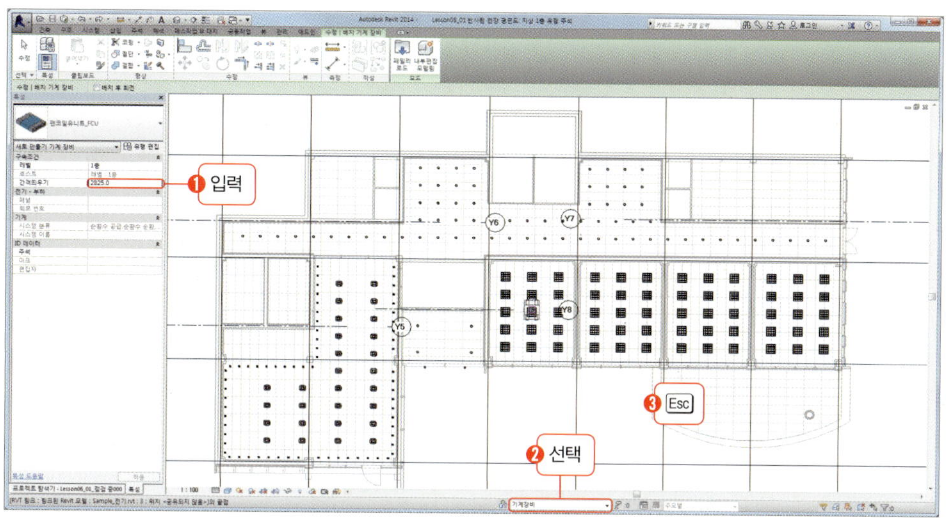

04 정해진 영역을 화면 전체로 확대하기 위해 영문 키를 활성화한 후 Z R 을 누릅니다. 그런 다음, 룸 102 부분에서 다음과 같이 드래그합니다.

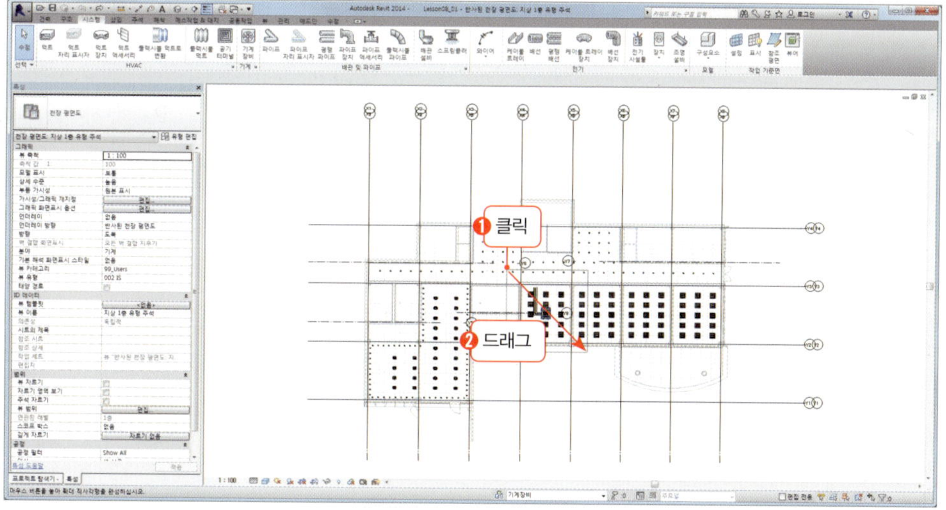

05 [시스템] 탭▶[배관 및 파이프] 패널▶[파이프]를 클릭한 후 유형 선택기에서 'M2_FCS'를 선택하고 [특성] 대화상자의 참조 레벨을 '1층'으로 수정합니다. 그런 다음, 도면 영역에서 설치된 장비 좌측 상단의 파이프 커넥터를 클릭합니다. Space Bar 를 눌러 크기와 높이를 상속받은 후 파이프를 좌측으로 400mm를 이동한 다음 클릭합니다.

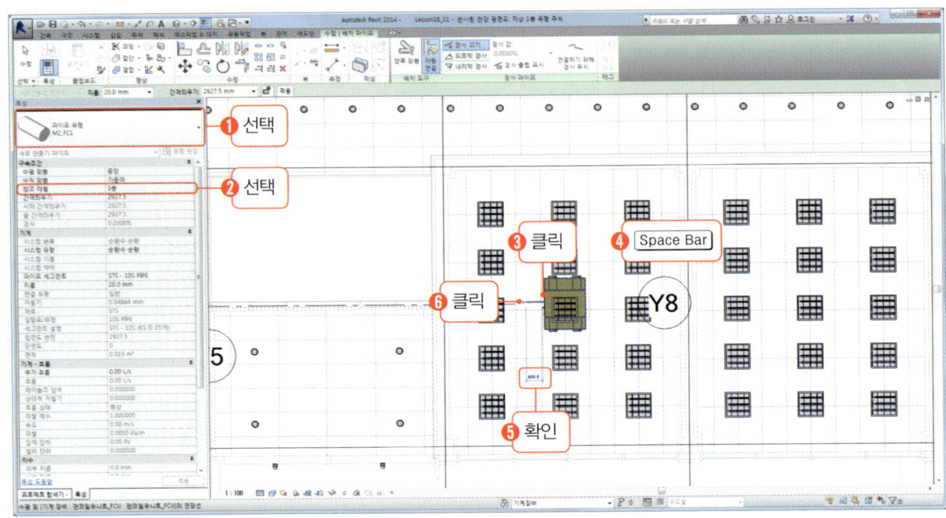

06 옵션 막대의 간격 띄우기값에 '3200'을 입력한 후 커서를 위쪽으로 3000mm 이동하여 클릭하고 Esc 를 누릅니다.

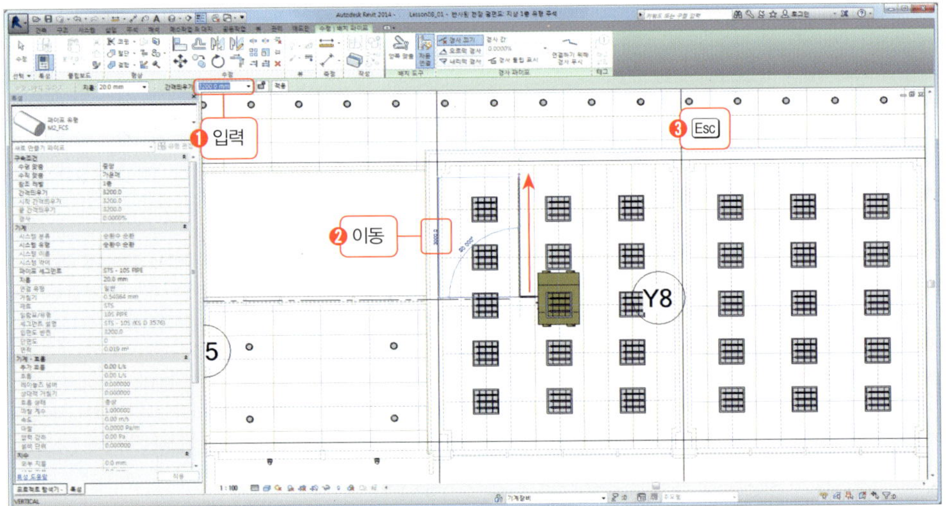

07 팬 코일 유니트를 선택한 후 장비의 두 번째 파이프 커넥터를 선택하고 마우스 오른쪽 버튼을 눌러 '파이프 그리기'를 클릭합니다. 그런 다음, 파이프 유형 선택기에서 'M2_FCR'을 선택하고 FCS 배관과 동일한 높이에 일정한 간격으로 다음과 같이 파이프를 그립니다.

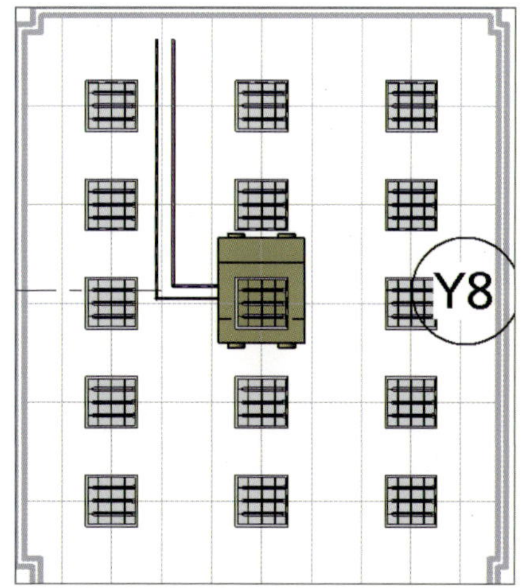

08 팬 코일 유니트를 선택한 후 장비의 세 번째 파이프 커넥터를 선택하고 마우스 오른쪽 버튼을 눌러 '파이프 그리기'를 클릭합니다. 그런 다음, 파이프 유형 선택기에서 'M2_FCD'를 선택하고 FCS 배관과 동일한 높이에 일정한 간격으로 다음과 같이 파이프를 그립니다.

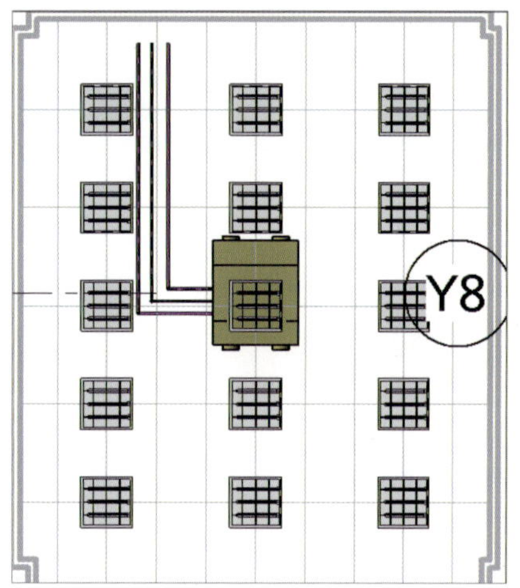

09 프로젝트 탐색기에서 '99_Users ▶ 002_IS ▶ 3D 뷰 : 복제 {3D}'를 더블 클릭합니다. 그런 다음, 뷰 큐브의 우측 하단 모서리를 클릭합니다.

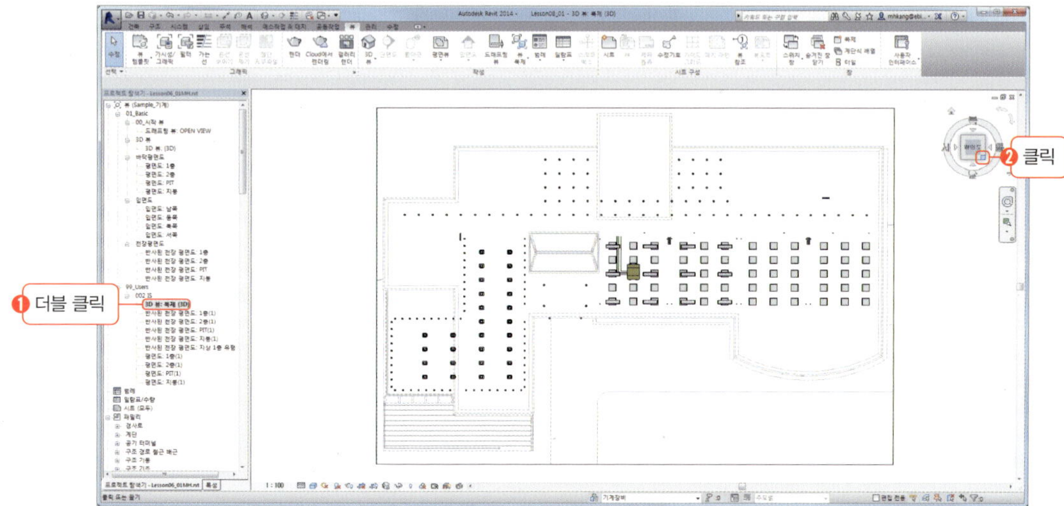

⑩ [뷰] 탭▶[그래픽] 패널▶뷰 템플릿을 확장하여 '현재 뷰에 템플릿 특성 적용'을 클릭합니다. 뷰 템플릿이 'Sample_유형 주석'으로 선택되어 있는지 확인한 후 [확인] 버튼을 누릅니다.

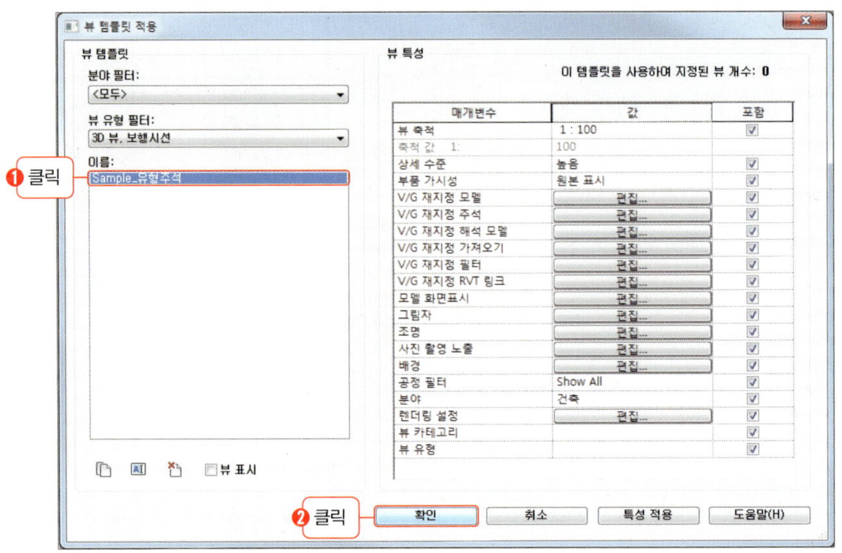

⑪ 영문 키를 활성화한 후 ⓥⓥ를 누릅니다. [가시성/그래픽 재지정] 대화상자에서 Revit 링크 패널 아래 링크 파일의 '언더레이'를 체크하고 [확인] 버튼을 누릅니다.

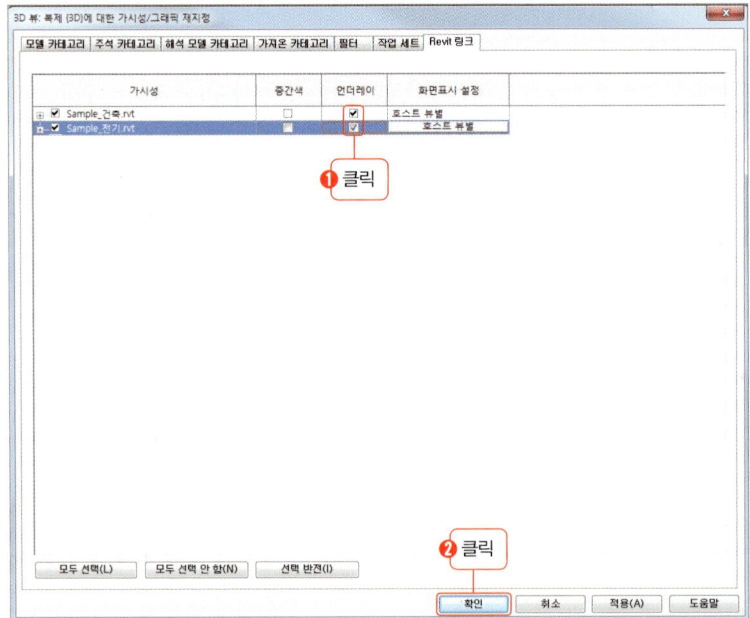

⑫ 작성된 모델을 3D 뷰에서 다음과 같이 확인할 수 있습니다.

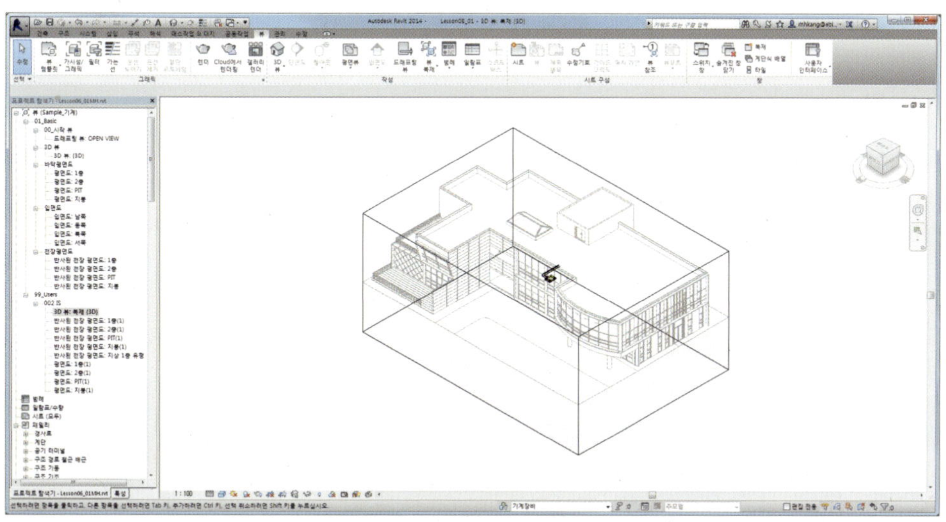

⑬ 2D 도면을 참조하여 전체 모델링을 완료합니다.

⑭ 전체 모델링 작업을 완료한 후에는 필터의 가시성과 작업 세트의 가시성을 이용하여 각 작업 세트에 다른 공종의 객체들이 포함되지 않도록 검토합니다.

작업 세트 생성은 '시스템 유형으로 레이어 구분'의 '작업 세트 검토하기' 부분을 참고하세요.

유형 주석으로 레이어를 구분하여 모델링을 하면, 작업 초기에 레이어 구분에 따른 작업이 반복적으로 계속되고, 파이프 장치 유형이 레이어 수만큼 많아지는 단점이 있습니다.

이 교재의 작업을 예로 들면, 작업 레이어를 15종류로 분류해서 파이프 유형이 15종류가 되었습니다. 그리고 파이프 장치의 유형은 각각 엘보 15종류, 티 15종류, 레듀서 15종류, 유니온 15종류, 용접 캡 15종류 등이 사용되었습니다. 그러나 유형 주석으로 레이어가 구분되어 작업되었으므로, 유형 주석을 이용하면 레이어별 구분에 대한 수량 등은 바로 산출할 수 있습니다.

모델링_
매개변수로
레이어 구분

프로젝트 매개변수 또는 공유 매개변수를 사용하여 레이어를 구분할 수 있습니다. 매개변수로 구분된 뷰 필터를 적용하여 작업하면, 시스템 패밀리인 파이프 또는 덕트에 먼저 필터가 적용됩니다. 파이프 및 덕트 장치는 해당 작업을 종료한 후에 매개변수를 기입해야만 필터가 적용됩니다. 따라서 필터에 파이프 및 덕트 장치들을 적용하는 반복 작업이 많아집니다.

매개변수로
구분하기

레이어를 매개변수로 구분하기 위해서는 지정하려는 필터 항목의 카테고리와 매개변수의 카테고리가 같거나 매개변수 카테고리 항목들에 필터 항목의 카테고리 항목들이 모두 포함되어야 합니다. 매개변수로는 프로젝트 매개변수와 공유 매개변수를 사용할 수 있습니다.

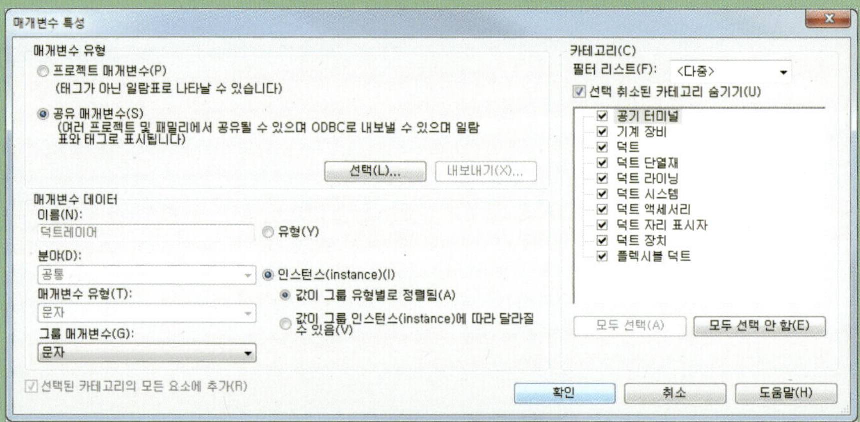

공유 매개변수 작성하기
필터 규칙에 매개변수 사용하기

이번에는 공유 매개변수를 만드는 방법에 대해 알아보겠습니다. 공유 매개변수는 별도의 텍스트 파일로 저장되기 때문에 여러 패밀리와 프로젝트에서 공유할 수 있습니다. 그러나 한 번 작성된 공유 매개변수의 이름은 편집하거나 변경할 수 없으므로, 프로젝트에 반영하기 전에 신중하게 작성해야 합니다.

01 ▶ [열기] ▶ [프로젝트]를 클릭하여 [새 프로젝트] 대화상자가 나타나면 'Sample\Chapter06\Lesson09\Lesson09_01.rvt' 파일을 불러옵니다. 그런 다음, [뷰] 탭 ▶ [그래픽] 패널 ▶ [뷰 템플릿]을 확장하여 [뷰 템플릿 관리]를 클릭합니다.

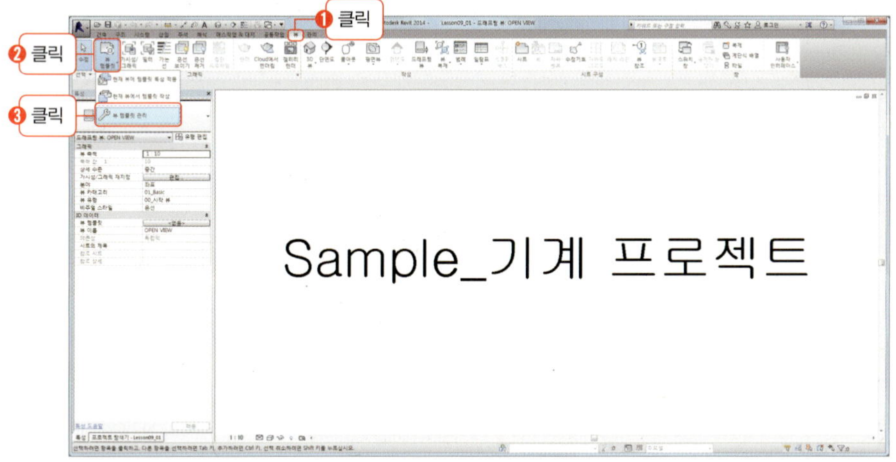

02 [뷰 템플릿] 대화상자에서 'Sample_MEP' 템플릿을 선택한 후 하단의 [이름 바꾸기] 버튼 을 클릭합니다. 그런 다음, 템플릿의 이름에 'Sample_매개변수'를 입력하고 [확인] 버튼을 누릅니다.

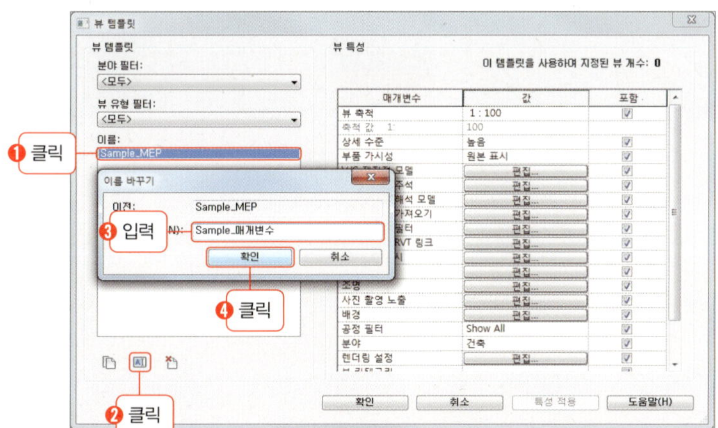

03 '뷰 특성' 항목 'V/G 재지정 필터'의 [편집] 버튼을 클릭합니다.

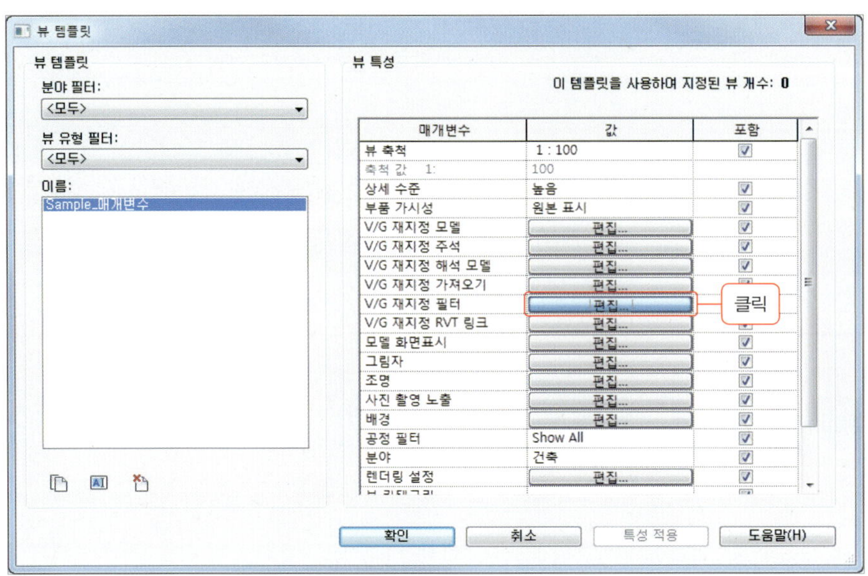

04 [가시성 | 그래픽 재지정] 대화상자 하단의 [편집/새로 만들기] 버튼을 클릭합니다.

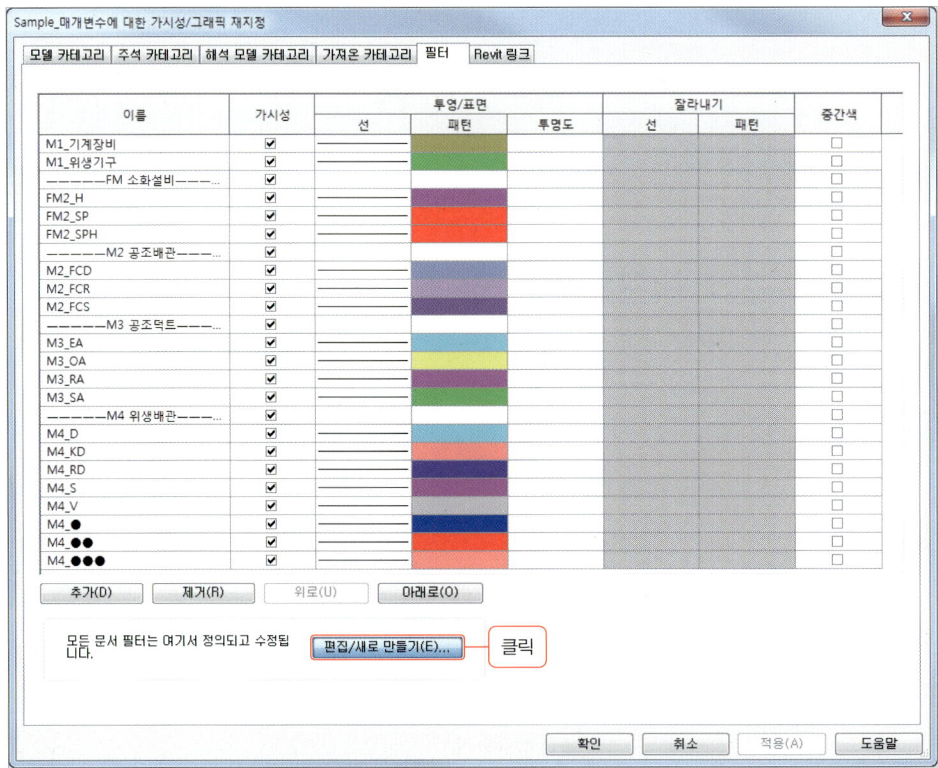

05 [필터] 대화상자 '필터 규칙' 항목의 필터 기준에서 '추가 매개변수'를 클릭합니다.

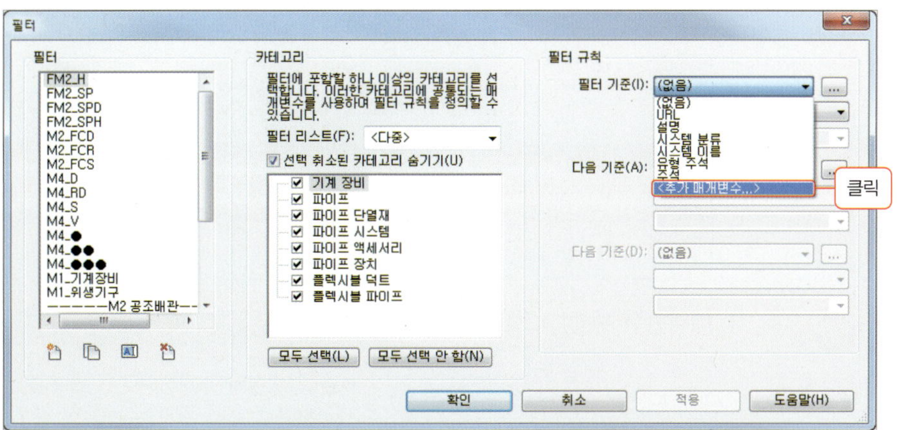

06 [프로젝트 매개변수] 대화상자에서 [추가] 버튼을 클릭합니다.

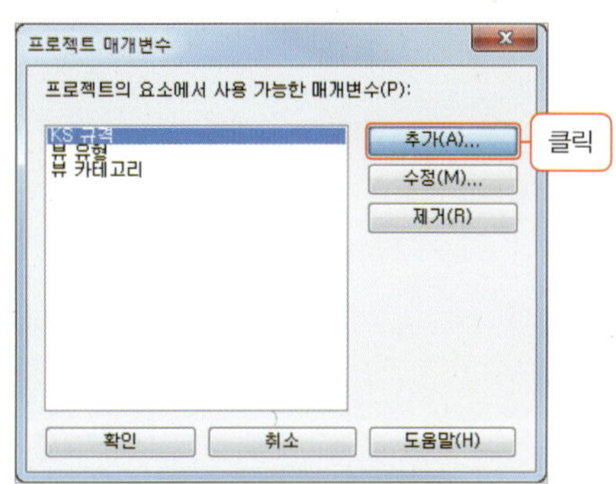

07 [매개변수 특성] 대화상자에서 '공유 매개변수'를 선택한 후 [선택] 버튼을 클릭합니다.

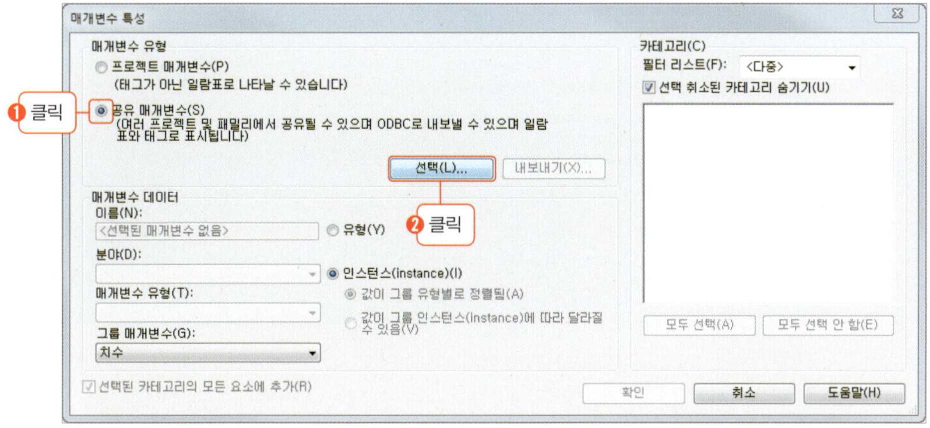

Lesson. 09 매개변수로 구분하기

08 '공유 매개변수 파일을 새로 선택'하라는 대화상자에서 [예] 버튼을 누릅니다.

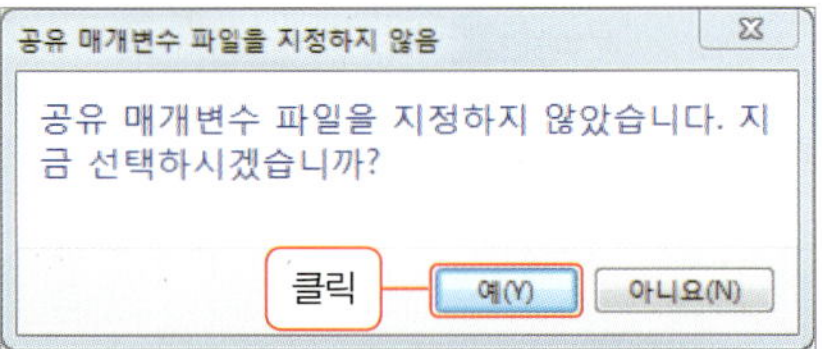

공유 매개변수 편집 과정은 [관리] 탭▶[설정] 패널▶[공유 매개변수]를 클릭하는 것과 같습니다.

09 [공유 매개변수 편집] 대화상자에서 [작성] 버튼을 클릭합니다.

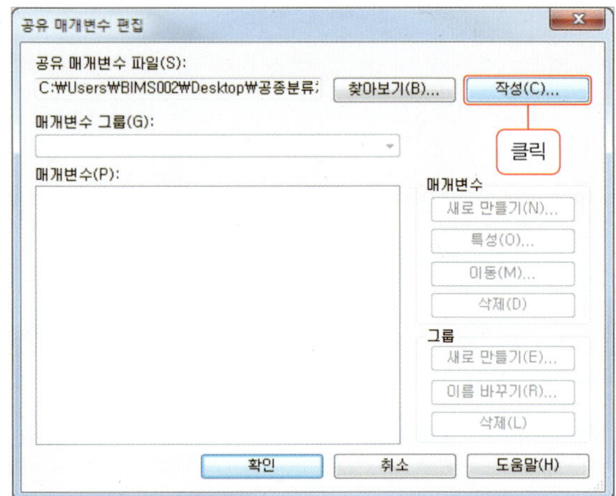

10 [공유 매개변수 파일 작성] 대화상자에서 저장하고자 하는 위치를 지정한 후 파일 이름에 '레이어 분류 체계'를 입력하고 [저장] 버튼을 누릅니다.

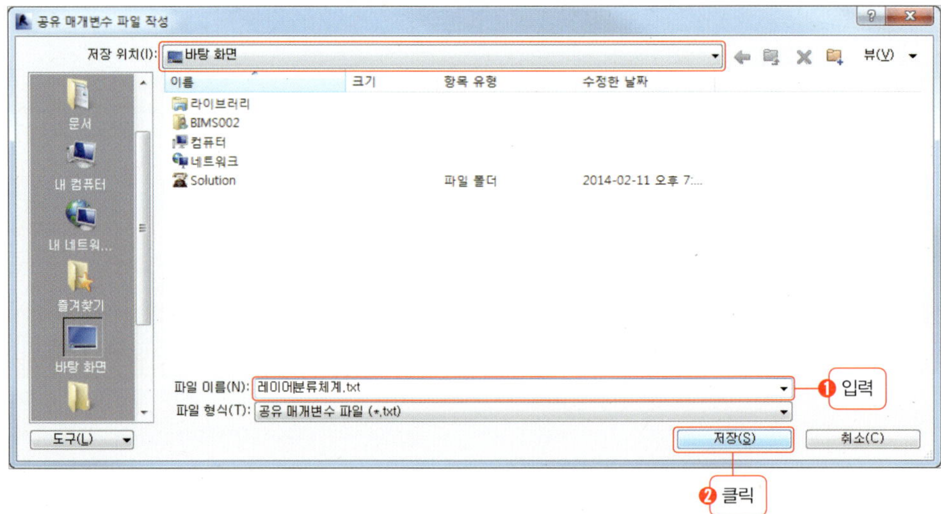

⑪ [공유 매개변수 편집] 대화상자에서 그룹 아래의 [새로 만들기] 버튼을 클릭한 후 [새 매개변수 그룹] 대화 상자의 이름에 '레이어 분류'를 입력 하고, [확인] 버튼을 누릅니다.

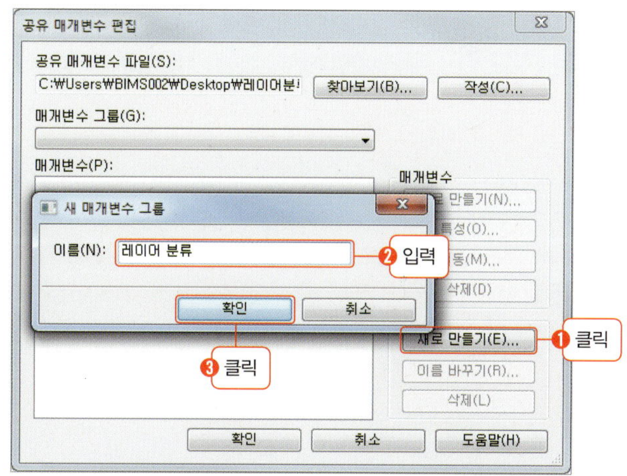

⑫ '매개변수' 항목의 [새로 만들기]를 클릭한 후 이름에 '배관 레이어'를 입력합니다. 그런 다음, 분야는 '공 통', 매개변수 유형은 '문자'로 지정 하고 [확인] 버튼을 누릅니다.

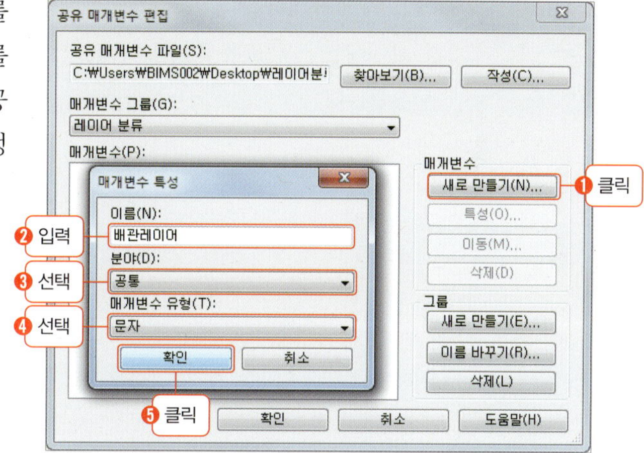

⑬ '매개변수' 항목의 [새로 만들기]를 클릭한 후 이름에 '덕트 레이어'를 입력합니다. 그런 다음, 분야는 '공 통', 매개변수 유형은 '문자'로 지정 하고 [확인] 버튼을 누릅니다.

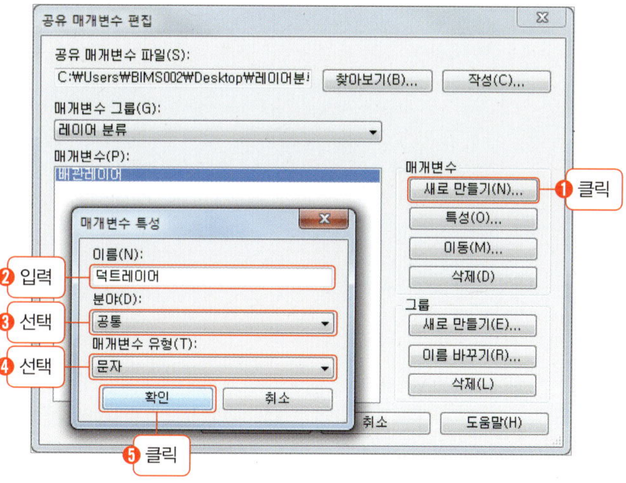

⑭ 공유 매개변수 편집이 다음과 같이
작성되었으면, [확인] 버튼을 누릅
니다.

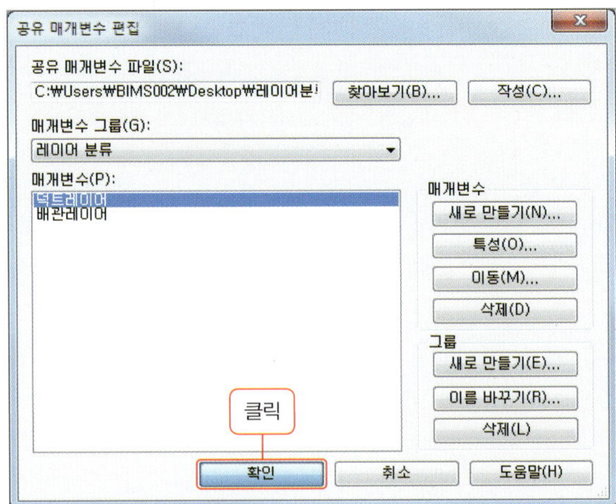

⑮ [공유 매개변수] 대화상자에서 '덕
트 레이어'를 선택하고 [확인] 버튼
을 누릅니다.

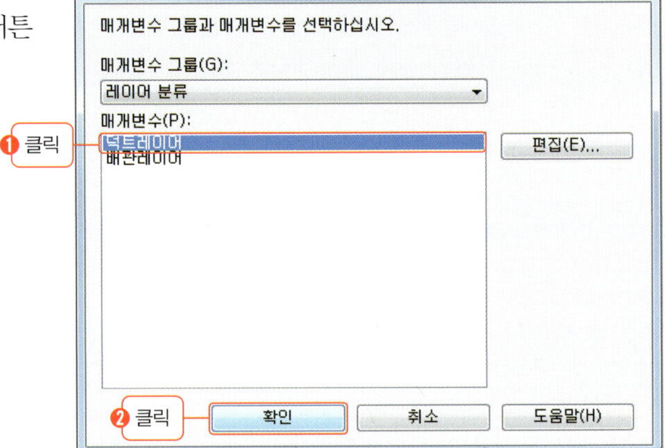

⑯ [매개변수 특성] 대화상자의 카테고리에서 다음과 같이 지정한 후 [확인] 버튼을 누릅니다.

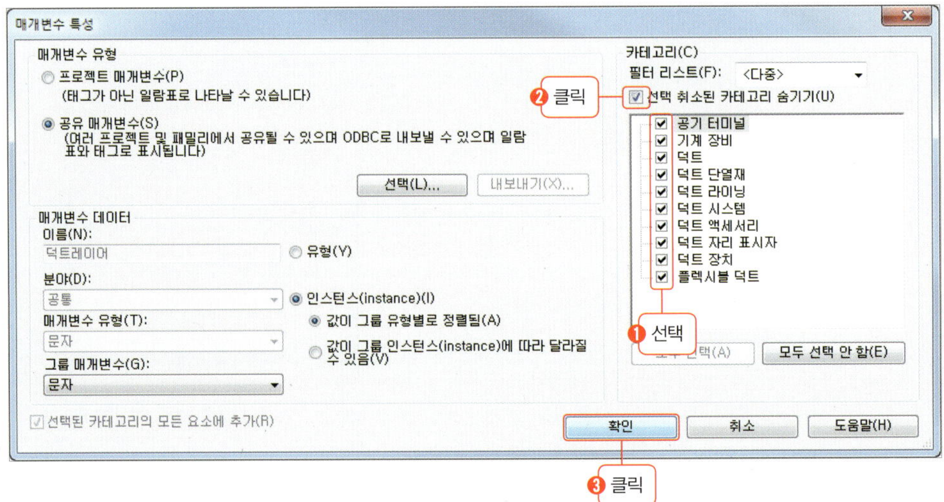

17 [프로젝트 매개변수] 대화상자에 덕트 레이어 매개변수가 추가되었습니다. 배관 레이어 매개변수를 추가하기 위해 [추가] 버튼을 클릭합니다.

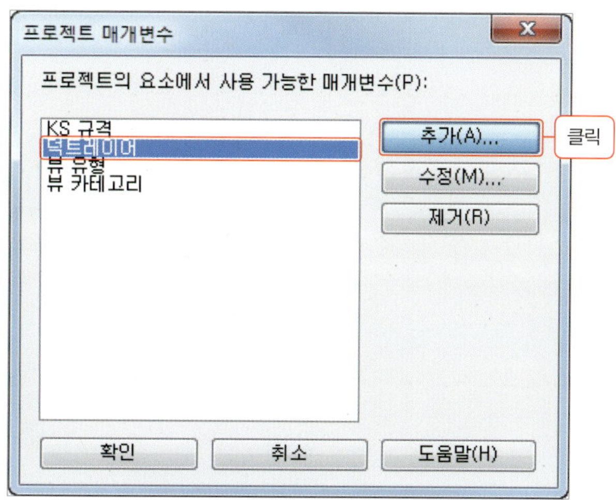

18 [매개변수 특성] 대화상자에서 공유 매개변수를 선택한 후 [선택] 버튼을 클릭합니다.

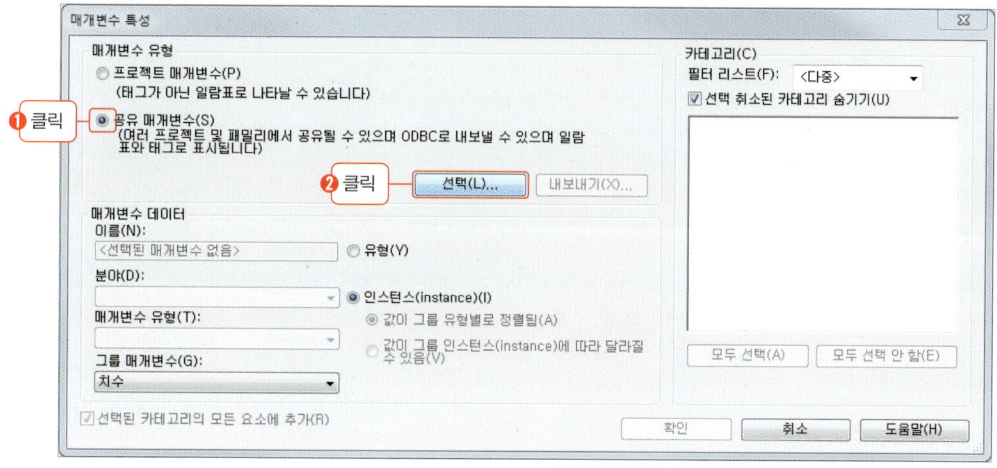

19 [공유 매개변수] 대화상자에서 배관 레이어를 클릭하고, [확인] 버튼을 누릅니다.

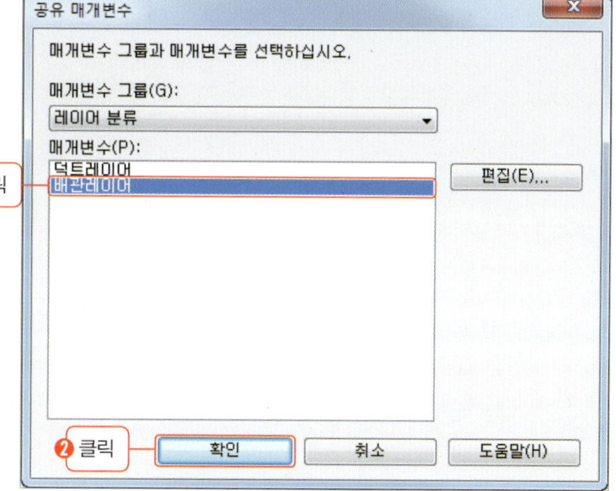

㉒ [매개변수 특성] 대화상자에서 카테고리를 다음과 같이 지정한 후 [확인] 버튼을 누릅니다.

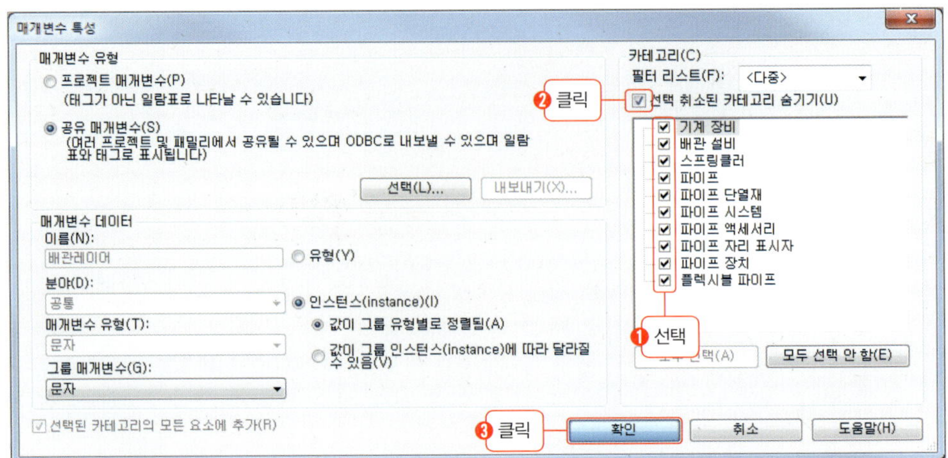

㉑ [프로젝트 매개변수] 대화상자에 덕트 레이어 매개변수 외에 배관 레이어 매개변수가 추가되었으면, [확인] 버튼을 누릅니다.

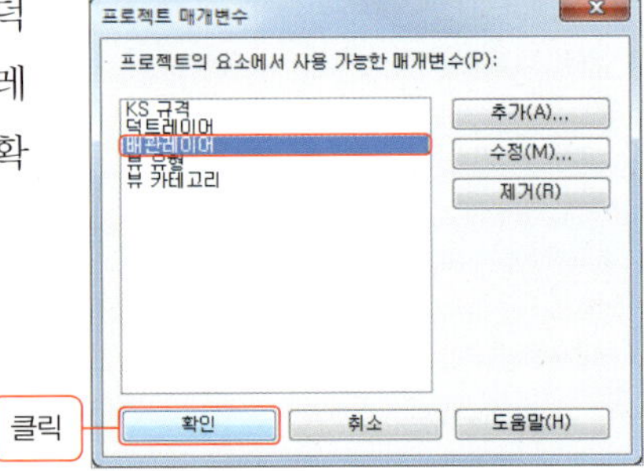

㉒ [필터] 대화상자에서 [필터]를 'FM2_H'로 선택한 후 카테고리 항목을 다음과 같이 선택합니다. 그런 다음, 필터 규칙 항목의 필터 기준에서 배관 레이어/같음을 설정하고 'FM2_H'를 입력한 후 [적용] 버튼을 누릅니다.

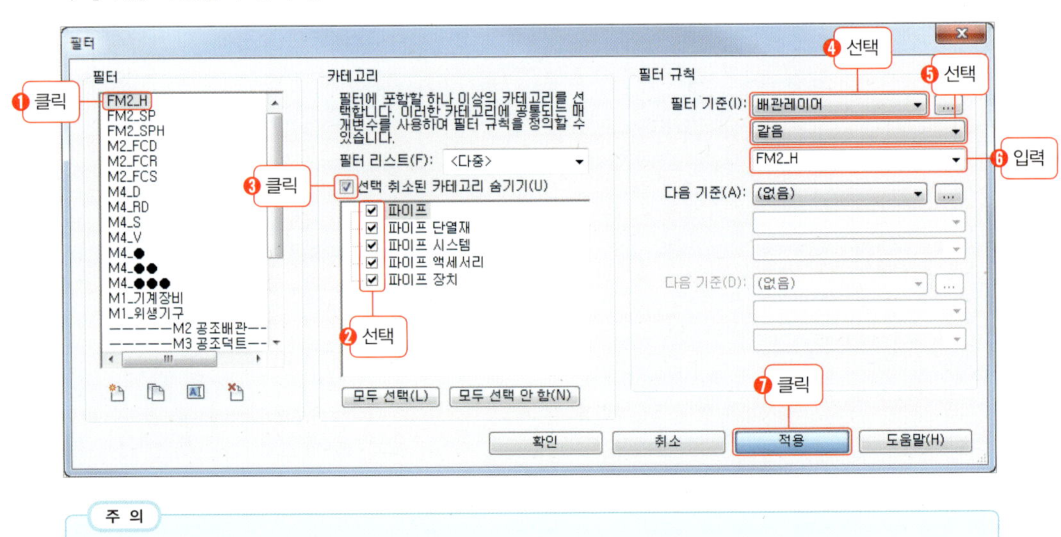

> **주 의**
>
> 매개변수의 카테고리보다 필터의 카테고리 항목이 적거나 같아야 필터 기준으로 해당 매개변수가 활성화됩니다.

(23) 나머지 배관 관련 필터 규칙을 다음과 같이 지정합니다.

필터	카테고리 : FM2_H의 카테고리 기준	필터 기준 : 배관 레이어/같음
FM2_SP	스프링클러, 플렉시블 파이프 추가	FM2_SP
FM2_SPH	동일	FM2_SPH
M2_FCD	동일	M2_FCD
M2_FCR	동일	M2_FCR
M2_FCS	동일	M2_FCS
M4_D	동일	M4_D
M4_KD	동일	M4_KD
M4_RD	동일	M4_RD
M4_S	동일	M4_S
M4_V	동일	M4_V
M4_●	동일	M4_●
M4_●●	동일	M4_●●
M4_●●●	동일	M4_●●●

(24) [필터] 대화상자에서 'M3_SA'를 선택한 후 카테고리 항목을 다음과 같이 선택합니다. 그런 다음, 필터 규칙에서 필터 기준으로 '덕트 레이어', '같음'을 설정하고 'M3_SA'를 입력한 후 [적용] 버튼을 누릅니다.

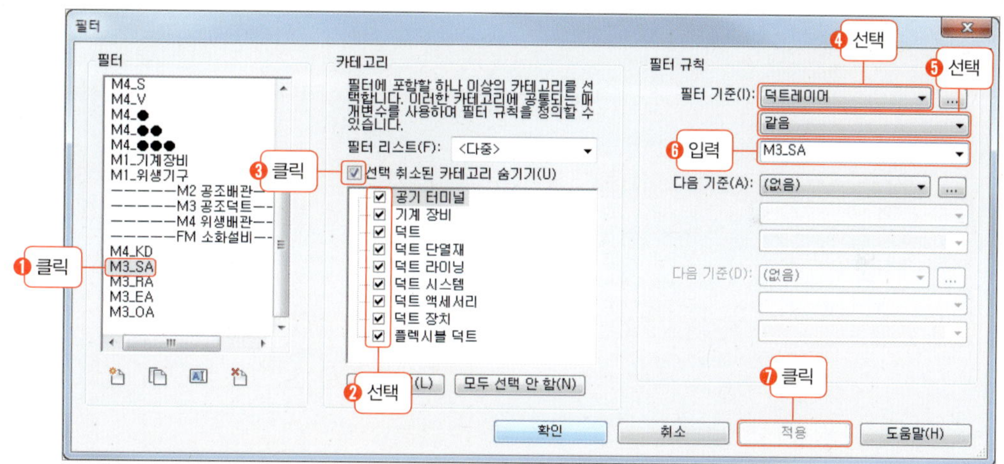

(25) 나머지 배관 관련 필터 규칙을 다음과 같이 지정한 후 [확인] 버튼을 누릅니다.

필터	카테고리 : SA의 카테고리 기준	필터 기준(덕트 레이어/같음)
M3_RA	동일	M3_RA
M3_EA	동일	M3_EA
M3_OA	동일	M3_OA

Note

기계 장비와 위생기구는 작업 세트 설정 후에 필터 기준을 작업 세트로 설정합니다. 작업 세트를 설정하기 전에는 필터 기준에 작업 세트가 활성화되지 않습니다.

26 [가시성/그래픽 재지정] 대화상자에서 [확인] 버튼을 누릅니다.

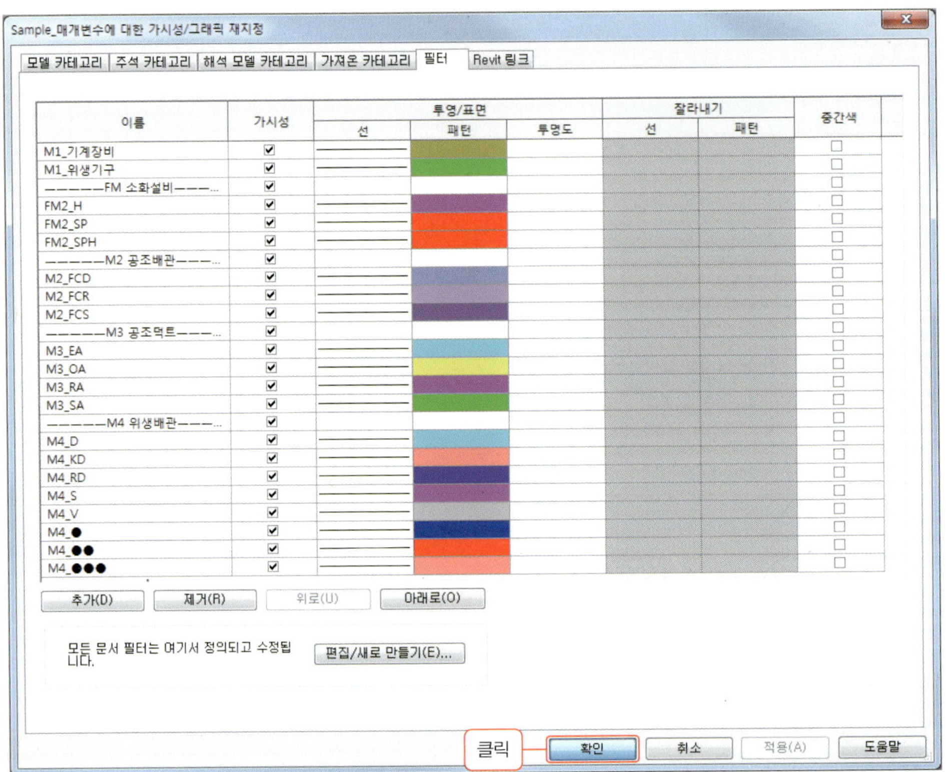

27 [뷰 템플릿] 대화상자에서 [확인] 버튼을 누릅니다.

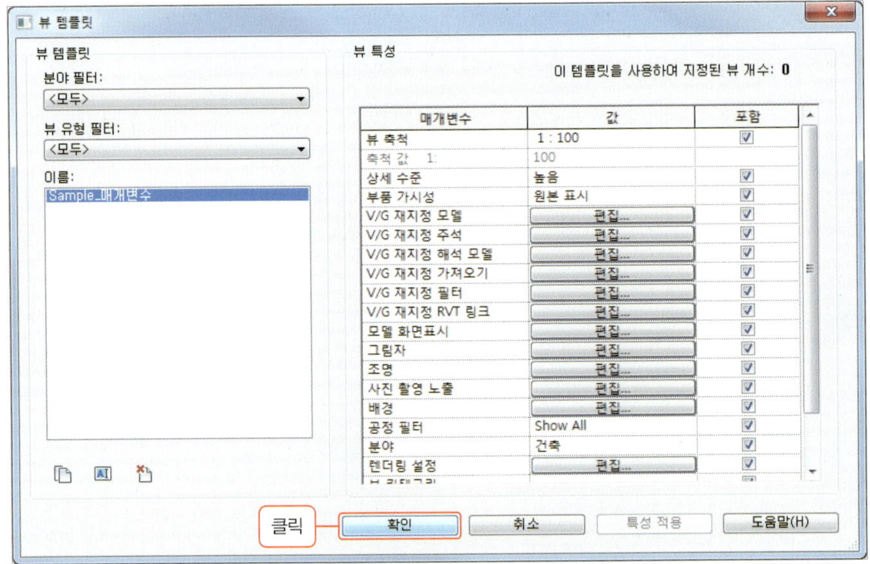

01 팀 작업을 위해 작업 세트를 생성합니다. [공동 작업] 탭▶[작업 세트] 패널▶[작업 세트]를 선택한 후 [작업 세트] 대화상자에서 다음과 같이 생성하고 [확인] 버튼을 누릅니다.

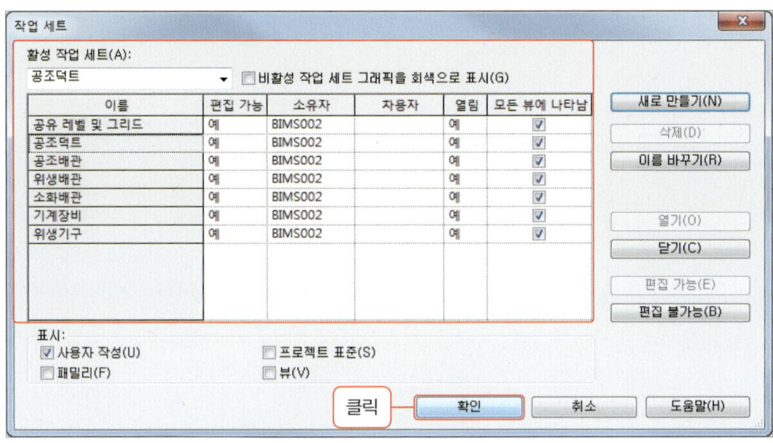

02 [뷰] 탭▶[그래픽 패널]▶[필터]를 클릭한 후 [필터] 대화상자에서 'M1_기계 장비'를 선택하고 [편집] 버튼을 클릭합니다.

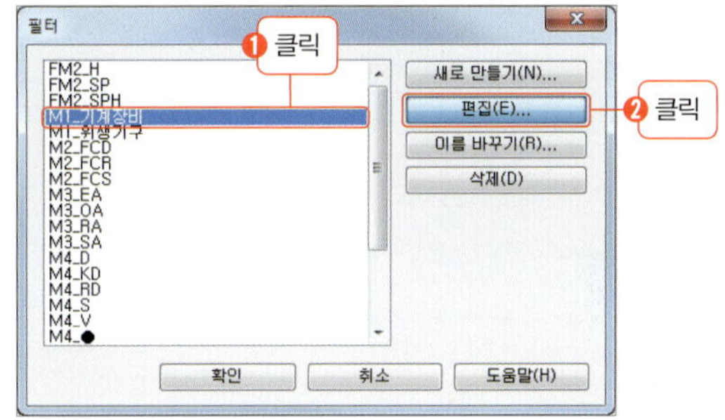

03 [필터] 대화상자의 카테고리 항목에서 '기계 장비'로 선택한 후 필터 규칙을 다음과 같이 설정하고 [적용] 버튼을 누릅니다.

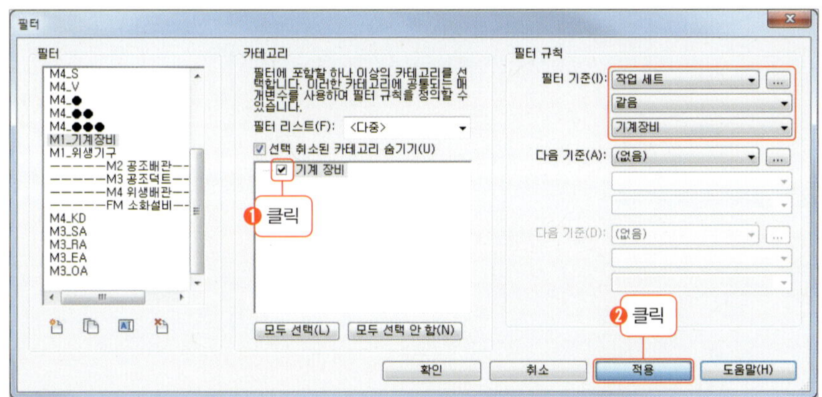

04 [필터] 항목에서 'M1_위생기구'를 선택한 후 카테고리를 배관 설비로 선택합니다. 그런 다음, 필터 규칙을 다음과 같이 설정하고 [확인] 버튼을 누릅니다.

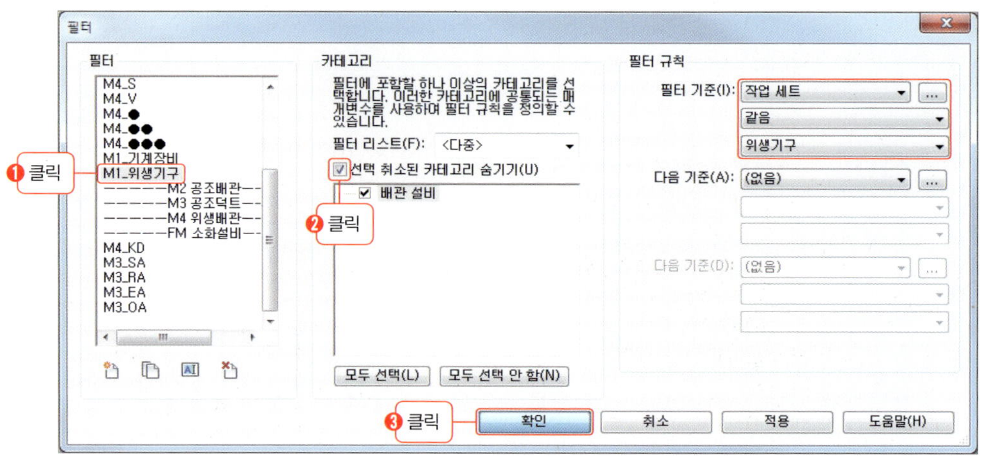

05 [필터] 대화상자에서 [확인] 버튼을 누릅니다.

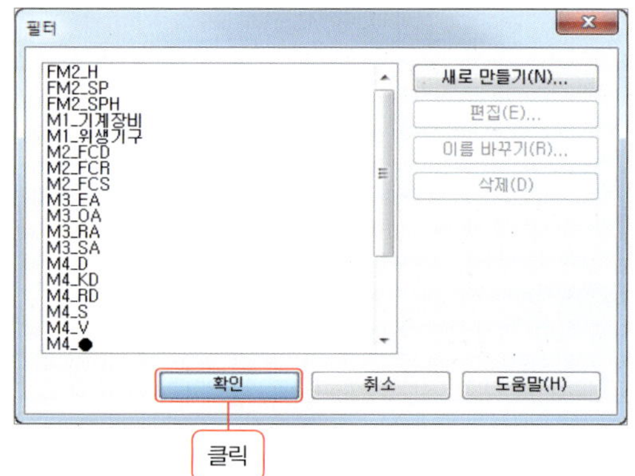

01 프로젝트 탐색기에서 '99_Users ▶ 002_IS ▶ 반사된 천장 평면도 : 1층(1) 뷰'를 선택한 후 마우스 오른쪽 버튼을 클릭하여 뷰 복제 ▶ 복제를 클릭하고 프로젝트 탐색기의 복제된 천장 평면도에 마우스 오른쪽 버튼을 클릭하여 [이름 바꾸기]를 클릭합니다. 그런 다음, [뷰 이름 바꾸기] 대화상자에서 '지상 1층 매개변수'를 입력하고, [확인] 버튼을 누릅니다.

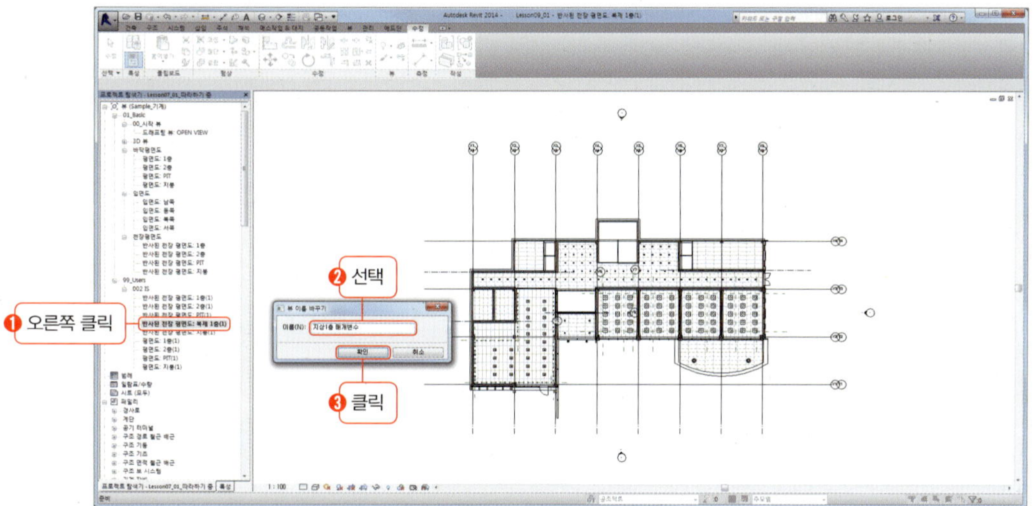

02 프로젝트 탐색기의 '반사된 천장 평면도 : 지상 1층 매개변수'가 선택된 상태에서 마우스 오른쪽 버튼을 클릭하여 [템플릿 특성 적용]을 클릭합니다.

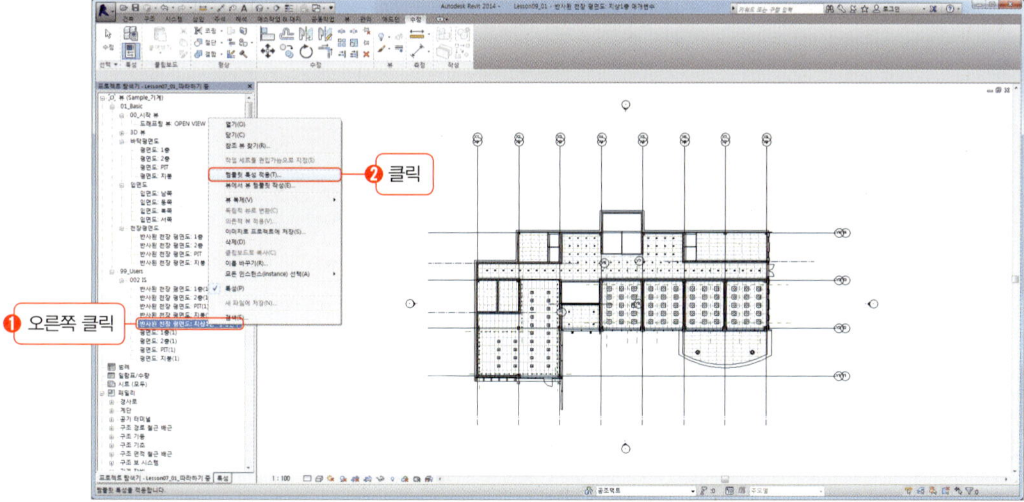

03 [뷰 템플릿 적용] 대화상자에서 Sample_매개변수를 선택합니다. '뷰 특성' 항목에서 분야 : 기계, 뷰 카테고리 : 99_Users, 뷰 유형 : 002_IS로 지정하고, [확인] 버튼을 누릅니다.

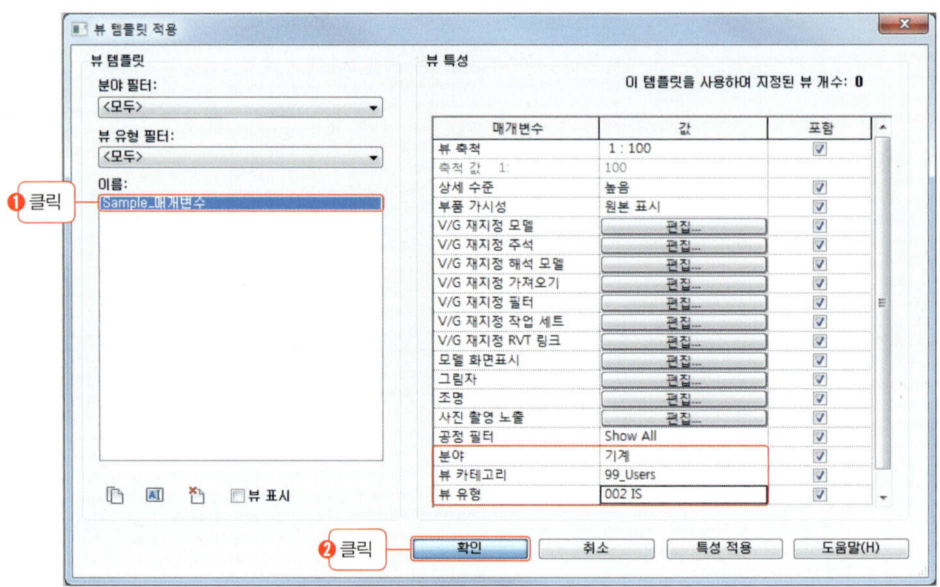

04 영문 키를 활성화한 후 V V를 클릭하여 [가시성/그래픽 재지정] 대화상자에서 [Revit 링크] 탭을 클릭합니다. 'Sample_전기.rvt' 파일의 가시성을 체크 해제하고 [확인] 버튼을 누릅니다.

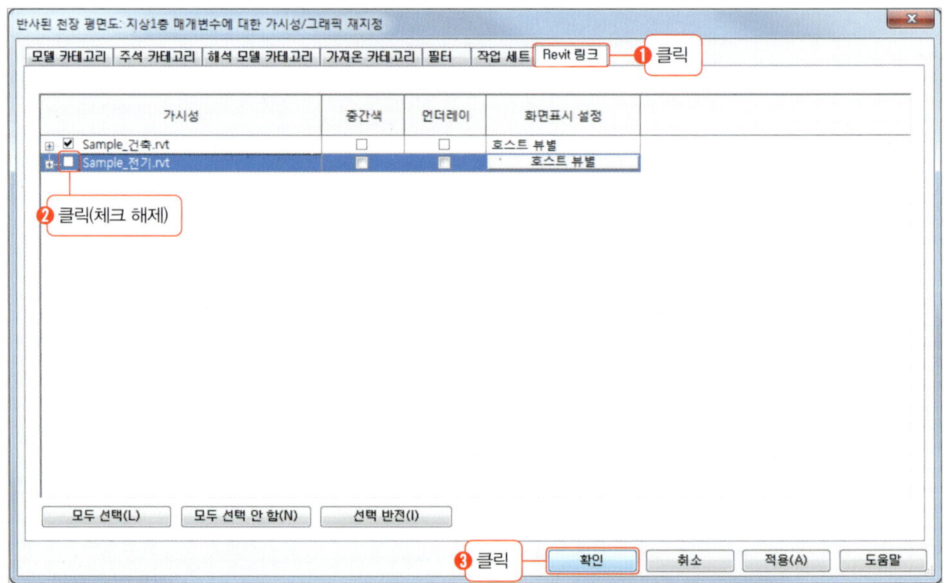

05 [시스템] 탭▸[기계] 패널▸[기계 장비]를 클릭한 후 유형 탐색기에서 '팬 코일 유니트_FCU'를 선택합니다. 그런 다음, [특성] 대화상자에서 간격 띄우기에 '2825'를 입력하고, [적용] 버튼을 클릭한 후 작업 세트를 '기계 장비'로 선택합니다.

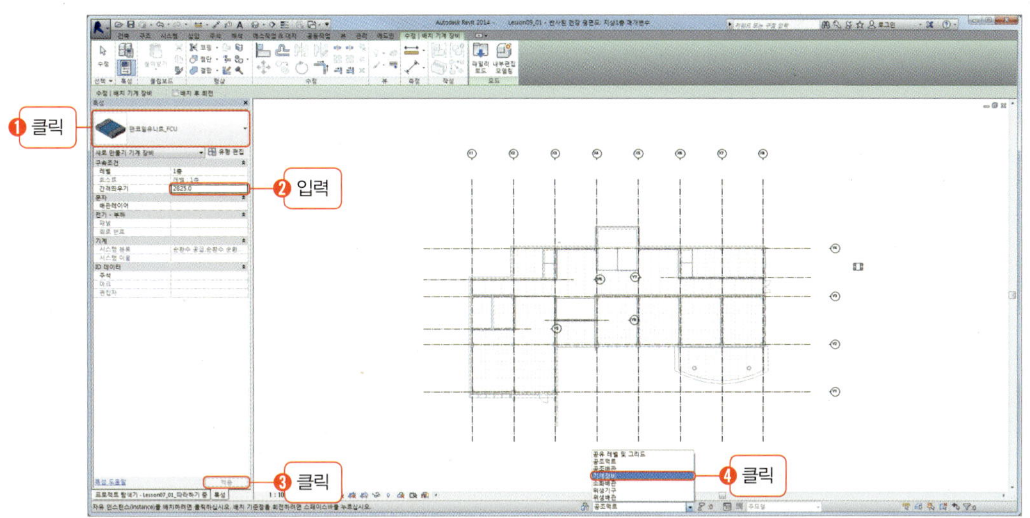

06 룸 102로 이동한 후 실 가운데에 다음과 같이 FCU를 배치합니다. 배치가 완료되면, Esc 를 두 번 눌러 명령을 종료합니다.

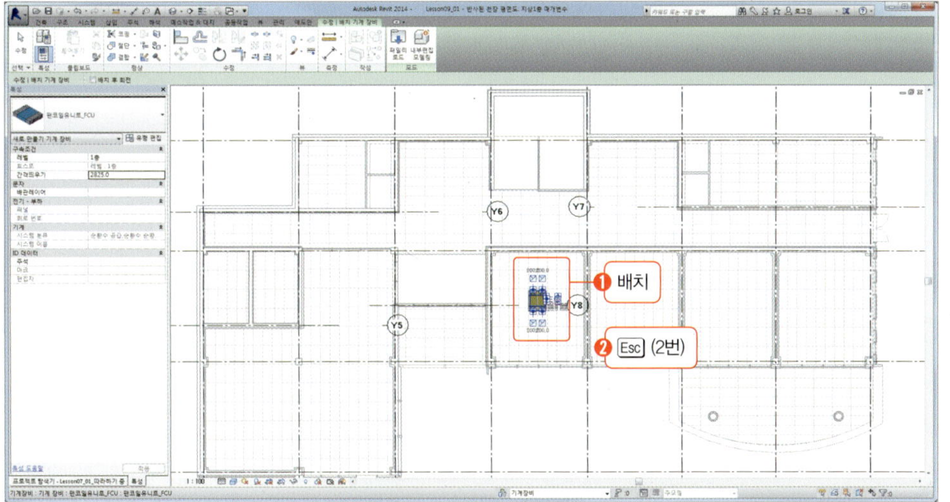

07 도면 영역에서 마우스 휠을 위로 돌려서 룸 102 부분을 확대합니다. [시스템] 탭▶[HVAC] 패널
▶[덕트]를 클릭한 후 유형 탐색기에서 '원형 덕트 티'를 클릭합니다. 그런 다음, [특성] 대화상자
에서 덕트 레이어에 'M3_RA'를 입력하고 작업 세트를 '공조 덕트'로 지정합니다.

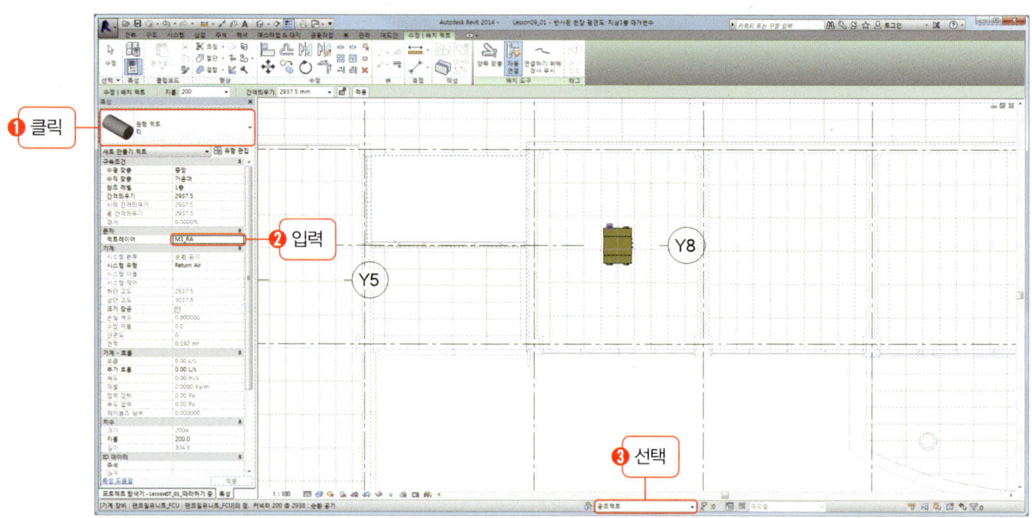

08 도면 영역의 장비로 이동하여 좌측 상단의 커넥터를 클릭하고 Space Bar 를 눌러 장비 커넥터의
높이와 크기를 상속받은 후 다음과 같이 모델링하고 Esc 를 눌러 명령을 종료합니다.

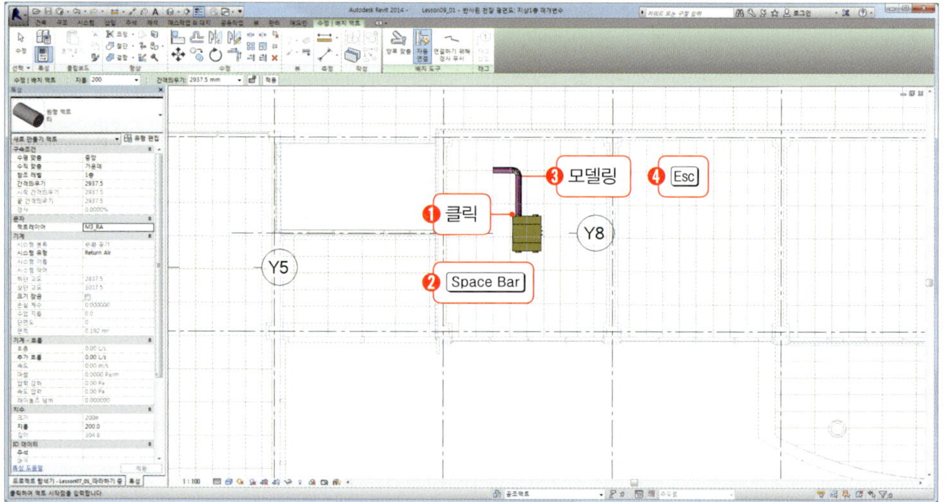

09 [시스템] 탭 ▶ [HVAC] 패널 ▶ [공기 터미널]을 클릭한 후 유형 선택기에서 '원형 디퓨저 300×150' 을 선택하고, [특성] 대화상자의 덕트 레이어에 'M3_RA'를 입력합니다. 그런 다음, [수정 | 배치 공기 터미널] 탭 ▶ [배치] 패널 ▶ [면에 배치]를 클릭하고, 다음과 같이 배치합니다. Esc 를 두 번 눌러 명령을 종료합니다.

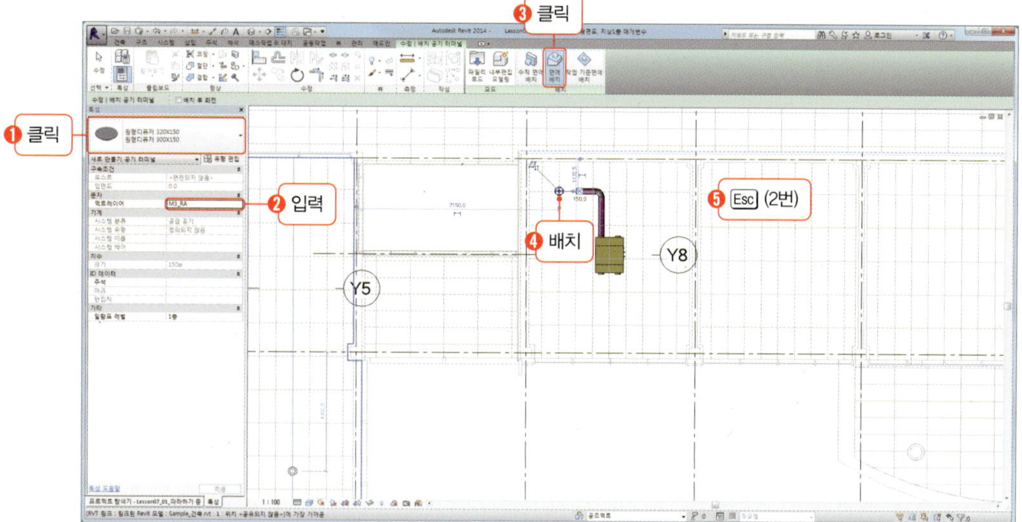

10 [시스템] 탭 ▶ [HVAC] 패널 ▶ 플랙시블 덕트를 클릭한 후 [특성] 대화상자에서 덕트 레이어에 M3_RA를 입력합니다. 그런 다음, 에어 터미널의 커넥터를 클릭하고 Space Bar 를 눌러 높이와 크기를 상속받습니다. 덕트 말단에 연결하고, Esc 를 눌러 명령을 종료합니다.

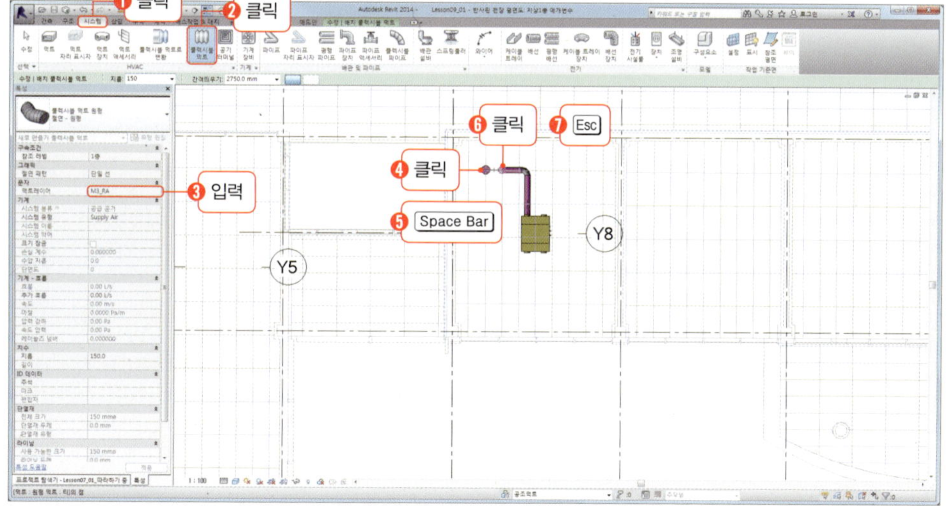

⑪ 동일한 작업 방식으로 다음과 같이
모델링 작업을 진행합니다.

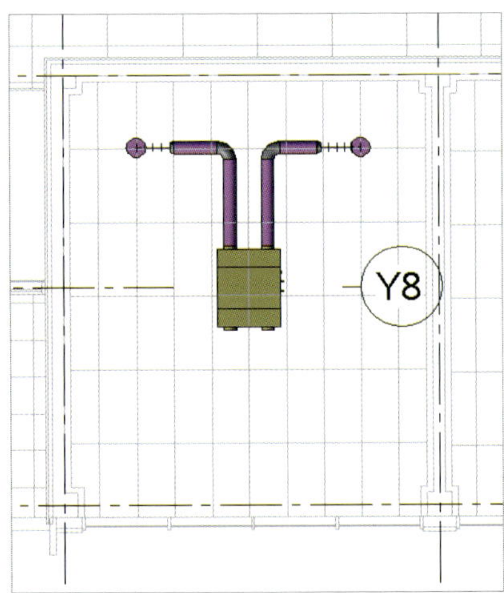

⑫ [시스템] 탭 ▶ [HVAC] 패널 ▶ 덕트를 클릭한 후 유형 탐색기에서 '원형 덕트 티'를 클릭합니다.
그런 다음, [특성] 대화상자에서 덕트 레이어에 'M3_SA'를 입력합니다. 작업 세트를 '공조 덕트'
로 설정하고, 도면 영역의 장비로 이동하여 좌측 하단의 커넥터를 클릭합니다. Space Bar 를 눌
러 장비 커넥터의 높이와 크기를 상속받은 후 다음과 같이 모델링하고 Esc 를 두 번 눌러 명령
을 종료합니다.

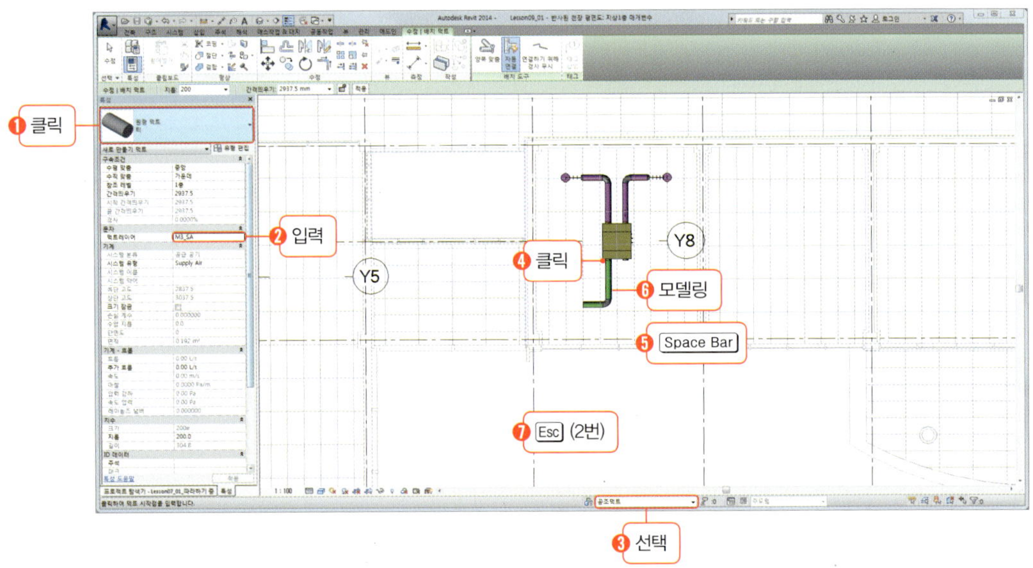

⑬ [시스템] 탭➤[HVAC] 패널➤[공기 터미널]을 클릭한 후 유형 선택기에서 '원형 디퓨저 300×150'
을 선택하고, [특성] 대화상자의 덕트 레이어에 'M3_SA'를 입력합니다. 그런 다음, [수정 | 배치
공기 터미널] 탭➤[배치] 패널➤[면에 배치]를 클릭하고, 다음과 같이 배치합니다. Esc 를 두 번
눌러 명령을 종료합니다.

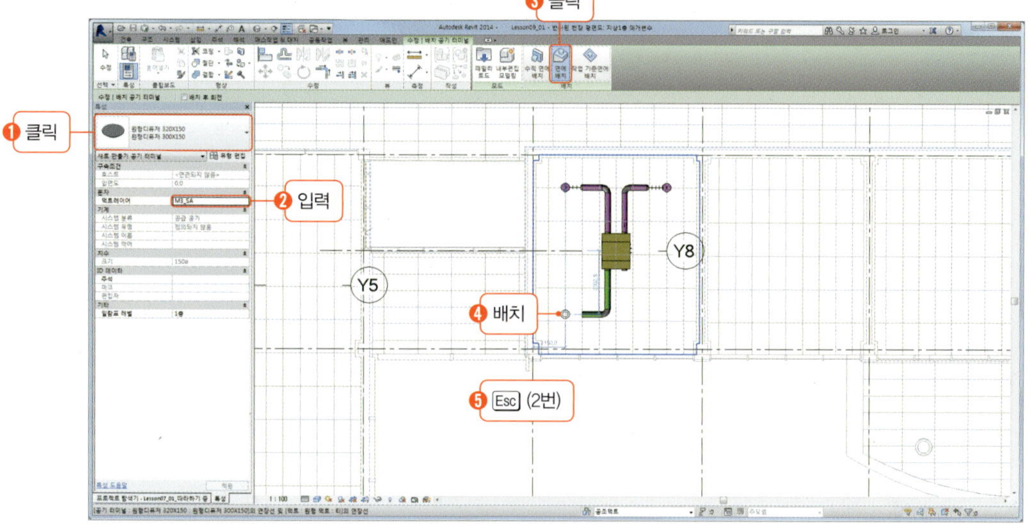

⑭ [시스템] 탭➤[HVAC] 패널➤[플랙시블 덕트]를 클릭한 후 [특성] 대화상자에서 덕트 레이어에
'M3_SA'를 입력합니다. 그런 다음, 에어 터미널의 커넥터를 클릭하고, Space Bar 를 눌러 높이와
크기를 상속받습니다. 덕트 말단을 연결하고, Esc 를 눌러 명령을 종료합니다.

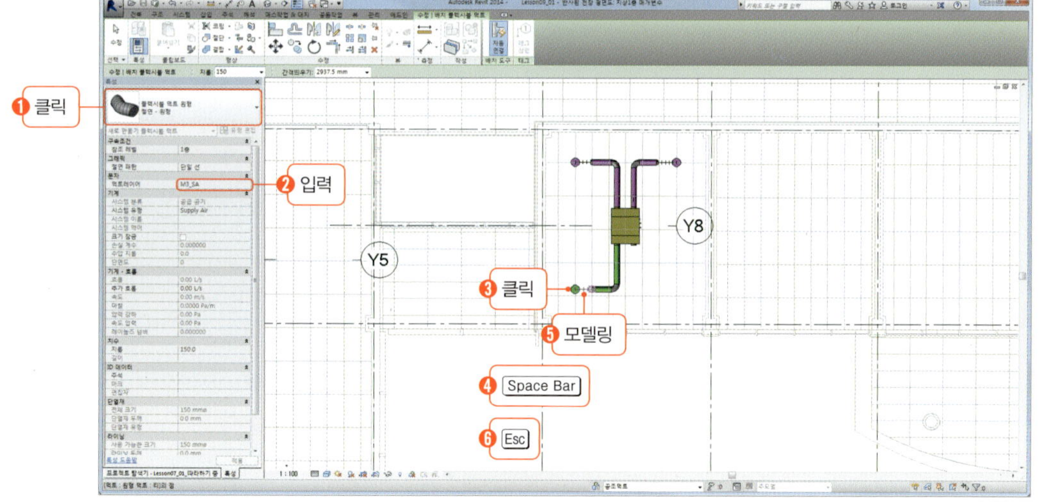

15 동일한 작업 방식으로 다음과 같이 모델링 작업을 진행합니다.

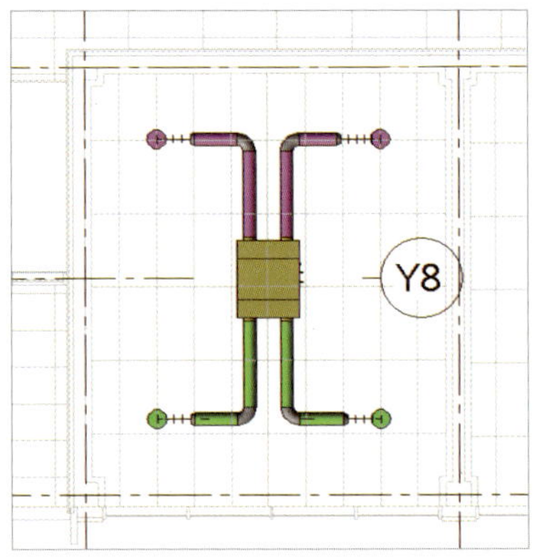

16 도면 영역에서 장비 상단의 'RA' 부분을 마우스로 드래그하여 선택합니다. [선택] 패널 ➤ [필터]를 클릭합니다. [필터] 대화상자에서 '덕트 장치'만을 선택하고, [확인] 버튼을 누릅니다.

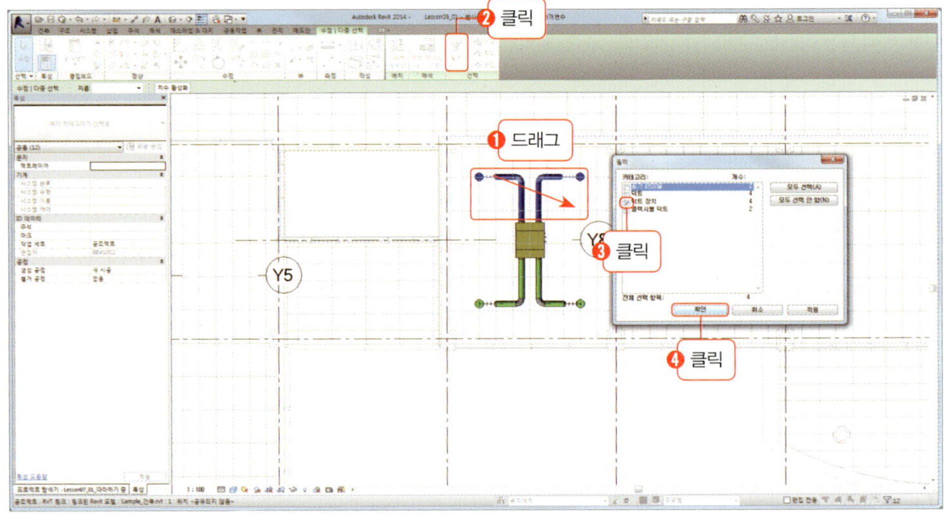

17 [특성] 대화상자에서 덕트 레이어에 'M3_RA'를 입력하고, [적용] 버튼을 클릭합니다.

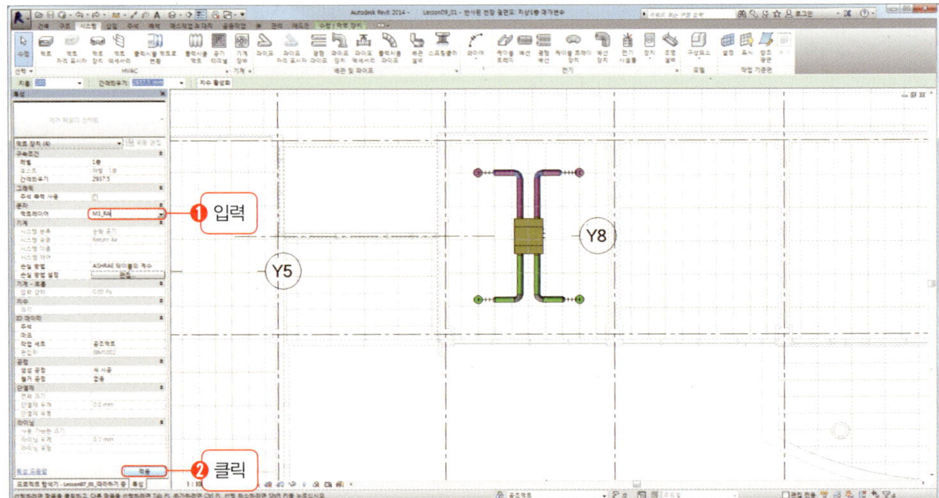

⑱ 도면 영역에서 장비 하단의 'SA 부분'을 마우스로 드래그하여 선택합니다. [선택] 패널 ➤ [필터]를
클릭합니다. [필터] 대화상자에서 '덕트 장치'만을 선택하고, [확인] 버튼을 누릅니다.

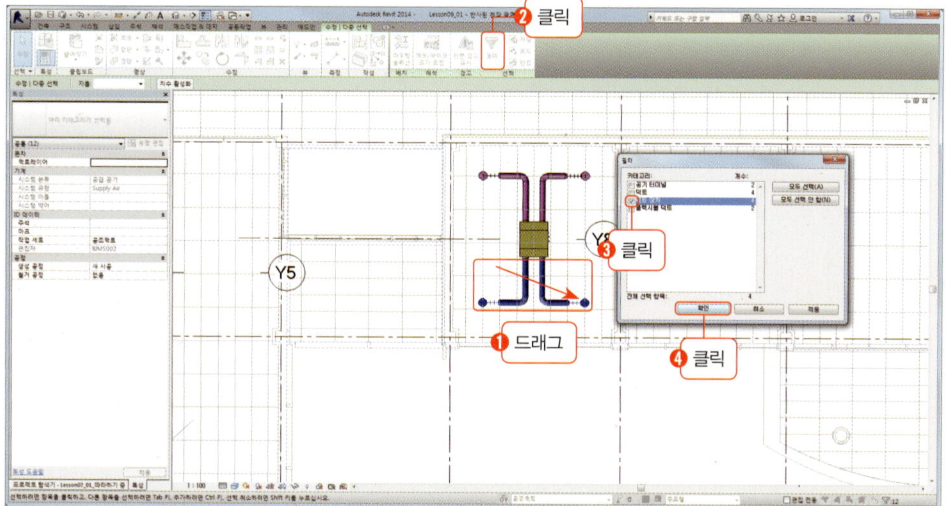

⑲ [특성] 대화상자에서 덕트 레이어에 'M3_SA'를 입력하고, [적용] 버튼을 클릭합니다.

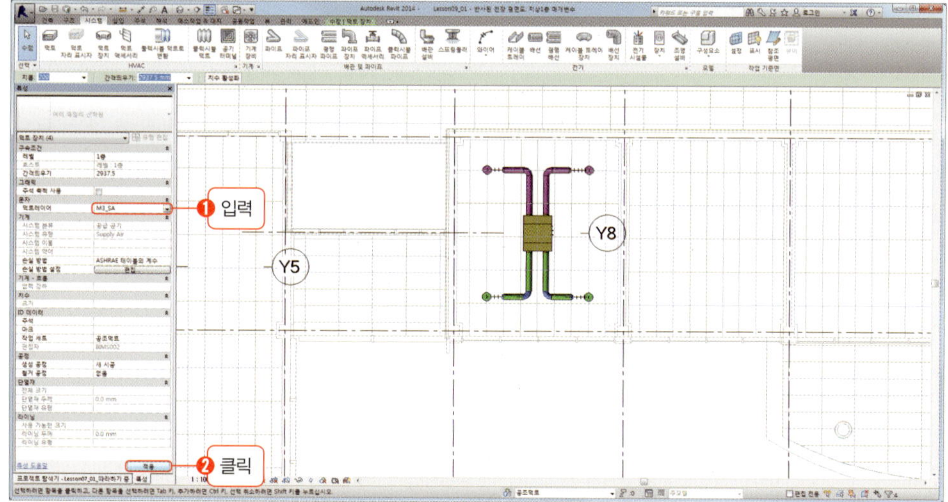

20 [뷰] 탭 ➤ [작성] 패널 ➤ [3D 뷰]를 확장하여 '기본 3D 뷰'를 클릭한 후 [그래픽] 패널 ➤ 뷰 템플릿을 확장하여 '현재 뷰에 템플릿 특성 적용'을 클릭합니다. 그런 다음, [뷰 템플릿 적용] 대화상자에서 'Sample_매개변수' 템플릿을 선택하고, [확인] 버튼을 누릅니다.

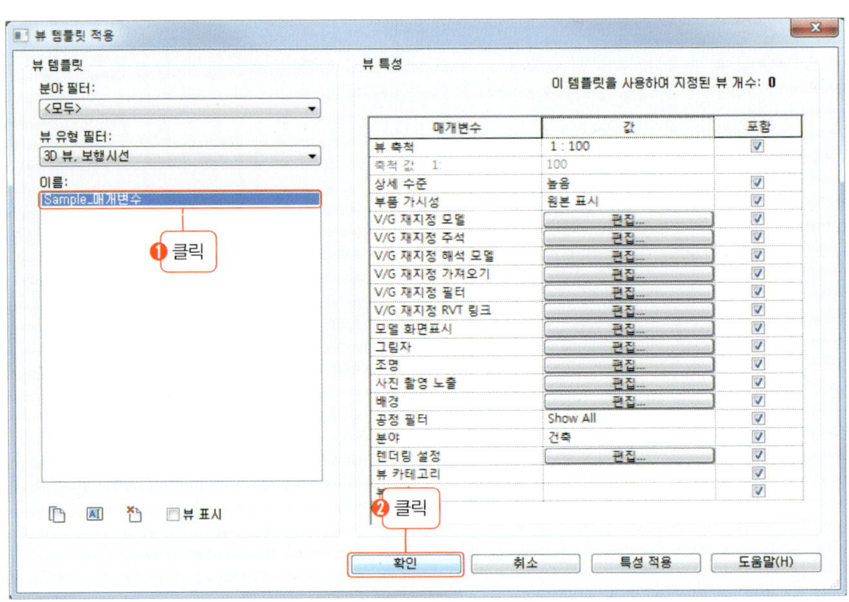

21 영문 키를 활성화한 후 Ⓥ Ⓥ를 누릅니다. 그런 다음, [가시성/그래픽 재지정] 대화상자에서 [Revit 링크] 탭을 누르고 링크된 파일의 가시성을 전부 체크 해제한 후 [확인] 버튼을 누릅니다.

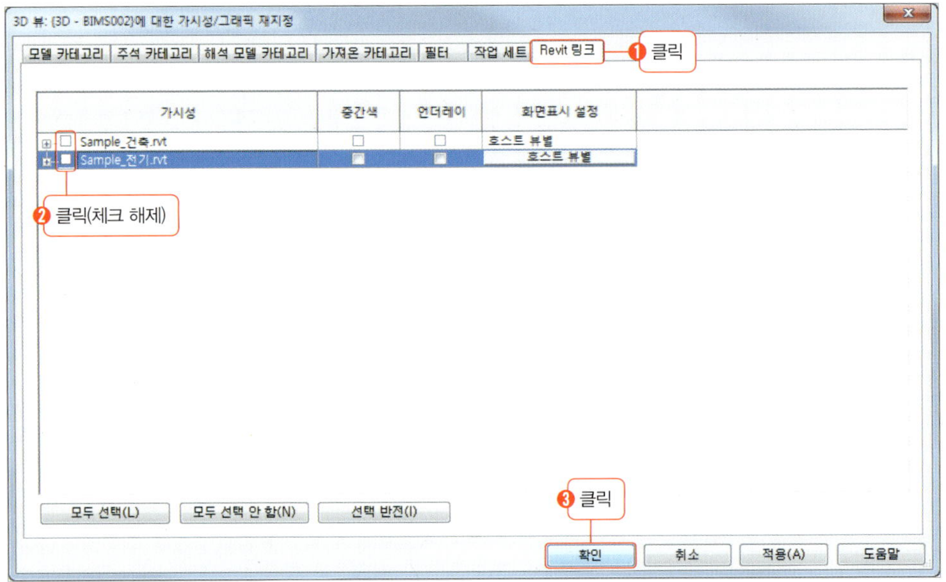

㉒ Z A 를 눌러 도면 영역의 모델을 화면에 최적화합니다.

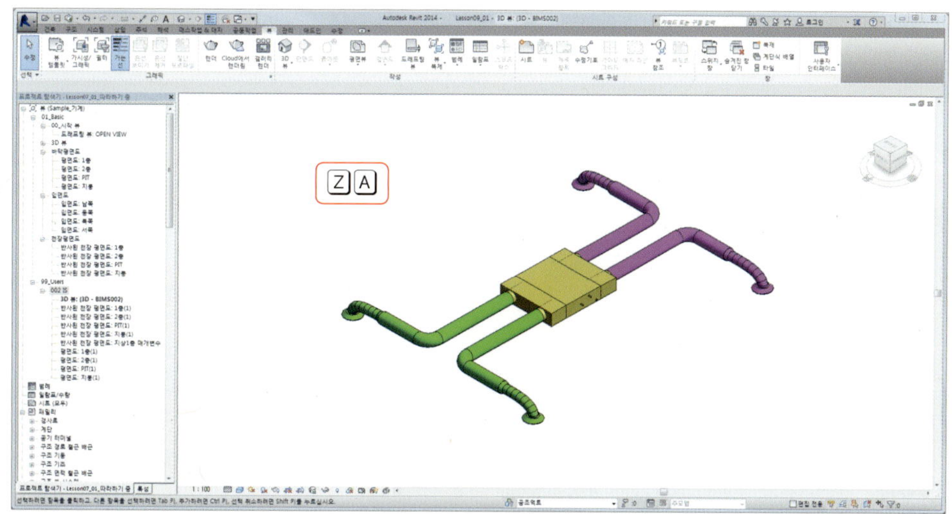

㉓ 2D 도면을 참조하여 전체 모델링을 완료합니다.

㉔ 전체 모델링 작업을 완료한 후에는 필터의 가시성과 작업 세트의 가시성을 이용하여 각 작업 세트에 다른 공종의 객체들이 포함되지 않도록 검토합니다.

TIP

'시스템 유형으로 레이어 구분'의 '작업 세트 검토하기' 부분을 참고하세요.

Note

매개변수로 레이어를 구분하여 모델링하면, 덕트와 파이프 외의 객체들은 모델링이 끝난 후에 별도의 매개변수 지정이 필요합니다. 그리고 모델링을 변경하거나 추가 작업을 한 경우에는 매개변수를 다시 지정해야 합니다. 그러나 매개변수로 레이어가 구분되어 있으므로 매개변수를 이용하면 레이어별 구분에 대한 수량 등은 바로 산출할 수 있습니다.

모델링_
작업 세트로
레이어 구분

작업 공유는 여러 팀원이 동시에 같은 프로젝트 모델에서 작업할 수 있는 설계 방법입니다. 프로젝트에서 팀원은 특정 작업 영역에 배정됩니다. Revit 프로젝트를 작업 공유에 적합한 작업 세트로 세분화할 수 있습니다. 세분화를 레이어 구분에 적용하여 작업 세트의 편리한 편집과 가시성 제어 기능을 활용하는 방법입니다. 필터 기준에 작업 세트를 적용하면, 작업 세트 구성 시 항목이 많아질 수 있습니다.

작업 세트 활용하기

작업 세트는 덕트, 공기 터미널 또는 공조기와 같은 요소들의 집합입니다. 프로젝트를 작업 세트로 나누면 프로젝트의 전체 섹션을 한 번에 손쉽게 편집할 수 있습니다. 그리고 다른 프로젝트의 전체 가시성을 제어할 수 있으며, 팀 구성원이 동시에 중앙 모델의 로컬 사본을 변경할 수 있도록 작업 공유를 사용하여 중앙 모델을 작성할 수도 있습니다. 이번 레슨에서는 작업 세트로 레이어를 구분하고, 작업 세트로 모델링할 때 필요한 다양한 내용들을 살펴봅니다. 모델링 과정은 Chapter 08에서 진행합니다.

- 작업 세트 프로젝트는 여러 팀 구성원이 동시에 작업해야 하는 프로젝트입니다. 프로젝트를 여러 작업 세트로 나누면 프로젝트의 전체 단면을 한 번에 편집할 수 있도록 지정하기가 쉬워집니다. 또한 작업 세트에 화면 표시 모드를 지정하여 모델에서 시각적으로 식별하고 구분할 수 있기 때문에 편리합니다.

- 작업 세트를 사용하도록 설정하려면 Revit에서 프로젝트의 중앙 모델을 작성해야 합니다. 중앙 모델은 프로젝트의 모든 변경 사항을 저장하며, 모든 현재 작업 세트 및 요소 소유권 정보도 저장합니다. 중앙 모델이 작성된 후에는 중앙 모델의 로컬 사본에서 모든 작업을 수행하는 것이 좋습니다. 모든 사용자는 로컬 네트워크 또는 하드 드라이브에 중앙 모델의 사본을 저장해야 합니다.

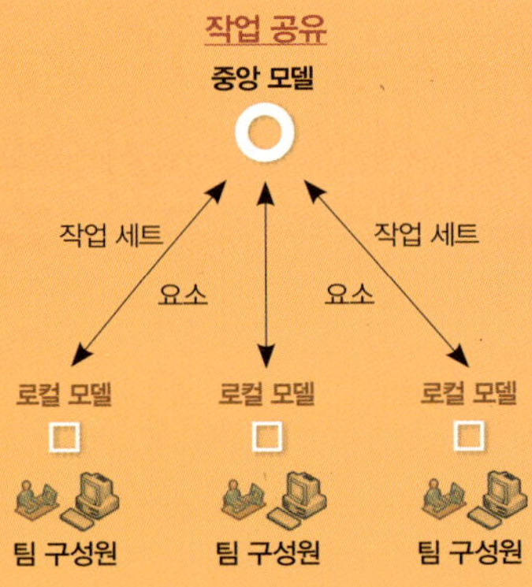

핵심 Point

작업 세트 활용하기
작업 공유 모니터
백업 복원

작업 세트를 레이어 구분 필터 기준에 적용하면 전체 편집 또는 전체적인 가시성 제어가 쉽습니다.

---

01 ▶ [열기] ▶ [프로젝트]를 클릭하여 [새 프로젝트] 대화상자가 나타나면 'Sample\Chapter07\Lesson10\Lesson10_01.rvt' 파일을 불러온 후 [공동 작업] 탭 ▶ [작업 세트] 패널 ▶ [작업 세트]를 클릭합니다. 그런 다음, [작업 공유] 대화상자에서 다음과 같이 입력하고 [확인] 버튼을 누릅니다.

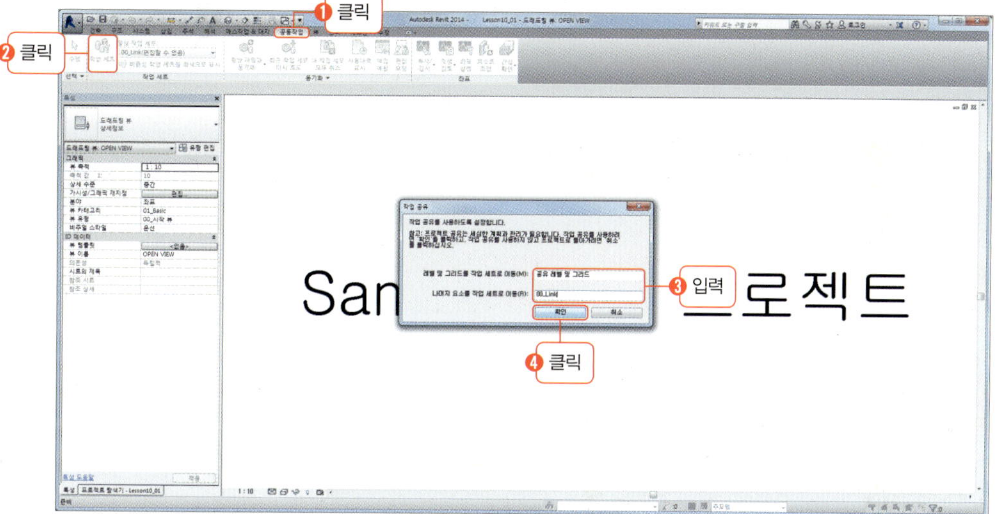

- 공유 레벨과 그리드를 하나의 작업 세트로 만들고 건축 링크 파일들을 하나의 작업 세트로 구성합니다.
- 작업 세트의 이름은 가나다 순으로 정렬되므로 접두어(00_)를 붙여서 관리하는 것이 유용합니다.

02 [작업 세트] 대화상자에서 [새로 만들기] 버튼을 클릭합니다. [새 작업 세트] 대화상자에서 'FM2_H'를 입력하고 [확인] 버튼을 누릅니다.

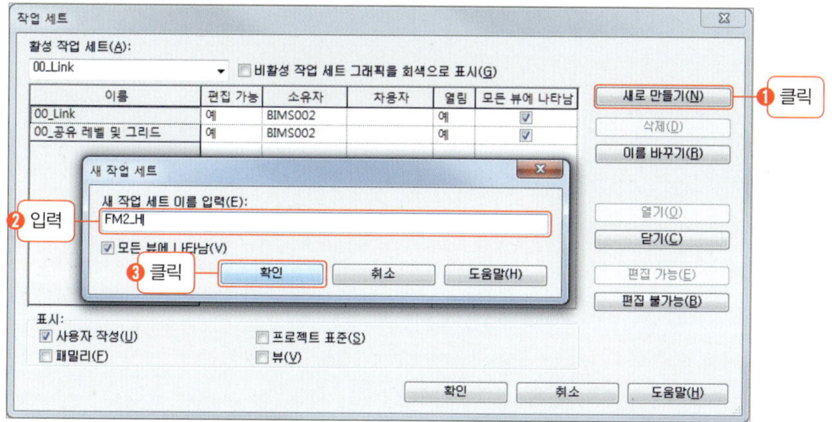

03 다음을 참고하여 필요한 레이어를 작업 세트로 모두 작성한 후 [확인] 버튼을 누릅니다.

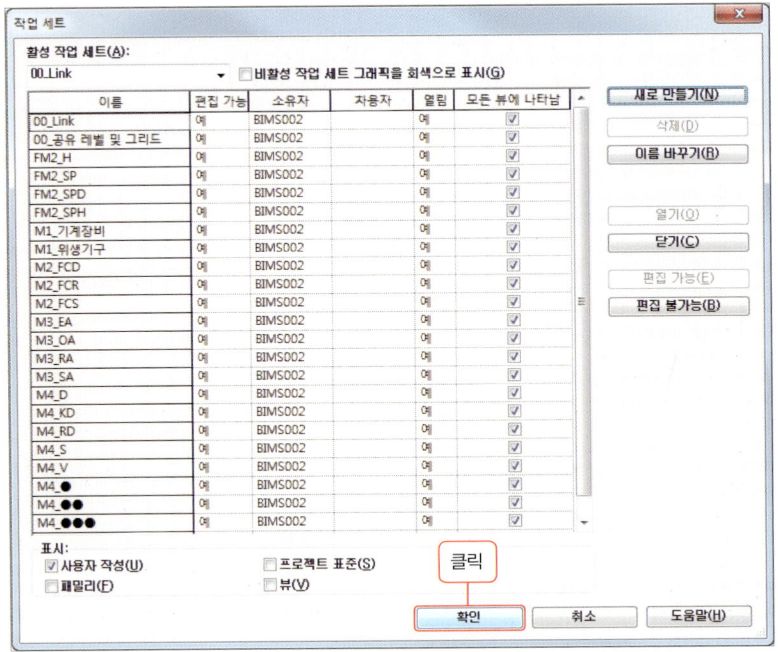

04 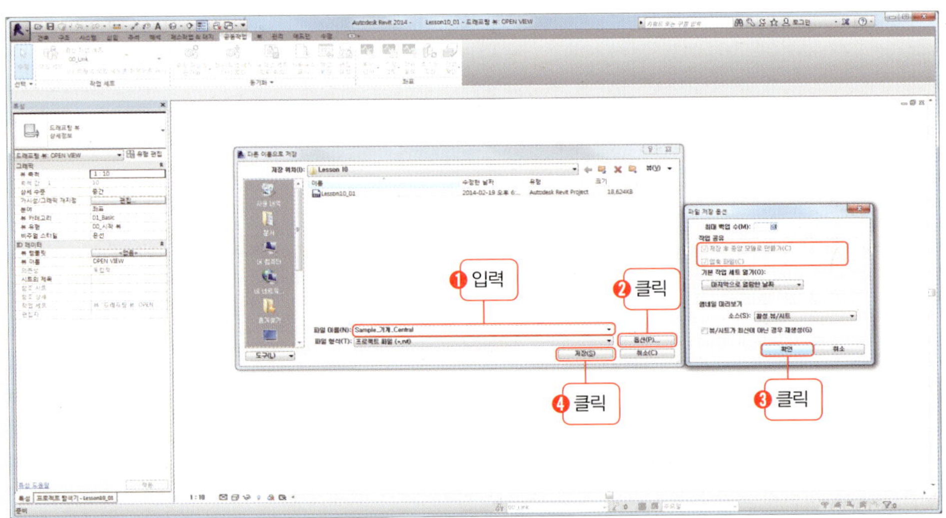 ► [다른 이름으로 저장] ► [프로젝트]를 클릭한 후 파일 이름에 'Sample_기계_Central'을 입력하고, [옵션] 버튼을 클릭합니다. 그런 다음, [파일 저장 옵션] 대화상자에서 작업 공유 항목의 '저장 후 중앙 모델로 만들기'에 체크되어 있으면 [확인] 버튼을 누르고 [저장] 버튼을 누릅니다.

Note

- 기본적으로 비작업 공유 프로젝트에는 3개의 백업이 있고, 작업 공유 프로젝트에는 최대 20개의 백업이 있습니다.
- 중앙 모델을 저장할 때에는 모든 팀 구성원이 액세스할 수 있는 네트워크 드라이브에 저장해야 합니다.
- 중앙 파일 이름은 '_Central' 등을 붙여 로컬 파일과 구분하는 것이 좋습니다.

05  ➤ [닫기]를 클릭합니다.

06 ➤ [열기] ➤ [프로젝트]를 클릭한 후 저장했던 중앙 파일을 선택합니다. 그런 다음, [열기] 대화 상자 하단에 있는 '새 로컬 파일 작성'을 체크하고 [열기] 버튼을 누릅니다.

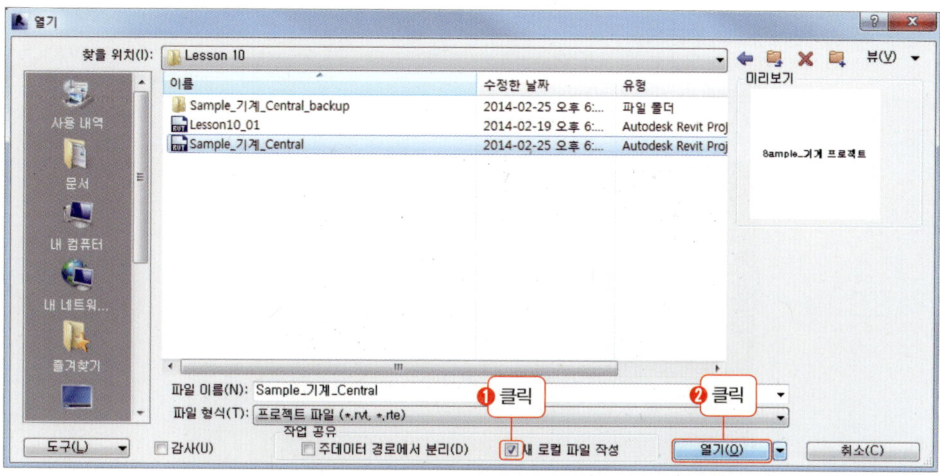

Note

- 저장을 원하는 내 컴퓨터의 위치에 중앙 파일을 복사한 후 이름 바꾸기를 하여도 로컬 파일이 생성됩니다.
- 저장 위치를 별도로 설정하지 않으면, 로컬 파일의 기본 위치는 '내 문서'로 저장됩니다.
- 저장 위치는 [옵션] ➤ [파일 위치] ➤ '사용자 파일의 기본 경로' 항목에서 별도로 지정할 수 있습니다.

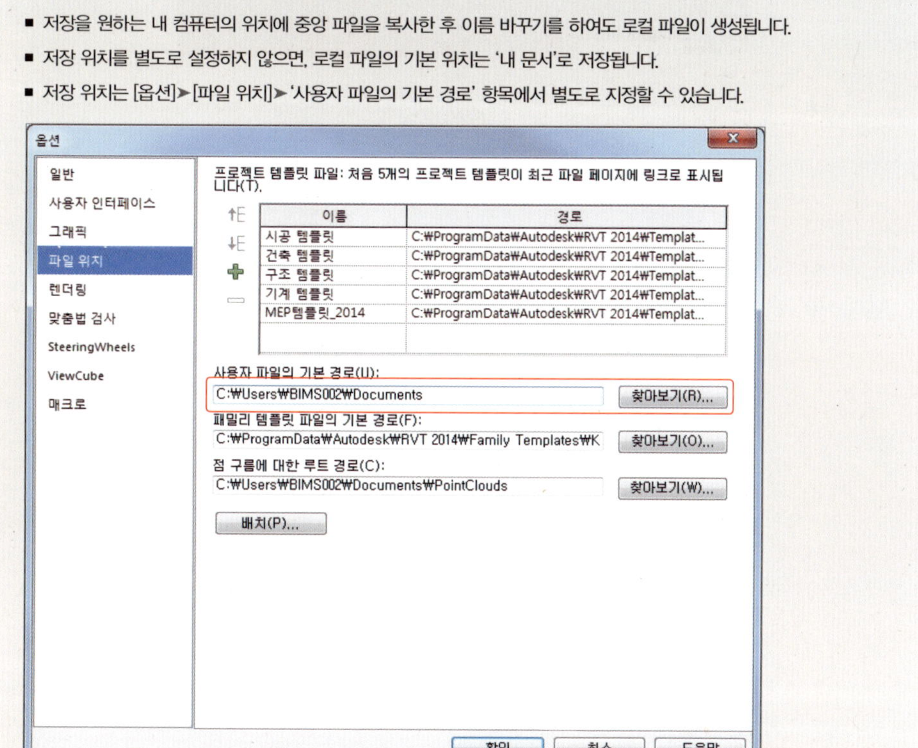

07 [공동 작업] 탭▶[작업 세트] 패널▶[작업 세트]를 클릭한 후 작업 세트를 마우스로 드래그하여 모두 선택합니다. 그런 다음, [편집 불가능] 버튼을 클릭하고 [확인] 버튼을 누릅니다.

> **주 의**
> • 이 작업은 작업 세트를 만든 사용자의 컴퓨터에서만 진행할 수 있습니다.
> • 중앙 파일로 저장하기 전에 [작업 세트] 대화상자를 다시 열어 '편집 불가능'으로 설정할 수도 있습니다.

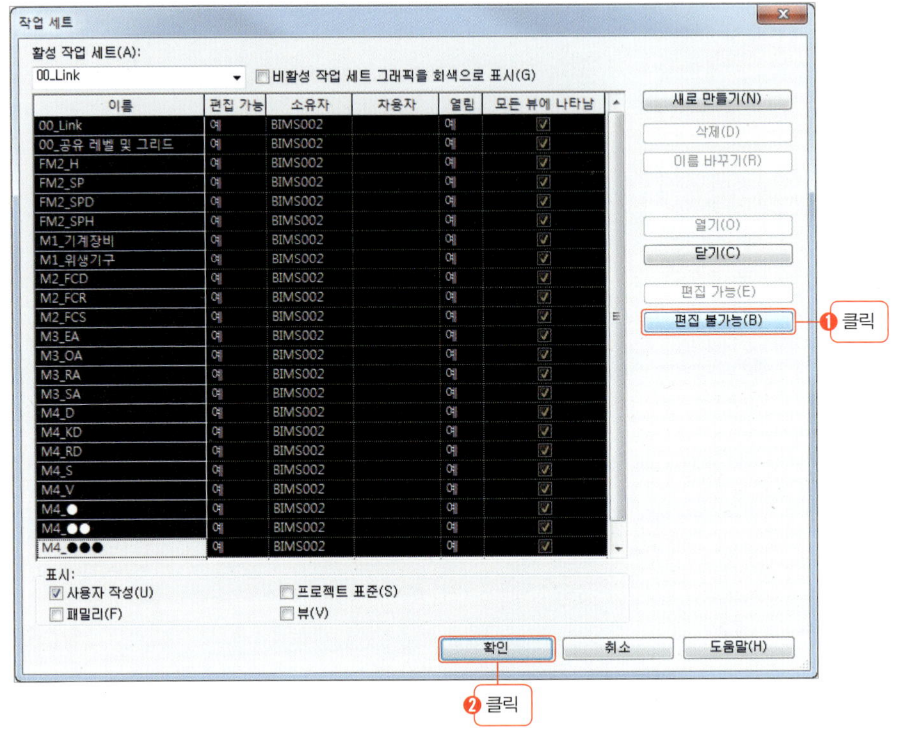

- 소유자값은 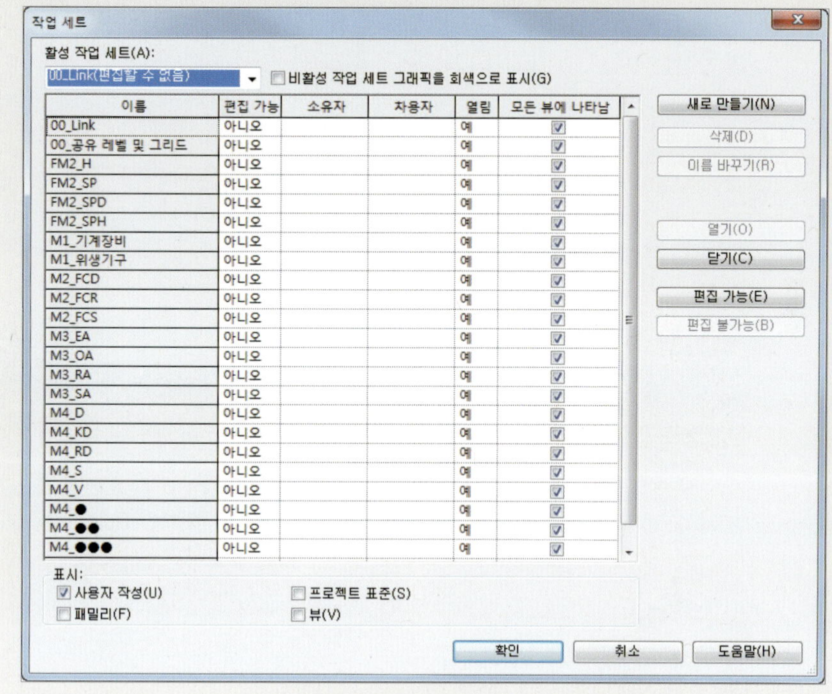 ▶ [옵션]에서 [옵션] 대화상자의 [일반] 탭에 표시된 사용자 이름으로, 소유자는 작업 세트의 소유자를 나타 냅니다. 소유자의 이름은 작업 세트로 진행되는 프로젝트 작업 도중에는 변경하지 않는 것이 좋습니다. 작업 세트의 편집 가능 상태가 '예'이거나 상태를 '예'로 변경하는 경우, 작업 세트의 소유자가 됩니다.

- 일반적으로 중앙 모델의 로컬 사본에서 작업하고, 작업 세트는 '편집 가능'으로 지정하지 않는 것이 좋습니다. 요소를 편집하 면 자동으로 요소의 차용자가 되어 필요한 사항을 변경할 수 있습니다. 중앙 파일과 동기화하면 기본적으로 차용한 요소의 권한이 취소되어 다른 팀 구성원이 이 요소를 편집할 수 있으므로, 작업 중 자주 중앙 파일과 동기화하는 것이 좋습니다.

- 편집 권한을 모두 취소하면, 작업 세트는 다음과 같은 상태가 됩니다.

이름	편집 가능	소유자	차용자	열림	모든 뷰에 나타남
00_Link	아니오			예	☑
00_공유 레벨 및 그리드	아니오			예	☑
FM2_H	아니오			예	☑
FM2_SP	아니오			예	☑
FM2_SPD	아니오			예	☑
FM2_SPH	아니오			예	☑
M1_기계장비	아니오			예	☑
M1_위생기구	아니오			예	☑
M2_FCD	아니오			예	☑
M2_FCR	아니오			예	☑
M2_FCS	아니오			예	☑
M3_EA	아니오			예	☑
M3_OA	아니오			예	☑
M3_RA	아니오			예	☑
M3_SA	아니오			예	☑
M4_D	아니오			예	☑
M4_KD	아니오			예	☑
M4_RD	아니오			예	☑
M4_S	아니오			예	☑
M4_V	아니오			예	☑
M4_●	아니오			예	☑
M4_●●	아니오			예	☑
M4_●●●	아니오			예	☑

01 [뷰] 탭 ➤ [그래픽] 패널 ➤ [필터]를 클릭한 후 [필터] 대화상자에서 'FM2_H'를 선택하고, [편집] 버튼을 클릭합니다.

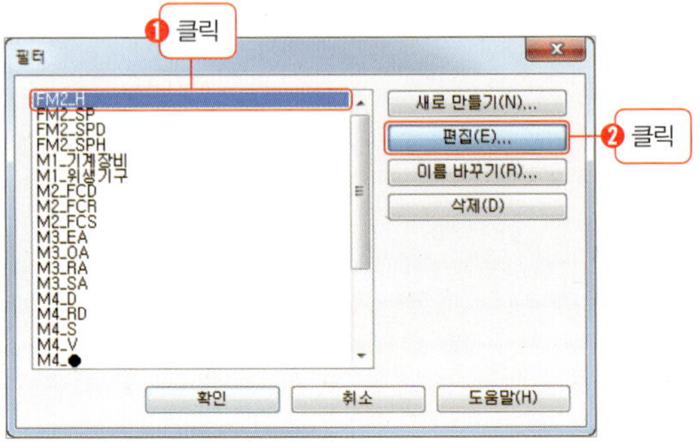

02 [필터] 대화상자에서 카테고리를 다음과 같이 설정한 후 필터 기준에서 작업 세트를 선택합니다. 그런 다음, 'FM2_H'를 '같음'으로 지정하고 [적용] 버튼을 누릅니다.

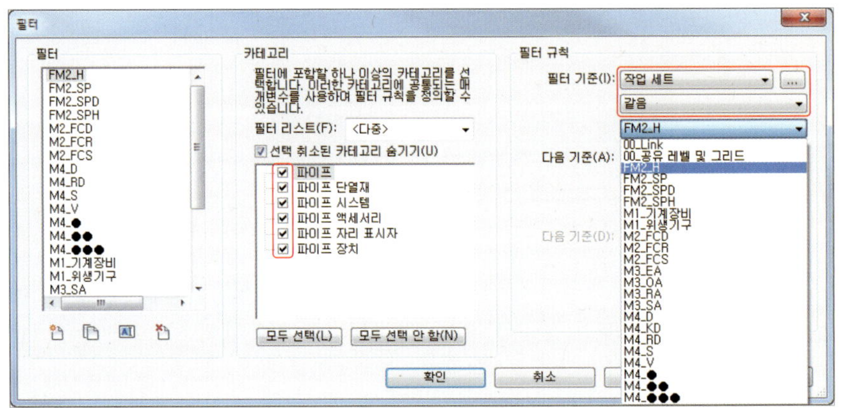

03 동일한 방법으로 나머지 필터 항목을 해당 작업 세트에 맞게 지정합니다. 작업이 완료되면 [확인] 버튼을 누릅니다.

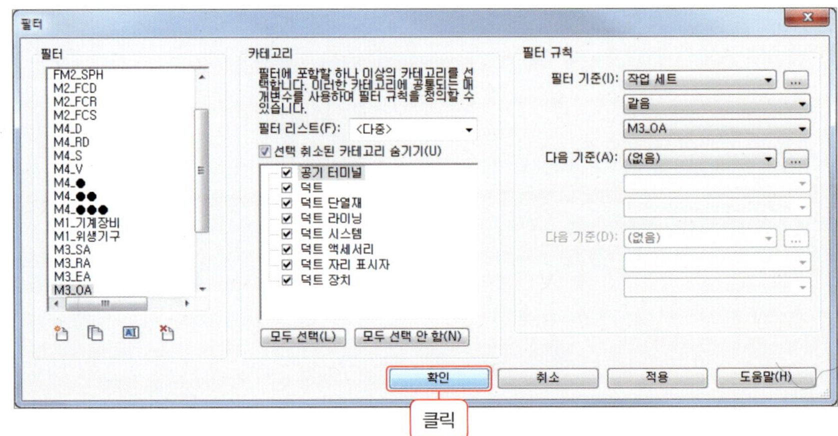

04 [필터] 대화상자에서 [확인] 버튼을 누릅니다.

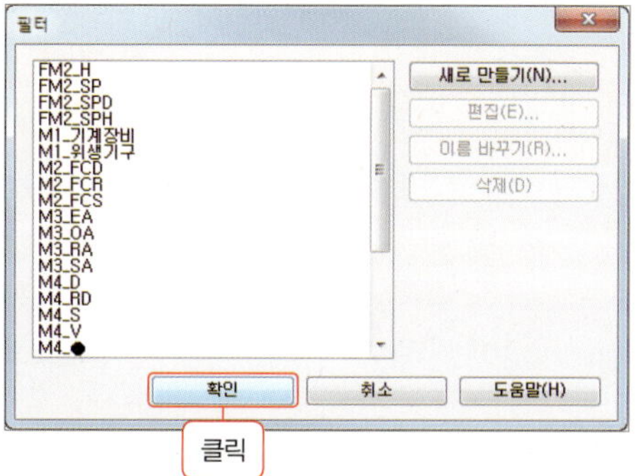

05 신속 접근 도구 막대에서 [설정 동기화 및 수정]을 클릭합니다.

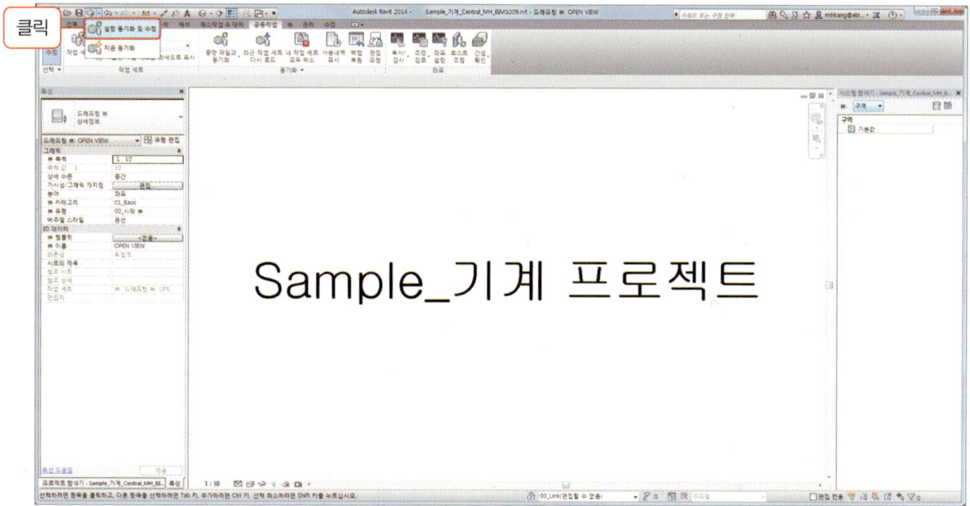

06 [중앙 파일과 동기화] 대화상자에서 다음 사항들을 체크 또는 입력하고, [확인] 버튼을 누릅니다.

- '동기화 후 다음 작업 세트 및 요소 취소'의 '빌려온 요소'를 체크
- 주석에 '작업 세트 권한 반납'을 입력
- '중앙 파일과의 동기화 이전 및 이후 로컬 파일 저장'을 체크

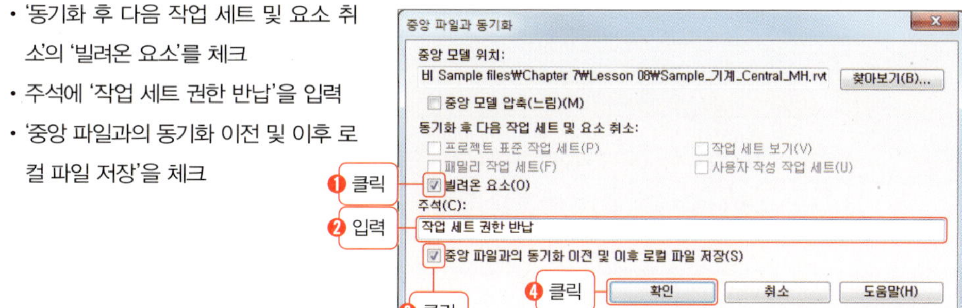

TIP

[최근 작업 세트 다시 로드]를 클릭하면, 내 로컬 파일의 변경 사항을 중앙 모델에 게시(반영)하지 않고, 중앙 모델에서 업데이트 된 사항만을 로드할 수 있습니다.

07 작업 세트로 모델링하는 작업은 Chapter 08에서 진행합니다.

01 작업 세터를 사용하여 프로젝트가 팀으로 작업될 때 작업 공유 모니터를 사용하면 Revit 소프트웨어를 더욱 유용하게 사용할 수 있습니다. 작업 공유 모니터는 작업 공유 프로젝트에 대해 다음과 같은 정보를 제공합니다.

① 현재 이 프로젝트에서 누가 작업 중인가?

② 프로젝트의 내 로컬 사본이 업데이트되었는가?

③ 중앙 파일과 동기화 작업이 언제 끝날 것인가?

④ 빌린 요소에 대한 내 요청이 승낙되었는가?

⑤ Revit 프로젝트에서 내 작업을 방해하는 문제가 있는가?

Revit 소프트웨어에서 작업 공유 프로젝트를 열면 작업 공유 모니터(열거나, 열려 있을 경우)가 시작됩니다.

02 다음은 팀 작업 중인 프로젝트에서 작업 공유 모니터를 사용하고 있는 이미지입니다.

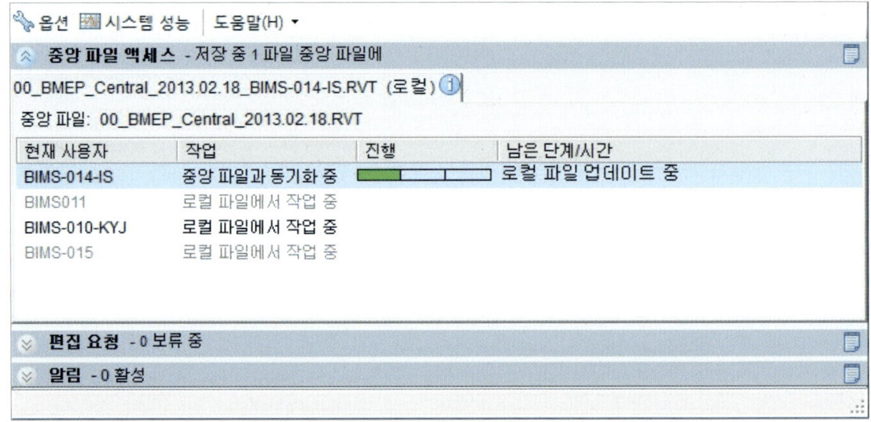

● **중앙 파일 액세스** 　현재 작업하고 있는 프로젝트 파일에 대한 정보를 표시한 후 해당 프로젝트에서 작업하고 있는 다른 사용자를 식별합니다.

작업을 연 사용자들이 프로젝트에서 어떤 작업을 수행하고 있는지 확인합니다.

① **로컬 파일에서 작업 중** : 사용자가 프로젝트 파일의 로컬 사본에서 작업하고 있습니다.

② **중앙 파일 여는 중** : 사용자가 중앙 파일에서 직접 작업하기 위해 중앙 파일을 열고 있습니다.

③ **중앙 파일에서 작업 중** : 사용자가 중앙 파일에서 직접 작업할 경우로, 빨간색으로 표시됩니다.

④ **중앙 파일과 동기화 중** : 사용자가 변경 사항을 중앙 파일에 저장하고 있습니다.

⑤ **최근 작업 다시 로드** : 사용자가 최근 버전의 중앙 파일로 프로젝트 파일의 로컬 사본을 업데이트하고 있습니다.

'중앙 파일과 동기화 중' 또는 '최근 작업 다시 로드 중' 작업을 동시에 여러 명이 진행할 경우, 중앙 파일이 바빠서 처리 속도가 현저히 저하되거나 다른 작업이 처리되지 못할 수도 있습니다.

- **회색으로 표시된 사용자** : 사용자가 해당 프로젝트에서 작업 중이지만 작업 공유 모니터를 사용하지 않고 있습니다. 그래서 이 사용자는 작업 공유 모니터를 통해 편집 요청에 대한 정보를 수신할 수 없습니다.
- **검은색으로 표시된 사용자** : 사용자가 해당 프로젝트에서 작업 중이고, 작업 공유 모니터를 사용하고 있습니다.

- **편집 요청** 사용자가 프로젝트의 일부를 작업할 수 있는 권한을 요청하기 위해 다른 사용자에게 보낸 요청에 대한 정보 또는 작업 권한을 요구하는 다른 사용자의 요청을 표시합니다.

- **알림** Revit 프로젝트에서 작업하는 데 방해가 될 수 있는 문제에 대한 정보를 제공하는 경고 및 주의를 표시합니다.

03 중앙 파일과 동기화 작업에는 다음과 같은 단계가 포함됩니다.

① **변경 사항 조회** : 로컬 파일을 마지막으로 업데이트한 후 중앙 파일이 변경되었는지의 여부를 확인합니다.

② **로컬 파일 업데이트** : 로컬 파일이 마지막으로 업데이트된 후 중앙 파일이 변경되었다면 최신 버전의 중앙 파일과 일치하도록 프로젝트 파일의 로컬 사본을 업데이트합니다.

③ **중앙 파일과 동기화 시 변경 사항 저장** : 프로젝트 파일의 로컬 사본에서 변경한 사항을 중앙 파일에 저장합니다.

④ **로컬 파일 저장(선택적)** : 중앙 파일과 동기화 작업을 시작할 때 사용자가 이 옵션을 선택하면 변경 사항을 파일의 로컬 사본에 저장합니다.

04 [작업 공유 모니터] 대화상자가 항상 다른 응용 프로그램 위에 있도록 하려면, [옵션] 대화상자의 [일반] 탭에 있는 'Worksharing Monitor' 항목의 '다른 응용 프로그램 위에 Worksharing onitor 창 유지'에 체크하고 [확인] 버튼을 누릅니다.

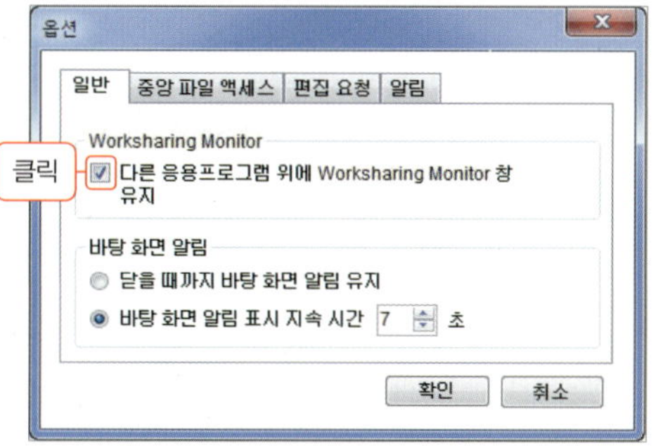

05 시스템 성능 모니터링

Revit 프로젝트의 작업은 물리적 메모리, 가상 메모리, CPU 부하 및 디스크 공간과 같은 시스템 자원의 가용성에 의해 영향을 받을 수 있습니다. 시스템 성능 모니터를 사용하면 이러한 자원을 모니터링할 수 있습니다. 자원이 미리 정의된 임계값에 도달하면 Worksharing Monitor에서는 알림을 표시합니다.

[시스템 성능] 대화상자를 다른 응용 프로그램 위에 유지하려면 '시스템 성능을 최상으로 유지'를 체크합니다.

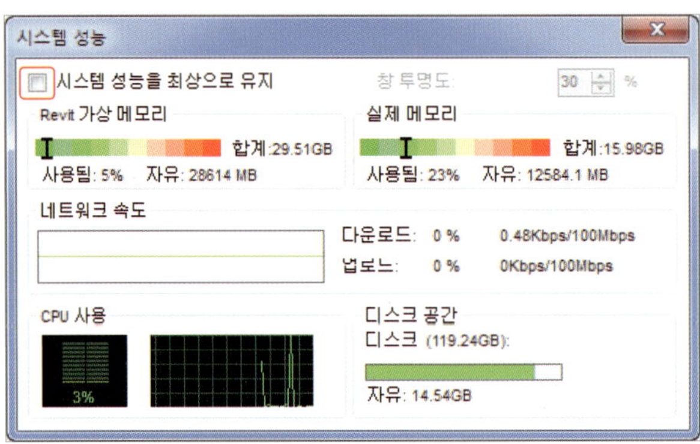

01 로컬 작업 공유 파일에서 변경 사항을 저장할 때 다음 중 하나를 수행할 수 있습니다.

- 중앙 모델과 동기화
- 로컬로 저장

02 저장하지 않고 로컬 파일을 닫는 경우, [변경 사항이 저장되지 않음] 대화상자가 표시됩니다. 3가지 옵션 중 하나를 선택할 수 있습니다.

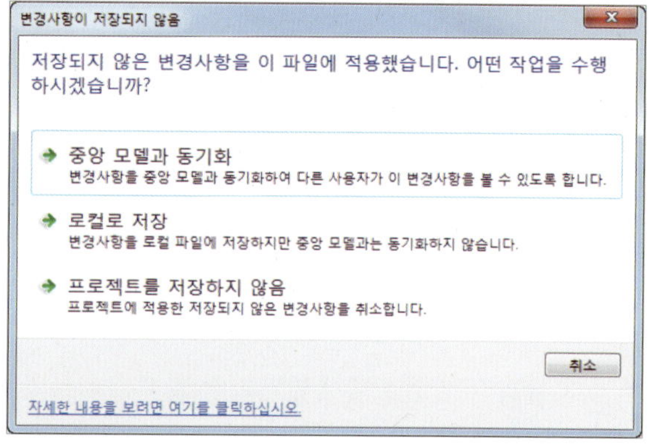

· 중앙 파일과 동기화

이 옵션을 사용하면 변경 사항이 중앙 모델에 저장됩니다. 로컬 모델에 변경 사항 저장을 포함한 기본 설정이 선택되어 있습니다. 또한 다른 팀 구성원이 저장한 변경 사항은 로컬 모델에 복사됩니다. 중앙 파일과 동기화하면 차용한 요소는 기본적으로 편집 권한이 취소됩니다.

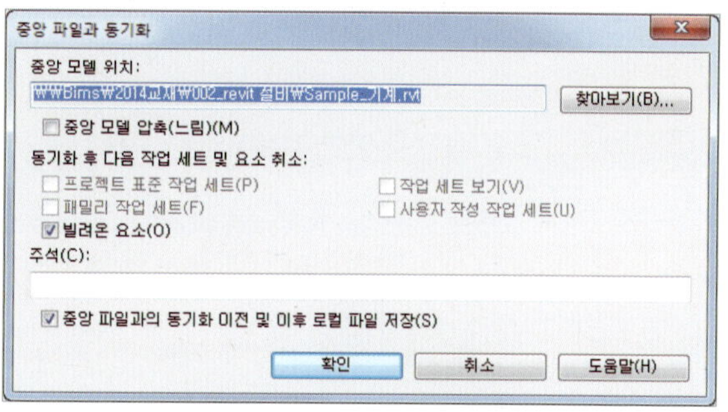

TIP

하단 중앙 파일과의 동기화 이전 및 이후 로컬 파일 저장을 체크하면, 동기화하면서 로컬 파일을 저장할 수 있습니다.

· 로컬로 저장

이 옵션을 사용하면 변경 사항이 중앙 모델과 동기화되지 않고 로컬 모델에 저장되며, [로컬 파일에 변경 사항 저장] 대화상자가 표시됩니다. 중앙 파일과 동기화하지 않았으므로 수정된 요소를 계속 소유하게 됩니다.

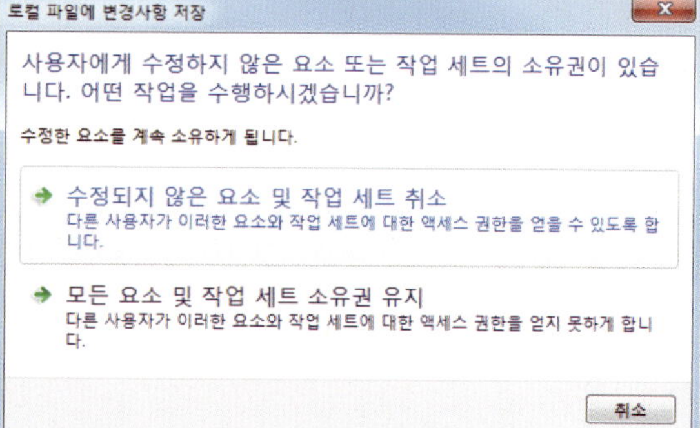

팀 매니저가 검토하거나 다른 팀원이 작업된 변경 사항을 편집할 수 있도록 하려면, 차용한 요소와 소유한 작업 세트를 취소해야 합니다. 그러므로 작업 종료 후에는 '중앙 파일과 동기화'하는 것이 좋습니다.

• **프로젝트를 저장하지 않음**

이 옵션을 사용하면 로컬 모델에서 변경한 사항이 모두 취소됩니다.

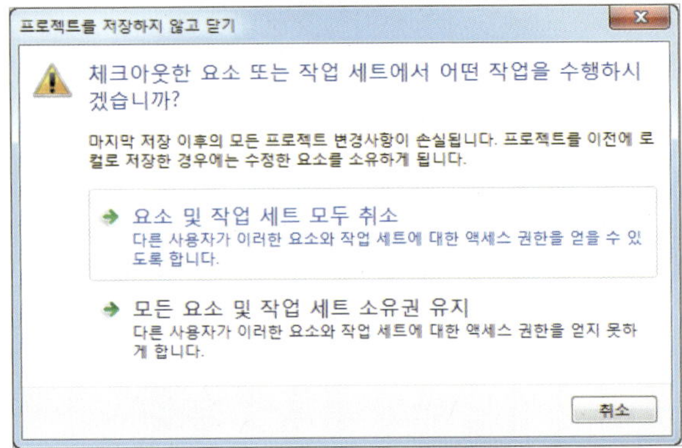

다른 사용자가 수정하거나 수정하지 않은 요소 및 작업 세트에 접근할 수 있게 하려면, '요소 및 작업 세트 모두 취소'를 클릭합니다. 차용한 요소와 소유한 작업 세트에 대해 수행한 모든 변경 사항을 취소합니다.

03 중앙 모델과 별도로 작업 공유 파일을 열 수 있습니다.

[열기] 대화상자에서 '주 데이터 경로에서 분리'를 선택한 후 [열기] 버튼을 누릅니다. 이 절차를 사용하면 독립적으로 파일을 열어서 요소 차용이나 요소 작업 세트 소유를 염려하지 않고 파일을 보거나 수정할 수 있습니다. 프로젝트 파일에서 작업하지 않지만 팀 업무를 방해하지 않고 해당 파일을 열어 검토하려는 프로젝트 관리자 또는 감독자에게 유용한 기능입니다.

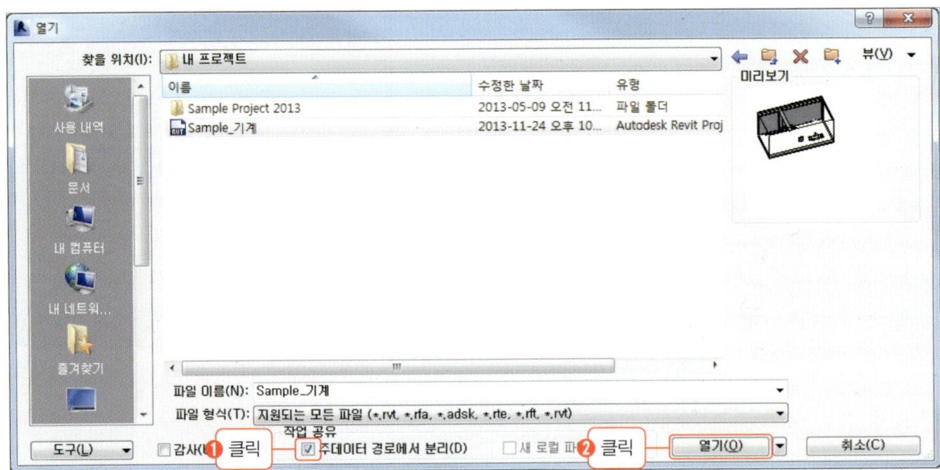

파일을 불러온 후에는 더 이상 경로 또는 권한 정보가 없습니다. 작업 공유를 처음 사용할 때와 비슷한 상태이며 파일에 있는 모든 요소를 수정할 수 있지만 변경 사항을 중앙 모델에 다시 저장할 수는 없습니다. 파일을 저장하는 경우에는 새 중앙 모델로 저장됩니다.

 중앙 모델과 동기화하지 않고 소유권을 취소할 수 있습니다.

로컬 모델을 연 상태에서 [공동 작업] 탭 ➤ 동기화 패널 ➤ 내 작업 세트 모두 취소를 클릭합니다.

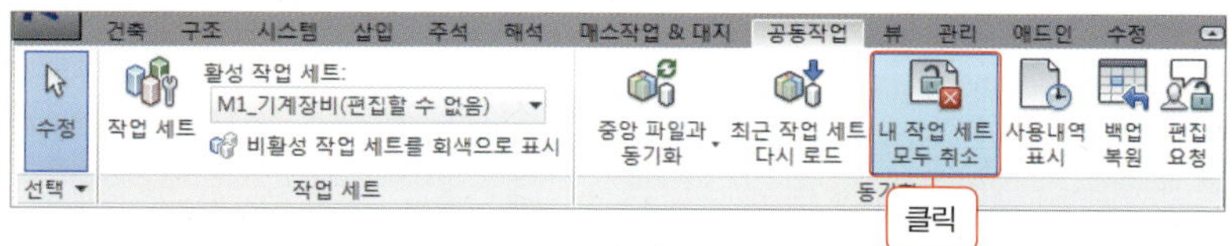

Revit에서는 중앙 파일과 동기화할 필요가 있는 변경 사항을 모두 확인하는데, 모델 요소에 변경 사항이 없으면 작업 세트 및 차용한 요소의 소유권이 취소됩니다.

변경 사항이 있을 경우에는 소유권 상태가 변경되지 않고 수정한 모델 요소를 계속 소유합니다. 변경된 사항이 있을 때에는 중앙 파일과 동기화하라는 대화상자가 표시됩니다.

[닫기] 버튼을 눌러 대화상자를 닫습니다.

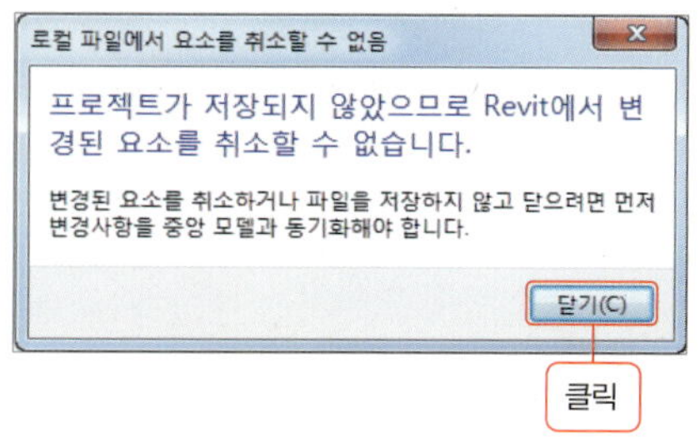

• ❷ 항목의 3가지 옵션 중 하나를 선택하여 저장한 후 로컬 파일을 닫습니다.

작업 공유 프로젝트를 저장하면 Revit에서 백업 파일의 디렉터리를 작성합니다. 사용자가 중앙 파일과 동기화하거나 중앙 모델의 로컬 사본을 저장할 때마다 해당 디렉터리에 백업 파일이 작성됩니다. 작업 중인 프로젝트에 문제가 생겼거나 적용된 변경 사항이 잘못된 경우, 프로젝트의 중앙 모델 또는 로컬 모델을 이전 버전의 프로젝트로 롤백할 수 있습니다. 연속적인 백업은 가능한 한 많은 요소 정보를 공유하므로, 백업 파일은 프로젝트 전체 크기보다 큽니다.

01 [공동 작업] 탭 ➤ [동기화] 패널 ➤ [백업 복원]을 클릭합니다.

02 중앙 파일을 복원하고자 할 경우, 중앙 파일이 저장된 네트워크 폴더를 찾아 해당 백업 폴더를 선택합니다. Revit에서는 중앙 모델 백업 정보를 'Centralfilename]_backup'이라는 폴더에 저장합니다. 이 폴더에 있는 모든 파일은 삭제하거나 이름을 바꾸면 안 됩니다.

03 [Centralfilename]_backup 폴더가 선택된 상태에서 [열기] 버튼을 누릅니다.

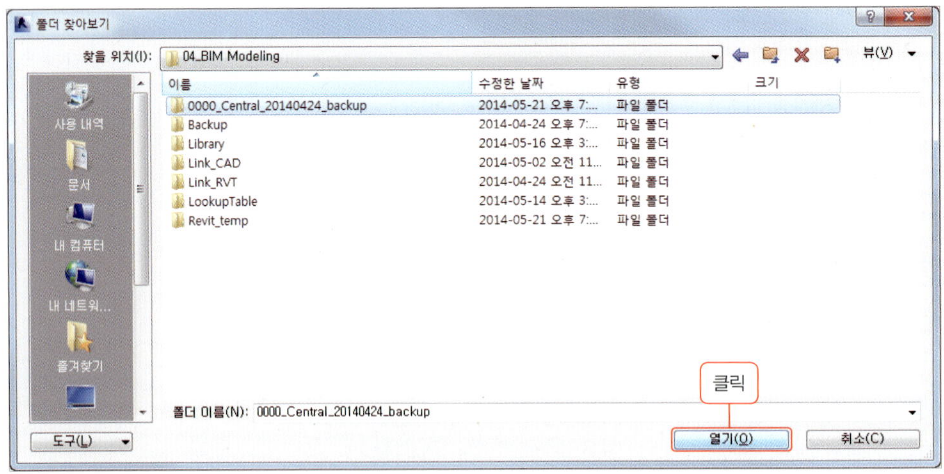

주 의

Revit Server를 적용할 경우, 서버 기반 작업 공유 프로젝트의 중앙 모델은 롤백할 수 없습니다.

04 [프로젝트 백업 버전] 대화상자가 열립니다. 복원할 버전에 해당하는 파일을 선택하고 [롤백] 버튼을 클릭합니다.

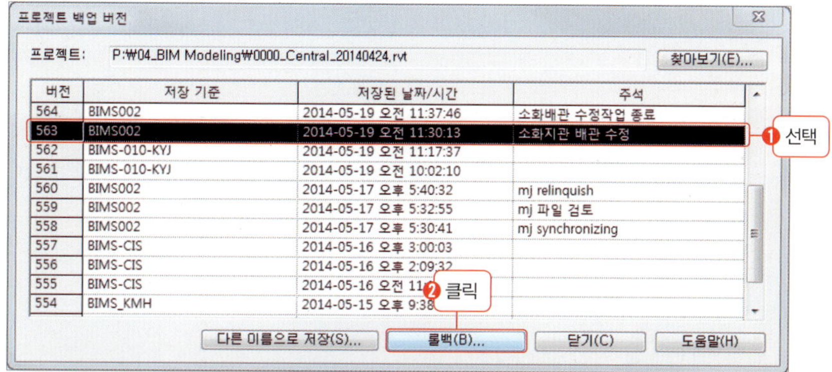

Note

문제를 해결할 수 있는 복원 시점을 판단하여 복원 대상 파일을 선택합니다. 파일이 선택되면 [롤백] 버튼을 클릭합니다. 모델을 롤백하면 백업 디렉토리에 있는 이후 버전이 모두 손실됩니다. 작업 세트와 요소 소유권을 사용한 경우에는 다시 지정해야 하므로 백업 복원은 신중하게 결정해야 합니다.

05 [롤백 백업 파일] 대화상자가 열리면 [예] 버튼을 클릭합니다. 롤백이 완료되면 프로젝트 백업 버전 대화상자에서 [Close] 버튼을 눌러 종료합니다.

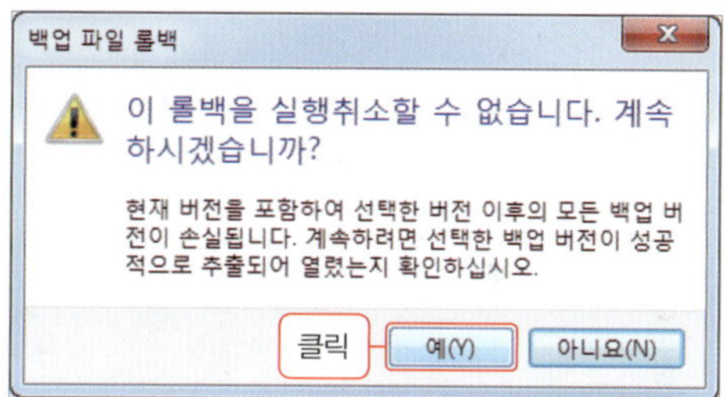

06 백업 복원 작업이 완료되면, 중앙 파일 버전에 따른 로컬 파일을 새로 생성해야 합니다.

07 복원된 중앙 파일과 새로 생성한 로컬 파일로 작업을 시작합니다.

알아두세요

중앙 파일과 동기화 시 주석(Comment)을 입력하면, 복원 시점 파악이 유리할 수 있습니다.

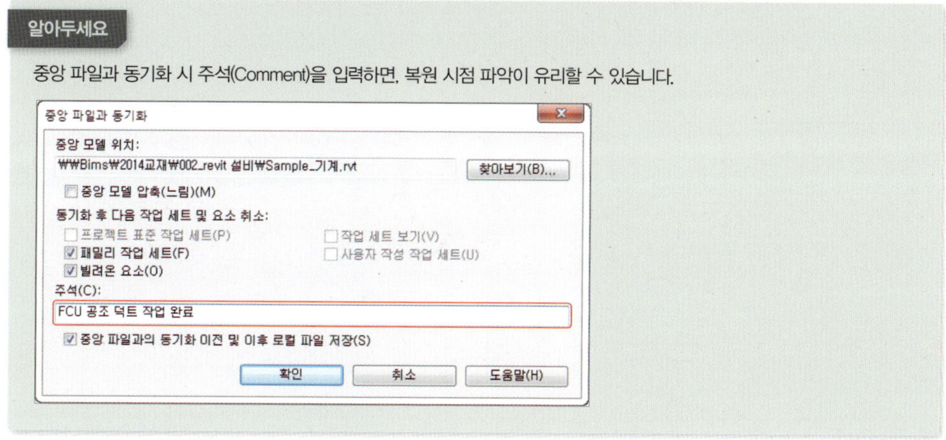

공종별
모델링

지금까지의 작업 경험을 토대로 공조 덕트, 공조 배관, 위생 배관, 소화 배관 등의 공종별 모델링을 시작합니다. CAD 도면을 링크하고 단면 계획 및 샤프트 작업을 한 후 공종별 모델링을 시작합니다. 작업 세트의 활용을 위해 레이어를 작업 세트로 구분하여 모델링을 시작합니다. 4명의 팀원으로 구성하여 공조 덕트, 공조 배관, 소화 배관, 위생 배관을 각각 맡아서 동시에 작업을 진행하는 것이 좋습니다.

모델링 기반 작업

CAD 도면을 링크하고, 단면 계획 및 샤프트 작업을 진행합니다. 예제 파일을 사용하여 작업과정을 익힐 수 있습니다.

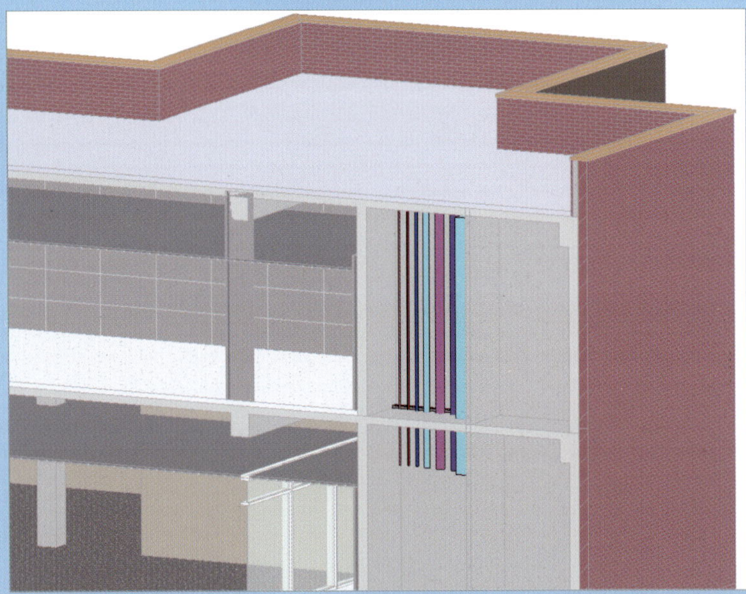

핵심 Point

중앙 파일로 새 로컬 파일 만들기

CAD 도면 링크하기

단면 계획

샤프트 작업

01 ▶ [열기] ▶ [프로젝트]를 클릭하여 [새 프로젝트] 대화상자가 나타나면 'Sample\Chapter08\ Lesson11\Lesson11_01.rvt' 파일을 선택합니다. 그런 다음, '주 데이터 경로에서 분리'를 체크하고 [열기] 버튼을 누릅니다.

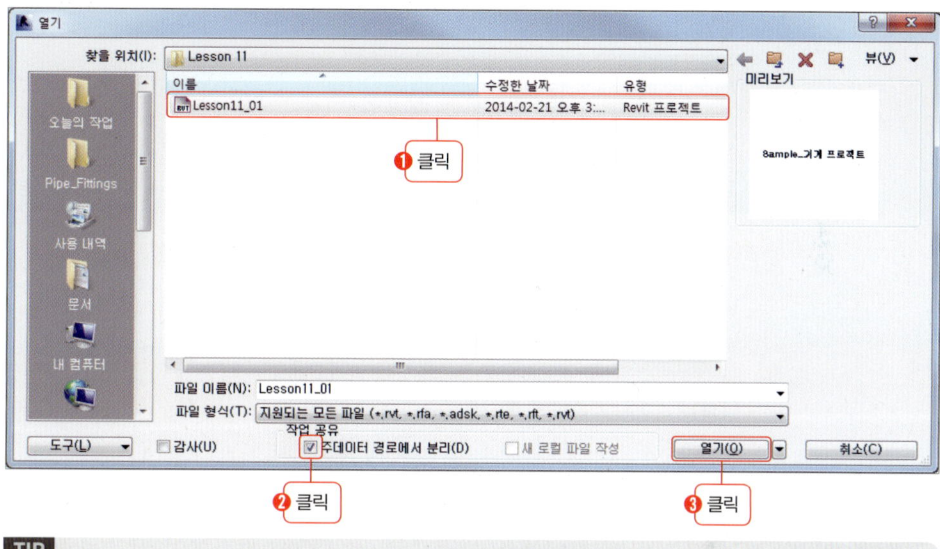

TIP

Revit에서 작업 세트를 처음 작성하고 저장하면, 그 파일이 중앙 파일이 됩니다. 이 중앙 파일은 '주 데이터 경로에서 분리'를 해야 독립적인 파일로 열 수 있습니다.

02 [중앙 파일에서 모델 분리] 대화상자가 나타나면 '작업 세트 분리 및 유지'를 클릭합니다.

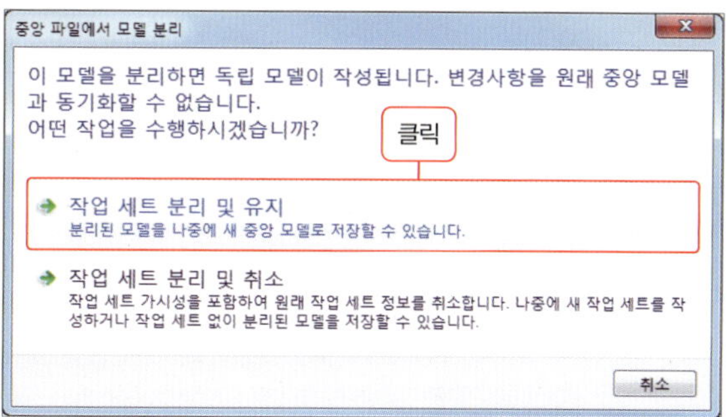

03 제공된 중앙 파일에서 분리된 독립 파일이 열립니다.

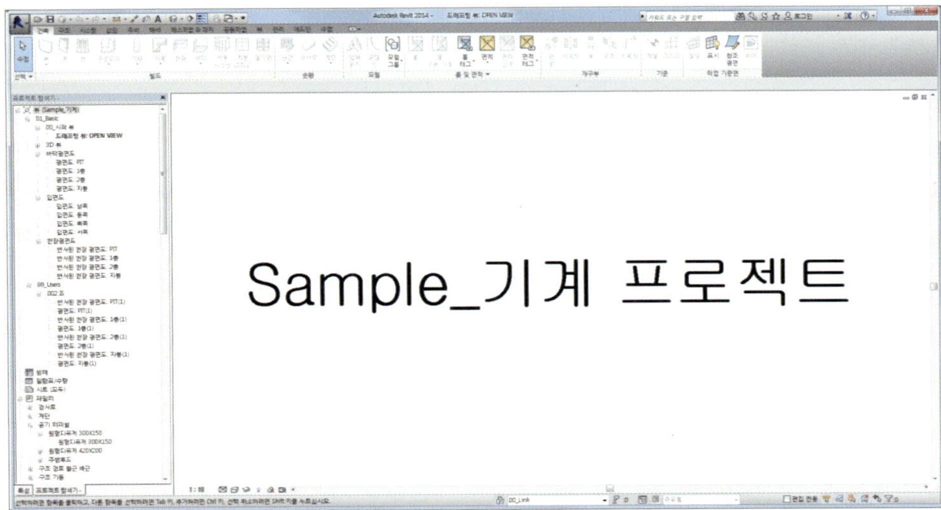

■ 주 데이터 경로에서 분리되어 파일을 불러온 후에는 더 이상 경로 또는 권한 정보가 없습니다. 작업 공유를 처음 사용할 때와 비슷한 상태이며, 파일에 있는 모든 요소를 수정할 수 있지만 변경 사항을 중앙 파일에 다시 저장할 수는 없습니다.

01 　➤[다른 이름으로 저장]➤[프로젝트]를 클릭한 후 파일 이름에 'Sample_기계_Central'을 입력합니다. 그런 다음, 옵션을 확인하고 [저장] 버튼을 누릅니다.

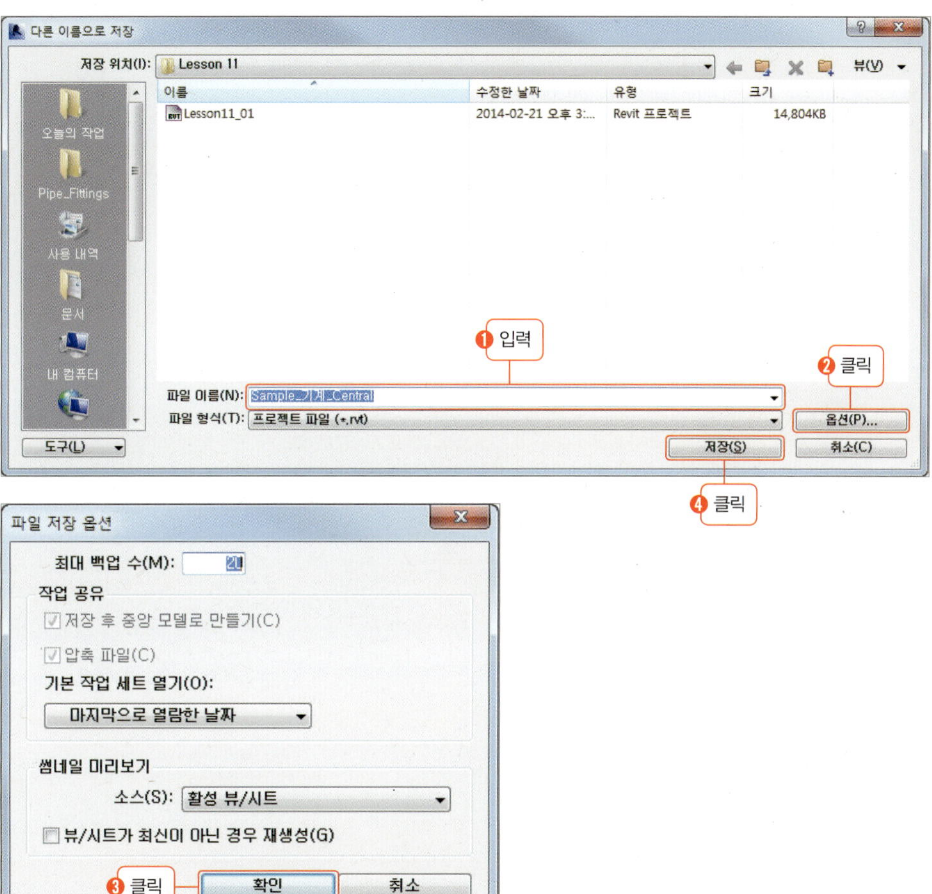

Note

- 중앙 파일에서 분리된 후 '저장'을 클릭하면, 파일 저장 옵션에 '저장 후 중앙 파일로 만들기'가 선택되어 있어서 별다른 설정 없이 새 중앙 파일로 저장됩니다.
- 중앙 파일로 저장한 후에 작업 세트 권한 반납이 이루어져야 합니다. 권한이 취소되어야 팀원들이 자유롭게 작업을 공유할 수 있습니다.

02 권한 취소를 위해 신속 접근 도구 막대에서 '설정 동기화 및 수정' 버튼 을 클릭합니다. 다음 내용대로 설정한 후 [확인] 버튼을 누릅니다.

- '사용자 작성 작업 세트'를 체크
- 주석에 '작업 세트 권한 반납'을 입력

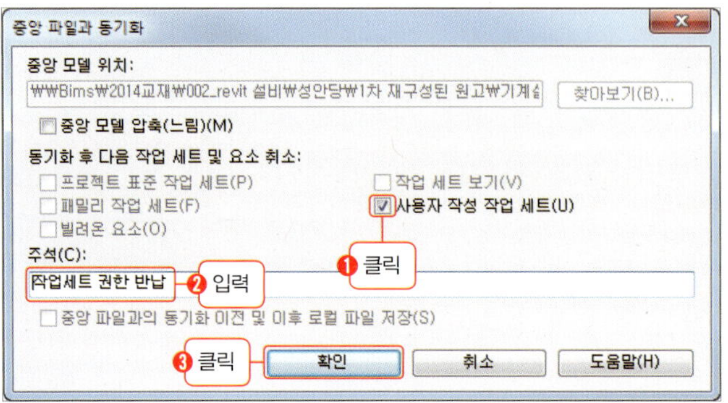

TIP

새 중앙 파일로 작성한 사용자의 컴퓨터에서 동기화를 진행하여 사용자 작성 작업 세트 권한 취소를 할 수 있습니다.

03 을 눌러 'Sample_기계_Central' 파일을 닫습니다.

Note

중앙 모델 압축 체크

작업 세트를 사용하는 파일을 저장할 때 파일 크기를 줄여줍니다. Revit은 일반적인 저장 중에 기존 파일에 새 요소와 변경된 요소만 기록합니다. 그러면 파일은 다소 커질 수 있지만 저장 작업 속도는 증가합니다.

압축 과정에서 전체 파일을 다시 기록하고 더 이상 사용하지 않는 부분은 제거하여 공간을 절약합니다. 압축 과정은 일반 저장보다 시간이 더 걸리기 때문에 작업 흐름이 중단되어도 문제가 되지 않을 때 압축 옵션을 사용하는 것이 좋습니다.

01  ▶ [열기] ▶ [프로젝트]를 클릭한 후 저장된 'Sample_기계_Central' 파일을 클릭합니다. 그런 다음, '새 로컬 파일 작성'을 체크하고 [열기]를 눌러 로컬 파일을 작성합니다.

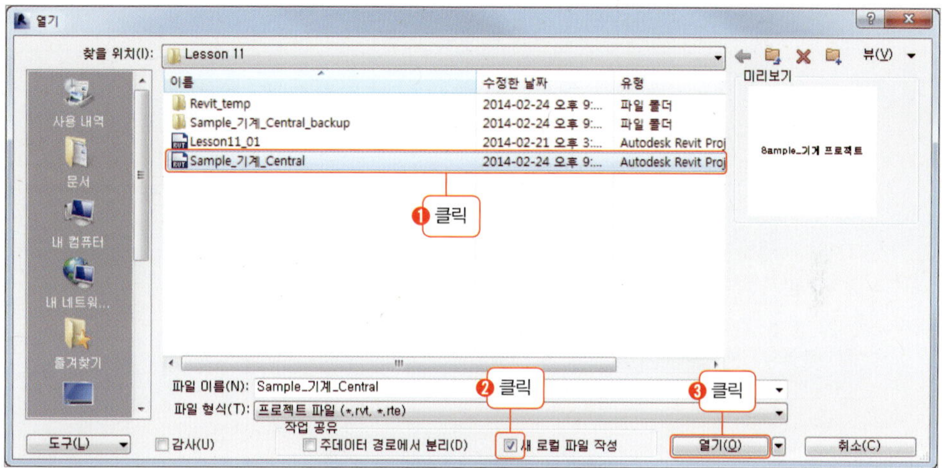

TIP

별도의 경로 지정이 없으면, 내 문서에 로컬로 저장됩니다.

02 이후 작업부터는 작성된 로컬 파일로 작업을 진행합니다.

알아두세요

- 생성된 로컬 파일을 닫은 후 다시 로컬 파일을 열어 작업을 진행할 때에는 로컬에 저장되어 있는 폴더를 찾아 내 로컬 파일을 직접 엽니다.
- 열린 내 로컬 파일은 사용자가 마지막으로 저장한 파일 그대로입니다. 그러나 중앙 파일은 다른 팀원들의 작업으로 많은 모델 정보가 변경되었을 가능성이 있습니다.
- 열린 내 로컬 파일에서 작업을 진행하기 전에 중앙 파일과 동기화를 먼저 진행합니다. 동기화가 정상적으로 끝났을 때, 내 로컬 파일에서 작업을 진행합니다.
- 열린 내 로컬 파일이 중앙 파일과 많이 다른 경우에는 오류가 발생하면서 동기화가 진행되지 않을 수 있습니다. 이 경우에는 중앙 파일로부터 새 로컬 파일을 작성해야 합니다.
- 작성된 로컬 파일에서 작업을 시작합니다.

01 프로젝트 탐색기에서 '99_Users ▶ 002_IS ▶ 반사된 천장 평면도 : 1층(1)'을 더블 클릭합니다. 마우스 휠을 사용해 뷰를 확대하고 [주석] 탭 ▶ [태그] 패널 ▶ [룸] 태그를 클릭합니다. 그런 다음, 각각의 실 내부 공간을 클릭하여 룸 태그를 작성하고 [Esc]를 눌러 명령을 종료합니다.

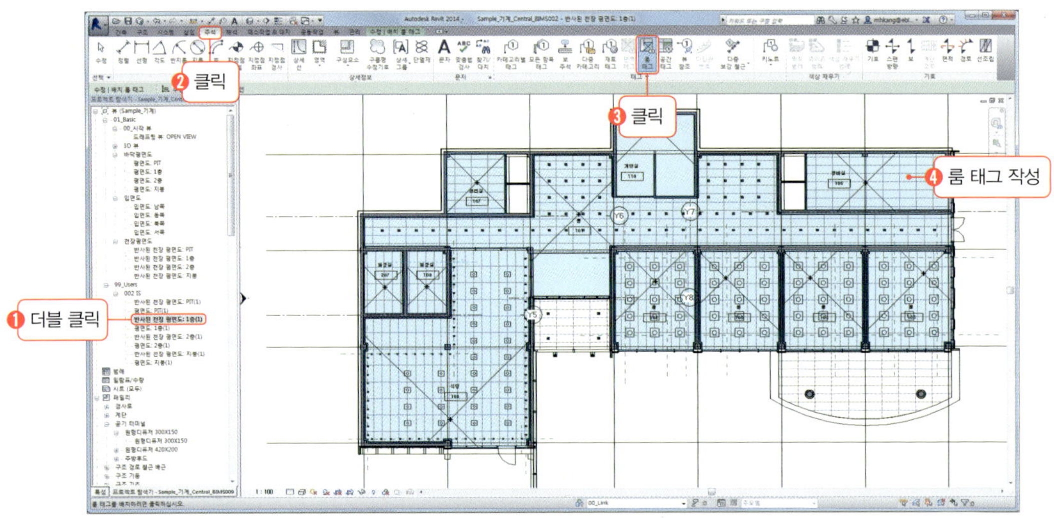

TIP

원활한 작업을 위해 각 실의 이름과 번호를 표시하는 것이 좋습니다. 룸 태그를 사용하면 건축 모델에서 작성된 룸 이름과 번호를 그대로 가져와 사용할 수 있습니다.

02 동일한 방법으로 다른 천장 평면도와 바닥 평면도 뷰에 룸 태그를 작성합니다.

03 프로젝트 탐색기에서 '99_Users ▶ 002_IS ▶ 반사된 천장 평면도 : 1층(1)'을 마우스 오른쪽 버튼으로 클릭한 후 [뷰 복제] ▶ [상세 복제]를 클릭합니다.

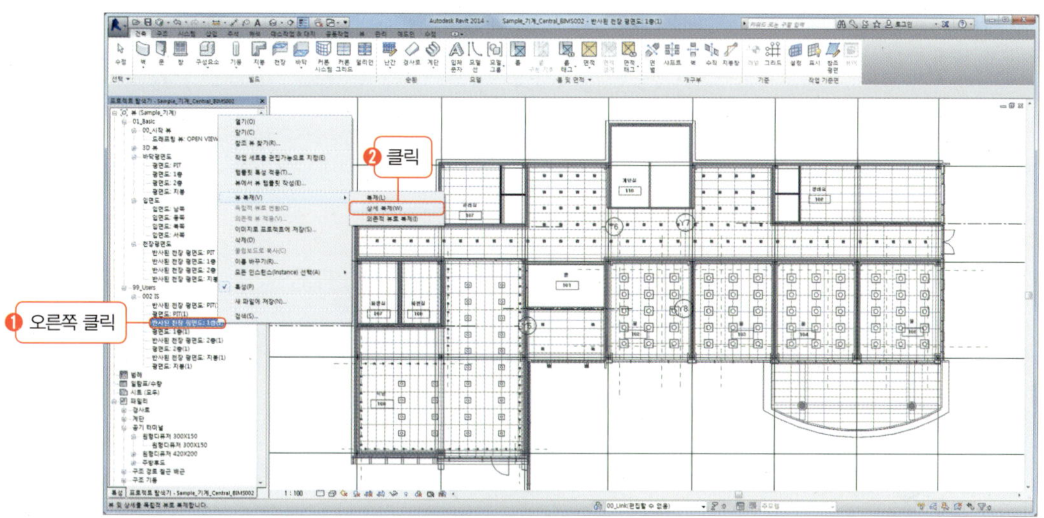

04 복제된 평면도를 선택한 후 마우스 오른쪽 버튼을 눌러 [이름 바꾸기]를 클릭합니다. 그런 다음, 이름을 '지상 1층 공조 덕트 평면도'로 바꿉니다.

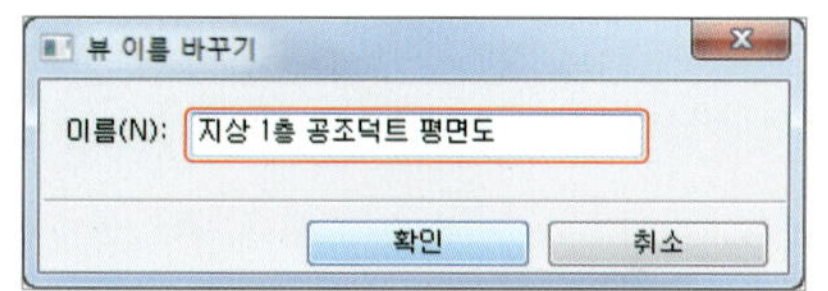

05 동일한 방법으로 각 공종별 뷰를 작성합니다. 소화 배관, 공조 배관, 공조 덕트는 '천장 평면도'를, 위생 배관은 '바닥 평면도'를 복제하여 그림과 같이 정리합니다.

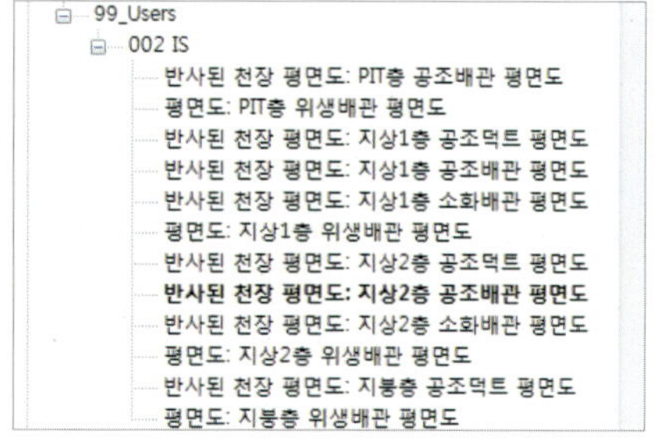

06 생성된 뷰를 모두 선택한 후 마우스 오른쪽 버튼을 클릭하여 '뷰 템플릿 적용'을 클릭합니다.

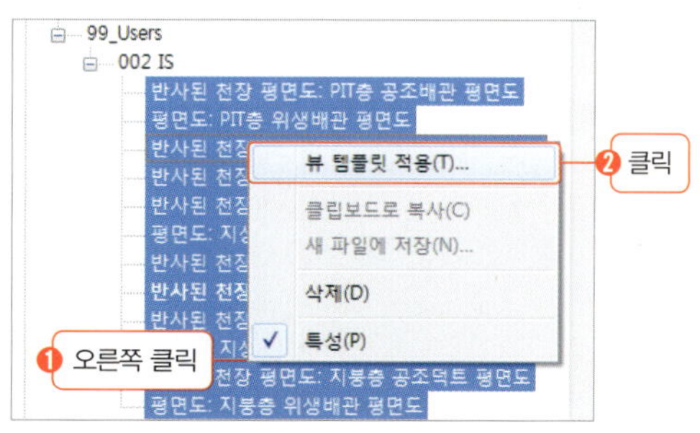

 [뷰 템플릿 적용] 대화상자에서 'Sample_MEP' 뷰 템플릿을 확인합니다. 그런 다음, 뷰 특성 항목의 상세 수준을 '높음', 분야를 '기계'로 설정하고 [확인] 버튼을 누릅니다.

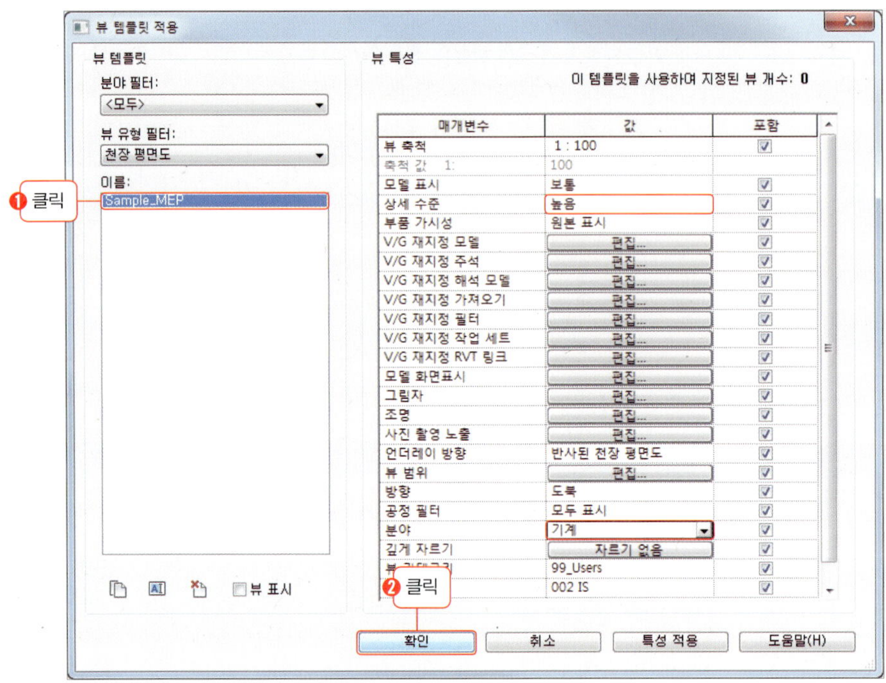

 프로젝트 탐색기에서 '01_Basic ▶ 3D 뷰 ▶ 3D 뷰 : {3D}'를 복제한 후 이름을 '3D_IS'로 바꿉니다. 그런 다음, 마우스 오른쪽 버튼을 클릭하고 '템플릿 특성 적용'을 선택하여 'Sample_MEP' 뷰 템플릿을 적용합니다.

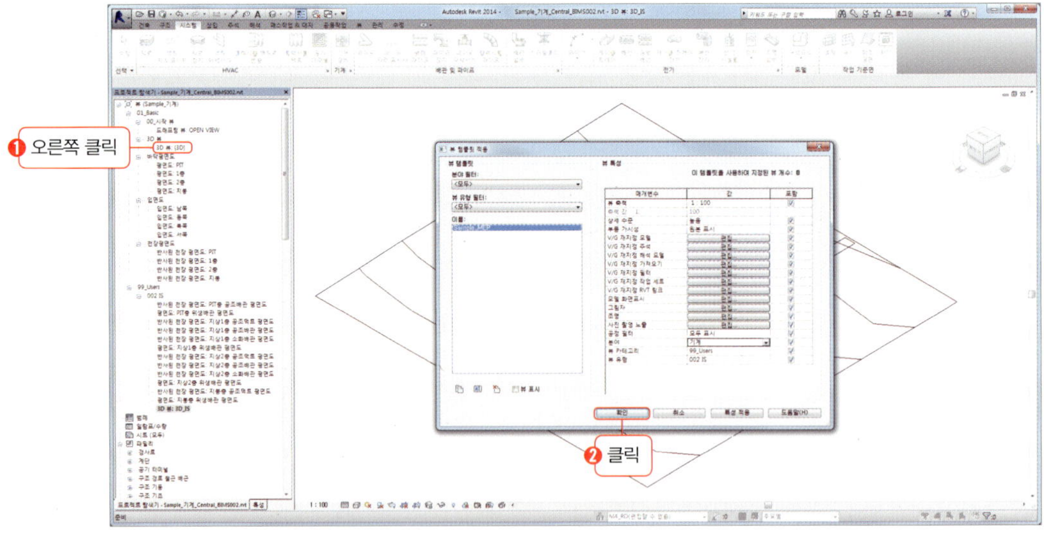

USER 뷰는 작업을 위한 뷰이므로 프로젝트를 완료하고, 제출에 필요한 뷰들을 정리한 다음에는 모든 USER 뷰들을 삭제하는 것이 좋습니다.

01 프로젝트 탐색기에서 '99_Users ▶ 002_IS ▶ 반사된 천장 평면도 : 지상 1층 공조 덕트 평면도'를 더블 클릭한 후 [삽입] 탭 ▶ [링크] 패널 ▶ [CAD 링크]를 클릭합니다. 그런 다음, 기계 설비 Sample files ▶ LINK ▶ DWG에서 '02.01_지상 1층 공조 덕트 평면도'를 선택하고, 다음과 같이 설정한 후 [열기] 버튼을 누릅니다.

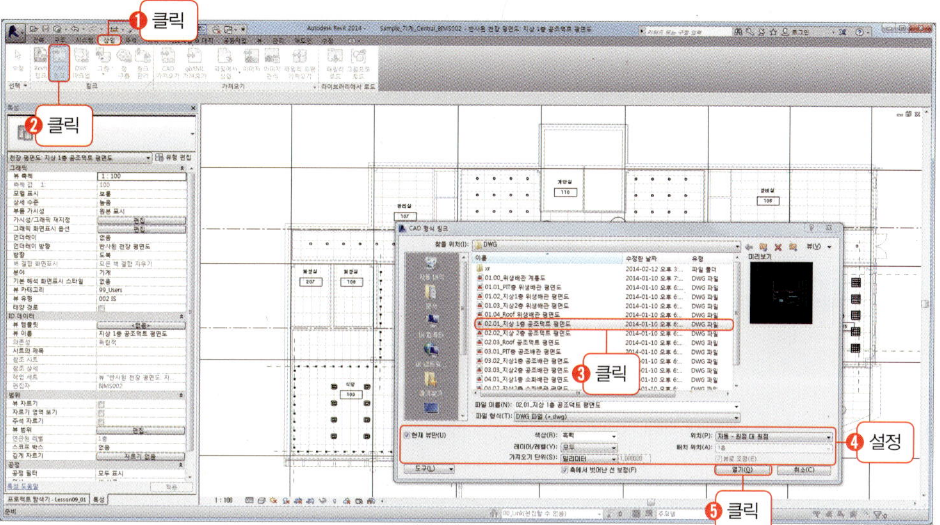

알아두세요

- CAD 도면을 원점 대 원점으로 가져오기 위해서는 Revit과 CAD의 원점이 일치해야 하므로, 미리 Revit의 프로젝트 기준점을 확인한 후 CAD의 원점을 조정하는 것이 좋습니다.

- 좌측의 현재 뷰 항목에만 체크하면 CAD 링크를 작업하는 뷰에서만 볼 수 있습니다. 동일한 레벨이라 하더라도 다른 뷰에서는 보이지 않기 때문에 해당 뷰에서만 사용하고자 할 때 체크합니다.

- 원점 대 원점으로 도면을 가져올 경우, 자동으로 핀 고정이 설정됩니다.

- 원점 대 원점은 Revit의 프로젝트 기준점과 DWG 파일의 원점(0, 0, 0)입니다.

- 원점을 고려하여 작업된 상황이 아니라면, DWG 도면을 링크한 후 정렬 기능을 사용하여 그리드 선에 맞추어 정렬시킵니다.

- 한 번 링크된 DWG 도면은 경로를 잃거나 원본이 삭제되더라도 저장된 Revit 파일에는 존재할 수 있습니다.

- 같은 경로에서 같은 이름의 도면을 동시에 링크하여 작업할 경우, 중앙 파일에 동기화할 때 오류가 발생할 수 있습니다.

- 같은 도면을 동시에 사용해야 할 경우에는 현재 뷰를 체크 해제하고 링크하여 프로젝트에서 도면을 공유합니다.

02 CAD 도면이 현재 뷰에 링크됩니다.

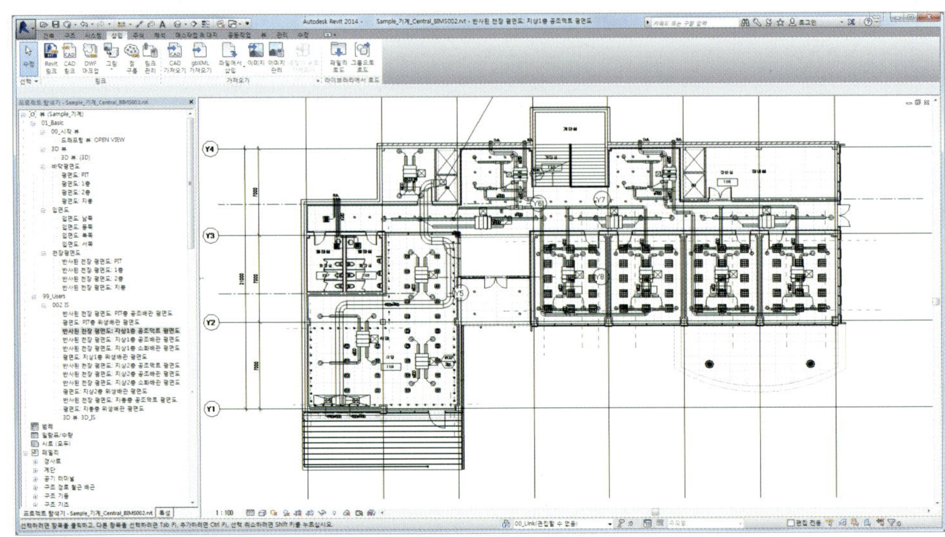

03 영문 키를 활성화한 후 V V를 눌러 [가시성/그래픽 재지정] 대화상자를 엽니다. [가져온 카테고리] 탭에서 링크된 DWG 도면의 가시성을 설정할 수 있습니다.

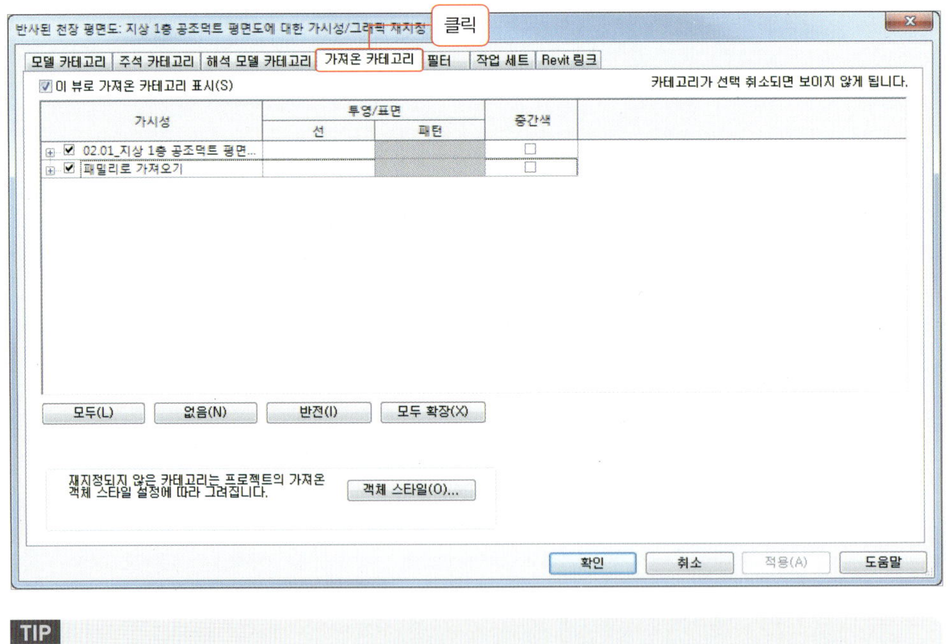

TIP

'패밀리로 가져오기'는 CAD 등에서 작성하여 가져온 패밀리의 가시성을 제어합니다.

---

04 다른 모델 뷰에서 동일한 방식으로 작업에 필요한 2D 도면을 링크합니다.

2D 도면을 검토하여 주요 단면에 대한 계획을 수립합니다.

 공종별로 프로젝트를 진행하기 전에 단면 계획을 수립하여 불필요한 간섭을 피하고, 작업 공간을 효과적으로 사용하도록 합니다.

- 단면 계획은 빌딩 설계 시 주어진 건축 설비 예약 공간(천장 속, Shaft 등)에서 구조체에 미치는 영향을 최소화하고, 건축 설비 배치를 최적화하는 작업입니다.
- 단면 계획 시에는 배관의 재질, 보온재 두께 등의 여러 시공 상황을 고려해야 합니다.
- 단면 계획을 수립할 때 시공 담당자의 승인을 거치면 작업 효율을 높일 수 있습니다.
- 승인을 거친 후 프로젝트 매니저의 작업 지시에 따라 작업합니다.

 홀 부분의 단면 계획입니다. 이를 활용하여 따라하기 작업을 진행합니다.

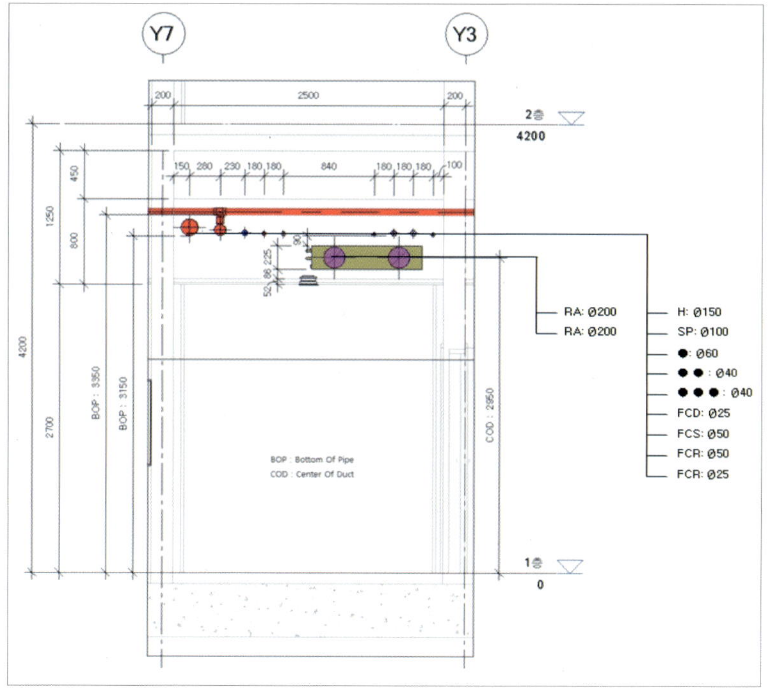

- 이 단면 계획은 홀 부분의 일부 계획입니다. 따라서 모델링 전체 상황은 단면 계획과 다를 수 있습니다. 최적의 단면 계획을 수립하여 모델링을 진행한다고 하더라도 모든 간섭이 해결되지는 않습니다. 그러나 시공 상황과 유지 보수 관리를 위한 최적의 단면을 계획하여 모델링하면 작업 시간과 오류를 최소화할 수 있습니다.
- 단면 계획은 프로젝트 매니저가 계획 및 관리해야 작업이 일관성 있게 진행되며, 시공 현장에서는 반드시 공사 감독관의 승인을 얻는 것이 좋습니다.

2D 도면을 검토하여 샤프트에 대한 배치 계획을 수립합니다.

---

01 샤프트 공간 검토 및 각 층 평면 작업의 효율을 높이기 위해 샤프트 상세도에 따른 입상 배관을 우선 작업합니다.

02 프로젝트 탐색기에서 '99_Users ▶ 002_IS ▶ 3D_IS'를 선택한 후 [뷰] 탭 ▶ [창] 패널 ▶ [숨겨진 창 닫기]를 클릭합니다. 그런 다음, 마우스 오른쪽 버튼을 클릭하여 [뷰 복제] ▶ [복제]를 클릭하고 이름을 '샤프트_01'로 바꿉니다.

03 '지상 2층 소화 배관 평면도'를 더블 클릭합니다.

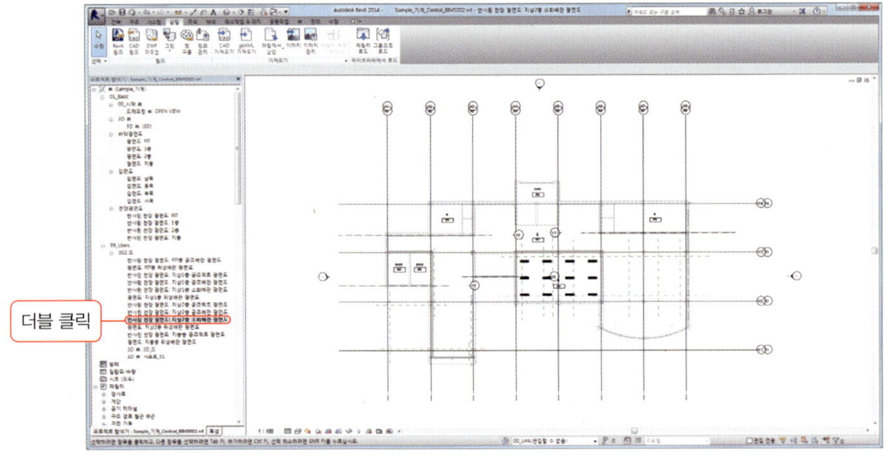

04 [뷰] 탭 ▶ [창] 패널 ▶ [타일]을 클릭하여 아래와 같이 정렬한 후 영문 키를 활성화하고 Z A를 눌러 뷰를 최적화합니다. '샤프트_01 뷰'의 뷰 조절 막대에서 '와이어프레임'을 선택합니다.

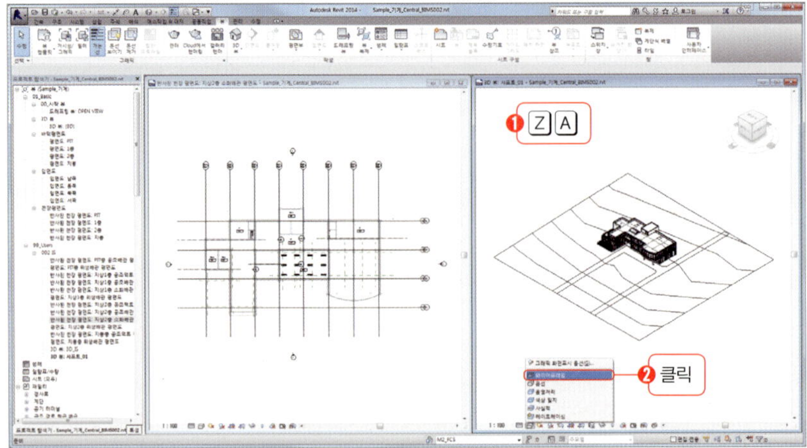

05 '샤프트_01 뷰'를 선택한 후 [특성] 대화상자에서 단면 상자를 체크합니다. 도면 영역에서 단면 상자를 선택한 후 모양 핸들을 드래그하여 건물 외곽의 크기에 맞춥니다. [Z] [A]를 눌러 뷰를 최적화합니다.

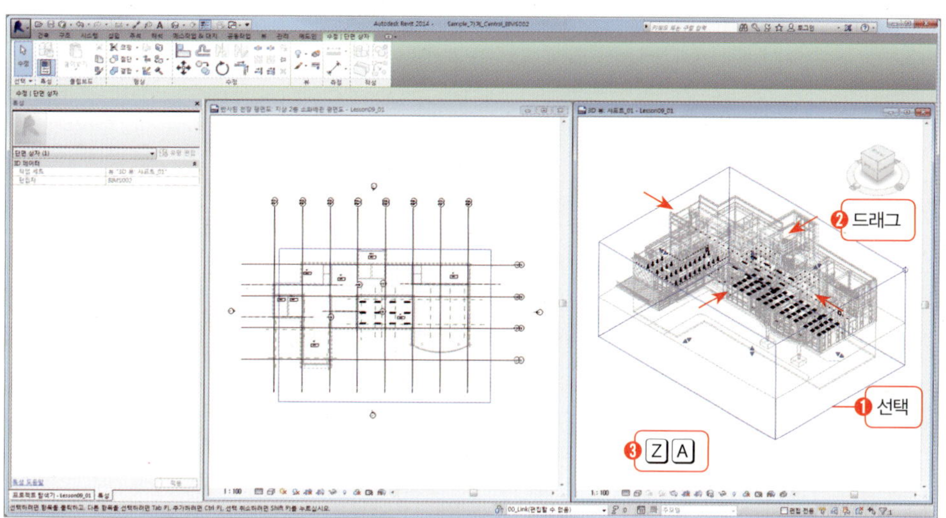

06 3D 뷰의 단면 상자가 선택된 상태에서 평면 뷰로 이동합니다. 단면 상자의 모양 핸들(파란색으로 표시)을 드래그하여 뷰의 크기를 계단실 왼쪽의 샤프트 범위만큼 조정하고, [Z] [A]를 눌러 뷰를 최적화합니다. [Esc]를 눌러 명령을 종료합니다.

> **TIP**
>
> 객체를 선택한 후 뷰를 이동하여 명령을 실행하면 좀 더 세밀한 작업을 진행할 수 있습니다.

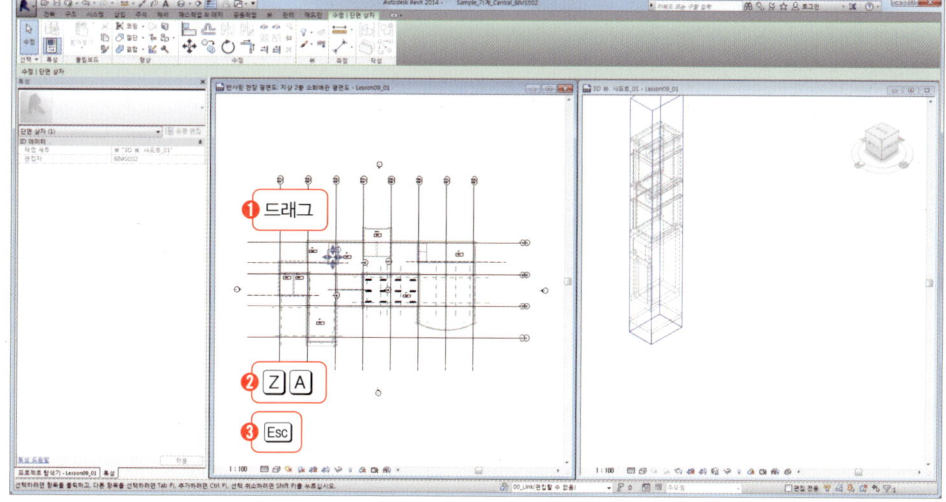

07 지상 2층 소화 배관 평면도 뷰로 이동한 후 영문 키를 확인하고 Ⅴ Ⅴ 를 누릅니다. 필터 리스트에서 모든 공종의 가시성을 체크한 후 [확인] 버튼을 누릅니다.

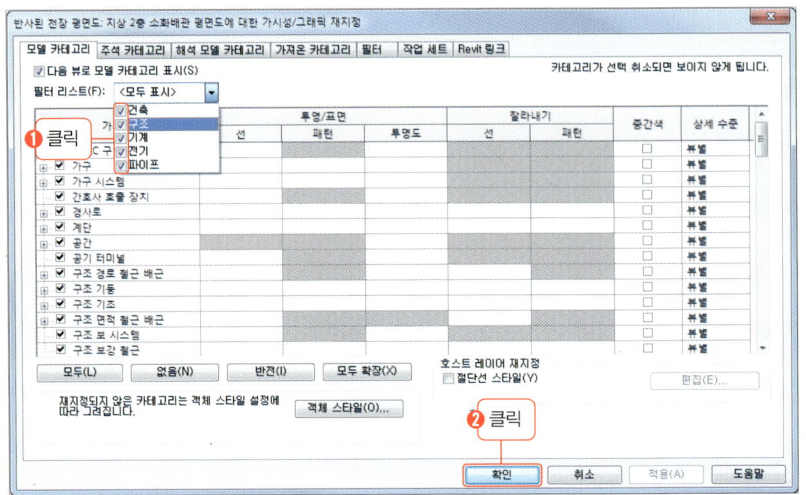

08 [특성] 대화상자의 뷰 범위에서 '편집'을 클릭합니다. [뷰 범위] 대화상자에서 다음과 같이 뷰 범위를 설정하고 [확인] 버튼을 누릅니다.

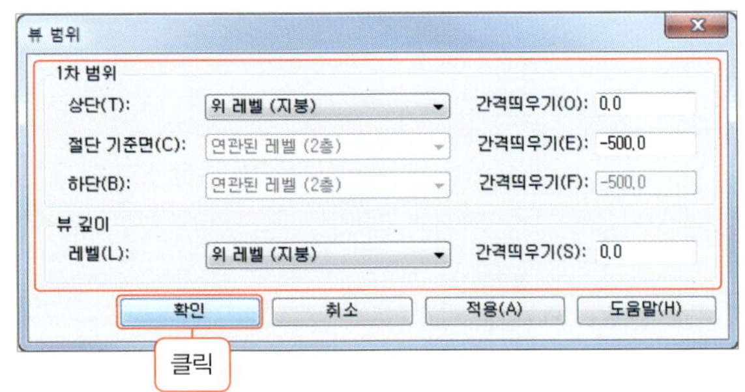

09 평면 뷰에서 마우스 휠을 이용하여 샤프트를 확대한 후 작업 세트를 'M1_기계 장비'로 지정하고, [구조] 탭 ▶ [구조] 패널 ▶ [보]를 클릭합니다. 그런 다음, '가대 Channel_40/60'을 선택하여 [특성] 대화상자의 '레벨'을 '2층'으로 지정하고 '간격 띄우기'에 '−70'을 입력합니다. 도면 영역에서 설치할 위치에 있는 보에 커서를 올려놓고, Space Bar 를 눌러 Channel의 배치 방향을 세로로 바꿉니다.

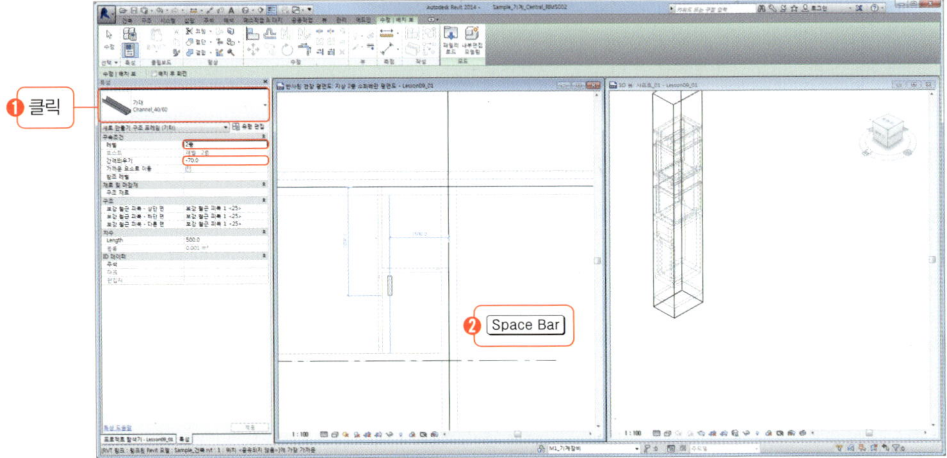

10 벽면에서 일정한 거리에 Channel을 배치하고, Esc 를 두 번 눌러 종료합니다. 배치된 Channel을 클릭하고 모양 핸들을 드래그하여 양쪽 벽의 안까지 연장합니다. Esc 를 눌러 종료합니다.

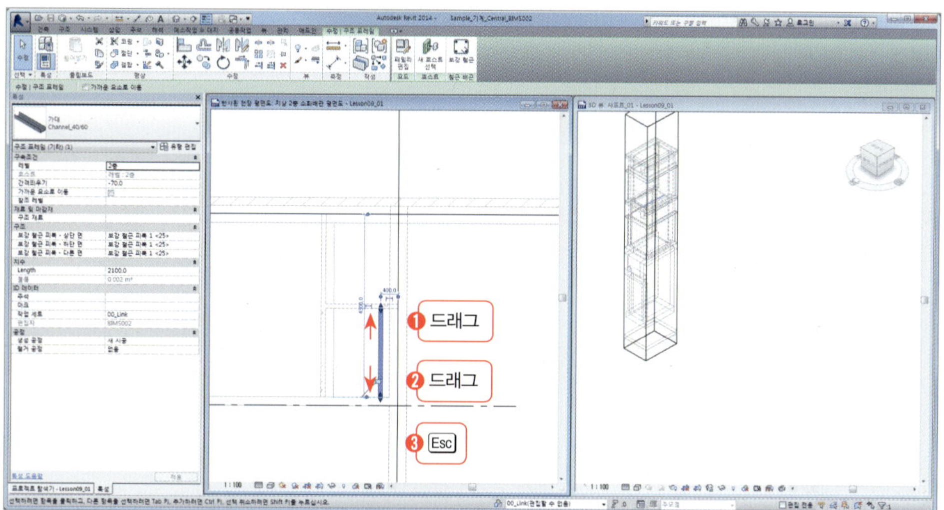

11 정렬 치수(단축키 : D I)를 사용하여 벽체 안쪽 면에서 Channel의 바깥 면까지 치수를 작성한 후 배치된 가대를 선택하면 치수가 활성화되는데, 이때 치수를 클릭하고 '300'으로 입력합니다. Esc 를 두 번 눌러 종료합니다.

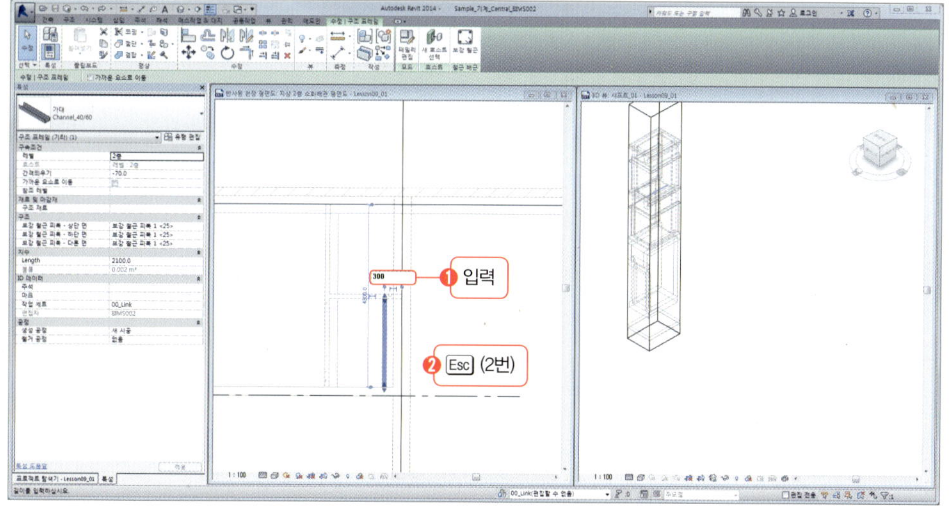

TIP

거리를 조정하려는 객체를 선택하고 치수를 편집하면, 편집된 치수만큼 객체가 조정됩니다.

⑫ 덕트를 설치하기 위해 작업 세트를 'M3_EA'로 지정합니다.

TIP

특정 작업 세트에 포함되기 위해서는 작업을 시작하기 전에 해당 작업 세트를 먼저 선택해야 합니다.

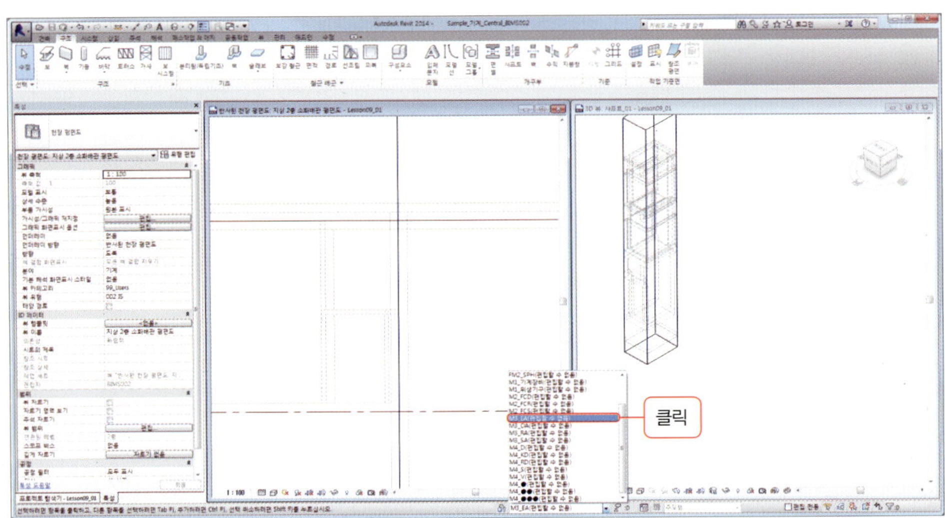

⑬ [시스템] 탭 ▶ [HVAC] 패널 ▶ [덕트]를 클릭한 후 덕트 유형을 '직사각형 덕트−곡관 엘보/탭'으로 선택합니다. 그런 다음, [특성] 대화상자에서 '참조 레벨'은 '1층', '간격 띄우기'는 3150을 입력하고, 옵션 막대에서 '폭'은 '400', '높이'는 '500'을 지정합니다. 그리고 도면 영역의 샤프트에서 입상 덕트를 배치할 지점을 클릭합니다.

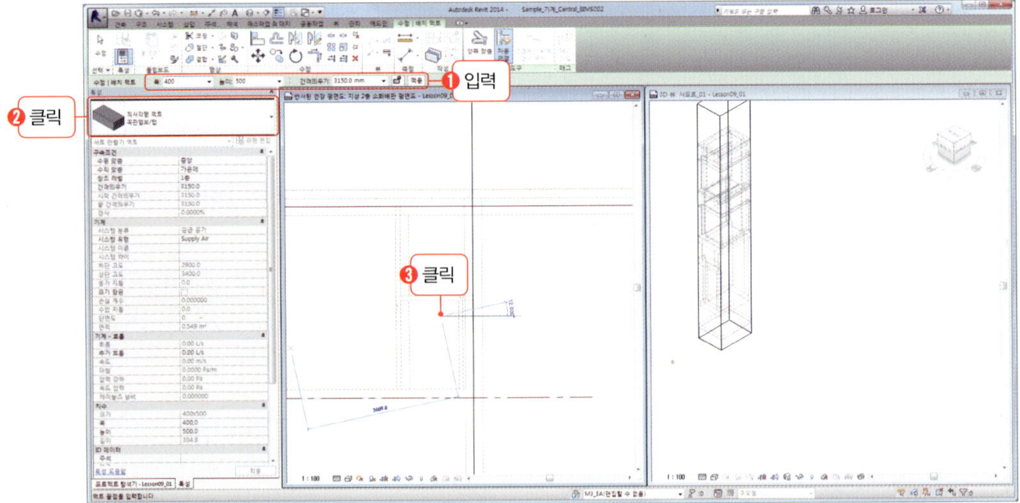

- 덕트와 파이프를 작성할 때에는 반드시 유형을 먼저 선택해야 합니다.
- 특정 유형의 라우팅에 따라 덕트 장치나 파이프 장치가 자동으로 형성되지 않을 수 있습니다.
- 특정 유형의 라우팅에 포함된 크기값은 서로 다를 수 있습니다. 해당 크기값이 없으면, 커넥터에서 그리기를 할 때 오류가 발생할 수 있습니다.

⑭ 옵션 막대에서 간격 띄우기값에 '8000'을 입력한 후 [적용] 버튼을 두 번 클릭합니다. Esc 를 눌러 종료합니다.

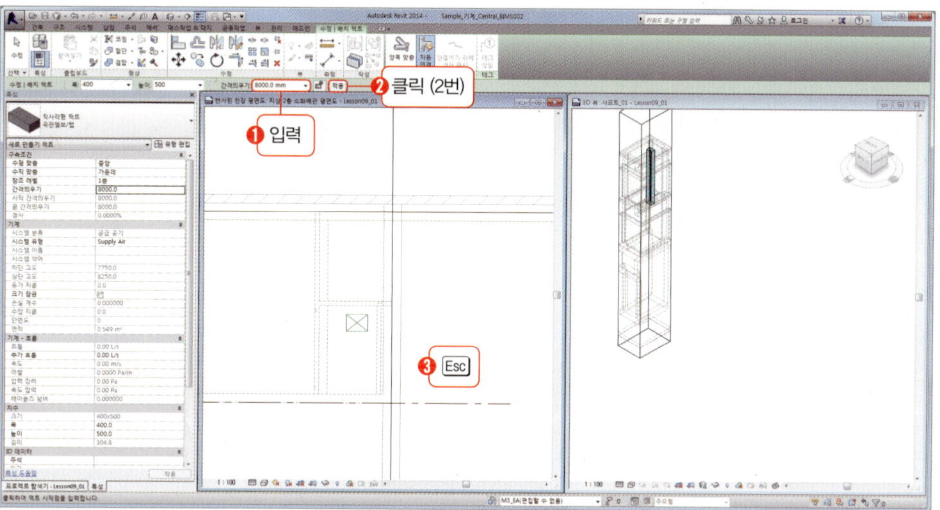

⑮ 설치된 덕트를 클릭한 후 [수정 | 덕트] 탭 ▶ [수정] 패널 ▶ [이동]을 클릭하고 덕트의 오른쪽 상단 모서리를 클릭합니다. 가대 안쪽의 모서리를 눌러 덕트를 이동합니다. 그런 다음, 덕트를 100mm 아래로 이동합니다.

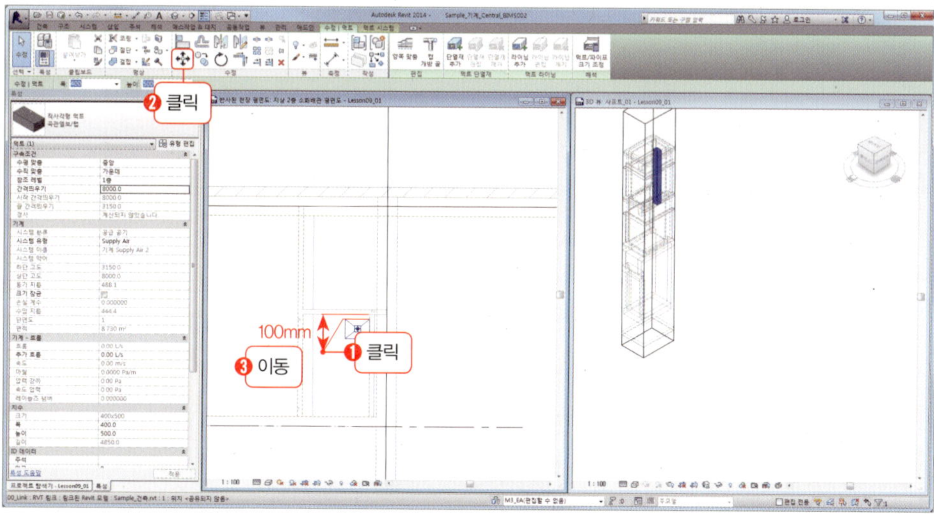

⑯ 입상 배관을 설치하기 위해 작업 세트를 'M4_RD'로 지정한 후 [시스템] 탭 ▶ [배관 및 파이프] 패널 ▶ [파이프]를 클릭합니다. 파이프 유형은 우수관을 선택하고 [특성] 대화상자에서 '참조 레벨'은 '1층', '간격 띄우기'는 '3150'을 입력하고, 옵션 막대에서 '지름'은 '150'을 지정합니다. 그런 다음, 도면 영역의 샤프트에서 입상 배관을 배치할 지점을 클릭합니다.

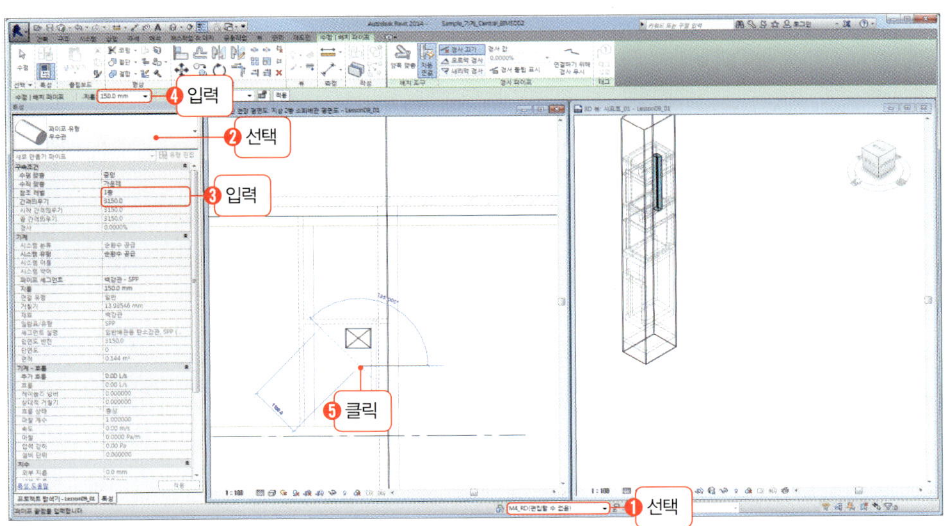

⑰ 옵션 막대에서 간격 띄우기값에 '8000'을 입력하고 [적용] 버튼을 두 번 클릭합니다. 그런 다음, Esc 를 눌러 종료합니다.

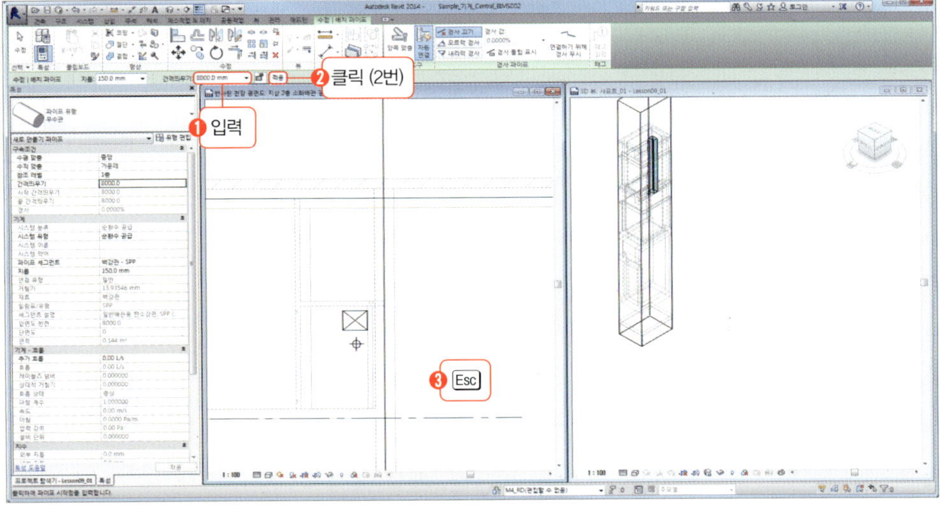

18 설치된 우수관을 선택한 후 [수정 | 파이프] 탭 ▶ [수정] 패널 ▶ [이동]을 클릭합니다. 그런 다음, 우수관의 오른쪽 사분점을 선택하고 가대에 설치된 덕트의 안쪽 모서리를 눌러 우수관을 이동합니다. 그리고 우수관을 아래로 250mm를 이동합니다.

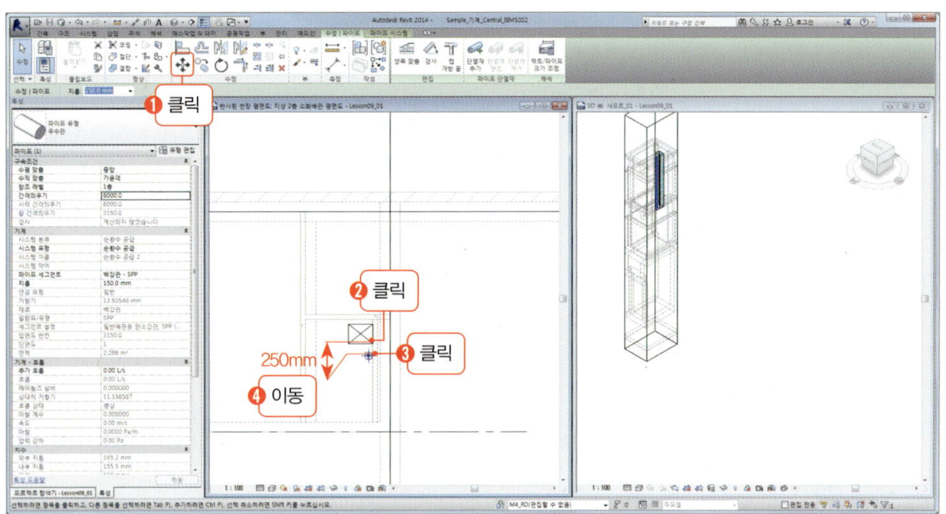

Note

1층 홀의 단면에서 우수관의 횡주관 레벨이 3150mm으로 계획되었으므로, 참조 레벨의 3150mm 높이에서 우수관이 시작될 수 있도록 간격 띄우기를 3150mm로 설정합니다.

19 3D 뷰에서 뷰 큐브의 평면도를 클릭합니다. 뷰를 확대하고, 단면 상자를 다음과 같이 조절합니다.

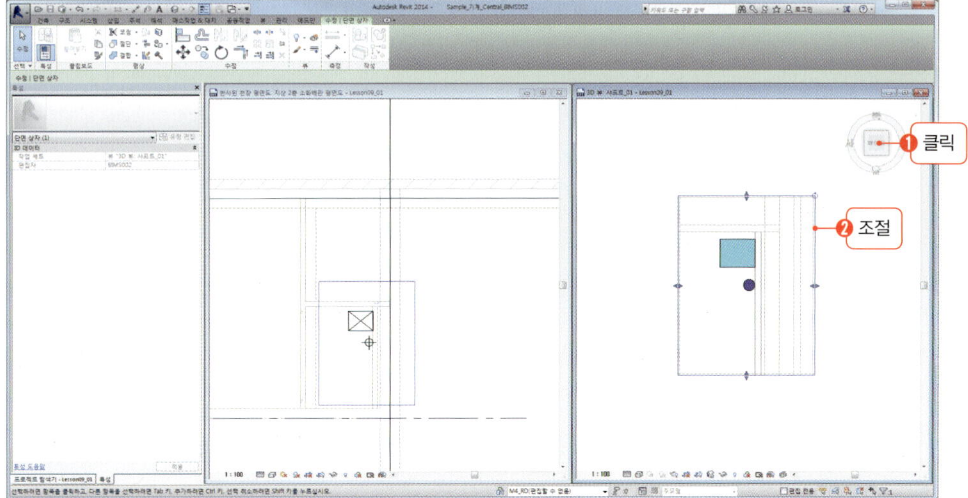

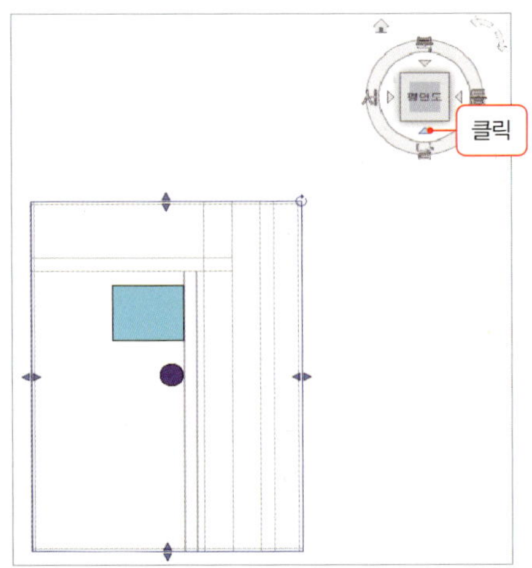

20 3D 뷰에서 뷰 큐브에 커서를 올려 놓으면 방향 화살표가 활성화되는데, 이때 남쪽을 클릭합니다. 그런 다음, 정면도에서 단면 상자를 다음과 같이 조절합니다.

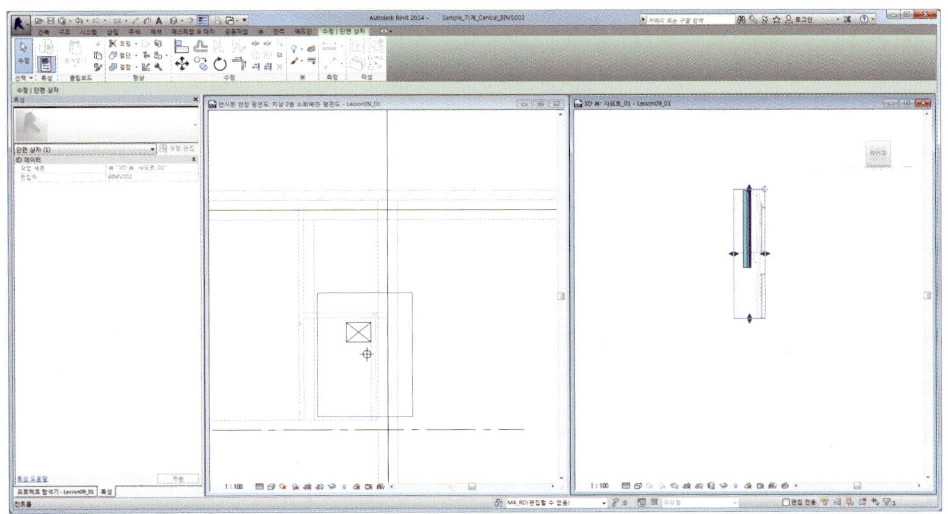

21 $Shift$를 누른 채 휠을 눌러 뷰의 방향을 조절하고, 휠을 돌려 다음과 같이 확대합니다. 그런 다음, [특성] 대화상자에서 분야를 '좌표'로 설정합니다.

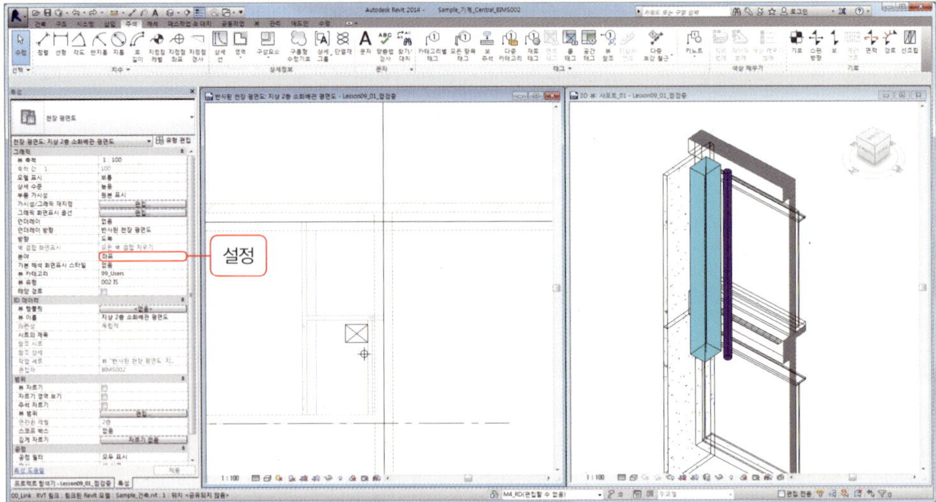

 영문 키를 활성화한 후 Ⓥ Ⓥ를 입력합니다. [주석 카테고리] 탭에서 '단면 상자'의 가시성을 체크 해제하고 [확인] 버튼을 누릅니다.

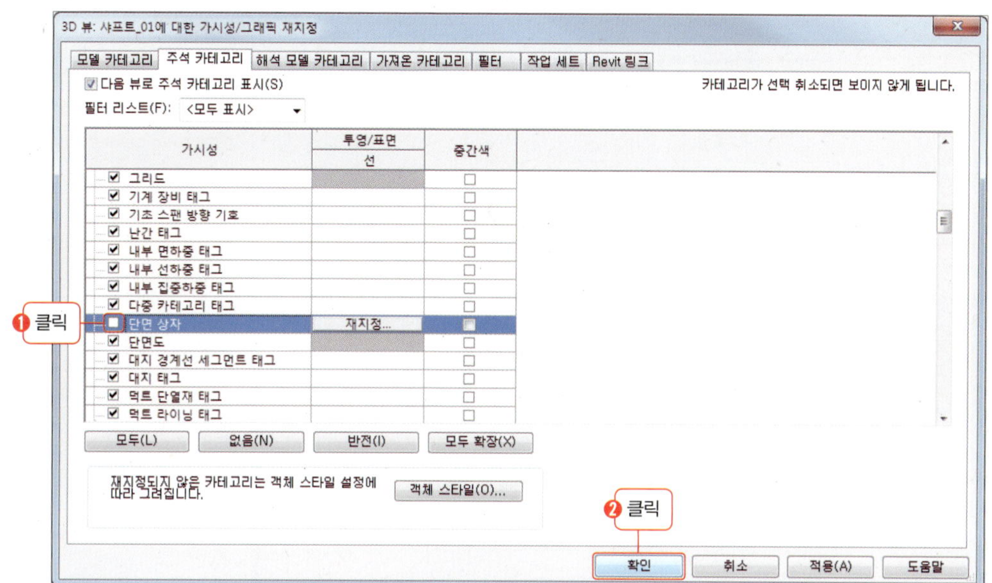

㉓ 지상 2층 소화 배관 평면도에서 RD 배관을 클릭한 후 [수정ㅣ파이프] 패널 ➤ [수정] 탭 ➤ [복사]를 클릭합니다. 옵션 막대에서 '다중'을 체크하고, 복사할 파이프의 중심을 클릭합니다. 마우스의 복사 방향을 수직 아래로 놓고, 250mm 간격으로 파이프를 5개 복사합니다. [수정ㅣ파이프] 탭 ➤ [선택] 패널 ➤ [수정]을 클릭하여 명령을 종료합니다.

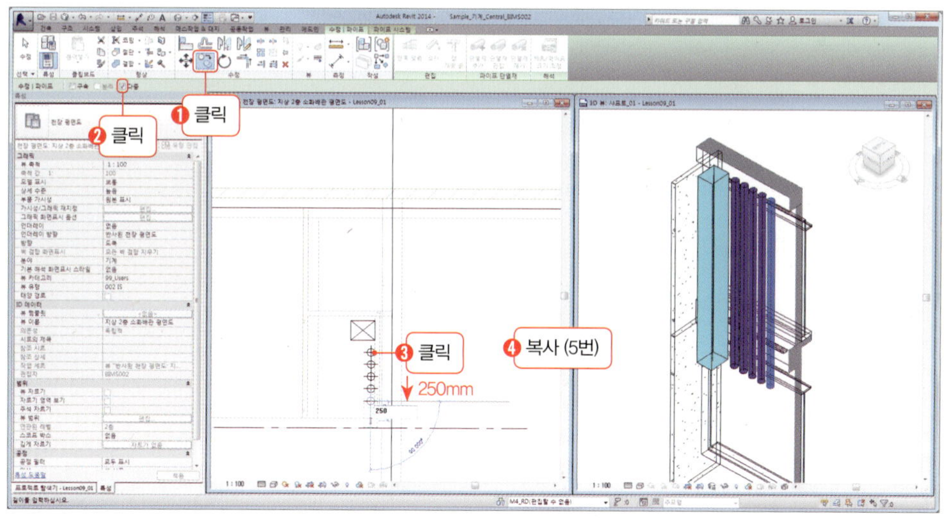

TIP

지정된 작업 세트에서 복사 명령을 사용하면 복사로 생성된 객체는 호스트(복사될 주 요소)의 작업 세트와 관계없이 현재 설정된 작업 세트로 지정되어 복사됩니다. 따라서 특정 작업 세트에 속하기를 원하는 객체는 복사하기 전에 해당 작업 세트로 변경하는 것이 좋습니다. 또는 복사를 끝낸 후 특정 작업 세트로 배정하도록 합니다.

㉔ 복사된 파이프들의 [특성] 대화상자에서 파이프 유형, 지름, 작업 세트를 각각 재설정합니다.

이름	크기	유형이름	작업 세트
S	150	오배수관	M4_S
D	100	오배수관	M4_D
●	40	급수, 급탕관	M4_ ●
● ●	25	급수, 급탕관	M4_ ● ●
● ● ●	25	급수, 급탕관	M4_ ● ● ●

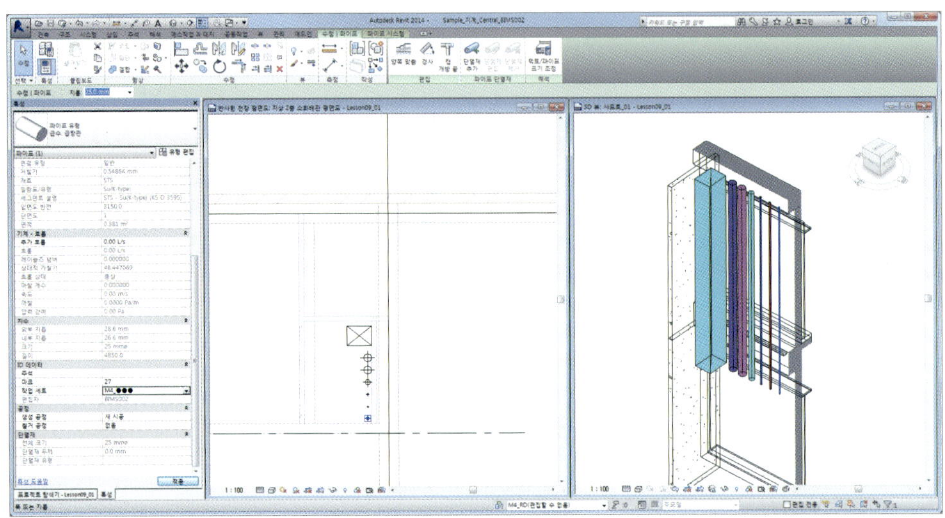

㉕ 샤프트 주위를 확대한 후 파이프의 사분점을 가대에 붙이고 Esc 를 눌러 명령을 종료합니다.

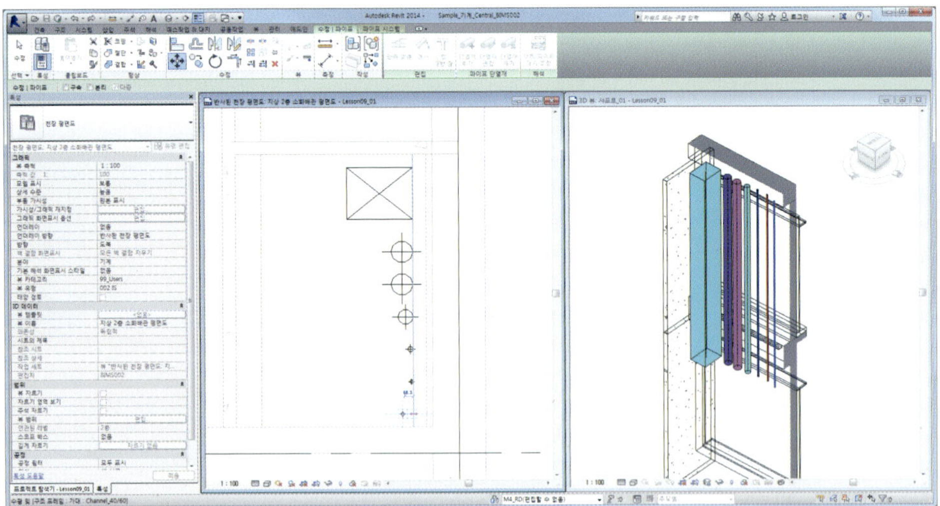

26　D I 를 누른 후 [특성] 대화상자에서 '0.5mm Arial'을 선택하고, 치수를 기입합니다. 그런 다음, Esc 를 눌러 종료합니다.

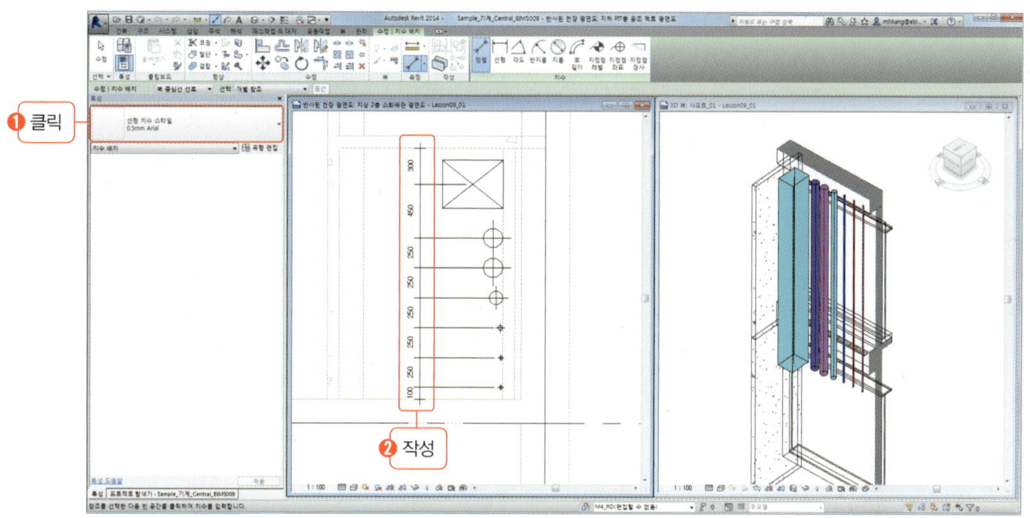

27　간격 조정을 원하는 파이프를 선택하면 치수가 활성화됩니다. 수정할 치수를 선택한 후 원하는 치수값을 기입하고 Enter 를 누릅니다.

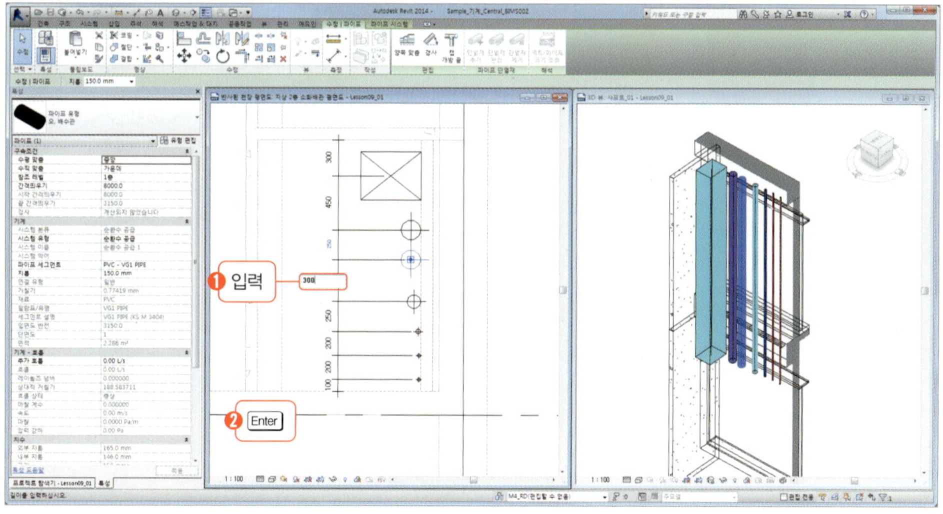

28　2D 도면을 참조하여 계단실 오른쪽의 샤프트를 모델링합니다.

공조 덕트
모델링

공조 덕트 모델링을 통해 덕트 작업에 대한 다양한 방법들을 알아봅니다.

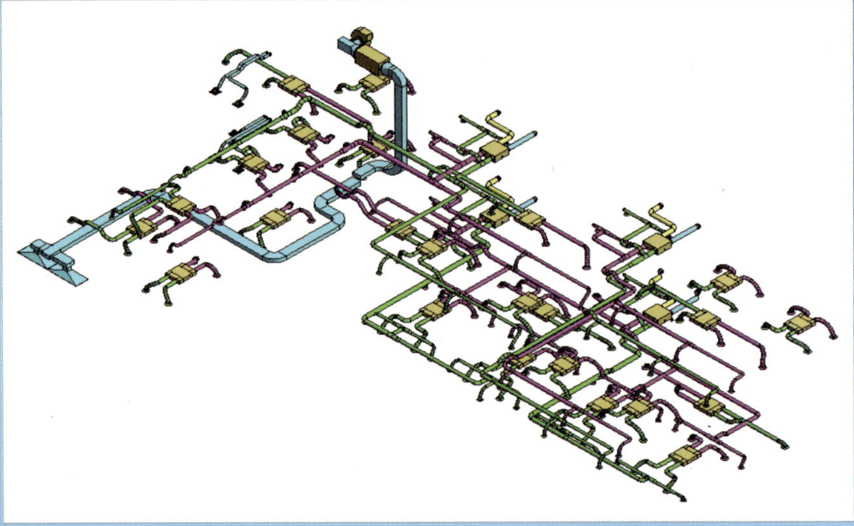

핵심 Point

공조 덕트 모델링하기
덕트 작업 옵션

01 프로젝트 탐색기에서 '99_Users ▶ M3_지상 1층 공조 덕트 평면도'와 '3D_IS 뷰'를 활성화한 후 W T 를 입력하여 2개의 뷰를 동시에 정렬합니다. 그런 다음, '3D_IS 뷰'에서 단면 상자의 범위를 1층 천장 내부 공간이 보이도록 조절하고, 비주얼 스타일을 다음과 같이 선택합니다.

- **평면도** : 와이어프레임
- **3D 뷰** : 색상 일치

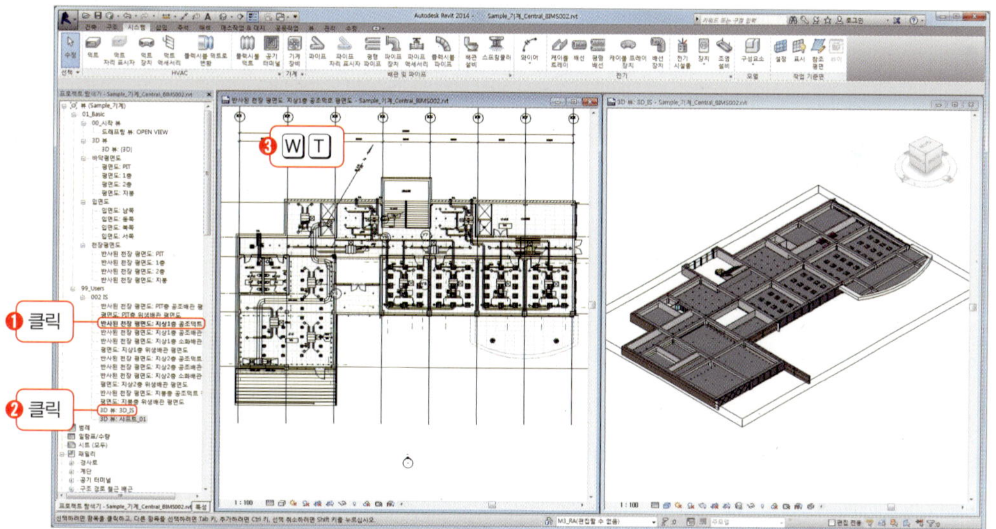

Lesson. 12 공조 덕트 모델링

> **알아두세요**
>
> ■ 평면도의 작업 상황을 3D 뷰로 확인하면서 진행하면 작업의 오류를 줄일 수 있습니다.
>
> ■ 링크된 CAD 도면은 필요할 경우, 가시성을 체크 해제하여 보이지 않게 합니다. [가시성/그래픽] 대화상자 ▶ 가져온 카테고리 ▶ '해당 도면' 체크 해제

02 평면도에서 [뷰] 탭 ▶ [그래픽] 패널 ▶ [가시성/그래픽]을 클릭한 후 [작업 세트] 탭으로 이동합니다. 공조 덕트 작업 시 필요한 작업 세트를 제외하고 모두 숨기기를 한 후 [확인] 버튼을 누릅니다.

> **TIP**
>
> Ctrl 을 누른 상태에서 개별적으로 선택하거나 Shift 를 누른 상태에서 일괄 선택할 수 있습니다.

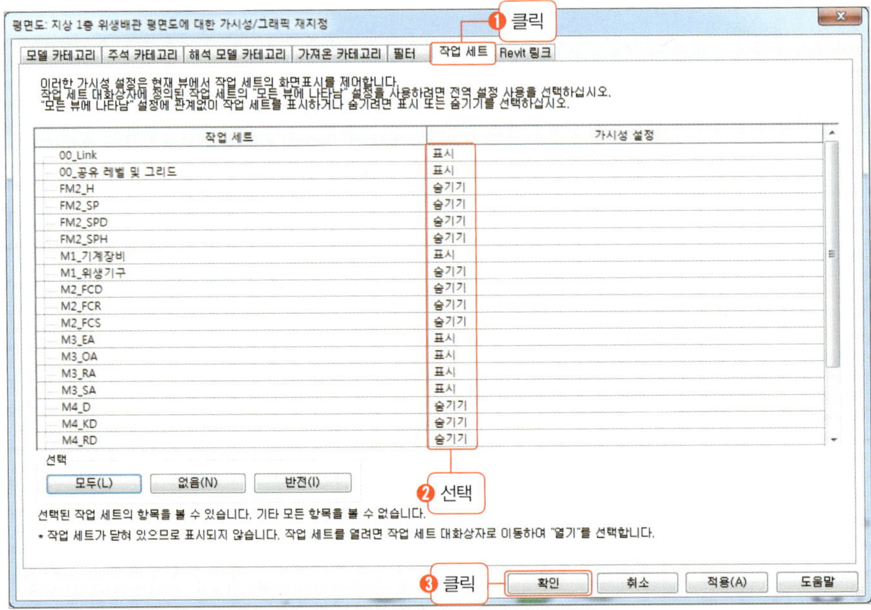

Note

■ 작업 세트의 가시성 설정

■ **전역 설정 사용 :** [작업 세트] 대화상자에 있는 '모든 뷰에 나타남' 열의 값에 따라 표시 또는 숨기기를 합니다. 예를 들어 [작업 세트] 대화상자에서 'FM2_H'와 'FM2_SP' 작업 세트가 '모든 뷰에 나타남'이 체크 해제되어 있는 상태로 도면 영역에서 작업을 진행하면, 가시성 그래픽 재지정의 작업 세트에서 '전역 설정 사용'으로 가시성이 설정되었을 때 'FM2_H'와 'FM2_SP'의 작업 세트는 도면 영역에서 볼 수 없습니다.

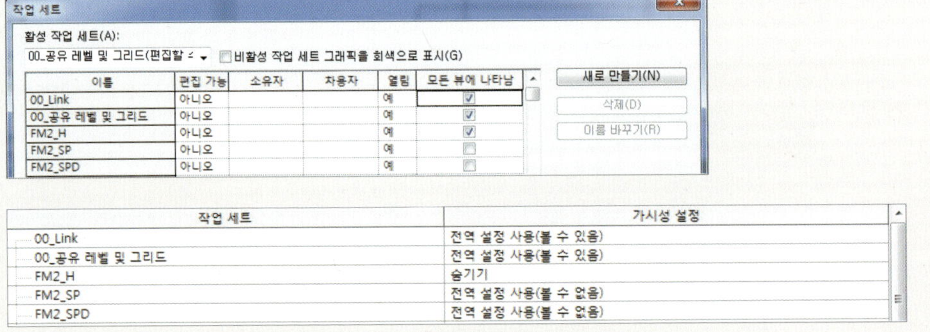

작업 세트	가시성 설정
00_Link	전역 설정 사용(볼 수 있음)
00_공유 레벨 및 그리드	전역 설정 사용(볼 수 있음)
FM2_H	숨기기
FM2_SP	전역 설정 사용(볼 수 없음)
FM2_SPD	전역 설정 사용(볼 수 없음)

'모든 뷰에 나타남'이 체크 해제된 작업 세트는 가시성 그래픽 재지정에서 '표시'를 사용할 때에만 도면 영역에서 볼 수 있습니다. [작업 세트] 대화상자에서 '모든 뷰에 나타남'이 모두 체크되어 있다면, '표시'와 '전역 설정 사용'의 차이는 없습니다.

■ **표시 :** 전역 설정에 관계없이 작업 세트를 뷰에 표시합니다.

■ **숨기기 :** 전역 설정에 관계없이 작업 세트를 뷰에서 숨깁니다.

■ 컴퓨터의 작업 성능을 향상시키려면 현재 작업에 필요없는 작업 세트를 로컬 모델에서 숨깁니다.

03 작업 세트를 'M1_기계 장비'로 지정한 후 [시스템] 탭 ▶ [기계 패널] ▶ [기계 장비]를 선택합니다. 유형 선택기에서 '환기 유니트_THX'를 선택한 후 [특성] 대화상자에서 간격 띄우기에 '2750mm'를 입력합니다.

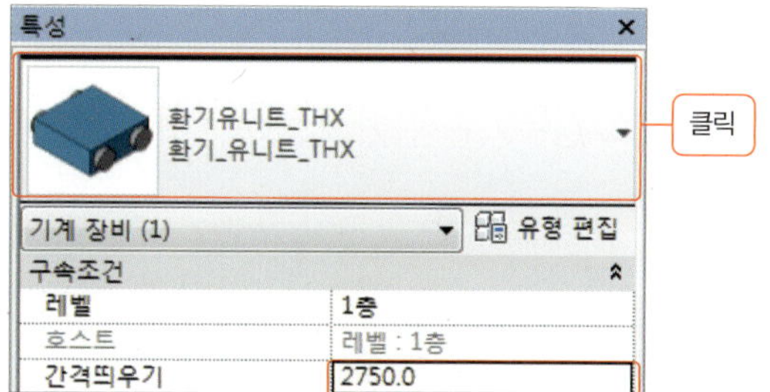

> **알아두세요**
>
> - 호스트가 없는 일반 패밀리는 참조 레벨로부터의 높이값(간격 띄우기) 설정이 필요합니다.
> - 면 기반(호스트 : 면)으로 작성된 기계 장비를 설치할 경우, 설치 전 배치할 면을 선택해야 합니다. 그런 다음, 기준이 되는 레벨을 선정하고 간격 띄우기값을 입력합니다.

04 링크된 2D 도면을 참고하여 계단실 오른쪽에 환기 유니트를 배치합니다.

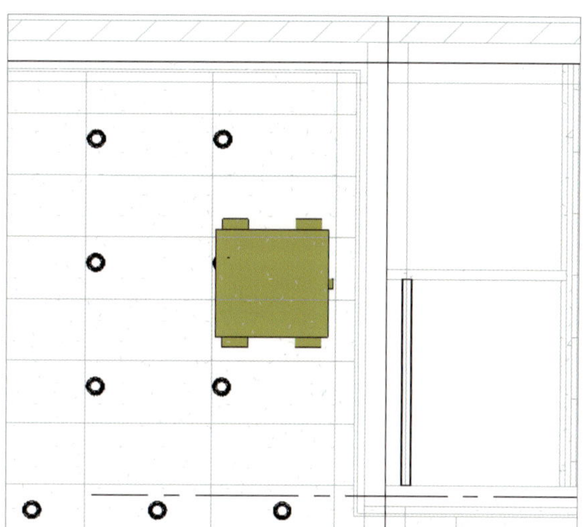

05 작업 세트를 'M3_EA'로 지정한 후 설치한 환기 유니트를 선택합니다. 우측 상단의 커넥터에 커서를 올려놓고 커넥터가 강조 표시되면, 마우스 오른쪽 버튼을 클릭합니다. 그런 다음, '덕트 그리기'를 클릭하여 덕트를 작성합니다.

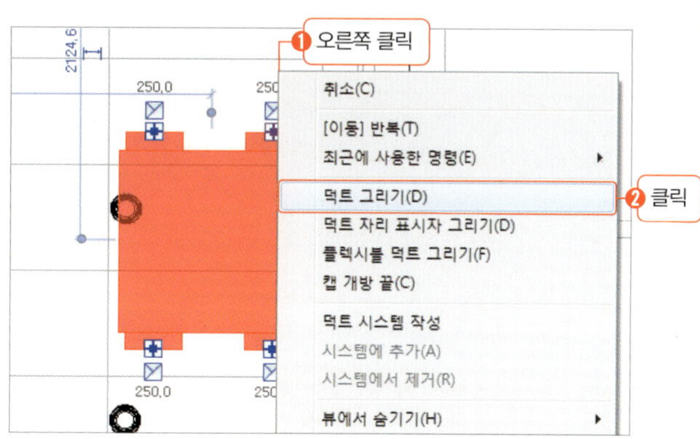

의 [옵션] 버튼을 누르면 나타나는 [옵션] 대화상자에서 '그래픽'을 클릭합니다. [옵션] 대화상자의 색상에서 빨간색을 선택
한 후 [확인] 버튼을 누르면 Revit에서 선택된 객체들이 빨간색으로 표시됩니다.

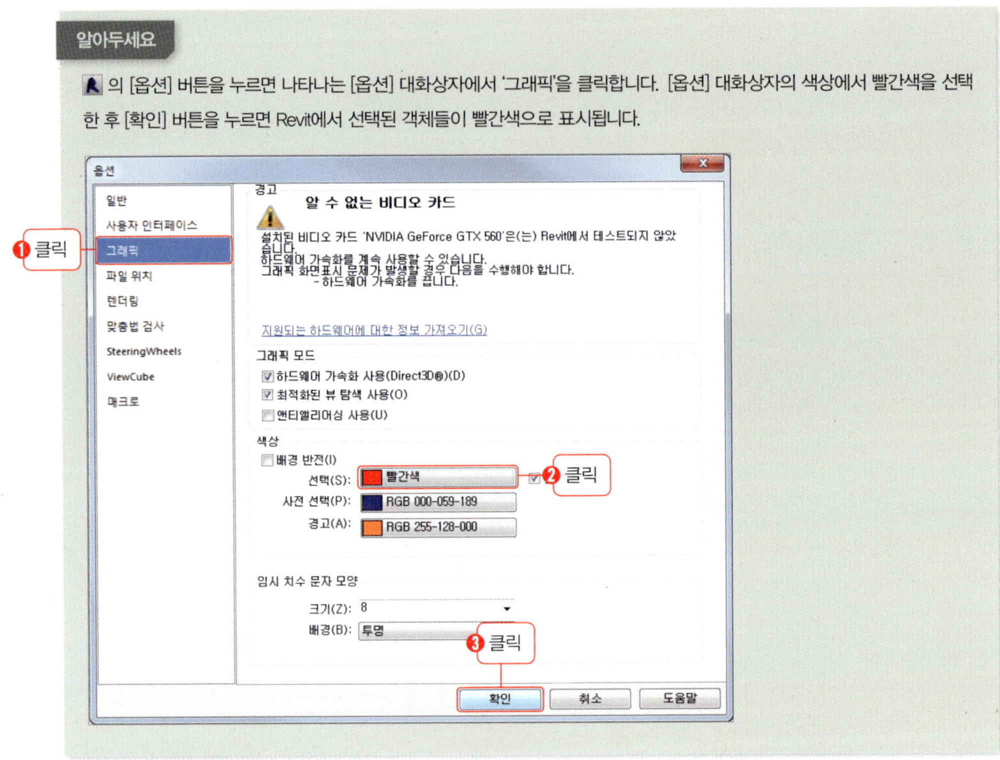

06 덕트 그리기가 활성화된 상태에서 `Space Bar`를 눌러 높이와 크기를 상속받습니다.

- 파이프나 덕트 그리기가 활성화된 상태에서 배치 도구의 [고도 상속]을 통해 높이를 상속받을 수 있고, [크기 상속]을 통해 덕트 크기를 상속받을 수 있습니다.
- 자동 연결은 파이프나 덕트 그리기를 시작하거나 끝낼 때, 구성 요소의 스냅에 자동으로 연결하는 기능입니다. 같은 경로에서 높낮이가 다른 파이프를 그리는 경우에는 선택을 취소하여 의도하지 않은 연결을 방지하는 것이 좋습니다.

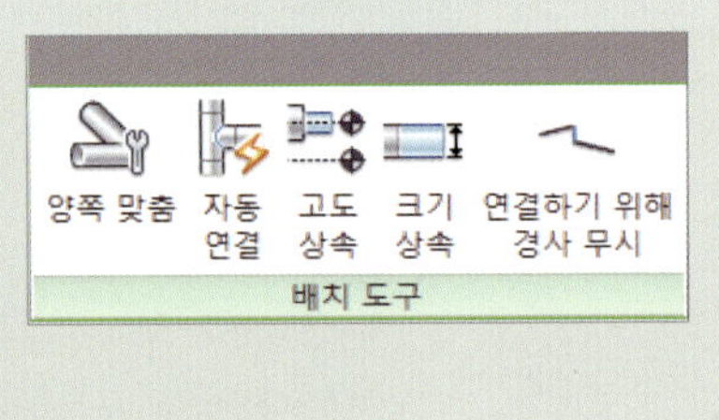

07 외벽 마감선까지 덕트를 작성합니다.

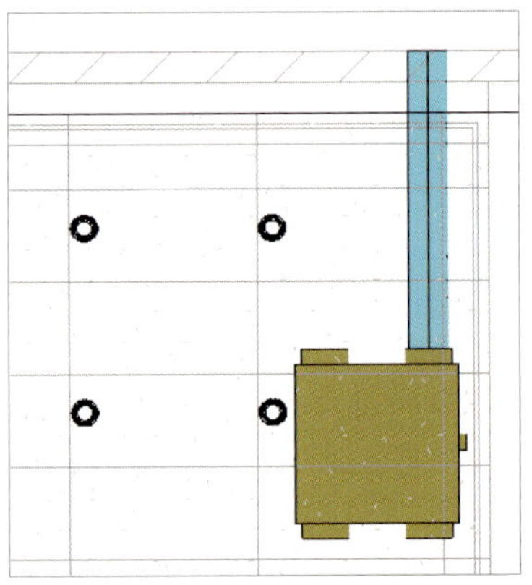

08 '3D_IS' 뷰에서 단면 상자를 이용해 작성된 환기 유니트와 배기 덕트 부분을 확대합니다. [시스템] 탭 ▶ [HVAC] 패널 ▶ [덕트 액세서리]를 클릭한 후 유형 선택기에서 '후드캡_250−YTWA250' 을 선택하고 덕트 말단에 설치합니다.

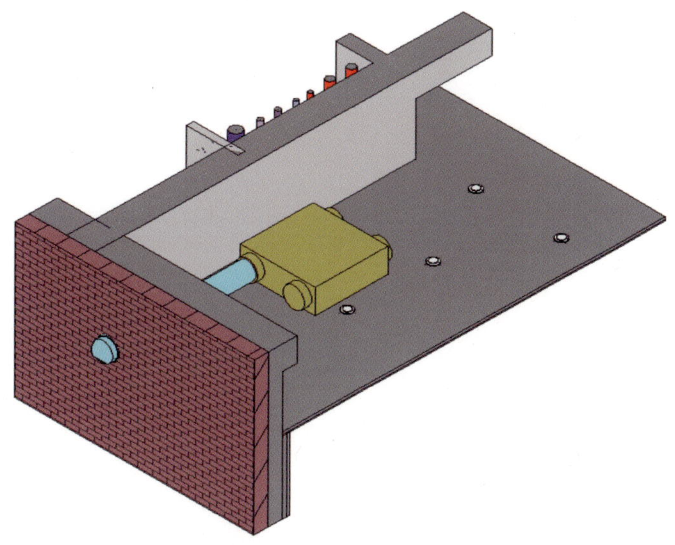

09 작업 세트를 'M3_OA'로 지정한 후 '환기 유니트'를 선택합니다. 그런 다음, 좌측 상단의 커넥터 에서부터 도면의 경로를 따라 덕트를 작성합니다. [시스템] 탭 ▶ [HVAC] 패널 ▶ [덕트 액세서리] 를 클릭하고 덕트 말단에 후드캡을 설치합니다.

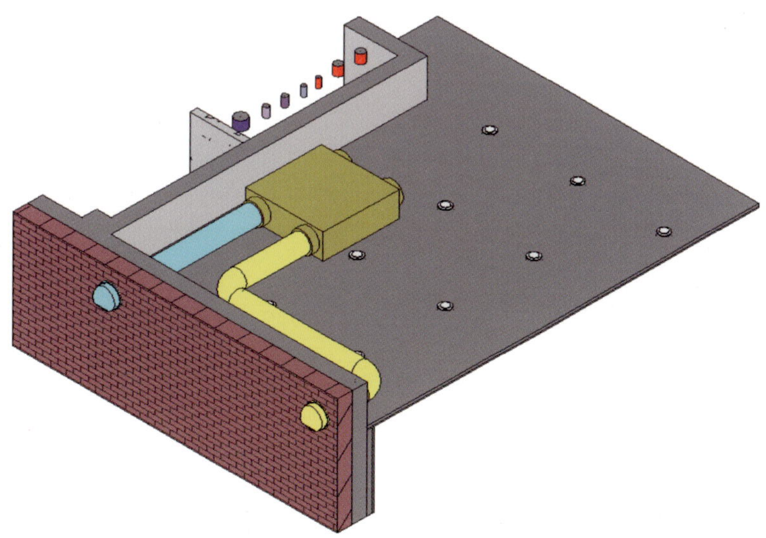

10 작업 세트를 'M3_SA'로 지정한 후 '환기 유니트'를 선택합니다. 환기 유니트의 우측 하단 커넥터에서 다음과 같이 도면의 경로를 따라 룸 105까지 덕트를 작성합니다.

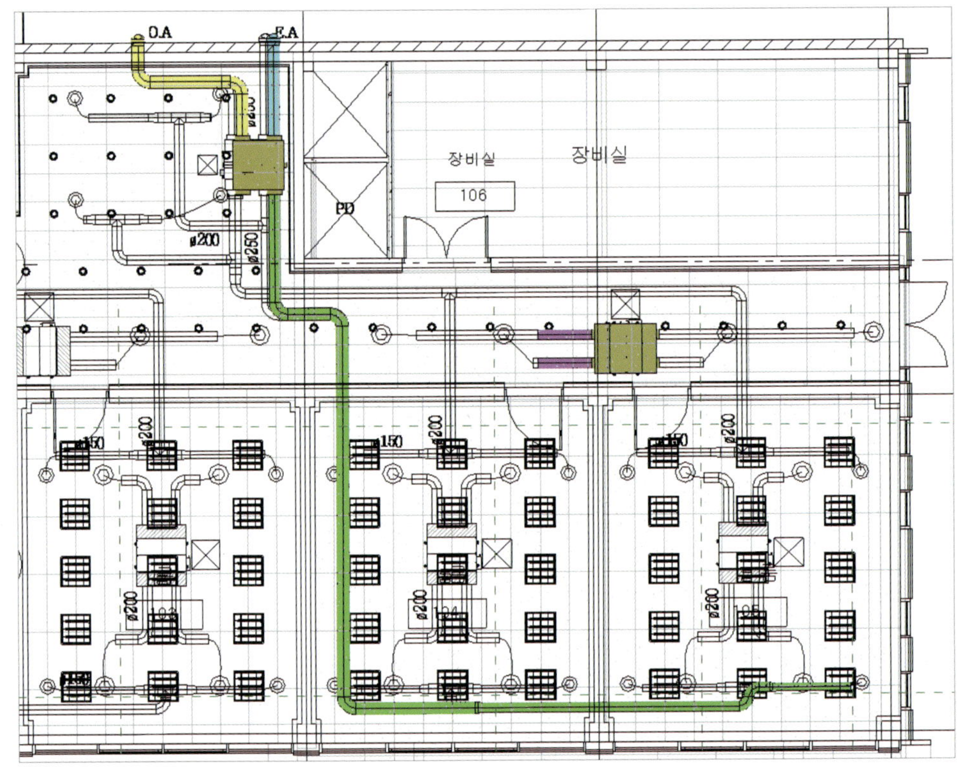

TIP

덕트 그리기에서 크기가 변경될 때, 옵션 막대에서 변경된 크기를 선택하여 그리기를 계속합니다. 덕트 유형의 라우팅 설정에 따라 자동으로 레듀서가 삽입됩니다.

11 룸 안의 전등과 덕트가 간섭되므로 덕트의 높이를 조절하기 위해 [수정] 탭 ▶ [수정] 패널 ▶ [요소 분할] 을 선택한 후 그림과 같이 덕트 2개 부위를 클릭합니다.

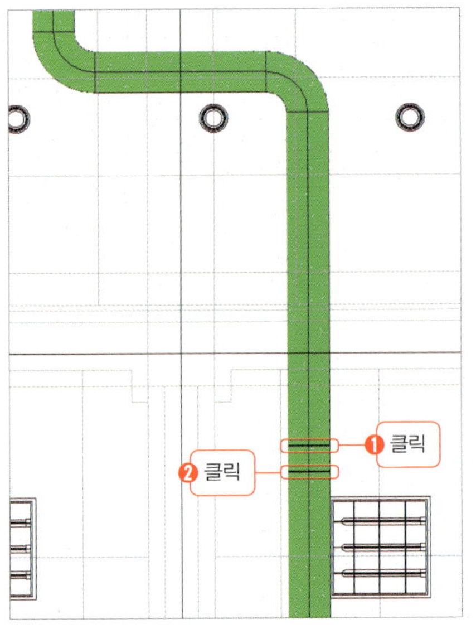

⑫ 분할된 덕트 부분을 드래그하여 선택한 후 우측 하단 필터에 선택된 객체들이 3개로 확인되면 Delete 를 눌러 삭제합니다.

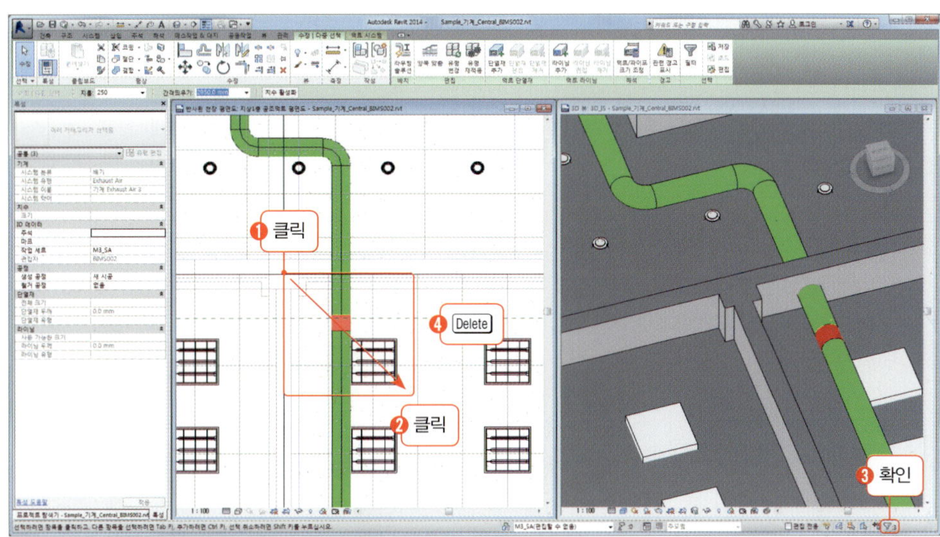

⑬ 장비에 연결되지 않은 덕트를 선택한 후 간격 띄우기값에 '3100'을 입력합니다. 덕트의 커넥터에 커서를 위치한 후 끌기를 하여 분할한 덕트와 연결합니다.

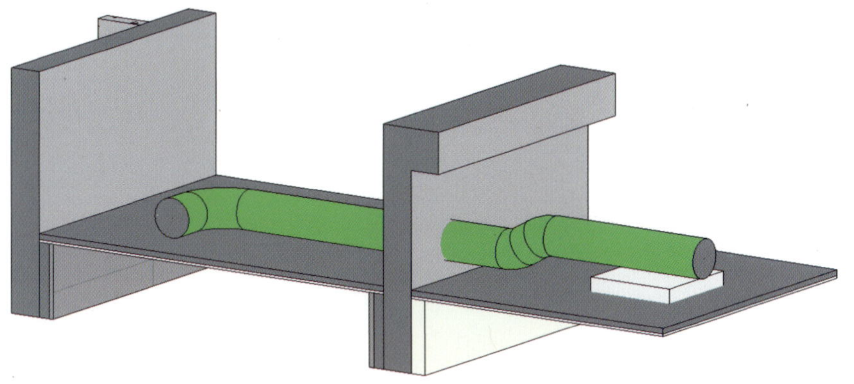

> **TIP**
>
> 덕트 장치를 설치할 공간이 충분하면, 라우팅에 따라 덕트가 자동으로 연결됩니다.

⑭ 평면도에서 룸 105에 배치된 엘보 (오른쪽 그림)를 선택합니다.

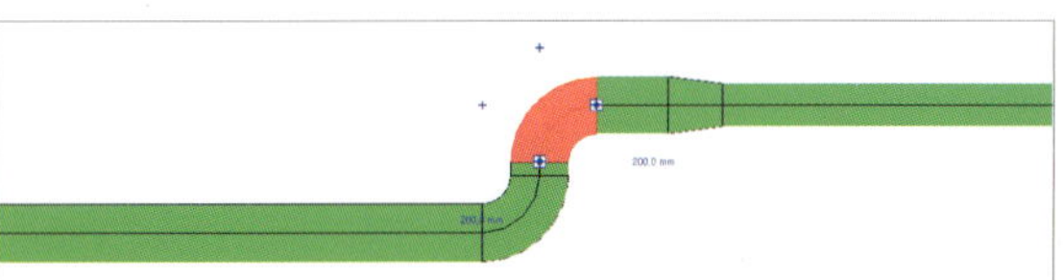

(15) 왼쪽과 위쪽에 파란색 '+'가 활성화
되는 것을 볼 수 있습니다. 선택된
엘보의 왼쪽 '+'를 클릭하면 엘보
가 티로 변형됩니다. 티의 커넥터에
서 마우스 오른쪽 버튼을 클릭한 후
'덕트 그리기'를 선택하여 오른쪽 그
림과 같이 덕트를 작성합니다.

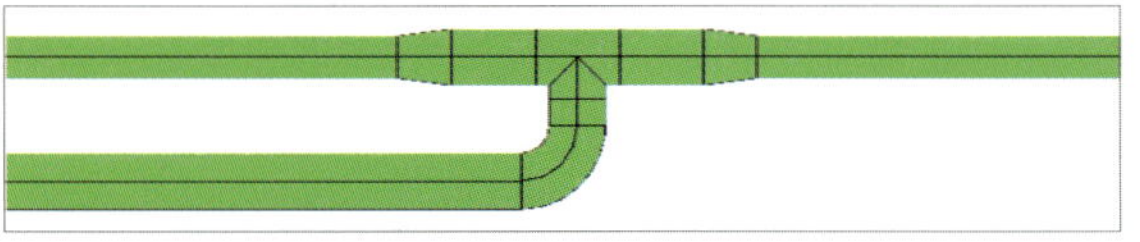

(16) 오른쪽 그림과 같이 덕트를 선택합
니다.

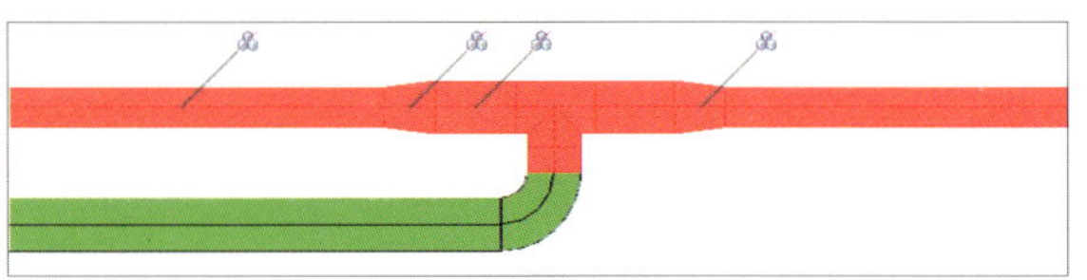

(17) [수정] 패널 ➤ [복사]를 클릭한 후
도면을 참고하여 왼쪽에 복사하고,
[수정] 탭 ➤ [수정] 패널 ➤ 단일 요
소 자르기/연장 을 클릭합니다.
복사된 덕트의 아래쪽에 있는 주
덕트를 클릭한 후 티 분기 하단의
분기 덕트를 클릭하면 주 덕트와 분
기 덕트가 연결됩니다.

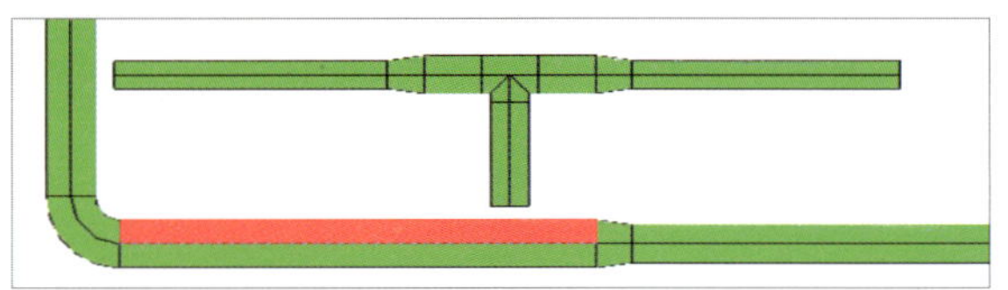

단일 요소 자르기/연장을 사용하면, 덕트(또는 파이프) 그리기에서 연결하려는 2개의 덕트(또는 파이프)를 클릭하여 티 분기로 연결할 수 있습니다.

(18) [시스템] 탭 ➤ [HVAC 패널] ➤ [공기
터미널]을 선택한 후 유형 선택기에
서 '원형 디퓨저 300×150'을 클릭
합니다.

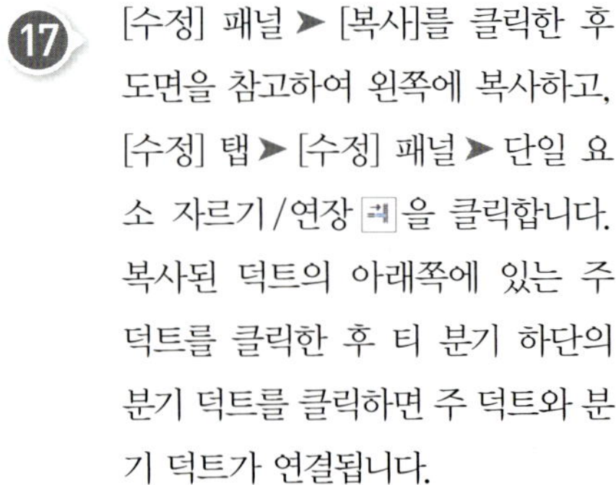

(19) [배치] 패널 ➤ [면에 배치]를 선택한
후 2D 도면을 참고하여 디퓨저를
배치합니다.

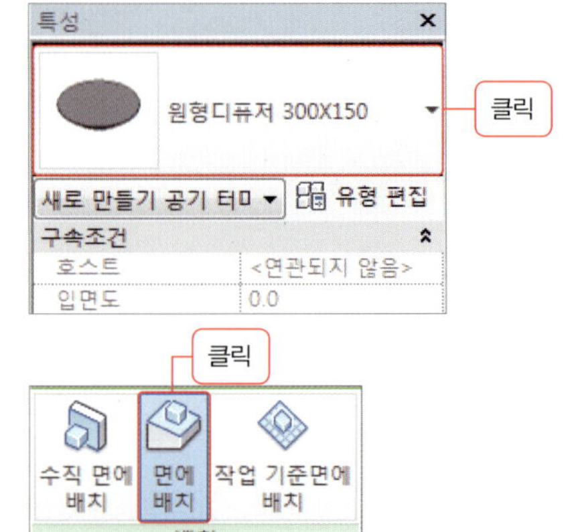

㉛ 설치된 디퓨저 근처에 작업되어 있는 분기 덕트의 커넥터를 선택한 후 마우스 오른쪽 버튼을 클릭합니다. 그런 다음, '플렉시블 덕트 그리기'를 선택하고 디퓨저의 커넥터를 선택하여 연결합니다.

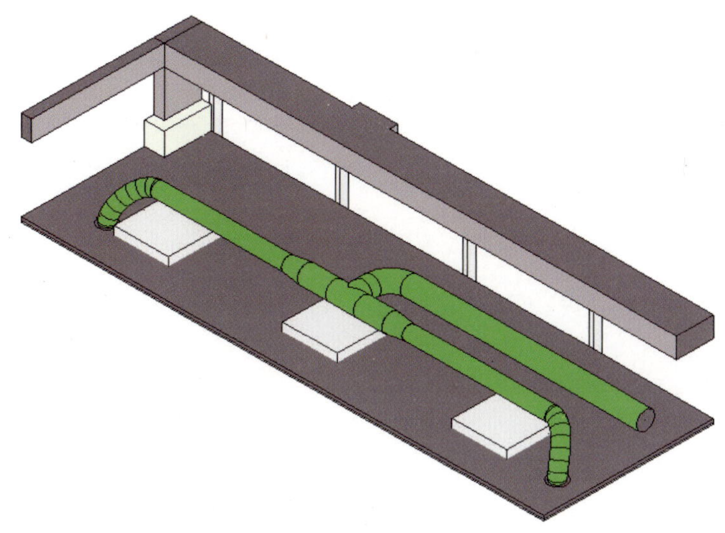

㉑ 동일한 방식으로 순환 덕트의 작업 세트를 'M3_RA'로 지정한 후 작성합니다.

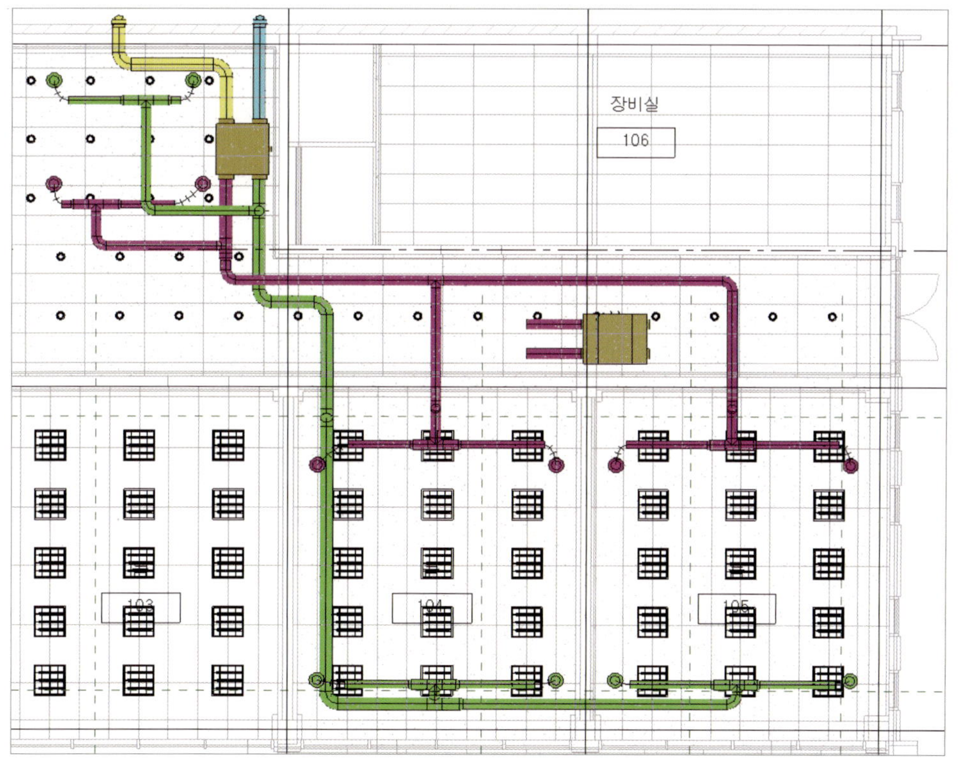

㉒ 작업 세트를 'M1_기계 장비'로 지정한 후 [시스템] 탭▶[기계 패널]▶[기계 장비]를 클릭합니다.
[유형 선택기]에서 '팬 코일 유니트_FCU'를 선택한 후 간격 띄우기값에 '2987.5'를 입력합니다.

> **TIP**
> - 장비 설치 높이가 소수점인 것은 단면 계획된 BOD에 맞추기 위한 것입니다.
> - 실제 작업에서는 장비 배치 후 덕트 높이에 따라 장비 높이를 재설정합니다.

㉓ 룸 105에 팬 코일 유니트를 배치한 후 2D 도면을 참고하여 각 커넥터의 덕트와 디퓨저를 작성합니다.

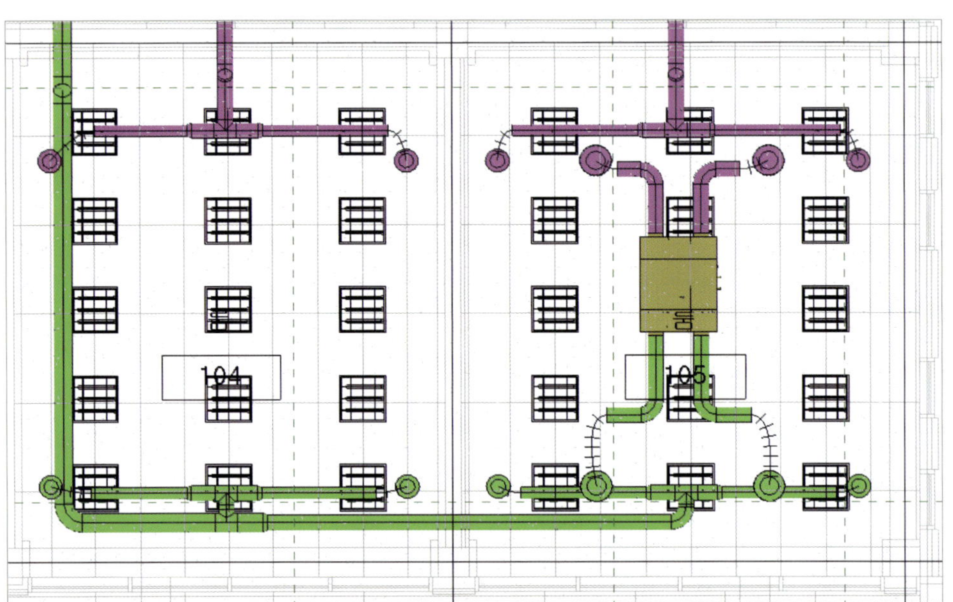

24 작성한 팬 코일 유니트와 연결된 덕트 및 에어 터미널을 선택한 후 '룸 104'로 복사합니다. 복사된 팬 코일 유니트 세트는 [특성] 대화상자에서 각각 해당 작업 세트로 재설정합니다.

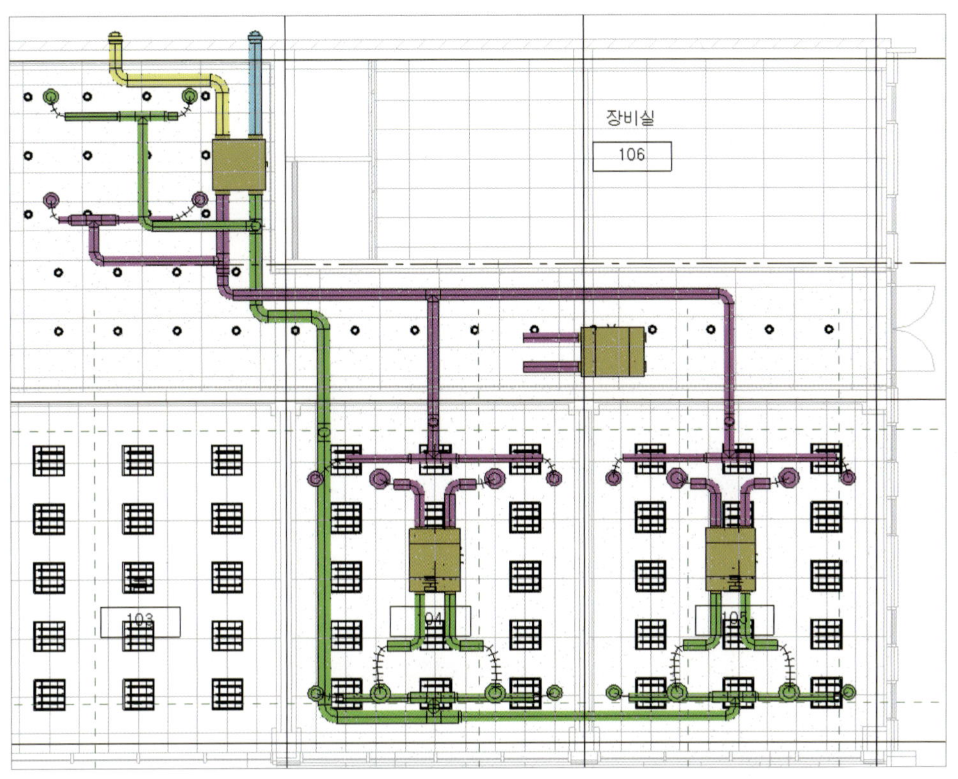

25 2D 도면을 참고하여 환기 덕트 작업까지 완료합니다.

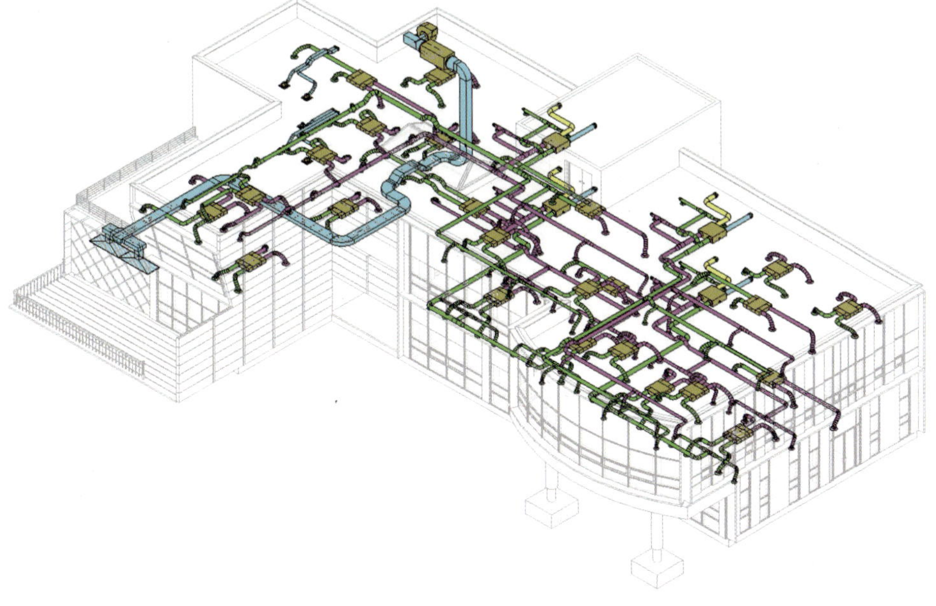

■ BOD(Bottom Of Duct)로 작업하기 위해서는 다음 2가지 방법 중 하나를 선택하여 작업을 진행합니다.

---

01 덕트 그리기가 활성화되었을 때, [특성] 대화상자의 구속 조건 아래 '수직 맞춤'을 '하단'으로 선택하고 덕트 그리기를 합니다.

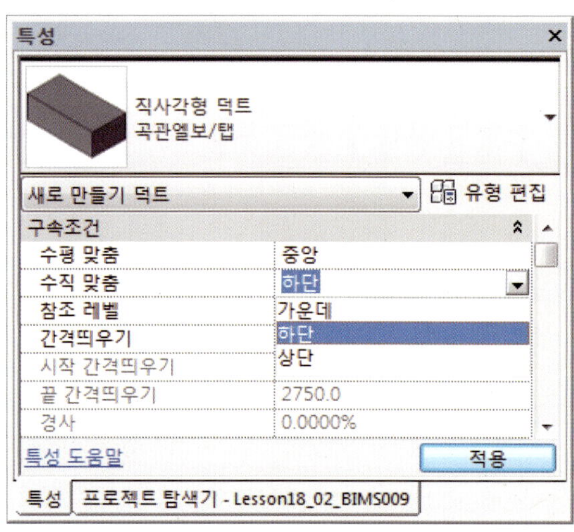

02 덕트 그리기가 활성화되었을 때, [수정 I 배치 덕트] 탭 ▶ [배치] 도구 ▶ [양쪽 맞춤]을 클릭합니다. [맞춤 설정] 대화상자에서 수직 맞춤을 하단으로 설정한 후 [확인] 버튼을 누르고 덕트 그리기를 합니다.

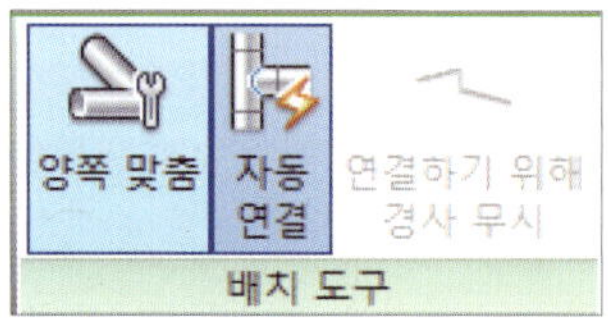

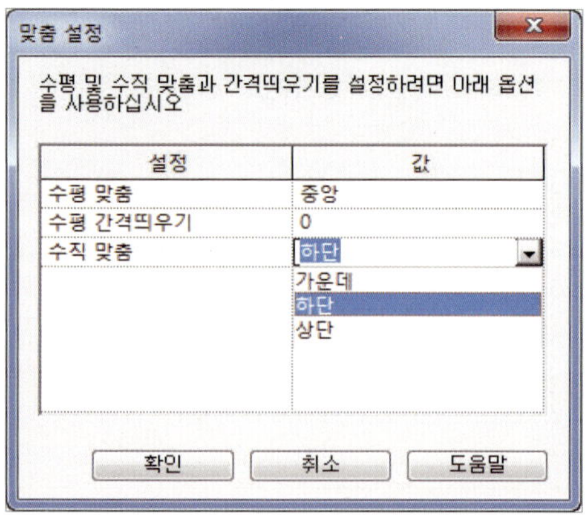

■ 덕트 편심 레듀서 작성하기

250×250 사각 덕트와 500×250 사각 덕트를 연결하는 과정에서 덕트 레듀서를 어느 한쪽으로 치우치는 편심 레듀서를 사용해야 하는 경우에는 다음 방식에 따라 작업을 진행합니다.

1 평면도에서 2개 덕트의 연결 부분으로 이동합니다.

2 Ａ Ｌ을 입력하여 직선을 요하는 면에 두 덕트 마감선을 정렬합니다.

3 Esc를 두 번 눌러 명령을 종료합니다.

4 상대적으로 크기가 작은 덕트인 250×250을 선택합니다.

5 250×250 덕트 커넥터를 끌어서 직선 거리 그대로 500×250 덕트의 끝선에 연결합니다.

6 연결을 마치면, 편심 레듀서가 자동으로 작성됩니다.

7 설치된 레듀서를 선택한 후 유형 선택기에서 변환 각도를 변경할 수 있습니다.

각도가 작을수록 레듀서의 설치 길이가 길어집니다.

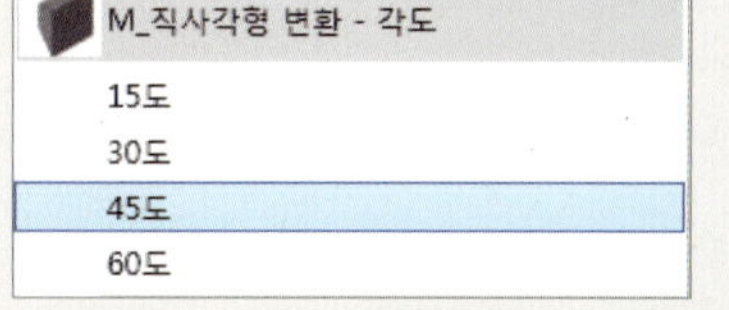

8 변환 각도를 30도로 선택했을 때의 상황입니다.

공조 배관 모델링

공조 배관 모델링을 통해 공조 배관의 다양한 작업 방법을 익힙니다.

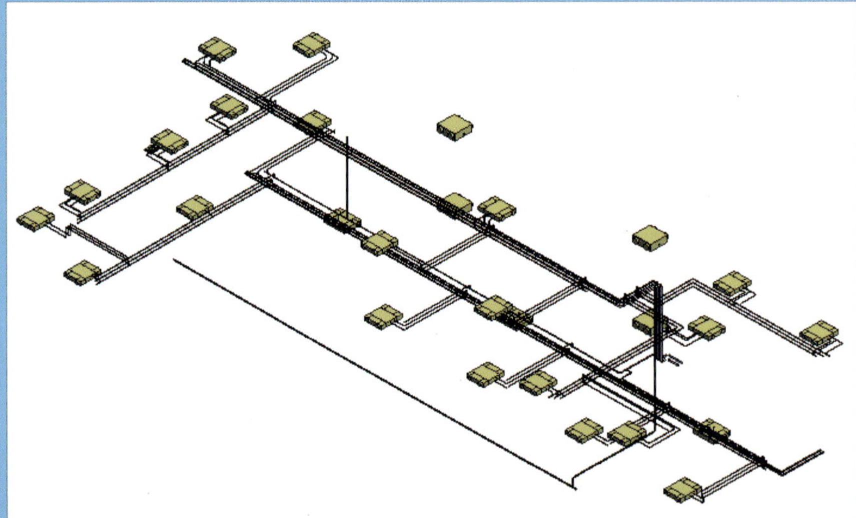

핵심 Point

공조 배관 모델링하기

그룹 작성 및 사용하기

01 프로젝트 탐색기에서 '지상 1층 공조 배관 평면도'와 '3D_IS' 뷰를 연 후 [뷰] 탭 ▶ [창] 패널 ▶ [타일]을 클릭하여 2개의 뷰를 정렬합니다. 그런 다음, 평면도의 비주얼 스타일을 와이어프레임으로 선택합니다.

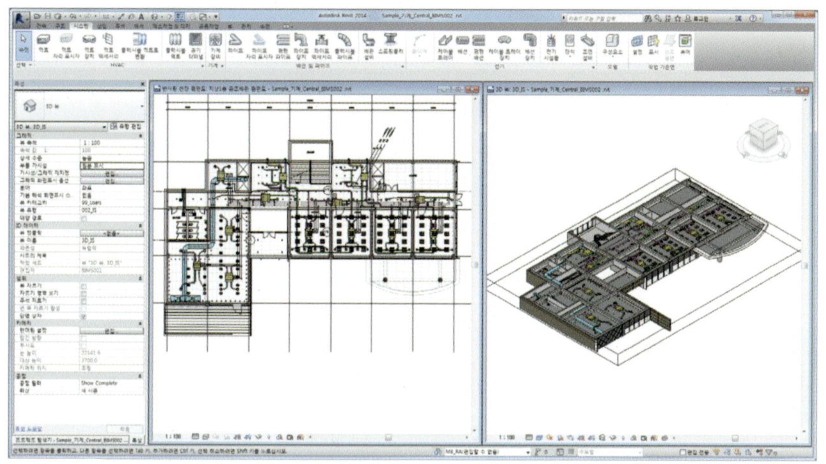

TIP

링크된 CAD 도면은 필요한 경우 가시성을 해제하거나 숨기기를 하여 작업합니다.

02 '지상 1층 공조 배관 평면도'에서 [뷰] 탭 ▶ [그래픽] 패널 ▶ [가시성/그래픽]을 클릭한 후 [작업 세트] 탭으로 이동합니다. 공조 배관 작업 시 필요한 작업 세트를 제외하고 모두 숨기기를 한 후 [확인] 버튼을 누릅니다.

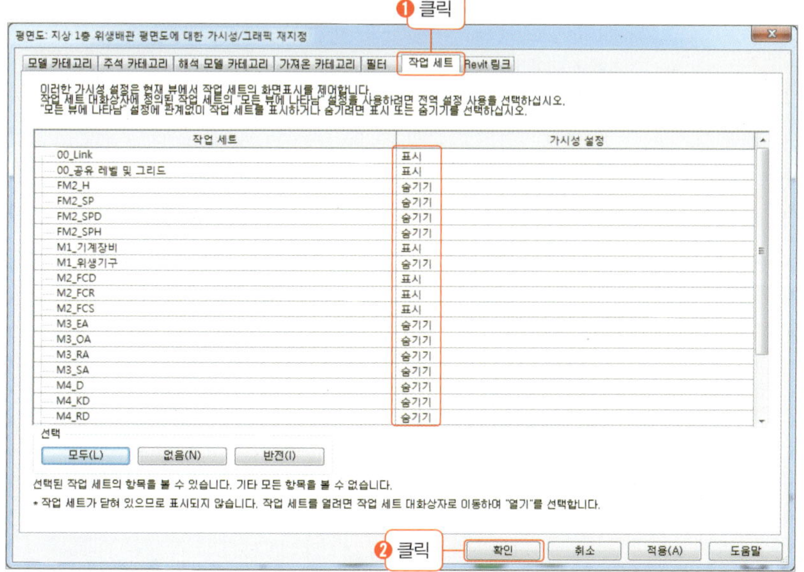

01 작업 세트를 'M2_FCD'로 지정한 후 [시스템] 탭 ▶ [배관 및 파이프] 패널 ▶ [파이프]를 클릭합니다. 그런 다음, 유형 선택기에서 '파이프 유형 냉, 온수관'을 선택하고, 옵션 막대에서 지름에 '40', 간격 띄우기에 '3167'(BOP를 COP로 환산한 값)을 입력합니다.

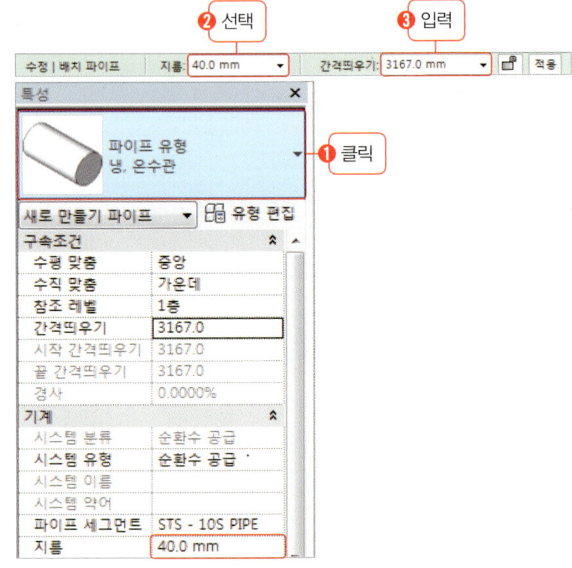

Note

- 파이프의 높이는 단면 계획에서 작성한 높이입니다.
- BOP를 기준으로 하여 작업할 수 있습니다. [수정 | 배치 파이프] 탭 ▶ [배치 도구] 패널 ▶ [양쪽 맞춤]을 클릭한 후 [맞춤 설정] 대화상자에서 하단으로 설정하고, [확인] 버튼을 누릅니다.
- 수직 맞춤을 하단으로 설정하면, Revit은 파이프 내경의 하단을 BOP로 설정하므로 파이프 단면 계획 수립 시 주의하기 바랍니다.
- 수직 맞춤 하단으로 파이프 단면을 맞춘 후에는 수직 맞춤을 가운데로 재설정하여 작업의 오류(불필요한 편심 레듀서 사용 등)를 방지하는 것이 좋습니다.

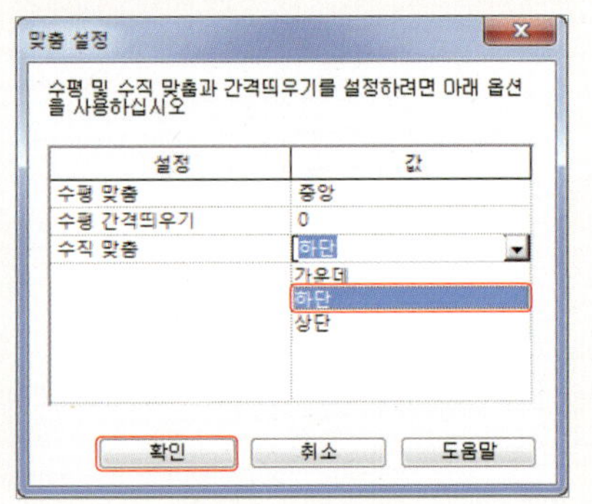

02 공조 배관 도면을 참고하여 샤프트의 입상 배관에서 복도를 통과하는 FCD 주 배관을 작성합니다.

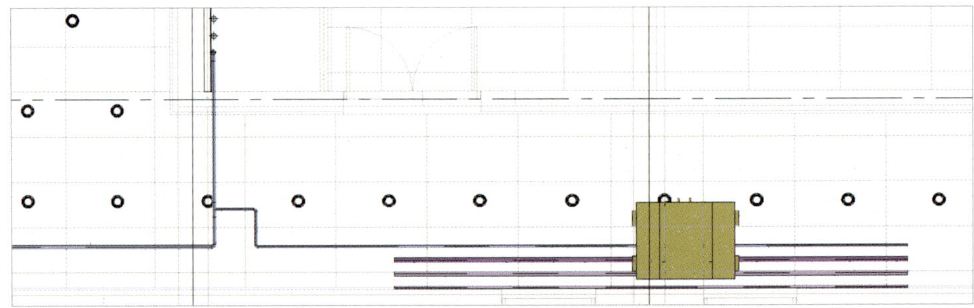

03 작업 세트를 'M2-FCS'로 지정한 후 [시스템] 탭 ▶ [배관 및 파이프] 패널 ▶ [파이프]를 클릭합니다. 그런 다음, '파이프 유형 냉, 온수관'을 선택하고 옵션을 다음과 같이 설정한 후 장비실로 연결되는 파이프를 작성합니다.

- **옵션 막대에서 설정 :** 지름 : '50' 선택
- **간격 띄우기 :** '3180.3'을 입력

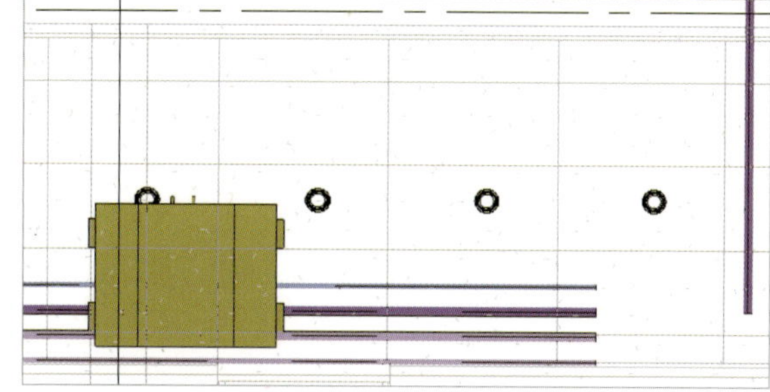

04 [수정] 탭 ▶ [수정] 패널 ▶ 코너 [자르기 / 연장](단축키 : TR) ⬚을 클릭한 후 장비실로 연결되는 파이프와 단면 계획을 수립할 때 작성했던 파이프를 선택하여 연결합니다. 그런 다음, 도면을 참고하여 FCS 주 배관을 전부 작성합니다.

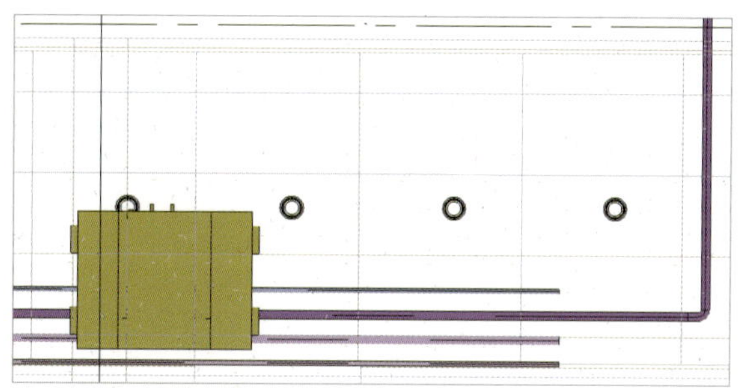

05 작업 세트를 'M2-FCR'로 지정한 후 [시스템] 탭 ▶ [배관 및 파이프] 패널 ▶ [파이프]를 클릭합니다. 그런 다음, '파이프 유형 냉, 온수관'을 선택하고 옵션 막대에서 지름에 '50', 간격 띄우기에 '3180.3'을 입력합니다. 그리고 장비실로 연결되는 파이프를 작성한 후 TR을 입력하고, 단면 계획된 파이프와 연결합니다.

TIP

TR : Trim의 단축키로, [수정] 탭 ▶ [수정] 패널 ▶ [코너 자르기/연장]을 클릭한 것과 같습니다.

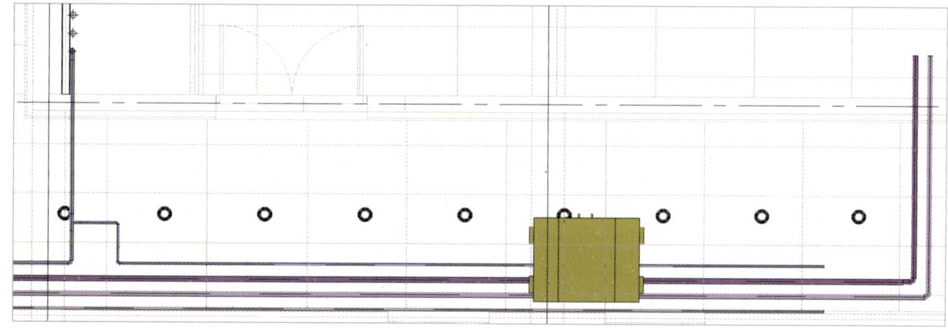

06 도면을 참고하여 FCR 주 배관을 전부 작성합니다.

01 [시스템] 탭 ▶ [배관 및 파이프] 패널 ▶ [파이프]를 클릭합니다. 옵션 막대에서 지름에 '20', 간격 띄우기에 '3369.3'을 입력하고, 주 배관에서 팬 코일 유니트 앞까지 가지관을 작성합니다. 팬 코일 유니트를 선택한 후 다음과 같이 커넥터에서 배관을 작성합니다.

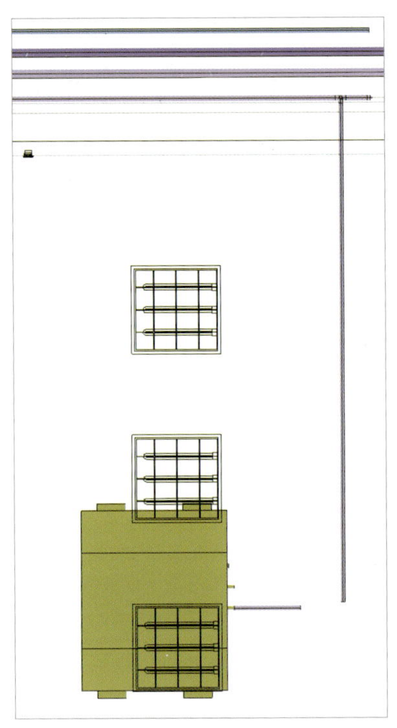

02 T R 을 입력한 후 두 파이프를 선택하여 다음과 같이 연결합니다.

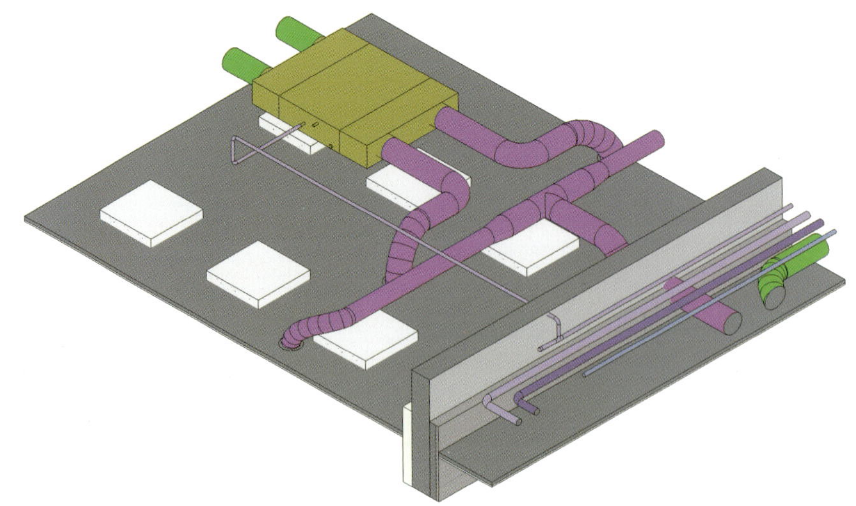

주 배관의 말단을 선택한 후 파이프 끝의 커넥터에서 마우스 오른쪽 버튼을 클릭한 후 '캡 개방 끝'을 선택하면 캡이 씌워집니다.

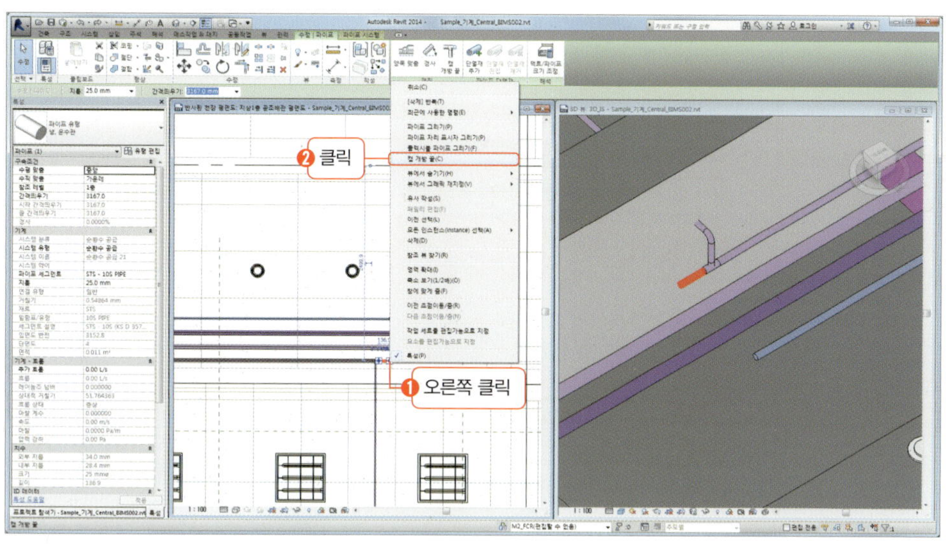

04 작업 세트를 'M2_FCS'로 지정한 후 팬 코일 유니트를 선택합니다. 다음과 같이 가운데 커넥터에서 파이프를 작성합니다.

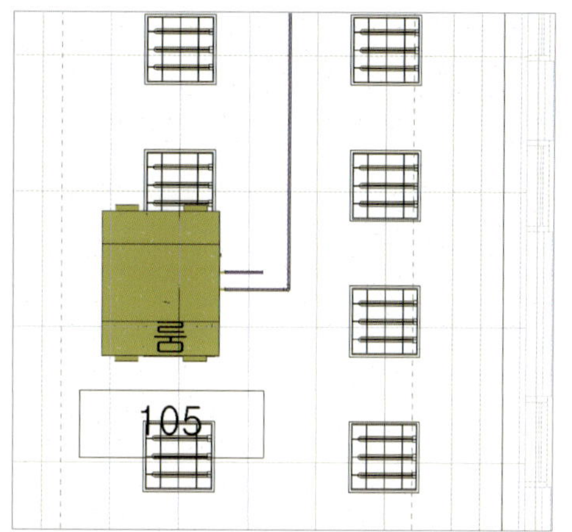

05 파이프 작성을 유지한 상태에서 옵션 막대의 간격 띄우기값을 '3369.3'으로 수정한 후 위쪽에 파이프를 그립니다.

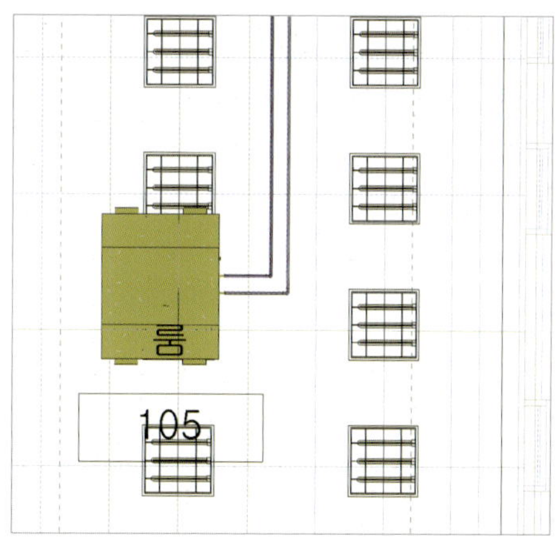

06 FCS 주 배관과 연결합니다.

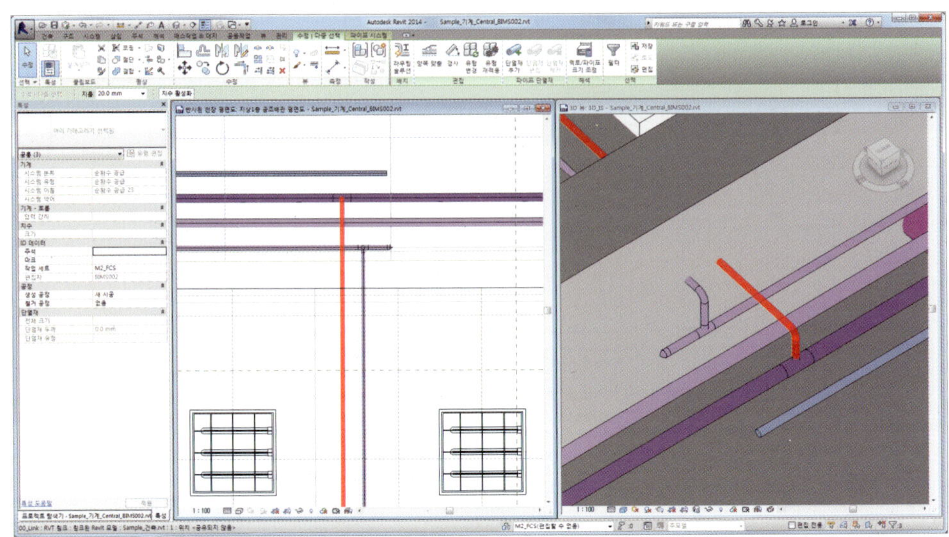

서로 높이가 다른 파이프를 연결할 때 두 파이프 사이의 공간이 충분할 경우 자동으로 라우팅이 적용됩니다.

07 2D 도면을 참고하여 전체 공조 배관 작업을 완료합니다.

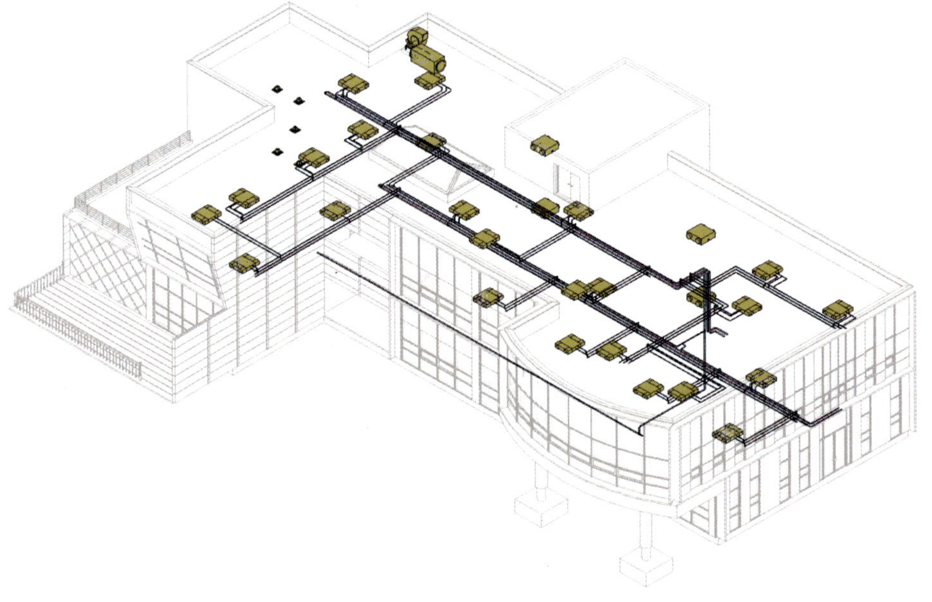

 **그룹 작성하기**

바이패스 어셈블리를 제작하는 경우 또는 동일하게 배치된 화장실 위생 배관 작업을 진행할 때, 다음 과정을 참고하면 작업을 빠르게 진행할 수 있습니다.

01 기존 작업된 프로젝트를 열어 바이패스가 작성된 부분을 확대합니다. 작업된 파일이 없는 경우에는 새 프로젝트를 열어 2Way 바이패스를 직접 작성합니다.

2Way 밸브 크기 : 50A , **연결된 배관 크기 :** 65A

02 완료된 바이패스를 그룹으로 작성하기 위해 마우스로 드래그하여 선택한 후 [수정 I 다중 선택] 탭 ▶ [작성] 패널 ▶ [그룹 작성] 🖼️을 클릭합니다. 그런 다음, 그룹 이름에 '2Way 50A_ pipe 65A Assembly'를 입력하고 [확인] 버튼을 누릅니다.

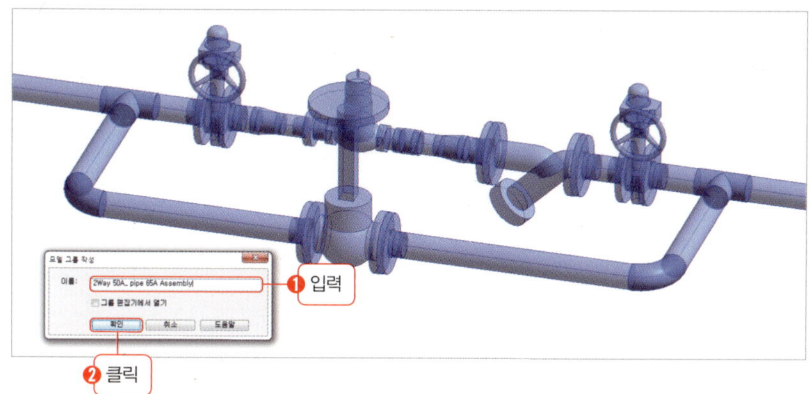

03 🔺 ▶ [다른 이름으로 저장] ▶ [라이브러리] ▶ [그룹]을 클릭한 후 저장할 폴더를 지정하고 저장을 클릭합니다.

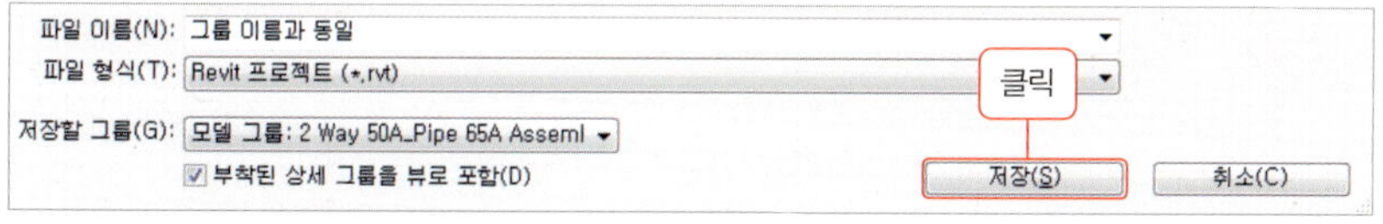

04 바이패스를 설치해야 할 프로젝트 파일을 열어 바이패스가 배치될 뷰를 선택한 후 [삽입] 탭 ▶ [라이브러리에서 로드] 패널 ▶ [그룹으로 로드]를 클릭합니다.

05 저장된 '2Way 50A_ pipe 65A Assembly'를 선택한 후 [열기] 버튼을 누릅니다. 2개의 프로젝트에서(기존 & 신규) 사용된 기계 설정의 파이프 세그먼트 및 크기와 파이프 유형이 서로 다를 경우에는 경고가 나타날 수 있습니다. [복제 유형] 대화상자가 나타나면 [확인] 버튼을 누릅니다.

06 프로젝트 탐색기에서 하단의 그룹으로 이동한 후 확장합니다.

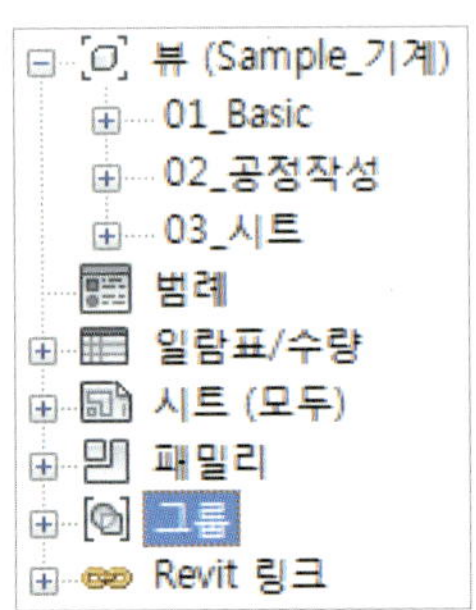

07 그룹 아래 모델에서 '2Way 50A_ pipe 65A Assembly'를 선택한 후 도면 영역으로 드래그하여 해당 뷰에 배치합니다. 바이패스가 설치된 프로젝트 레벨이 다를 경우에는 3D 뷰를 켜서 해당 위치로 이동시킵니다. 바이패스 그룹을 선택한 후 파이프 연결 높이(2000)까지 이동합니다.

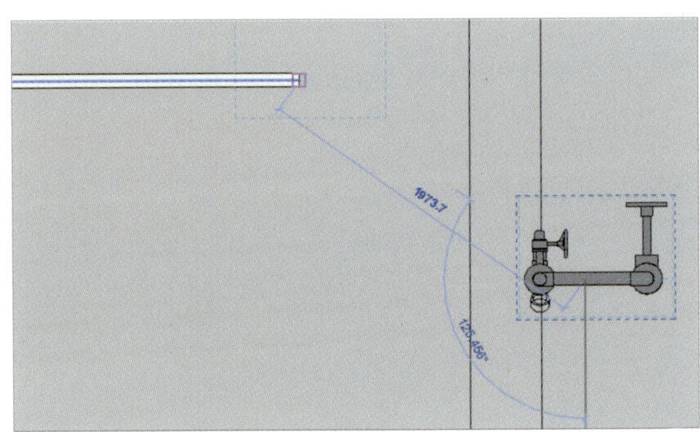

08 평면 뷰로 이동하여 이동된 바이패스를 선택한 후 [수정 | 모델 그룹] 탭 ▶ [수정] 패널 ▶ [회전] ✛ 을 클릭하고 회전 중심점을 선택하여 파이프 끝점으로 이동시킵니다. 그런 다음, 회전할 객체인 바이패스 파이프를 선택하고 작업된 파이프와 연결되도록 90도 회전합니다. 각도에 '90'을 입력할 수도 있습니다.

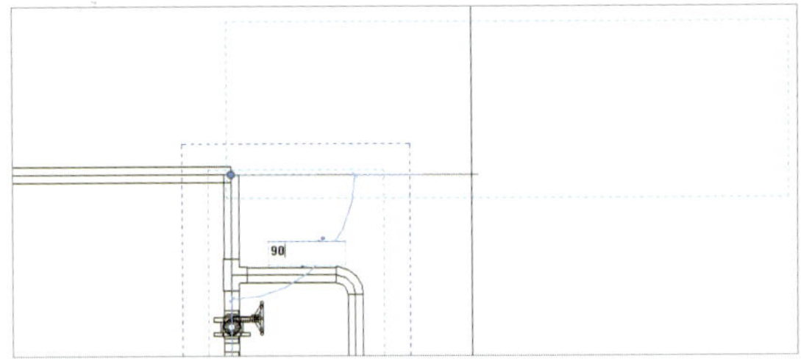

09 회전된 바이패스를 선택한 후 [수정 | 모델 그룹] 탭 ▶ [그룹] 패널 ▶ [그룹 해제]를 클릭합니다.

10 프로젝트 작업 상황에 맞게 파이프, 파이프 장치, 밸브의 소속 및 유형을 재지정합니다. 필터를 사용하여 원하는 구성 요소들만 선택하고, 재지정 작업을 완료합니다.

02 그룹 복사 및 편집하기

01 스팀 트랩 바이패스를 작성하기 위해서는 2Way 바이패스를 드래그하여 선택해야 합니다. Shift 를 누른 후 2Way 밸브만 클릭하여 선택에서 제외합니다.

02 [수정 l 다중 선택] 탭 ▶ [수정] 패널 ▶ [복사] 를 클릭한 후 원하는 위치에 복사합니다. 복사된 어셈블리에 스팀 트랩을 설치하기 위해 [시스템] 탭 ▶ [배관 및 파이프] 패널 ▶ [파이프 액세서리] 패널을 선택합니다.

03 스팀 트랩(버킷 트랩 등)을 선택한 후 간격 띄우기에 '2000'을 입력하고 배치합니다. 스팀 트랩 커넥터를 선택한 후 어셈블리 파이프 한쪽 커넥터로 드래그하여 연결합니다. 밸브 크기가 달라 설치 공간이 부족하므로 Esc 를 누릅니다.

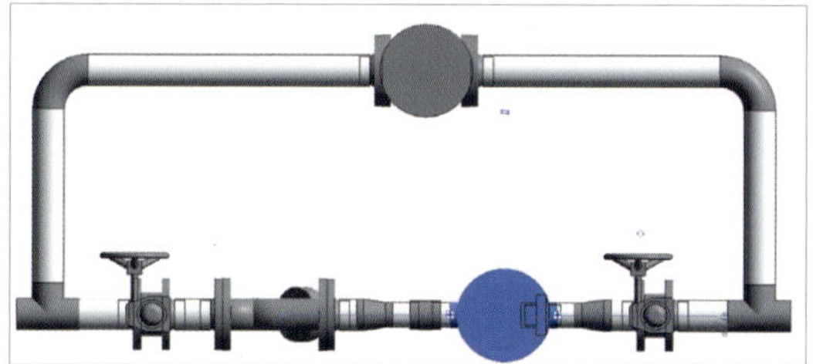

04 트랩 우측에서 티까지 연결된 구성 요소들을 모두 선택합니다.

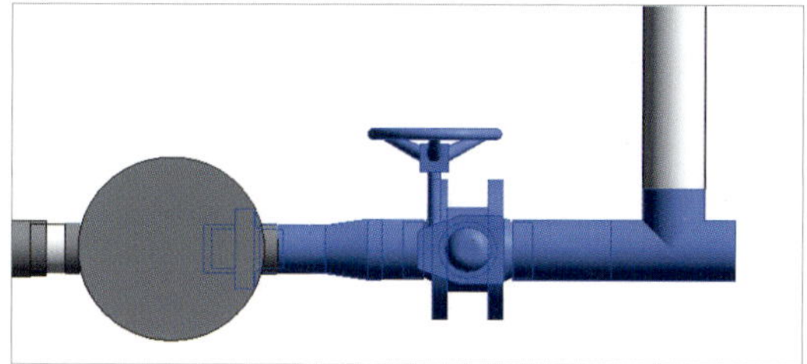

05 [수정 | 다중 선택] 탭▶[수정] 패널▶[이동] ✛을 선택하여 설치 공간을 확보합니다. 그런 다음, 배관 커넥터를 클릭하여 트랩 우측 커넥터에 연결합니다. 선택을 해제하기 위해 Esc를 누릅니다. 스팀 트랩 바이패스를 완성하였습니다.

06 스팀 트랩 바이패스를 바닥에 설치하기 위해 3D 뷰로 이동합니다. 객체 선택이 상대적으로 어려울 경우, 먼저 3D 뷰에서 선택한 후 다른 뷰(평면 또는 단면 뷰)로 이동하고 해당 툴(이동, 복사 등)을 선택하여 작업을 진행합니다.

07 [시스템] 탭▶[작업 기준면] 패널▶[설정]을 클릭합니다. [작업 기준면] 대화상자에서 [기준면 선택]을 선택하고, [확인] 버튼을 누릅니다.

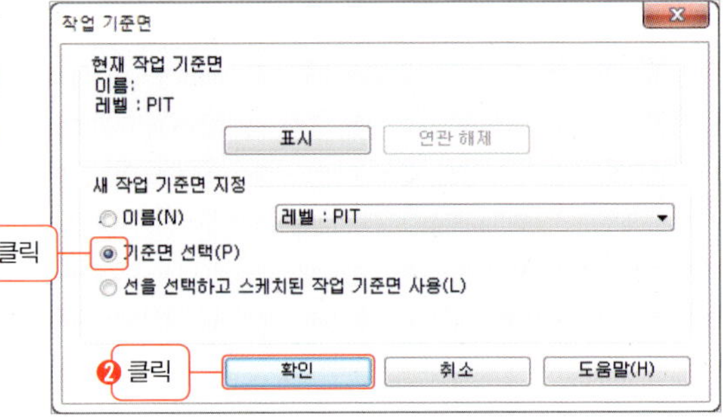

08 3D 뷰에서 치수를 기입하기 위한 배경이 될 수 있는, 수직 면을 선택합니다.

알아두세요

수직이 아닐 경우, 경사에 맞춰 수치가 작성됩니다. Tab을 눌러 원하는 수직면을 선택할 수도 있습니다.

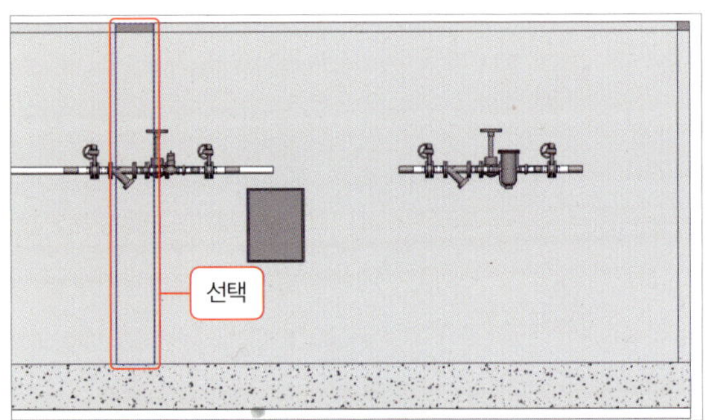

09 D I를 입력하여 현재 설치된 높이를 확인합니다. 스팀 트랩 바이패스 전체를 선택하여 파이프 중심이 300이 되도록 이동합니다.

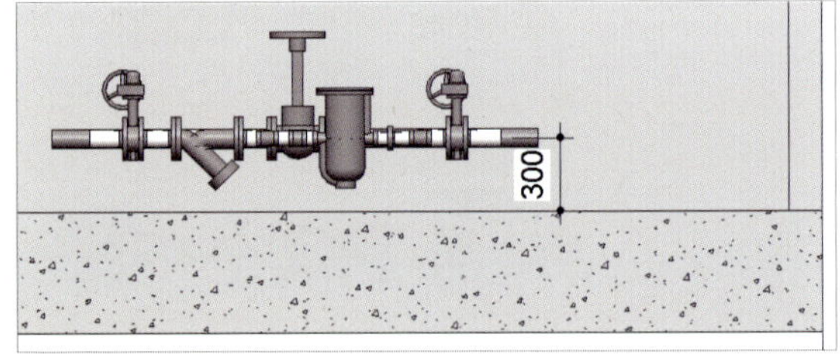

Note

3D 뷰에서는 Shift를 누른 상태로 이동하여 수직, 수평 이동만이 허용되도록 작업합니다. 이는 옵션 막대에서 구속을 선택하는 것과 같습니다. Shift는 수직, 수평을 구속하거나 수직, 수평을 해제할 때 사용할 수 있습니다.

03 그룹을 다른 층에도 복사하고자 할 경우

01 복사할 그룹을 선택한 후 [수정 | 모델 그룹] 탭➤[클립보드] 패널➤[클립보드로 복사] ⬚를 클릭합니다. [수정 | 모델 그룹] 탭➤[클립보드] 패널➤[붙여 넣기]를 확장하여 [선택한 레벨에 정렬]을 선택합니다.

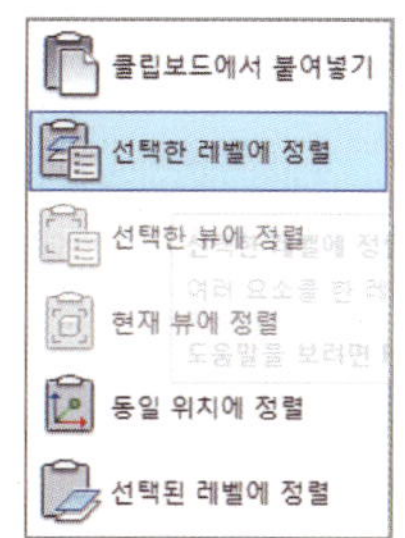

02 [레벨 선택] 대화상자에서 원하는 레벨을 지정하여 그룹 복사를 완료합니다.

04 그룹에 보온재를 적용하고자 할 경우

01 해당 그룹을 선택한 후 [그룹 편집]을 선택합니다.

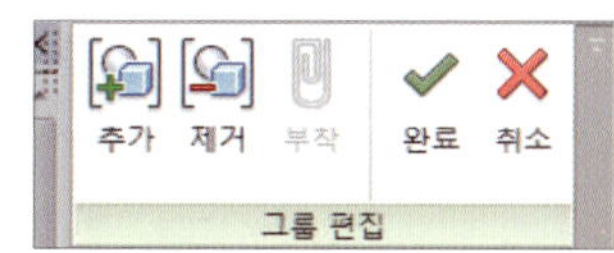

> **TIP**
> [그룹 편집] 대화상자에서는 해당 그룹을 기준으로 추가 또는 제거할 수 있습니다.

02 작업된 그룹 전체를 드래그하여 선택한 후 [수정 | 다중 선택] 탭➤[파이프 단열재] 패널➤[단열재 추가]를 선택합니다. [파이프 단열재 추가] 대화상자의 두께에 '25mm'를 입력하고, [확인] 버튼을 누릅니다.

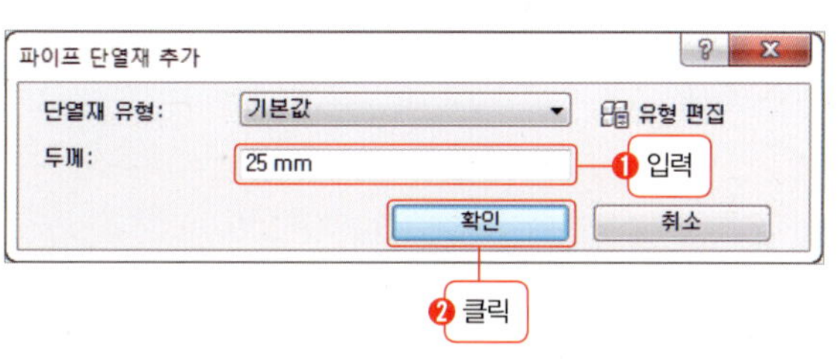

03 [그룹 편집] 대화상자에서 [완료] 버튼을 클릭합니다. 바이패스에 단열재 적용이 완료되었습니다.

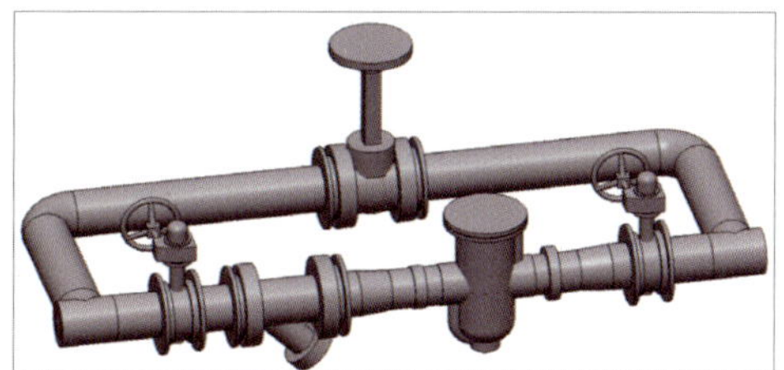

01 파이프 크기 변경에 따른 레듀서 위치를 지정하기 위해, ⑤ ⓛ을 눌러 파이프를 절단합니다. Esc 를 눌러 명령을 종료합니다.

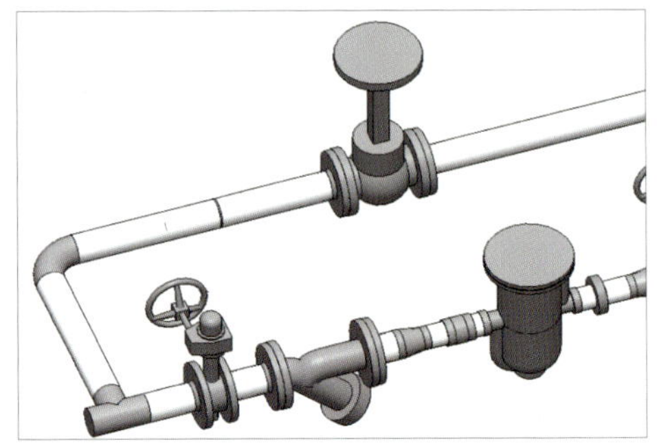

02 파이프의 크기를 변경하기 위해 절단 부분에 설치된 구성 요소를 선택합니다.

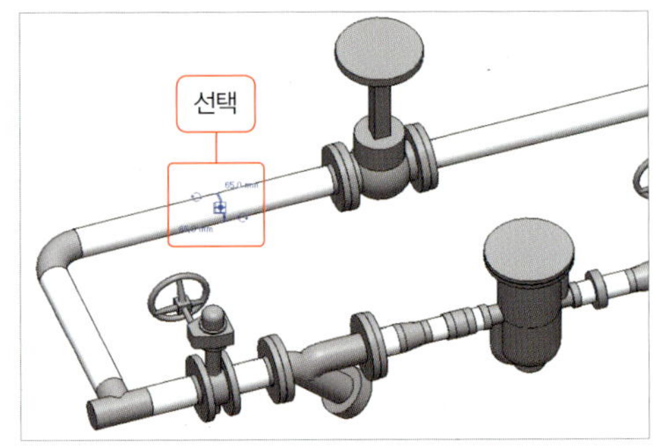

03 커서를 티로 이동한 후 Tab 을 눌러 모델이 부분만 활성화되면 마우스를 클릭하여 선택합니다.

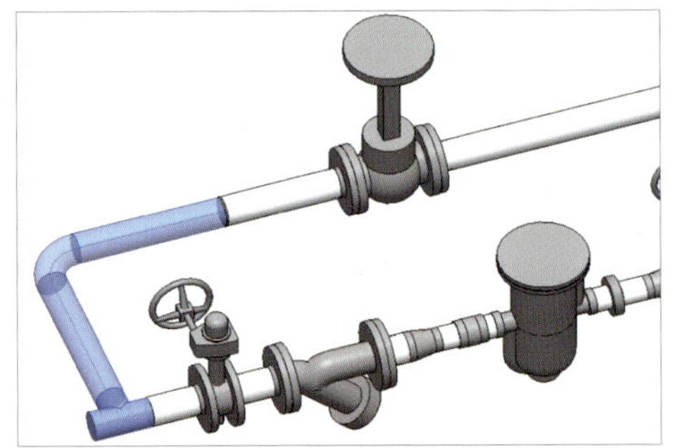

04 옵션 막대에서 지름을 80mm로 선택합니다.

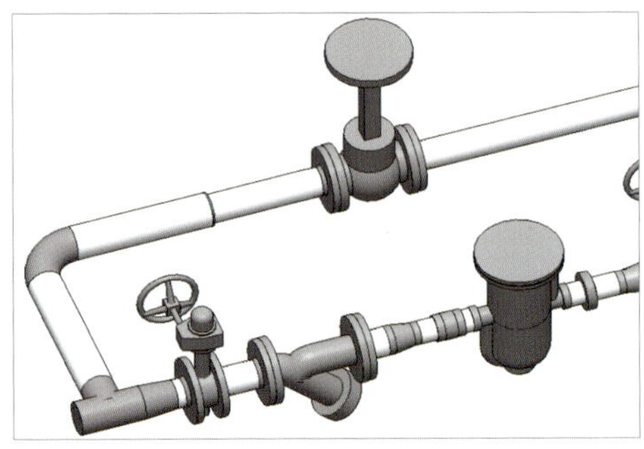

05 절단된 연결 부분을 지운 후 파이프 커넥터를 클릭하여 다른 파이프 커넥터까지 드래그하여 두 파이프를 연결합니다.

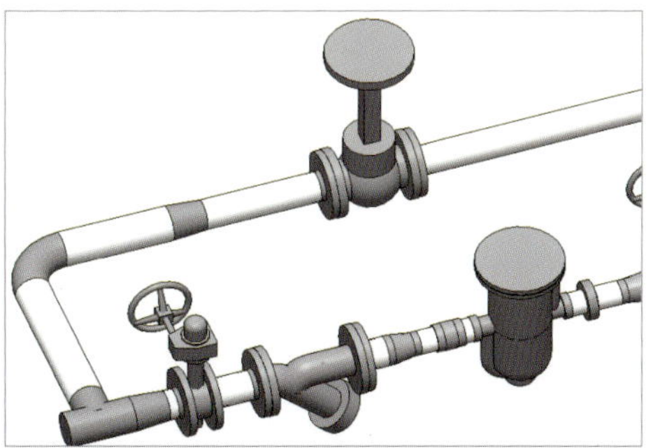

06 필요한 경우, 레듀서의 설치 위치를 변경하여 작업을 완료합니다.

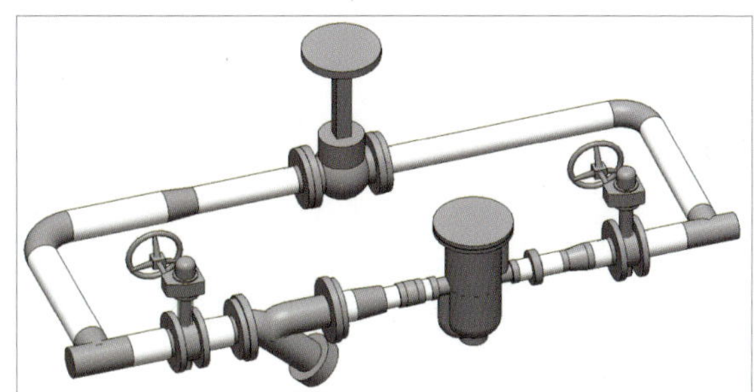

스팀 트랩 바이패스는 모델링을 수정한 후 응축수의 고임 방지를 위해 스트레이너를 90도 회전하여 옆으로 설치합니다. 그리고 스팀 응축수의 원활한 배출을 위해 설치된 배관 하단이 수평이 되도록 편심 레듀서를 설치하여 마무리합니다. 바이패스 모델링은 시공 현장에서 제작 상세도 작업으로 이어질 수 있으므로, 모델링 전에 현장 감독관의 승인을 얻는 것이 좋습니다.

소화 배관 모델링

소화 배관 모델링을 통해 소화 배관의 다양한 작업 방법을 익힙니다.

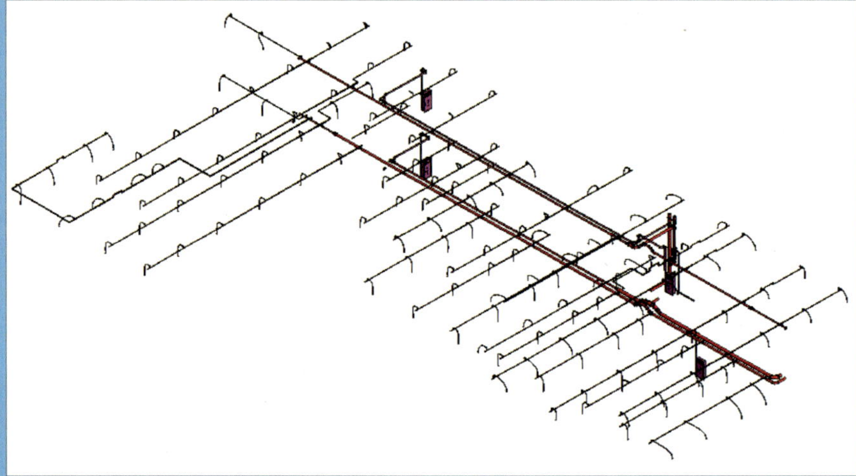

핵심 Point

소화 주 배관 작업하기

소화 가지관 작업하기

소화 주 배관 작업

소화 배관 모델링을 통해 소화 배관 작업에 대한 다양한 작업 방법을 익힙니다.

01 프로젝트 탐색기에서 '지상 1층 소화 배관 평면도'와 '3D_IS'를 연 후 Ⓦ Ⓣ를 입력하여 뷰를 정렬합니다. 그런 다음, 평면도의 비주얼 스타일을 '와이어프레임'으로 선택합니다.

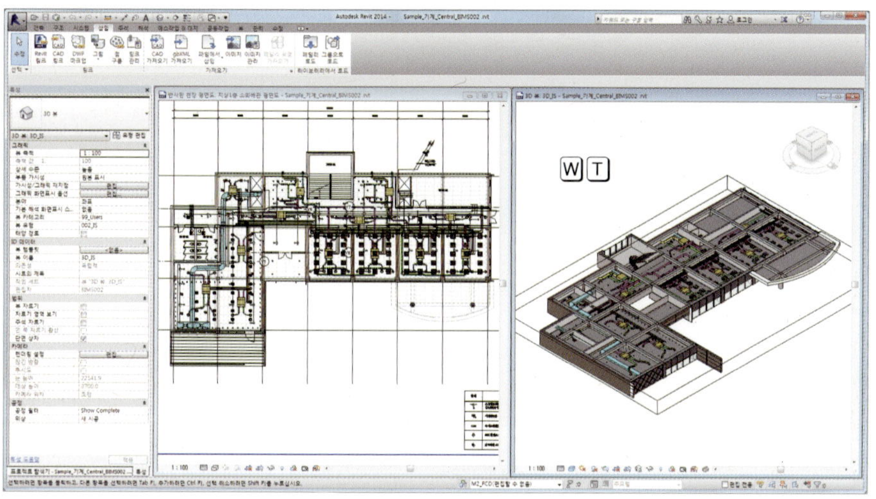

TIP

링크된 CAD 도면은 필요할 경우 가시성을 해체하거나 숨기기를 하고 작업합니다.

02 '지상 1층 소화 배관 평면도에서 [뷰] 탭 ▶ [그래픽] 패널 ▶ [가시성/그래픽]을 클릭한 후 [작업 세트] 탭으로 이동합니다. 소화 배관 작업 시 필요한 작업 세트를 제외하고 모두 숨기기를 한 후 [확인] 버튼을 누릅니다.

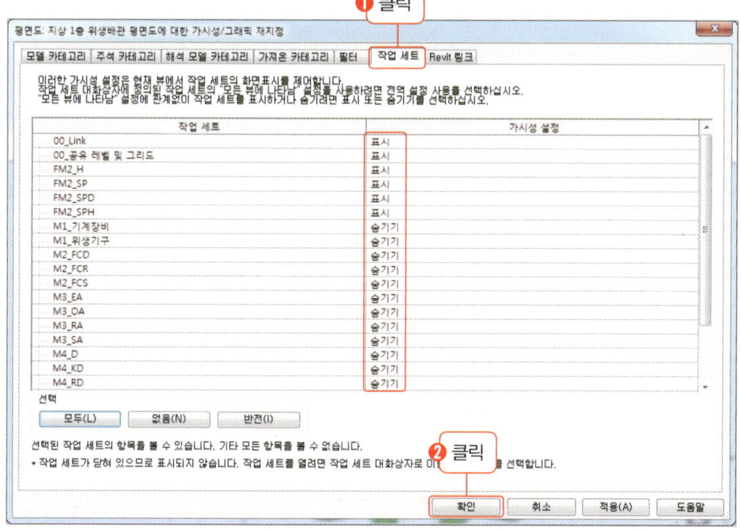

03 작업 세트를 'FM2_SPH'로 지정한 후 단면 계획할 때 작성했던 SPH 파이프를 클릭합니다. 파이프 우측 끝 커넥터에서 마우스 오른쪽 버튼을 클릭한 후 '파이프 그리기'를 선택합니다.

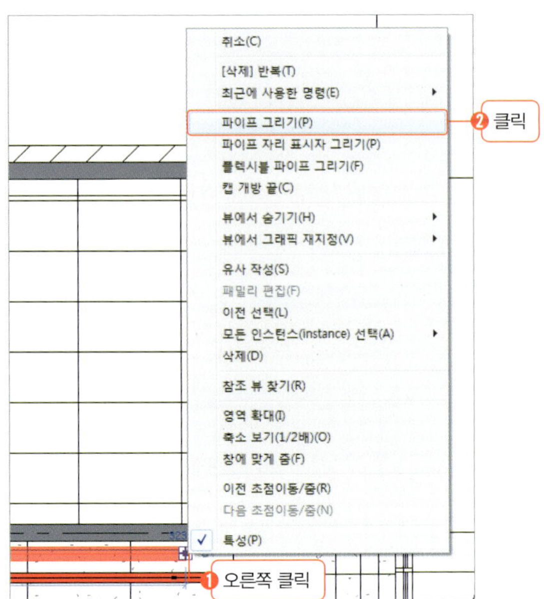

04 다음과 같이 장비실 방향으로 파이프를 작성합니다.

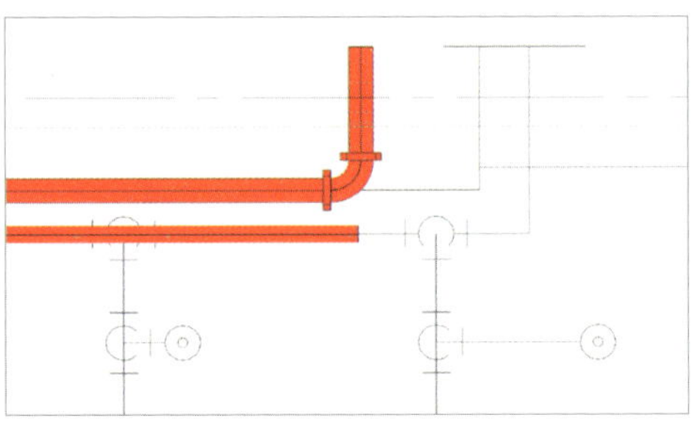

05 [수정] 탭▶[수정] 패널▶[정렬] 을 클릭하여 먼저 CAD 도면에서 장비실로 연결되는 2D 파이프 라인을 선택하고, SPH 파이프 모델의 중심선을 선택하여 도면과 파이프를 정렬시킵니다.

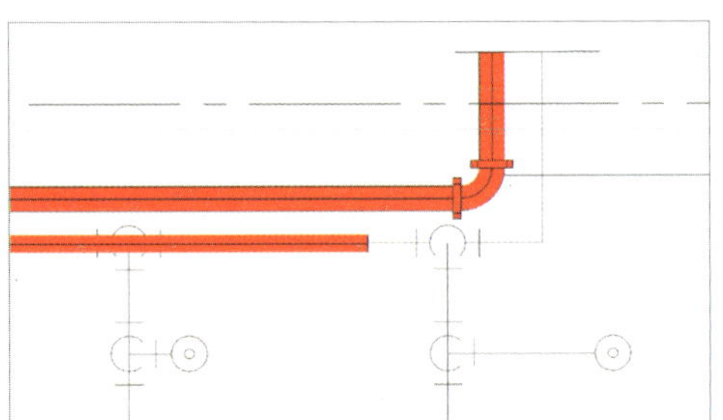

06 도면을 참고하여 SPH 파이프의 주 배관 전부를 모델링합니다. 작업 세트를 'FM2_SP'로 지정한 후 SP 파이프의 주 배관도 작성합니다.

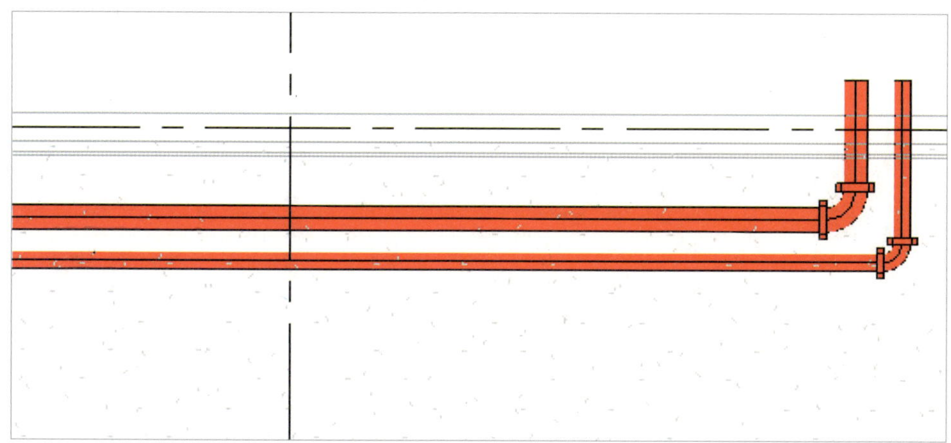

07 [시스템] 탭 ▶ [배관 및 파이프] 패널 ▶ [파이프]를 클릭한 후 [특성] 대화상자에서 유형 편집을 클릭합니다. [라우팅 기본 설정]에서 '편집'을 클릭한 후 기본 접합 유형을 'T자형'에서 '탭'으로 바꿉니다. [확인] 버튼을 눌러 라우팅 설정을 완료합니다.

Note

T자형은 배관 부속류인 티를 사용하여 작업하는 것을 말하고, 탭은 용접 개소를 줄이는 방법으로 티 뽑기와 유사한 방법입니다. 라우팅을 설정할 때 접합에 티와 탭을 모두 설정해 놓으면 작업 도중 접합 유형만을 바꿔 빠르게 사용할 수 있습니다.

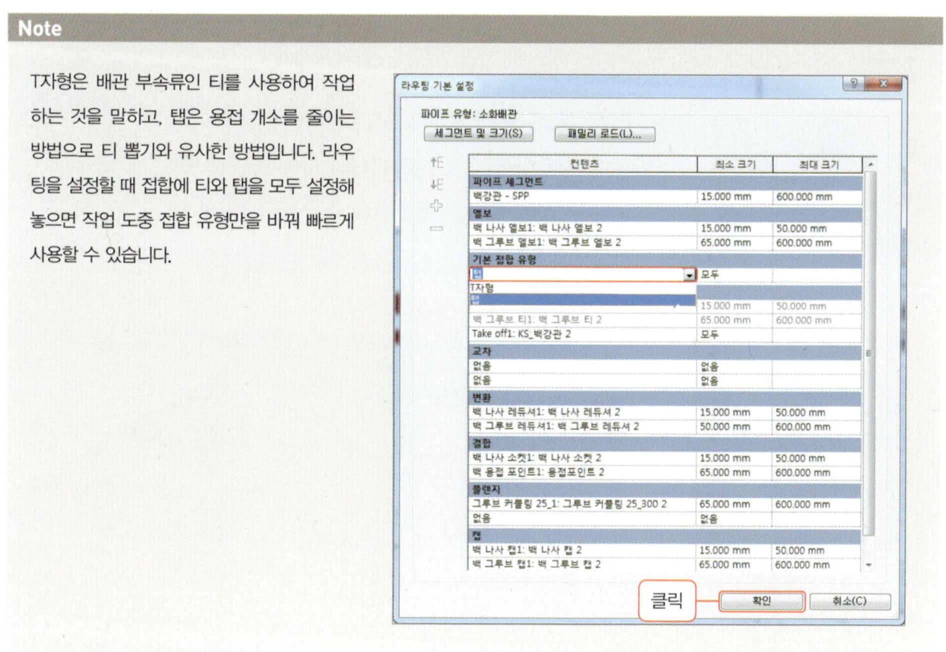

01　[시스템] 탭 ▶ [배관 및 파이프] 패널 ▶ [파이프]를 선택하고 가지관을 작성하려는 위치의 주 배관을 클릭한 후 Space Bar 를 눌러 주 배관의 높이와 크기를 상속받습니다. 옵션 막대에서 작성할 가지관의 정보를 지름에 '40', 간격 띄우기에 '3380'을 설정합니다.

02　2D 도면을 참고하여 주 배관에서 룸 105의 실 내부로 가지관을 작성합니다. 가지관을 작성할 때에는 스프링클러 헤드의 연결 위치와 개수를 감안하여 레듀서를 적절한 위치에 배치합니다.

알아두세요　**스프링클러 헤드 수별 급수관의 구경**

[단위 : mm]

급수관의 구경 구분	25	32	40	50	65	80	100	125	150
상(하)향식	2	3	5	10	30	60	100	160	161 이상
상(하)향식	2	4	7	15	30	60	100	160	161 이상

03　[시스템] 탭 ▶ [배관 및 파이프] 패널 ▶ [스프링클러]를 클릭한 후 유형 선택기에서 '스프링클러 헤드 플러시 & 플레이트 하향식'을 선택합니다. [배치] 패널 ▶ [면에 배치]를 선택한 후 도면을 참고하여 천장에 스프링클러 헤드를 배치합니다.

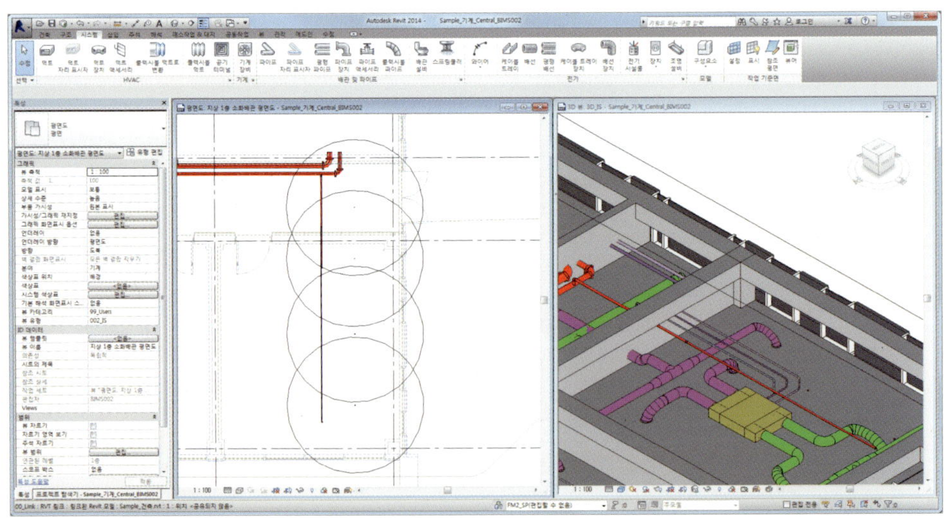

Note

스프링클러 헤드의 반경은 2300mm를 기준으로 작업되었습니다.

스프링클러 헤드의 반경은 유형 편집의 가시성을 체크하여 제어합니다.

04 소화 배관의 기본 접합 유형을 T자형으로 바꾸고, 가지관에서 스프링클러 헤드와 연결할 25mm
파이프를 간격 띄우기 3500mm로 작성합니다. 그런 다음, 엘보 이후의 파이프를 선택하여 삭
제합니다.

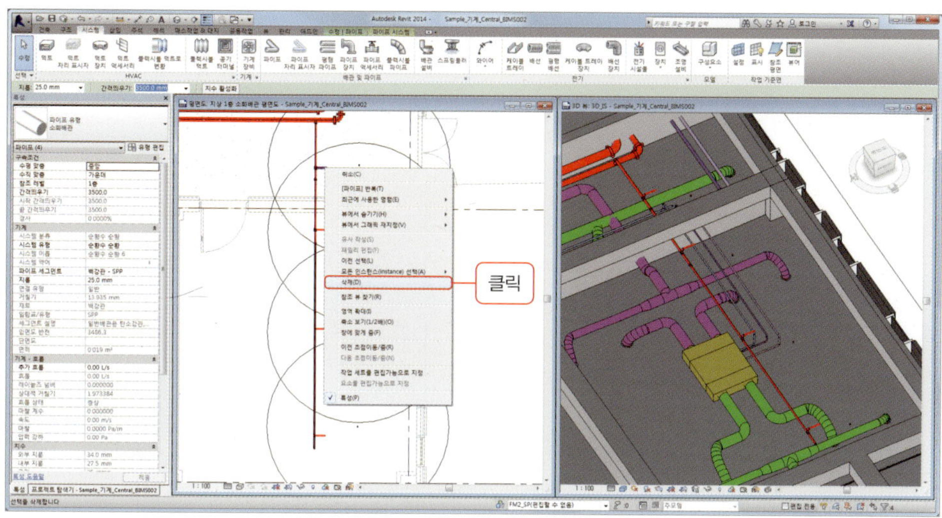

05 엘보의 커넥터에서 마우스 오른쪽 버튼을 클릭한 후 [플렉시블 파이프 그리기]를 선택하여 다음
과 같이 스프링클러 헤드와 연결합니다.

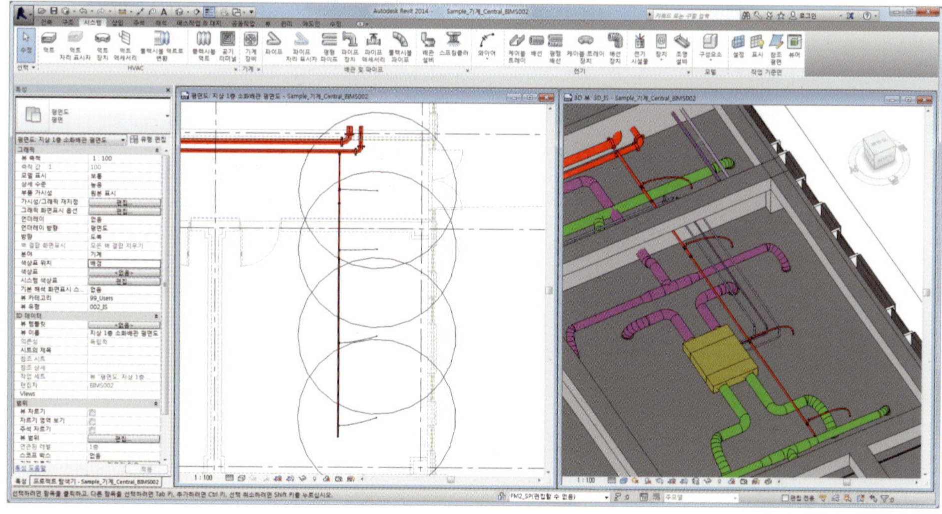

 가지관에 해당하는 스프링클러 헤드와 배관을 모두 선택한 후 [수정] 패널 ▶ [복사]를 클릭합니다. 그런 다음, 복사할 위치에 맞춰 마우스를 클릭한 후 가지관의 라우팅을 탭으로 변경하고 주 배관과 연결합니다.

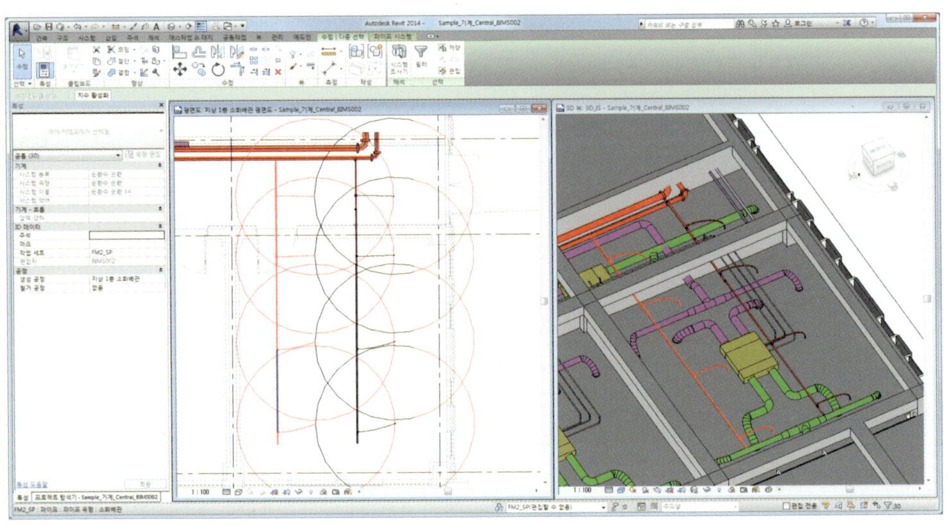

 2D 도면을 참고하여 전체 소화 배관 작업을 완료합니다.

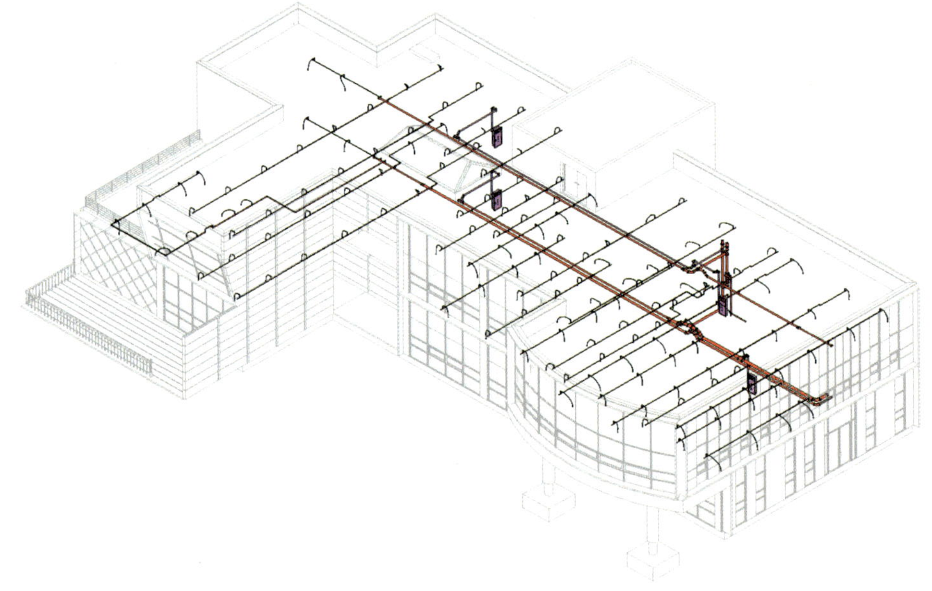

❶ 스프링클러 헤드에는 작업의 편의상 15×25 레듀서를 설치하고, Plate를 설치한 상태로 패밀리에 반영하여 작성되었습니다.

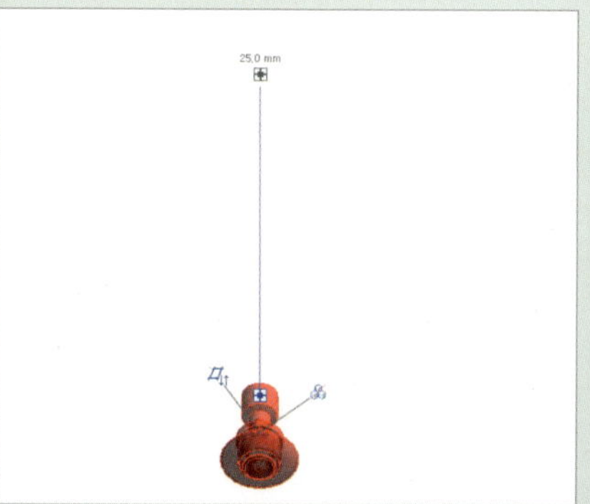

❷ Plate는 유형 편집에서 Plate의 체크를 해제함으로써 가시성을 제어할 수 있습니다.

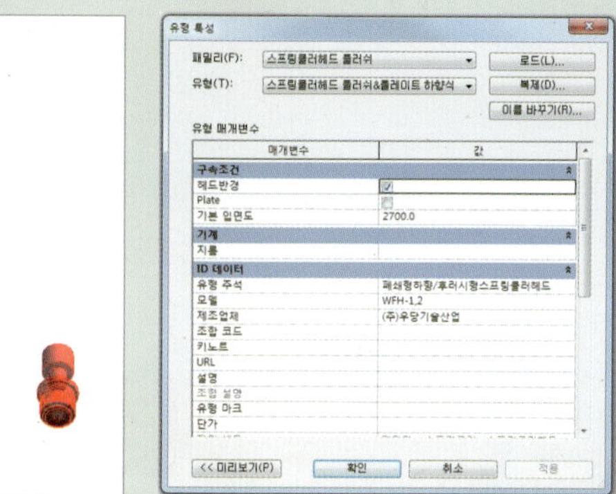

❸ 스프링클러 헤드의 반경은 평면에서 2300mm로 표시됩니다.

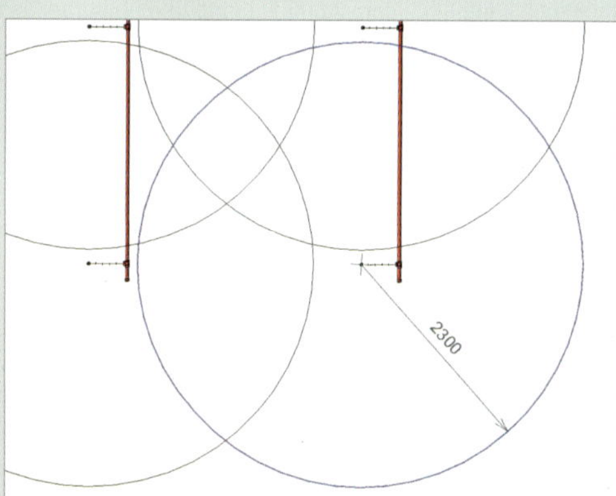

❹ 스프링클러 헤드의 반경을 해제하고, 상세 수준을 '낮음' 또는 '중간'으로 선택할 경우, 헤드의 크기가 일정해집니다.

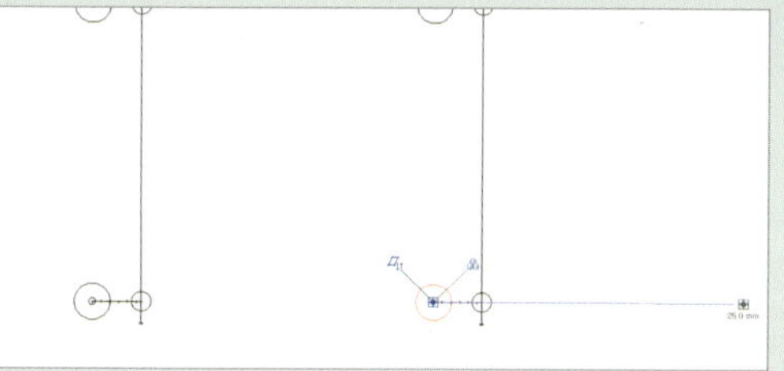

위생 배관 모델링

위생 배관 모델링을 통하여 위생 배관의 다양한 작업 방법을 익히도록 합니다.

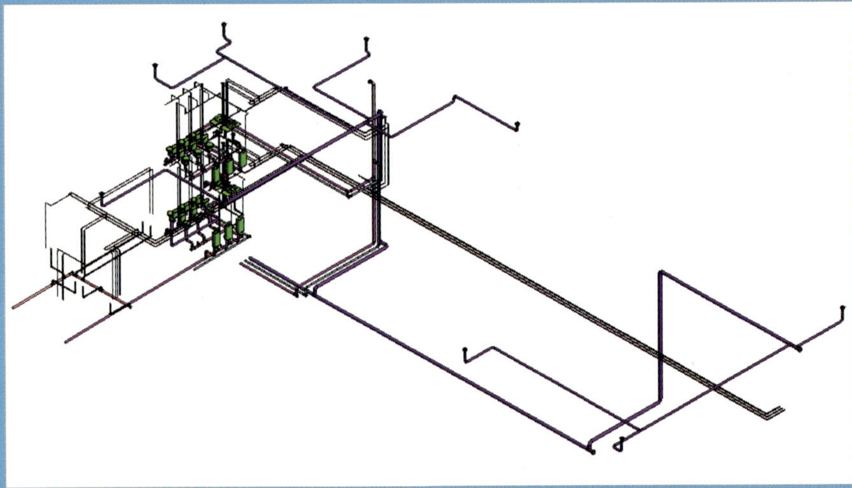

핵심 Point

위생 도기 설치하기

위생 배관 모델링하기

01 프로젝트 탐색기에서 '지상 1층 위생 배관 평면도'와 '3D_IS 뷰'를 열고, 화장실 부분을 확대합니다. 그런 다음, W T (타일 창 정렬)를 눌러 다음과 같이 뷰를 정렬합니다.

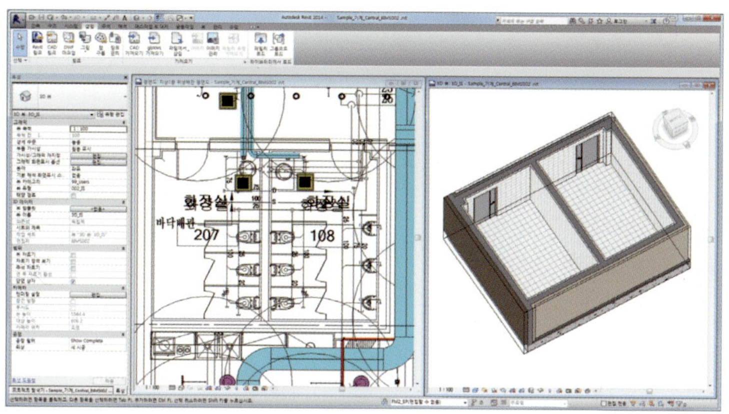

TIP

링크된 CAD 도면은 필요할 경우 가시성을 해체하거나 숨기기하고 작업합니다.

02 '지상 1층 위생 배관 평면도'에서 V V (가시성/그래픽 재지정)를 눌러 [작업 세트] 탭으로 이동합니다. 위생 배관 작업 시 필요한 작업 세트를 제외하고 모두 숨기기를 한 후 [확인] 버튼을 누릅니다.

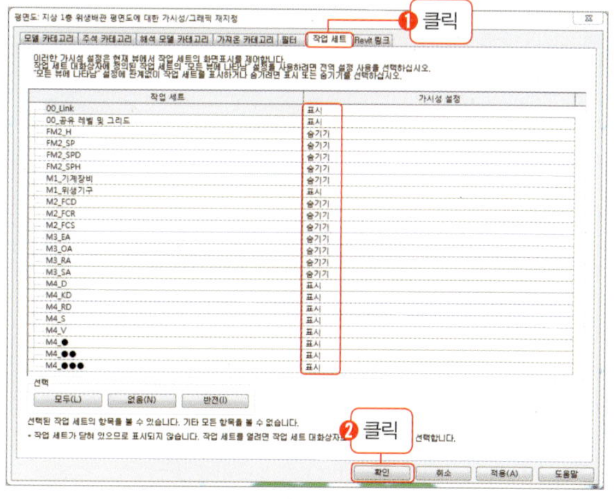

03 [뷰 범위] 대화상자에서 평면도의 뷰 범위를 다음과 같이 설정한 후 [확인] 버튼을 누릅니다.

알아두세요

위생 배관은 연관된 레벨의 하단에서 오배수 배관이 형성되므로, 레벨 하단의 배관이 보이도록 뷰 범위를 재설정해야 합니다.

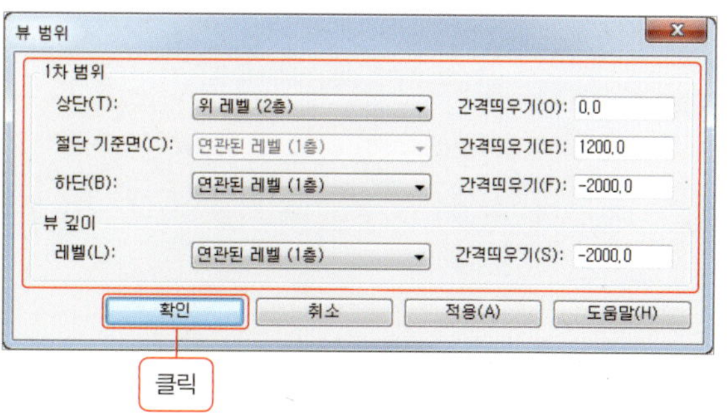

01 작업 세트를 'M1_위생기구'로 지정한 후 [시스템] 탭 ➤ [배관 및 파이프] 패널 ➤ [배관 설비]를 클릭하고 유형 선택기에서 '대변기'를 선택합니다.

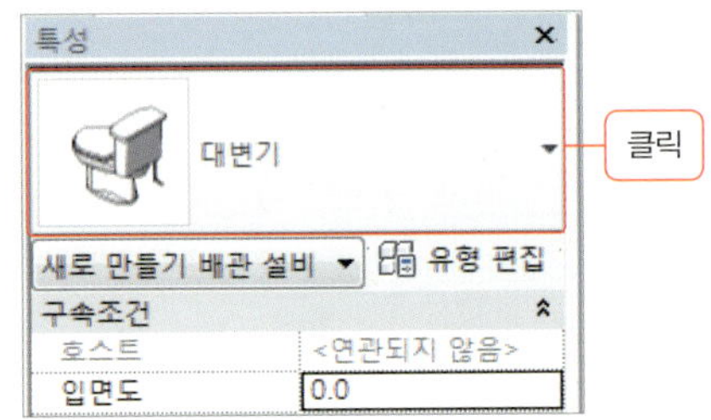

02 [배치] 패널 ➤ [면에 배치]를 클릭한 후 도면을 참고하여 화장실에 배치합니다.

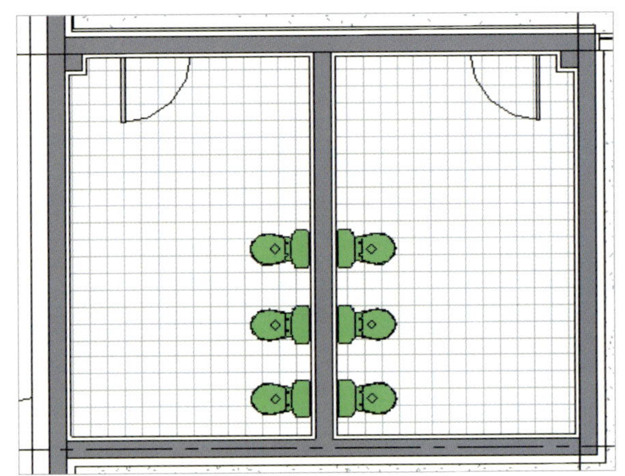

03 [시스템] 탭 ➤ [배관 및 파이프] 패널 ➤ [배관 설비]를 클릭한 후 유형 선택기에서 '바닥육가 125mm×125mm Strainer-50mm Drain'을 선택합니다. [배치] 패널 ➤ [면에 배치]를 클릭한 후 도면을 참고하여 화장실에 배치합니다.

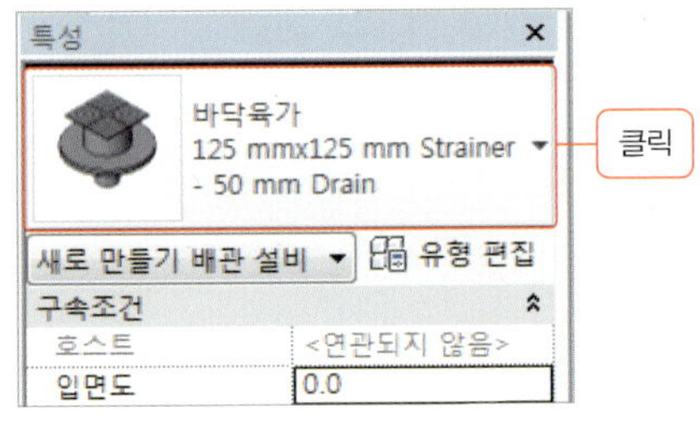

04 유형 선택기에서 '소변기'를 선택한 후 [배치] 패널 ➤ [면에 배치]를 클릭합니다. 그런 다음, 도면을 참고하여 화장실에 소변기를 배치합니다.

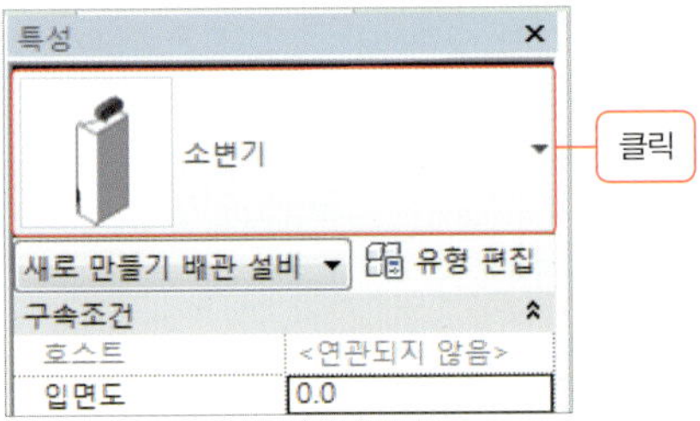

05 유형 선택기에서 '세면대'를 선택한 후 [배치] 패널 ➤ [수직 면에 배치]를 클릭합니다. 도면을 참고하여 화장실에 배치합니다. 수직 면에 배치해야 하므로 벽체 또는 참조 평면을 선택하여 배치합니다.

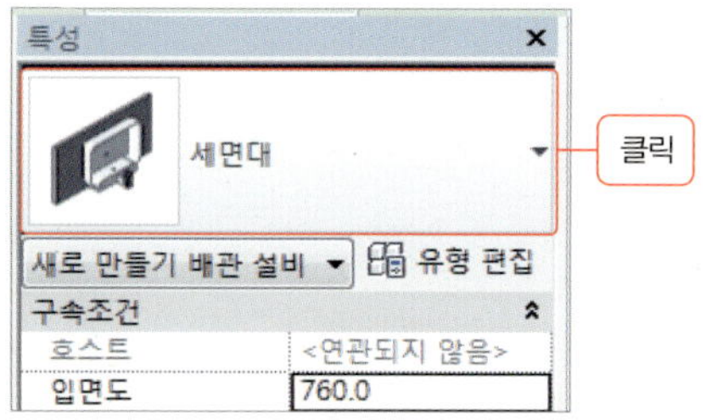

TIP

수직 면에 배치를 선택하면 수직 면이 없는 곳에는 배치할 수 없습니다.

06 위생도기를 다음과 같이 배치 완료합니다.

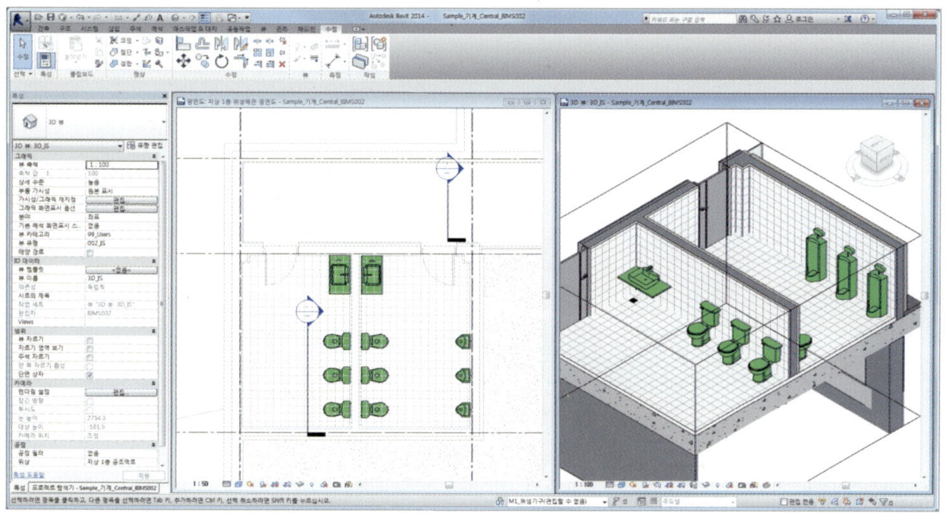

07 위생도기의 위치를 조정하기 위해 치수를 작성합니다. [주석] 탭 ➤ [치수] 패널 ➤ [정렬]을 클릭한 후 Y5 그리드에서부터 대변기, 소변기의 중심선을 선택하여 치수를 작성합니다.

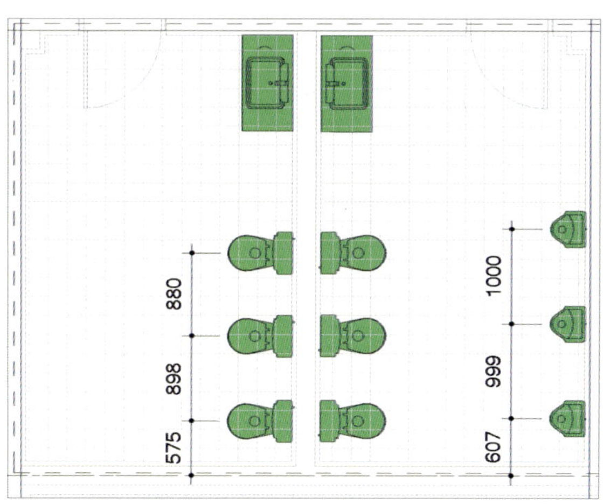

08 아래와 같이 위생도기 사이의 간격
을 조정합니다. 조정이 끝나면 작성
된 치수를 삭제합니다.

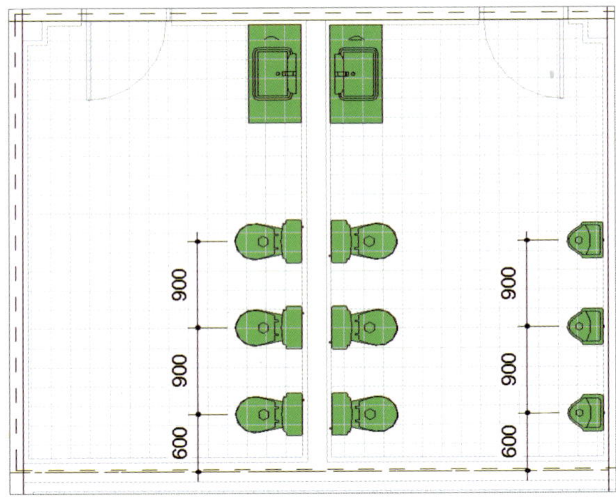

01 [특성] 대화상자에서 작업 세트를 'M4_●'로 지정한 후 [시스템] 탭 ➤ [배관 및 파이프] 패널 ➤ [파이프]를 클릭합니다. 그런 다음, 유형 선택기에서 '급수, 급탕관'을 선택합니다. 그리고 단면 계획을 참조하여, M4_● 파이프로 주 배관을 작성합니다. 이와 동일하게 M4_●●, M4_●●●의 주 배관을 작성합니다.

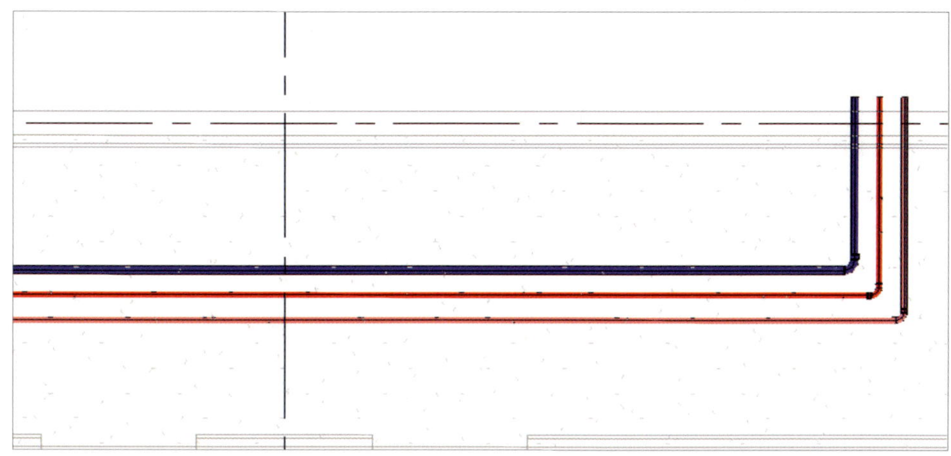

02 작업 세트를 'M4_●'로 지정한 후 옵션 막대에서 지름에 '40', 간격 띄우기에 '3300'을 입력합니다. 주 배관 끝에서 화장실 내부로 들어오는 가지관을 다음과 같이 작성합니다.

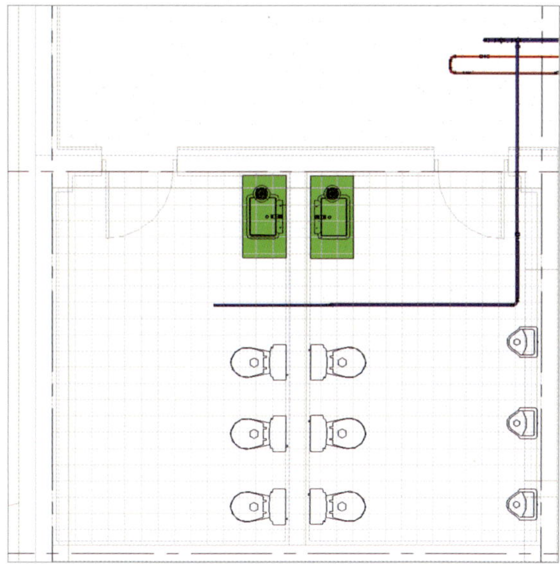

03 옵션 막대에서 지름에 '25', 간격 띄 우기에 '3450'을 입력한 후 다음과 같이 파이프를 작성합니다.

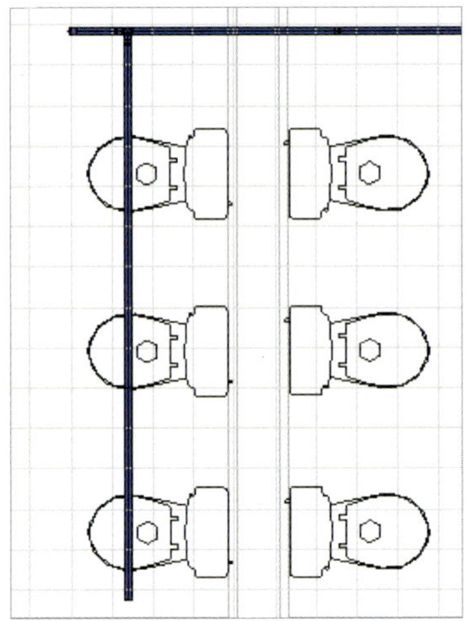

04 대변기를 선택한 후 급수 커넥터에 서 마우스 오른쪽 버튼을 클릭하여 '파이프 그리기'를 선택합니다. 급수 배관은 벽체 매립이므로 벽체 안쪽 에 매립되도록 배관을 작성합니다.

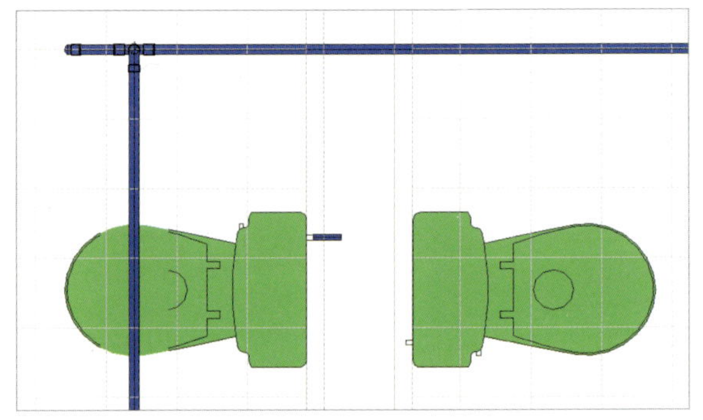

05 천장 배관과 연결하기 위해 간격 띄 우기값에 '3800'을 입력한 후 주 배 관과 연결합니다.

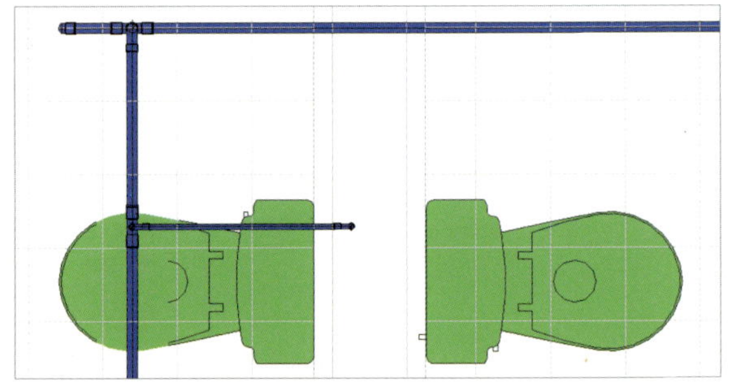

06 단면도를 작성하여 배관이 정상적 으로 연결되었는지 확인합니다. [뷰] 탭 ▶ [작성] 패널 ▶ [단면도]를 클릭 합니다. 대변기와 평행하도록 단면 도를 작성합니다.

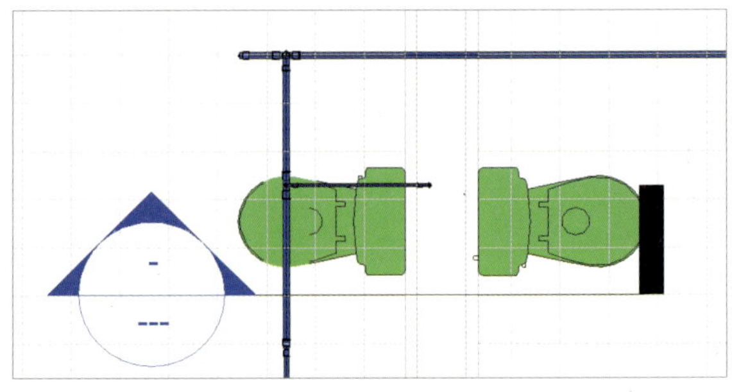

07 설치된 단면도를 선택한 후 마우스 오른쪽 버튼을 클릭하여 '뷰로 이동'을 클릭합니다. 대변기와 배관이 연결된 모습을 확인할 수 있습니다.

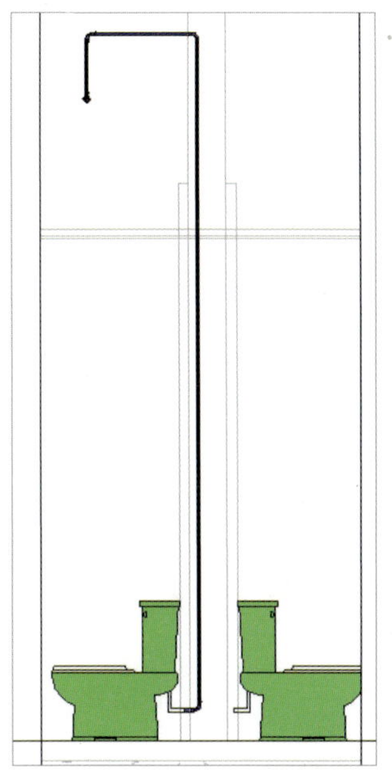

08 도면을 참고하여 동일한 방법으로 급수, 급탕 배관을 대변기, 소변기, 세면대의 커넥터와 연결합니다. 3D 뷰로 작업 상황을 점검하여 파이프와 구조물 사이에서 간섭이 발생하지 않도록 합니다.

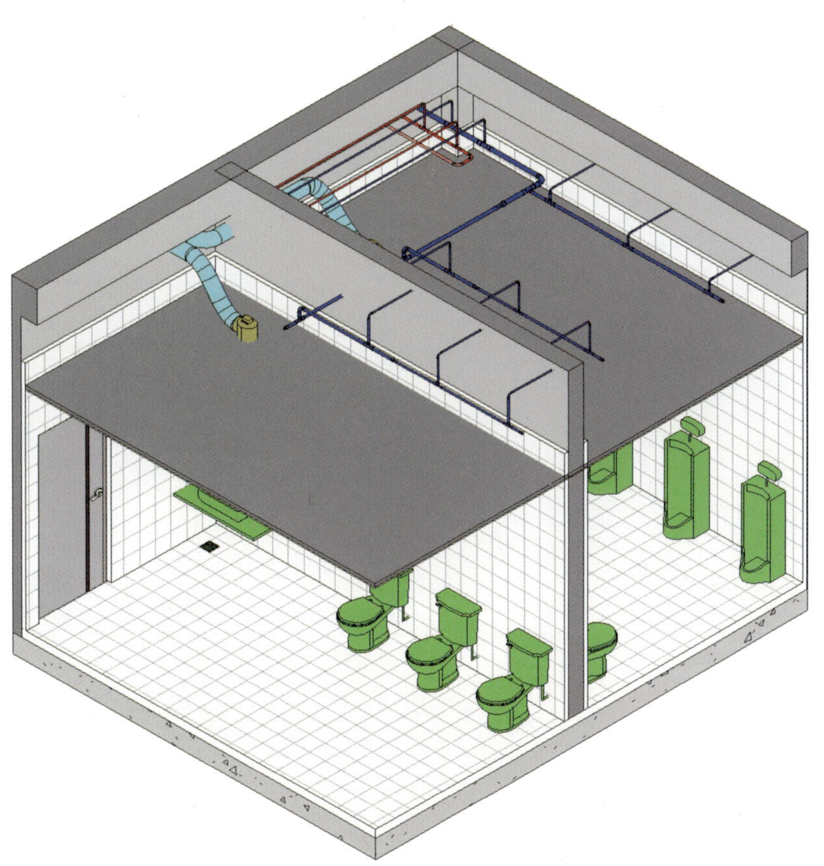

09 [시스템] 탭 ➤ [배관 및 파이프] 패널 ➤ [파이프 액세서리]를 클릭한 후 유형 선택기에서 'Ball Valve'를 선택합니다. 화장실로 공급되는 급수 파이프(M4_●)를 클릭하여 볼 밸브를 설치합니다.

그런 다음, 동일한 방법으로 'M4_●●', 'M4_●●●' 파이프에도 밸브를 설치합니다.

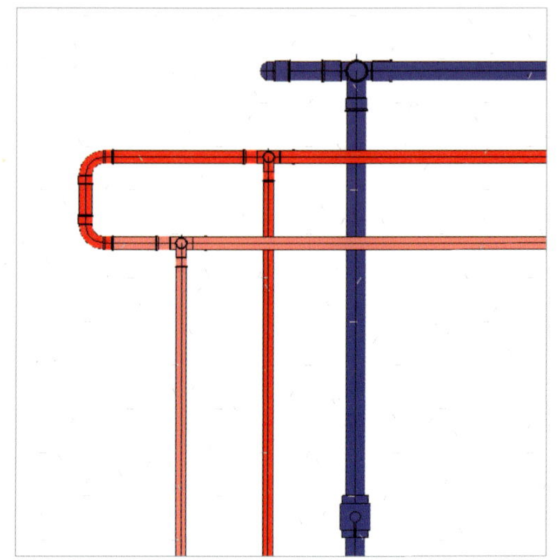

10 작업 세트를 'M4_S'로 지정한 후 주배관에서 가장 먼 쪽에 있는 대변기를 선택합니다. 대변기의 커넥터에서 마우스 오른쪽 버튼을 클릭하여 '파이프 그리기'를 선택하고, 파이프 유형을 오배수관으로 선택합니다. 슬래브 아래에서 배관이 이루어지므로 간격 띄우기값에 '−770'을 입력합니다. 다음 그림과 같이 대변기 앞쪽으로 배관을 작성합니다.

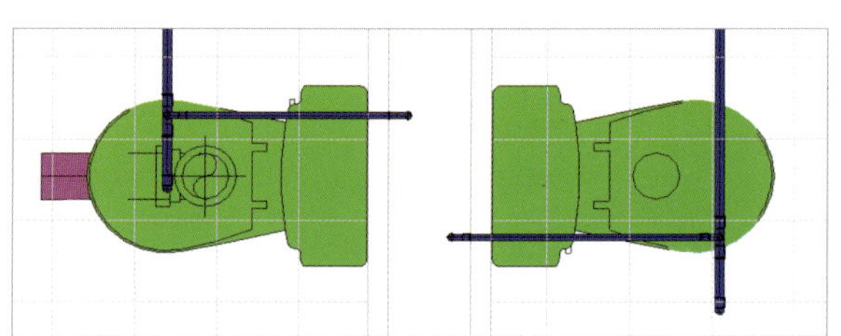

11 단면도를 선택한 후 M V (이동)을 눌러 대변기와 평행하도록 이동합니다.

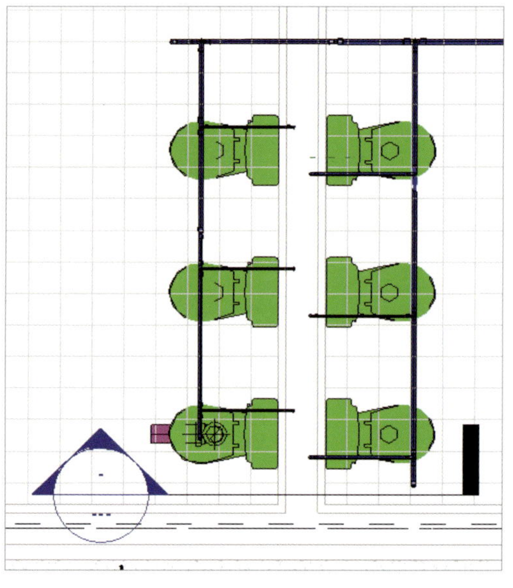

⑫ 단면도의 헤드를 더블 클릭하여 단
면도를 활성화합니다. 단면도에서 배
관의 연결을 확인합니다.

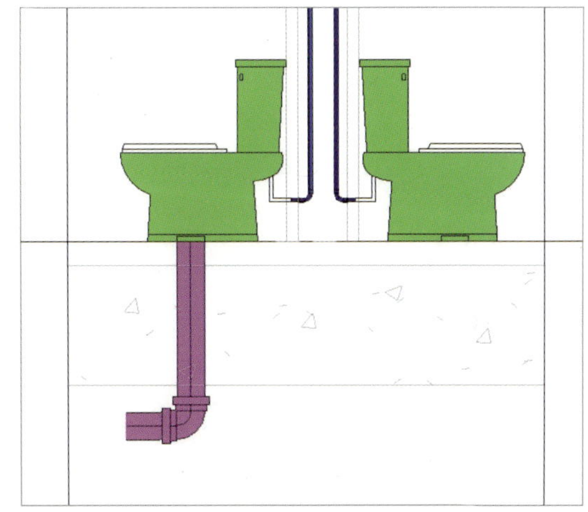

⑬ 단면도에서 오수 배관의 말단을 선
택한 후 커넥터에서 마우스 오른쪽
버튼을 클릭하여 '파이프 그리기'를
선택하고, 다음 그림과 같이 파이프
를 작성합니다.

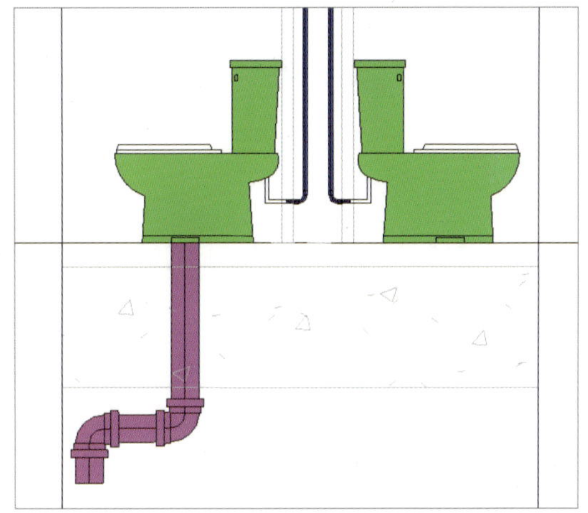

⑭ 평면 뷰에서 단면도를 클릭한 후
[수정] 패널 ▶ [회전]을 클릭하여 다
음 그림과 같이 오른쪽으로 90도
회전합니다.

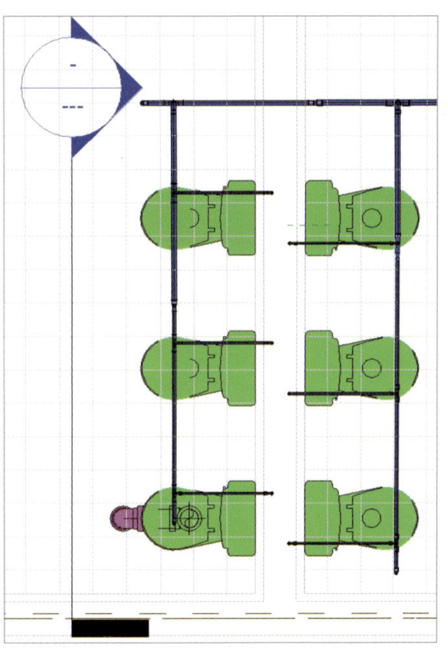

15 단면 뷰로 이동하여 작성된 오수 배관을 선택한 후 커넥터에서 마우스 오른쪽 버튼을 클릭하여 '파이프 그리기'를 클릭합니다. 그런 다음, [경사 파이프] 패널 ➤ [내리막 경사]를 클릭하고 경사 값에서 1%를 선택합니다.

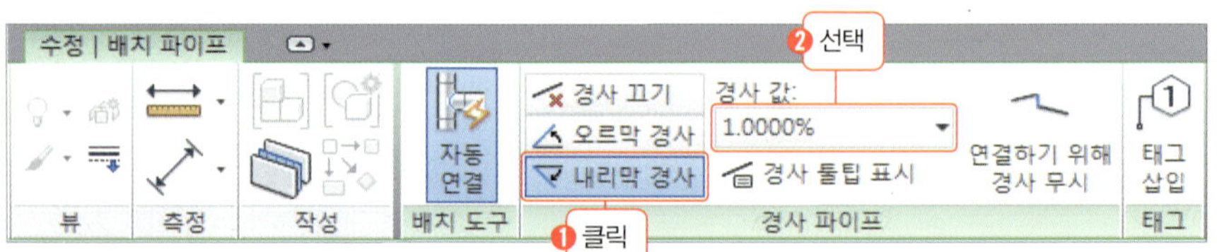

> **알아두세요**
>
> - 주어진 경사값 외에 다른 경사값을 사용하려면 [기계 설정] ➤ [파이프 설정] ➤ [경사]에서 새 경사를 추가하면 됩니다.
> - 경사 파이프 작업 시, 티 분기 이후 90도 엘보로 작업할 경우에는 문제가 없지만, 티 분기 이후에서 45도 엘보로 작업할 경우에는 경사로 인한 오류가 발생합니다. 이 경우에는 별도의 수작업이 필요할 수 있습니다.

16 다음 그림과 같이 파이프를 작성합니다.

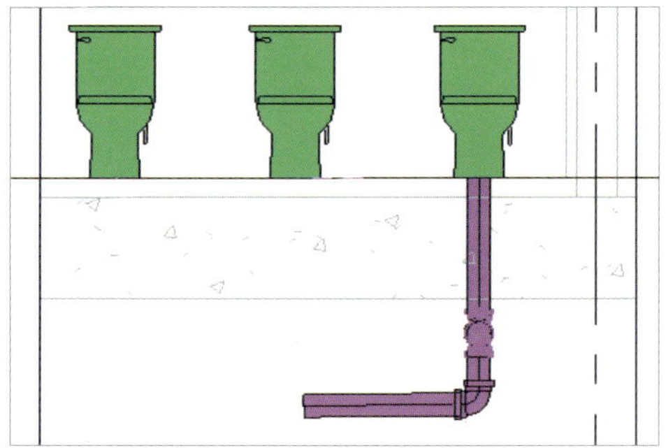

17 엘보를 클릭한 후 오른쪽의 '+' 버튼을 클릭하여 엘보를 티로 변경합니다.

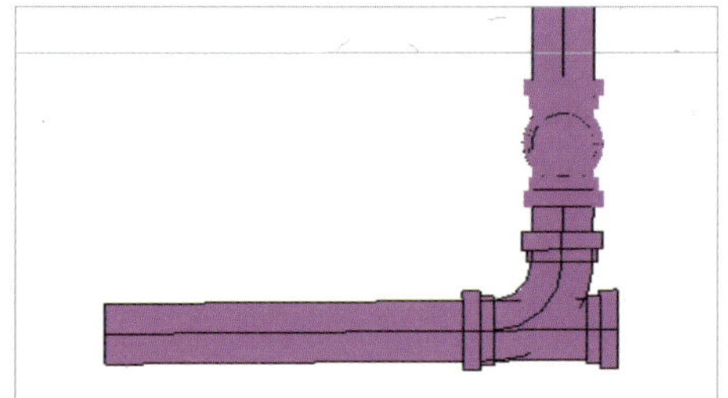

> **알아두세요**
>
> 주 배관에서 분기 시 주 배관의 티에 지관이 45도 엘보로 접속되게 작업하려면,
>
> 1. 45도 회전 방향과 평행하게 단면도를 작성한 후 단면 뷰를 엽니다.
> 2. 단면도에서 주 배관의 티(주 배관 제외)를 45도로 회전합니다.
>   (주 배관 자체가 회전된 경우, 추후 주 배관에 접속되는 지관들의 자동 배관 생성 작업이 정상적으로 이루어지지 않을 수 있습니다.)
> 3. 회전된 티에서 45도로 파이프를 작성한 후 지관과 연결합니다.
> 4. 지관과 연결 시 45도 엘보가 자동으로 생성되지 않으면, 파이프 유형에서 45도 엘보로 라우팅을 재설정합니다.

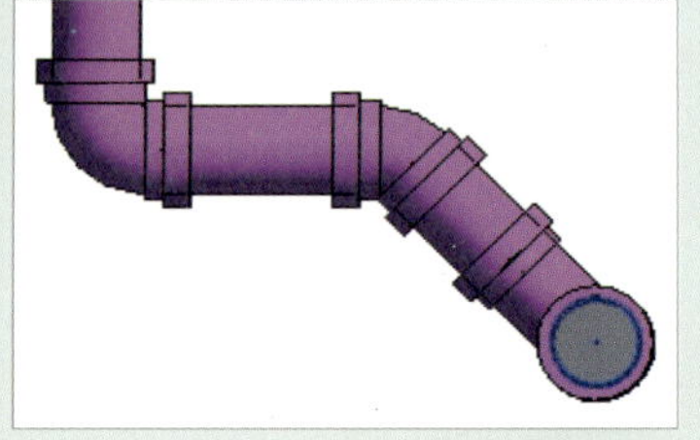

⑱ 평면 뷰로 이동한 후 도면을 참고하여 'M4_S' 파이프의 주 배관을 작성합니다.

> **주 의**
>
> 경사 파이프는 높이가 일정하지 않기 때문에 가장 끝에 있는 기구에서부터 파이프를 작성해야 오류 발생이 적습니다.

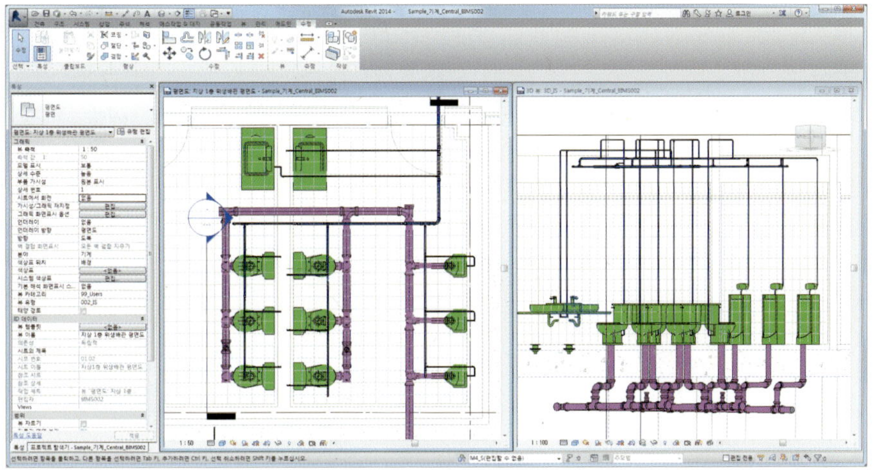

⑲ 3D 뷰에서 천장의 급수 배관과 하부의 오배수 배관을 명확히 볼 수 있도록 ⓥ ⓥ를 누릅니다. [가시성/그래픽 재지정] 대화상자의 [Revit 링크] 탭에서 건축 링크 파일의 가시성을 언더레이로 설정하고, [확인] 버튼을 누릅니다.

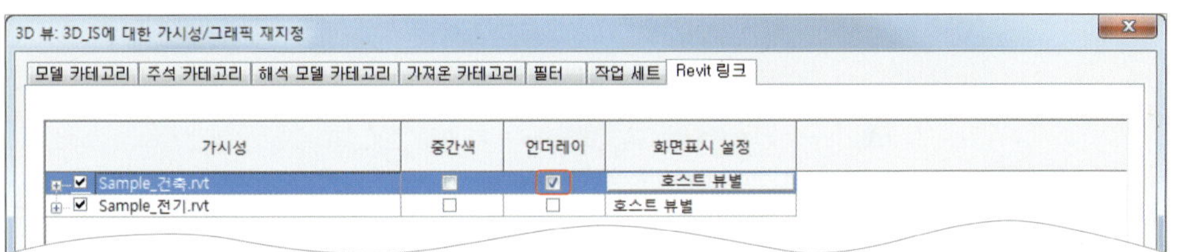

⑳ 2D 도면을 참고하여 전체 위생 배관 작업을 완료합니다.

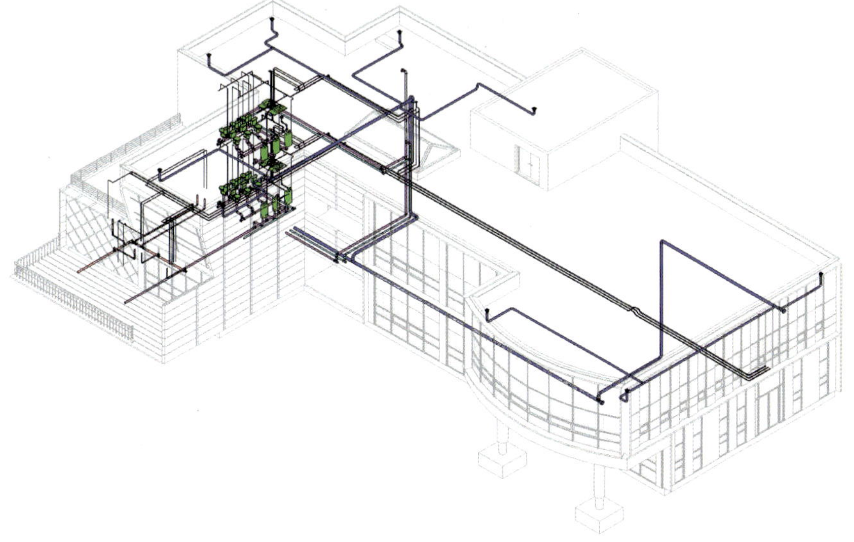

모델링 활용 및 검토

이 장에서는 프로젝트에 주요한 영향을 미칠 수 있는 공정과 부분적인 옵션을 가능하게 하는 설계 옵션에 대해 알아봅니다. 공정과 설계 옵션을 이용함으로써 작성된 모델을 다양하게 활용하도록 합니다. 그리고 간섭 검토, 매개변수를 이용한 공종별 구분을 하고, 경고 조회 등을 해결함으로써 프로젝트 완성도를 높이도록 합니다. 이전 과정에서 작업을 완료한 모델링 파일로 작업을 시작합니다.

공정/설계 옵션

리모델링 등과 같은 프로젝트는 작업 과정에서 뚜렷이 구별되는 기간을 나타내는 공정별로 진행됩니다. Revit에서는 뷰 또는 요소가 작성되거나 철거되는 공정을 추적합니다. 공정 필터를 사용하여 뷰와 일람표로의 건물 모델 정보 흐름을 제어할 수도 있습니다. 이렇게 하면 공정별 프로젝트 문서를 일람표와 함께 작성할 수 있습니다.

또한 프로젝트에서 대체 설계를 개발합니다. 설계 옵션을 사용하여 프로젝트 범위에서 변경 사항에 맞게 조정하거나, 다른 설계를 검토하거나, 차이를 가시적으로 검토할 수 있습니다.

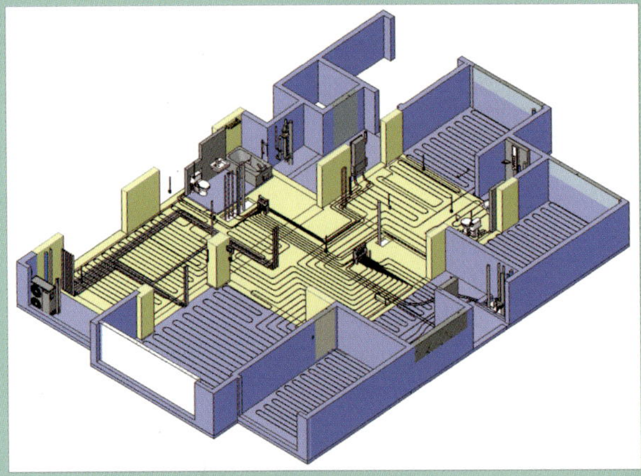

핵심 Point

공정 사용하기

설계 옵션 사용하기

프로젝트에 공정 정보를 입력하여 공정 필터를 조정하면 프로젝트 단계별로 모델의 가시성을 조정할 수 있습니다. 프로젝트에 공정을 적용하면, 해당되는 모든 뷰와 일람표, 난방 및 냉방 부하 계산 등이 영향을 받습니다.

01 공정 작성

01   ▶ 열기 ▶ 프로젝트를 클릭하여 [새 프로젝트] 대화상자가 나타나면 'Sample\Chapter09\Lesson16\Lesson16_01.rvt.' 파일을 불러옵니다. 그런 다음, 프로젝트 탐색기에서 '01_Basic ▶ 3D View ▶ 3D 뷰 : 3D'를 복제하여 이름을 '공정 작성'으로 바꿉니다.

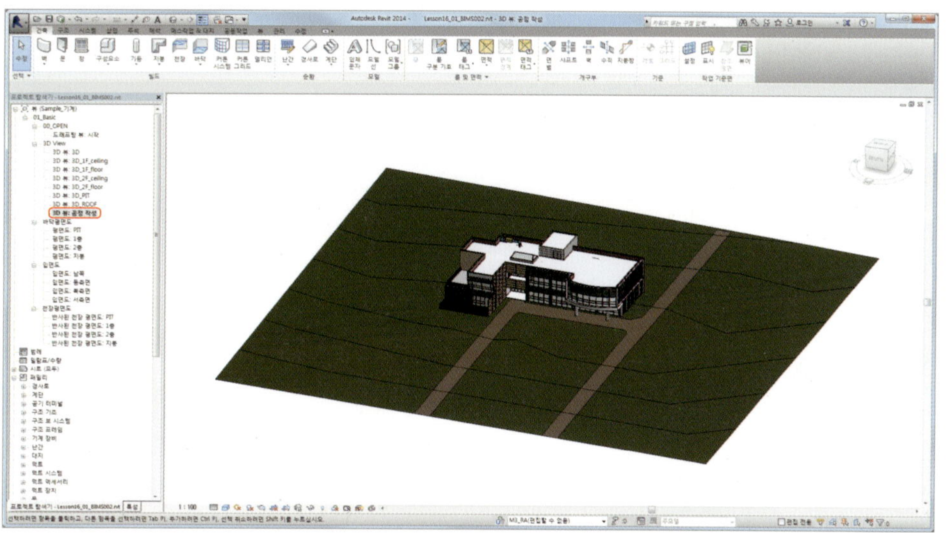

Note

작업 세트로 작업된 프로젝트 파일을 열어 작업할 때에는 다음 2가지 방법 중 하나를 사용합니다.

- 프로젝트 파일을 선택한 후 '주 데이터 경로에서 분리'를 체크하여 [열기] 버튼을 누릅니다. 분리된 상태로 작업한 후 다른 이름으로 저장하거나 저장하지 않습니다.
- 주 데이터 경로에서 분리된 프로젝트 파일을 중앙 파일로 저장하고 닫은 후 로컬을 생성하여 엽니다. 생성된 중앙 파일과 연동하여 로컬 파일에서 작업합니다. 로컬 파일에서 작업한 후 중앙 파일과 동기화하거나 로컬 파일을 저장하지 않고 닫습니다.

02 [특성] 대화상자에서 뷰 카테고리에 '02_공정 작성', 뷰 유형에 '3D View'를 입력한 후 공정 필터를 '없음'으로 변경합니다. 그런 다음, 뷰 큐브에서 마우스 오른쪽 버튼을 클릭하여 [뷰로 조정] ➤ [평면] ➤ [평면도 1층]을 클릭합니다.

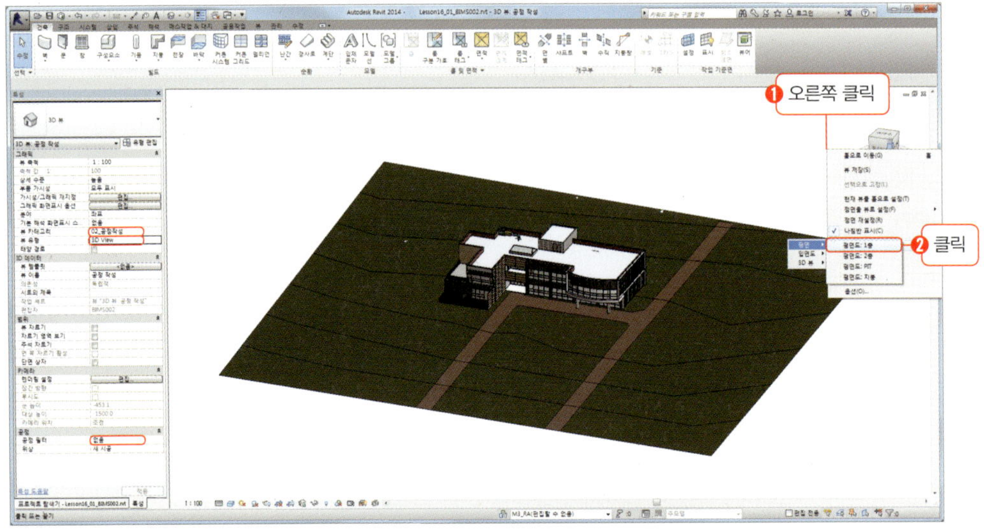

Note

- 공정은 가능하면 별도의 카테고리로 분류하여 모든 공정 관련 뷰를 따로 관리하는 것이 좋습니다.
- 단면 상자가 표시되면서 3D 모델의 뷰 표시 범위가 선택한 평면의 '뷰 범위'와 동일하게 조정됩니다.
- 공정 필터가 '없음'으로 지정되어 있어야 공정 생성 작업이 쉽습니다.

03 단면 상자를 선택한 후 모양 핸들의 범위를 건축 모델에 맞춰 조절합니다.

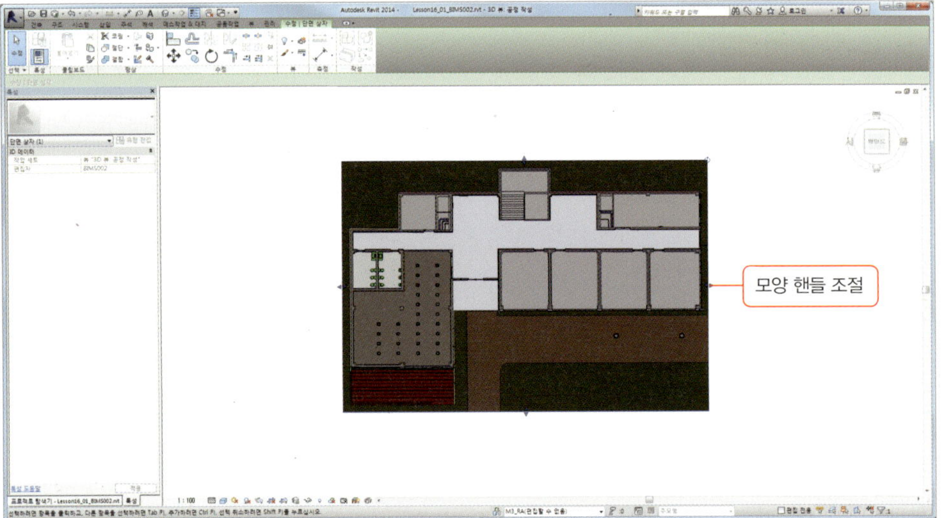

04 뷰 큐브의 동쪽, 남쪽 사이에 있는 꼭지점을 클릭하여 3D 뷰를 조정합니다. 그런 다음, 단면 상자의 상부와 하부 모양 핸들을 조절합니다. 하부를 지면에 맞추고, 상부에 1층 천장이 보이도록 조절합니다.

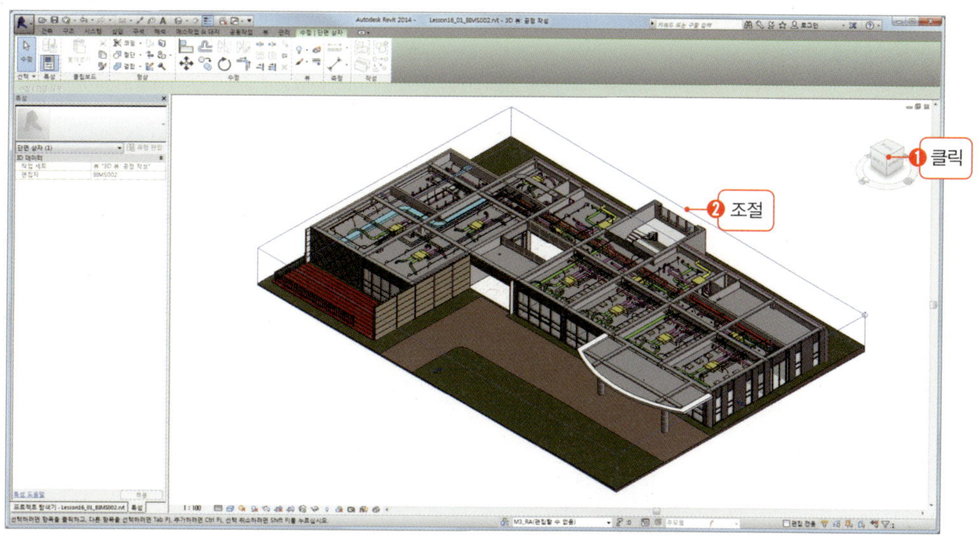

05 [관리] 탭▶[공정] 패널▶[공정]을 클릭합니다. 다른 공정이 있을 경우, 1번 공정을 선택하고 '결합 대상' 항목의 [다음] 버튼을 눌러 모든 공정을 결합시킵니다. 그런 다음, 1번 공정의 이름을 클릭하여 '지상 2층 위생 배관'을 입력합니다.

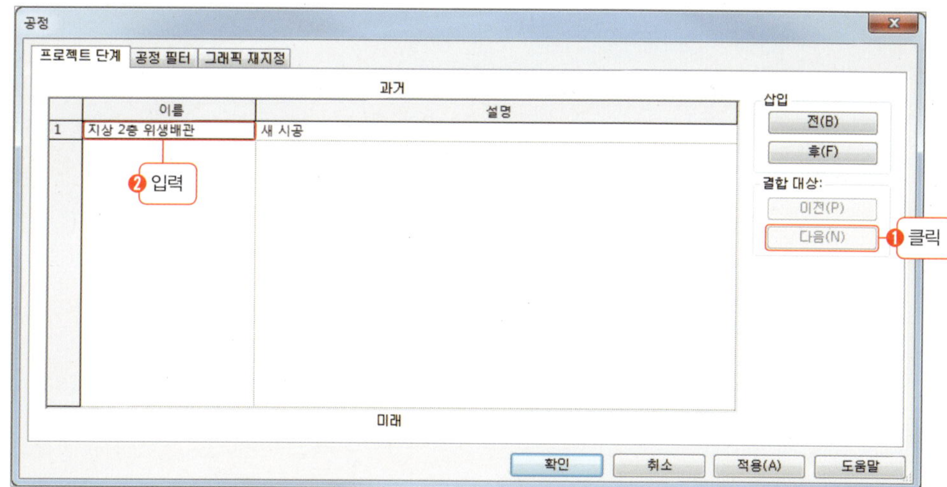

1번 공정을 선택한 후 '삽입' 항목의 [후] 버튼을 클릭하여 공정을 추가합니다. 다음과 같이 추가한 공정 이름을 변경한 후 [확인] 버튼을 누릅니다.

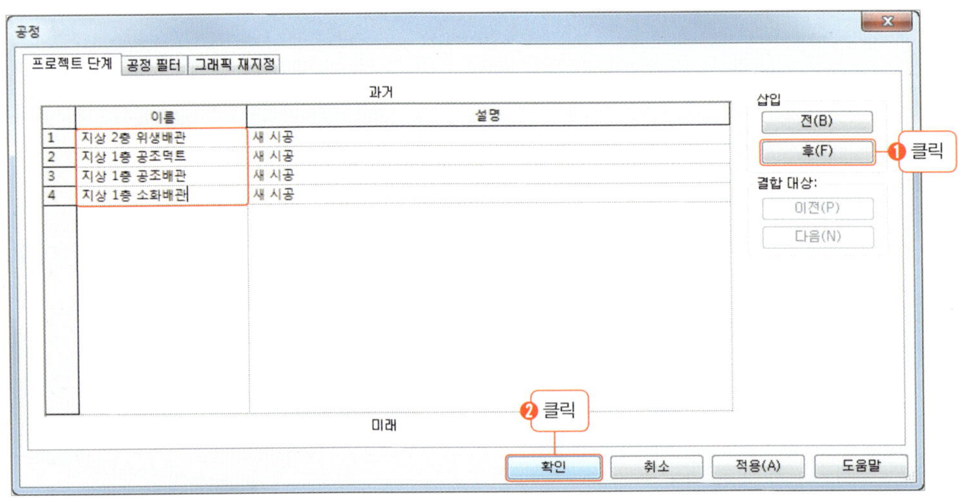

Note

- 공정은 작성된 후 순서를 임의로 재정렬할 수 없으므로, 순차적으로 신중하게 작성해야 합니다.
- 1층 천장 작업 순서를 2층 화장실 바닥 배관(1층 천장 배관) → 1층 천장 공조 덕트 → 1층 천장 공조 배관 → 1층 천장 소화 배관으로 정한 배열입니다.

Ⅴ Ⅴ(가시성/그래픽 재지정)를 눌러, [작업 세트] 탭에서 위생 배관에 관련된 작업 세트(M4와 위생도기)를 제외하고 모두 숨기기를 합니다.

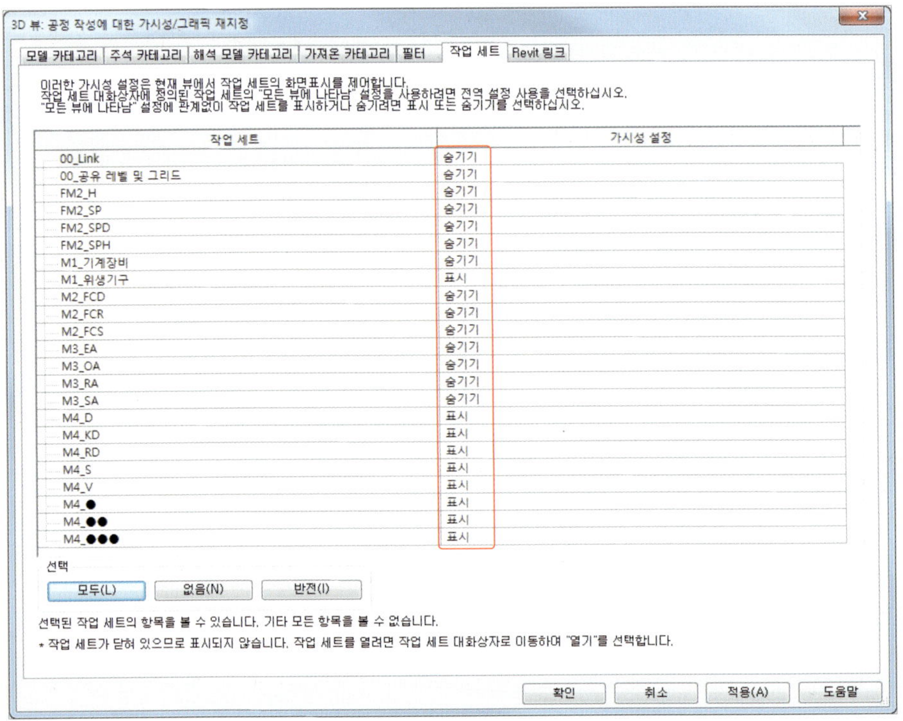

08 샤프트의 입상 배관을 제외하고 모든 배관을 선택한 후 [특성] 대화상자의 공정에서 생성 공정을 '지상 2층 위생 배관'으로 변경합니다.

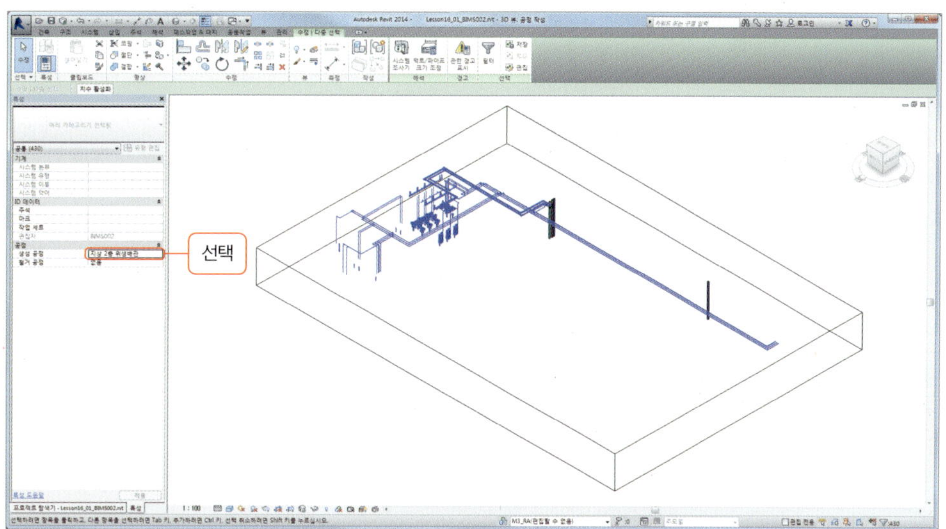

09 Ⓥ Ⓥ(가시성/그래픽 재지정)를 눌러, [작업 세트] 탭에서 공조 덕트에 관련된 작업 세트(M3와 기계 장비)를 제외하고 모두 숨기기를 한 후 덕트와 기계 장비를 모두 선택합니다. 그런 다음, [특성] 대화상자의 공정에서 생성 공정을 '지상 1층 공조 덕트'로 변경합니다.

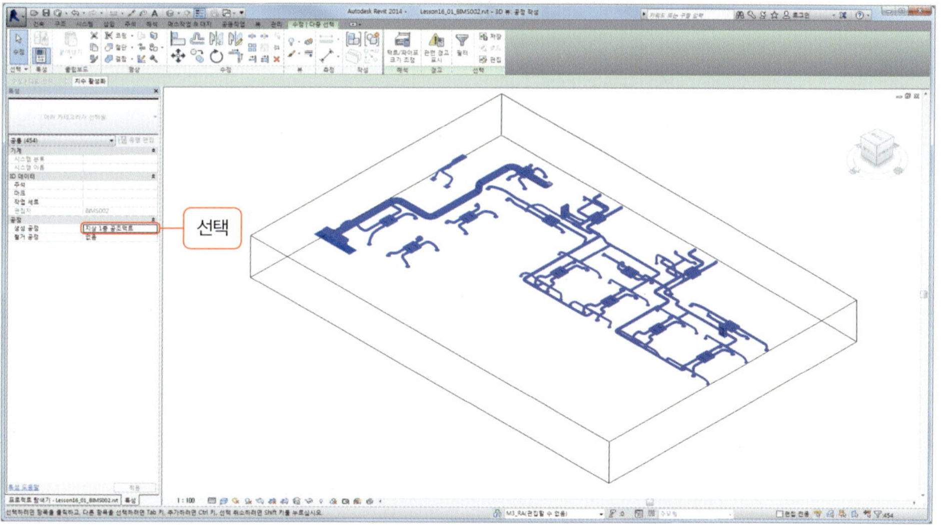

⑩ 동일한 방법으로 소화 배관(FM2)의 공정을 '지상 1층 소화 배관'으로 선택합니다.

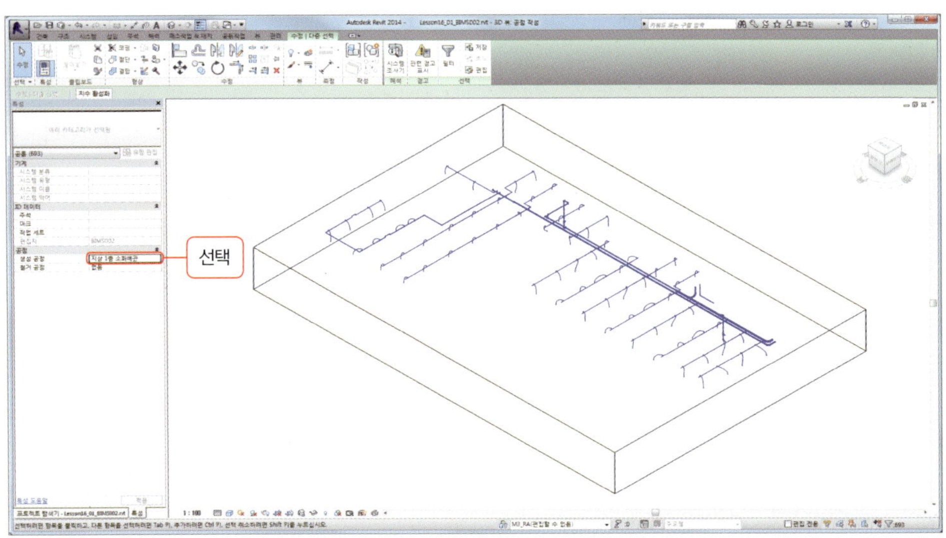

⑪ 동일한 방법으로 공조 배관(M2)의 생성 공정을 '지상 1층 공조 배관'으로 선택합니다. 공정 설정
이 끝나면 ⓥ ⓥ를 눌러 다시 [작업 세트] 탭에서 모든 작업 세트를 표시로 설정한 후 [확인] 버
튼을 누릅니다.

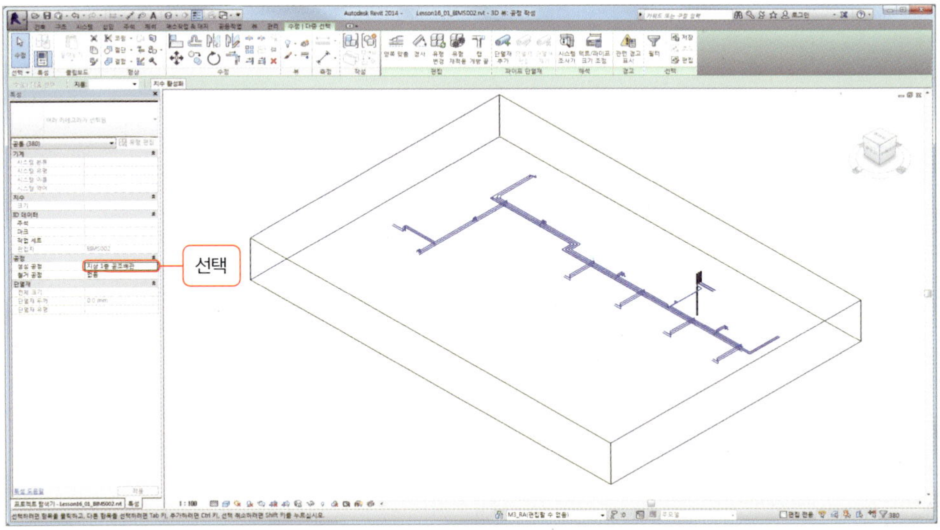

01 [관리] 탭▶[공정] 패널▶[공정]을 선택한 후 [공정] 대화상자의 [그래픽 재지정] 탭에서 기존, 철거, 새로 만들기, 임시 공정에 관한 그래픽을 조정할 수 있습니다. 그런 다음, '기존' 항목의 '중간색'을 체크하고 [확인] 버튼을 누릅니다.

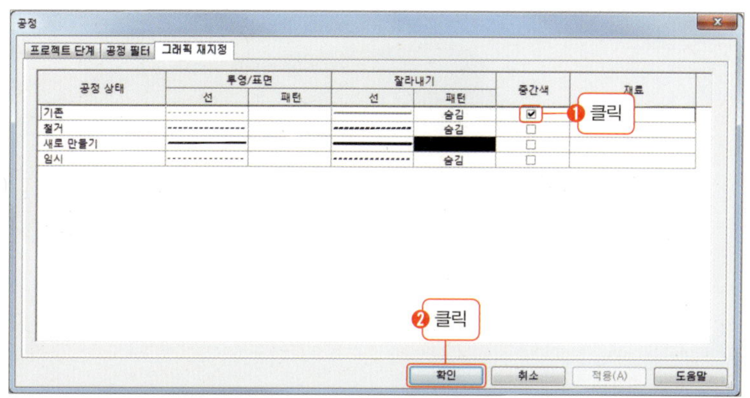

Note

이전의 공정이 중간색으로 표시되고, 새 공정은 지정된 색상으로 표시됩니다.

02 [특성] 대화상자의 [공정] 탭에 있는 공정 필터를 '이전 공정 및 새 공정 표시'로 선택한 후 '지상 2층 위생 배관'을 선택합니다.

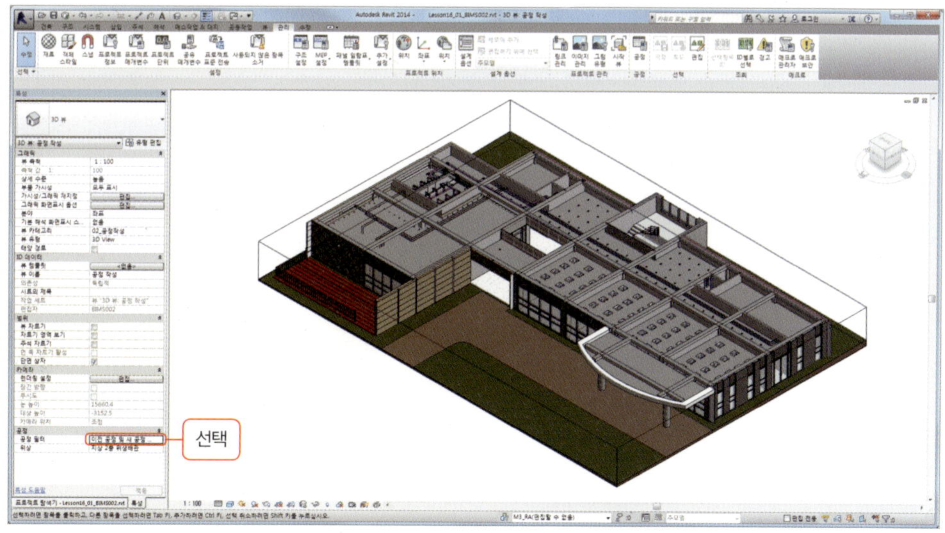

Note

- 공정 필터는 뷰에 적용하는 규칙으로, 공정 상태(새로 만들기, 기존, 철거 또는 임시)를 기반으로 하여 요소의 표시를 제어합니다. '이전 공정 및 새 공정 표시'는 철거되지 않은 모든 원래 요소와 추가된 새 요소를 표시합니다.
- 지상 2층 위생 배관이 처음 공정이기 때문에 다른 공정은 표시되지 않습니다.

03 [특성] 대화상자의 [공정] 탭에서 위상을 '지상 1층 공조 덕트'로 선택합니다. 지상 1층 공조 덕트와 이전 공정인 지상 2층 위생 배관이 뷰에 표시됩니다.

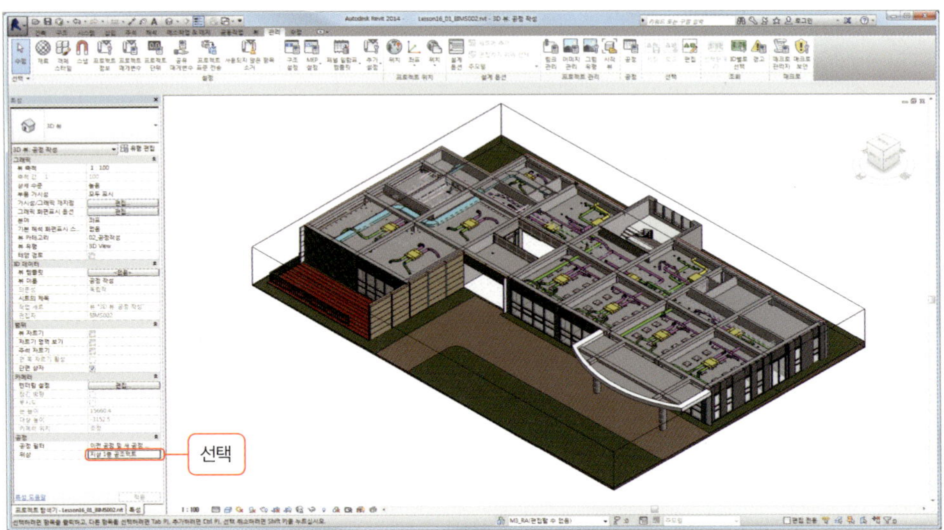

Note

[공정] 대화상자에서 그래픽 재지정으로 기존 공정을 중간색으로 체크했기 때문에 기존의 공정인 '지상 2층 위생 배관'은 중간색으로 표시되고, 새 공정인 '지상 1층 공조 덕트'는 원래의 색상대로 표시됩니다.

04 동일한 방법으로 위상을 조정하여 '지상 1층 공조 배관' 공정을 확인합니다.

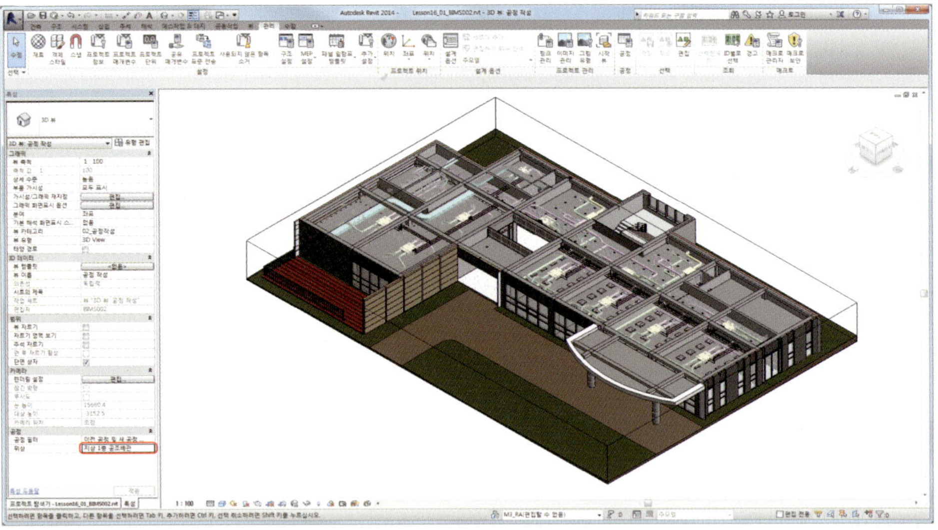

05 동일한 방법으로 위상을 조정하여 '지상 1층 소화 배관' 공정을 확인합니다.

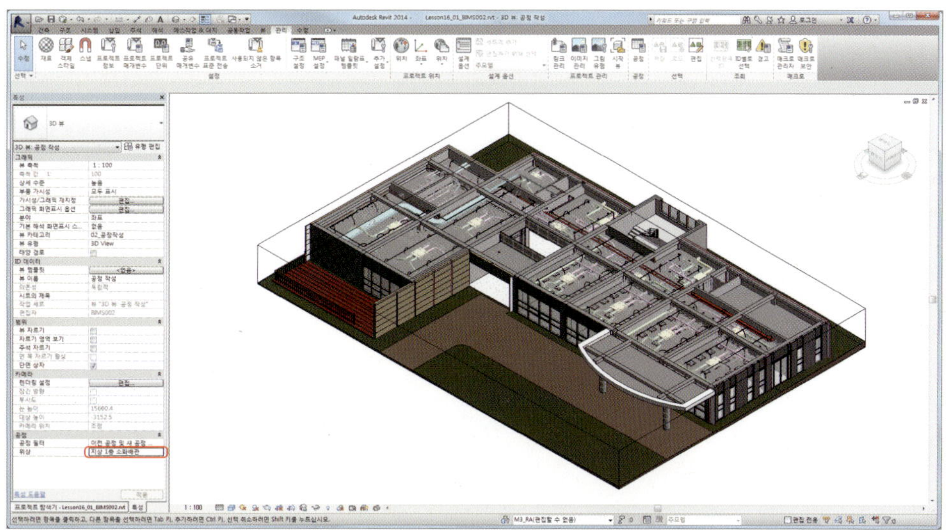

06 [특성] 대화상자의 공정 필터에 '없음'을 선택하면, 모든 요소가 공정을 설정하기 전의 상태로 표시됩니다.

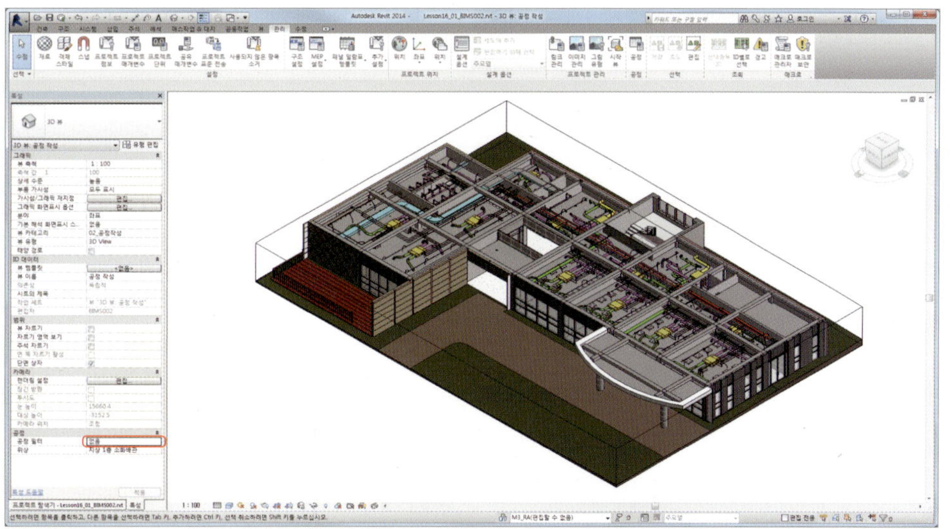

07 ▶ 다른 이름 저장 ▶ 프로젝트로 파일을 저장합니다. 저장된 파일을 설계 옵션에서 사용합니다.

리모델링과 같은 프로젝트는 프로젝트의 라이프 사이클에서 철거와 신설이 뚜렷하게 구별되므로, 공정을 유용하게 사용할 수 있습니다.

TIP

철거에 해당되는 객체들은 [특성] 대화상자에서 철거 공정에 포함시킵니다.

리모델링하기 전 상태의 구조물

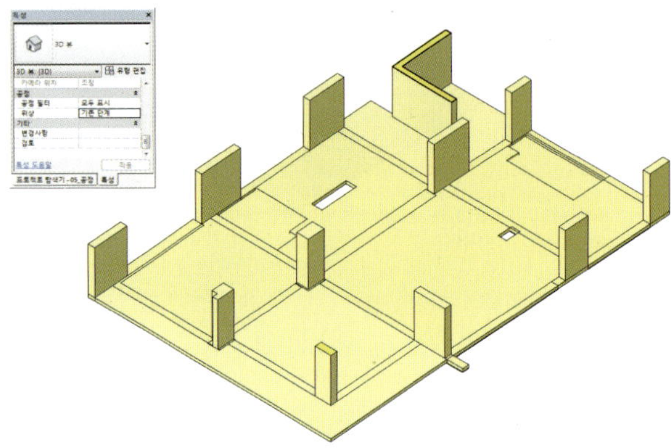

철거가 반영된 구조물

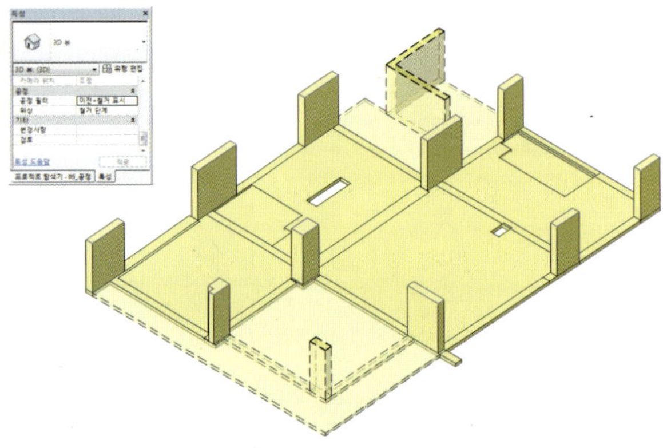

철거 후 신설이 반영된 구조물

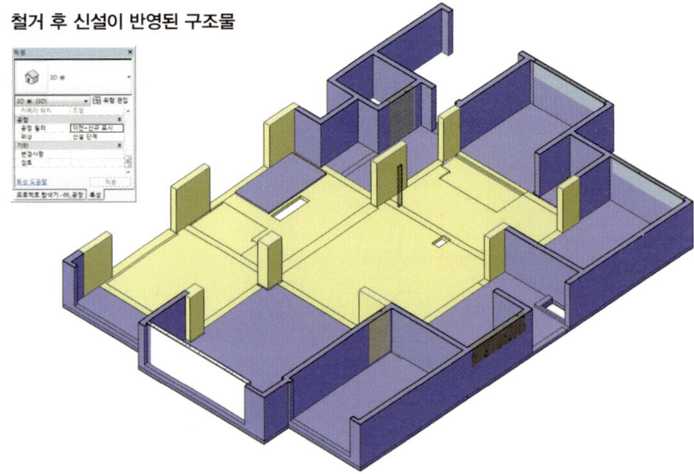

공정을 일람표에 적용할 수 있습니다. 예를 들어 대규모 리모델링 프로젝트에서 공기 터미널 일람표는 일반적으로 프로젝트에서 작성된 모든 공기 터미널을 나열합니다. 공기 터미널이 수백 개인 건물에서, 철거된 공기 터미널은 리모델링 후의 공기 터미널과 함께 나열되므로 일람표 작업이 매우 어려울 수 있습니다. 이 경우, 철거 전 일람표와 리모델링 후 일람표를 작성하고 적절한 공정을 적용할 수 있습니다.

01 [뷰] 탭 ▶ [작성] 패널 ▶ [일람표]를 확장하여 [일람표/수량]을 클릭합니다.

02 [새 일람표] 대화상자에서 원하는 공정을 선택한 후 [확인] 버튼을 누릅니다.

> **Note**
>
> 선택한 공정에 관한 데이터만 산출할 수 있습니다.

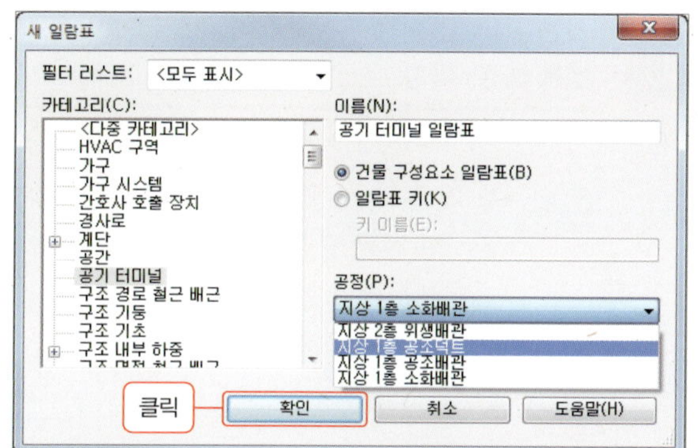

03 [특성] 대화상자에서 공정 필터에 지정된 공정에 해당하는 필드, 필터, 정렬/그룹화, 모양 등의 데이터를 산출할 수 있습니다.

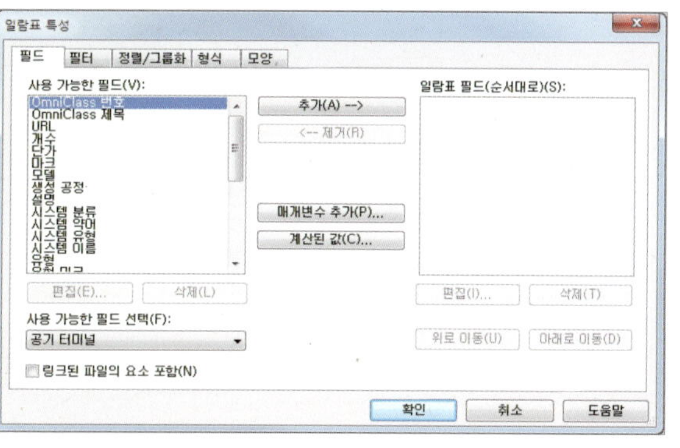

설계 옵션을 사용하여 프로젝트 범위에서 변경 사항에 맞게 조정하거나 다른 설계 안을 검토할 수 있습니다. 설계 옵션을 사용하면 프로젝트가 진행됨에 따라 여러 설계를 탐색할 수 있습니다. 설계 과정에서 언제든지 여러 설계 옵션 세트를 지정할 수 있습니다. 일반적으로 각 설계 옵션 세트는 특정한 문제나 영역을 처리합니다. 각 설계 옵션 세트에는 하나의 주요 옵션과 하나 이상의 2차 옵션이 포함됩니다.

01 설계 옵션 작성

01 공정 작성 후 저장된 프로젝트를 엽니다. 프로젝트 탐색기에서 '01_Basic ➤ 천장 평면도 ➤ 반사된 천장 평면도 : 1층'을 더블 클릭하고, 상세 복제하여 이름을 '설계 옵션'으로 바꿉니다.

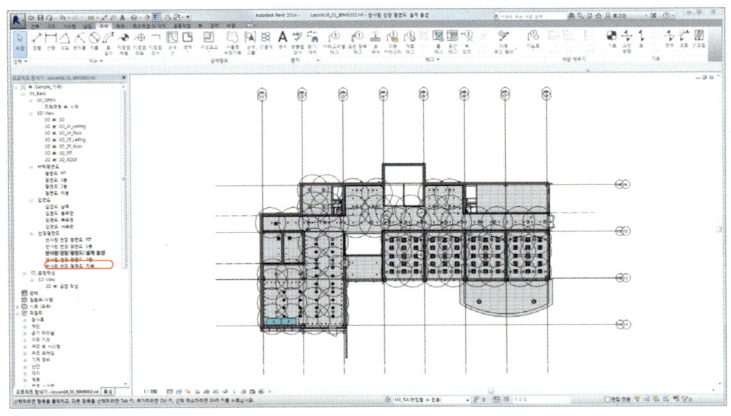

TIP

1층 평면도에 배치된 룸 태그를 사용하려면, 상세 복제를 해야 합니다.

02 [뷰] 탭 ➤ [그래픽] 패널 ➤ [뷰 템플릿]을 확장한 후 [현재 뷰에 템플릿 특성 적용]을 클릭합니다. 그런 다음, 다음과 같이 설정하고 [확인] 버튼을 누릅니다.

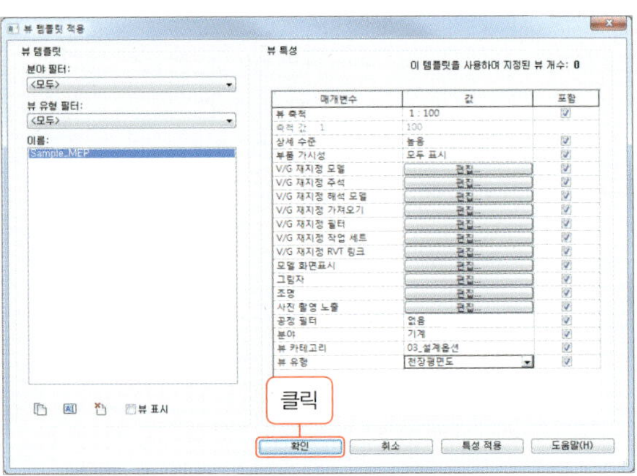

03 뷰 조절 막대에서 비주얼 스타일을 와이어프레임으로 설정한 후 Ⓥ Ⓥ(가시성/그래픽 재지정)를 눌러, [작업 세트] 탭에서 공조 덕트에 관련된 작업 세트(M3와 기계 장비)와 00_Link, 00_공유 레벨 및 그리드를 제외하고 모두 숨기기를 합니다. 그런 다음, [확인] 버튼을 누릅니다.

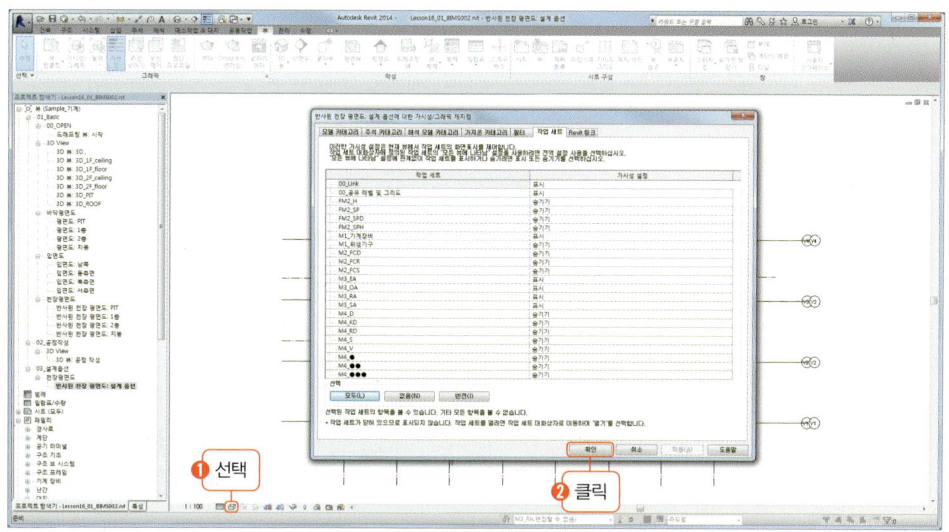

04 룸 105 부분을 확대합니다.

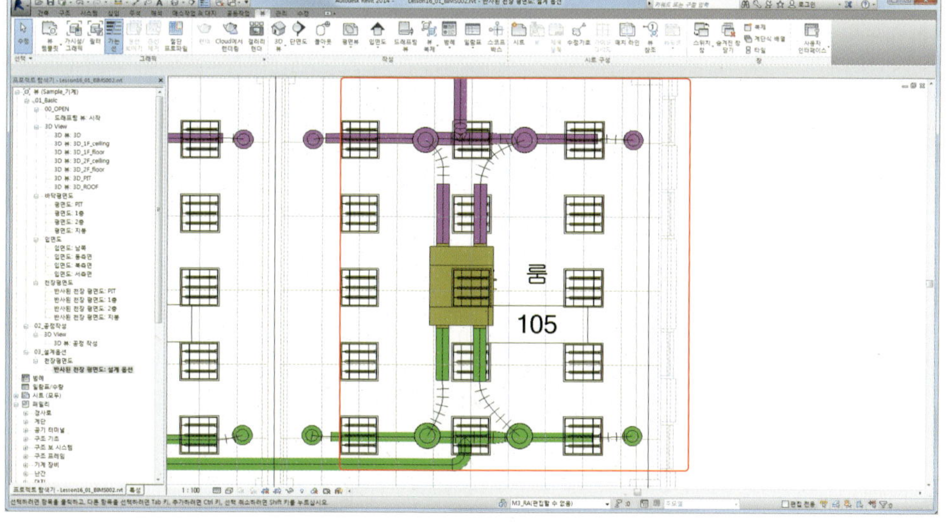

05 [관리] 탭 ▶ [설계 옵션] 패널 ▶ [설계 옵션]을 클릭한 후 [설계 옵션] 대화상자에서 옵션 세트에 [새로 만들기]를 클릭합니다. [설계 옵션] 대화상자에서 다음 순서대로 작업을 한 후 [닫기] 버튼을 누릅니다.

- '옵션 세트 1'을 선택한 후 옵션 세트 이름을 '덕트 검토'로 바꿉니다.
- '옵션 1(1차)'를 선택한 후 옵션 이름을 '사각 덕트(1차)'로 바꿉니다.
- 옵션에서 새로 만들기를 클릭하여 옵션을 하나 더 추가합니다.
- 추가한 옵션의 이름을 '원형 덕트'로 바꿉니다.

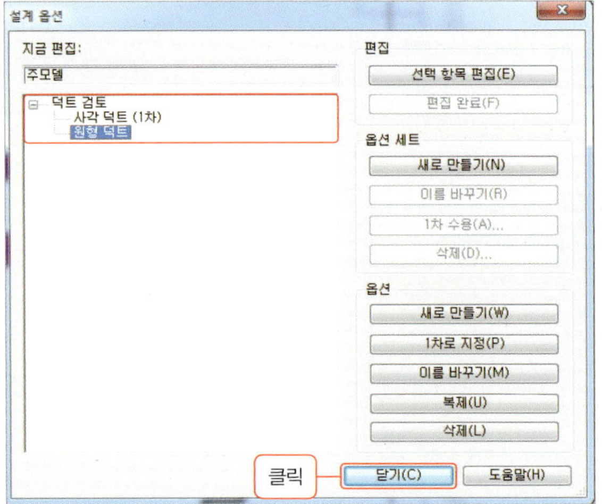

> **Note**
>
> - **주 모델** : 설계 옵션을 사용하여 정의하지 않은 건물 모델 부분입니다. 주 모델은 모든 설계 옵션을 제외한 전체 건물 모델입니다.
> - **설계 옵션 세트** : 특정 설계 문제를 해결하는 대안 설계의 모음입니다.
> - **설계 옵션** : 설계 문제를 해결할 수 있는 솔루션 중 하나입니다.
> - **주요 옵션(1차)** : 설계 옵션 세트의 기본 설계 옵션입니다. 세트의 설계 옵션 중 하나만 주요 옵션이 될 수 있습니다. 주 모델과 주요 옵션의 요소는 서로를 참조할 수 있습니다.

06 룸 105의 팬 코일 유니트에 연결된 덕트(에어 터미널 제외)를 모두 선택합니다.

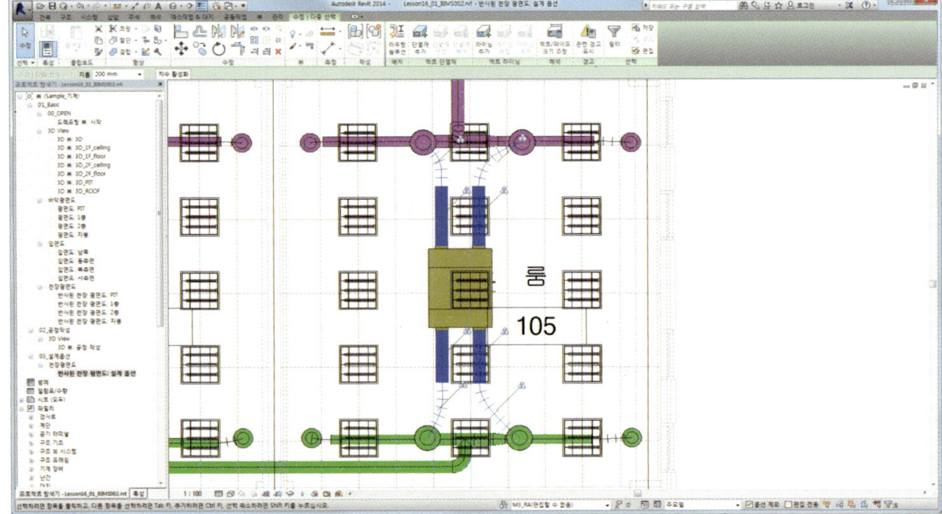

07 [관리] 탭 ➤ [설계 옵션] 패널 ➤ [세트에 추가] 를 클릭한 후 원형 덕트만 체크하고 [확인] 버튼을 누릅니다.

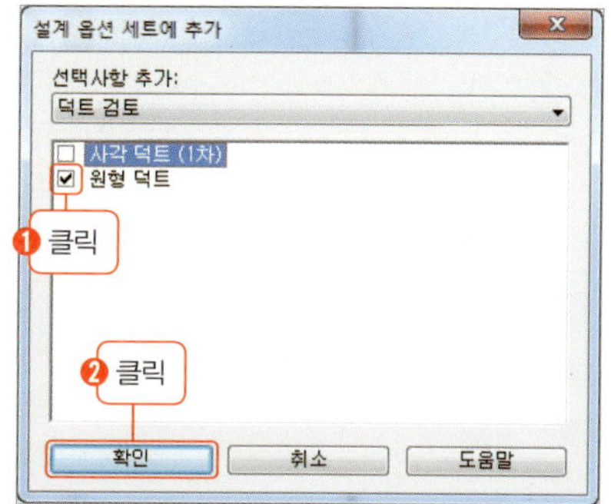

08 선택한 덕트가 설계 옵션에 포함되면서 주 모델과 분리됩니다.

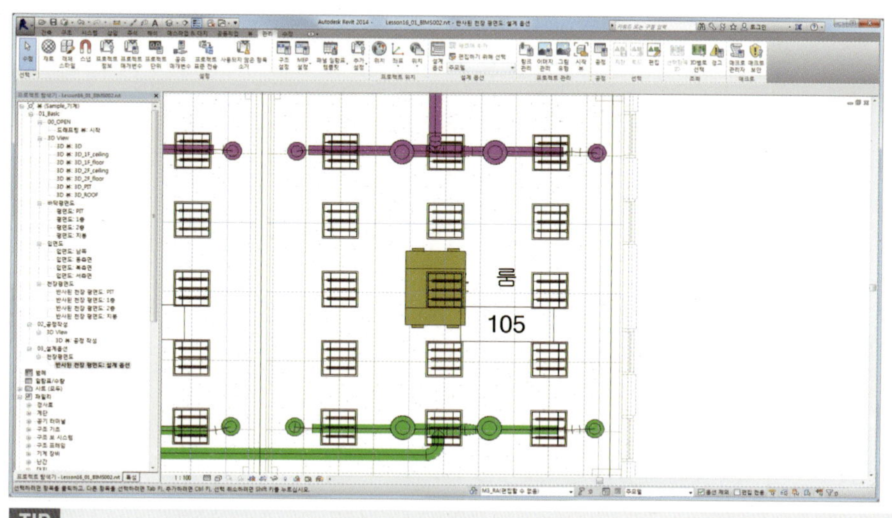

TIP

2차 옵션인 경우에는 기본적으로 프로젝트 뷰에 표시되지 않습니다.

09 [시스템] 탭 ➤ [HVAC] 패널 ➤ 덕트를 클릭한 후 유형 선택기에서 직사각형 덕트(곡관 엘보/탭)을 선택하고 폭, 높이에 200mm를 입력합니다. 그런 다음, 아래와 같이 덕트를 작성합니다.

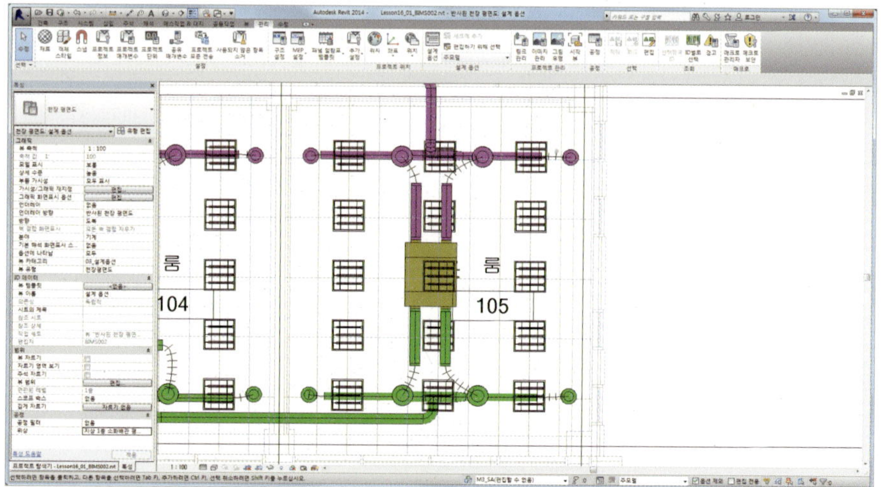

⑩ 작성한 사각 덕트를 모두 선택한 후 [관리] 탭 ▶ [설계 옵션] 패널 ▶ [세트에 추가]를 클릭합니다. 그런 다음, 사각 덕트만 체크하고 [확인] 버튼을 누릅니다.

TIP

사각 덕트가 주요 옵션으로 지정되었습니다.

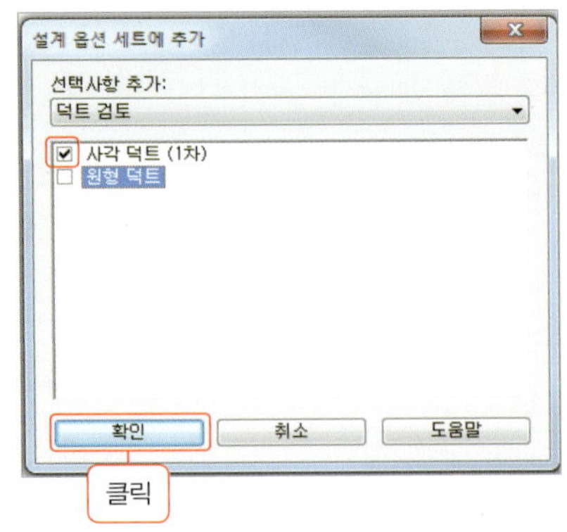

⑪ 프로젝트 탐색기에서 '01_Basic ▶ 3D View ▶ 3D 뷰 : 3D'를 복제한 후 [뷰] 탭 ▶ [그래픽] 패널 ▶ 뷰 템플릿을 확장합니다. 그런 다음, 현재 뷰에 템플릿 특성 적용을 클릭하여 Sample-MEP'를 선택하고 [확인] 버튼을 눌러 뷰 템플릿을 적용합니다.

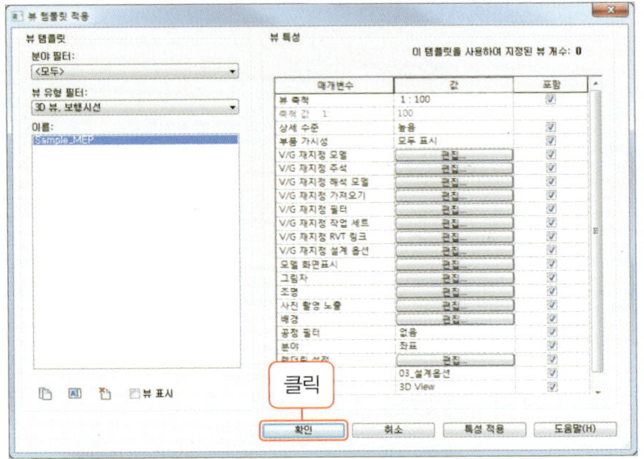

⑫ [특성] 대화상자에서 단면 상자를 체크한 후 다음 그림과 같이 룸 105의 천장이 보이도록 단면 상자의 모양 핸들을 조정합니다. V V (가시성/그래픽 재지정)를 눌러 [작업 세트] 탭에서 다음 작업 세트의 가시성만 표시로 설정하고 [확인] 버튼을 누릅니다.

• 공조 덕트와 관련된 작업 세트
• 기계 장비
• 00_Link
• 00_공유 레벨 및 그리드

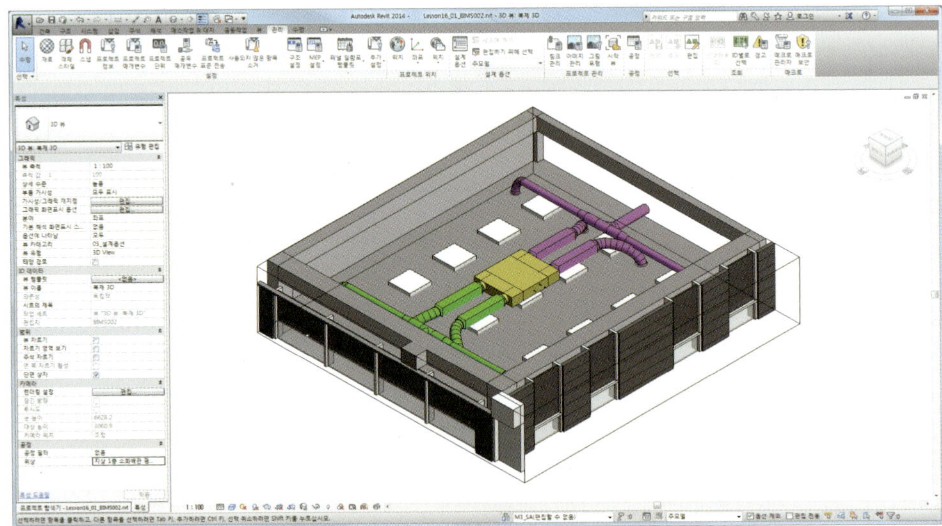

⓭ Ⅴ Ⅴ(가시성/그래픽 재지정)를 누른 후 [설계 옵션] 탭에서 덕트 검토의 설계 옵션을 원형 덕트로 선택하고 [확인] 버튼을 누릅니다.

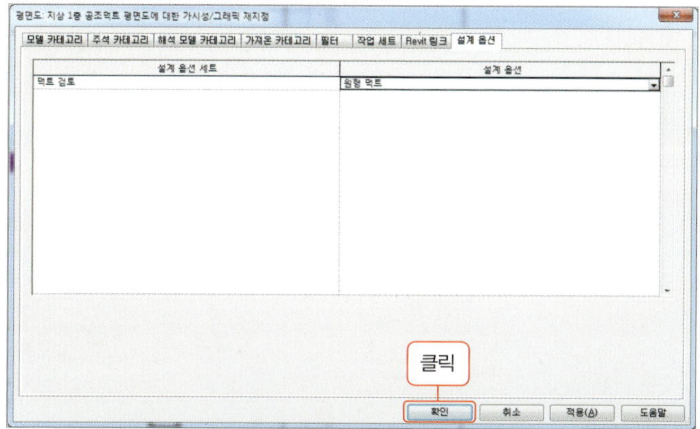

팬 코일 유닛에 연결된 덕트가 처음 작성했던 원형 덕트로 바뀌는 것을 볼 수 있습니다. 작성한 설계 옵션의 가시성을 조정하여 대안 검토를 할 수 있습니다.

⓮ 설계 옵션으로 작성된 요소를 수정하려면 각 설계 옵션의 편집 모드로 들어갑니다. [관리] 탭 ▶ [설계 옵션] 패널에서 주 모델을 원형 덕트로 변경하면, 원형 덕트 설계 옵션에 포함된 요소를 제외하고 모두 중간색으로 변합니다.

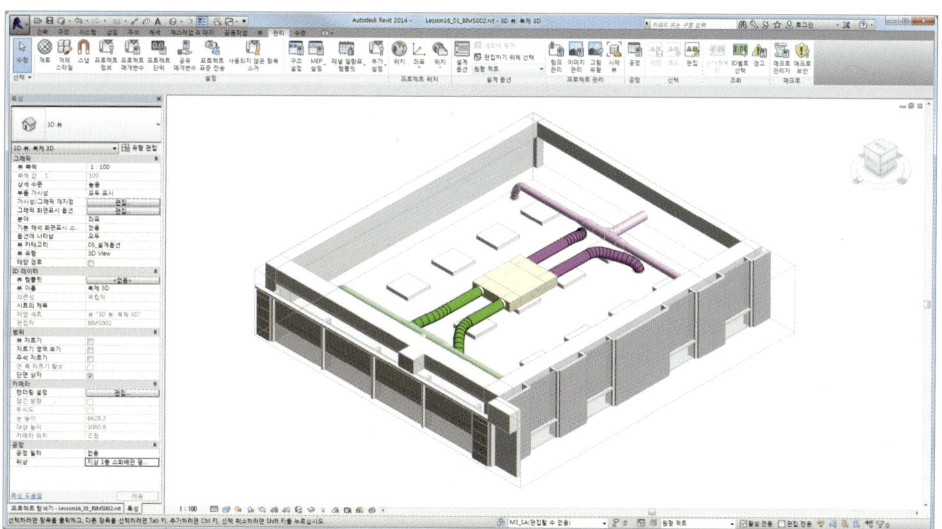

- 기본적으로 설계 옵션 편집 중에는 주 모델을 선택할 수 없고, 주 모델 편집 중에는 설계 옵션 모델을 선택할 수 없습니다.
- 주 모델과 설계 옵션 모델을 선택하기 위해서는 도면 영역 하단의 상태 막대에서 주 모델은 '옵션 제외', 설계 옵션은 '활성 전용'을 체크 해제하면 됩니다.

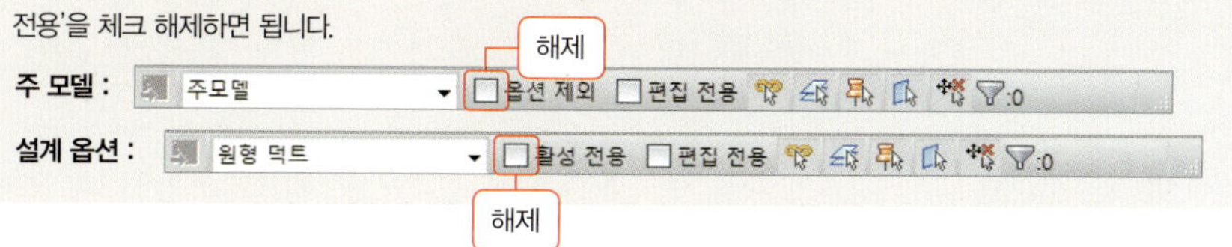

최종적으로 대안 검토가 완료되었으면 해당 설계 옵션의 요소를 주 모델에 포함시킵니다. 먼저 1차 지정으로 결정된 모델을 해당 뷰에 적용합니다. 1차 지정 이외의 모델이 뷰에 적용되어 있으면 1차 수용 이후에 해당 뷰가 삭제되므로 이 점에 유의하여 작업합니다.

01 원형 덕트를 최종안으로 선택했다면, [관리] 탭 ➤ [설계 옵션] 패널에서 원형 덕트를 '주 모델'로 변경합니다.

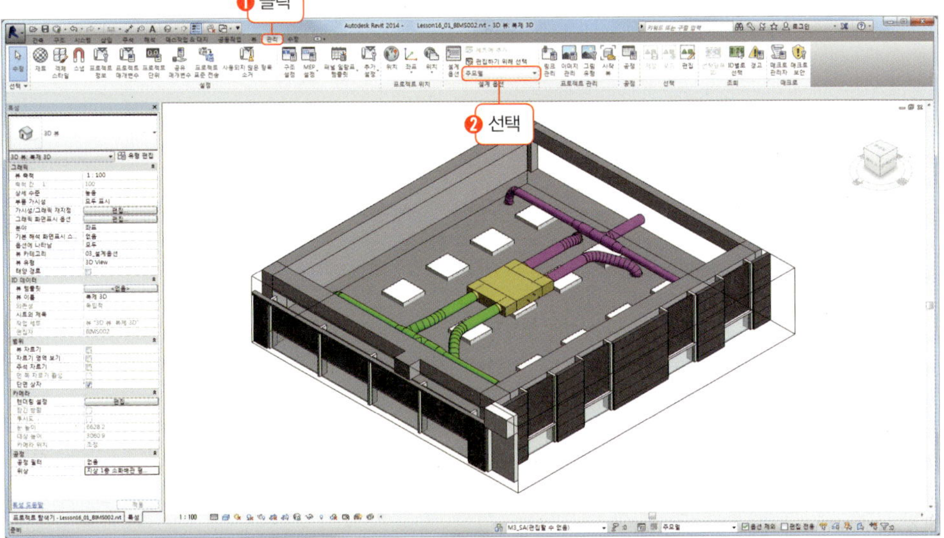

02 [관리] 탭 ➤ [설계 옵션] 패널 ➤ [설계 옵션]을 클릭한 후 '원형 덕트(1차)'를 선택합니다. [옵션] 탭에서 '1차로 지정'을 클릭합니다.

Note

주 모델에 포함시킬 설계 옵션을 선택하고, [1차로 지정] 버튼을 누릅니다.

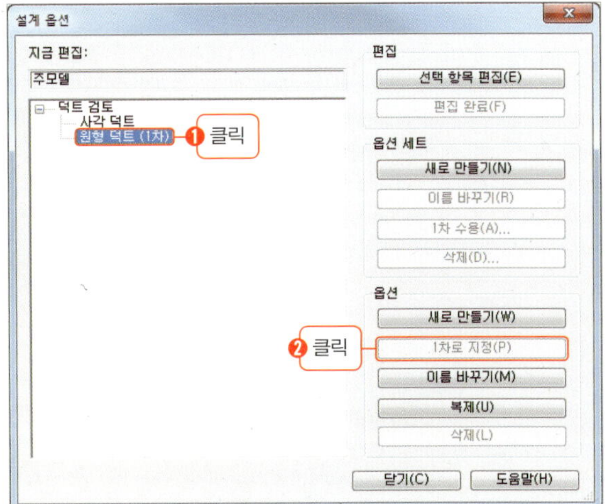

03 덕트 검토를 선택한 후 [옵션 세트] 탭에서 [1차 수용] 버튼을 클릭합니다. [옵션 세트 삭제] 대화
상자에서 [예] 버튼을 누릅니다.

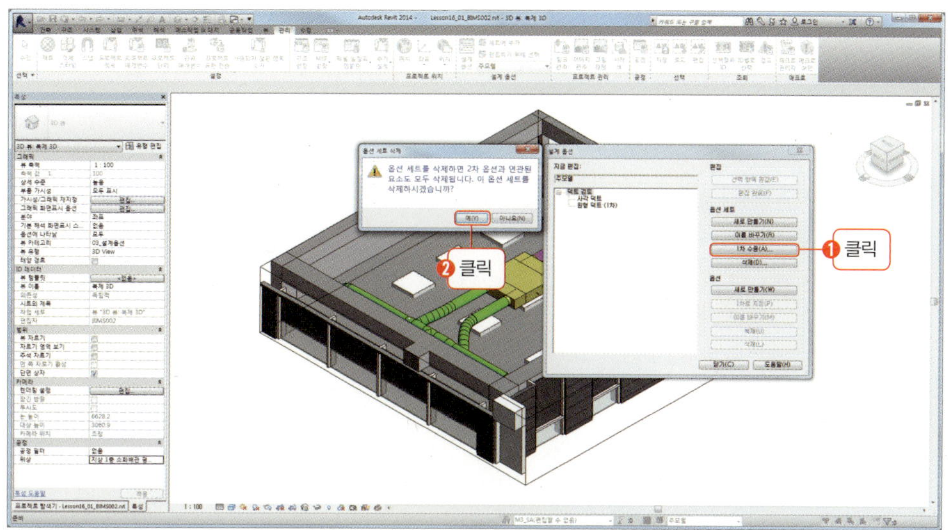

04 최종적으로 원형 덕트가 주 모델에 포함되면서 사각 덕트 설계 옵션이 삭제됩니다. [닫기] 버튼
을 눌러 작업을 종료합니다.

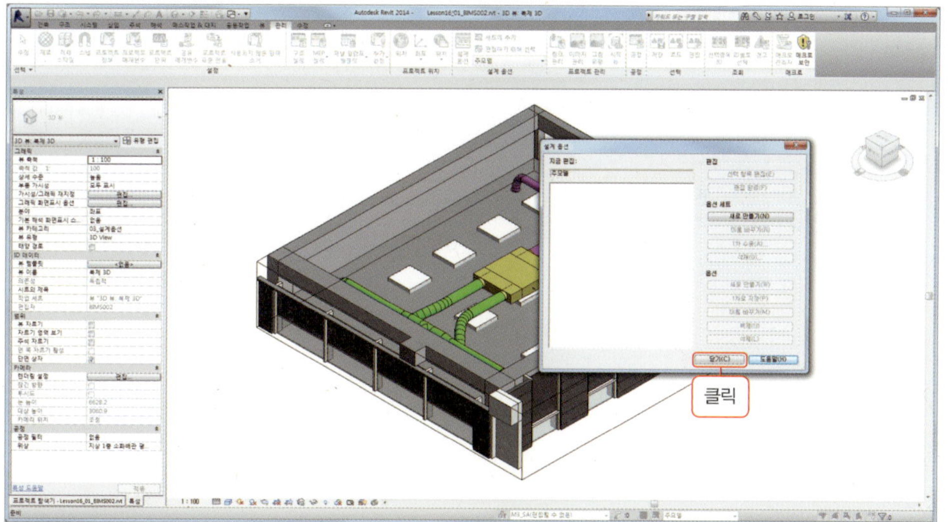

알아두세요

모델 안에서 부분 변경에 대한 여러 가능성을 반영하게 하는 설계 옵션의 선택은 신중하게 결정해야 합니다. 이 옵션을 부적절
하게 사용하면 많은 엔티티들의 복제를 야기하여 모델의 크기를 심각하게 증가시킬 수 있습니다.

프로젝트 검토

간섭 검토 및 매개변수를 이용하여 공종별 구분 작업을 하고, 경고 조회 등을 해결함으로써 프로젝트 완성도를 높이도록 합니다.

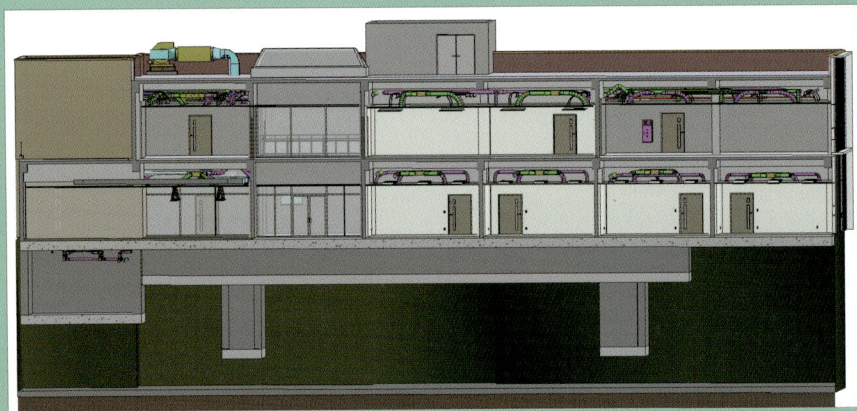

핵심 Point

간섭 검토

매개변수를 이용한 검토

경고 조회

Revit 프로젝트에서 계획된 단면으로 모든 작업을 끝냈다고 하더라도 작업된 객체 간에는 간섭이 발생할 수 있습니다. 이 간섭 사항들은 실제 시공 전에 미리 검토하고, 수정해야 합니다.

건축 설비 시스템에서 간섭이 한 건도 없다고 해서, 시공 가능한 정도의 모델이라고 할 수는 없습니다. 시공성을 고려해야 하는 부분에는 경험적 시공 지식들이 필요한 부분이 많습니다. 시공 지식에는 개인 차가 있기 때문에 공사 담당자의 승인을 받는 것이 가장 좋습니다. 그렇지 못할 경우에는 시공 경험이 풍부한 매니저 또는 시공 경험자의 판단이 필요합니다. 이번에는 Revit의 기능을 이용한 간섭 검토에 대해 알아봅니다.

01 간섭 확인

01 ► [열기] ► [프로젝트]를 클릭하여 [새 프로젝트] 대화상자가 나타나면 'Sample\Chapter09\Lesson17\Lesson17_01.rvt' 파일을 불러옵니다. 그런 다음, [공동 작업] 탭 ► [좌표] 패널 ► [간섭 확인] ► [간섭 확인 실행]을 클릭합니다.

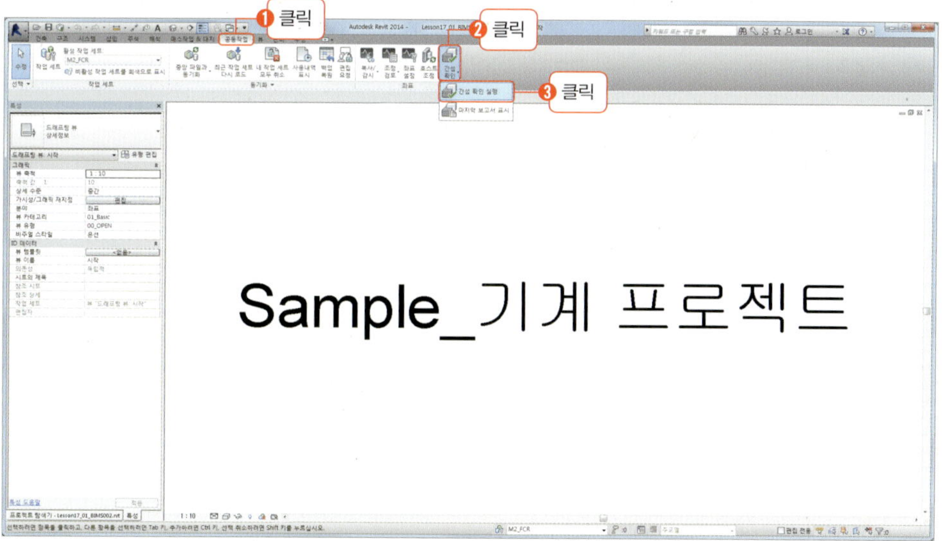

02 [간섭 확인] 대화상자에서 '카테고리 위치'를 '현재 문서'로 설정하고, 모든 항목을 체크한 후 [확인] 버튼을 누릅니다.

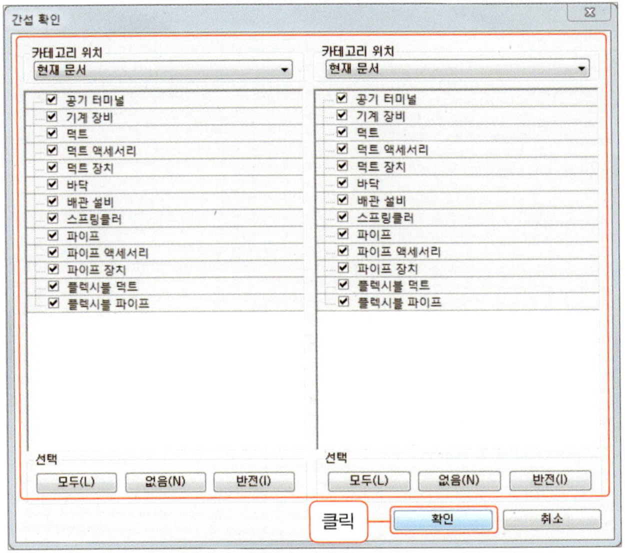

Note

- 양쪽 카테고리 항목들 간의 간섭을 검토하는 것입니다.
- 원하는 항목만을 체크하면 해당 카테고리의 간섭만 검토할 수 있습니다.
- 파일이 클 경우에는 간섭 확인하려는 항목을 최소화할 필요가 있습니다. 그렇지 않으면, 파일의 크기에 따라 처리 속도가 느려질 수 있습니다. 또한 컴퓨터 성능에 따라 속도에 차이가 있을 수 있습니다.

03 [간섭 보고서] 대화상자에서 내보내기를 클릭합니다.

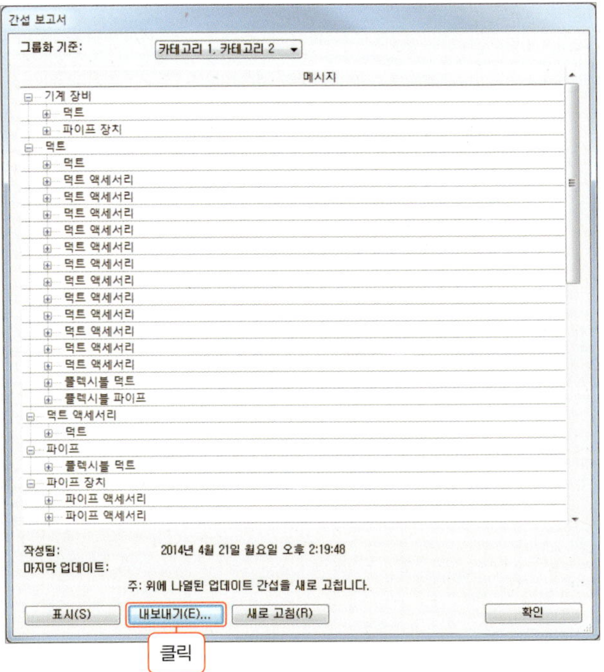

Note

[HTML 파일로 내보내기] 버튼을 누르기 전에 간섭을 해결하는 방법

1. [간섭 보고서] 대화상자에서 특정 항목을 선택한 후 [표시] 버튼을 클릭합니다.

2. 해당 간섭이 있는 뷰를 열어 간섭을 확인합니다.

3. 열린 뷰 또는 해당 뷰를 열어 간섭을 해결합니다.

4. [간섭 보고서] 대화상자에서 [새로 고침]을 누르면, 해당 간섭 리스트가 자동 삭제됩니다.

04 저장할 경로를 지정한 후 이름을 입력하고 파일을 저장합니다. 저장된 파일은 HTML로 내보내기됩니다. [확인] 버튼을 누른 후 저장된 위치에서 간섭 보고서 파일을 불러옵니다.

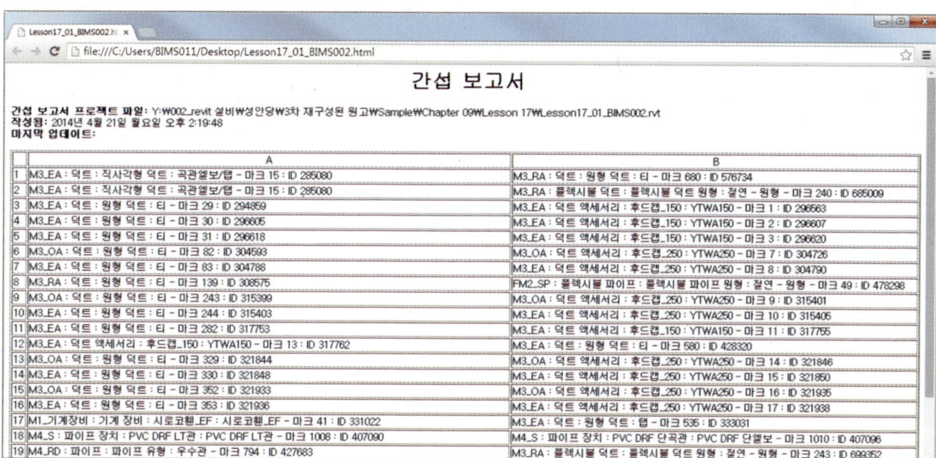

간섭 보고서

간섭 보고서 프로젝트 파일: Y:\002_revit 설비\성안당\3차 재구성된 원고\Sample\Chapter 09\Lesson 17\Lesson17_01_BIMS002.rvt
작성됨: 2014년 4월 21일 월요일 오후 2:19:48
마지막 업데이트:

	A	B
1	M3_EA : 덕트 : 직사각형 덕트 : 곡관엘보/탭 - 마크 15 : ID 285080	M3_RA : 덕트 : 원형 덕트 : 티 - 마크 680 : ID 576734
2	M3_EA : 덕트 : 직사각형 덕트 : 곡관엘보/탭 - 마크 15 : ID 285080	M3_RA : 플렉시블 덕트 : 플렉시블 덕트 원형 : 절연 - 원형 - 마크 240 : ID 685009
3	M3_EA : 덕트 : 원형 덕트 : 티 - 마크 29 : ID 294859	M3_EA : 덕트 액세서리 : 후드캡_150 : YTWA150 - 마크 1 : ID 296563
4	M3_EA : 덕트 : 원형 덕트 : 티 - 마크 30 : ID 296605	M3_EA : 덕트 액세서리 : 후드캡_150 : YTWA150 - 마크 2 : ID 296607
5	M3_EA : 덕트 : 원형 덕트 : 티 - 마크 31 : ID 296618	M3_EA : 덕트 액세서리 : 후드캡_150 : YTWA150 - 마크 3 : ID 296620
6	M3_OA : 덕트 : 원형 덕트 : 티 - 마크 82 : ID 304593	M3_OA : 덕트 액세서리 : 후드캡_250 : YTWA250 - 마크 7 : ID 304726
7	M3_EA : 덕트 : 원형 덕트 : 티 - 마크 83 : ID 304788	M3_EA : 덕트 액세서리 : 후드캡_250 : YTWA250 - 마크 8 : ID 304790
8	M3_RA : 덕트 : 원형 덕트 : 티 - 마크 139 : ID 308575	FM2_SP : 플렉시블 파이프 : 플렉시블 파이프 원형 : 절연 - 원형 - 마크 49 : ID 478298
9	M3_OA : 덕트 : 원형 덕트 : 티 - 마크 243 : ID 315399	M3_OA : 덕트 액세서리 : 후드캡_250 : YTWA250 - 마크 9 : ID 315401
10	M3_EA : 덕트 : 원형 덕트 : 티 - 마크 244 : ID 315403	M3_EA : 덕트 액세서리 : 후드캡_250 : YTWA250 - 마크 10 : ID 315405
11	M3_EA : 덕트 : 원형 덕트 : 티 - 마크 282 : ID 317753	M3_EA : 덕트 액세서리 : 후드캡_150 : YTWA150 - 마크 11 : ID 317755
12	M3_EA : 덕트 액세서리 : 후드캡_150 : YTWA150 - 마크 13 : ID 317762	M3_EA : 덕트 : 원형 덕트 : 티 - 마크 580 : ID 428320
13	M3_OA : 덕트 : 원형 덕트 : 티 - 마크 329 : ID 321844	M3_OA : 덕트 액세서리 : 후드캡_250 : YTWA250 - 마크 14 : ID 321846
14	M3_EA : 덕트 : 원형 덕트 : 티 - 마크 330 : ID 321848	M3_EA : 덕트 액세서리 : 후드캡_250 : YTWA250 - 마크 15 : ID 321850
15	M3_OA : 덕트 : 원형 덕트 : 티 - 마크 352 : ID 321933	M3_OA : 덕트 액세서리 : 후드캡_250 : YTWA250 - 마크 16 : ID 321935
16	M3_EA : 덕트 : 원형 덕트 : 티 - 마크 353 : ID 321936	M3_EA : 덕트 액세서리 : 후드캡_250 : YTWA250 - 마크 17 : ID 321938
17	M1_기계장비 : 기계 장비 : 시로코휀_EF : 시로코휀_EF - 마크 41 : ID 331022	M3_EA : 덕트 : 원형 덕트 : 탭 - 마크 535 : ID 333031
18	M4_S : 파이프 장치 : PVC DRF LT관 : PVC DRF LT관 - 마크 1008 : ID 407090	M4_S : 파이프 장치 : PVC DRF 단곡관 : PVC DRF 단엘보 - 마크 1010 : ID 407096
19	M4_RD : 파이프 : 파이프 유형 : 우수관 - 마크 794 : ID 427683	M3_RA : 플렉시블 덕트 : 플렉시블 덕트 원형 : 절연 - 원형 - 마크 243 : ID 699352

05 간섭 사항을 해결하기 위해 1번의 A 항목 ID 번호를 복사(Ctrl + C)합니다.

	A	B
1	M3_EA : 덕트 : 직사각형 덕트 : 곡관엘보/탭 - 마크 15 : ID 285080	M3_RA : 덕트 : 원형 덕트 : 티 - 마크 680 : ID 576734
2	M3_EA : 덕트 : 직사각형 덕트 : 곡관엘보/탭 - 마크 15 : ID 285080	M3_RA : 플렉시블 덕트 : 플렉시블 덕트 원형 : 절연 - 원형 - 마크 240 : ID 685009
3	M3_EA : 덕트 : 원형 덕트 : 티 - 마크 29 : ID 294859	M3_EA : 덕트 액세서리 : 후드캡_150 : YTWA150 - 마크 1 : ID 296563
4	M3_EA : 덕트 : 원형 덕트 : 티 - 마크 30 : ID 296605	M3_EA : 덕트 액세서리 : 후드캡_150 : YTWA150 - 마크 2 : ID 296607
5	M3_EA : 덕트 : 원형 덕트 : 티 - 마크 31 : ID 296618	M3_EA : 덕트 액세서리 : 후드캡_150 : YTWA150 - 마크 3 : ID 296620
6	M3_OA : 덕트 : 원형 덕트 : 티 - 마크 82 : ID 304593	M3_OA : 덕트 액세서리 : 후드캡_250 : YTWA250 - 마크 7 : ID 304726
7	M3_EA : 덕트 : 원형 덕트 : 티 - 마크 83 : ID 304788	M3_EA : 덕트 액세서리 : 후드캡_250 : YTWA250 - 마크 8 : ID 304790
8	M3_RA : 덕트 : 원형 덕트 : 티 - 마크 139 : ID 308575	FM2_SP : 플렉시블 파이프 : 플렉시블 파이프 원형 : 절연 - 원형 - 마크 49 : ID 478298
9	M3_OA : 덕트 : 원형 덕트 : 티 - 마크 243 : ID 315399	M3_OA : 덕트 액세서리 : 후드캡_250 : YTWA250 - 마크 9 : ID 315401
10	M3_EA : 덕트 : 원형 덕트 : 티 - 마크 244 : ID 315403	M3_EA : 덕트 액세서리 : 후드캡_250 : YTWA250 - 마크 10 : ID 315405

01 Revit의 프로젝트 탐색기에서 '3D 뷰'를 더블 클릭하여 연 후 Ⓥ Ⓥ(가시성/그래픽 재지정)을 눌러 00_Link, 00_공유 레벨 및 그리드를 숨기고 [확인] 버튼을 누릅니다.

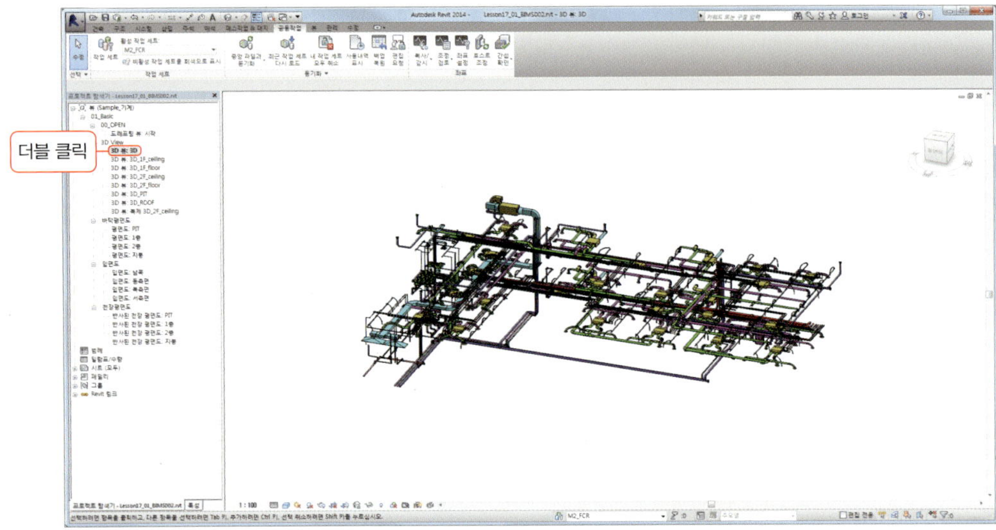

02 [관리] 탭 ▶ [조회] 패널 ▶ [ID별로 선택]을 선택한 후 복사한 ID 번호를 입력하고 [표시] 버튼을 누릅니다. 그런 다음, [확인] 버튼을 눌러 [ID별로 선택] 대화상자를 닫습니다.

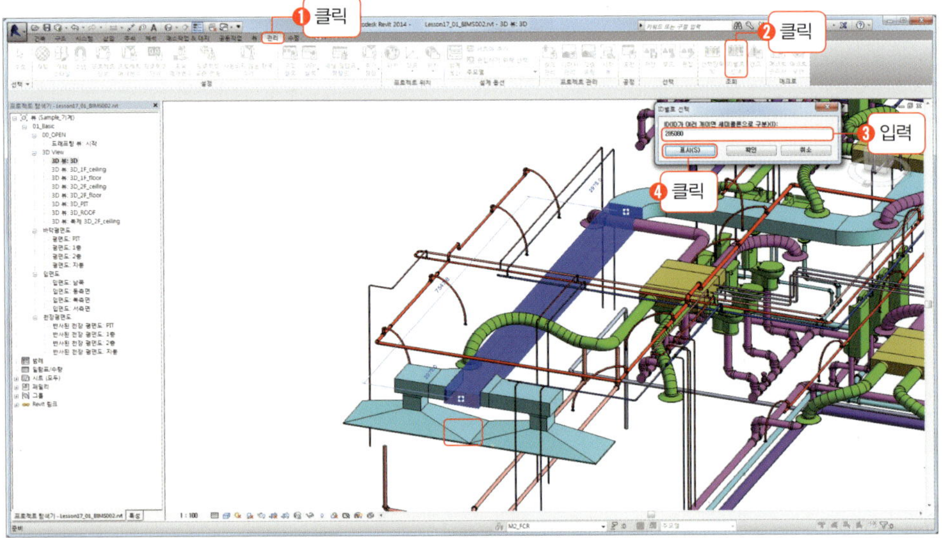

TIP

입력한 ID에 해당하는 모델이 선택되면서 뷰가 자동으로 조정됩니다.

03 [특성] 대화상자에서 단면 상자를 체크하고 3D 뷰에서 간섭이 있는 부분이 보이도록 단면 상자의 범위를 조절합니다. V V(가시성/그래픽 재지정)을 눌러 [작업 세트] 탭에서 00_Link, 00_공유 레벨 및 그리드의 가시성을 표시로 설정합니다.

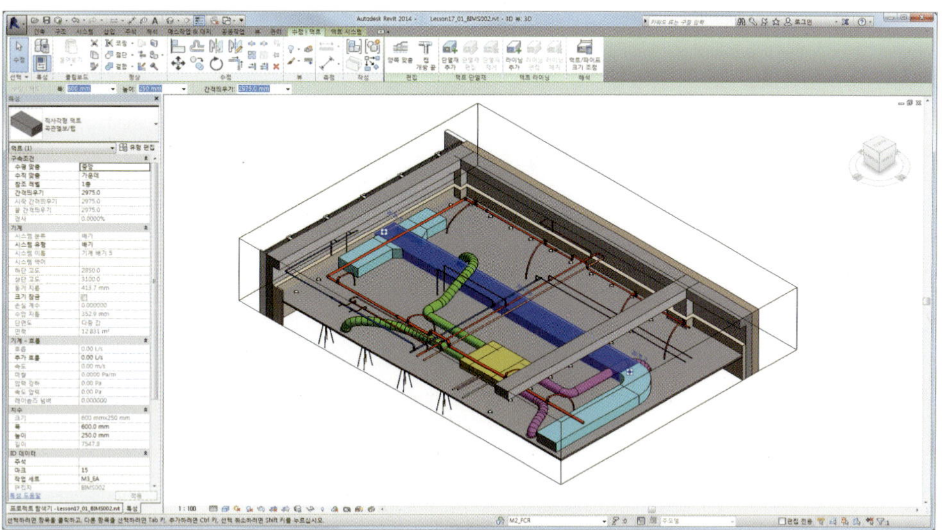

04 1번의 A 항목과 간섭되는 'B 항목'의 ID 번호를 복사 (Ctrl+C)합니다.

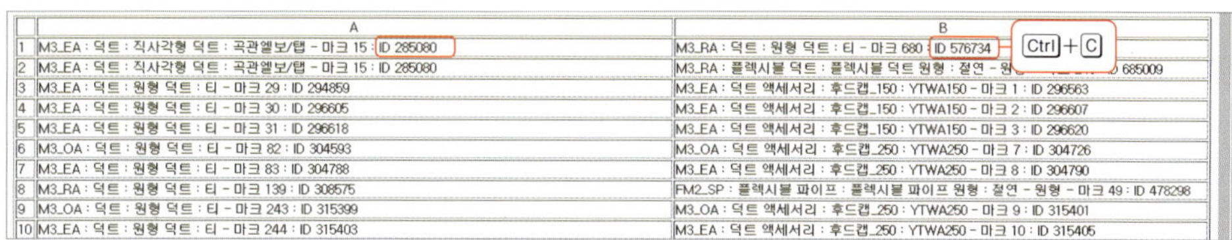

	A	B	
1	M3_EA : 덕트 : 직사각형 덕트 : 곡관엘보/탭 – 마크 15 : ID 285080	M3_RA : 덕트 : 원형 덕트 : 티 – 마크 680 : ID 576734	Ctrl + C
2	M3_EA : 덕트 : 직사각형 덕트 : 곡관엘보/탭 – 마크 15 : ID 285080	M3_RA : 플렉시블 덕트 : 플렉시블 덕트 원형 : 절연 – 원형 … 685009	
3	M3_EA : 덕트 : 원형 덕트 : 티 – 마크 29 : ID 294859	M3_EA : 덕트 액세서리 : 후드캡_150 : YTWA150 – 마크 1 : ID 296563	
4	M3_EA : 덕트 : 원형 덕트 : 티 – 마크 30 : ID 296605	M3_EA : 덕트 액세서리 : 후드캡_150 : YTWA150 – 마크 2 : ID 296607	
5	M3_EA : 덕트 : 원형 덕트 : 티 – 마크 31 : ID 296618	M3_EA : 덕트 액세서리 : 후드캡_150 : YTWA150 – 마크 3 : ID 296620	
6	M3_OA : 덕트 : 원형 덕트 : 티 – 마크 82 : ID 304593	M3_OA : 덕트 액세서리 : 후드캡_250 : YTWA250 – 마크 7 : ID 304726	
7	M3_EA : 덕트 : 원형 덕트 : 티 – 마크 83 : ID 304788	M3_EA : 덕트 액세서리 : 후드캡_250 : YTWA250 – 마크 8 : ID 304790	
8	M3_RA : 덕트 : 원형 덕트 : 티 – 마크 139 : ID 308575	FM2_SP : 플렉시블 파이프 : 플렉시블 파이프 원형 : 절연 – 원형 – 마크 49 : ID 478298	
9	M3_OA : 덕트 : 원형 덕트 : 티 – 마크 243 : ID 315399	M3_OA : 덕트 액세서리 : 후드캡_250 : YTWA250 – 마크 9 : ID 315401	
10	M3_EA : 덕트 : 원형 덕트 : 티 – 마크 244 : ID 315403	M3_EA : 덕트 액세서리 : 후드캡_250 : YTWA250 – 마크 10 : ID 315405	

05 [관리] 탭 ▶ [조회] 패널 ▶ [ID별로 선택]에서 복사한 ID 번호를 붙여 넣기하고 [표시] 버튼을 누릅니다.

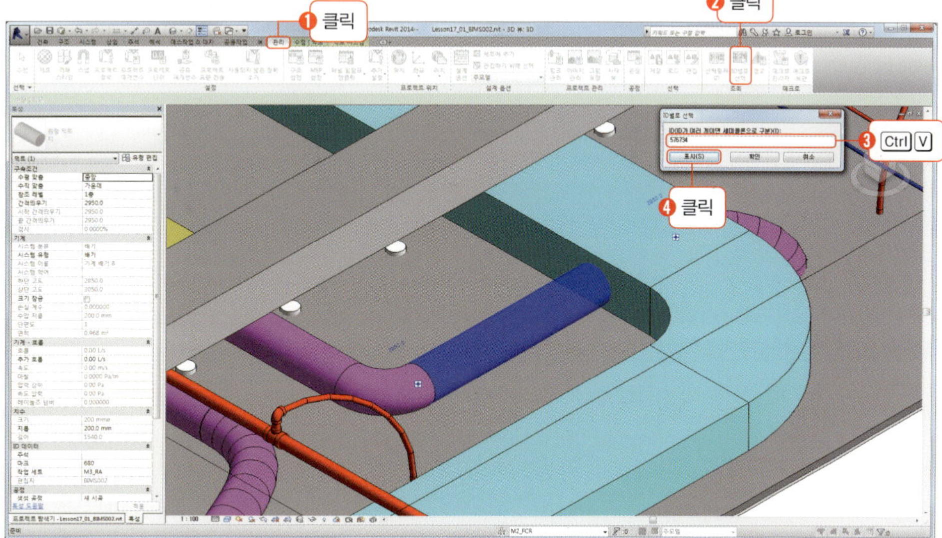

간섭된 모델을 확인하고, 문제를 해결합니다.

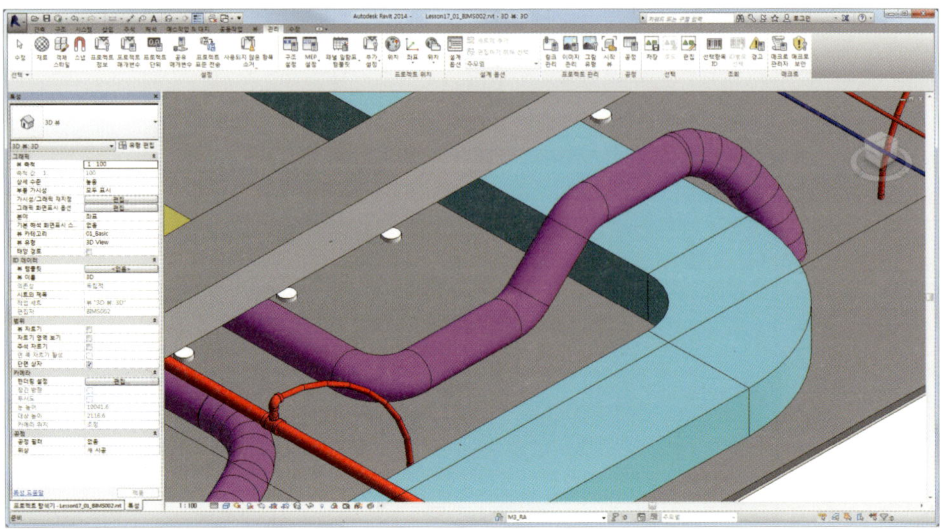

공종별 물량 산출을 하기 위해, 매개변수를 이용하여 공종별 구분 작업을 합니다. 이 작업은 작업 세트로 레이어를 구분한 경우, 작업 세트 별로 레이어 소속을 명확히 할 수 있습니다. 매개변수를 이용한 검토는 유형 주석 또는 작업 세트로 레이어를 구분한 모델링에 적용할 수 있습니다.

01 ▶ 열기 ▶ 프로젝트를 클릭하여 'Chapter09 ▶ Lesson17 ▶ Lesson17_01.rvt' 파일을 불러옵니다. 그런 다음, 프로젝트 탐색기에서 '3D 뷰'를 더블 클릭합니다.

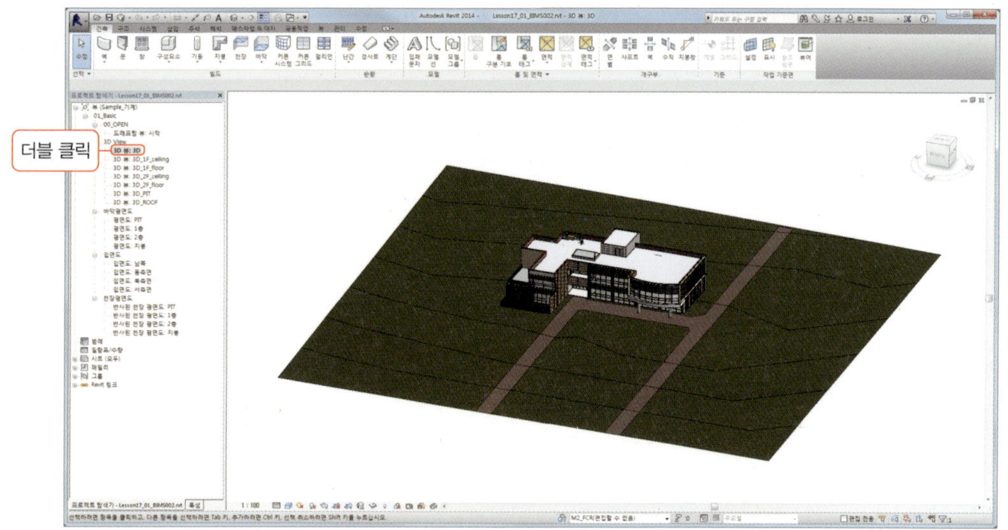

02 [관리] 탭 ▶ [설정] 패널 ▶ [프로젝트 매개변수]를 선택한 후 [프로젝트 매개변수] 대화상자에서 [추가] 버튼을 클릭합니다.

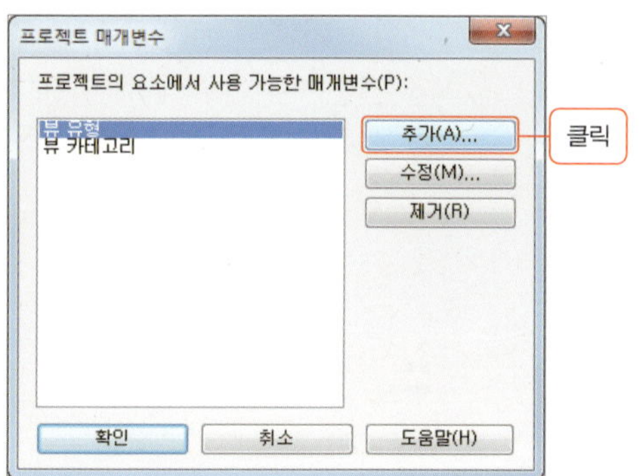

지정되는 내용을 다음과 같이 설정한 후 [확인] 버튼을 누릅니다.

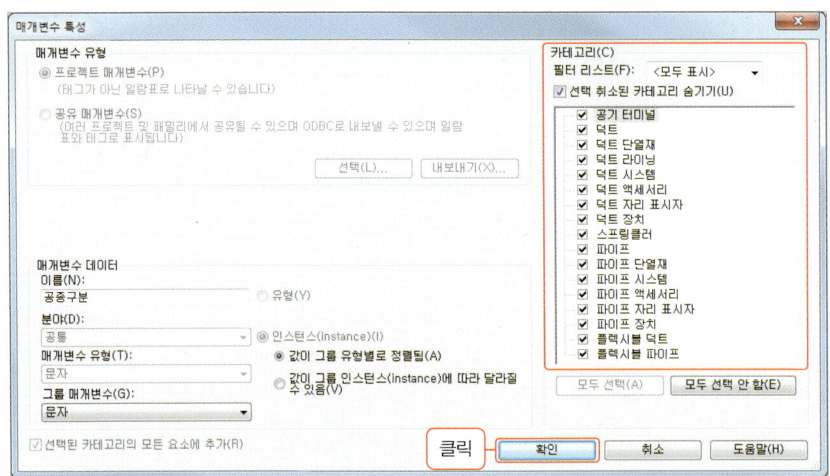

Note

프로젝트 매개변수가 아닌 공유 매개변수로 작업할 경우, 다른 패밀리나 프로젝트에서 사용할 수 있습니다. 매개변수의 정보를 태그에서 사용하려면 공유 매개변수이어야 합니다.

Ⓥ Ⓥ(가시성/그래픽 재지정)를 누른 후 [작업 세트] 탭에서 소화 배관 작업 세트를 제외하고 모두 숨기기를 한 후 [확인] 버튼을 누릅니다.

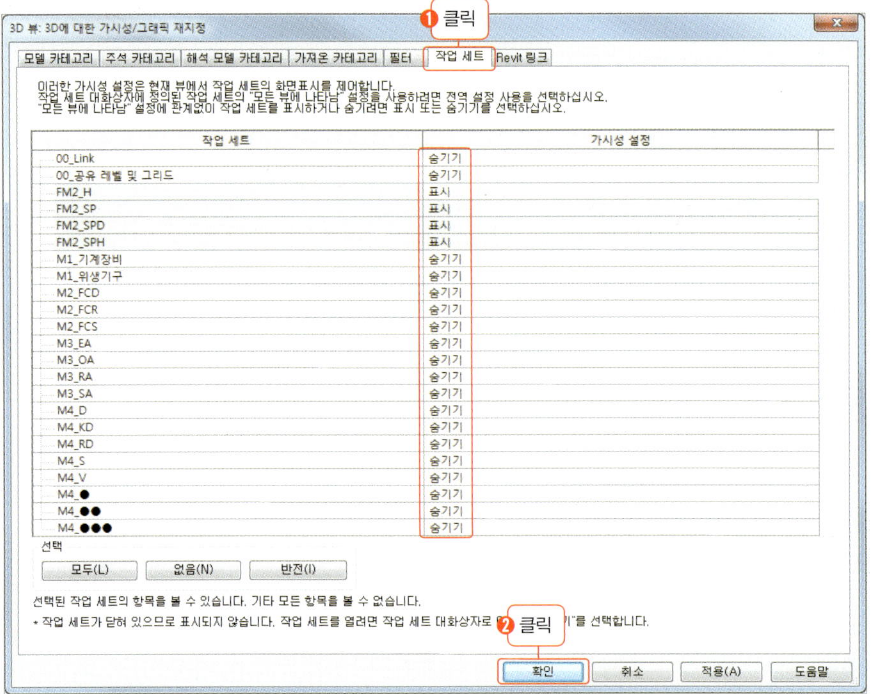

05 소화 배관 부분에 커서를 놓고, [Tab]을 눌러 연결된 소화 배관을 모두 선택합니다. 그런 다음, [필터] 아이콘 ▼ 을 클릭하여 기계 장비 카테고리를 제외합니다.

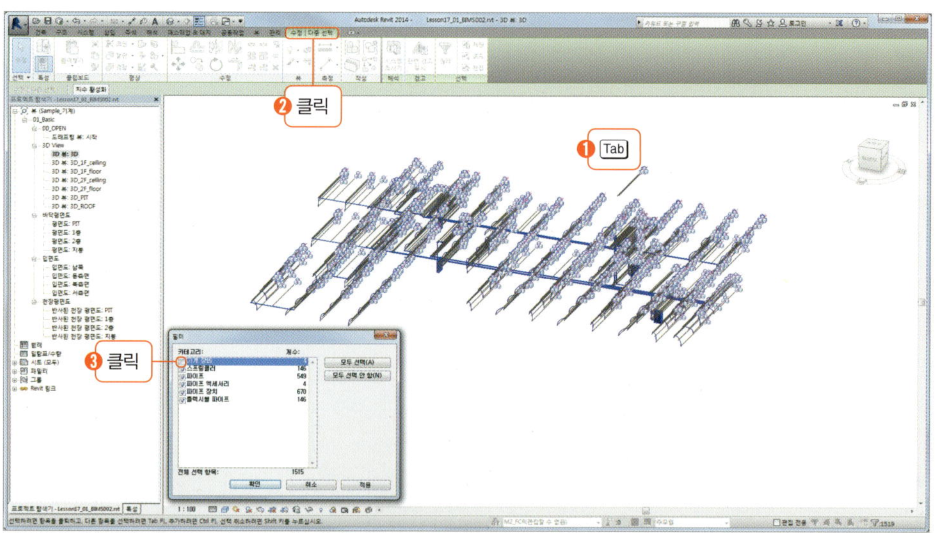

06 [특성] 대화상자에서 공종 구분 매개변수가 활성화되면, '소화 배관'을 입력하고 적용합니다.

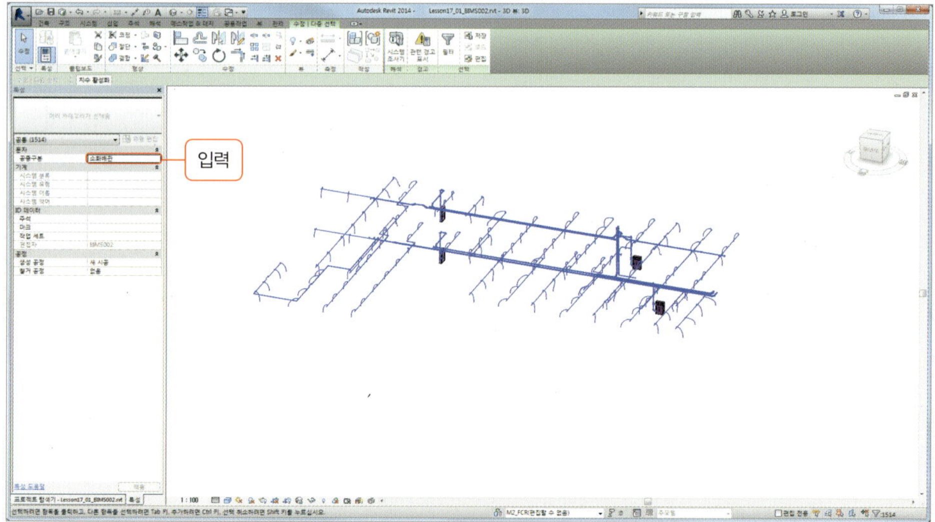

07 매개변수가 적용된 선택 객체들을 [임시 숨기기/분리] 아이콘 을 눌러 '요소 숨기기'를 클릭합니다.

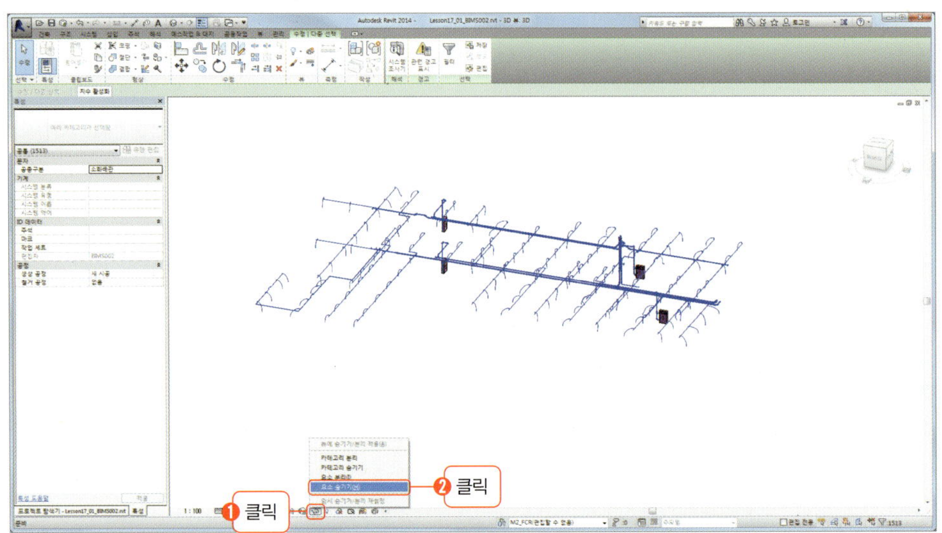

숨기기된 소화 배관 객체 외에 다른 공종에 해당하는 구성 요소들이 뷰에 남아 있으면, 해당 공종 구성 요소들을 각자의 작업 세트로 재지정합니다.

08 남아 있는 소화전을 선택한 후 [특성] 대화상자에서 작업 세트를 'M1_기계 장비'로 재지정합니다.

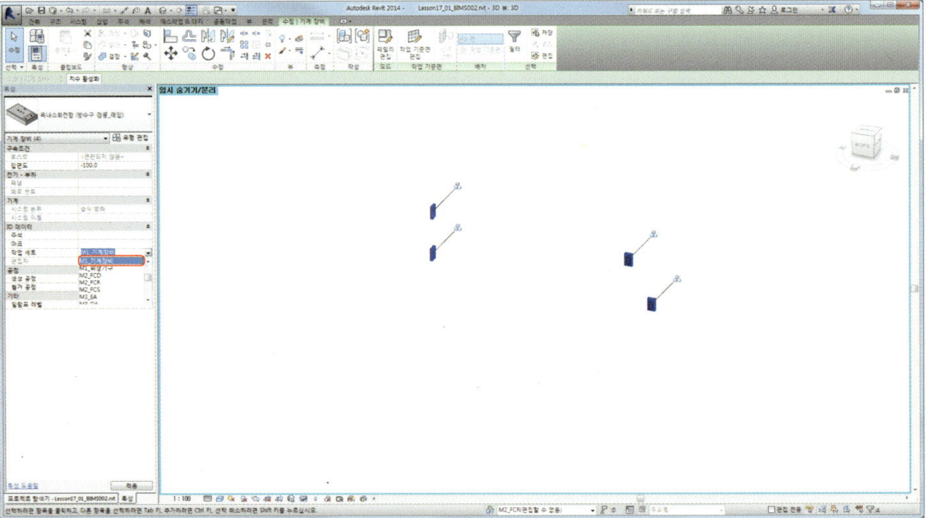

09 동일한 작업 방식으로 공조 덕트의 구성 요소들에 대한 작업 세트의 가시성을 제어하여 매개변수를 입력하고, 해당된 요소들을 임시 숨기기합니다.

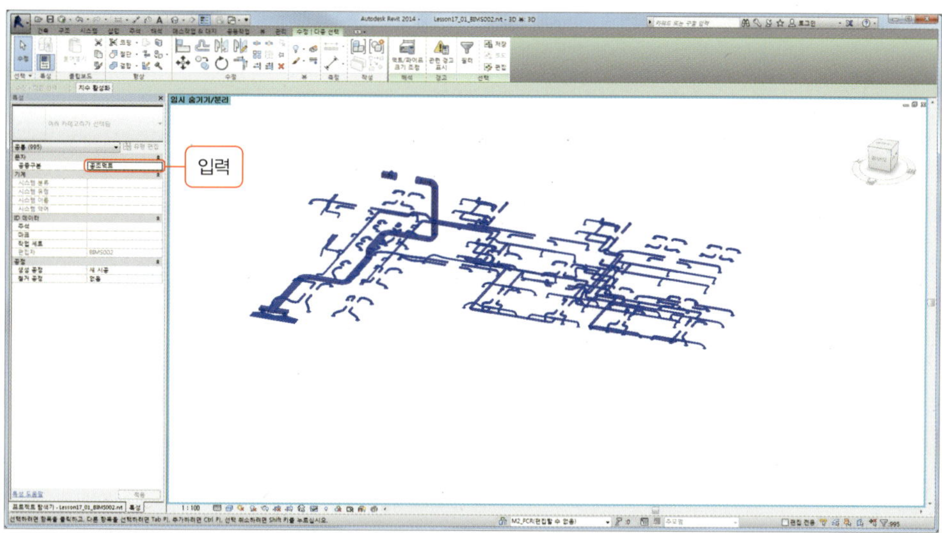

10 다른 공종의 구성 요소들에 대한 작업 세트 재지정이 끝난 후에는 [임시 숨기기/분리] 버튼을 클릭하여 [임시 숨기기/분리 재설정]을 선택합니다.

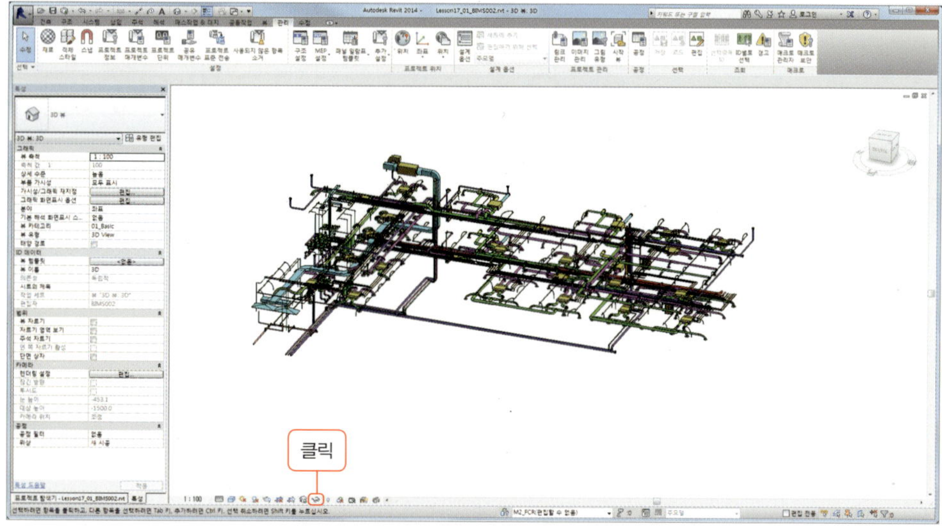

11 매개변수로 지정된 요소들에 대한 활용은 Lesson 18에서 계속합니다.

> **Note**
>
> 매개변수를 이용한 검토를 작업된 요소들을 Tab 으로 선택하는 과정에서 연결 상태 등을 확인할 수 있고, Tab 으로 연결되지 않는 요소들을 걸러주기 때문에 특정 공종에 포함되지 않아야 할 요소들을 검토할 수 있습니다.

작업 중 오류가 발생하는 경우에는 문제를 표시하는 대화상자를 표시합니다. 오류는 무시하지 못하므로, Revit에서 마지막 작업을 취소해야 합니다. 경고 메시지는 오류 메시지와 달리 현재 작업을 금지하지 않습니다. 단순히 설계에서 의도하지 않을 수 있는 상황임을 알려주는 것입니다. 상황을 정정하거나 무시할 수 있습니다. Revit은 작업 중에 표시되고 무시되는 경고 메시지의 리스트를 유지합니다. 경고 도구를 사용하면 사용자가 원할 때 리스트를 보고 경고에 설명된 조건이 유지되는지 확인할 수 있습니다.

---

01   ▶ [열기] ▶ [프로젝트]를 클릭하여 [새 프로젝트] 대화상자가 나타나면 'Sample\Chapter09\Lesson17\Lesson17_01.rvt' 파일을 불러옵니다.

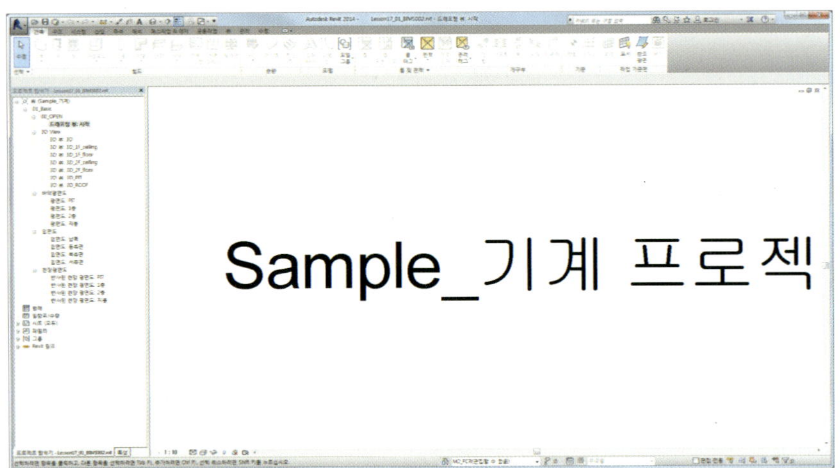

02   [관리] 탭 ▶ [조회] 패널 ▶ [경고] 를 클릭합니다.

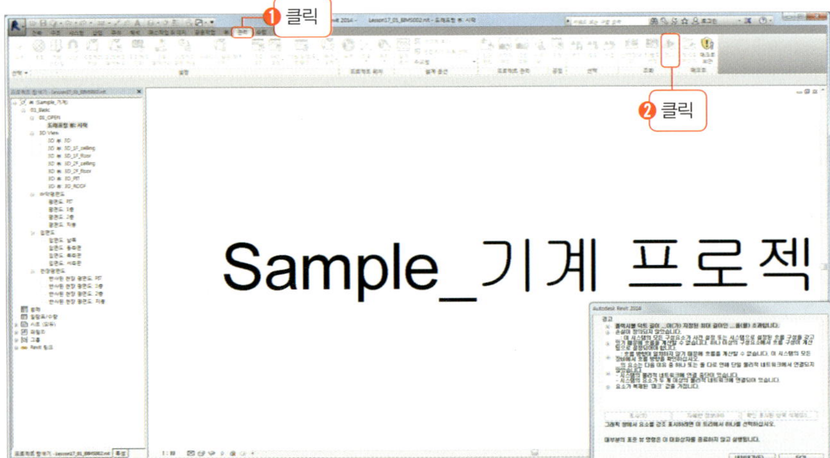

03 [경고] 대화상자에서 경고가 나열된 트리 뷰를 확장하면, 각 경고와 연관된 개별 요소를 볼 수 있습니다.

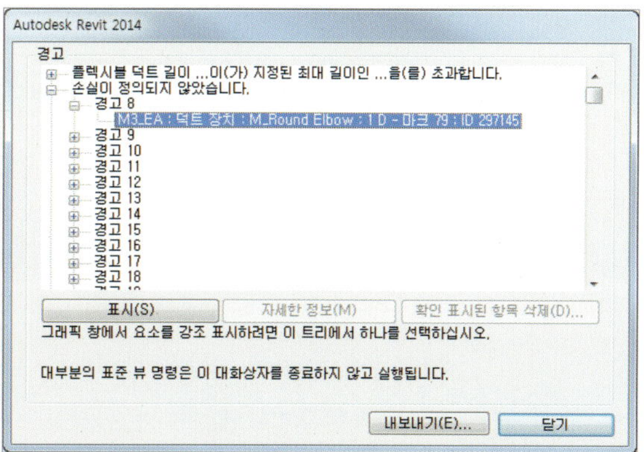

04 메시지를 선택한 후 [표시] 버튼을 누르면, 해당 뷰로 이동하여 요소가 강조 표시됩니다.

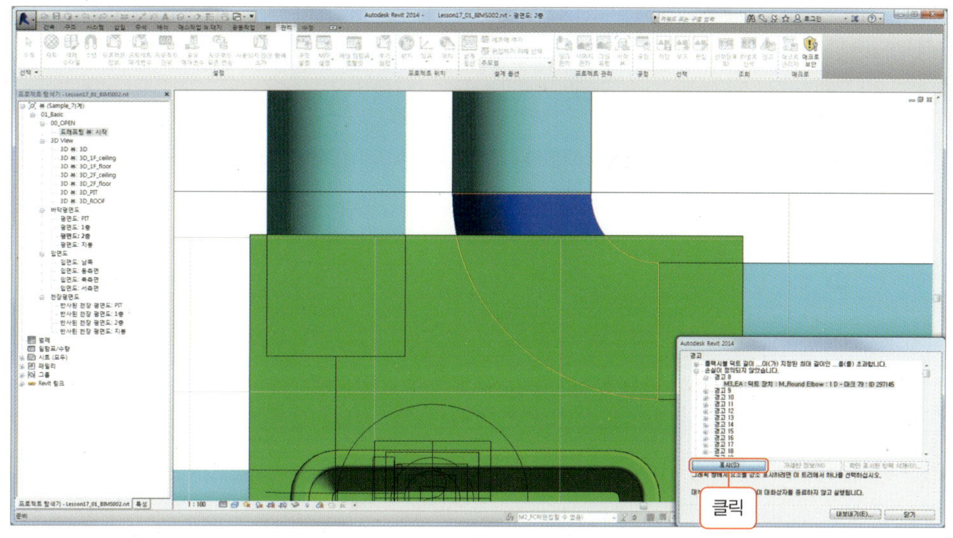

알아두세요

이러한 경고들은 미해결인 채로 두는 것보다 가능한 한 문제를 해결하는 것이 좋습니다. 해결되지 않은 많은 수의 경고들은 모델의 성능이나 안전성에 심각한 영향을 미칠 수도 있기 때문에 정기적으로 검토하여 해결하는 것이 좋습니다.

05 [경고] 대화상자 내용 중에 요소를 선택할 수 있는 경고 메시지가 있습니다. 해당 요소를 체크하면 [확인 표시된 항목 삭제] 버튼이 활성화됩니다.

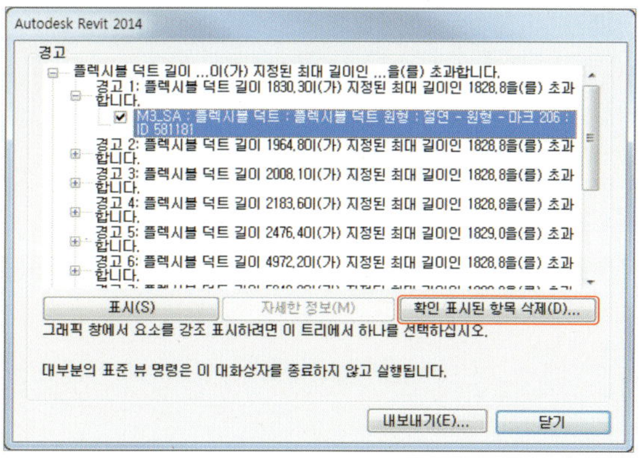

확인 표시된 항목 삭제를 클릭하면 모델에서 요소가 삭제되므로 충분한 검토를 거친 후에 [삭제] 버튼을 누르도록 합니다.

06 대화상자에서 [내보내기] 버튼을 누릅니다. [Revit 오류 보고서 내보내기] 대화상자에서 해당 파일을 저장할 폴더를 찾아 저장을 클릭합니다. 대화상자에서 [닫기] 버튼을 눌러 닫습니다.

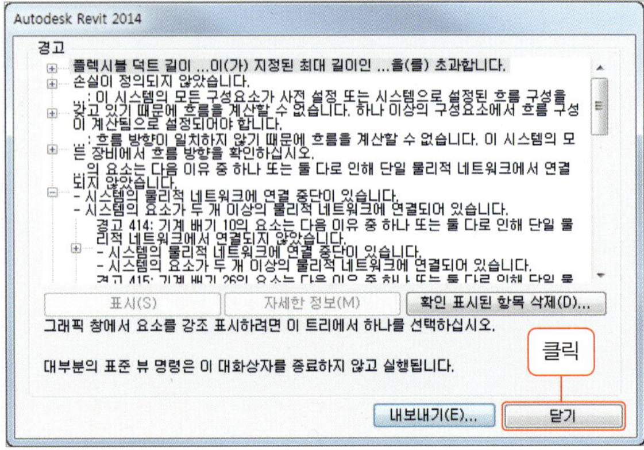

TIP

내보내기를 사용하면, 도면 영역에서 선택한 요소와 관련된 경고를 별도 파일로 내보낼 수 있습니다.

07 저장된 폴더에서 내보내기된 파일을 더블 클릭하면, html 형식으로 파일이 열립니다.

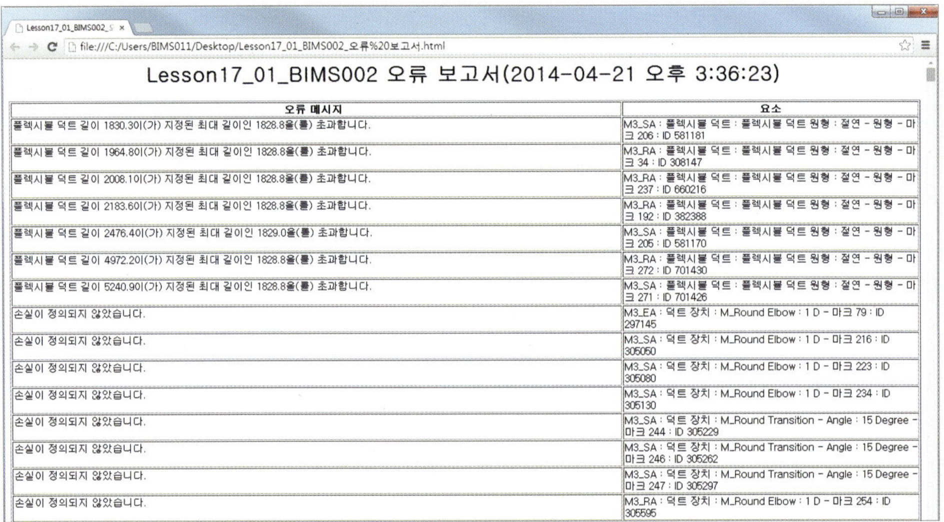

Lesson17_01_BIMS002 오류 보고서(2014-04-21 오후 3:36:23)

오류 메시지	요소
플렉시블 덕트 길이 1830.30이(가) 지정된 최대 길이인 1828.8을(를) 초과합니다.	M3_SA : 플렉시블 덕트 : 플렉시블 덕트 원형 : 절연 - 원형 - 마크 206 : ID 581181
플렉시블 덕트 길이 1964.80이(가) 지정된 최대 길이인 1828.8을(를) 초과합니다.	M3_RA : 플렉시블 덕트 : 플렉시블 덕트 원형 : 절연 - 원형 - 마크 34 : ID 308147
플렉시블 덕트 길이 2008.10이(가) 지정된 최대 길이인 1828.8을(를) 초과합니다.	M3_RA : 플렉시블 덕트 : 플렉시블 덕트 원형 : 절연 - 원형 - 마크 237 : ID 660216
플렉시블 덕트 길이 2183.60이(가) 지정된 최대 길이인 1828.8을(를) 초과합니다.	M3_RA : 플렉시블 덕트 : 플렉시블 덕트 원형 : 절연 - 원형 - 마크 192 : ID 382388
플렉시블 덕트 길이 2476.40이(가) 지정된 최대 길이인 1829.0을(를) 초과합니다.	M3_SA : 플렉시블 덕트 : 플렉시블 덕트 원형 : 절연 - 원형 - 마크 205 : ID 581170
플렉시블 덕트 길이 4972.20이(가) 지정된 최대 길이인 1828.8을(를) 초과합니다.	M3_SA : 플렉시블 덕트 : 플렉시블 덕트 원형 : 절연 - 원형 - 마크 272 : ID 701430
플렉시블 덕트 길이 5240.90이(가) 지정된 최대 길이인 1828.8을(를) 초과합니다.	M3_SA : 플렉시블 덕트 : 플렉시블 덕트 원형 : 절연 - 원형 - 마크 271 : ID 701426
손실이 정의되지 않았습니다.	M3_EA : 덕트 장치 : M_Round Elbow : 1 D - 마크 79 : ID 297145
손실이 정의되지 않았습니다.	M3_SA : 덕트 장치 : M_Round Elbow : 1 D - 마크 216 : ID 305050
손실이 정의되지 않았습니다.	M3_SA : 덕트 장치 : M_Round Elbow : 1 D - 마크 223 : ID 305080
손실이 정의되지 않았습니다.	M3_SA : 덕트 장치 : M_Round Elbow : 1 D - 마크 234 : ID 305130
손실이 정의되지 않았습니다.	M3_SA : 덕트 장치 : M_Round Transition - Angle : 15 Degree - 마크 244 : ID 305229
손실이 정의되지 않았습니다.	M3_SA : 덕트 장치 : M_Round Transition - Angle : 15 Degree - 마크 246 : ID 305262
손실이 정의되지 않았습니다.	M3_SA : 덕트 장치 : M_Round Transition - Angle : 15 Degree - 마크 247 : ID 305297
손실이 정의되지 않았습니다.	M3_RA : 덕트 장치 : M_Round Elbow : 1 D - 마크 254 : ID 305595

TIP

내보내는 경고는 HTML 형식이지만, Excel 형식으로 열어 작업을 수행할 수도 있습니다.

08 Excel로 열어 데이터 작업을 수행할 수 있습니다.

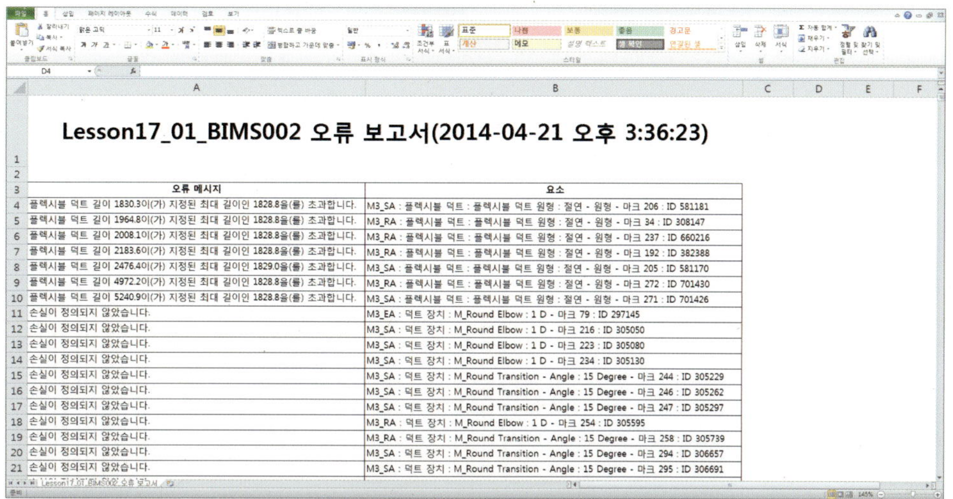

Lesson17_01_BIMS002 오류 보고서(2014-04-21 오후 3:36:23)

오류 메시지	요소
플렉시블 덕트 길이 1830.3이(가) 지정된 최대 길이인 1828.8을(를) 초과합니다.	M3_SA : 플렉시블 덕트 : 플렉시블 덕트 원형 : 절연 - 원형 - 마크 206 : ID 581181
플렉시블 덕트 길이 1964.8이(가) 지정된 최대 길이인 1828.8을(를) 초과합니다.	M3_RA : 플렉시블 덕트 : 플렉시블 덕트 원형 : 절연 - 원형 - 마크 34 : ID 308147
플렉시블 덕트 길이 2008.1이(가) 지정된 최대 길이인 1828.8을(를) 초과합니다.	M3_RA : 플렉시블 덕트 : 플렉시블 덕트 원형 : 절연 - 원형 - 마크 237 : ID 660216
플렉시블 덕트 길이 2183.6이(가) 지정된 최대 길이인 1828.8을(를) 초과합니다.	M3_RA : 플렉시블 덕트 : 플렉시블 덕트 원형 : 절연 - 원형 - 마크 192 : ID 382388
플렉시블 덕트 길이 2476.4이(가) 지정된 최대 길이인 1829.0을(를) 초과합니다.	M3_SA : 플렉시블 덕트 : 플렉시블 덕트 원형 : 절연 - 원형 - 마크 205 : ID 581170
플렉시블 덕트 길이 4972.2이(가) 지정된 최대 길이인 1828.8을(를) 초과합니다.	M3_RA : 플렉시블 덕트 : 플렉시블 덕트 원형 : 절연 - 원형 - 마크 272 : ID 701430
플렉시블 덕트 길이 5240.9이(가) 지정된 최대 길이인 1828.8을(를) 초과합니다.	M3_SA : 플렉시블 덕트 : 플렉시블 덕트 원형 : 절연 - 원형 - 마크 271 : ID 701426
손실이 정의되지 않았습니다.	M3_EA : 덕트 장치 : M_Round Elbow : 1 D - 마크 79 : ID 297145
손실이 정의되지 않았습니다.	M3_SA : 덕트 장치 : M_Round Elbow : 1 D - 마크 216 : ID 305050
손실이 정의되지 않았습니다.	M3_SA : 덕트 장치 : M_Round Elbow : 1 D - 마크 223 : ID 305080
손실이 정의되지 않았습니다.	M3_SA : 덕트 장치 : M_Round Elbow : 1 D - 마크 234 : ID 305130
손실이 정의되지 않았습니다.	M3_SA : 덕트 장치 : M_Round Transition - Angle : 15 Degree - 마크 244 : ID 305229
손실이 정의되지 않았습니다.	M3_SA : 덕트 장치 : M_Round Transition - Angle : 15 Degree - 마크 246 : ID 305262
손실이 정의되지 않았습니다.	M3_SA : 덕트 장치 : M_Round Transition - Angle : 15 Degree - 마크 247 : ID 305297
손실이 정의되지 않았습니다.	M3_RA : 덕트 장치 : M_Round Elbow : 1 D - 마크 254 : ID 305595
손실이 정의되지 않았습니다.	M3_RA : 덕트 장치 : M_Round Transition - Angle : 15 Degree - 마크 258 : ID 305739
손실이 정의되지 않았습니다.	M3_SA : 덕트 장치 : M_Round Transition - Angle : 15 Degree - 마크 294 : ID 306657
손실이 정의되지 않았습니다.	M3_SA : 덕트 장치 : M_Round Transition - Angle : 15 Degree - 마크 295 : ID 306691

알아두세요

1. 시스템으로 작업하지 않은 경우, 이에 대한 경고가 쌓일 수 있습니다.

2. 경고에 대한 내용은 개별적인 검토를 거쳐 매니저가 수정 보완하거나 삭제하는 과정을 거쳐야 합니다.

문서화

설계 의도를 팀 구성원, 컨설턴트, 고객 및 계약자에게 전달하기 위해 프로젝트 문서를 작성하고, 주석을 작성하며, 상세 정보를 추가합니다. 프로젝트에 사용된 구성 요소 및 재료를 정량화하고 해석하려면 일람표, 수량 및 재료 견적을 작성해야 합니다. 시트를 작성하고 도면과 일람표를 추가합니다. 제목 블록을 사용자화하고 평면, 입면, 단면의 2D 뷰 등을 작성합니다.

문서화 작업하기

일람표 산출 및 도면화 작업에 대해 알아봅니다. 일람표는 프로젝트의 요소 특성에서 추출된 정보를 표 형식으로 표시한 것입니다. 그리고 시트를 작성한 후 시트에 도면을 배치하고 나서 시트의 모양을 구체적으로 지정합니다.

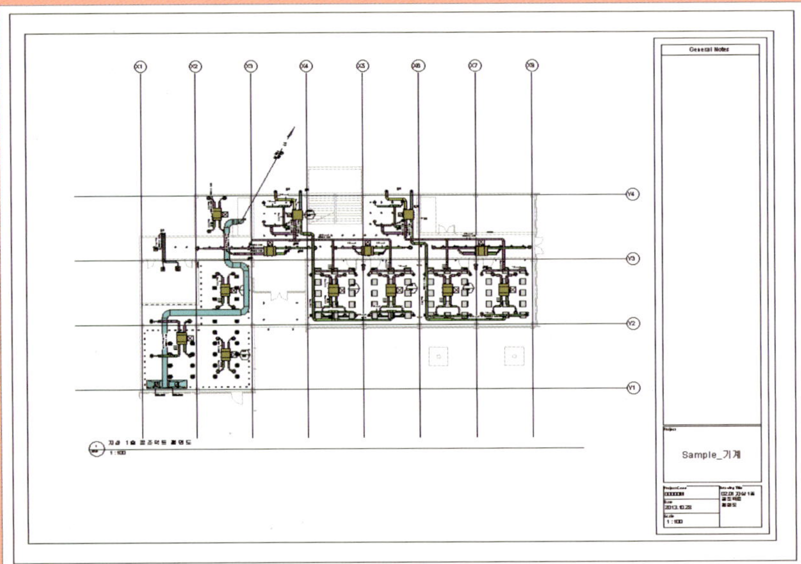

핵심 Point

일람표 작성하기

시트 만들기

의존적 뷰 사용하기

일람표는 프로젝트의 요소 특성에서 추출된 정보를 표 형태로 표시한 것입니다. 일람표를 작성하는 요소 유형의 모든 인스턴스를 나열할 수 있습니다. 일람표의 그룹화 기준에 따라 다중 인스턴스를 하나의 행으로 축소할 수 있습니다. 프로젝트를 변경하여 정보 등이 변하는 경우, 일람표는 자동으로 업데이트되어 변경 사항을 반영합니다. 그리고 도면 시트에 일람표를 추가할 수 있습니다.

01 파이프 기초 수량 산출

01 ► [열기] ► [프로젝트]를 클릭하여 [새 프로젝트] 대화상자가 나타나면 'Sample\Chapter10\Lesson18\Lesson18_01.rvt' 클릭하여 파일을 불러옵니다. [뷰] 탭 ► [작성] 패널 ► [일람표/수량]을 클릭합니다.

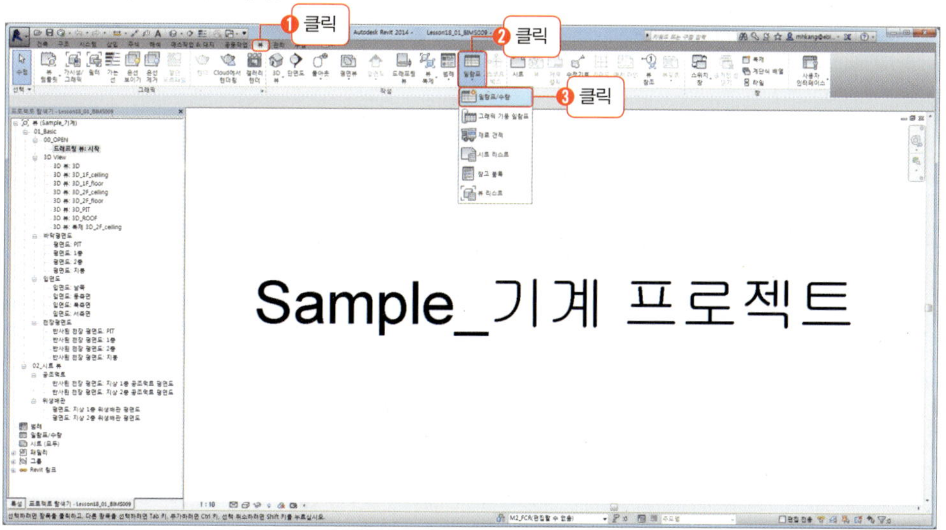

02 [새 일람표] 대화상자에서 카테고리 항목의 '파이프'를 선택한 후 이름에 '파이프 일람표'를 입력하고 [확인] 버튼을 누릅니다.

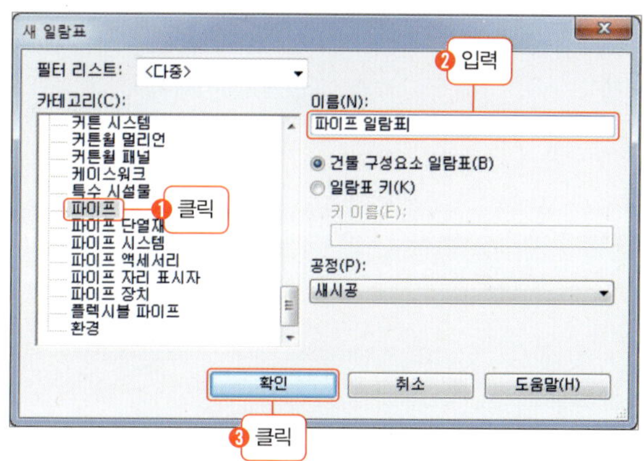

03 사용 가능한 필드에서 유형, 세그먼트 설명, 크기, 길이를 더블 클릭하여 추가합니다.

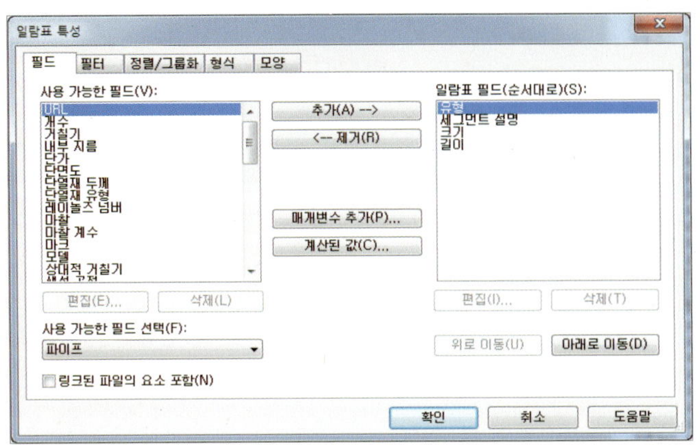

04 [정렬/그룹화] 탭을 클릭한 후 다음 그림과 같이 설정합니다.

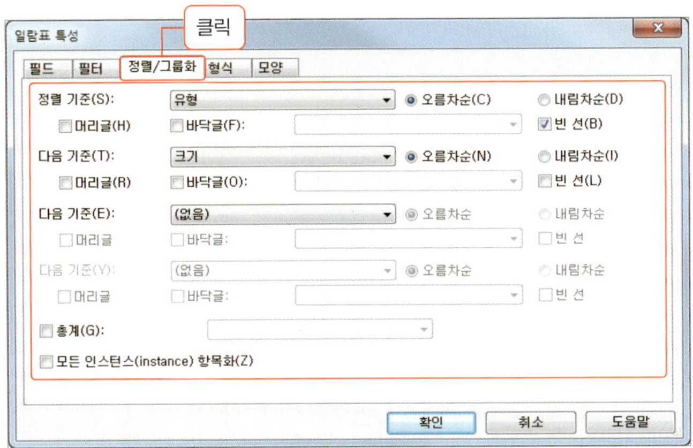

05 [형식] 탭을 클릭합니다. 필드에서 '길이'를 선택한 후 '시트에 조건부 형식 표시'와 '총합 계산'을 체크하고 [확인] 버튼을 누릅니다.

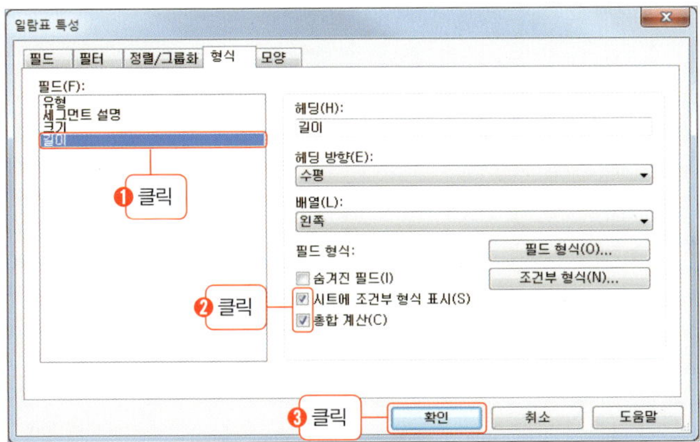

06 [일람표 특성] 대화상자에서 설정한 값에 따라 일람표가 작성됩니다.

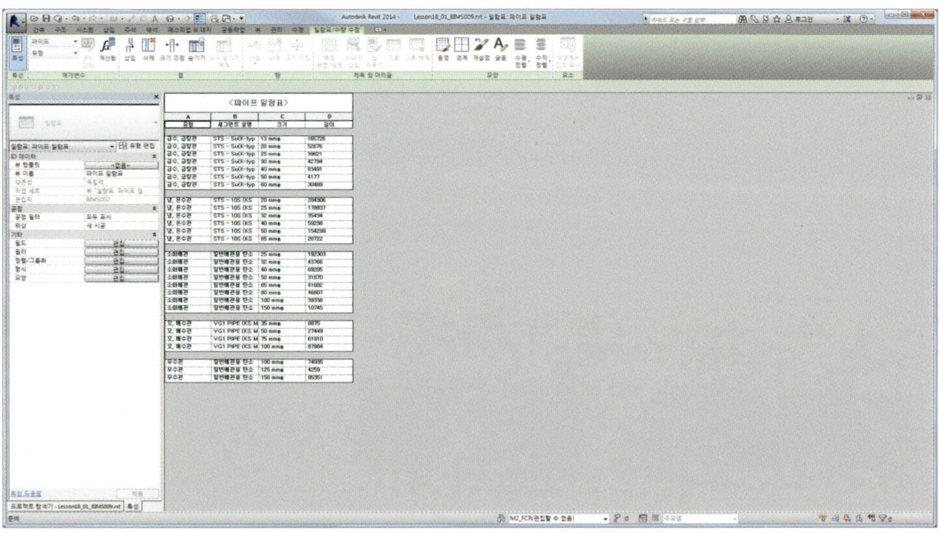

02 파이프 장치 기초 수량 산출

01 [뷰] 탭 ▶ [작성] 패널 ▶ [일람표]를 확장하여 [일람표/수량]을 클릭합니다.

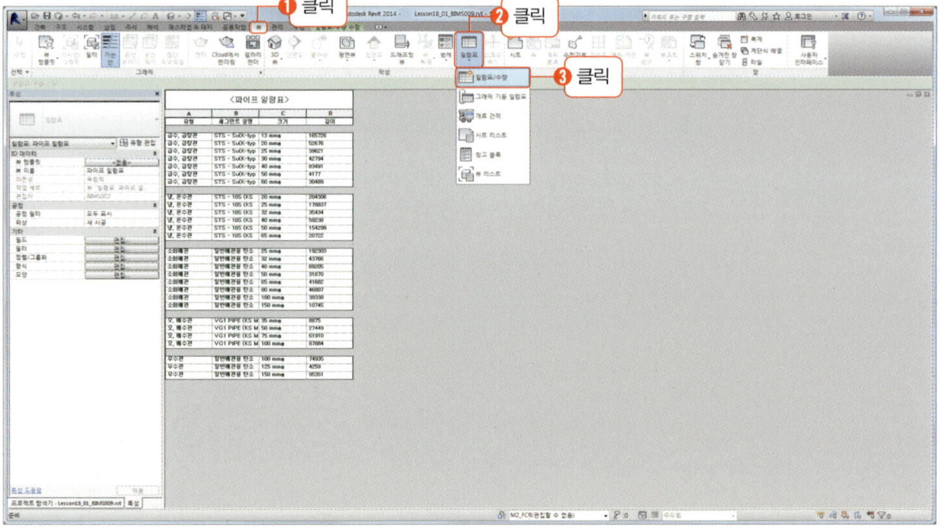

02 카테고리에서 '파이프 장치'를 선택한 후 이름에 '파이프 장치 일람표'를 입력하고 [확인] 버튼을 누릅니다.

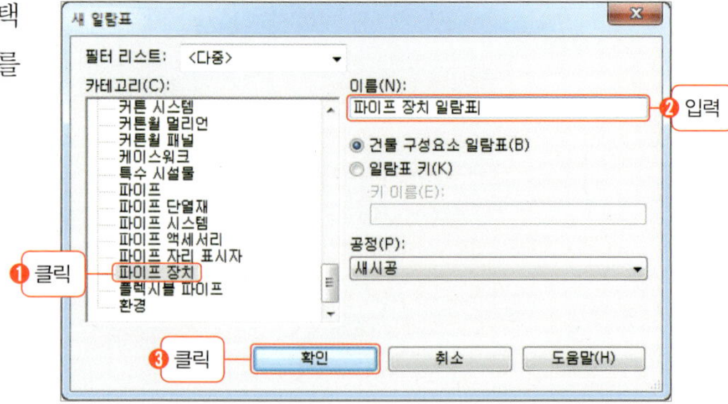

03 '사용 가능한 필드' 항목에서 공종 구분, 유형, 크기, 개수를 선택한 후 [추가]를 클릭합니다.

매개변수를 이용한 검토에서 설정했던 공종 구분 매개변수를 활용합니다.

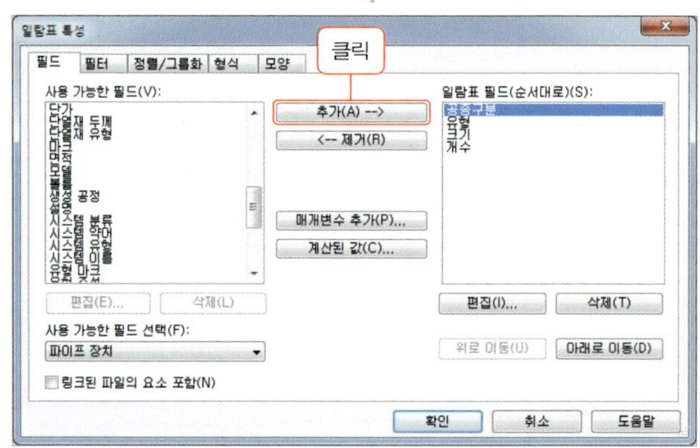

04 [정렬/그룹화] 탭을 클릭한 후 다음 그림과 같이 설정합니다.

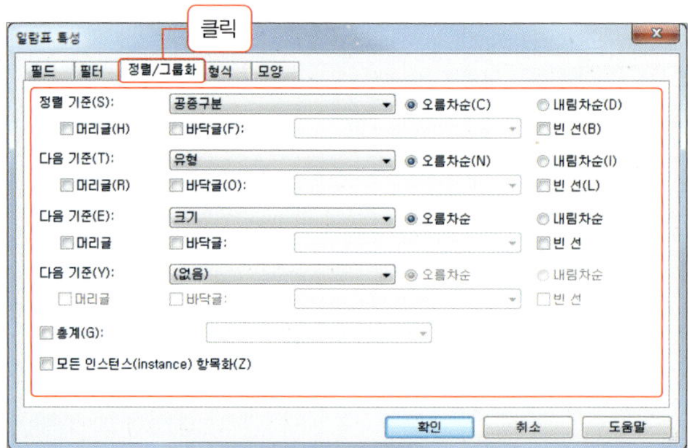

'모든 인스턴스 항목화'를 체크 해제합니다.

05 [형식] 탭을 클릭한 후 필드에서 개수를 선택합니다. 그런 다음, 다음과 같이 설정하고 [확인] 버튼을 누릅니다.

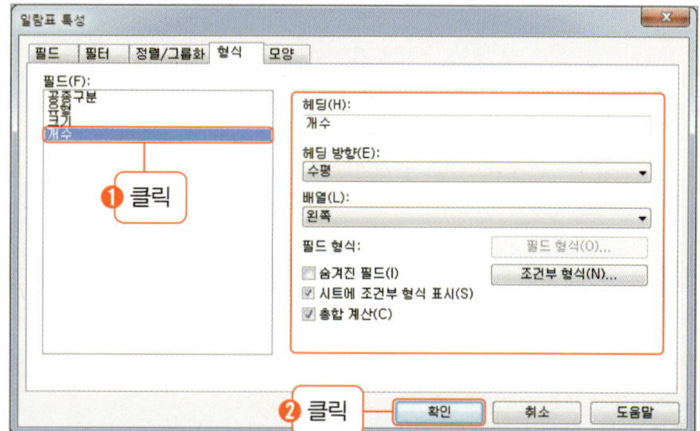

06 [일람표 특성] 대화상자에서 설정한 값에 따라 일람표가 작성됩니다.

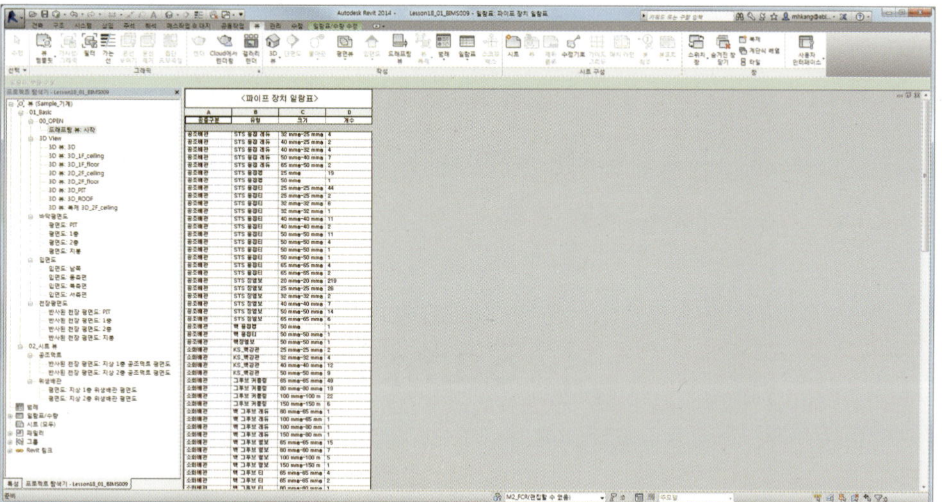

Note

- 지정된 매개변수를 이용하면 서로 다른 카테고리의 요소들도 공종별로 산출할 수 있습니다. 그러나 인스턴스의 추가 또는 변경이 있을 경우에는 매개변수를 반드시 새로 지정해야 합니다.
- 일람표 등으로 산출할 수 있는 정보는 시스템 분류, 시스템 유형, 유형 주석, 매개변수 등이고, 작업 세트는 산출되지 않습니다.

Revit에서 시방서 세트의 각 시트에 대한 시트 뷰를 작성합니다. 그런 다음, 여러 개의 도면이
나 일람표를 각 시트에 배치할 수 있습니다.

01 제목 블록(도곽) 만들기

01 ► [열기] ► [프로젝트]를 클릭하여 [새 프로젝트] 대화상자가 나타나면 'Sample\Chapter10\
Lesson18\Lesson18_02.rvt' 파일을 불러옵니다. ► [새로 만들기] ► [제목 블록]을 클릭합니다.

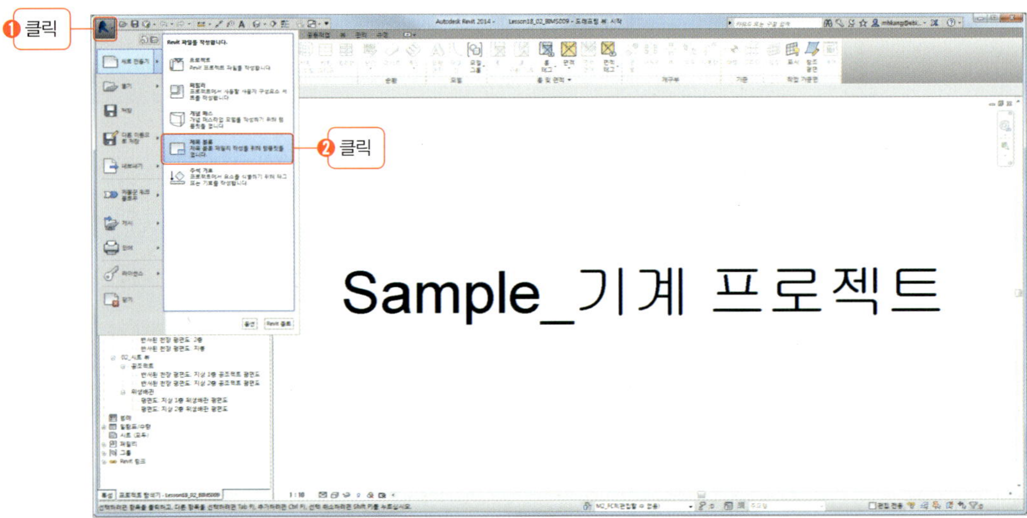

02 [새 제목 블록] 대화상자에서 'A1 미터법'을 선택한 후 [열기] 버튼을 누릅니다.

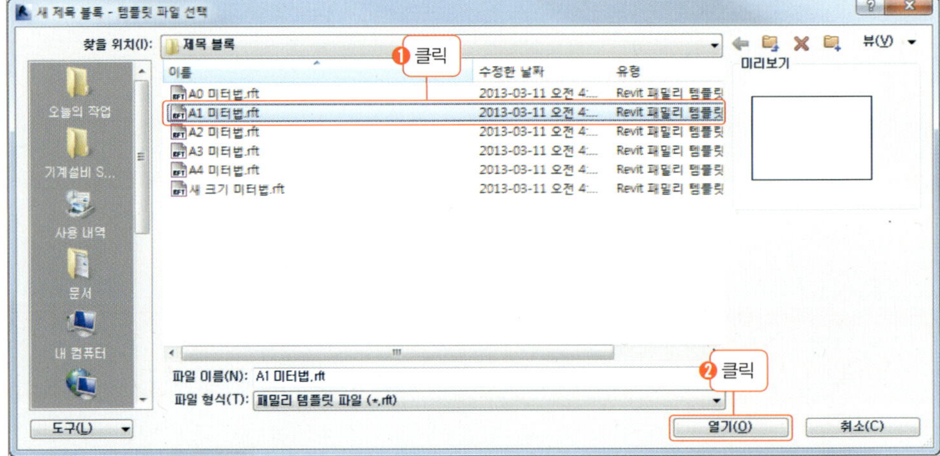

03 [삽입] 탭 ➤ [가져오기] 패널 ➤ [CAD 가져오기]를 클릭한 후 '기계 설비 Sample files ➤ LINK ➤ DWG ➤ A1 도면 시트.dwg'를 선택합니다. 그런 다음, 그림과 같이 설정하고 [열기] 버튼을 누릅니다.

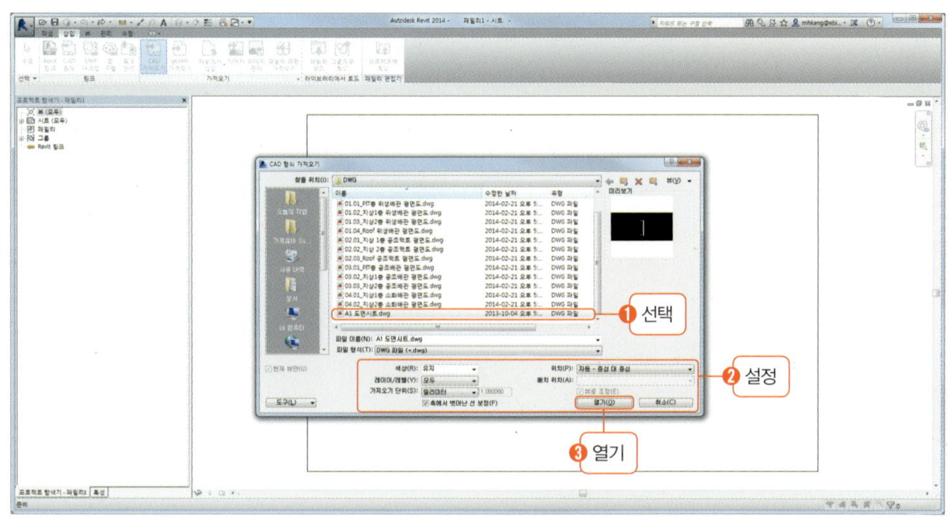

04 다음과 같은 대화상자가 나타나면 [예] 버튼을 누릅니다.

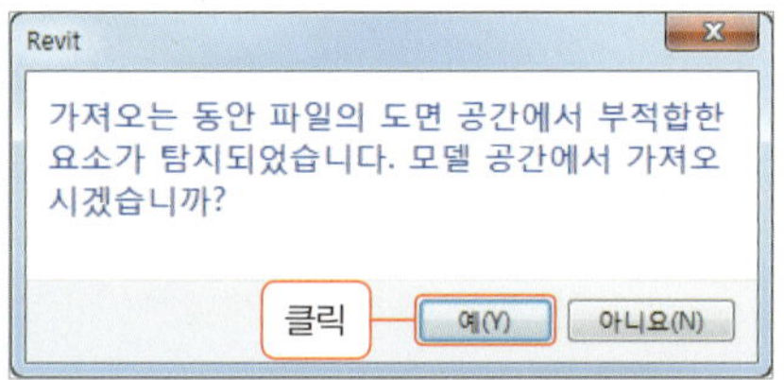

05 가져온 CAD 도면을 선택한 후 [수정] 패널 ➤ [이동]을 선택하고, 왼쪽 상단 모서리를 클릭하여 시트의 왼쪽 상단으로 이동합니다.

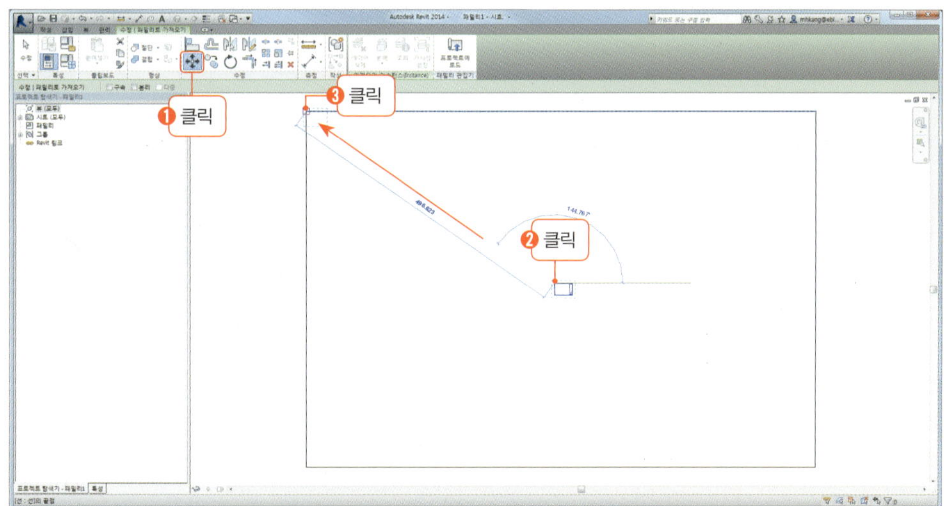

06 CAD 도면 시트가 선택된 상태에서 [수정] 패널 ➤ [축척]을 선택한 후 다음 순서대로 작업하여 CAD 도면을 A1 사이즈에 맞게 재조정합니다.

- CAD 도면의 왼쪽 상단 모서리를 클릭합니다.
- CAD 도면의 우측 상단 모서리를 클릭합니다.
- 시트의 우측 상단 모서리를 클릭합니다.

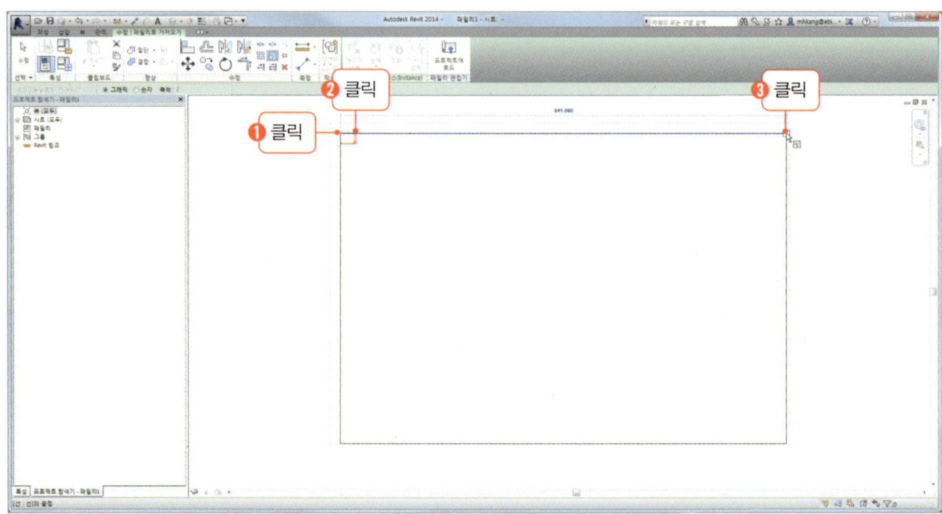

07 [작성] 탭 ➤ [상세 정보] 패널 ➤ [선]을 클릭한 후 [그리기] 패널 ➤ [선] 선택을 클릭합니다. CAD 도면의 선들을 하나하나 클릭하여 시트의 선들을 동일한 위치에 작성합니다.

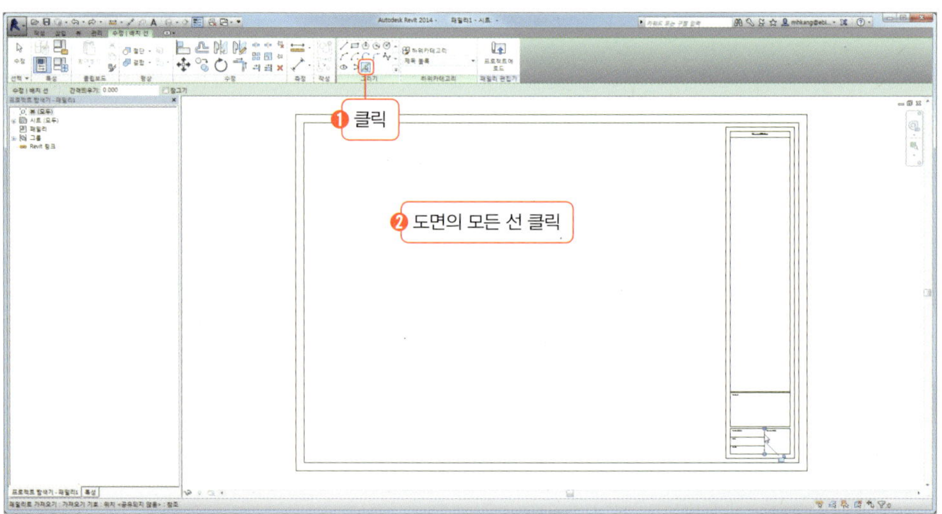

TIP

선을 선택할 때 중복되지 않도록 합니다.

08 [작성] 탭 ➤ [문자] 패널 ➤ [문자]를 클릭한 후 [특성] 대화상자의 [유형 편집]을 선택하고 문자 '8 mm'를 복제하여 이름을 '4 mm'로 입력하고, [확인] 버튼을 누릅니다.

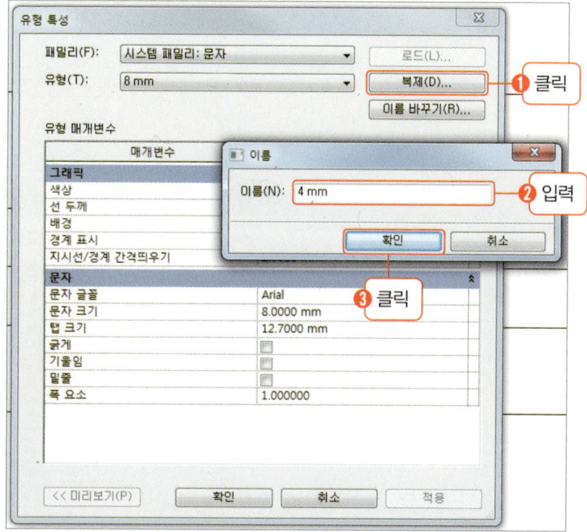

09 [유형 특성] 대화상자에서 [문자 크기]를 '4 mm'로 재조정한 후 [확인] 버튼을 누릅니다.

 시트의 우측 상단을 확대한 후 문자를 입력할 곳을 선택하고 'General Notes'를 입력합니다.

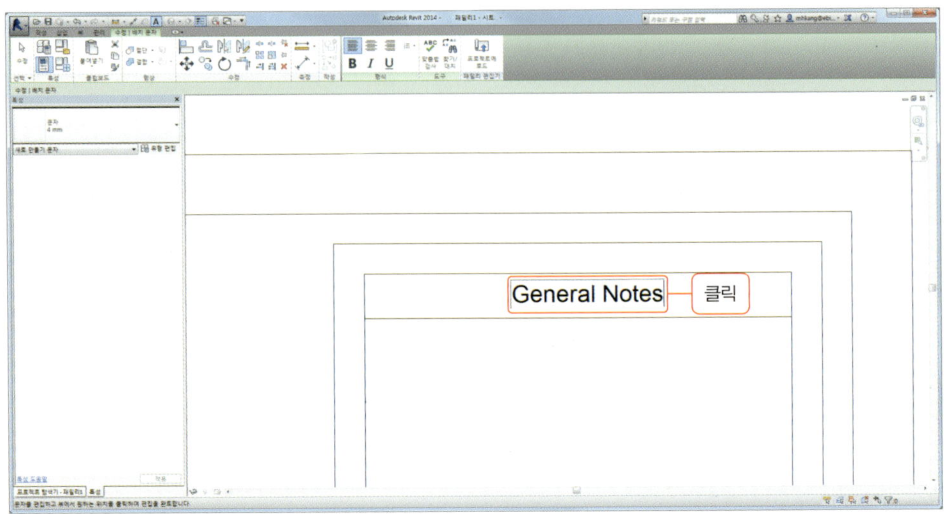

 동일한 방법으로 문자 크기를 2mm로 하여 표제 블록 하단의 내용을 다음과 같이 작성합니다.

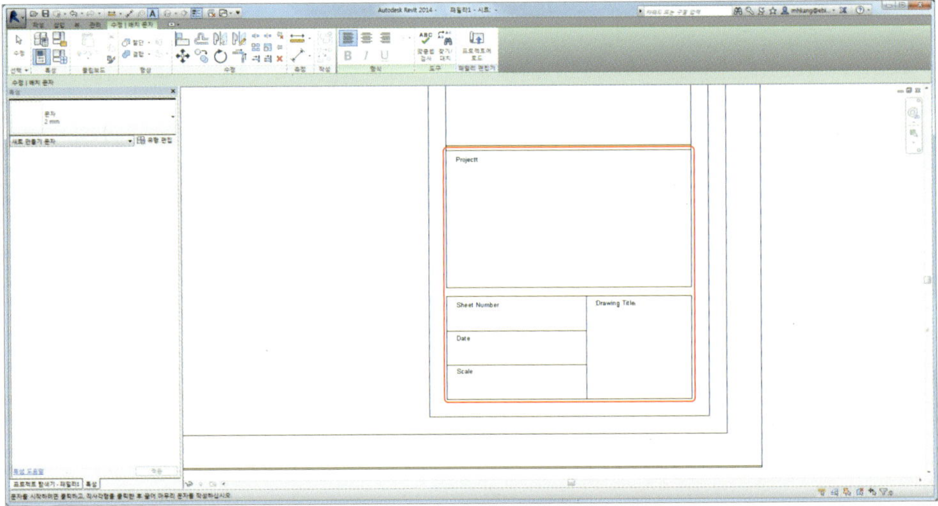

12 [작성] 탭 ➤ [문자] 패널 ➤ [레이블]을 선택한 후 도면 영역에서 '프로젝트 이름'이 들어갈 곳을 클릭합니다.

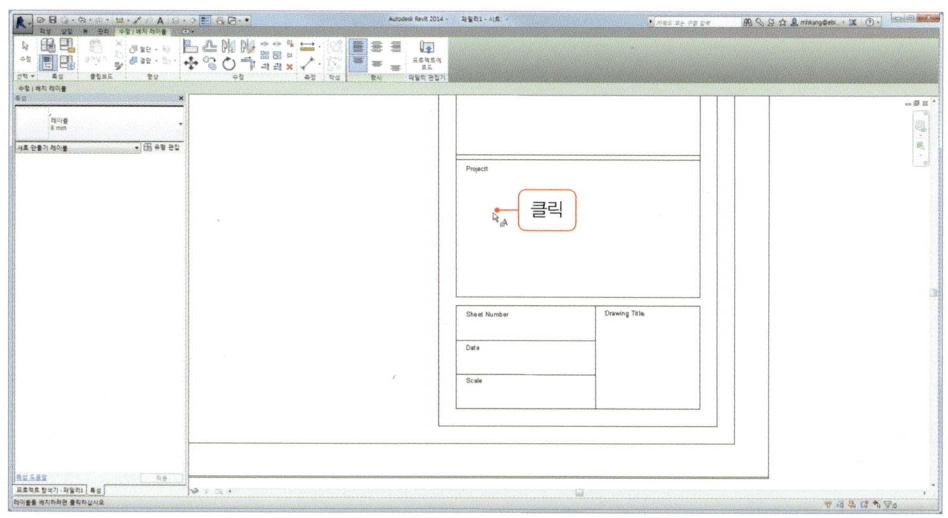

13 [레이블 편집] 대화상자의 카테고리 매개변수에서 '프로젝트 이름'을 선택한 후 [레이블에 매개변수 추가] 버튼을 클릭합니다. 그런 다음, 오른쪽 레이블 매개변수 항목에 '프로젝트 이름'이 추가되면 [확인] 버튼을 누릅니다.

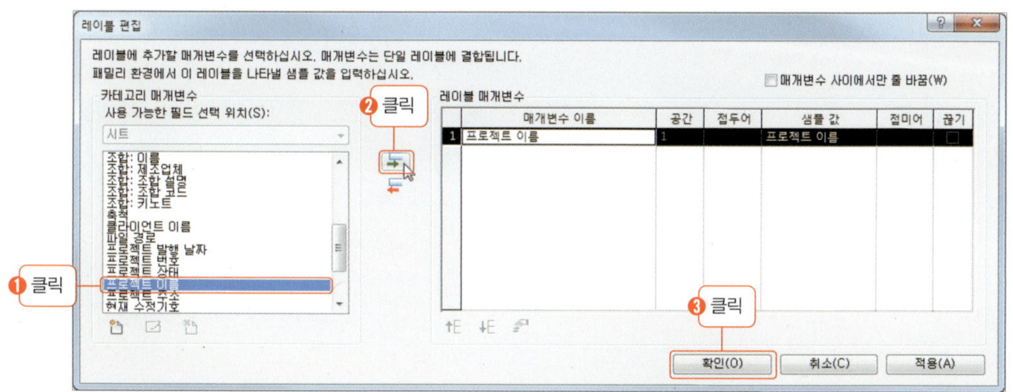

프로젝트 정보는 시트의 제목 블록에 사용할 수 있습니다. 예를 들어 '프로젝트 이름'의 매개변수는 프로젝트 정보에 포함된 프로젝트 이름에 입력된 값을 사용합니다. [관리] 탭 ➤ [설정] 패널 ➤ [프로젝트 정보]를 눌러 프로젝트 이름을 입력합니다.

14 작성된 레이블을 선택한 후 [특성] 대화상자에서 수직 정렬은 '가운데', 수평 정렬은 '중심'으로 설정하고 위치를 다음과 같이 이동합니다.

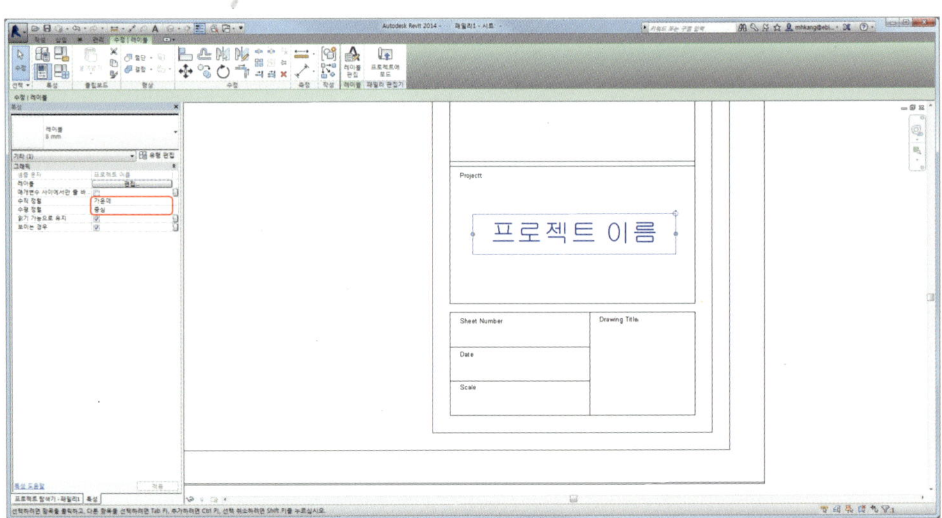

15 레이블을 '4mm'로 설정한 후 다음과 같이 레이블을 작성합니다.

- **Sheet Number** : 시트 번호
- **Date** : 시트 발행 날짜
- **Scale** : 축척
- **Drawing Title** : 시트 이름

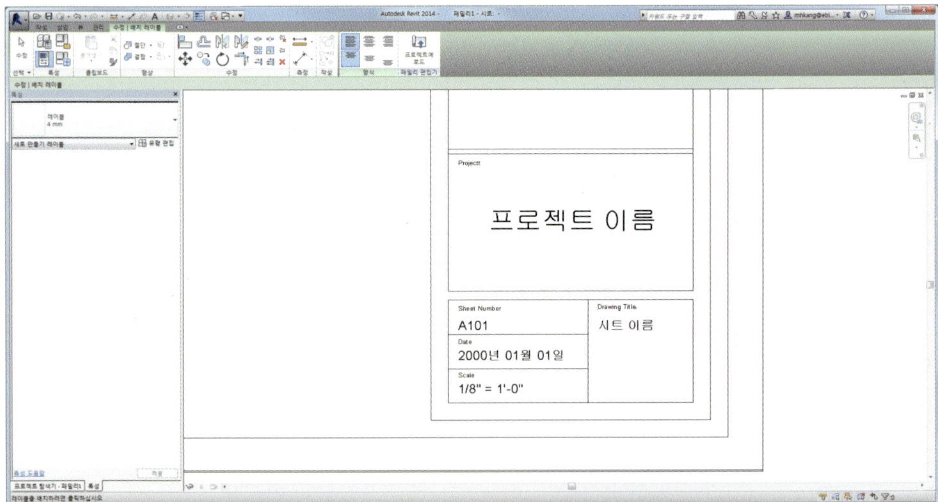

16 마우스로 드래그하여 모든 객체를 선택한 후 [선택] 패널 ➤ [필터]를 클릭합니다. 그런 다음, [필터] 대화상자에서 [패밀리로 가져오기]만 체크하고 [확인] 버튼을 누릅니다.

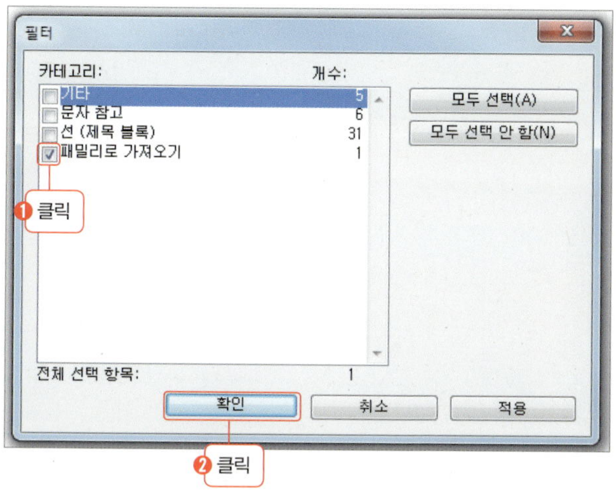

17 선택된 'CAD 도면 시트'를 Delete 를 눌러 삭제합니다.

18 ➤ [다른 이름으로 저장] ➤ [패밀리]를 클릭한 후 경로를 지정하고 이름을 'A1 시트'로 입력합니다. 그런 다음, 제목 블록을 저장하고 닫습니다.

02 제목 블록 적용하기

01 프로젝트에서 [뷰] 탭 ➤ [시트 구성] 패널 ➤ [시트]를 선택한 후 [로드] 버튼을 클릭합니다. 그런 다음, 제목 블록을 저장한 경로에서 'A1 시트'를 가져오고 [확인] 버튼을 누릅니다.

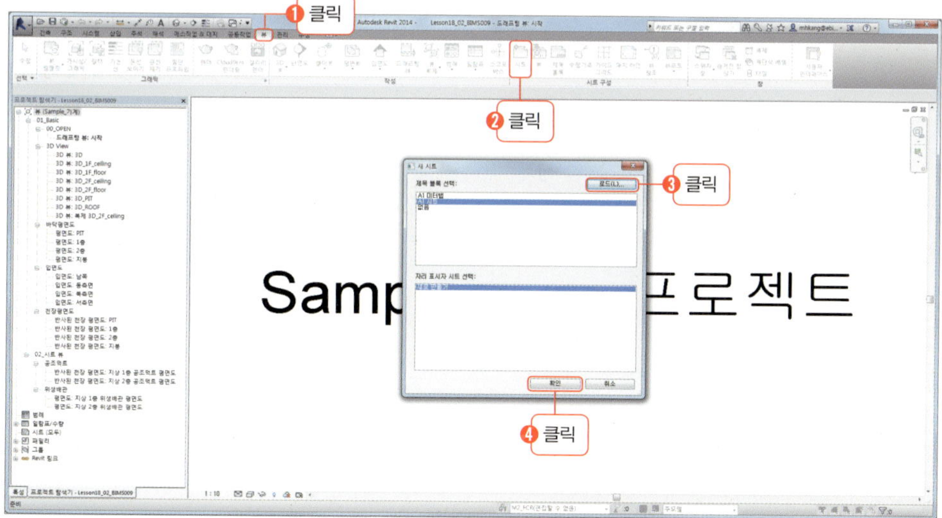

02 [관리] 탭 ➤ [설정] 패널 ➤ [프로젝트 정보]를 클릭한 후 시트에 들어갈 프로젝트의 정보를 작성합니다.

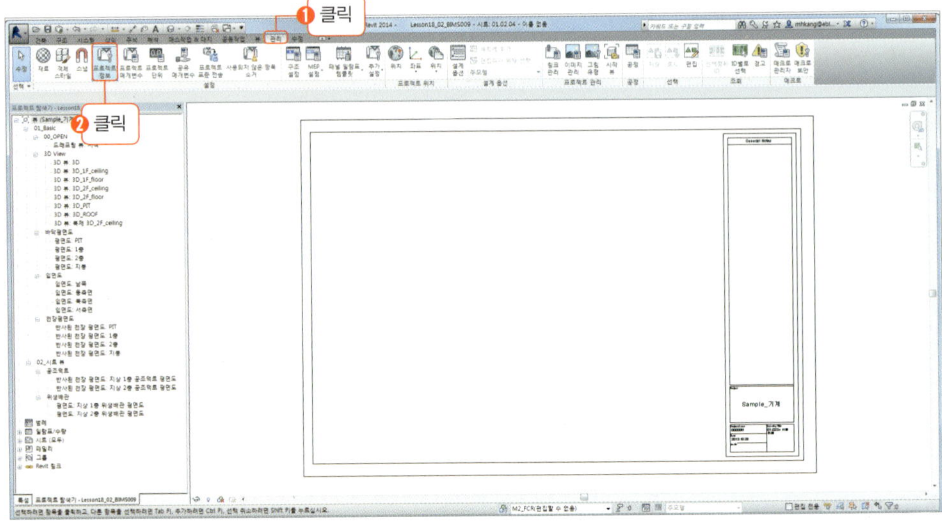

03 [프로젝트 특성] 대화상자에서 그림과 같이 프로젝트 정보를 입력한 후 [확인] 버튼을 누릅니다.

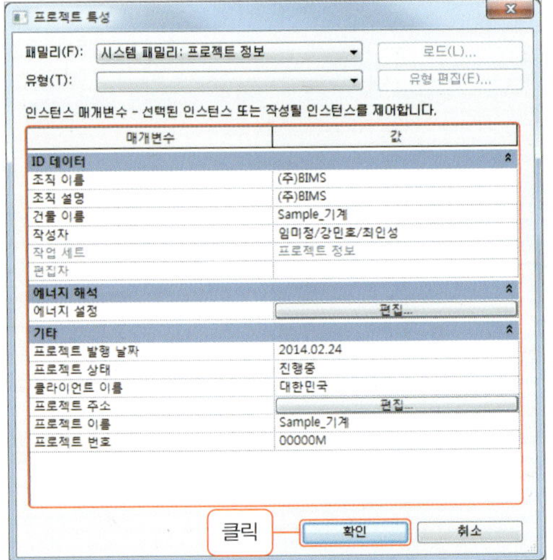

01 프로젝트 탐색기에서 '지상 1층 공조 덕트 평면도'를 더블 클릭한 후 Ⓥ Ⓥ(가시성/그래픽 재지정)를 누릅니다. 그런 다음, [Revit 링크] 탭에서 'Sample_전기.rvt'의 가시성을 끄고 [확인] 버튼을 누릅니다.

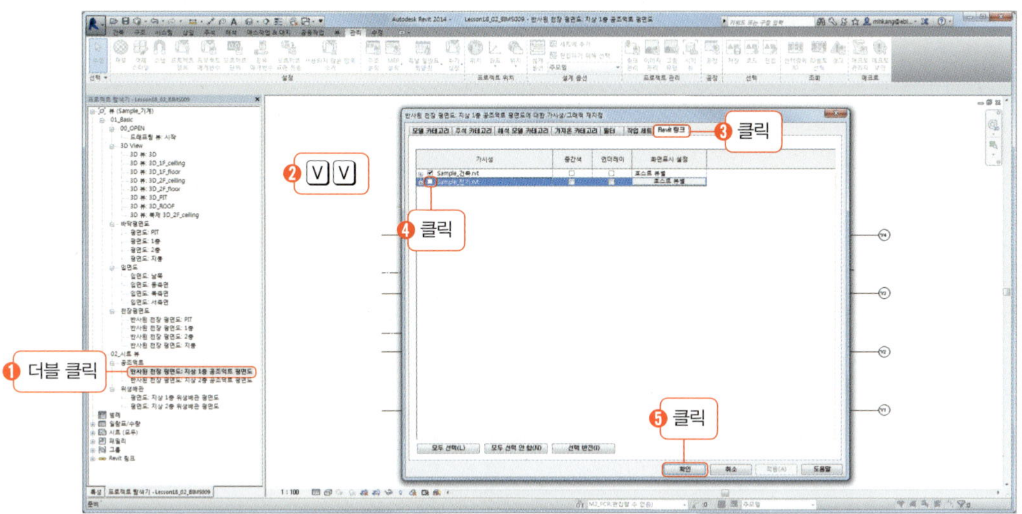

02 [주석] 탭▶[태그] 패널▶[카테고리별 태그]를 클릭한 후 옵션 막대에서 '수직'을 선택합니다. 그런 다음, '부착된 끝'이 선택되었는지 확인하고 값에 '10mm'를 입력한 후 [태그]를 클릭합니 다.

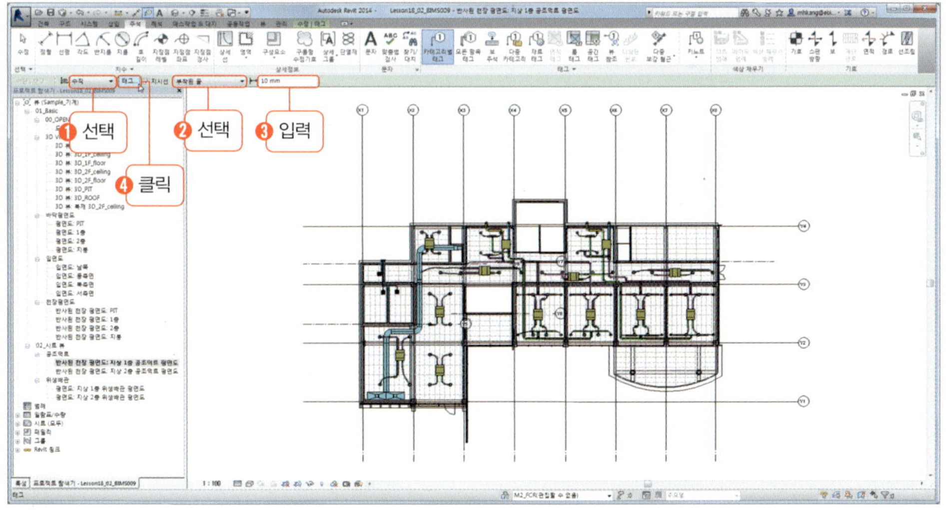

TIP

태그를 클릭하면 로드된 [태그] 대화상자가 열립니다.

03 로드된 [태그] 대화상자의 카테고리 아래에서 '덕트/덕트 자리 표시자'를 선택한 후 로드된 태그에서 'M_덕트 크기 태그'를 선택하고 [확인] 버튼을 누릅니다.

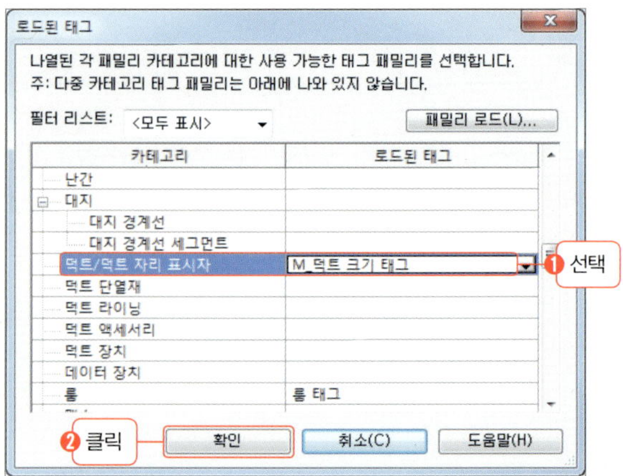

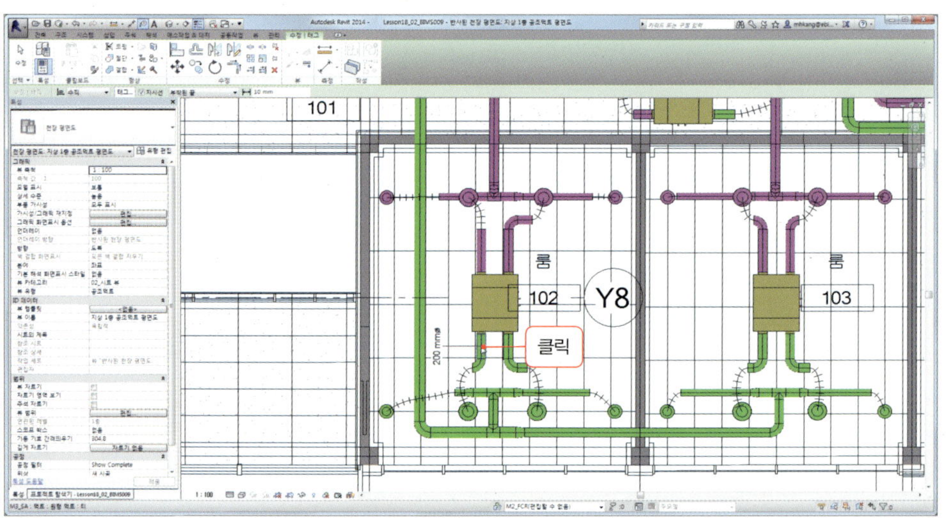

04 '룸 102'를 확대한 후 'SA 덕트'를 선택하면, 덕트의 사이즈가 다음과 같이 태그로 표시됩니다.

01 다시 옵션 막대에서 '태그'를 클릭한 후 카테고리에서 '덕트/덕트 표시된 자리 표시자'를 선택합니다. 그런 다음, 'M_ 하단 고도 덕트 태그'를 선택하고 [확인] 버튼을 누릅니다.

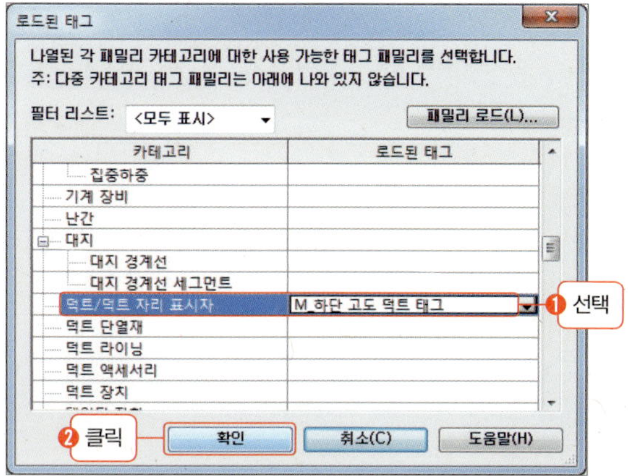

02 룸 102를 확대한 후 'RA 덕트'를 선택하면, 덕트 하단 높이가 다음과 같이 태그로 표시됩니다.

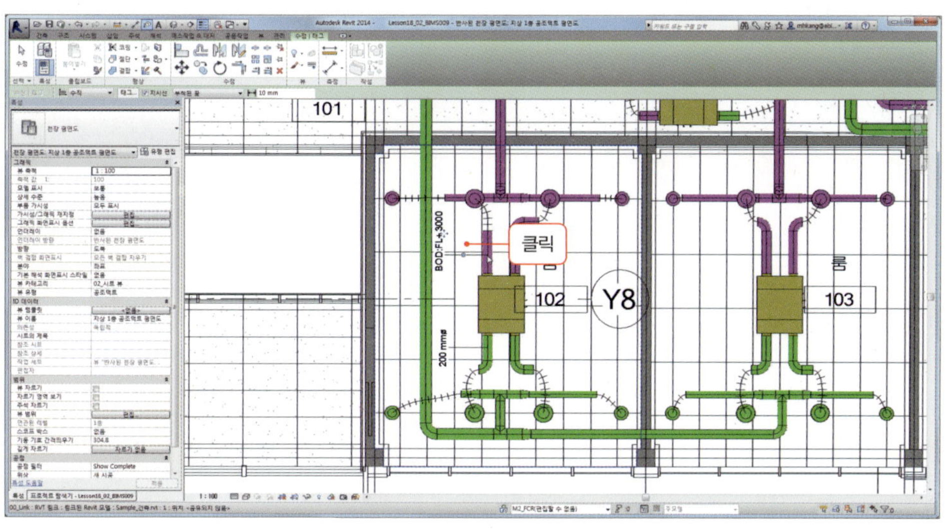

03 ꉼꉼ(창에 맞게 줌)를 누른 후 [주석] 탭▶ [태그] 패널▶ [모든 항목 태그]를 클릭합니다. 그런 다음, [태그가 지정되지 않은 모든 항목 태그] 대화상자에서 [덕트 태그]에 'M_하단 고도 덕트 태그'를 선택하고, [확인]을 클릭합니다.

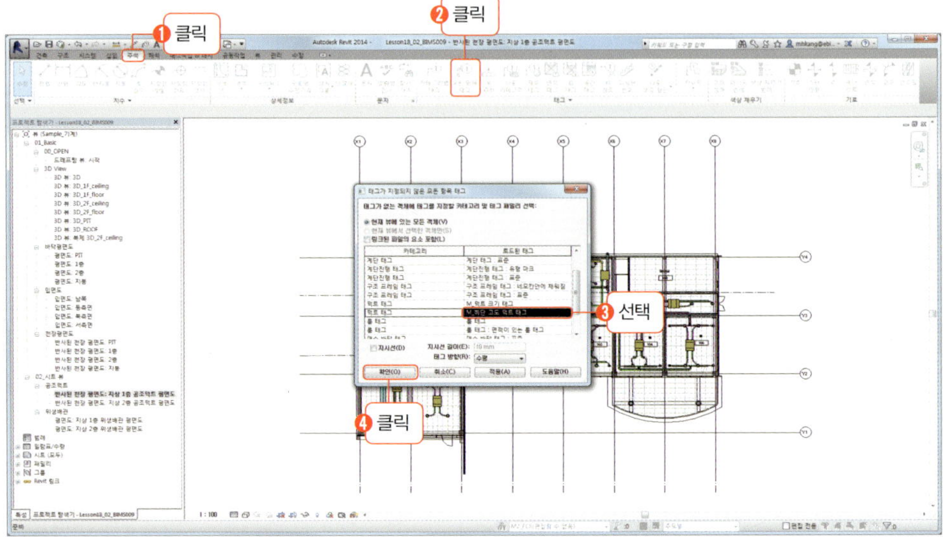

04 다음과 같이 태그가 없는 모든 덕트에 'M_하단 고도 덕트 태그'가 삽입됩니다.

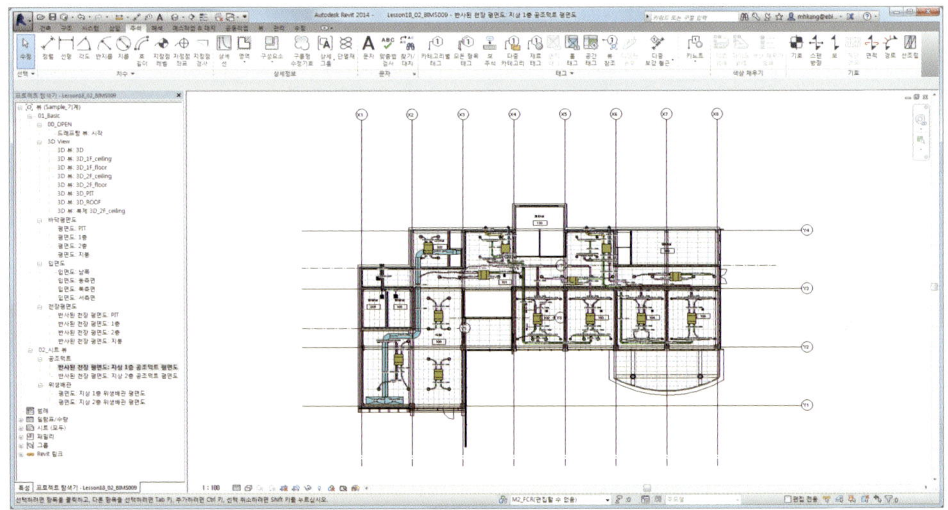

01 단위 설정을 열기 위해 U N (프로젝트 단위)을 누른 후 HVAC 분야에서 [덕트 크기]의 '1235 [mm]'를 클릭합니다. 그런 다음, [형식] 대화상자에서 [단위 기호]를 '없음'으로 지정하고, [확인] 을 두 번 누릅니다.

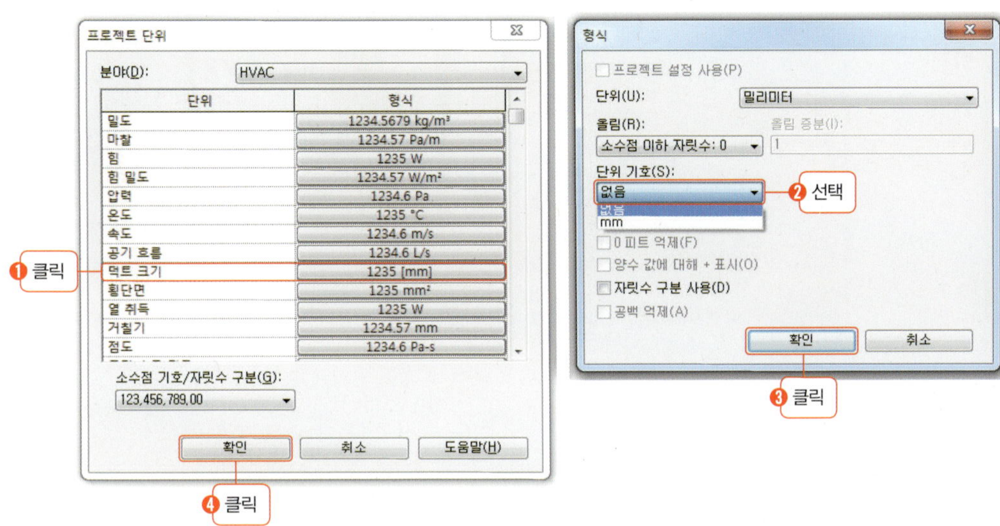

02 기계 설정을 열기 위해 M S (기계 설정)를 누릅니다. '덕트 설정'을 선택한 후 원형 덕트 크기 접두 어의 값에 'Ø'를 입력하고, 원형 덕트 크기 접미어의 값을 지운 다음, [확인] 버튼을 누릅니다.

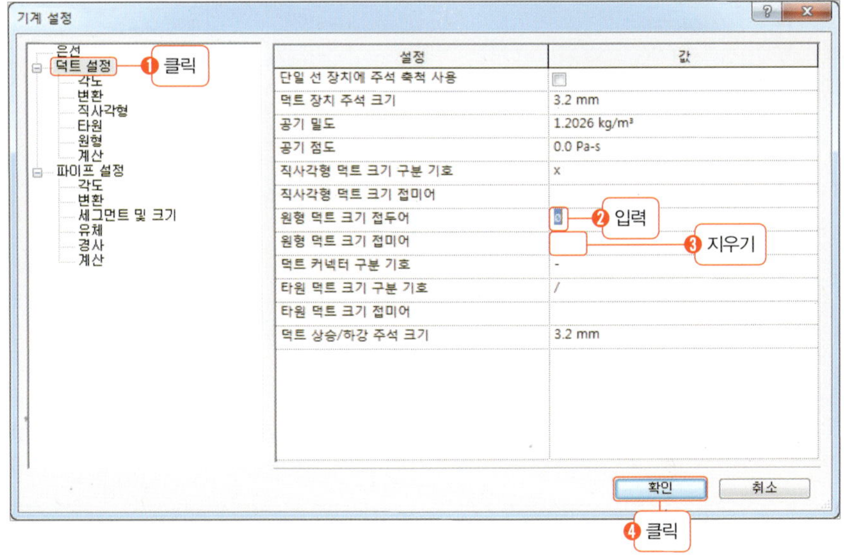

 '룸 102' 부분을 뷰에서 확대해보면, 태그의 단위가 'Ø200'으로 재설정되어 나타납니다.

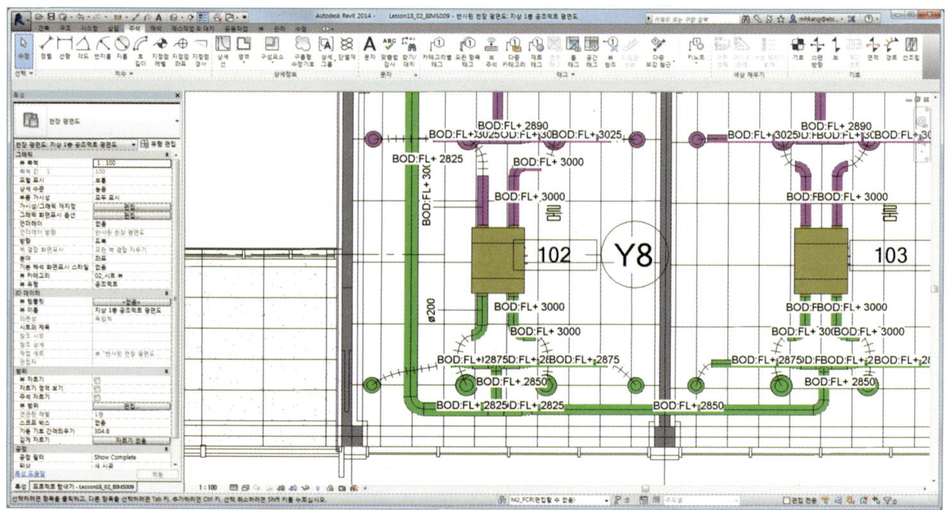

01 ⓏⓉ(창에 맞게 줄어듦)를 누른 후 [특성] 대화상자에서 범위 아래 자르기 영역 보기를 체크하고 [적용] 버튼을 누릅니다.

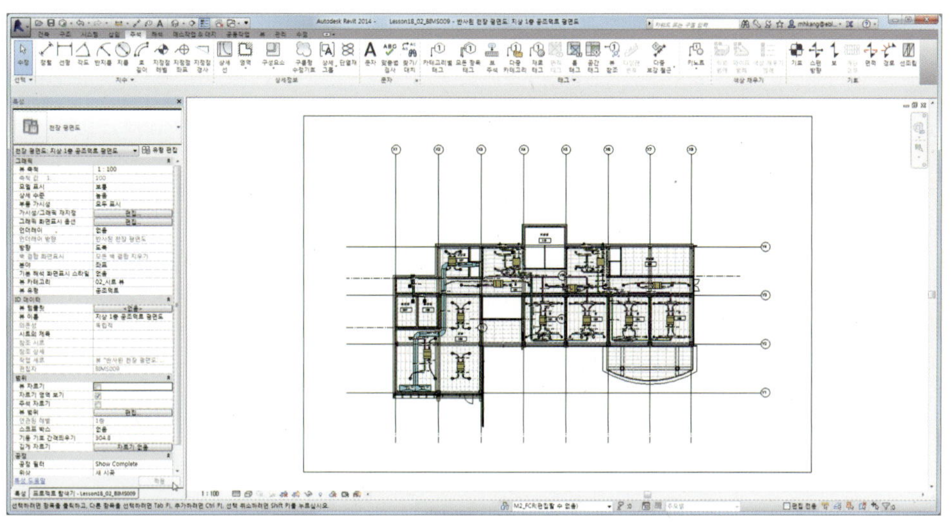

TIP

뷰 조절 막대에서 자르기 영역 표시 📧를 클릭하는 것과 같습니다.

02 평면 뷰에서 자르기 영역 상자를 선택한 후 다음의 3가지 방법들을 이용하여 영역의 크기를 조정합니다.

1. 끌기 컨트롤을 사용하여 원하는 크기로 조정합니다.

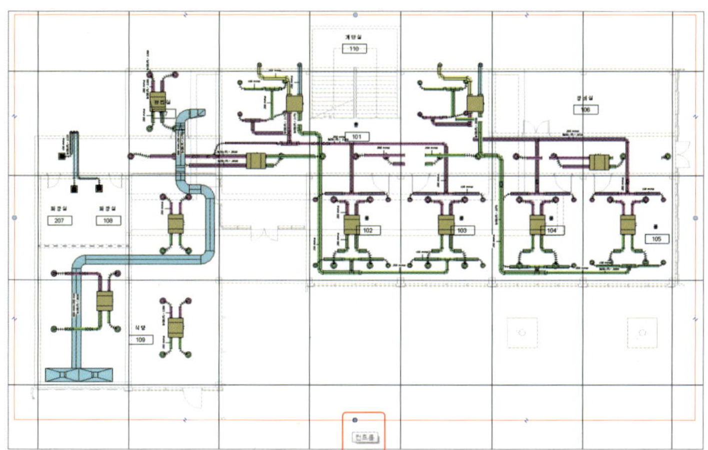

2. [수정 | 평면도] 탭▶[모드] 패널▶[편집 자르기]를 이용하여 원하는 범위를 조정합니다. 이 기능을 이용하면 직사각형이 아닌 자르기 영역을 작성할 수 있습니다.

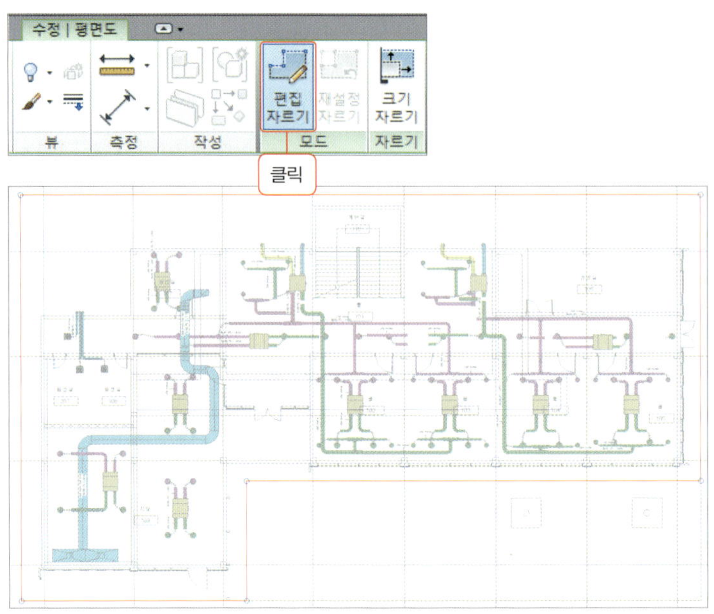

3. [수정 | 평면도] 탭▶[자르기] 패널 ▶ [크기 자르기]를 클릭합니다.

[자르기 영역 크기] 대화상자에서 원하는 크기로 재설정합니다.

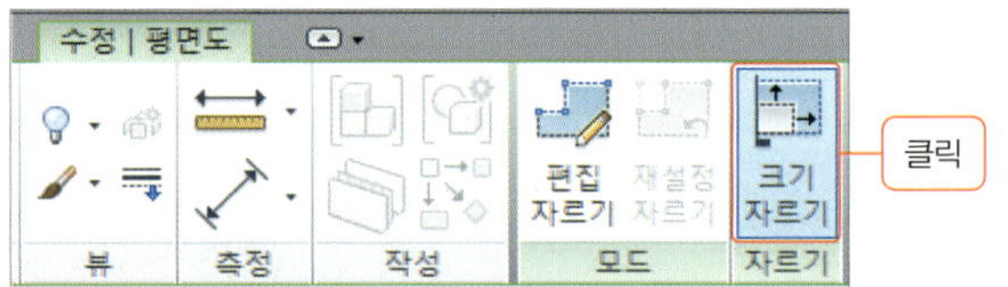

TIP

모델의 중심을 기준으로 설정된 크기에 맞춰 자동 재설정됩니다.

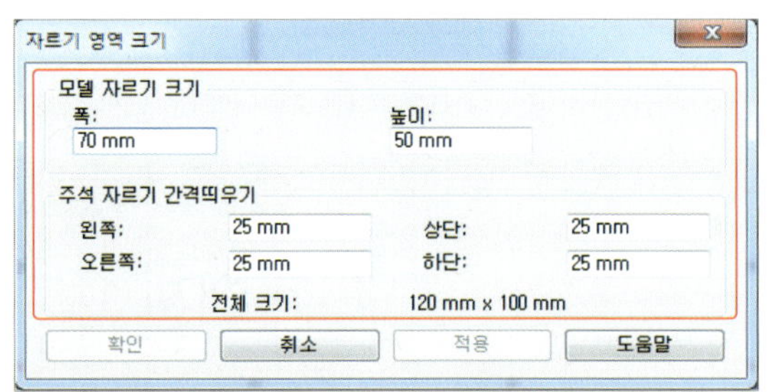

03 [특성] 대화상자에서 범위 항목의 '뷰 자르기'를 체크한 후 [적용] 버튼을 누릅니다.

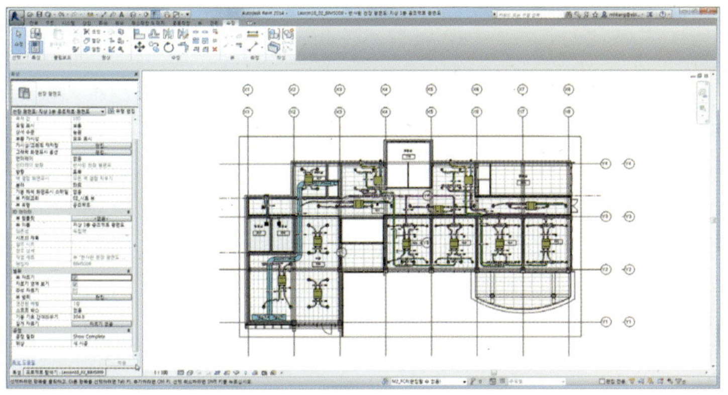

TIP

뷰 조절 막대에서 뷰 자르기 를 클릭해도 됩니다.

Note

■ 뷰 자르기

자르기 영역은 모델 자르기 영역과 주석 자르기 영역을 표시하여 프로젝트 뷰의 경계를 정의합니다. 투시도와 3D 뷰는 주석 자르기 영역을 지원하지 않습니다.

■ 뷰 자르기는 모델 자르기의 경계에서 모델 요소, 상세 요소, 단면 상자 및 스코프 박스를 자릅니다.

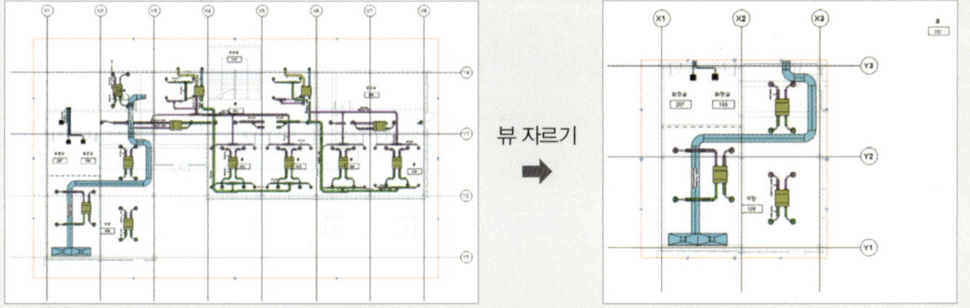

TIP

룸 태그와 같은 주석은 '주석 자르기'해서 정리해야 합니다.

■ 주석 자르기

■ 주석 자르기는 주석 요소의 일부에 영역이 닿으면, 주석 요소가 완전히 잘라집니다. 숨겨졌거나 잘린 모델 요소를 참조하는 주석도 뷰에 표시되지 않습니다. 다음은 주석 자르기를 사용하여 정리한 모습입니다.

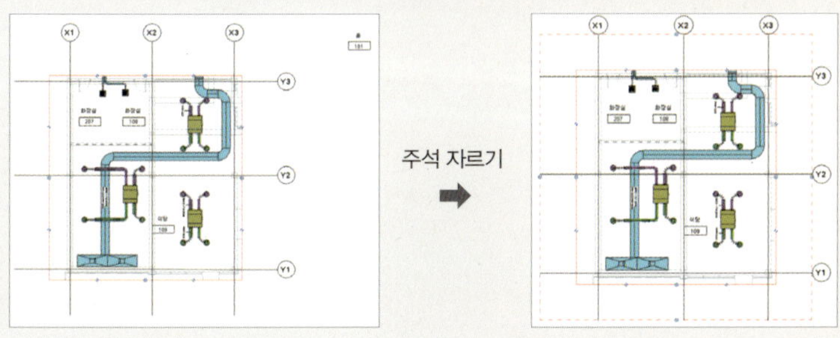

01 프로젝트 탐색기에서 '시트 ➤ 01.02.04-이름 없음'을 더블 클릭하여 해당 시트를 연 후 마우스 오른쪽 버튼을 클릭하고 '뷰 추가'를 클릭합니다.

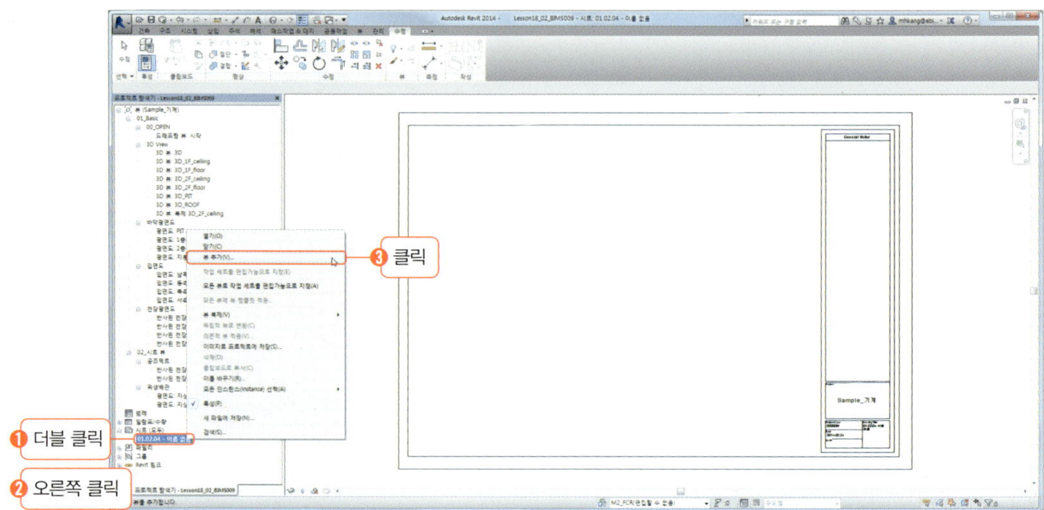

02 [뷰] 대화상자에서 '지상 1층 공조 덕트 평면도'를 선택한 후 [시트에 뷰 추가] 버튼을 클릭합니다.

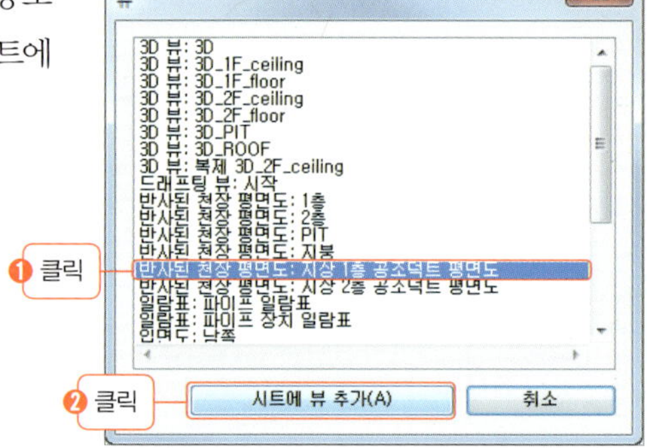

03 시트의 도면 영역 안을 클릭하여 지상 1층 공조 덕트 평면도를 다음과 같이 배치합니다.

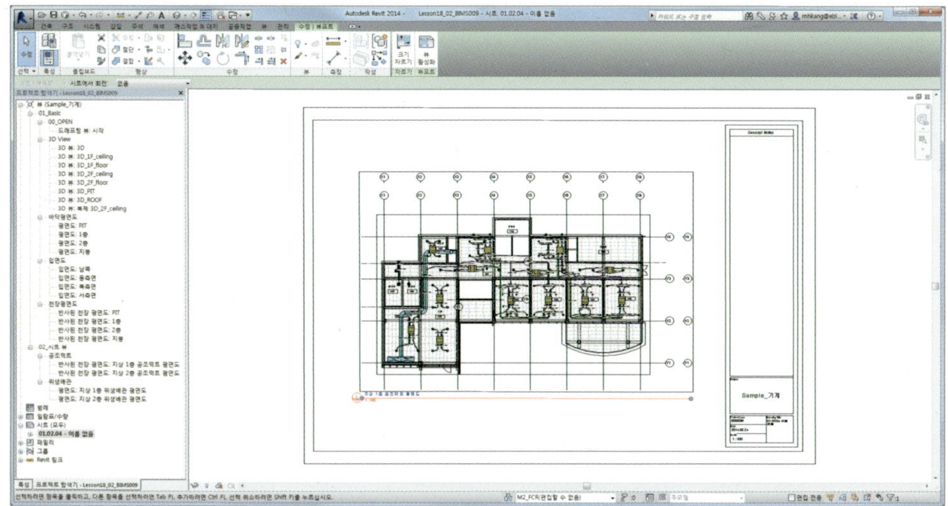

04 프로젝트 탐색기에서 '시트 ➤ A101-이름 없음'에 커서를 올려놓은 후 마우스 오른쪽 버튼을 클릭하고 '이름 바꾸기'를 선택합니다. 번호에 '02.01', 이름에 '지상 1층 공조 덕트 평면도'를 입력한 후 [확인] 버튼을 누릅니다.

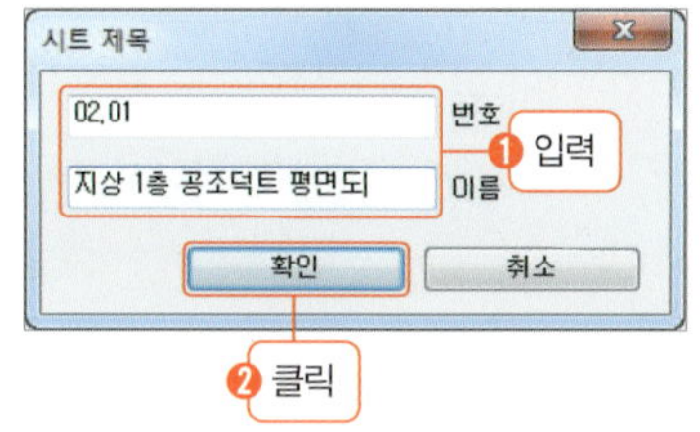

05 시트의 오른쪽 하단 부분을 확대해보면, 레이블로 작성된 값들이 업데이트된 것을 확인할 수 있습니다. 그러나 Drawing Title 레이블값이 틀을 벗어납니다. 이를 수정하기 위해 [수정 | 제목 블록] 탭 ➤ [모드] 패널 ➤ [패밀리 편집]을 클릭합니다.

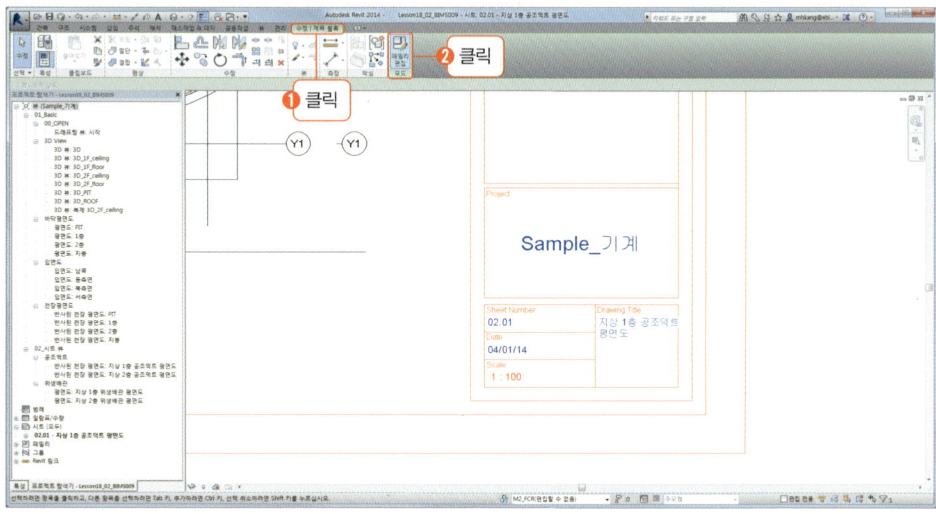

06 제목 블록에서 시트 이름의 범위를 다음과 같이 조절한 후 [패밀리 편집기] 패널의 [프로젝트 로드]를 선택하여 패밀리를 업데이트합니다.

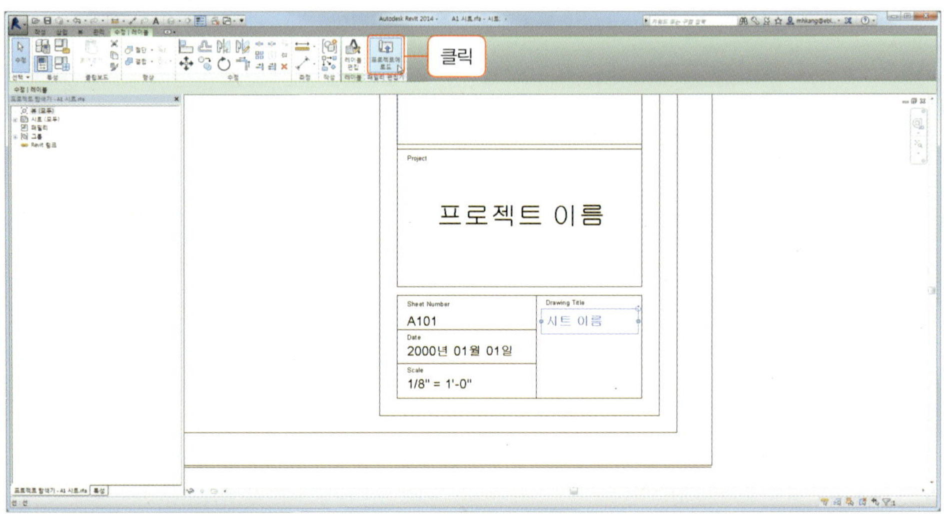

07 [패밀리가 이미 있음]이라는 경고 창이 나타나면 [기존 버전과 해당 매개변수값 덮어쓰기]를 클릭합니다.

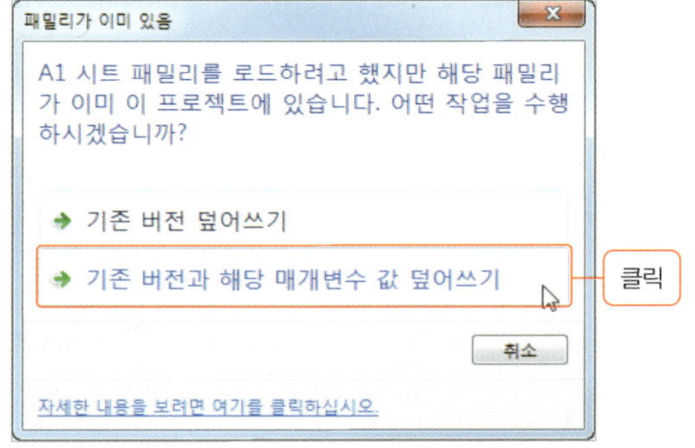

08 다음과 같이 Drawing Title값이 틀 안으로 들어옵니다.

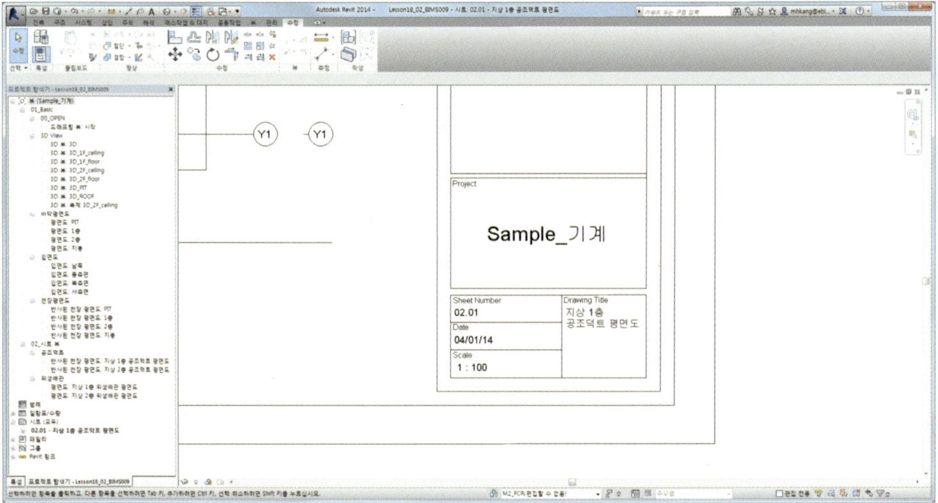

의존적 뷰를 사용한 시트 배치

1차 뷰에 의존하는 뷰의 여러 사본을 작성할 수 있습니다. 의존적 뷰가 되는 모든 사본은 1차 뷰 및 다른 모든 의존적 뷰와 동기 상태를 유지하므로, 하나의 뷰에서 수행된 뷰 특정 변경 사항(뷰 축척, 주석)은 모든 뷰에 반영됩니다.

> **Note**
>
> 의존적 뷰 작성은 다음에서 유용할 수 있습니다.
>
> - 프로젝트 범위가 너무 넓어서 여러 뷰로 쪼개야 할 때
> - 둘 이상의 시트에 뷰를 배치해야 할 때

01 의존적 뷰 복제

01 ➤ [열기] ➤ [프로젝트]를 클릭하여 [새 프로젝트] 대화상자가 나타나면 'Sample\Chapter10\Lesson18\Lesson 18_03.rvt' 파일을 불러옵니다. 그런 다음, 프로젝트 탐색기에서 '지상 1층 위생 배관 평면도'를 더블 클릭하고 마우스 오른쪽 버튼을 누른 후 [뷰 복제] ➤ [의존적 뷰로 복제]를 선택하여 2개의 뷰를 복제합니다.

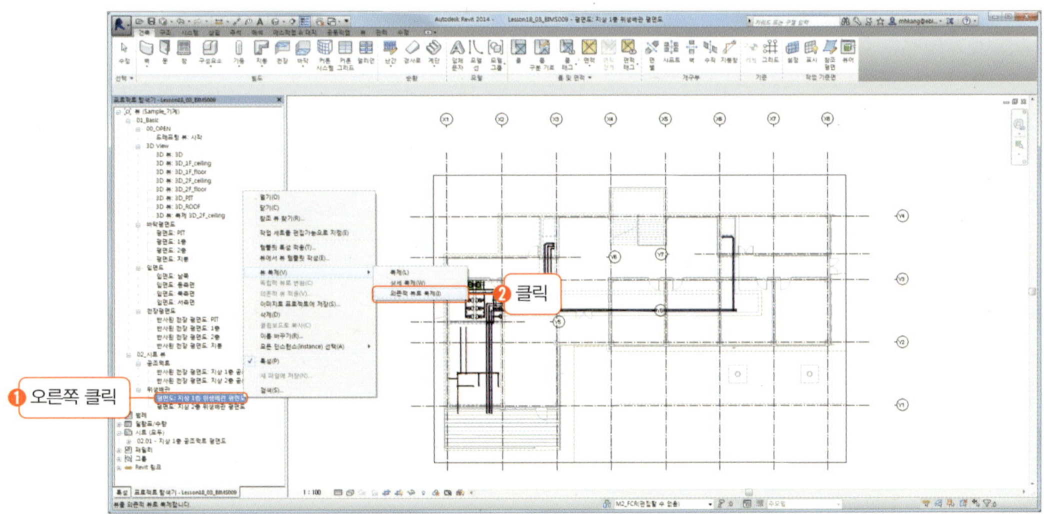

TIP

의존적 뷰에서는 새로운 의존적 뷰를 작성할 수 없습니다.

02 복제한 뷰의 이름을 '지상 1층 화장실 확대 배관 평면도', '지상 1층 위생 배관 평면도-1'로 바꿉니다.

매치 라인은 뷰가 분할된 지점을 나타내기 위해 뷰에 추가할 수 있는 스케치 선입니다.

01 '지상 1층 위생 배관 평면도'를 더블 클릭한 후 [뷰] 탭 ▶ [시트 구성] 패널 ▶ [매치 라인] 🖼을 클릭합니다.

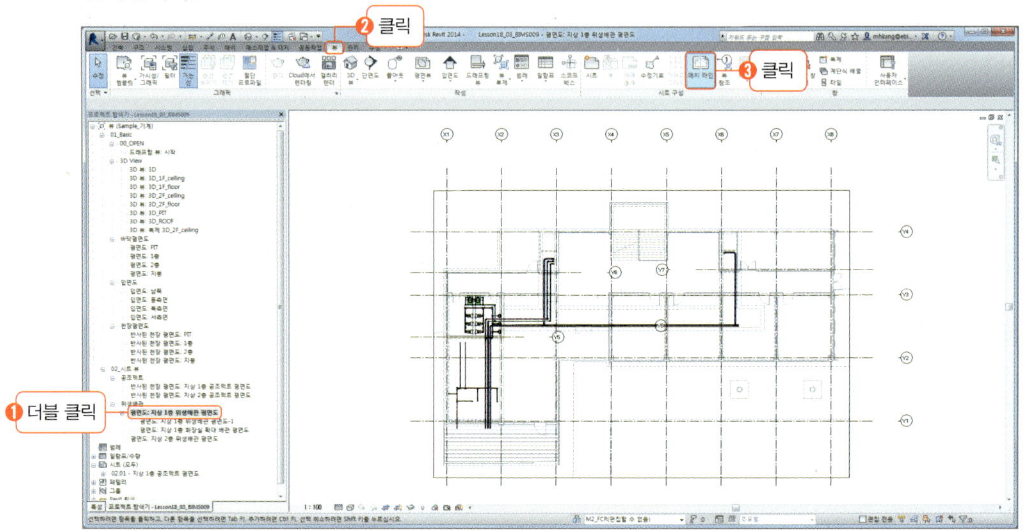

02 [그리기] 패널에서 [선]을 선택한 후 옵션 막대에서 간격 띄우기값에 '500'을 입력합니다. 그런 다음 화장실 부분을 확대하여 다음과 같이 X1, X2, Y1, Y2에서 500mm 밖으로 사각 박스를 그리고 [완료] ✔를 클릭합니다.

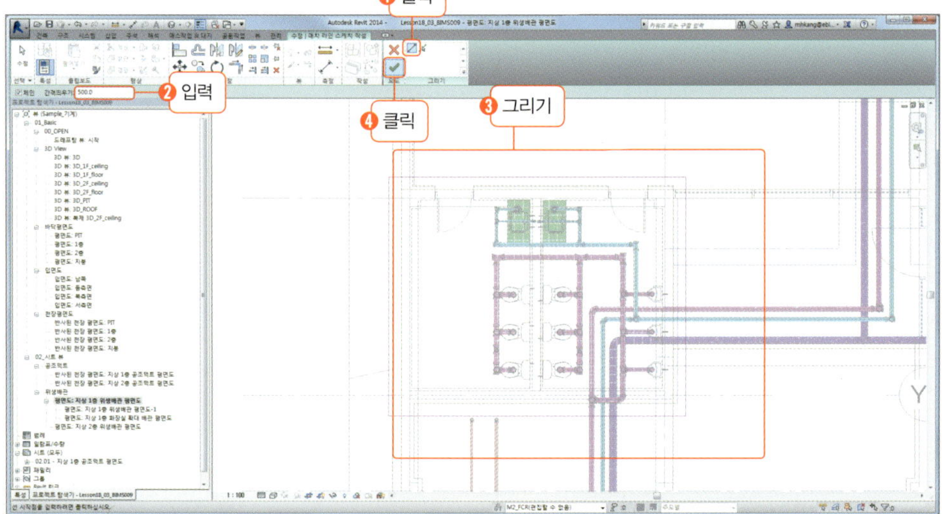

화장실 영역만을 별도로 구성하므로, 다른 의존적 뷰에서는 화장실 영역이 보이지 않도록 하기 위해 마스킹 영역을 사용합니다.

Note

마스킹 영역은 다음과 같은 경우에 유용할 수 있습니다.

- 프로젝트에서 요소를 숨겨야 할 경우
- 상세 패밀리 등을 작업할 때, 상세 구성 요소를 마스킹할 요소의 배경이 필요한 경우
- 가져온 2D DWG 파일이 뷰에 배치될 때, 다른 요소를 가려야 할 경우

01 프로젝트 탐색기에서 '지상 1층 위생 배관 평면도–1'를 더블 클릭한 후 [주석] 탭 ▶ [상세 정보] 패널 ▶ [영역] ▶ [마스킹 영역]을 클릭합니다.

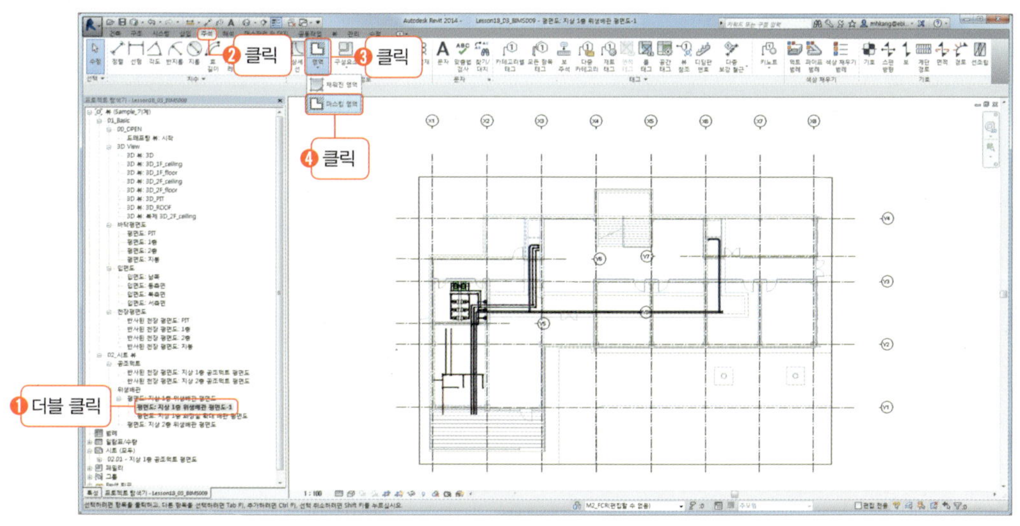

02 [그리기] 패널에서 [직사각형]을 선택한 후 옵션 막대의 간격 띄우기값에 '500'을 입력합니다. 그런 다음 화장실 부분을 확대하여 매치 라인과 동일하게 X1, X2, Y1, Y2에서 500mm 밖으로 사각 박스를 그리고, [완료] ✔ 를 클릭합니다.

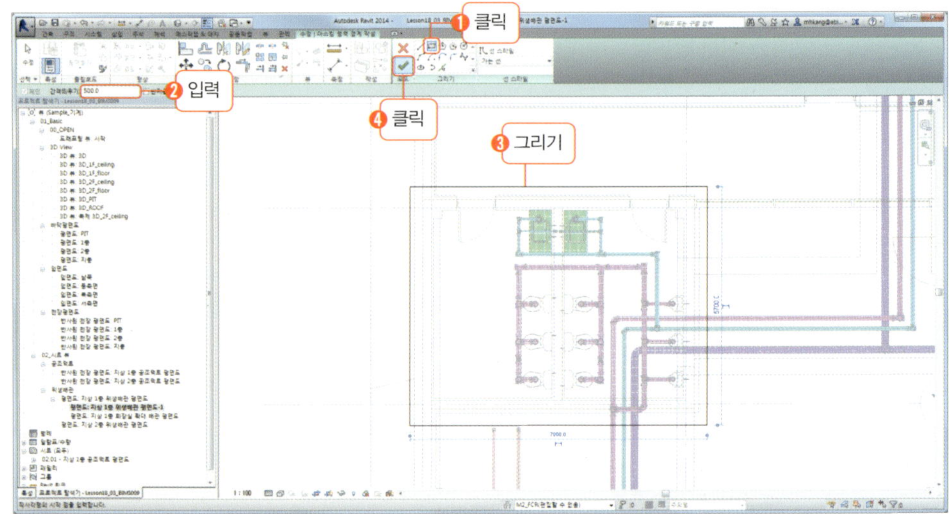

TIP

비주얼 스타일이 와이어프레임으로 되어 있을 경우에는 마스킹 영역이 보이지 않습니다.

03 뷰 조절 비주얼 스타일을 '은선'으로 설정하면, 다음과 같이 화장실 부분이 마스킹 영역으로 가려집니다.

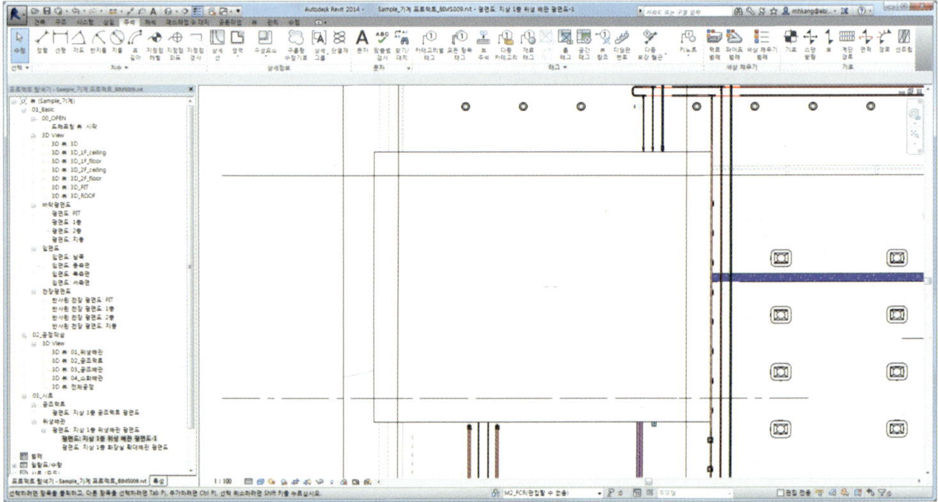

04 프로젝트 탐색기에서 '지상 1층 화장실 확대 배관 평면도'를 더블 클릭합니다. Z T(창에 맞게 줌)를 누른 후 '지상 1층 위생 배관 평면도–1'에서 작업한 마스킹 영역을 숨기기 위해 작업된 마스킹 영역을 선택하고, 마우스 오른쪽 버튼을 클릭하여 [뷰에서 숨기기] ▶ [요소]를 클릭합니다.

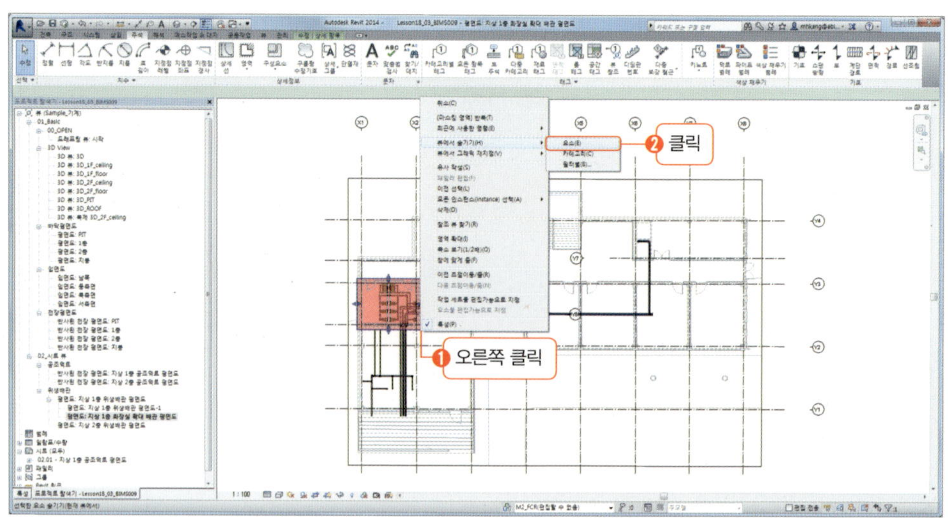

05 '자르기 영역 박스'를 선택한 후 화장실만 보이도록 다음과 같이 조정합니다.

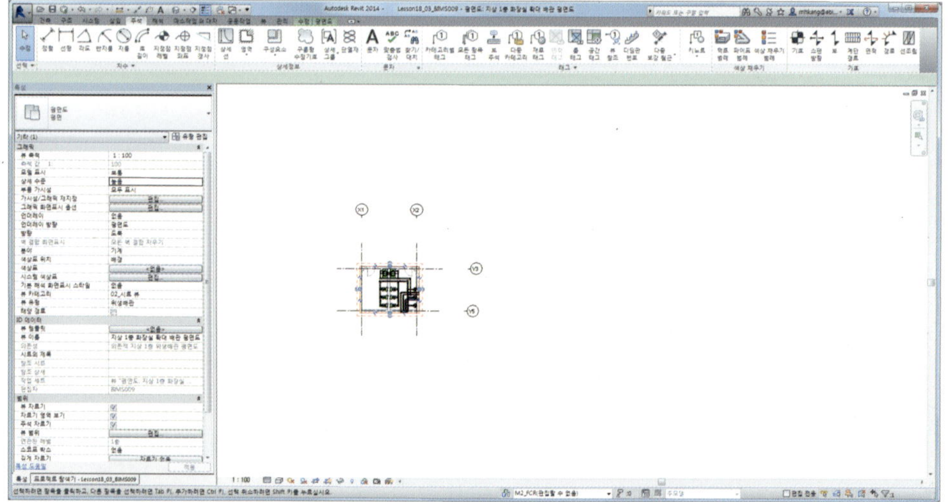

06 Ｚ Ｔ(창에 맞게 줌)를 누른 후 [뷰] 탭▶[시트 구성] 패널▶[시트]를 클릭합니다. 그런 다음, 'A1 시트'를 선택하고 [확인] 버튼을 누릅니다.

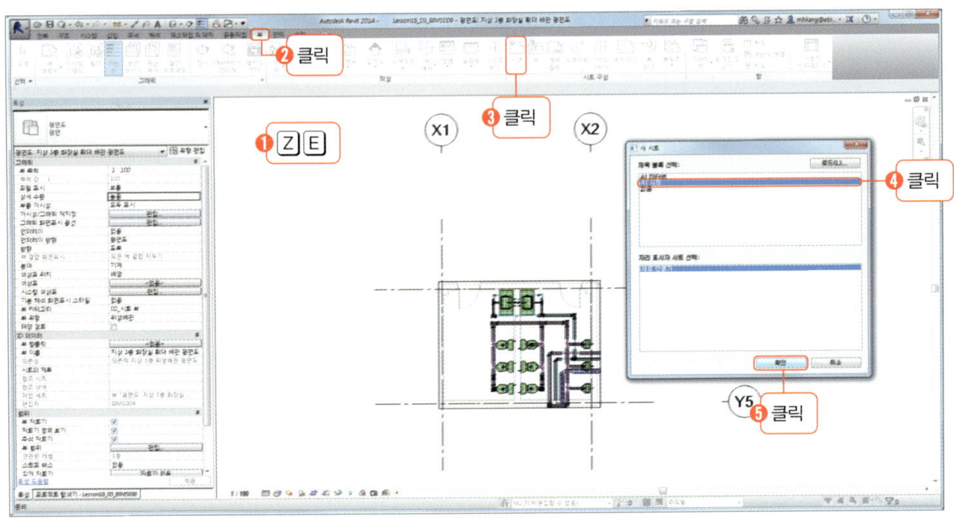

07 프로젝트 탐색기에서 생성된 시트를 선택한 후 마우스 오른쪽 버튼을 클릭하고 '뷰 추가'를 선택합니다.

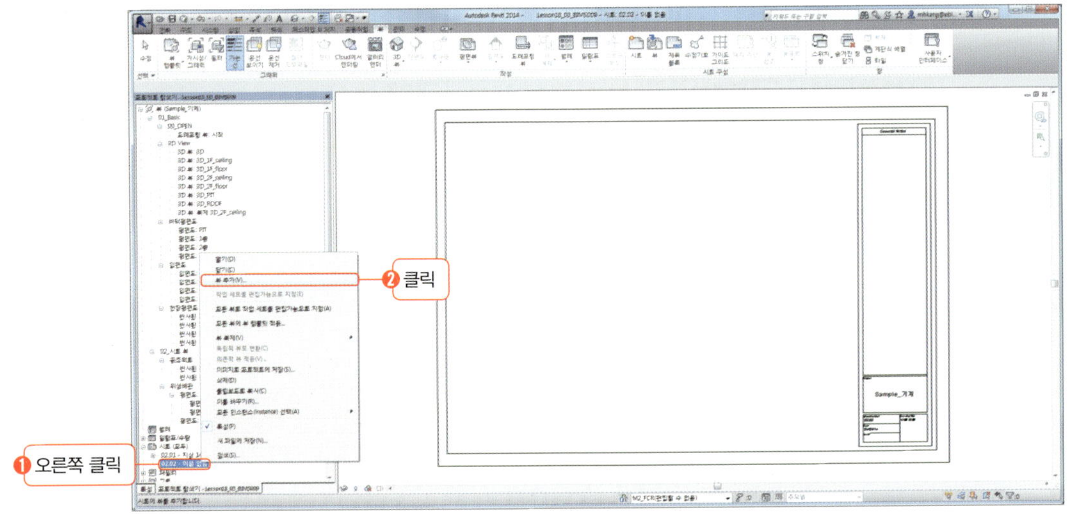

지상 1층 화장실 확대 배관 평면도는 의존적 뷰이고 1차 뷰 및 나머지 모든 의존적 뷰와 동기 상태이므로, 뷰 축척 등을 다르게 변경할 수 없습니다.

08 지상 1층 위생 배관 평면도를 선택하고, [시트에 뷰 추가] 버튼을 부릅니다.

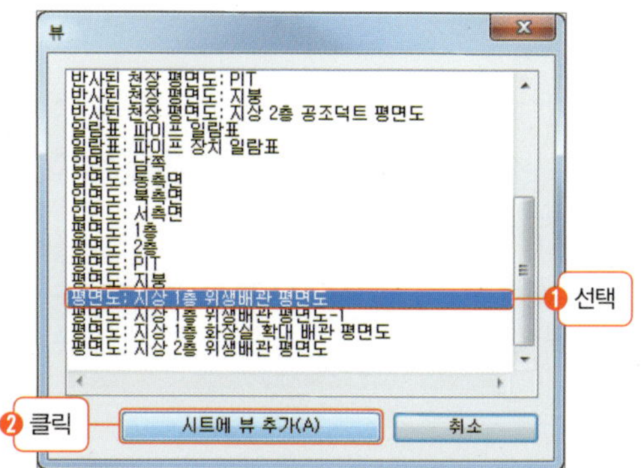

09 시트의 도면 영역 안을 클릭하여 평면 뷰를 배치한 후 (프로젝트 탐색기에서 해당 시트를) '이름 바꾸기' 하여 번호에 '01.01', 이름에 '지상 1층 위생 배관 평면도'를 입력하고 [확인] 버튼을 누릅니다.

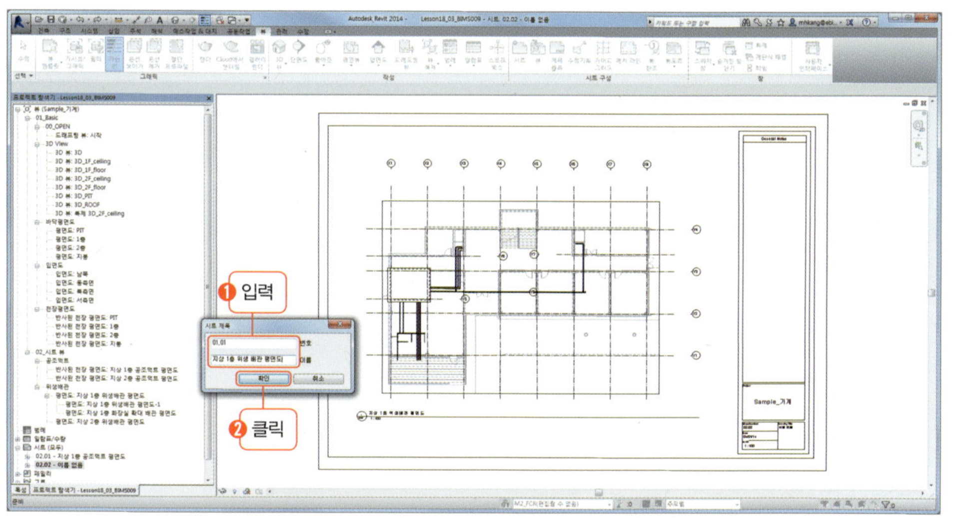

10 동일한 방법으로 시트를 생성한 후 '지상 1층 위생 배관 평면도-1', '지상 1층 화장실 확대 배관 평면도' '지상 2층 위생 배관 평면도'를 시트에 배치합니다. 그런 다음, 시트의 번호와 이름을 다음과 같이 수정합니다.

- **시트 번호** : 01.01.01, **시트 이름** : 지상 1층 위생 배관 평면도-1
- **시트 번호** : 01.01.02, **시트 이름** : 지상 1층 화장실 확대 배관 평면도
- **시트 번호** : 01.02, **시트 이름** : 지상 2층 위생 배관 평면도

01 프로젝트 탐색기에서 '지상 1층 위생 배관 평면도'를 더블 클릭한 후 도면 영역에서 매치 라인이 작성된 화장실 부근을 확대합니다.

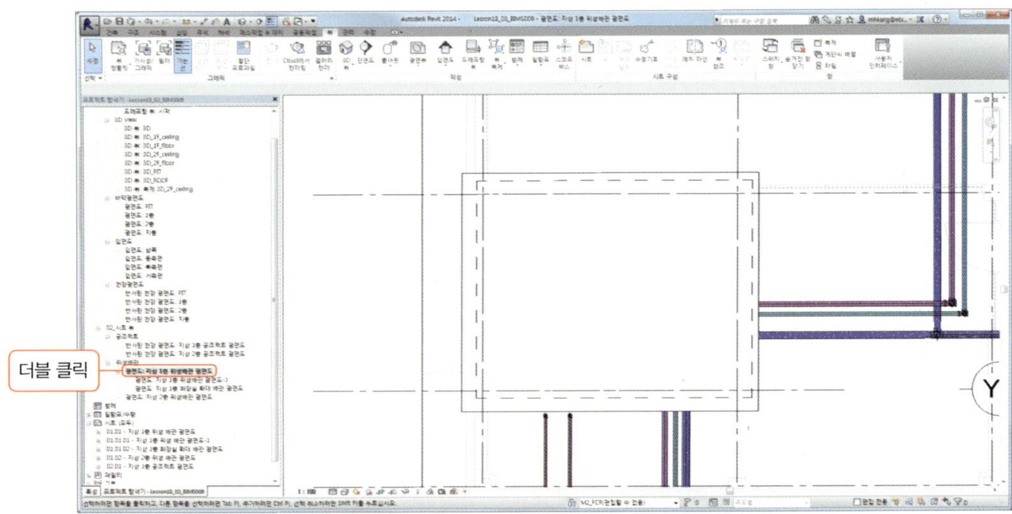

02 [뷰] 탭 ▶ [시트 구성] 패널 ▶ [뷰 참조]를 클릭한 후 매치 라인을 경계로 구분되도록 '뷰 참조'를 배치합니다. 시트에 배치 시 추가되었던 시트 번호가 자동 배치됩니다.

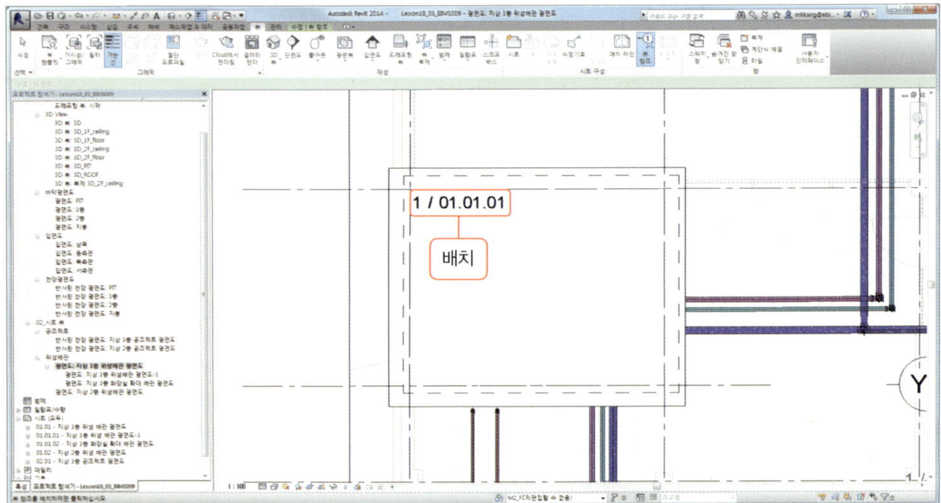

03 지상 1층 화장실 확대 배관 평면도 내부에 설치된 시트 번호를 클릭한 후 [수정 | 뷰 참조] 탭 ▶ [뷰 참조] 패널에서 [관련 뷰]에 '지상 1층 화장실 확대 배관 평면도'로 지정합니다.

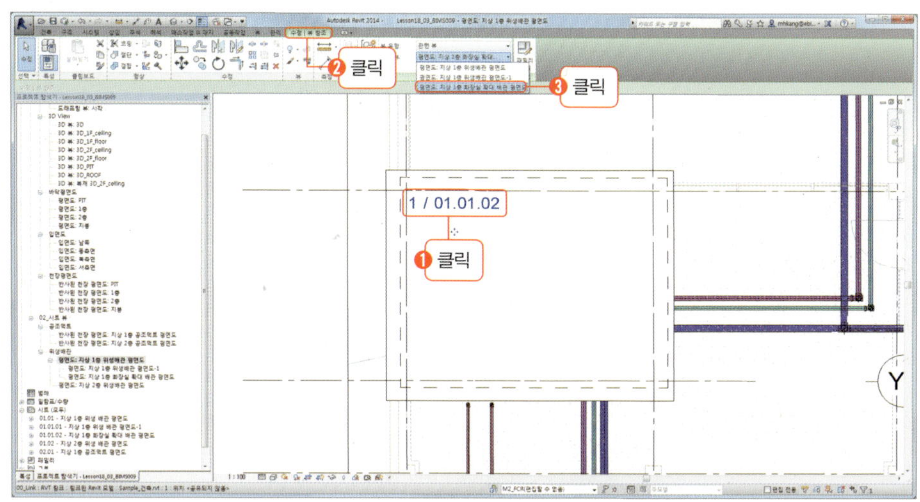

> **Note**
>
> 시트 번호가 의존적 뷰 '지상 1층 위생 배관 평면도-1'에도 나타나고, 시트 번호를 더블 클릭하면 '지상 1층 화장실 확대 배관 평면도'가 열립니다.

05 의존적 뷰 구성 전달

화장실의 위치는 층별로 동일하게 구성되어 있는 경우가 많습니다. 이 경우 동일 위치에 기존 작성된 의존적 뷰 구성이 필요합니다. 이러한 상황에서는 의존적 뷰 구성 전달을 이용합니다.

01 프로젝트 탐색기에서 '지상 1층 위생 배관 평면도'에 커서를 올려놓은 후 마우스 오른쪽 버튼을 클릭합니다. 그런 다음, [의존적 뷰 적용]을 클릭합니다.

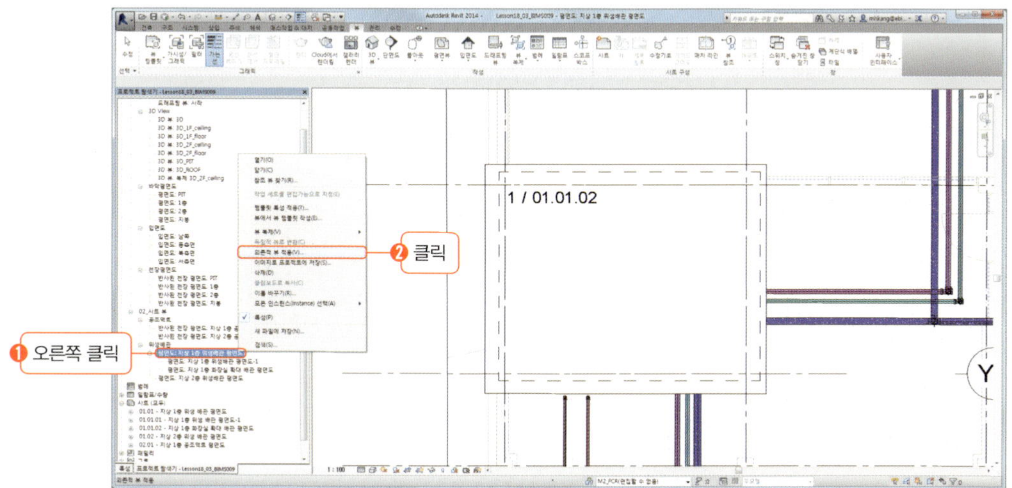

- 전달할 1차 뷰(의존적 뷰 구성이 작성된 뷰)에 커서를 올려놓고 의존적 뷰 적용을 선택합니다.
- 의존적 뷰 적용을 선택하기 전에 전달받을 뷰를 먼저 생성해야 합니다.
- 2층 평면도를 복제하여 지상 2층 위생 배관 평면도로 이름 바꾸기를 하여, '03_시트'에 배치합니다.

02 '지상 2층 위생 배관 평면도'를 선택한 후 [확인] 버튼을 누릅니다.

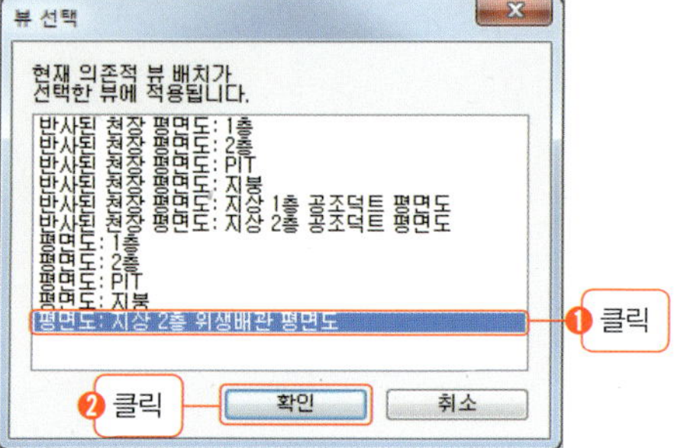

TIP

[Ctrl]을 누른 상태에서는 1개씩 선택할 수 있고, [Shift]를 누른 상태에서는 여러 개를 선택할 수 있습니다.

03 작성된 의존적 뷰 구성이 '지상 2층 위생 배관 평면도'에 동일하게 적용됩니다.

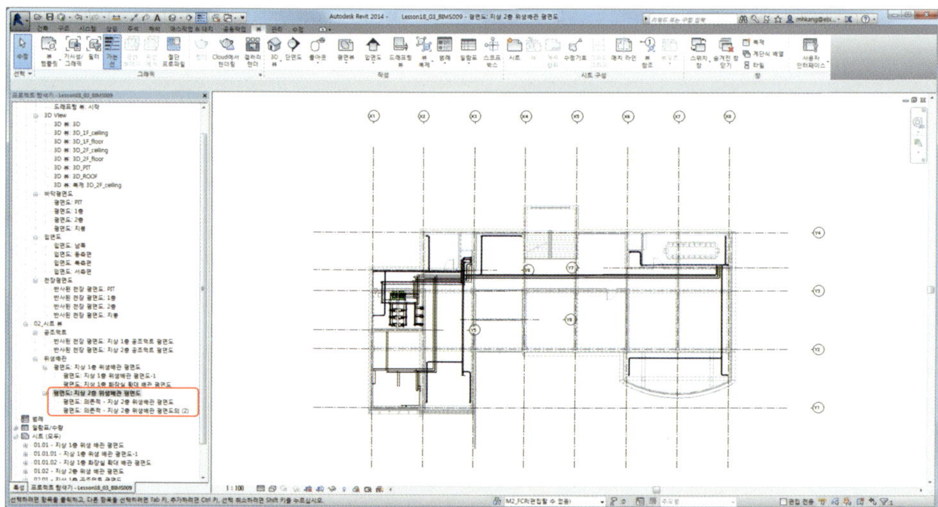

TIP

· 시트에는 개별 배치해야 합니다.

· 의존적 뷰가 있는 1차 뷰를 삭제하면, 모든 의존적 뷰도 함께 삭제됩니다.

의존적 뷰를 독립적인 뷰로 전환하면, 뷰 특정 변경 사항(뷰 축척, 주석)등을 1차 뷰에 따르지 않아도 됩니다.

01 프로젝트 탐색기에서 변환할 의존적 뷰인 [지상 1층 화장실 확대 배관 평면도]를 더블 클릭한 후 마우스 오른쪽 버튼을 클릭하고 [독립적 뷰로 변환]을 누릅니다.

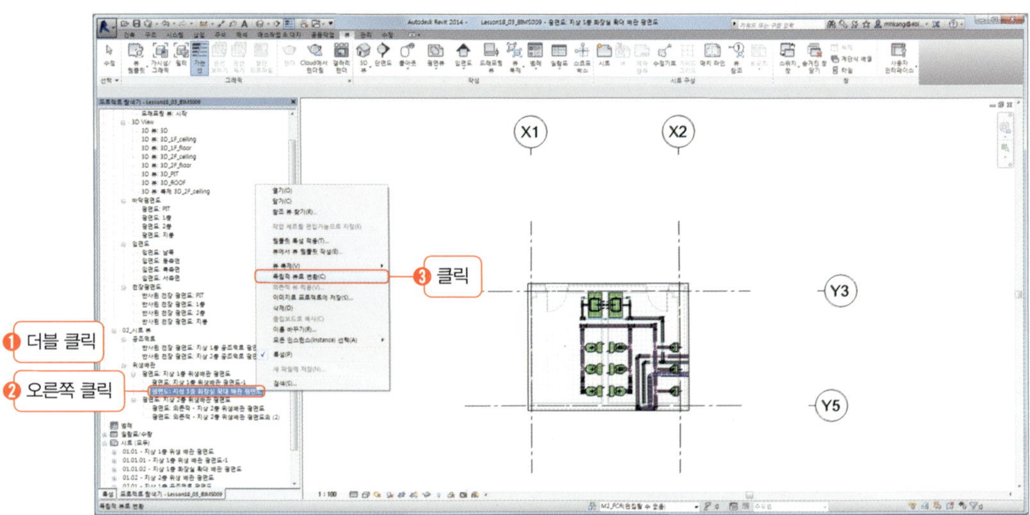

02 다음과 같이 '지상 1층 화장실 확대 배관 평면도'가 독립적인 뷰로 분리됩니다. 이제 독립적으로 이 뷰의 특정 사항을 변경할 수 있습니다. 지상 1층 화장실 확대 배관 평면도의 축척을 [1/20] 으로 재조정합니다.

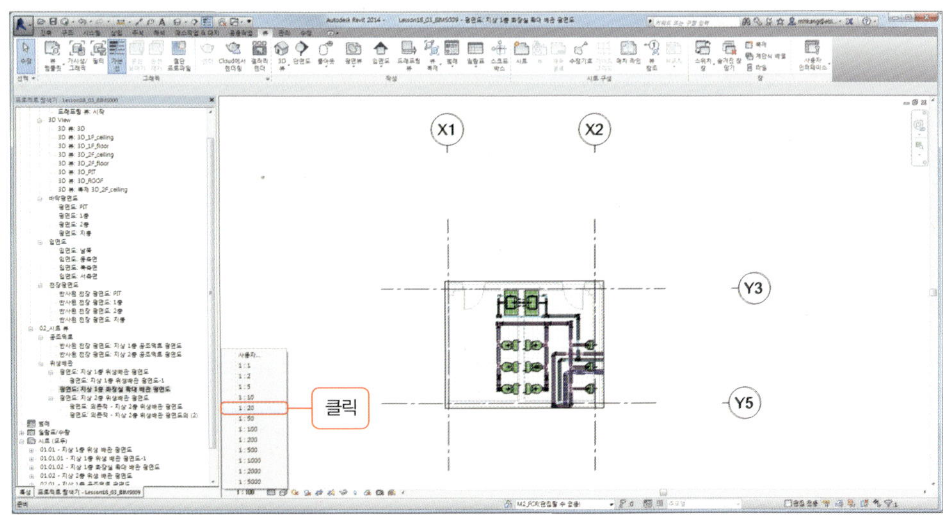

03 ⩓⩔를 눌러, 가시성/그래픽 재지정을 활성화한 후 [Revit 링크] 탭에서 Sample_건축 파일의
화면 표시 설정에 호스트 뷰별을 클릭합니다. [RVT 링크 화면 표시 설정] 대화상자의 기본 탭에
서 사용자를 선택합니다.

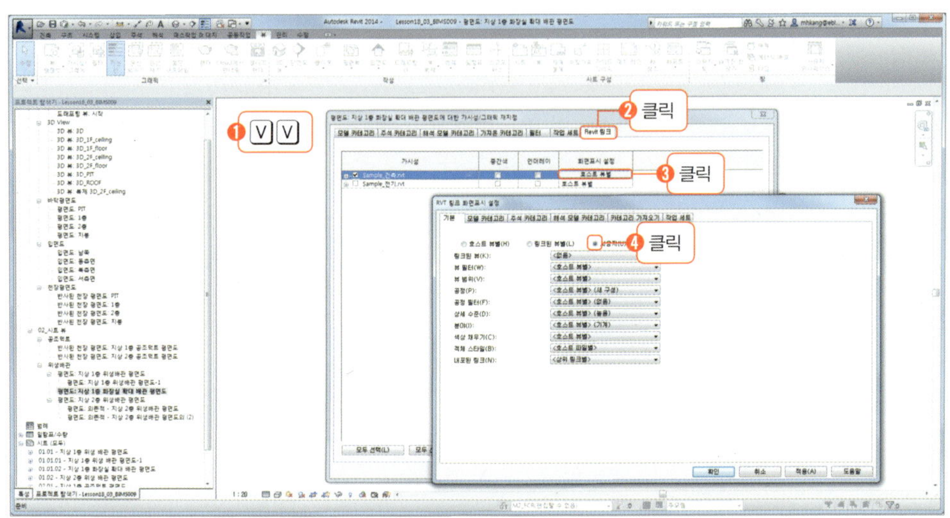

04 [RVT 링크 화면 표시 설정] 대화상자의 [주석 카테고리] 탭에서 '〈사용자〉'를 선택한 후 그리드
를 체크 해제하고 [확인] 버튼을 누릅니다.

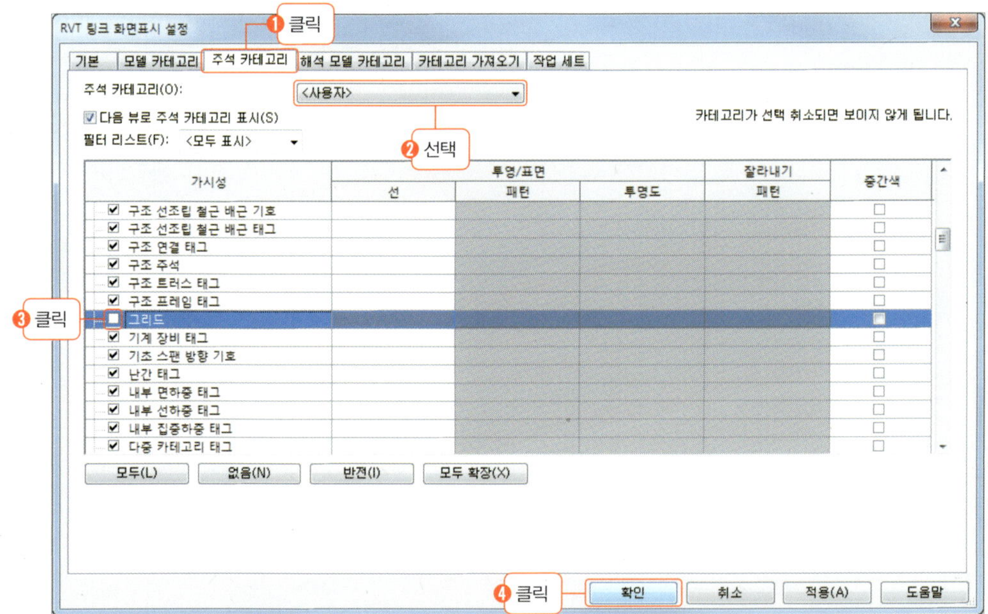

05 [Revit 링크] 탭에서 'Sample_전기 파일'의 가시성을 체크 해제하고, [확인] 버튼을 누릅니다.

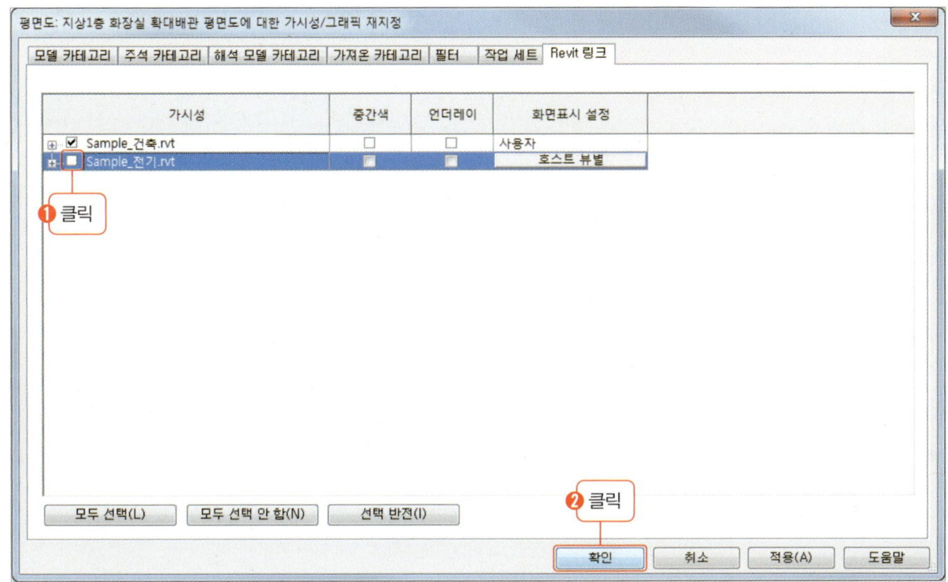

06 링크된 파일의 그리드는 제외되고, 해당 프로젝트에서 작성된 그리드만 적용되어 나타납니다. 이를 시트에 적용합니다.

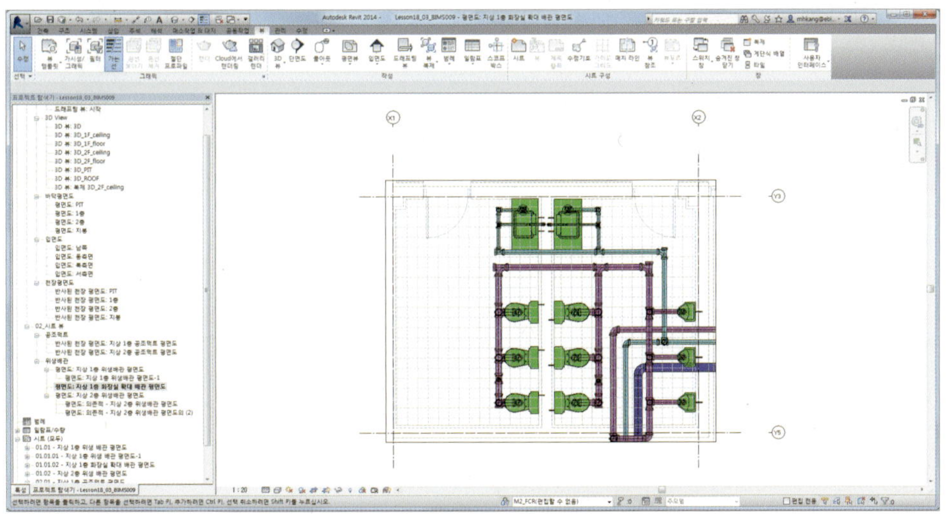

■ 모델링 작업과 문서화 작업이 완료된 후에는 [관리] 탭 ➤ [설정] 패널 ➤ 사용되지 않은 항목을 클릭하여 불필요한 객체를 퍼지하도록 합니다.

Chapter 11

내보내기

내보내기 작업에서는 하나 이상의 Revit 뷰(또는 시트)를 다른 소프트웨어에서 사용할 수 있도록 다양한 형식으로 변환합니다. 건물 모델 이미지를 사실적으로 작성하기 위해서는 렌더링 작업을 해야 합니다. 보행 시선을 가진 모델을 통해 경로를 정의하고, 애니메이션 또는 일련의 이미지를 작성하여 모델을 클라이언트에게 보여줍니다. Revit 프로젝트 및 파일을 내보내고 게시하여 고객, 컨설턴트 및 다른 팀 구성원들과 공유합니다.

내보내기 작업

하나 이상의 Revit 뷰(또는 시트)를 다른 소프트웨어에서 사용할 수 있도록 다양한 형식으로 변환하여 내보낼 수 있습니다. 여기서는 CAD 형식, DWF 형식, FBX 형식, IFC, 이미지, 렌더링, 보행 시선을 이용하여 작업합니다. ODBC 내보내기는 서브 스크립션에서 애드인으로 추가되는 애플리케이션을 설치하는 것이 편리합니다.

gbXML은 제3의 에너지 계산 툴을 사용해야 하므로, 여기서는 제외합니다.

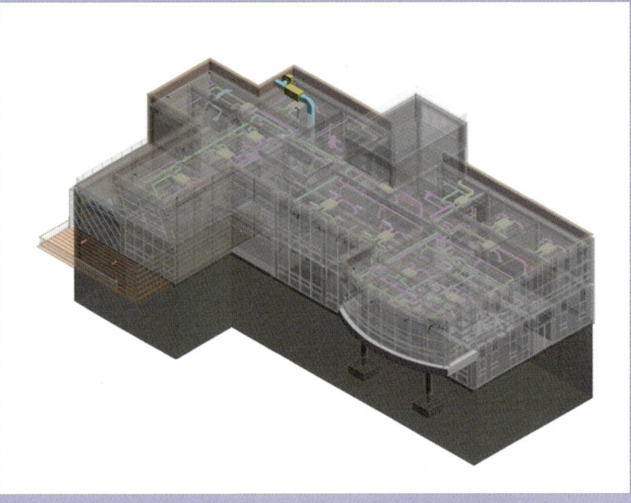

핵심 Point

내보내기 활용하기
DWG, DWF, FBX, IFC, 이미지, 렌더링, 보행 시선

DWG 형식은 AutoCAD 및 기타 CAD 응용 프로그램에서 지원됩니다. 3D 뷰에서 내보내기
를 하면 2D 표현이 아닌 실제 3D 모델이 내보내지게 됩니다. 3D 모델의 2D 표현을 내보내려
면 3D 뷰를 시트에 추가한 후 시트 뷰를 내보내야 합니다.

01 [열기] ➤ 프로젝트를 클릭하여 [새 프로젝트] 대화상자가 나타나면 'Sample\Chapter11\
Lesson19\Lesson19_01.rvt' 파일을 불러옵니다. 그런 다음, 프로젝트 탐색기에서 시트 아래
'지상 1층 공조 덕트 평면도'를 더블 클릭하여 시트를 엽니다.

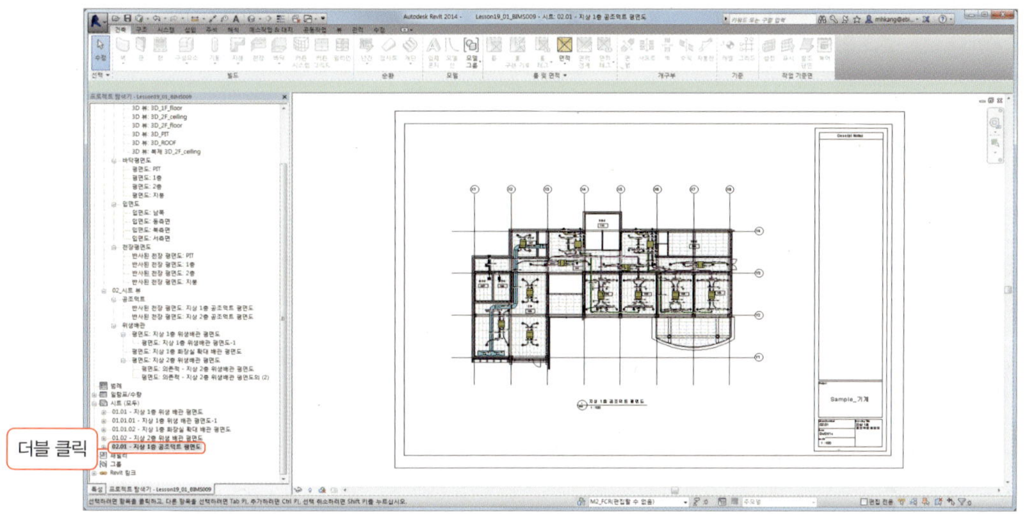

02 표제 블록 안의 뷰를 선택한 후 마우스 오른쪽 버튼을 클릭하고 [뷰 활성화]를 클릭합니다.

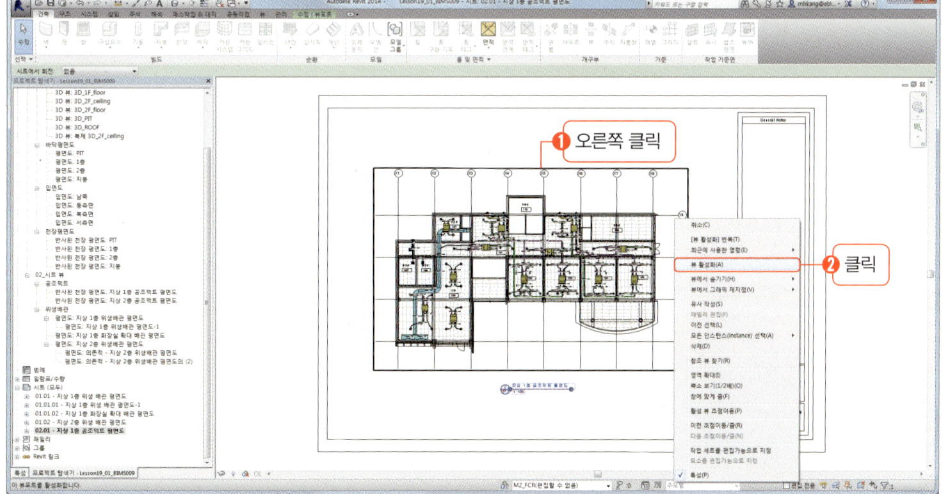

표제 블록 안의 뷰를 편집할 경우, [뷰 활성화]를 선택해야 뷰를 편집할 수 있습니다. 뷰 편집이 끝난 후에는 다시 [뷰 비활성화]를 선택합니다.

03 [뷰] 탭▶[그래픽] 패널▶[현재 뷰에 템플릿 특성 적용]을 선택한 후 기존에 있던 'Sample_MEP' 뷰 템플릿을 복제하여 '시트 뷰 템플릿'을 작성합니다.

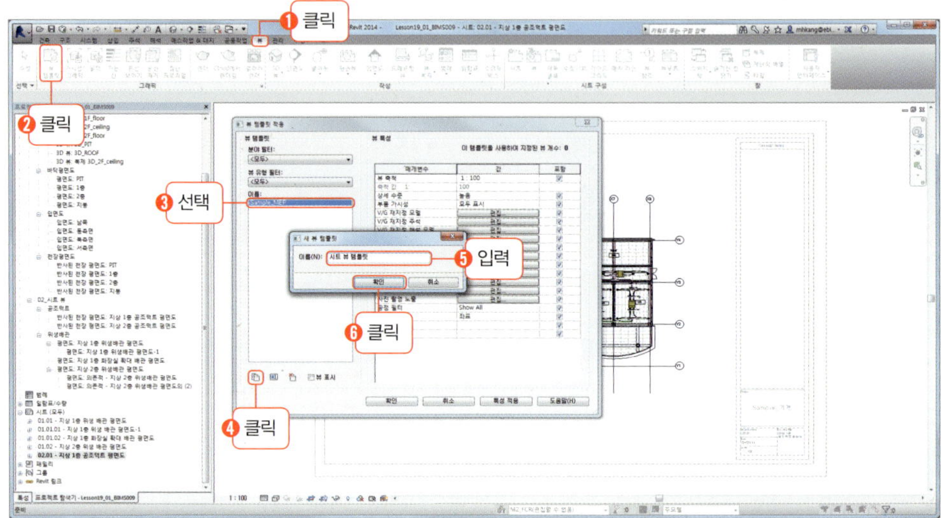

04 시트 뷰 템플릿을 다음과 같이 설정한 후 [특성 적용]을 클릭하고, [확인] 버튼을 누릅니다.

- **분야** : 기계
- **모델 화면 표시** : 스타일 '은선'
- **V/G 재지정 필터** : 모두 제거
- **V/G 재지정 작업 세트** : 00_Link, 00_공유 레벨 및 그리드, M1_기계 장비, M3_EA, M3_OA, M3_RA, M3_SA 표시, 나머지는 숨기기
- **V/G 재지정 RVT 링크** : 'Sample_전기.rvt' 체크 해제

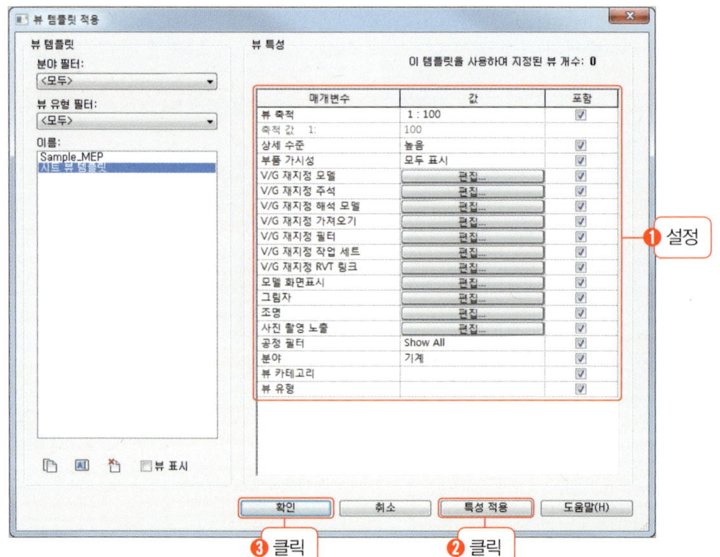

05 '시트 뷰 템플릿'이 뷰에 적용되어 모델 객체들이 더블 라인으로 표시됩니다. 표제 블록 안의 뷰를 선택한 후 마우스 오른쪽 버튼을 클릭하고 [뷰 비활성화]를 클릭합니다.

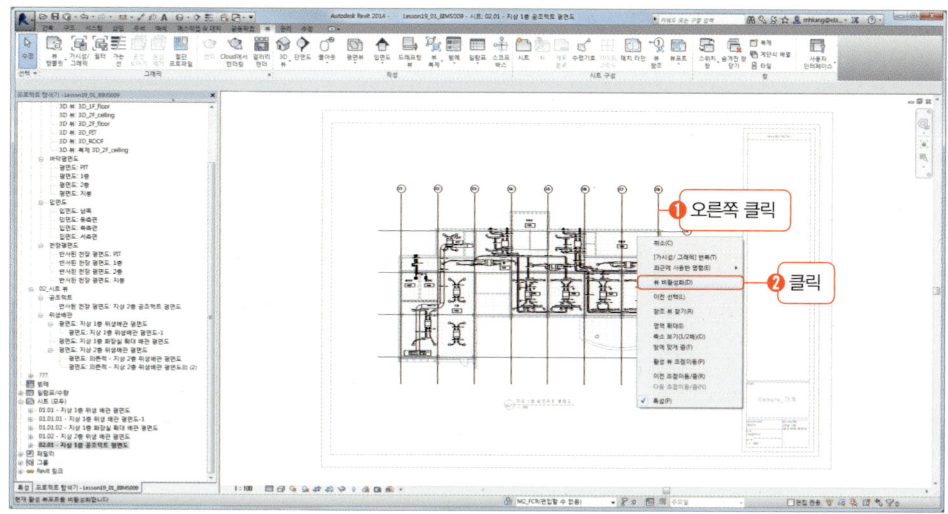

06 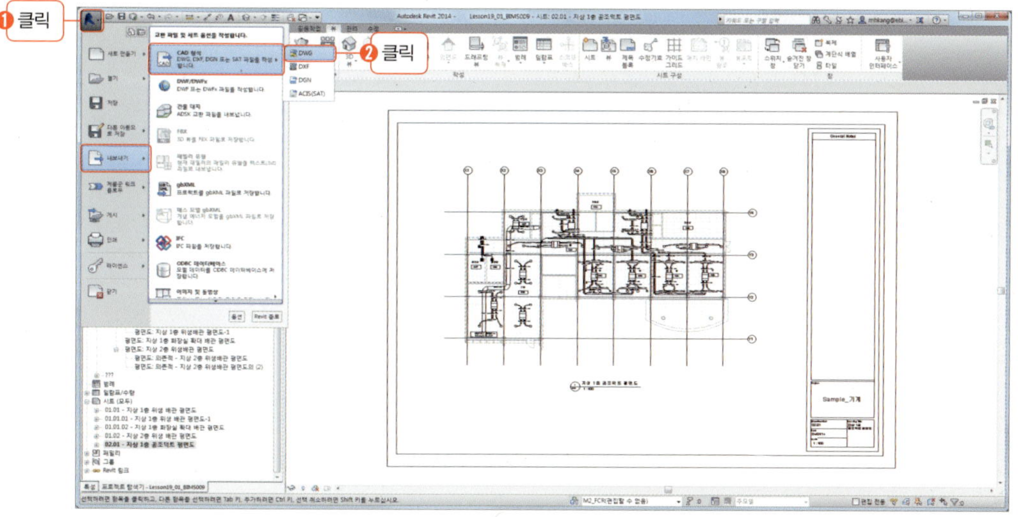 ▶ [내보내기] ▶ [CAD 형식] ▶ [DWG]를 클릭합니다.

 [DWG 내보내기] 대화상자에서 '내보내기 설정 선택' 목록을 클릭하여 원하는 설정을 선택합니다. 설정이 나열되어 있지 않으면 [내보내기 설정 수정] 버튼 □을 클릭합니다.

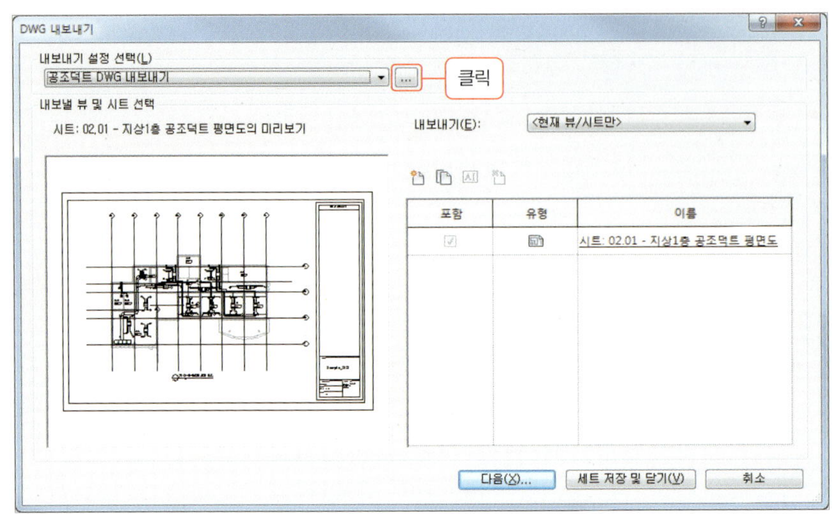

08 [DWG/DXF 내보내기 설정 수정] 대화상자의 왼쪽 패널에 모든 기존 내보내기 설정이 나열되면서 현재 선택한 설정이 탭에 표시됩니다.

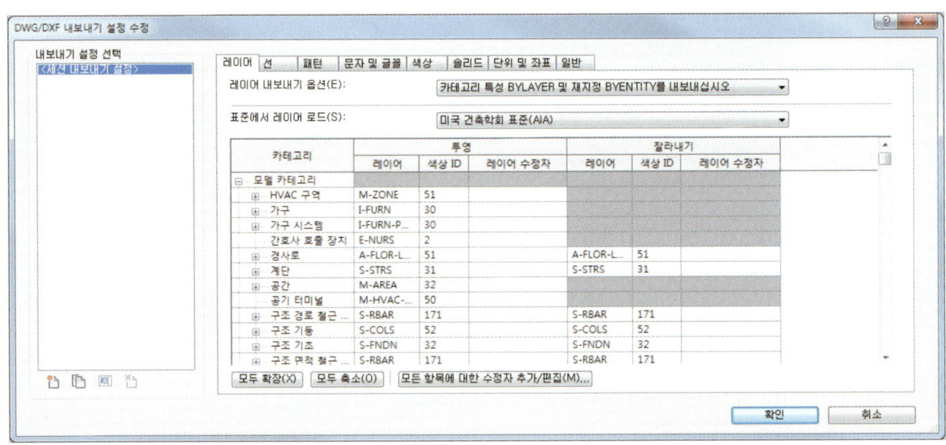

TIP

Revit의 카테고리 항목이 DWG의 레이어로 지정되어 내보내기 되므로 이를 활용합니다.

09 내보내기 설정 선택 하단의 [새 내보내기 설정] 버튼 을 클릭한 후 [새 내보내기 설정] 대화상자의 이름에 '공조 덕트 DWG 내보내기'를 입력하고 [확인] 버튼을 누릅니다.

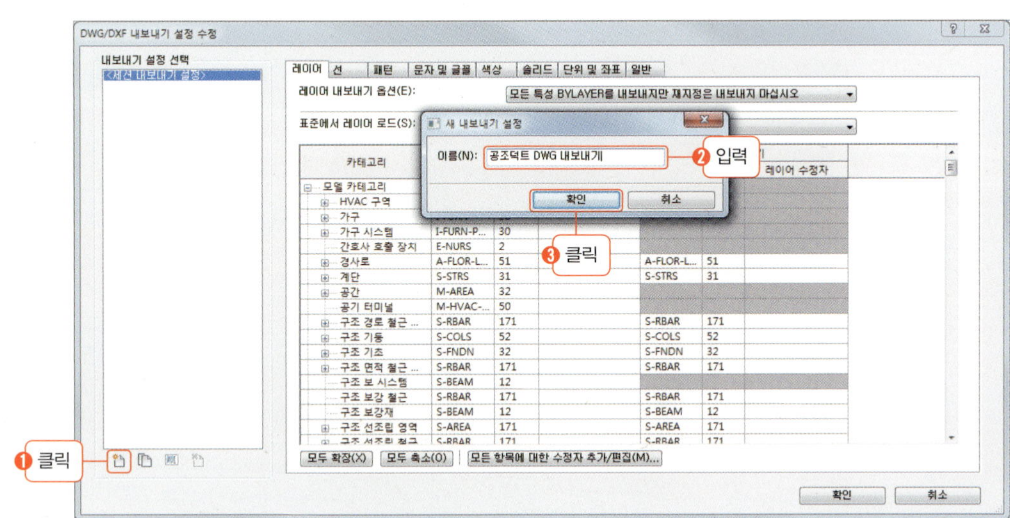

10 레이어 내보내기 옵션 중에서 새 레이어의 재지정이 없게 하기 위해, '모든 특성 BYLAYER를 내보내지만 재지정은 내보내지 마십시오'를 선택합니다.

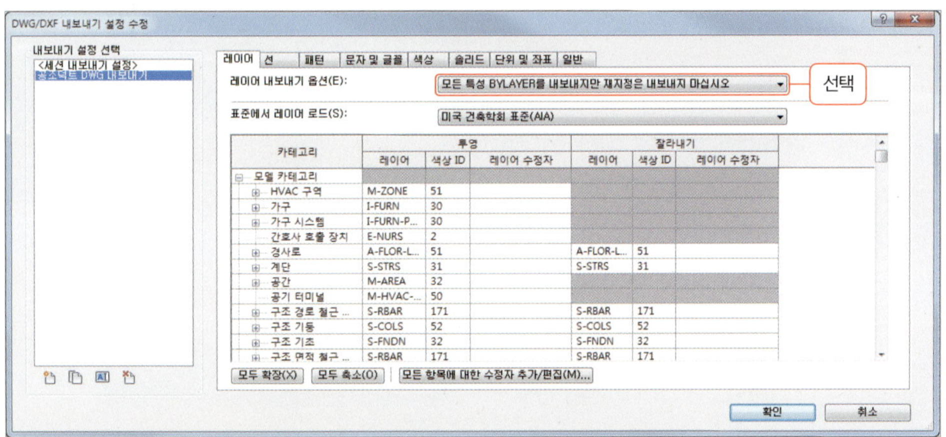

■ 레이어 내보내기 옵션

1. **카테고리 특성 BYLAYER 및 재지정 BYENTITY를 내보냅니다.**

   뷰 특정 그래픽이 포함된 Revit 요소는 이러한 재지정을 CAD 응용 프로그램에 유지하지만, 동일한 Revit 카테고리의 다른 도면 요소와 동일한 CAD 레이어에 있습니다.

2. **모든 특성 BYLAYER를 내보내지만 재지정은 내보내지 마십시오.**

   뷰 특정 그래픽 재지정이 CAD 응용 프로그램에서 무시됩니다. 내보낸 모든 Revit 요소는 동일한 Revit 카테고리의 다른 도면 요소로 동일한 CAD 레이어에 있습니다. 모든 도면 요소가 해당 레이어에 의해 정의된 비주얼 특성을 강제적으로 표시하도록 함으로써 레이어의 수를 줄이고 내보낸 DWG/DWF 파일에 대해 레이어별로 제어할 수 있는 기능을 제공합니다.

3. **모든 특성 BYLAYER를 내보내고 재지정에 대한 새 레이어를 작성합니다.**

   뷰 특정 그래픽이 있는 Revit 요소가 자체 CAD 레이어에 배치됩니다. 이 옵션을 사용하면 내보낸 DWG/DXF 파일을 레이어별로 제어할 수 있으며, 그래픽 의도를 유지할 수 있습니다. 하지만 이렇게 하면 내보낸 DWG 파일에서 레이어의 수가 증가합니다.

11 [표준에서 레이어 로드 지정]에서 '미국 건축학회 표준(AIA)'를 선택 합니다.

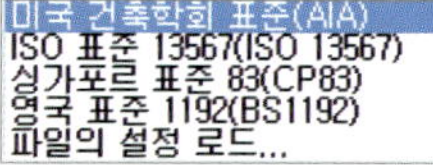

TIP

파일의 설정 로드를 클릭하면, 다른 레이어 설정 파일(.txt)을 가져와서 사용할 수도 있습니다.

12 카테고리의 [수정자] 항목 아래에 있는 [작업 세트]에 CAD에서 사용될 레이어의 이름과 색상 ID를 입력합니다.

주 의

색상 ID를 입력할 때에는 AutoCAD 색상 색인 번호를 참조합니다.

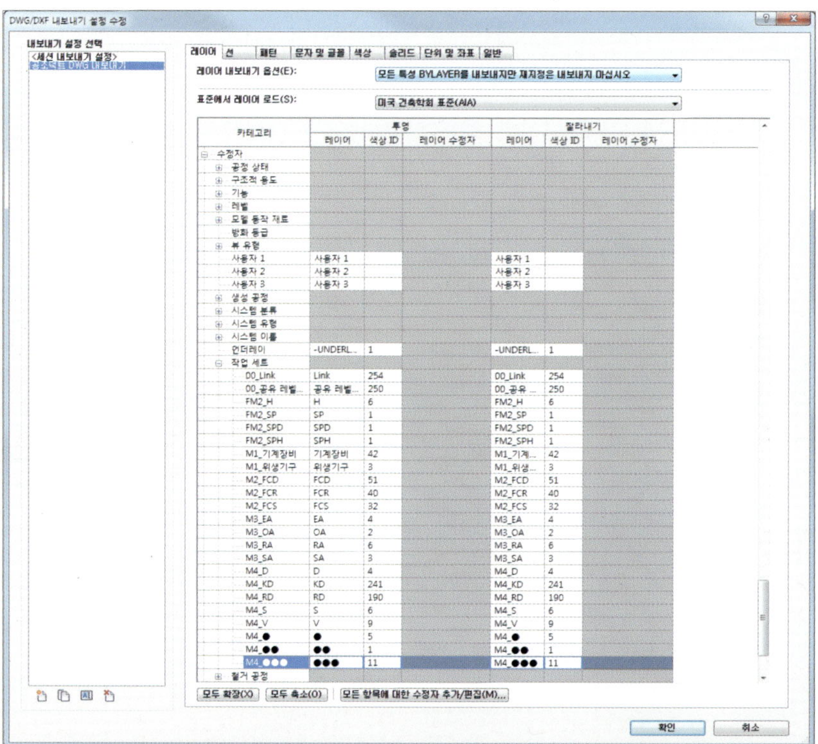

- AutoCAD 색상 색인 번호는 CAD 도면층의 [색상 선택] 대화 상 자에서 확인할 수 있습니다.

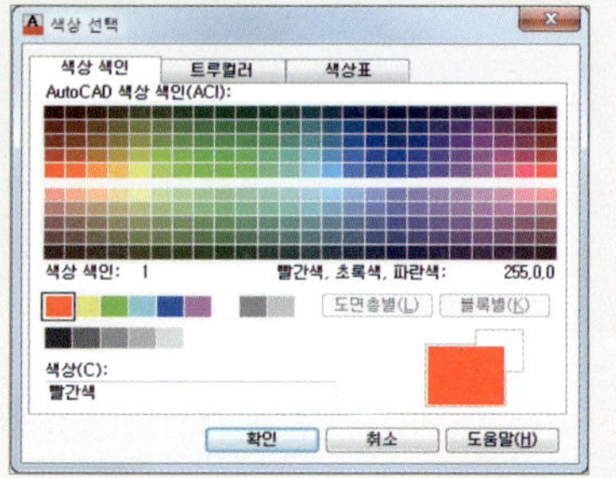

❶❸ [모델 카테고리] 항목 아래에 있는 [덕트]의 [레이어 수정자]값에서 [추가/편집] 버튼을 클릭합니다.

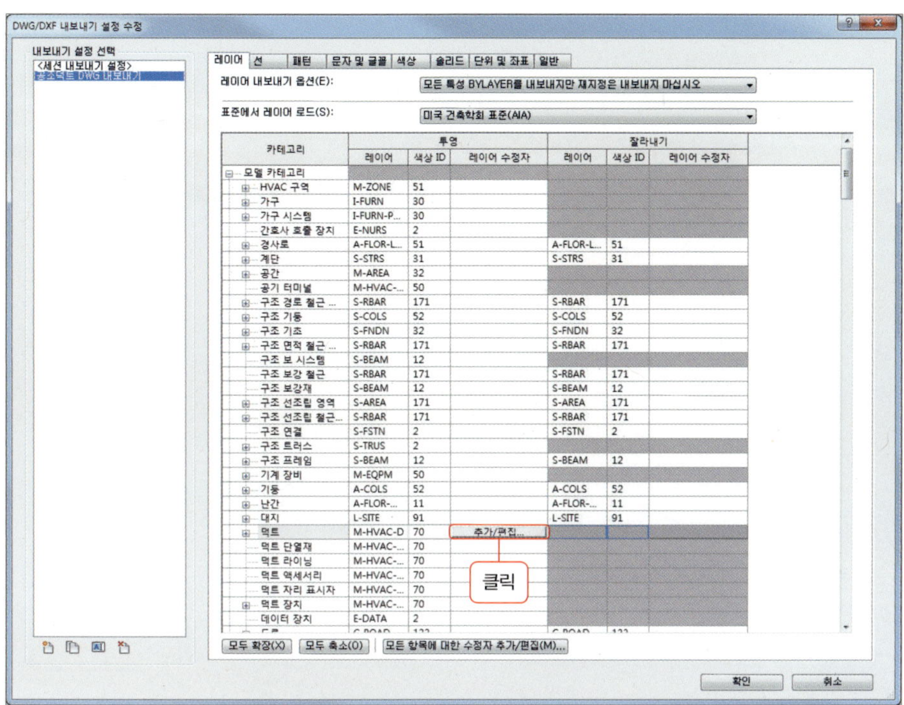

❶❹ [사용 가능한 수정자] 항목에서 '작업 세트'를 선택한 후 [수정자 추가] 버튼 >> 을 클릭합니다.

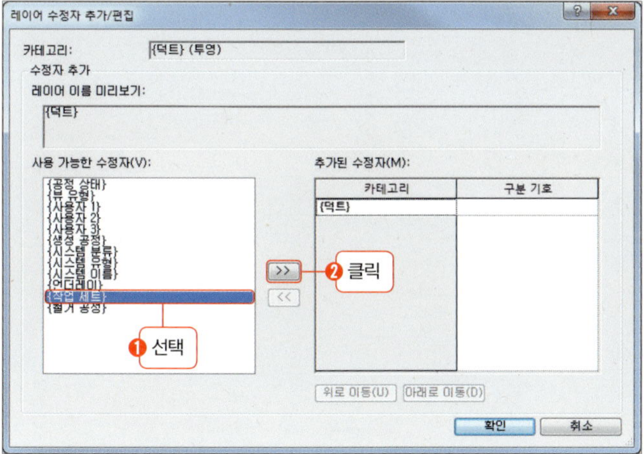

15 [위로 이동]을 클릭하여 그림과 같이 설정한 후 [확인] 버튼을 누릅니다.

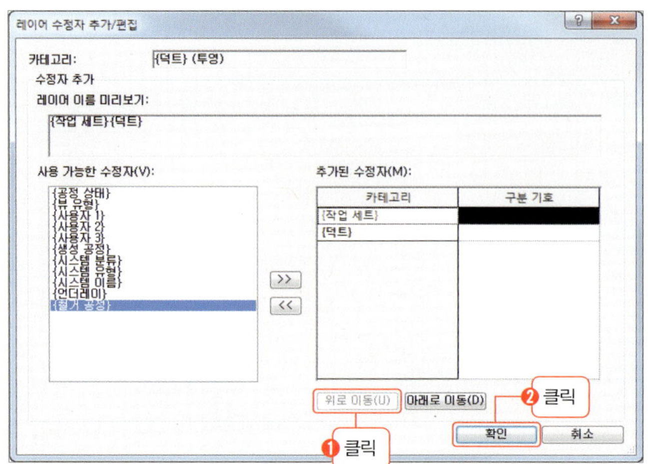

> **TIP**
>
> [레이어 이름 미리 보기]를 통해 레이어 이름 구성을 미리 확인할 수 있으며, 여기에서는 작성된 레이어의 이름이 '{작업 세트}
> {덕트}'인 것을 알 수 있습니다.

16 [덕트]의 레이어 이름을 삭제한 후 이름의 재반영을 피하기 위해 Space Bar 를 누릅니다. 그런 다음, Delete 를 눌러 덕트의 색상 ID값을 삭제합니다.

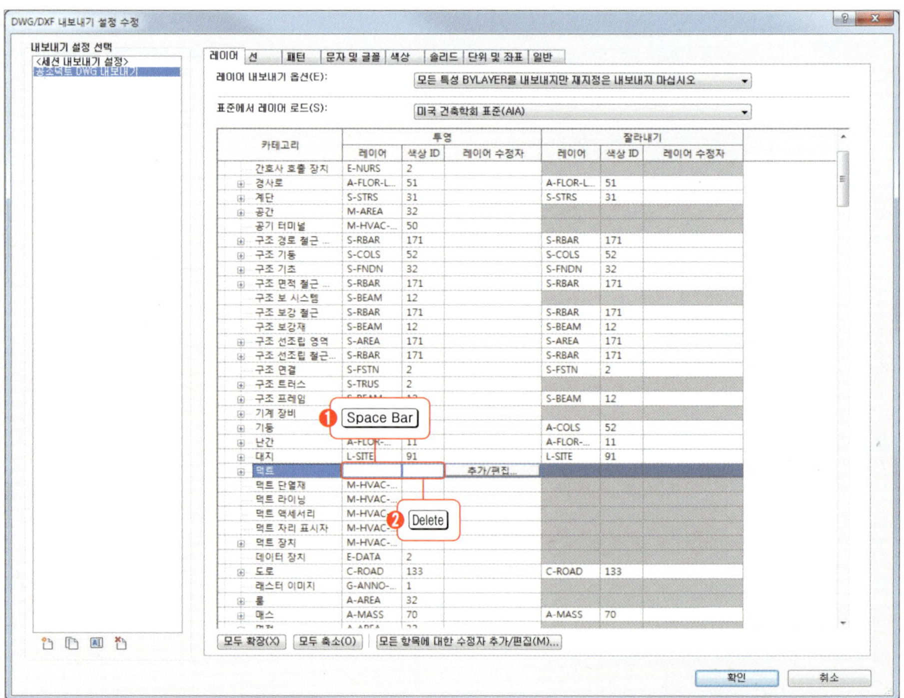

카테고리	투영 레이어	투영 색상 ID	투영 레이어 수정자	잘라내기 레이어	잘라내기 색상 ID	잘라내기 레이어 수정자
간호사 호출 장치	E-NURS	2				
경사로	A-FLOR-L...	51		A-FLOR-L...	51	
계단	S-STRS	31		S-STRS	31	
공간	M-AREA	32				
공기 터미널	M-HVAC-...	50				
구조 경로 철근 ...	S-RBAR	171		S-RBAR	171	
구조 기둥	S-COLS	52		S-COLS	52	
구조 기초	S-FNDN	32		S-FNDN	32	
구조 면적 철근 ...	S-RBAR	171		S-RBAR	171	
구조 보 시스템	S-BEAM	12				
구조 보강 철근	S-RBAR	171		S-RBAR	171	
구조 보강재	S-BEAM	12		S-BEAM	12	
구조 선조립 영역	S-AREA	171		S-AREA	171	
구조 선조립 철근 ...	S-RBAR	171		S-RBAR	171	
구조 연결	S-FSTN	2		S-FSTN	2	
구조 트러스	S-TRUS	2				
구조 프레임	S-BEAM	12		S-BEAM	12	
기계 장비						
기둥				A-COLS	52	
난간	A-FLOR-...	11		A-FLOR-...	11	
대지	L-SITE	91		L-SITE	91	
덕트			추가/편집			
덕트 단열재	M-HVAC-...					
덕트 라이닝	M-HVAC-...					
덕트 액세서리	M-HVAC-...					
덕트 자리 표시자	M-HVAC-...					
덕트 장치	M-HVAC-...					
데이터 장치	E-DATA	2				
도로	C-ROAD	133		C-ROAD	133	
래스터 이미지	G-ANNO-...	1				
룸	A-AREA	32				
매스	A-MASS	70		A-MASS	70	

⑰ 동일한 방법으로 모델 카테고리에서 공기 터미널, 덕트, 덕트 장치, 플렉시블 덕트, 기계 장비에 관련된 [레이어]값들을 삭제합니다. 그런 다음, [Space Bar]를 누른 후 색상 ID값을 삭제합니다. [레이어 수정자]값의 [추가/편집]을 통해 {작업 세트}를 추가하고, [위로 이동]을 클릭하여 [레이어 수정자]값을 다음과 같이 구성합니다.

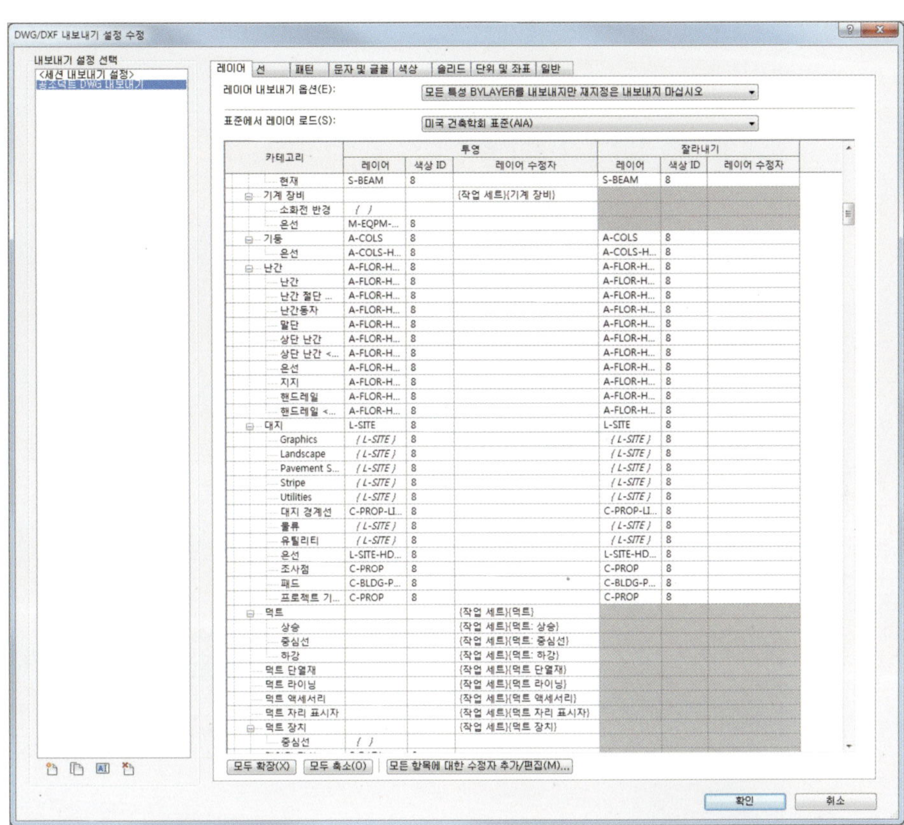

⑱ [모두 확장]을 클릭하여 카테고리의 모든 항목들을 확장한 후 나머지 레이어값의 색상 ID값을 '8'(회색)로 입력합니다. 필요한 경우, 나머지 설정들을 추가한 다음 [확인] 버튼을 누릅니다.

TIP

내보내기된 DWG 파일에서 필요한 상황들을 1차적으로 점검한 후 Revit에서 재설정하는 것이 좋습니다.

19 [DWG 내보내기] 대화상자에서 [다음] 버튼을 클릭합니다.

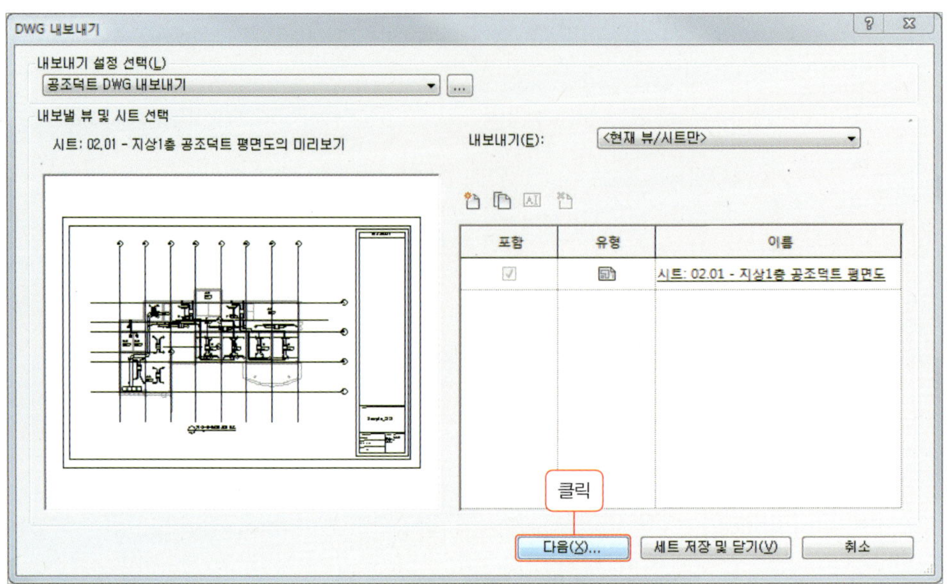

20 저장할 폴더를 지정한 후 파일 이름을 입력합니다. 그런 다음, '시트의 뷰 및 링크를 외부 참조로 내보내기'를 체크 해제하고 [확인] 버튼을 누릅니다.

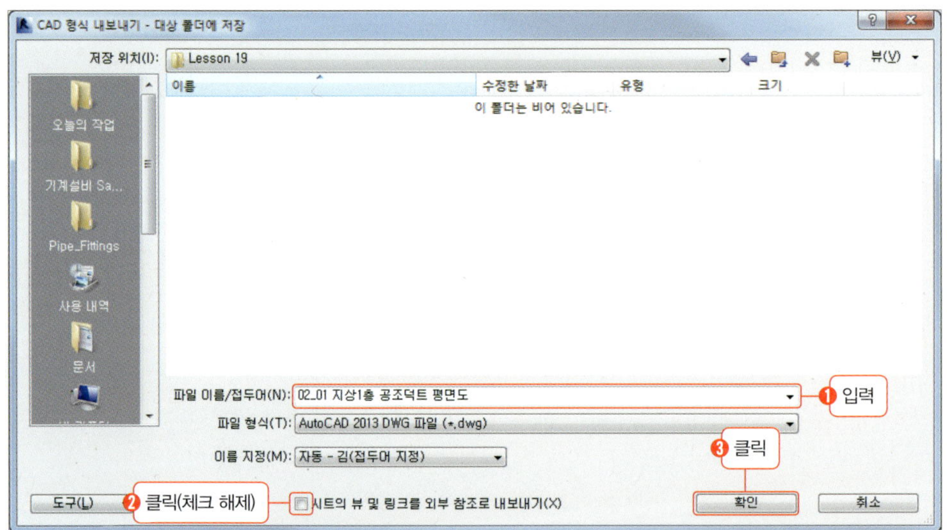

> **Note**
>
> ■ '시트의 뷰 및 링크를 외부 참조로 내보내기'를 체크하면, 시트에 삽입된 뷰와 제목 블록 및 링크 파일이 모두 외부 참조 파일로 지정되어 내보내기됩니다.

 DWG 도면과 PCP 파일이 내보내기됩니다. Revit 파일에서 내보낸 레이어가 DWG 도면에서 다음과 같이 지정되어 나타납니다.

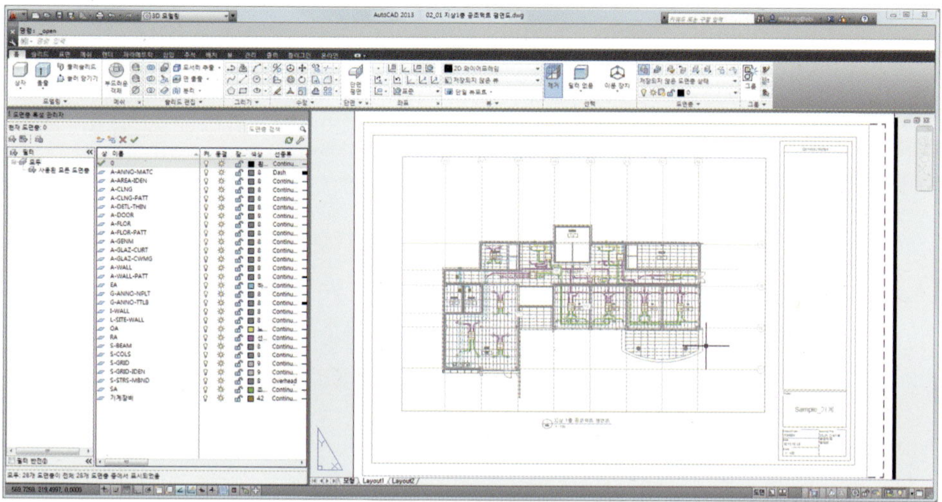

Note

- 링크된 파일과 별도 설정되지 않은 부분은 기본 설정값에 따라 이름과 색상 등이 지정됩니다.

Design Review는 Autodesk에서 제공하는 무료 뷰어 프로그램입니다. 모델 데이터를 변환하여 적은 용량으로 가볍게 만들어 모델을 가시적으로 검토할 수 있습니다.

---

01  ▶ [열기] ▶ [프로젝트]를 클릭하여 [새 프로젝트] 대화상자가 나타나면 'Sample\Chapter11\Lesson19\Lesson19_02.rvt' 파일을 불러온 후 프로젝트 탐색기에서 [01.Basic] ▶ [3D View] ▶ [3D뷰 : 3D]를 열고, 불러온 후 단면 상자의 모양 핸들을 조절하여 건물 주위만 해당되도록 조절합니다.

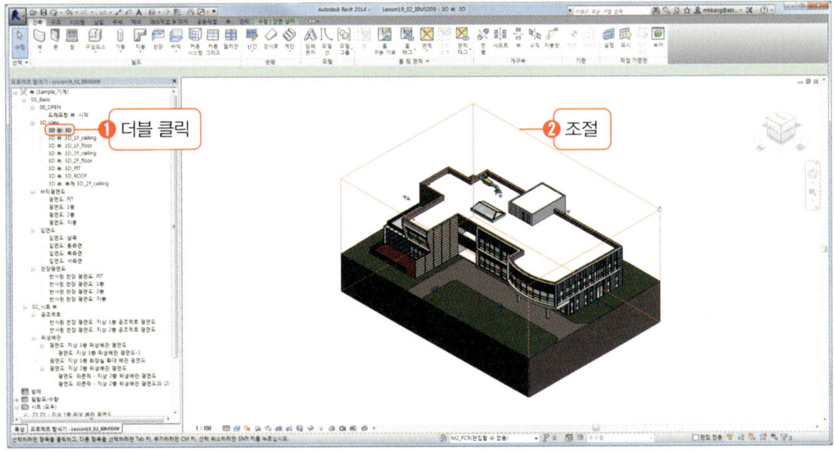

02 ▶ [내보내기] ▶ [DWF/DWFx]를 클릭한 후 [DWF 내보내기 설정] 대화상자에서 [다음] 버튼을 클릭합니다.

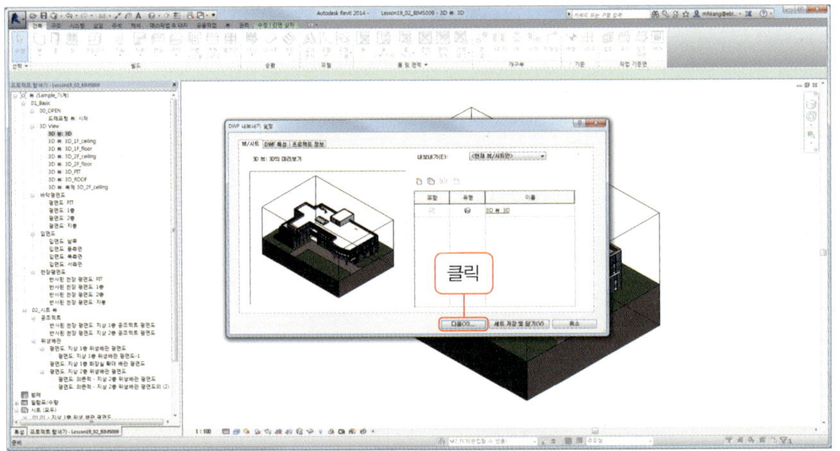

Note

- 2D 뷰에서 내보내기를 하면, 2D 상태로 내보내기됩니다. 단면 상자로 잘리기된 3D 뷰는 해당 범위만큼 내보내기가 되므로 내보내기 전에 충분히 조절하고 검토하는 것이 좋습니다.

03 저장할 경로를 지정한 후 파일 이름을 입력합니다. 그런 다음, 파일 형식을 선택하고 [확인] 버튼을 누릅니다.

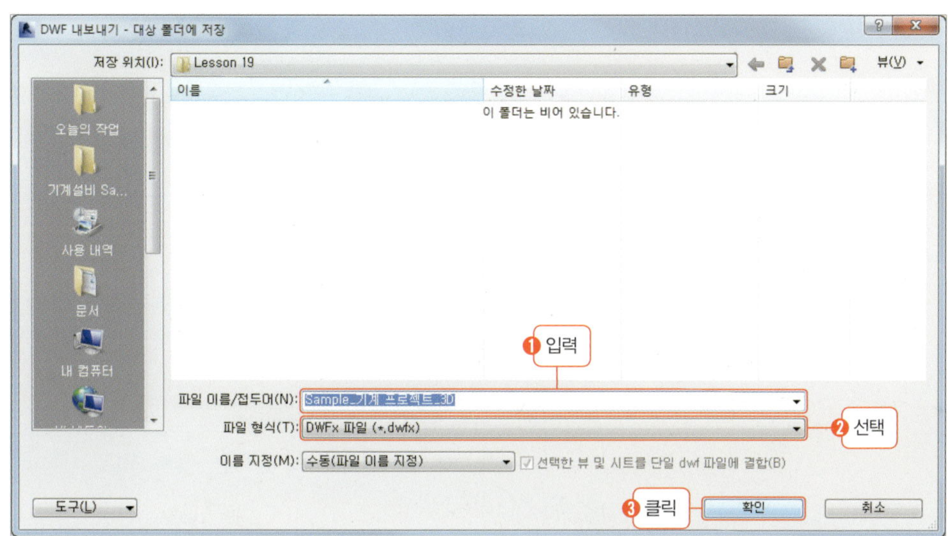

알아두세요

DWF와 DWFx : 서로 같은 Data로 2D 및 3D가 포함되어 있습니다.

DWFx : MS XPS Viewer를 사용하면 Design Review를 설치하지 않은 검토자와도 설계 데이터를 쉽게 공유할 수 있습니다. Microsoft의 XPS Viewer에서 직접 2D 도면을 열어 확인, 인쇄 및 검색할 수 있습니다.

MS XPS Viewer에서 설계 데이터를 표시하기 위한 추가 정보를 포함하므로 같은 내용의 DWF 파일보다 큽니다. XPS Viewer는 Microsoft Windows Vista 및 Internet Explorer® 7 이상과 함께 자동 설치되며, 여기에는 .NET 3.0이 포함되어 있고 Windows® XP 및 2000 사용자들에게는 다운로드를 옵션으로 지원합니다. 또한 3D 설계 데이터, 객체 속성, 기타 메타 데이터를 포함하는 DWFx 파일을 Autodesk Design Review로 열어볼 수도 있습니다.

04 내보내기를 한 후 Autodesk Design Review에서 열고, 각각의 기능을 사용하여 모델을 검토합니다.

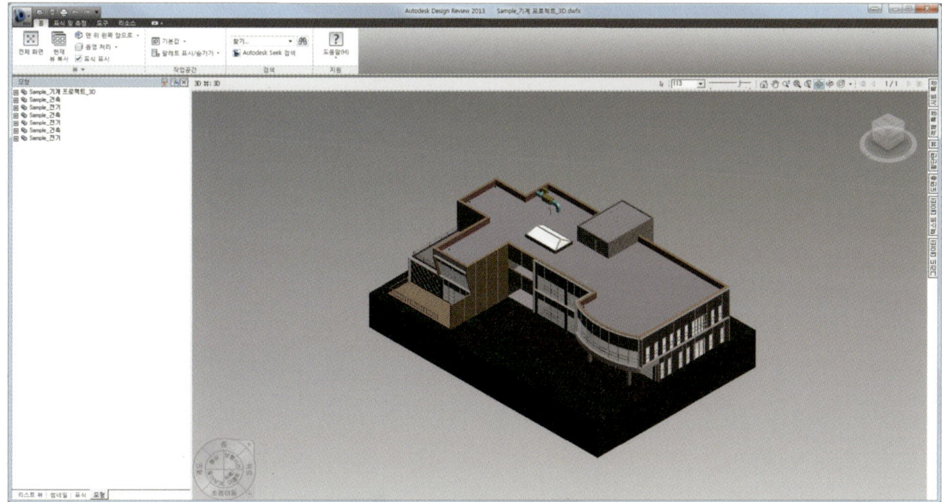

모델의 라이트, 렌더 모양, 재료 등 렌더링 정보를 포함한 상태로 모델을 내보낼 수 있습니다. 이렇게 내보내진 모델은 3ds MAX, Showcase와 같은 렌더링 프로그램에서 좀 더 사실적인 결과물을 얻을 수 있습니다.

01 'Lesson19_02.rvt' 파일의 프로젝트 탐색기에서 '3D 뷰 : 2층 화장실'을 더블 클릭하여 불러옵니다.

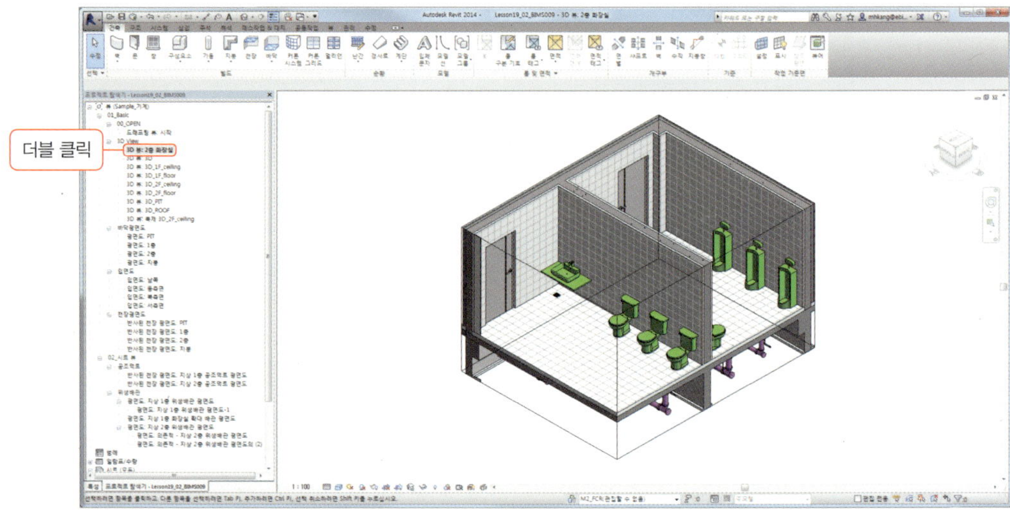

02 ▶ [내보내기] ▶ [FBX]를 클릭합니다.

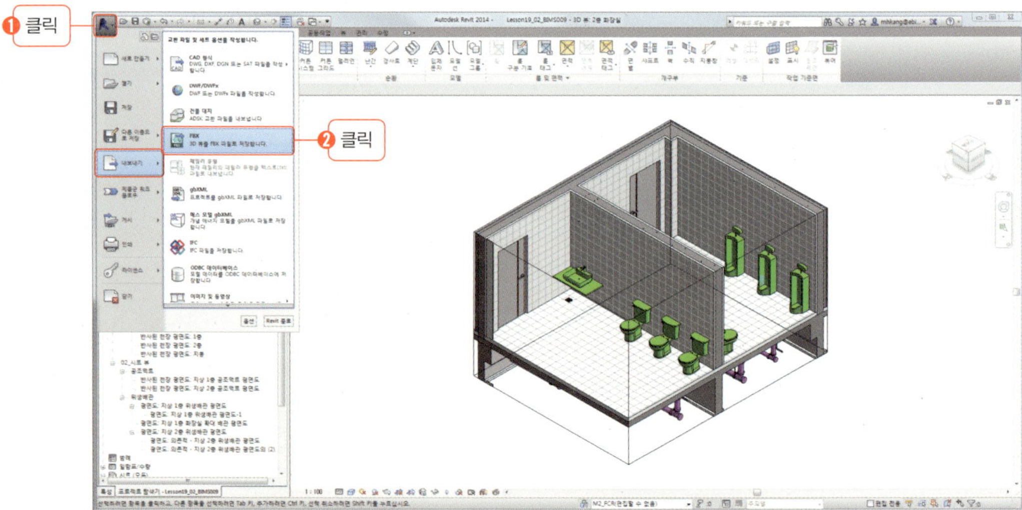

03 파일 이름을 입력한 후 [저장] 버튼을 누릅니다.

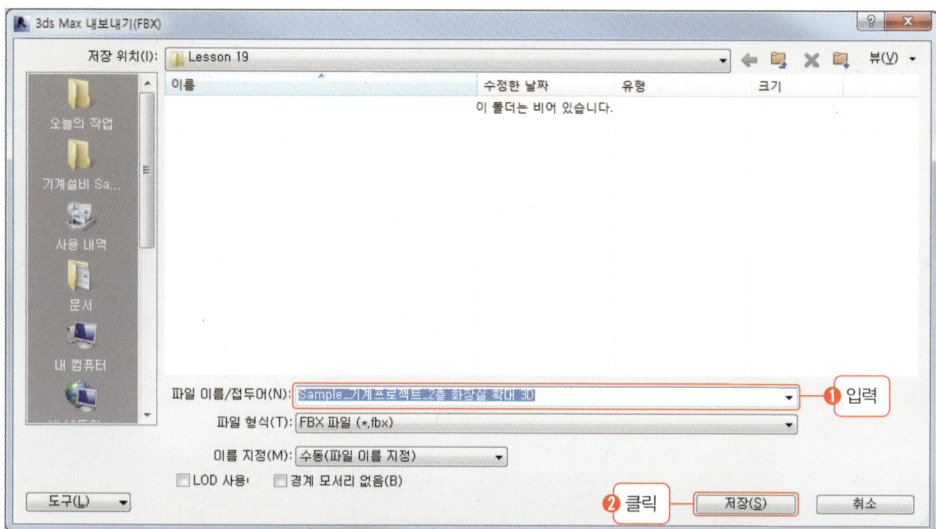

04 내보낸 파일을 Showcase를 사용하여 열어본 이미지입니다.

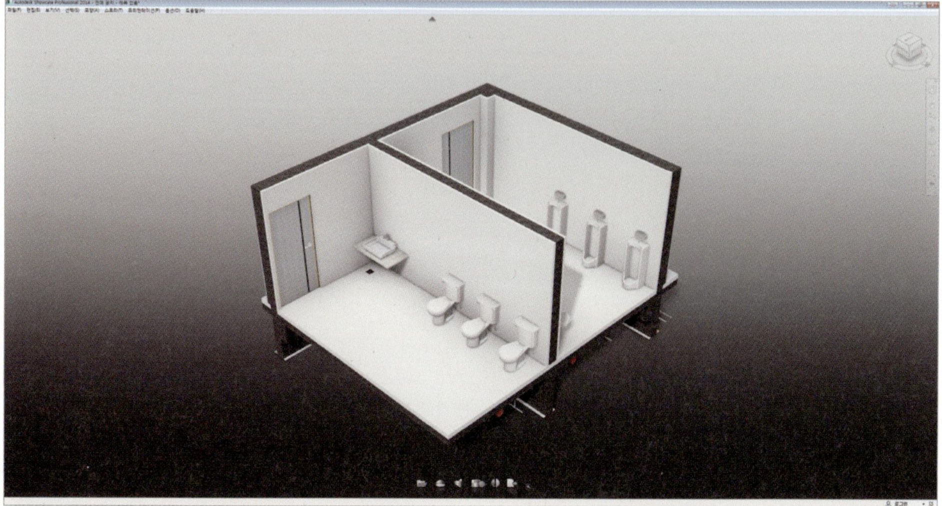

IFC는 산업용 기초 등급(Industry Foundation Classes)으로, 산업용 상호 운영성 연합(IAI)에서 표준화를 추진하고 있는 건축 업무용 컴퓨터 지원 설계(CAD) 교환을 위한 표준 규격입니다. 공인된 국제 표준(ISO/PAS 16739) 규격을 통해 다양한 소프트웨어들이 서로 공개적으로 모델 정보를 공유 또는 교환하기 위한 것입니다.

01   'Lesson 19_02.rvt' 파일을 불러온 후 ▶ [내보내기] ▶ [IFC]를 클릭합니다.

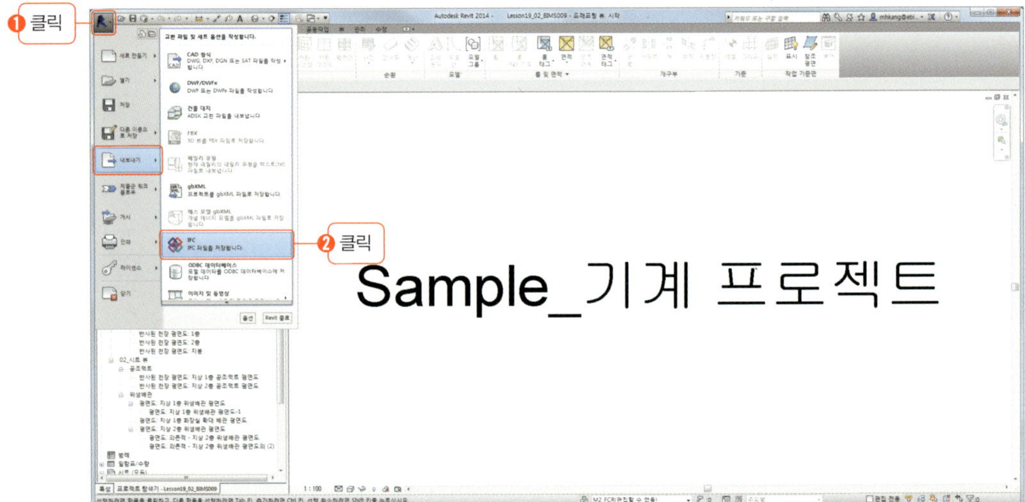

02   저장할 파일 이름을 입력한 후 파일 형식과 내보내기 옵션을 선택하고, [저장]을 클릭합니다.

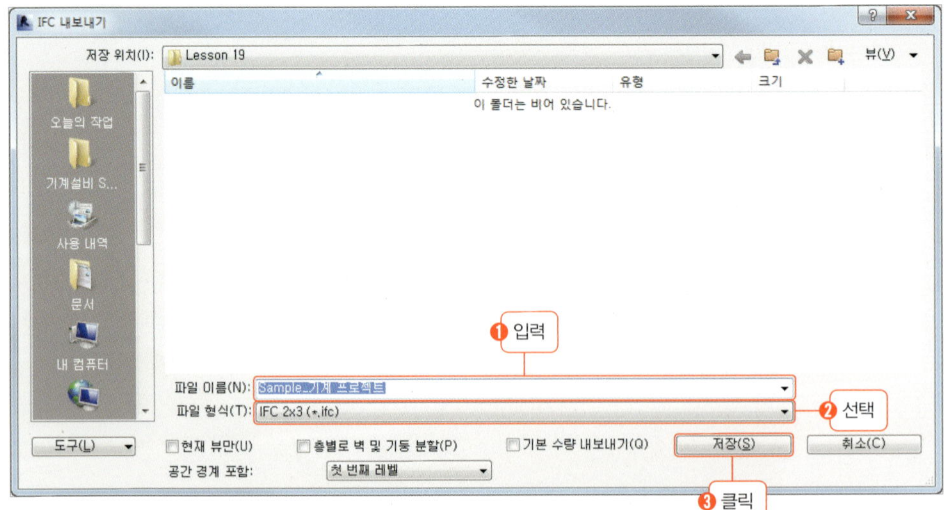

- **파일 형식**

  IFC 2X2(*.ifc) : 이전 IFC 2X2 구성표로, 조정 뷰 모델 정의를 사용합니다.

  IFC 2X3(*.ifc) : 기본 설정으로, 다른 시스템에서 일반적으로 지원하는 최신 버전입니다.

  IFC BCA ePlan 확인(*.ifc) : 인증된 IFC 2X2 변형 중 하나로, Singapore BCA ePlan 확인 서버에 파일을 제출할 때에 사용합니다. 이 파일의 유형으로 내보내는 경우, 모든 룸의 경계 요소가 선택되었는지 확인해야 합니다.

  IFC 조정 뷰 2.0(*.ifc) : IFC 2x3 구성표 및 새 조정 뷰 2.0 모델 뷰 정의에 기반을 두고 있습니다.

  IFC GSA 2010(*.ifc) : 미국 GSA가 지정한 최신 형식으로, IFC 2x3 구성표에 기반을 두고 있습니다.

  * GSA(Government Services Administration)

- **내보내기 옵션**

  현재 뷰만 : 현재 뷰에 표시되는 요소를 내보낼 수 있습니다. 가시적 요소에는 은선이나 음영 처리 모드를 통해 숨겨진 요소, 뷰의 언더레이, 뷰에서 자르기 영역으로 잘린 요소가 포함됩니다. 임시 숨기기/분리를 사용하면 임시로 숨긴 요소는 내보내지 않습니다. [IFC 내보내기 클래스] 대화상자에서 내보내지 않으므로 표시된 카테고리는 내보내지 않습니다.

  층별로 벽 및 기둥 분할 : 여러 레벨의 벽과 기둥을 레벨별로 나눌 수 있습니다

  기본 수량 내보내기 : 내보내기 데이터의 모델 요소에 기본 수량이 포함됩니다. 기본 수량은 모델 형상에서 생성되며, 측정 규칙이나 방법과는 별도로 실제값을 반영합니다.

  공간 경계 포함 : 공간 경계를 내보내지 않거나 첫 번째 레벨 공간의 경계 또는 두 번째 레벨 공간의 경계를 내보냅니다.

03 다음은 저장된 파일을 Solibri Model Viewer를 사용하여 열어본 이미지입니다.

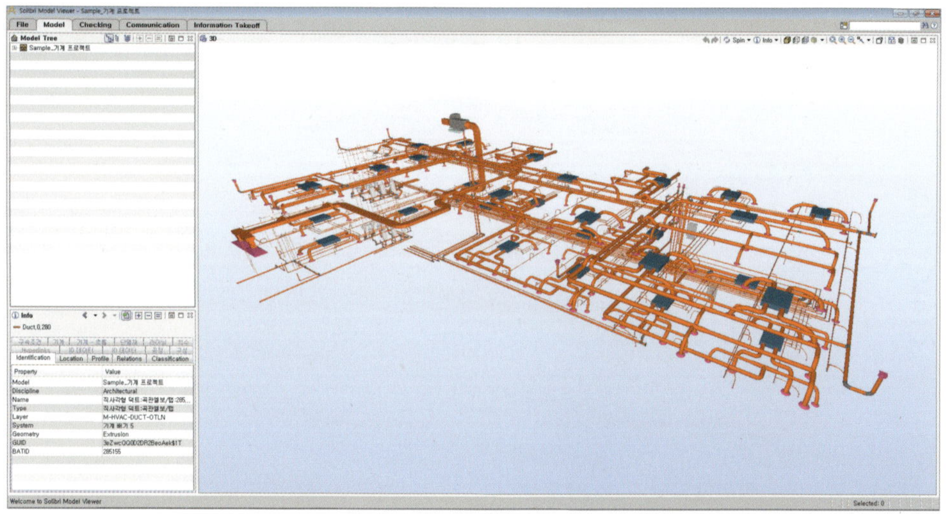

현재 조달청은 시설 사업의 공모 단계와 실시 설계 단계에서 개방형 BIM을 적용하고 있습니다. 개방형 BIM이란, 공인된 국제 표준(ISO/PAS 16739)을 지원하는 다양한 소프트웨어들이 공개적으로 모델 정보를 공유 또는 교환을 통하여 구현하는 BIM을 말하는데, 개방형 BIM의 목적은 다양한 계약자의 여러 소프트웨어 환경(종류, 버전 등)에서 작성된 BIM 데이터를 표준화된 환경에서 검토, 관리 및 재활용하는 데에 있습니다.

선택된 시트나 뷰를 지정된 파일의 이미지로 내보낼 수 있습니다. Revit에서는 래스터 이미지 파일로 뷰를 직접 인쇄한 후 해당 이미지를 온라인 프레젠테이션 또는 인쇄용 자료로 사용합니다.

---

01 ‘Lesson 19_02.rvt’ 파일의 프로젝트 탐색기에서 ‘3D 뷰 : 2층 화장실’ 뷰를 불러온 후 [뷰 특성] 대화상자에서 뷰 자르기, 자르기 영역 보기를 체크합니다. [Shift] + 마우스 휠 버튼을 눌러 뷰의 각도를 조절하고 자르기 영역을 내보내려는 뷰에 맞추어 조정합니다.

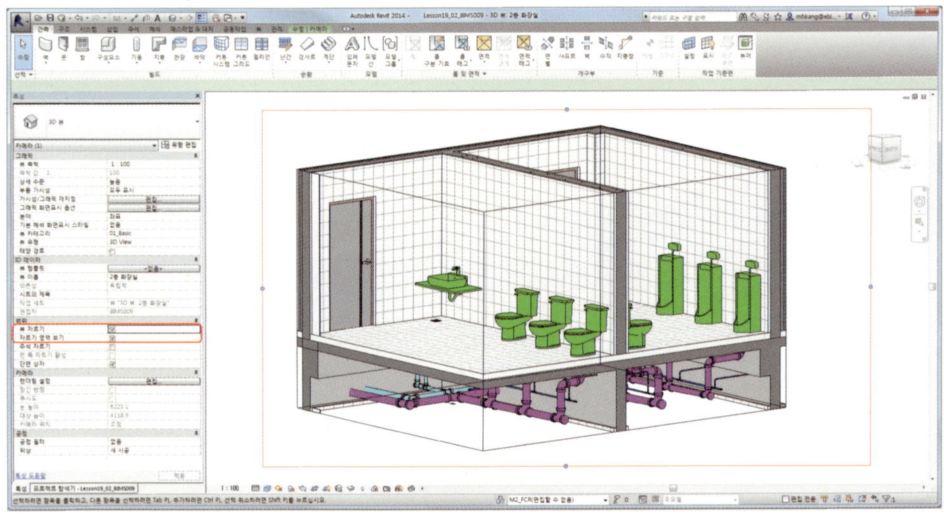

Note

- 3D 뷰뿐만 아니라 평면 뷰, 입면 뷰 등 모든 뷰에서 이미지를 내보낼 수 있습니다.
- 뷰 자르기를 체크하면 [이미지 내보내기] 대화상자에서 내보내기 범위를 현재 창으로 선택했을 때, 자르기 영역 안에 있는 것들만 이미지로 내보내지게 됩니다.

02 스케일을 1:1로 조정합니다.

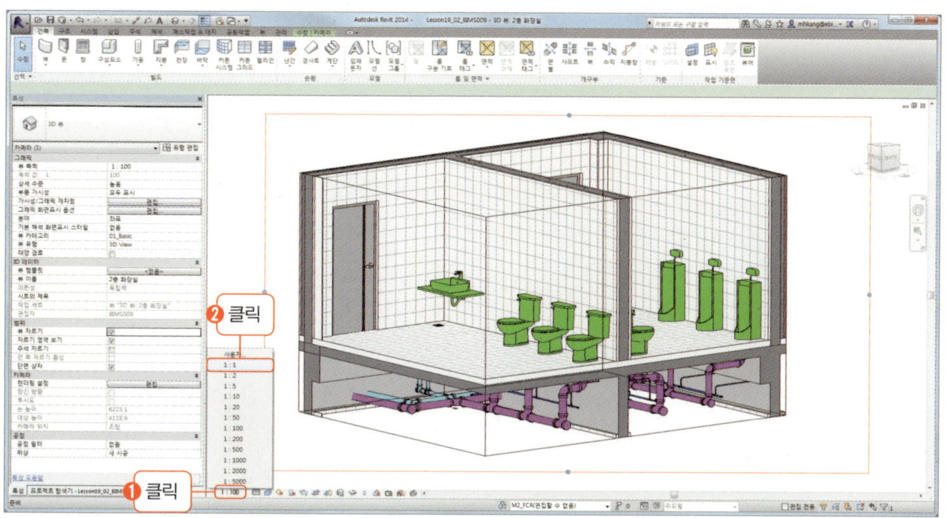

알아두세요

스케일은 선의 굵기에 영향을 미칩니다. 1:1 이외에 다른 스케일로 되어 있을 경우 선의 굵기가 너무 두껍게 나올 수 있습니다.

03 ► [내보내기] ► [이미지 및 동영상] ► [이미지]를 클릭합니다.

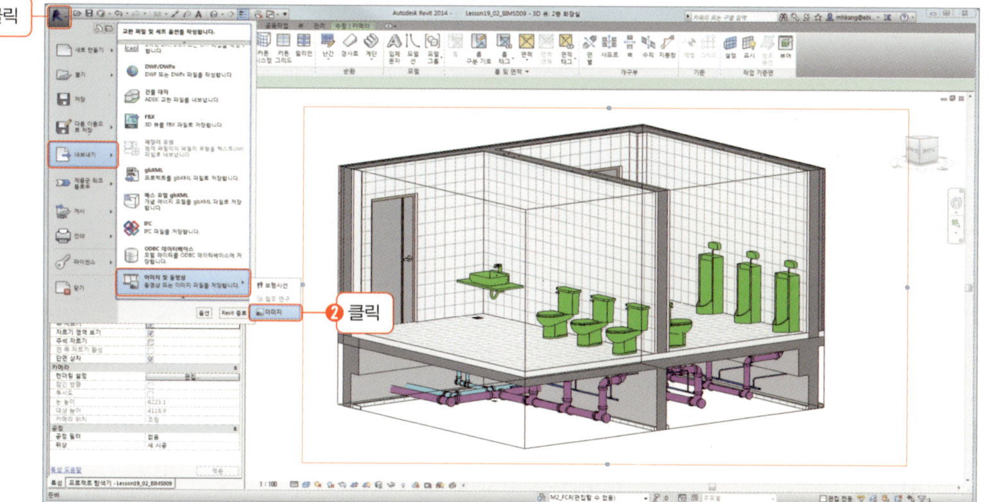

04 변경을 선택하여 저장되는 파일의 경로와 이름을 설정한 후 내보내기 범위에서 '현재 창'을 선택합니다.

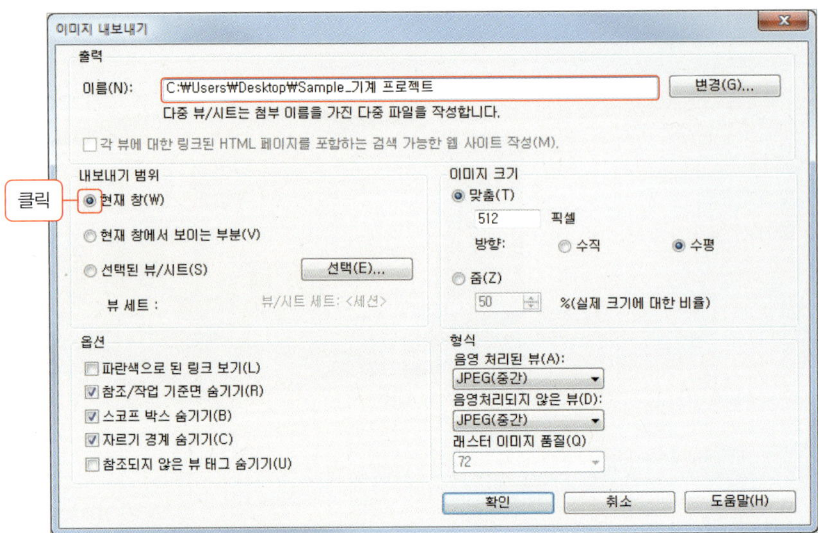

05 이미지 크기를 줌으로 선택한 후 '100%'를 입력합니다. 맞춤에 픽셀 수를 입력하거나 줌에 백분율을 입력하여 이미지의 크기를 조정할 수 있습니다. 옵션의 체크 항목을 확인합니다.

06 형식에서 내보내기를 원하는 파일의 형식과 품질을 설정합니다. 모든 설정을 마친 후 확인을 클릭합니다.

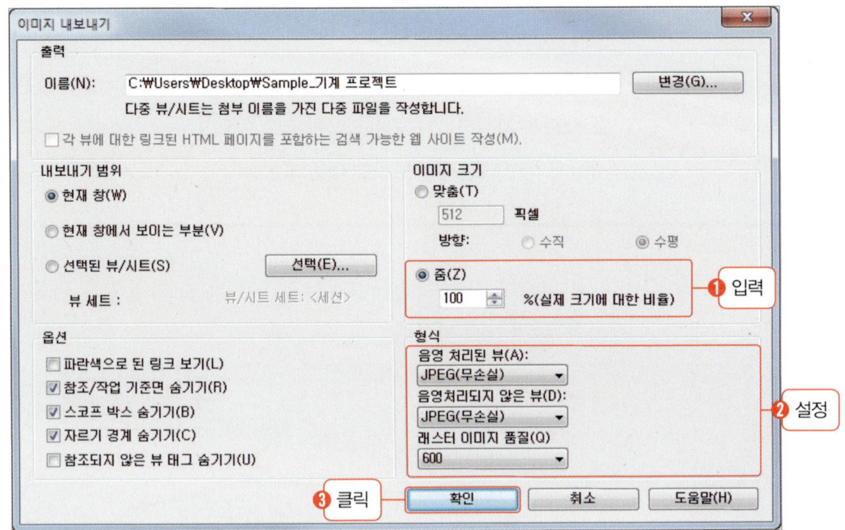

상기 설정은 Revit이 지원하는 최상의 지정을 이용한 뷰 이미지입니다.

07 출력된 이미지를 뷰어 프로그램으로 열어 확인합니다.

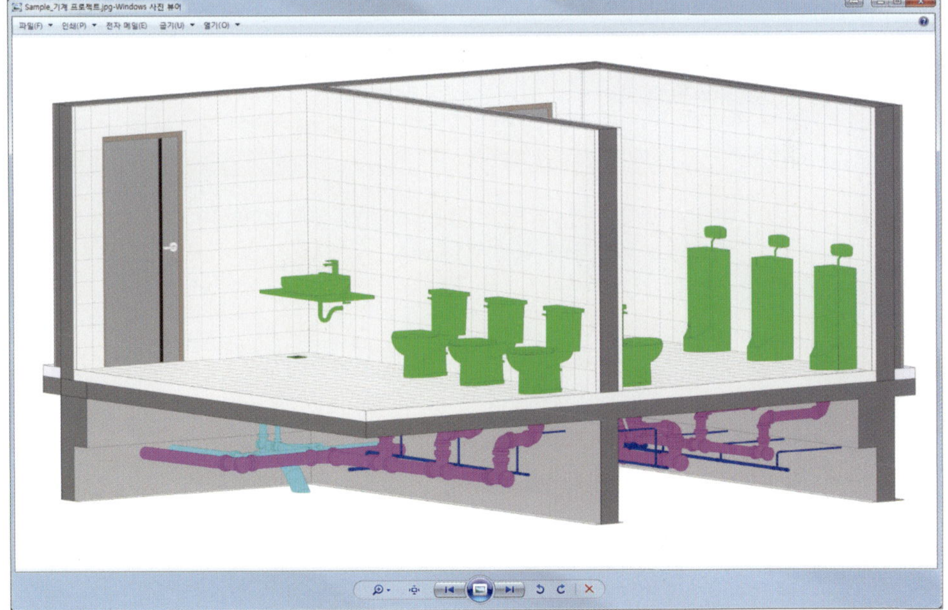

모델의 사실적 이미지를 작성합니다. 3ds MAX, Showcase와 같은 렌더링 프로그램으로 내보내 사실적 이미지를 작성할 수도 있지만, Revit 내에서 자체적인 렌더링을 통하여 사실적 이미지를 작성할 수도 있습니다.

01 'Lesson 19_02.rvt' 파일의 프로젝트 탐색기에서 '3D 뷰 : 2층 화장실'을 더블 클릭한 후 단면 상자를 사용하여 원하는 뷰를 조정합니다.

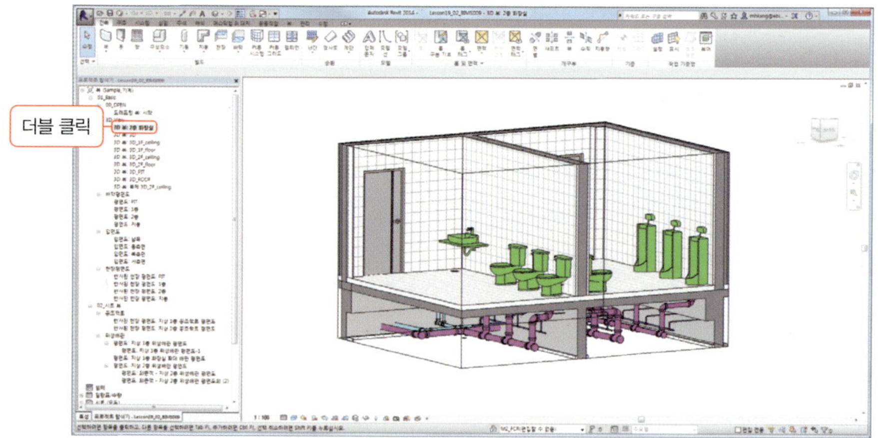

TIP

렌더링은 평면 뷰, 입면 뷰와 같이 2D 뷰에서는 사용할 수 없습니다.

Note

■ 렌더링을 작업하기 전에 뷰에 포함된 구성 요소들의 재료가 반드시 지정되어 있어야 합니다. [관리] 탭▶[설정] 패널▶[재료]에서 구성 요소들의 재료를 지정할 수 있습니다.

02 [뷰] 탭 ▶ [그래픽] 패널 ▶ [렌더]를 클릭합니다. [렌더링] 대화상자에서 '영역'을 체크한 후 모델에 맞춰 렌더링의 범위를 조정합니다. 품질을 '가장 좋음'으로 설정합니다.

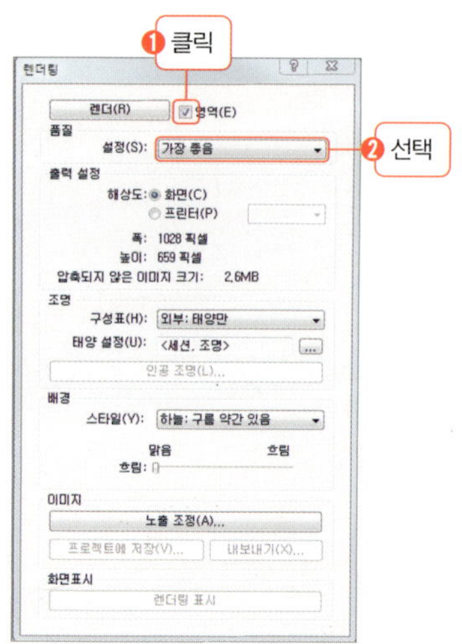

03 출력에서 해상도를 확인합니다.

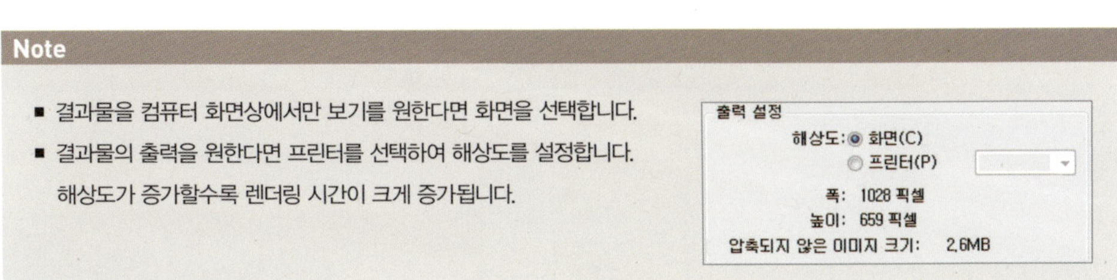

04 조명에서 구성표 설정을 선택합니다.

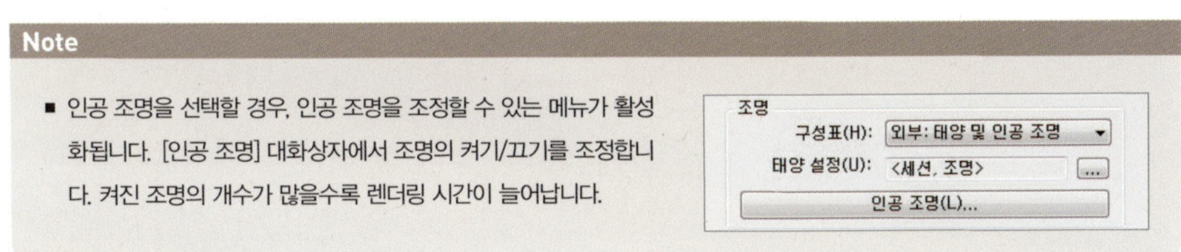

05 배경에서 원하는 스타일을 선택한 후 [렌더] 버튼을 누르면 렌더링이 진행됩니다.

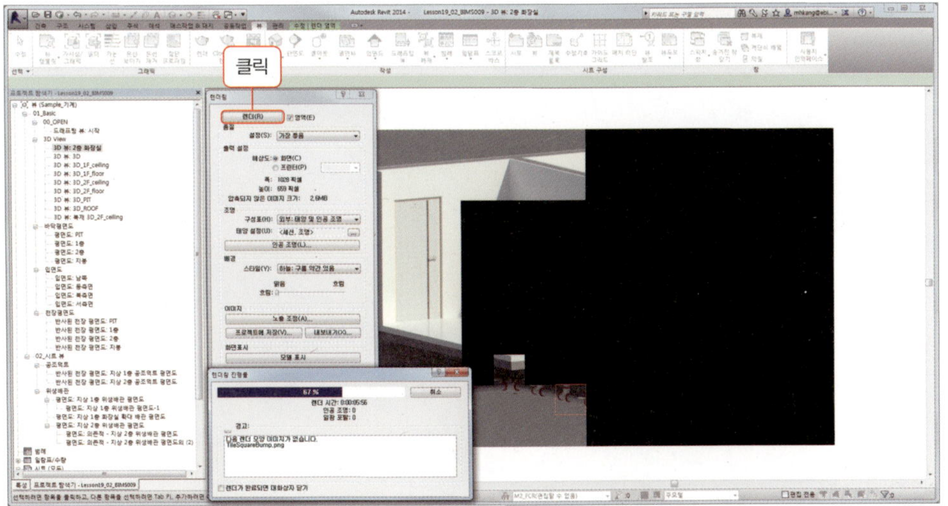

06 렌더링이 완료된 이미지를 프로젝트에 저장하려면 [렌더링] 대화상자의 이미지에서 '프로젝트에 저장'을 클릭한 후 이름을 입력하고 [확인] 버튼을 누릅니다.

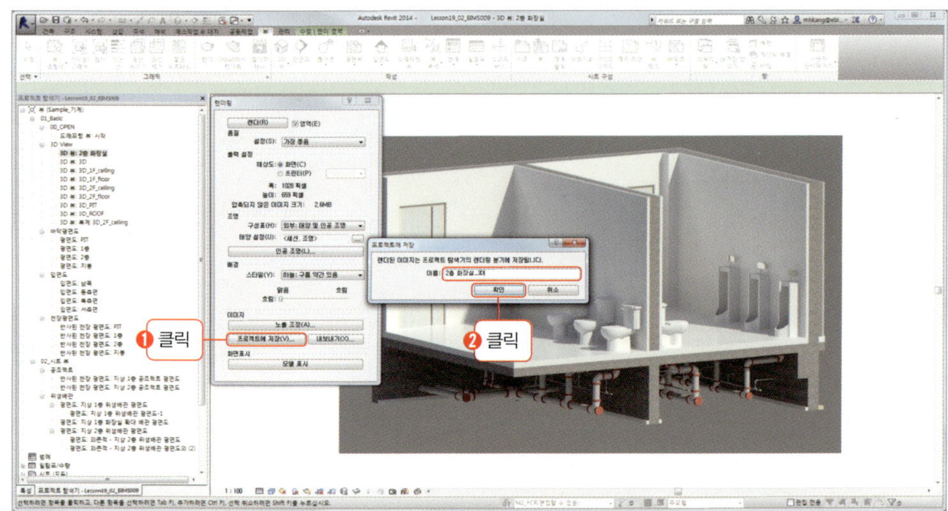

07 [렌더링] 대화상자의 이미지에서 내보내기를 클릭하면, 파일 위치와 이름을 지정하여 렌더링이 완료된 이미지를 내보낼 수 있습니다.

건물 내부의 모델을 통해 경로를 정의하고 동영상 또는 일련의 이미지를 작성하여 모델을 시각적으로 보여주는 것입니다. 보행시선은 지정된 경로를 따라가는 카메라이며, 경로는 프레임과 키 프레임으로 구성됩니다. 키 프레임은 카메라의 방향 및 위치를 변경할 수 있는 프레임입니다.

01 ▶ [열기] ▶ [프로젝트]를 클릭하여 [새 프로젝트] 대화상자가 나타나면 'Sample\Chapter11\Lesson19\Lesson19_03.rvt' 파일을 불러온 후 보행시선 경로를 배치할 1층 평면 뷰를 엽니다.

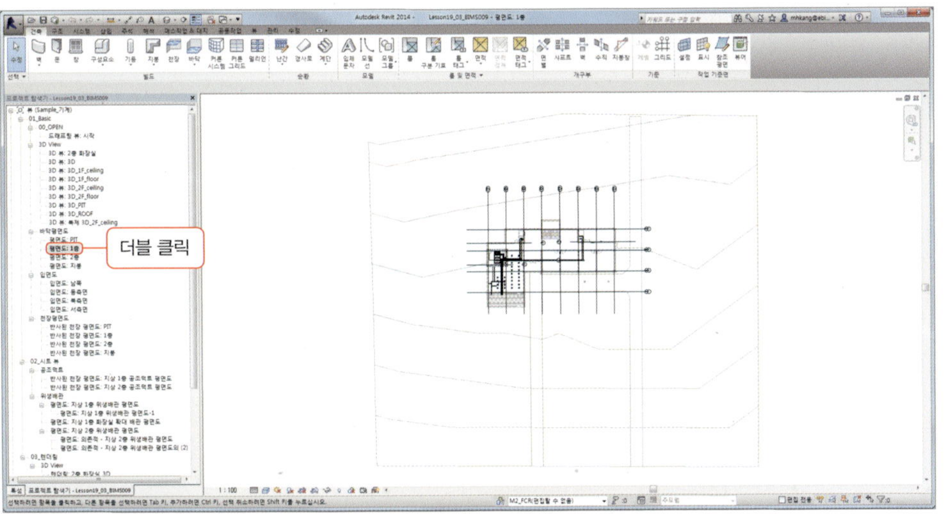

02 Ⓥ Ⓥ(가시성/그래픽 재지정)의 [작업 세트] 탭에서 00_Link, 00_공유 레벨 및 그리드를 제외한 나머지를 모두 숨긴 후 [확인] 버튼을 누릅니다.

> **Note**
>
> - 경로를 배치하는 데 필요 없는 요소들은 가시성을 제어합니다.
> - 일반적으로는 평면 뷰에서 경로를 배치하지만 3D, 입면 뷰 및 단면 뷰와 같은 다른 뷰에서도 보행 시선을 만들 수 있습니다.

03 [뷰] 탭 ▶ [작성] 패널 ▶ [3D 뷰] ▶ [보행 시선]을 클릭한 후 옵션 막대의 간격 띄우기값에 '1700'을 입력하고 기준 위치를 '1층'으로 설정합니다.

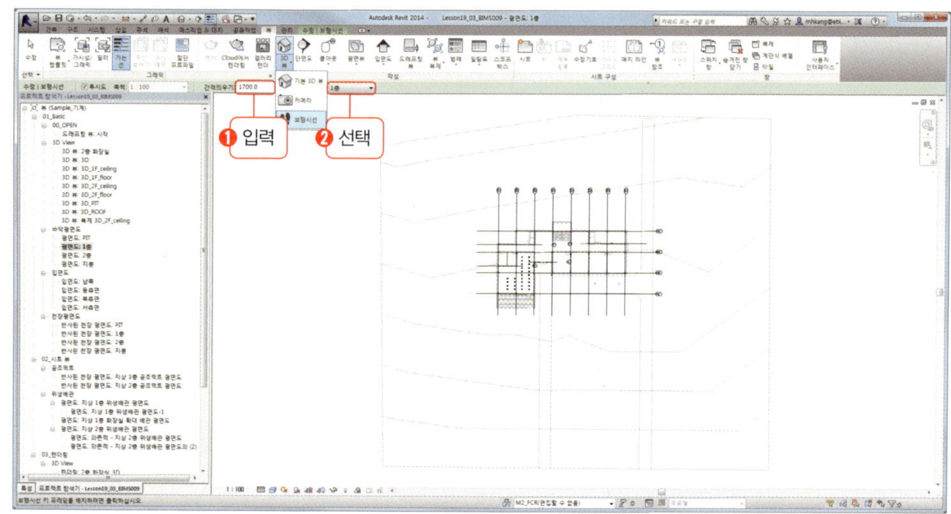

04 작업 세트를 '00_공유 레벨 및 그리드'로 지정한 후 1층 평면 뷰에서 마우스를 클릭하여 보행 시선 경로를 작성하고, [보행 시선] 패널 ▶ [보행 시선 완료]를 클릭합니다.

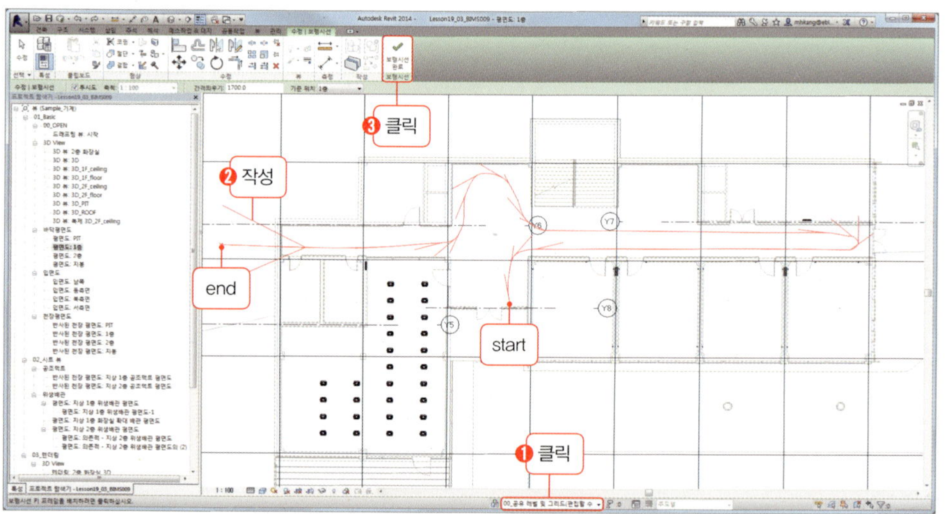

TIP

건축물의 출입문 등에 유의하여 벽을 관통하지 않도록 경로를 설정합니다.

05 프로젝트 탐색기에서 '보행 시선 뷰'를 더블 클릭한 후 [뷰] 탭 ▶ [그래픽] 패널 ▶ [뷰 템플릿] ▶ [현재 뷰에 템플릿 특성 적용]을 클릭하여 뷰 카테고리와 뷰 유형을 다음과 같이 설정하고 [확인]버튼을 누릅니다.

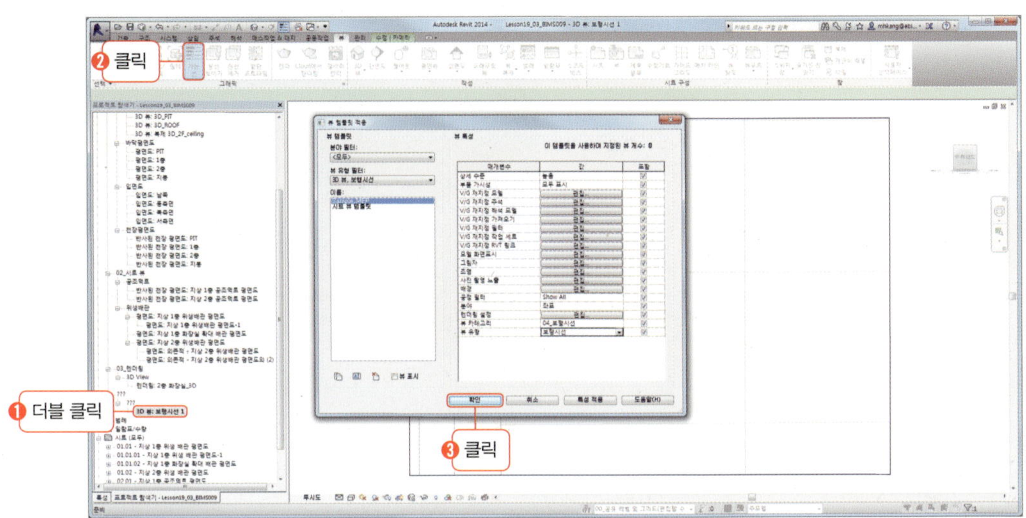

06 [보행 시선] 뷰에서 '뷰 외곽 경계선'을 선택합니다.

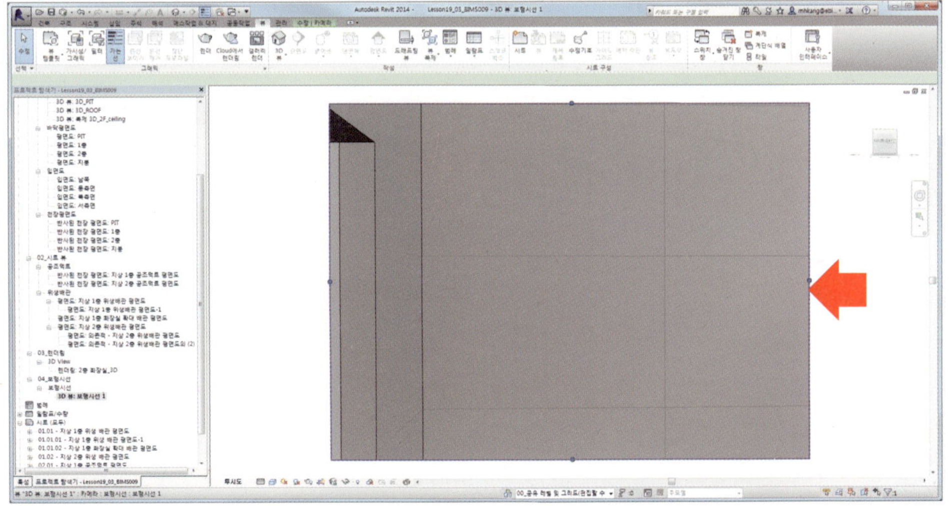

07 [수정 | 카메라] 탭 ➤ [보행 시선] 패널 ➤ [보행 시선 편집]을 클릭한 후 옵션 막대의 프레임값에 '1'
을 입력하면, 다음과 같이 보행 시선의 첫 번째 프레임으로 이동합니다.

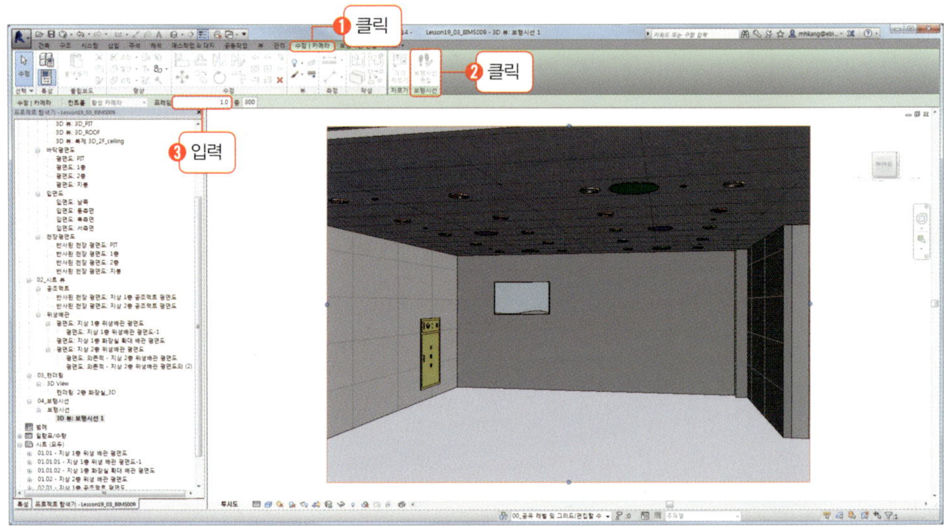

08 [보행 시선 편집] 탭 ➤ [보행 시선] 패널 ➤ [재생]을 클릭하면 작성했던 경로를 따라 뷰가 이동합
니다.

작성한 보행 시선 뷰는 편집을 통해 경로와 재생 속도를 수정할 수 있습니다.

09 경로를 수정하기 위해 '평면도 : 1층 뷰'를 더블 클릭합니다. 프로젝트 탐색기에서 '보행 시선 뷰'를 선택한 후 마우스 오른쪽 버튼으로 클릭하고 [카메라 표시]를 클릭합니다.

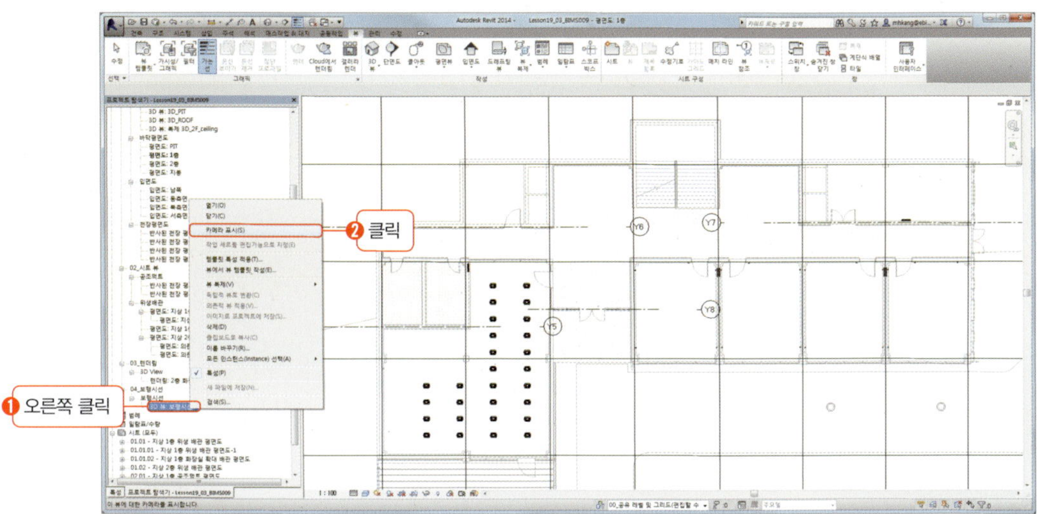

10 [수정 | 카메라] 탭 ➤ [보행 시선] 패널 ➤ [보행 시선 편집]을 클릭한 후 옵션 막대에서 컨트롤에 경로를 선택합니다.

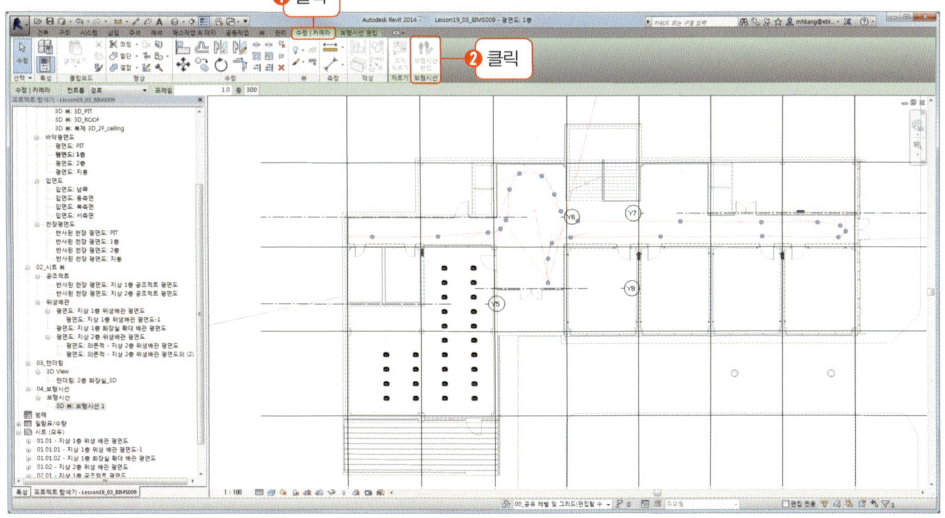

11 보행 시선의 경로를 수정한 후 옵션 막대에서 프레임 설정을 클릭합니다.

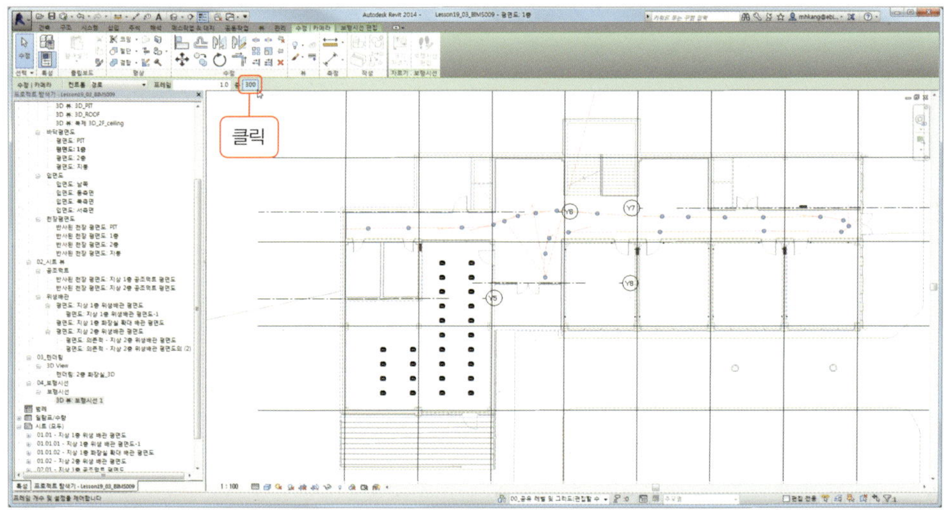

12 [보행 시선 프레임] 대화상자에서 [총 프레임]을 '500', [초당 프레임 수]를 '20'으로 수정하여 재생 속도 및 프레임 수를 조정합니다. 편집이 완료되면 [확인] 버튼을 눌러 편집을 완료합니다.

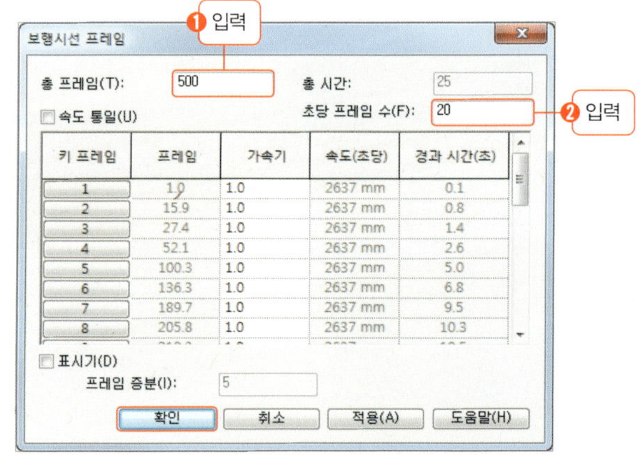

13 내보내기를 실행하기 위해 프로젝트 탐색기에서 '보행 시선 뷰'를 더블 클릭합니다.

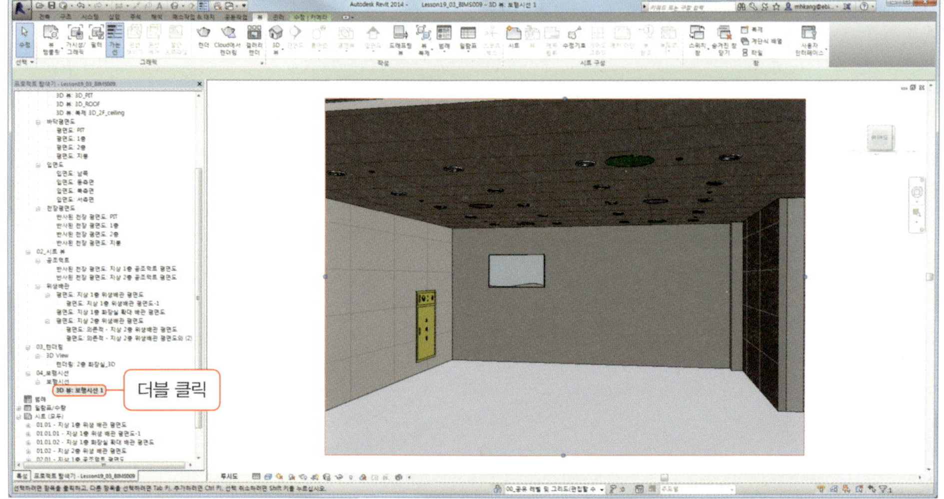

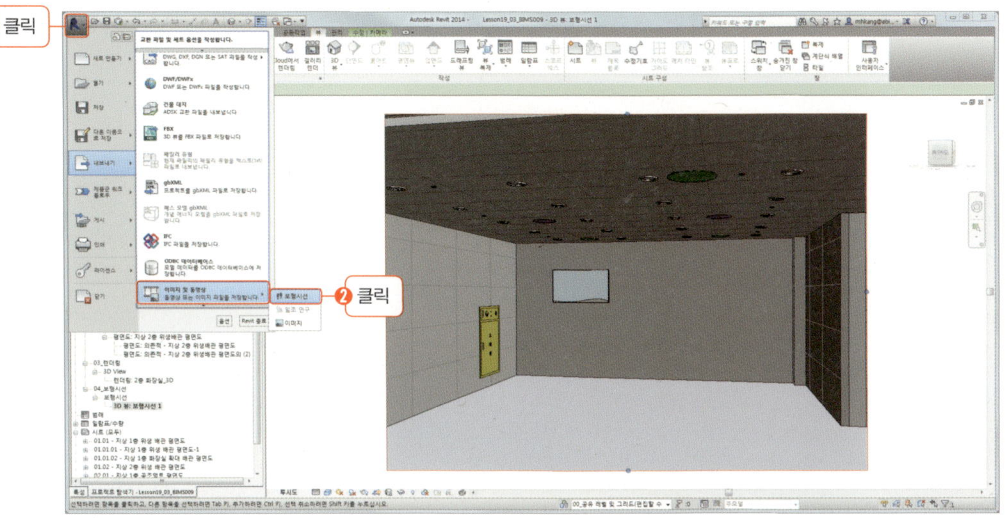

⑭   ➤ [내보내기] ➤ [이미지 및 동영상] ➤ [보행 시선]을 클릭합니다.

⑮ [길이/형식] 대화상자에서 프레임의 범위를 선택합니다. 형식 항목의 비주얼 스타일, 치수, 줌을 원하는 값으로 지정한 후 [확인] 버튼을 누릅니다. 그런 다음, 경로와 이름을 입력하고 저장합니다.

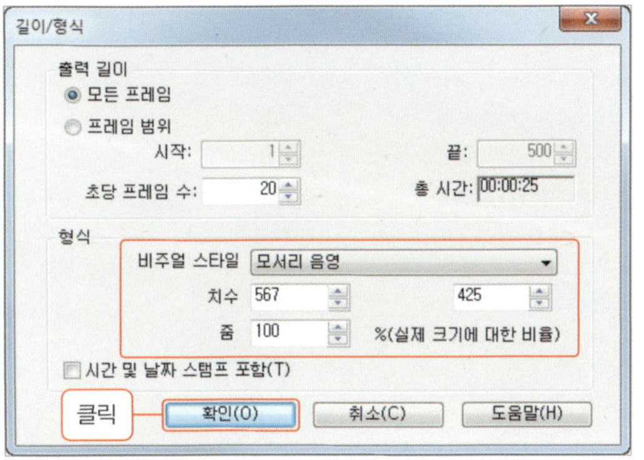

⑯ 내보낸 보행 시선을 윈도우 미디어 플레이어로 확인합니다.

Lesson. 19 내보내기 작업